肖刚主持的国家社会科学基金项目"'三个代表'重要思想与当代中国外交先进性研究"（批准号：05BKS007，结项证书号：20130216）最终成果

● 肖刚　黄文叙/著

"三个代表"重要思想
与
当代中国外交

The Important Thoughts of the "Three Represents"
and
China's Contemporary Diplomacy

社会科学文献出版社
SOCIAL SCIENCES ACADEMIC PRESS (CHINA)

目录
CONTENTS

前言｜
"三个代表"重要思想与当代
中国外交先进性研究

用"三个代表"重要思想及其科学原理研究当代中国外交，有肖刚的《"三个代表"重要思想与中国外交战略的定位》（《广东外语外贸大学学报》2003 年第 1 期，后经人大复印资料《中国外交》和《中国共产党》全文转载），苏浩的《以"三个代表"重要思想为指导，开创中国外交新局面》（《外交学院学报》2003 年第 4 期），饶咬成的《用"三个代表"重要思想解读中国外交战略走向》[《信阳师范学院学报》（哲学社会科学版）2004 年第 5 期] 等学术论文发表。

肖文提出"经济外交"为核心，文化外交是动力，外交的价值目标是实现最广大人民群众根本利益等观点。苏文提出，"外交工作应保障'先进生产力发展的要求'"，认为"从根本上来说，中华民族的伟大复兴有赖于社会生产力的大发展"，指出"中国外交要为中国社会生产力的发展创造有利的外部环境，同时通过经济外交的手段直接促进生产力的发展"，强调"中国外交不仅与最广大中国人民的根本利益相联系，而且与全人类的基本利益相结合"。饶文认为"国际环境的变化是催生'三个代表'重要思想形成的重要因由"，指出"'三个代表'重要思想来自于实践"，强调"三个代表"重要思想对中国外交战略的指导作用表现在："1. 在外交实践中必然以国家利益为主旨，而不是以意识形态为标准，必然淡化意识形态色彩。2. 在对外交往中，代表先进的生产力，必然改善与发达国家和地区的关系，必然关注人类的根本问题和全球性问题。因为中国现在还不能说是发达国家，中国的科学技术与发达国家之间还有很大的距离，而发达国家和地区则是科学技术发展的领头羊，是科学技术的集散地，是现今世界科学技术发展水平的代表。中国要全面建设小康社会，中国共产党要成为先进生产力的代表，首先必然和必须向西方国家学习，改善和发展与西方国家的关系。3. 作为先进文化的代表，中国共产党必然尊重文化和文明的多样性，必然在更大程度上实行改革开放，必然遵循国际上所公认的国际规则和惯例，必然导致新的国际政治经济秩序的建立，实现国际政治的民主化。4. 在现时代，人民的根本利益在于和平与发展，在对外战略中必然坚持和平与发展主题论，必然改善周边环境，改变和促进、维护中国的和平局面，使战略机遇期不至于消失，也必然加强与第三世界国家和人民的合作，必然参与全球性问题的解决。同时，中国也将为了中国和世界人民的发展，更多地在国际事务中发挥中国的影响，为世界人民谋求更多的福祉。"

上述三篇直接用"三个代表"重要思想科学分析和研究中国外交的论文，都为本课题的研究提供了很好的研究基础，但是都存在研究的阶段性所表现出来的缺陷。第一，"三个代表"重要思想的核心理念是"先进性"，而中国外交是怎样体现先进性和将来如何更进一步地体现先进性，没有系统和深入的研究和回答。第二，新中国成立以来的中国外交生动地体现了"三个代表"重要思想的核心内涵，应该运用"三个代表"重要思想的科学原理深入和系统地研究新中国外交的发展轨迹，但这样的成果尚未出现。本课题正是基于用"三个代表"重要思想研究中国外交这一既有一定的成果同时又存在不足的现状而展开研究的。第三，"三个代表"重要思想作为党建设中国特色的社会主义的核心理论和思想，必然要求社会科学工作者以"三个代表"重要思想的核心原理指导社会科学研究工作，并力争产生若干精品化、重量级的研究成果，本课题应用"三个代表"重要思想的科学原理研究当代中国外交，也是基于努力造就既有理论深度，又反映时代要求的当代中国外交研究成果精品这样的认识而展开的。

本课题以马克思主义奠基人的理论、毛泽东思想、邓小平理论、"三个代表"重要思想和科学发展观为指导，运用中国传统优秀政治智慧解读当代中国外交理论与实践，对外交的新概念（比如外交先进性的界定）、新范畴（比如用"三个代表"重要思想的三个原理作为分析框架）作了一些积极的探索，使研究体现出中国特色、中国风格和中国气派。

第三代中央领导集体虽然没有直接用"外交先进性"的术语，但在论述"三个代表"重要思想引导下社会主义初级阶段党的各项方针政策时，把党如何保持"自己的先进性"和十一届三中全会以来党在外交等方面制定的方针政策紧密联系起来观察，这样，第三代中央领导集体实际上已经提出了"外交先进性"的概念。江泽民指出："要坚持把'三个代表'要求落实到坚定正确地执行党的路线方针政策中去。我们党要始终做到'三个代表'，保持自己的先进性，关键取决于党的理论和路线的正确。"① 就外交领域而言，我们理解外交工作要始终做到"三个代表"，保持外交先进性，关键取决于党的外交理论和外交路线的正确。新中国成立以来，党的外交方针政策经受住了历史和实践的检验，充分表明外交工作集中体现了中国先进生产力的发展要求，体现了中国先进文化的前进方向，体现了中国最广大人民的根本利益。

当代中国外交先进性的内在含义，简单地说就是指当代中国外交先进的本质特性。在新的历史时期，中国外交先进性就体现在把坚持中国的最高外交理想同贯彻党在社会主义初级阶段的外交路线统一起来，把实现和谐世界目标同坚定地维护国家主权与安全、维护民族的最高利益统一起来，把强大的外交文化建构与外交实践统一起来，把全国一盘棋和启动对外政策的窗口（比如兴办经济特区）作用统一起来，大力开展总体外交引导下的政治、经济、文化、军事、科技的外交，胸怀外交全局，处理好各种外交方式的平衡，建立着眼于长远的中国外交战略与策略体系，在国际关系中坚定地以和平共处五项原则为中国一切外交的行动准则，为中华民族的伟大复兴营造更加良好的国际环境和周边环境，为在世界上塑造充满吸引力的中国形象和建立受国际社会尊重的地位而充分发挥外交的独特作用。

考察中国外交是否充分发挥先进性，一个重要标准就是看中国外交是不是在坚定地维护了国家主权与安全的前提下，真正地创造了人民安心生活、安心工作、安心发展自己和国家能够一心一意地发展自己的经济和文化等事业的国际环境和周边环境，并在中国自身的发展过程中和发展起来的同时，促进世界的和平与发展，特别是加强和广大发展中国家的团结与合作，就如列宁曾经指出的，布尔什维克所建立的国际关系是"使一切被压迫民族有可能摆脱帝国主义的压迫"，与"使那些受帝国主义压迫的资本主义国家聚集在苏维埃共和国的周围"② 一样，中国要联合和团结世界上一切可以团结和可以联合的力量，结交和扩大自己的朋友，包括意识形态和中国完全不同的朋友。中国要和世界人民一道，为推动建立一个持久和平的和谐世界作出不懈努力。中国外交如果不坚持自己实践证明正确的外交精神和外交路线、不根据变化的国际形势在战略上坚持而在策略上调整自己的外交政策、不根据全球化时代外交格局的变化适时地把传统国家对国家的外交转变为立体的（包括政治、经济、文化、军事科技等方面）全方位大外交格局、不认真总结国际社会历史和现实的一

---

① 《江泽民文选》第3卷，人民出版社，2006，第23页。
② 《列宁全集》第40卷，人民出版社，1986，第109页。

切成功的外交经验和失败的教训，中国外交就会停滞不前，外交先进性也就成为空话。

中国外交先进性还通过以"三个代表"重要思想核心理念为内涵和指导，促进和引导中国总体外交的健康发展。首先，中国外交无论是政治外交，还是经济、文化、科技和军事的外交，其根本的归属是以充分实现最广大的中国人民和世界人民的根本利益为核心目标，中国外交一直朝着这样一个伟大的目标发展和努力。具体地讲，中国通过"三个代表"重要思想指导下的政治外交，极大地维护了中国和世界上一切爱好和平的国家的国家主权和领土完整，为最广大的中国人民和最广大的世界人民的广泛利益的实现作出了积极的贡献；中国通过"三个代表"重要思想指导下的经济和科技外交，极大地促进了具有先进生产力内涵的经济与科技合作，极大地提高了中国人民和世界人民的生活质量和幸福指数；中国通过"三个代表"重要思想指导下的文化外交，推动具有先进文化特征的世界不同文明的对话与交流，极大地促进了中国软实力的进步和发展，丰富了中国人民的文化生活，同时也通过在海外设立孔子学院等举措，极大地推动了中华文明在世界影响力的展示；中国通过"三个代表"重要思想指导下军事外交，有力地加强了中国和世界一切爱好和平的国家互信和人民的安全感，为世界和平作出了中国应有的贡献。

江泽民指出："我国外交是总体外交，外交是高度集中统一的。在中央外交方针政策指引下，无论哪个部门，包括各个外事部门，一定要处理好局部和全局的关系。要增强全局观念，坚持局部服从全局、服务于全局，这是国家和民族的根本利益之所在。要努力做到管而不死、活而不乱。还要看到，外交无小事，外交授权有限。中央的外交方针政策，各部门都要坚决贯彻执行，不能政出多门、各行其是。否则，就有可能出大问题，酿成影响我国声誉的大事。"① 江泽民同志的论述使我们认识到，全球化时代的中国外交，已经发展成各个部门有明显科学分工又通力合作的政治外交、经济外交、文化外交、军事外交、科技外交等内容广泛，各个专业领域相互分工又相互合作的全方位外交格局。其中政治外交的层次最高，它是通过双边的或者多边的手段，以国家为对象，解决事关国家主权与安全问题、推动世界重大政治与安全领域问题的解决的外交。政治外交的工作一般由国家最高领导人、政府首脑和外交部直接来抓。江泽民同志的论述还使我们认识到，外交无论是出于政治的目的还是出于经济目的、文化目的、军事目的、科技目的，都是高度集中统一的，都是国

---

① 《江泽民文选》第 1 卷，人民出版社，2006，第 315 页。

家意志的体现。

其实，总体外交观已成为各国优化自身外交的重要思维，比如日本宗教和文化界著名人士、社会活动家池田大作早在 1984 年就针对日本只重视经济外交的不平衡问题指出："现在日本主要是致力于经济外交。今后必须把它改成不是为了增加自己的财富，而是用财富援助贫穷国家这种意义上的经济外交。与此同时还要推进教育、卫生、技术、学术的交流这种文化外交。我想这对亚洲国家是特别重要的。"[①] 很显然，池田大作注意到了外交需要总体平衡的价值所在。这就是说，在国际外交的大舞台上，谁的外交能够发挥出最大的效用，谁的外交更加具有强大的合力效应和高度的和谐性和统一性，谁就能在国际外交竞争的大舞台上立于不败之地。

---

① 〔英〕阿诺德·汤因比、〔日〕池田大作：《展望 21 世纪——汤因比与池田大作对话录》，荀春生等译，国际文化出版公司，1997，第 203 页。

第一章

代表世界外交文化前进方向的中国政治外交核心价值体系的形成与发展

　　胡锦涛同志在党的十八大报告中，精辟地阐述了中国政治外交的立场、原则和内容。从政治外交的立场上看，胡锦涛指出："我们主张，在国际关系中弘扬平等互信、包容互鉴、合作共赢的精神，共同维护国际公平正义。平等互信，就是要遵循联合国宪章宗旨和原则，坚持国家不分大小、强弱、贫富一律平等，推动国际关系民主化，尊重主权，共享安全，维护世界和平稳定。包容互鉴，就是要尊重世界文明多样性、发展道路多样化，尊重和维护各国人民自主选择社会制度和发展道路的权利，相互借鉴，取长补短，推动人类文明进步。合作共赢，就是要倡导人类命运共同体意识，在追求本国利益时兼顾他国合理关切，在谋求本国发展中促进各国共同发展，建立更加平等均衡的新型全球发展伙伴关系，同舟共济，权责共担，增进人类共同利益。"① 从政治外交的基本原则上看，胡锦涛强调："中国将始终不渝走和平发展道路，坚定奉行独立自主的和平外交政策。我们坚决维护国家主权、安全、发展利益，决不会屈服于任何外来压力。我们根据事情本身的是非曲直决定自己的立场和政策，秉持公道，伸张正义。中国主张和平解决国际争端和热点问题，反对动辄诉诸武力或以武力相威胁，反对颠覆别国合法政权，反对一切形式的恐怖主义。中国反对各种形式的霸权主义和强权政治，不干涉别国内政，永远不称霸，永远不搞扩张。中国将坚持把中国人民利益同各国人民共同利益结合起来，以更加积极的姿态参与国际事务，发挥负责任大国作用，共同应对全球性挑战。"②

---

① 胡锦涛：《坚定不移沿着中国特色社会主义道路前进　为全面建成小康社会而奋斗——中国共产党第十八次全国代表大会报告》（2012 年 11 月 8 日），人民出版社，2012，第 47 页。
② 胡锦涛：《坚定不移沿着中国特色社会主义道路前进　为全面建成小康社会而奋斗——中国共产党第十八次全国代表大会报告》（2012 年 11 月 8 日），人民出版社，2012，第 47~48 页。

从政治外交的基本内容来看，胡锦涛指出："中国坚持在和平共处五项原则基础上全面发展同各国的友好合作。我们将改善和发展同发达国家关系，拓宽合作领域，妥善处理分歧，推动建立长期稳定健康发展的新型大国关系。我们将坚持与邻为善、以邻为伴，巩固睦邻友好，深化互利合作，努力使自身发展更好惠及周边国家。我们将加强同广大发展中国家的团结合作，共同维护发展中国家正当权益，支持扩大发展中国家在国际事务中的代表性和发言权，永远做发展中国家的可靠朋友和真诚伙伴。我们将积极参与多边事务，支持联合国、二十国集团、上海合作组织、金砖国家等发挥积极作用，推动国际秩序和国际体系朝着公正合理的方向发展。我们将扎实推进公共外交和人文交流，维护我国海外合法权益。我们将开展同各国政党和政治组织的友好往来，加强人大、政协、地方、民间团体的对外交流，夯实国家关系发展社会基础。"① 党的十八大产生的以习近平为总书记的新一届中央领导集体的外交，正是按十八大所确立的外交方针而展开。正如 2013 年 3 月 27 日国家主席习近平在南非德班举行的金砖国家领导人第五次会晤时发表的题为《携手合作共同发展》的主旨讲话中指出的："加强同金砖国家合作，始终是中国外交政策的优先方向之一。中国将继续同金砖国家加强合作，使金砖国家经济增长更加强劲、合作架构更加完善、合作成果更加丰富，为各国人民带来实实在在的利益，为世界和平与发展作出更大贡献！"党的十八大报告对政治外交的阐述，使中国政治外交的理念在新时期和新阶段发生了革命性的飞跃，是对马克思列宁主义、毛泽东思想、邓小平理论和"三个代表"重要思想政治外交理念的继承和发展，构成了科学发展观的重要内容。党的十八大报告的重要论述，就是新形势下我国政治外交的核心精神，而这一核心政治外交精神正是对新中国成立以来党在不同时期三代领导集体政治外交核心精神的继承和发展，这一外交精神集中地体现了通过外交促进先进生产力发展的理念，集中体现了我党先进外交文化的发展要求，集中表达了中国人民和世界人民的根本愿望和根本利益。

我们党始终代表先进文化的前进方向，这是"三个代表"重要思想的核心理念之一。党的历届领导人为代表的中央领导集体一贯坚持的和平共处五项原则和以毛泽东为核心的党的第一代中央领导集体、以邓小平为核心的党的第二代中央领导集体的外交精神及党的第三代中央领导集体确立的"三个代表"

---

① 胡锦涛：《坚定不移沿着中国特色社会主义道路前进　为全面建成小康社会而奋斗——中国共产党第十八次全国代表大会报告》（2012 年 11 月 8 日），人民出版社，2012，第 48～49 页。

重要思想中的外交思想和胡锦涛为总书记的党中央确立的科学发展观中的外交思想①，构成了新中国成立以来的中国政治外交核心价值体系。

中国政治外交核心价值观体现了强大的、先进的外交文化，是中国外交的根本指针。"三个代表"重要思想中"代表先进文化的前进方向"的思想，必然要求我们在外交政策理念中，体现中国伟大的坚定有力的外交原则和伟大的民族精神，以此来展开外交文化软实力的吸引力，在结合中国优秀传统政治文化的基础上，把马克思主义经典作家的核心外交原则、核心外交精神等落实到中国的外交政策之中。

什么是外交文化？中国资深外交官张宏喜给"外交文化"作出定义："狭义的外交文化定义是指在外交实践过程中的精神生产能力和精神财富。"② 美国南加利福尼亚大学教授杰弗瑞·威兹曼（Geoffrey Wiseman）对外交文化作了这样的定义："外交文化是指根深蒂固存在于国家层次的有特色的外交机制，价值和规则"。他认为，"作为世界具有普世价值意义的外交文化的具体方面是，'武力只是作为最后的手段、透明度、持续的对话、多边主义、谦恭'五个方面"③。

综合上述两个定义来理解当代中国的政治外交核心价值体系，可以表述为，它是新中国成立以来在外交实践过程中形成并不断更新和发展的外交意义上的精神生产能力和精神财富，是由马克思主义的基本原理和中国强大的传统优秀战略与谋略思想和新中国成立以来的重大方针政策所体现的、建立在国家层次上的有特色的外交机制、价值和规则，集中的体现就是以平共处五项原则作为核心外交原则和坚定地反对帝国主义、霸权主义和强权政治，坚定地维护国家的主权与安全，坚定地站在广大第三世界一边等外交机制、价值和规则的体系。

本章主要是探讨作为价值层面即理念层面的外交文化，即从先进文化的意义上，探讨新中国成立以来的核心外交原则与外交精神。外交理念的正确与否

---

① 以胡锦涛同志为总书记的党中央提出的科学发展观，构建社会主义和谐社会和建设持续和平、共同繁荣的和谐世界的思想，构成了科学发展观的三大战略思想体系，是马克思主义在新时期的新的飞跃。在三大战略思想体系中，和谐世界观是对新世纪、新阶段世界格局的最新认识，是建立在结合中华民族历史传统和总结我党外交政策历史经验基础上的外交理论创新，并日益在中国外交的实践中展示出强大的生命力。和谐世界观是科学发展观的一部分，按照和谐世界观的要求，中国的外交目标就是怎样使国际关系及中国发展的国际环境特别是周边环境的发展向协调、和谐、合作的方向迈进，如何使社会主义和谐社会建设与中国的和平发展道路、构建持续和平、共同繁荣的和谐世界有机地结合起来。

② 张宏喜：《打造外交文化》，《世界知识》2006 年第 16 期，第 54 页。

③ Geoffrey Wiseman，" Pax Americana：Bumping into Diplomatic Culture ", *International Studies Perspective*, Volume 6, Number 4, 2005, pp. 409 – 430.

决定一国外交发展方向的正确与否，因此，它在外交文化中是最根本的和最核心的，而外交机制和外交规则则属于外交文化中低一个层次的东西，可以说它们运行得好坏和价值的体现是由外交理念的正确与否所决定的。在外交理念正确的前提下，外交机制和外交规则设计得是否科学和建立得是否完善，也直接影响着外交理念体现的效果，正确的外交理念又同时有科学和完善的外交机制的运作，就能够使外交理念所追求的目标得以充分表达。新中国成立以来的外交之所以取得巨大成功，就是外交理念与外交机制和外交规则相对称和相协调的结果。正如中国学者指出的，中国外交决策机制具有"符合中国国情，维护国家安全与发展；中国共产党起核心领导作用；外交决策机制长期稳定、高端、保密；外交决策机制内合作协调、民主协商；外交决策机制的领导核心突出、决策有力"① 等特点。如果外交理念是错误的，再好的外交机制和规则，只能使错误加速扩大。外交理念是正确的，即使外交机制和规则还不够完善，执行外交方针的手段还不够先进，但操作起来不会发生方向性错误，当然，这决不意味着理念先进就不顾机制和规则的完善和更新，正相反，先进的理念一定要有先进、科学的机制，落后的机制和规则是不足于担当理念所要求的重大使命的。当然，由于理念先进，也往往使人容易麻痹大意，往往对机制和规则的先进性要求不够紧迫。而资本主义国家虽然外交理念反动落后，但是它们又往往把更多的注意力放在技术层次的机制和规则的制定上，从而也相当程度地延缓了资本主义外交没落的命运。

中国政治外交核心价值体系经过多年的外交实践检验，完全正确，应该长期坚持下去，如果要变，也只能是更加优化意义上的变，而不是把其中的核心理念抹掉的变。如果把核心的理念抹掉，也就意味着中国长期有效的外交思想发生了根本性的转向。

第一节　中国共产党人倡议并忠实履行的国际关系准则：党的三代中央领导集体对和平共处五项原则的运用与发展

最早提出"和平共处"思想的是列宁。1919 年底，列宁在俄共（布）第

---

① 参见张历历《21 世纪初期中美外交决策机制比较研究》，《世界经济与政治》2009 年第 9 期，第 28～29 页。

八次全国代表会议上明确指出，"俄罗斯社会主义联邦苏维埃共和国希望同各国人民和平相处"①。斯大林在列宁的基础有所创新。斯大林1952年4月就资本主义和共产主义在怎样的基础上和平共处指出："只要双方有合作的愿望，决心履行所承担的义务，遵守平等和不干涉别国内政的原则，资本主义和共产主义的和平共处是完全可能的。"② 列宁和斯大林对"和平共处"的阐述是中国提出和平共处五项原则的很重要的思想基础。中国不但积极倡导和平共处五项原则，而且是忠实实践之。五项原则早已载入中国宪法，成为外交政策之基石。在五项原则的基础上，截止到2008年1月1日，世界上196个国家中，中国同174个国家建立了大使级外交关系，与200多个国家和地区开展了全方位的交流与合作，同邻国通过和平谈判基本解决了边界问题，特别是与我们不同社会制度、不同发达程度的所有国家改善和发展互利合作关系，为世界和平与发展事业作出了贡献。这都是和中国始终如一地坚持和平共处五项原则分不开的。也就是说，和平共处五项原则为中国带来了巨大的国家利益的同时，也为促进世界的和谐发展作出了巨大贡献。今天，和平共处五项原则以更高的目标设计着世界的未来。从邓小平时代开始，中国就倡议把五项原则作为构建国际政治经济新秩序的核心价值理念，得到世界上爱好和平的国家和人民的广泛支持。当然，由于霸权主义和强权政治仍然横行于天下，旧的国际政治秩序仍然十分顽固，中国的倡议面临着霸权主义和强权政治所极力维护的旧秩序的顽固抵制。

西方学者曾断言："创造后资本主义社会和后资本主义政体的力量源于发达世界。它们是发达世界发展的产物和结果。对后资本主义社会和后资本主义政体的挑战所作出的回答不会在第三世界中找到。如果有过已经证明为完全不正确的事，那就是50年代和60年代第三世界领导人的许诺。这些领导人包括印度的尼赫鲁、中国的毛泽东……他们许诺第三世界将找到新的不同的答案，而且将真正创造一种新秩序。第三世界没有履行这些以它的名义许下的种种诺言。后资本主义社会和后资本主义政体的挑战、机会和问题只能在它们所产生的地方解决，那就是发达世界。"③ 西方学者道出了国际政治话语权仍然被西方世界掌握的事实。由于话语权被西方世界掌握的基本格局没有变，所以中国等发展中国家很难在短时期内达到"创造一种新秩序"的程度，很多事情由西方人操纵就在所难免。比如，西方国家以所谓"国家形象"调查为名，可以把实际

---

① 《列宁全集》第37卷，人民出版社，1986，第354页。
② 《斯大林文集》，人民出版社，1985，第673页。
③ 〔美〕彼得·德鲁克：《后资本主义社会》，张星岩译，上海译文出版社，1998，第15页。

形象很差的国家提升为"一流好形象"的国家，而把真正爱好和平，在国际关系中真正发挥建设性作用的国家评为形象差或者形象一般的国家。比如"安赫尔特·捷孚凯·罗伯国家形象指数调查机构"2011 年度所作的 50 个国家的全球形象指数报告中，"形象"最可观者为"美国、德国、英国、法国、日本、加拿大、意大利、澳大利亚、瑞士和瑞典"，全部都是西方发达国家，美国排名世界第一，而中国排在"第 22 名"，其测评标准为所谓的"出口、政府职能管理、文化、国民素质、旅游以及移民、投资环境"六大板块。很明显，这样的调查仍然是西方话语权在作怪。客观地来说，从第二次世界大战后的美国内政与外交的表现来看，总体美国的国家形象应该排名很靠后，怎么就成了国家形象良好，"世界第一"？岂不是咄咄怪事！在这里，让我们引用马克思一百年多年前的一段论述和中国古代思想家庄子《渔父》中的政论，可以把美国是一个什么形象的国家搞清楚。马克思在他的《国际工人协会成立宣言》檄文中说，"要他们洞悉国际政治的秘密，监督本国政府的外交活动，在必要时就用能用的一切办法反抗它；在不可能防止这种活动时就团结起来同时揭露它，努力做到使私人关系间应该遵循的那种简单的道德和正义的准则，成为各民族之间的关系中的至高无上的准则。"① 而庄子的"人有八疵，事有四患"的思想，正是经典地描述了那些在"私人关系间应该遵循的那种简单的道德和正义的准则"上反其道而行之的人。庄子说，"人有八疵，事有四患，不可不察也。非其事而事之，谓之总；莫之顾而进之，谓之佞；希意道言，谓之谄；不择是非而言，谓之谀；好言人之恶，谓之谗；析交离亲，谓之贼；称誉诈伪以败恶人，谓之慝；不择善否，两容颊适，偷拔其所欲，谓之险。此八疵者，外以乱人，内以伤身，君子不友，明君不臣。所谓四患者：好经大事，变更易常，以挂功名，谓之叨；专知擅事，侵人自用，谓之贪；见过不更，闻谏愈甚，谓之很；人同于己则可，不同于己，虽善不善，谓之矜。此四患也。能去八疵，无行四患，而始可教已。"② 美国总是以

① 《马克思恩格斯文集》第 3 卷，人民出版社，2009，第 14 页。
② 《庄子·杂篇·渔父第三十一》的这段话用现代汉语翻译过来的大意是："人有八种毛病，事有四种祸患，不可以不加明察。不是他应当做的事情而去做它，叫做总揽；人家不理睬还要去进言相劝，叫做佞言；迎合人意去导言，叫做谄媚；不辨是非而附和，叫做阿谀；好说别人的坏话，叫做谗言；离间亲友，叫做贼害；奸诈虚伪败坏别人，叫做邪恶；不辨善恶，两种面孔投合他人，暗中助长私欲，叫做阴险。这八种毛病，对外扰乱别人，对内伤害自身，君子不和他交朋友，明君不用他做大臣。所谓四种祸患：好管理大事，变更常规，一心图谋功名，叫做叨贪；独断专行，凌驾人上自以为是，叫做贪夺；有错不改，愈听劝谏愈甚，叫做执拗；人附和于自己的意见就肯定，人不附和于自己的意见就否定，叫做自矜。这就是四种祸患。能够除去八种毛病，不行四种祸患，才可以达到顺畅地交流沟通了。"

干涉之举企图总揽别国内政；别国对美国价值观不感兴趣，但它总是以佞言"进言相劝"；它经常以诣媚之态迎合和它战略利益一致的国家采取和别国对抗的政策；它经常以阿谀之方式不辨是非而附和其盟国；它总以谗言随便给别国贴上"独裁国家""流氓国家"的标签；它经常以贼害方式离间一些本来良好的国家间关系；它经常以邪恶奸诈虚伪之举动败坏别国名声；它经常以阴险方式不辨善恶，两种面孔投合它国，暗中助长自己的单边利益。这八种毛病，对外扰乱别国，对内伤害自身。四种祸患中，以叨贪之性好控制世界，变更常规，一心图谋不义的国际功利；以贪夺之疯狂独断专行，凌驾人上自以为是；以执拗之态有错不改，愈听劝谏愈甚；以自矜对附和于自己的意见就肯定，不附和于自己的意见就否定；这四种祸患在美国身上不也是表现得非常充分吗？美国如不除去这八种毛病和避免这四种祸患，其国家形象能好起来吗？西方国家的所谓国家形象调查机构狡猾之处，就在于它们只从国内问题的解剖入手而偷梁换柱地、巧妙地达到在国际上"正面形象"树立之效果，这当然是非常片面的和别有用心的。我们不排除美国内政上的治理有很多值得中国学习和借鉴之处，但光讲内政是不足以全面反映一国之国家形象的，这是起码的常识。国家形象调查的科学性和完整性应该是内政与外交同时进行评估。

按照"三个代表"重要思想的"代表先进文化的前进方向"的理念，我们认为在毛泽东时代提出并为新中国的外交提供了强大的理论支持和思想武器的和平共处五项原则，是中国共产党人把马克思主义的普遍真理和中国博大精深的政治文明相结合的产物，是中国外交得以取得辉煌成功的先进的外交文化思想体系。"相互尊重主权和领土完整，互不侵犯，互不干涉内政"的思想是中国几千年恪守的"己所不欲，勿施于人"在国际事务中的放大，"平等互利、和平共处"是中国人长期秉承的谦虚精神与和谐观在国际事务中的具体表现，更是从中国的长远利益和民族的根本利益考虑的核心外交文化。反之，如果我们不按照和平共处五项原则行事，甚至外交政策的指导思想与和平共处五项原则反其道而行之，那一定会出现《荀子·王霸》中所出现的情况："挈国以呼功利，不务张其义，齐其信，唯利之求；内则不惮诈其民而求小利焉，外则不惮诈其与而求大利焉。"①

今天，和平共处五项原则是中国提出的建立国际政治经济新秩序理论基

---

① 此段古文大意是："带领国家追逐功利，不伸张正义，不遵守信用，唯利是图；对内不惜为了一点小利去欺骗人民，对外为了追求大的利益不怕欺骗友邦。对内不好好治理自己已有的东西，却常常觊觎别人的成果。"

础。今天我们挖掘党的三代领导集体的和平共处五项原则的思想，可以使我们正确把握新时期中国努力建构的先进的外交文化的前进方向，推动公正、互利、平等、具有强大先进生产力内涵的国际经济与科技的合作与交流，使中国人民和世界人民通过中国成功的外交工作而获得更多的政治、经济、文化与安全的利益。

一 党的第一代中央领导集体创立代表人类社会理想和促进世界真正和谐发展的和平共处五项原则

（一）和平共处五项原则不是任何国家都敢于理直气壮地提出和接受的、代表人类社会理想的国际关系理念

"相互尊重主权和领土完整、互不侵犯、互不干涉内政、平等互利、和平共处"这五项原则，帝国主义国家条条都不沾边，帝国主义国家在世界上所获得的一切利益，都是建立在对这五项原则的蔑视基础上的，资本主义的发展史和文明史就是如此，当然，第二次世界大战后，帝国主义国家再完全按照老办法获取利益已经行不通了，因为社会主义国家的诞生和一系列民族独立国家的日益觉醒以及帝国主义国家人民普遍的和平愿望，使帝国主义像过去那样为所欲为的历史条件已经受到很大的制约，很多传统安全的问题已经不可能由帝国主义国家随心所欲地以战争的方式来解决了，和平解决国际争端，不同社会制度国家和平相处的国际条件和时代已经到来，即使是资本主义国家，也注意到中国和印度等国倡导的和平共处五项原则，但是由于他们国体本身的落后性与反动性，使他们不可能像中国一样向全世界庄严宣布以和平共处五项原则为对外政策的宗旨。毛泽东指出："应当把五项原则推广到所有国家的关系中去。尼赫鲁总理在上月二十九日的演说中就说过，应当按五项原则来受约束，承担义务。如果一个国家说了不做，那末就有理由来指责它，它在人们眼中就输了理。问题是有些大国不愿受约束，不愿像我们两国那样，根据五项原则订立协定。不知道它们有什么想法？据我知道，美国和英国也说，它们要求和平，不干涉他国内政。但是，如果我们要同它们根据五项原则发表声明，它们又不愿意干"，"澳大利亚说怕我们，说共产党要去侵略它。可是我们连船都没有，怎样去法呢？澳大利亚参加马尼拉条约，说是为了防御。但是我们向它提出五项原则，同它互不侵犯，互不干涉，它又不干。"[①] 其实，毛泽东的思

①《毛泽东外交文选》，世界知识出版社、中央文献出版社，1994，第 165～166 页。

考从根本来看，也是符合西方国家的利益的，因为如果帝国主义对外政策的目标总是称霸，其称霸的本钱迟早是要耗尽的，如果美国总把心思放在干涉别国内政上，总对别国不平等对待，对美国的国家利益也没有什么好处，比如，美国总是眼睛盯着别人，美国自己的国内问题可能都顾不上，内政上也可能出大乱子。这种情况在美国现代史中是屡见不鲜的。从美国内政上最新的案例看，比如从 2011 年 9 月开始的"占领华尔街"抗议活动就是一个有力的证明。"占领华尔街"由开始自发的街头行动逐渐壮大，抗议活动反映了美国民众表面上是对金融行业的不满情绪，实际上是对美国政府对外闲事管得太多而内政治理不力的严重不满。2008 年起源于美国的全球性金融危机的结果是美国政府采取不公正的救助华尔街的办法，已使美国人民产生不满，美国人民觉得这个系统不公正、不公平。具有讽刺意味的是，美国政府极力支持的阿拉伯之春模式传染到了美国，"草根阶层"也要走阿拉伯草根的道路，发展自己的"美国之秋"。在阿拉伯国家司空见惯的街头和广场革命，现在移植到了美国，这真是具有极大的喜剧性和滑稽性效果。《道德经》说："将欲取天下而为之，吾见其不得已。天下神器，不可为也。为者败之，执者失之。物，或行或随，或嘘或吹，或强或羸，或挫或隳。是以圣人去甚，去奢，去泰。"① 这段话用来解读美国的霸权主义和强权政治是很有用的，美国要想取得霸权而建立由美国所主导的国际秩序，这是不会达到目的。国际政治这个天下神器，是不可随意控制的。要想控制它就毁坏了它，把持它就丧失了它。因为世界是多样性的世界，不可能按照美国的样板发展，不可能按照美国的意图行进，因为这违背了国际关系的实际状态，美国只能顺乎国际关系的自然法则，去除称霸的恶念，走上和世界上所有国家和民族和平共处的道路才是前途所在。但是美国似乎不懂如何与国际社会真正和平相处之道，这一点，连资深的美国外交家基辛格也承认"美国建国才 200 多年，不懂外交"②。至少美国缺少历史积淀很厚实的外交哲学。

（二）把和平共处五项原则真正落到实处

中国把和平共处五项原则真正落到实处，而不是讲讲就算了，因为这是实

---

① 老子《道德经》第二十九章，白话的大意是：想要夺取天下而据有它，我可以肯定他不成功。天下乃是神所创造的器物，不可以夺取它，也不可占有它。硬要这样作的必败！据有它的必会丧失！所以万物，有前行则必有后随。有吸入则必有呼出。有强盛则必有衰弱。有上升则必有跌落。所以圣者放弃过分，放弃奢侈，放弃骄纵、傲慢。

② 《李鹏外事日记：和平 发展 合作》（下），新华出版社，2008，第 730 页。

现世界和平的希望所在，也是中国的根本利益所在。中国向全世界宣布的对外政策原则不是来虚的，而是实打实的，是要真正落实到中国的外交实践之中的，资本主义国家为了伪装成"爱好平和"，欺骗其本国人民和世界人民，也会说说愿意"和平共处"之类的话，但是口惠而实不至的，因为其统治者的本质决定，他们是不会真正采取和平共处五项原则的。毛泽东指出："我们应该采取些步骤使五项原则具体实现，不要使五项原则成为抽象的原则，讲讲就算了。现在在世界上就有两种态度，一种是讲讲算了，另一种是要具体实现。英美也说要和平共处，但是它们是讲讲就算了的，真正要和平共处，它们就不干了。我们不是那样。我们认为，五项原则是一个长期方针，不是为了临时应付的。这五项原则是适合我国的情况的，我国需要长期的和平环境。五项原则也是适合你们国家的情况的，适合亚洲、非洲绝大多数国家的情况的。对我们来说，稳定比较好，不仅是国际上要稳定，而且国内也要稳定。"①

（三）科学而准确地界定和平共处五项原则的核心内容

重大的政治主张必须要有切实的可操作性，内容应该言简意赅并为别国所接受。毛泽东1954年12月1日同缅甸总理吴努谈话时向吴努解释"互不干涉内政"和"平等互利"的含义以及两者之间的内在关系："我们两国总理发表的联合声明，已经确定了我们相互间关系的五项原则。这五项原则中的一条叫做互不干涉内政，另一条叫做平等互利。什么叫互不干涉内政呢？那就是说，一国的国内纠纷，由这个国家自己管，别国不得过问，也不得利用这种国内纠纷。一个国家只能承认别国的人民自己选择的政府。因此，缅甸承认我们的政府，我们承认吴努总理的政府。一国也只能有一个政府。至于一个国家将来是否会有另外一个政府，那是这个国家的事，我们不管；中国将来是否会有另外一个政府，那是中国的事，别国也不能管。这就是我们的方针。我们两国的国界很长，有些疆界还没有定。我们两国边境上的少数民族也有许多是相同的，这些人互相往来是非常可能的；不满意政府的人相互跑，也是非常可能的。但是我们决不利用跑来的人，去损害缅甸政府的利益。这就是互不干涉内政，同时也是互利，因为互利就不能互相损害。我们既然讲合作，就不能互相损害，否则就合作不好。既然现在存在有怀疑，那末就要找证明，看看究竟是互利还是互相损害。在我们的合作中可以找到证明。"② 新中国的成立意味着中国作

---

① 《毛泽东外交文选》，第176页。
② 《毛泽东外交文选》，第181～182页。

为一个社会主义大国崛起于世界的东方，世界上一切爱好和平的国家和人民都是支持和拥护的，但是，和中国领土接壤的一些国家由于受到国际反华势力的挑唆和不了解新中国的外交原则，总是会对他们边界另一边的这个巨人不放心的。中国及时地提出并率先垂范五项原则，使中国的邻国对中国的怀疑和不放心得以解除。1957 年 12 月 14 日毛泽东对来访的缅甸副总理吴觉迎说："缅甸的土地是缅甸人民的，中国任何人都不能要缅甸的土地。前次吴努总理来华时，我问他缅甸是否有人害怕中国，他说有些人害怕。当时我也向他解释过，缅甸不必害怕中国，我们坚决反对侵略，对任何国家的侵略都是一样反对"，吴觉迎说："我们也相信中国是这样的。不过在吴努总理来中国之前，和同毛主席见面之前，缅甸对中国确实有些害怕，因为缅甸是个小国，中国是个大国。自周恩来总理访问缅甸并在我们共同倡导五项原则后，我们彼此都了解了，所以现在缅甸没有害怕的情绪。"① 中国为了增强缅甸对中国边境省云南省的了解，还建议缅甸在昆明建立领事馆。中国是个大国，缅甸担心中国是自然而然的。从世界历史上看，大国欺侮小国是家常便饭。旧中国历史上的一些封建王朝，也曾经欺侮过周边的小国，但新中国完全摒弃了旧中国时代对小国的那些不恰当的政策，做到了真正的平等和尊重，既继承了老子的大国应该处于谦卑的地位，同时又扬弃了"大国以下小国，则取小国"的思想，也就是说，中国对小国谦下，不是为了取悦小国而使小国心甘情愿"屈服"中国，即今天的中国既不追求老子所说的"大国不过欲兼畜人"，也不希望"小国不过欲入事人"的状态，正如毛泽东指出的："我们很多方针都是一致的。我们不会干涉你们的内政，不会在你们那儿宣传共产主义，也不会去推翻你们的政府，我们是讲友好的。你们采取什么制度、政策和宗教，那是你们自己的事，我们不会也不应去干涉。我们一定在五项原则的基础上支持你们，这对双方都有利。"② 毛泽东曾同缅甸总理吴努谈话表示："如果泰国愿意，我们可以同泰国结成友好关系，根据五项原则互不侵犯、互不干涉内政。中国有三百万华侨在泰国，其中很多人反对中国政府。如果我们同泰国建立了外交关系，是否要把蒋介石分子赶出泰国呢？我看不必，只要他们不侵入我国国境。在缅甸的华侨中也有蒋介石分子，他们至今不挂我国国旗，而挂蒋介石的旗子。"③ 从毛泽东的这些谈话中也可看出，新中国对待小国的外交政策，是谦下但不谋求

① 《毛泽东外交文选》，第 301～302 页。
② 《毛泽东外交文选》，第 244 页。
③ 《毛泽东外交文选》，第 176 页。

"下以取"，中国作为大国对小国实践谦恭但不谋求支配小国，使中国通过实践和平共处五项原则而真正地达到了大国和小国"两者各得所欲"的双赢局面。

（四）用和平共处五项原则解除西方国家对华封锁与遏制，争取西方国家的一部分逐步转变为和平的力量

争取和世界上任何国家和平共处，这是党的第一代中央领导集体在外交战略上的共识，而用什么样的理念和原则与主权国家交往，总要找到在世界范围内大家都认可的基本原则和基本办法，不但是友好国家可以接受，甚至对自己还相当有敌意的国家或者是国家集团也认可的原则。用和平共处五项原则和西方国家改善关系，党的第一代中央领导集体把突破口放在英国。早在1954年周恩来就指出："英国对推进中英关系采取了主动的态度，在日内瓦，英国执政党通过艾登跟我们接触，现在反对党又来访华，都是证明。我们改善同西方的关系将先从英国开始。这说明，世界上不同制度的国家是可以和平共处的。丘吉尔、艾登都这样说过。中印、中缅联合声明倡导了和平共处五项原则，迫使艾森豪威尔也不得不说些和平共处之类的话。这是人民的要求，美国统治集团也不得不考虑这一点。"① 英国的艾登首相对和平共处五项原则是认可的，为此周恩来感到很高兴。② 《道德经》说："人法地，地法天，天法道，道法自然。" 新中国领导人提倡用和平共处五项原则作为国际关系的根本的指导原则，完全是基于中国几千年政治文化的传统和治国理念的一个自然而然的表达，正所谓中国国际关系理念之"道"是"取法"于中国的历史传统和新中国政治制度的必然要求。周恩来指出："我们社会主义国家根本不会向外扩张，根本不会对其他国家进行侵略。我们认为革命是不能输出的，我们主张由各国人民选择自己的政治制度。我们愿意同帝国主义国家互相保证互不侵犯，和平共处。我们深信，这种主张不仅在目前国际关系中指出了一条符合于全世界人民利益的道路，而且对帝国主义国家来说，也是最现实的。"③ 今天中国作为崛起的社会主义大国用事实证明，中国没有向外扩张和对外发动侵略。中国也没有向外输出革命（"文化大革命"中有一些输出革命的苗头，也造成一些外交上的麻烦，但很快就得到纠正），中国一直尊重各国人民自主选

---

① 《周恩来外交文选》，中央文献出版社，1990，第79~80页。
② 《周恩来外交文选》，第128~129页。
③ 《周恩来外交文选》，第197~198页。

择自己的政治制度。我们同西方国家也基本实现了和平共处。中国用扎实的行动向世界证明中国完全忠实于自己的承诺。春秋时有位有远见卓识的虞国大臣宫之奇就说过："国非忠不立，非信不固。"用今天的话来说，宫之奇的维护国家主权与国家安全的核心观念是对外政策上讲"忠信"，因为如果一个国家"非忠非信"于他国，实际上也等于把国家放在既不能立，也不能固的危险境地。比如春秋时虞国亡于晋国就是因为虞国不忠诚于它对虢国的盟约，其国君竟然因晋国的"垂棘之璧，屈产之乘"的蝇头小利而背信弃义地让晋国借道虞国去攻打虢国，晋国灭掉虢国后，转而灭掉了虞国，虞国是害人开始，最后是害己告终。唐太宗说过："以古为镜，可以知兴替。"类似这样的历史上的反面教材，对今天中国对外政策的启示意义非同小可。新中国历代领导人都十分重视以史为鉴，因为这是中华民族兴旺发达的重要外交文化渊源。

（五）和平共处五项原则的理念向纵深发展，形成国际社会崭新的、有强大生命力的外交文化

从 20 世纪 50 年代中期开始，由于中国和印度等国的不懈努力，和平共处五项原则的理念开始向纵深发展，在当时整个国际局势向缓和方向发展的背景下，印度总理尼赫鲁所提倡的"不参加军事同盟、坚持和平政策、坚持和平共处五项原则"得到国际社会一切和平力量的肯定，即使是帝国主义国家的政治领导人，也不能完全忽视之。对此，周恩来指出："扩大和平地区的政策在具体执行中就是坚持和平政策，坚持民族独立的政策，不参加敌对性的军事集团，反对在自己领土上建立外国军事基地，主张国际经济合作，但是不容许要求特权和附加政治条件，主张各国平等友好地相处。实际上，这就是把和平共处五项原则加以发展了。现在，许多亚非国家已经这样做，在欧洲也出现了执行这种政策的国家。这种趋势在亚洲、非洲和欧洲的增长，也影响了美洲国家。这种趋势使西方国家不得不考虑他们的立场。"①

1957 年第 12 届联大通过的《各国和平和睦邻关系的决议》，要求各国"互相尊重和互利、互不侵略、互相尊重主权平等和领土完整，互不干涉内政"。这是在中华人民共和国政府仍然被排除在联合国之外的情况下，中国核心外交价值观及中国、印度等创立的国际关系准则首次以联大的形式得到国际社会的确认。1969 年 9 月的第一届不结盟国家和政府首脑会议倡议，和平共

---

① 《周恩来外交文选》，第 164 页。

处五项原则是代替冷战对抗和可能的核灾祸的唯一可行方法。1970 年第 25 届联大通过的《关于各国依照联合国宪章建立友好及合作关系的国际法宣言》和 1974 年第 29 届联大通过的《各国经济权利和义务宪章》的第一章，在实质内容和措辞上几乎同和平共处五项原则一致。这些国际文件表明，和平共处五项原则已逐渐为国际社会所接受，成为具有普遍意义的国际关系的基本行为准则。

到了 70 年代，和平共处五项原则的精神又写入了指导当时中美关系的三个联合公报之中。20 世纪 70 年代初作为中美关系迈向正常化关键一步的中美《上海公报》就明确记载了和平共处五项原则。[①] 1972 年的《中日联合声明》和 1978 年 8 月两国政府签署的《中日和平友好条约》，都庄重地重申这一原则，同时在中国同所有有外交关系的国家的双边关系文件中，和平共处五项原则都得到确认。这一切表明，和平共处五项原则已经成为具有普世价值的外交文化，已为众多不同社会制度和不同发达程度的国家所广泛接受。它不断地在许多重要的国际会议上和一系列国际文件中被引用和重申。

现在值得思考的问题是，随着中国的崛起，中国所倡导的这一重要原则还能否持续地坚持下去。《道德经》说："重为轻根，静为躁君。是以君子终日行不离辎重。……轻则失根，躁则失君。"《道德经》还说，"静之徐清"，"动之徐生"。只有坚持和平共处五项原则之"静"，才能使中国的外交更加清晰，战略与策略才能更加有效，而只有建立在清晰和坚定基础上的外交战略与谋略，才能使中国的外交行动产生更多的双赢和多赢的国家利益。从根本上说，和平共处五项原则的核心精神是为"重"和"静"，是绝对不能"轻"和"躁"，就像"君子终日行不离辎重"一样，中国的外交政策绝对不能脱离和平共处五项原则的核心精神。

（六）倡导建立国际制度，保障和平共处五项原则的执行，创造集体和平的局面

一种为国际社会普遍认可的主张和思想，如果没有相应的制度加以保障，这种主张就很难落到实处。周恩来曾向第三世界国家建议："我们不但有了国内的制度，而且主张在国际上建立一种制度，那就是各国和平共处，互相监督，国际间一切争端通过和平协商解决而不用武力。我们在国际上主张和平友好的政策，各国以和平共处五项原则或者以万隆会议的十项原则来相互约束。

①　顾关福编著《战后国际关系》，时事出版社，1998，第 176 页。

这就是一种国际保证，使得国家不分大小都可以和平共处，互相帮助发展而不附带任何条件。我们要把殖民主义只为自己发展而把别人搞穷的原则埋葬掉。这种政策是不排斥任何国家的，包括美国和其他西方国家在内，大家平等相处。"①

当然，在广大第三世界国家力量还很弱小，中国还处在新国家的建设初期，力量还很有限，同时霸权主义和强权政治仍然很猖獗的 20 世纪五六十年代，中国的这一主张很难有实质性实施的可能，但我们可以看到，周恩来心目中已经把和平共处五项原则确定为建构国际政治经济新秩序的基本原则了。为此，周恩来指出："除了联合国宪章以外，国与国之间还可以签订互不侵犯条约，或者扩大成为集体和平公约，例如亚洲和太平洋地区的国家可以签订一个集体和平公约。这种公约的目的不是要建立军事集团，而是为了集体和平；不排斥别人，也不反对任何国家。各国以五项原则或十项原则为基础，互相保证长期和平共处，用条约形式把这种保证固定下来。"②

（七）和平共处五项原则的实施所面临的曲折

进入 20 世纪 50 年代末 60 年代初，中国和平发展的国际环境和周边环境发生复杂的变化，共同倡导和平共处五项原则的中印两国发生边界的武装冲突，中苏的矛盾也公开化，帝国主义国家为此十分幸灾乐祸，它们在国际社会大肆造谣说中国不再讲和平共处五项原则了。周恩来指出，"西方舆论正在造谣说，中国已经放弃和平共处的政策。因此，我们再来重申这一主张就更能引起亚洲和世界人民的注意，揭穿帝国主义的谎言"，中国和亚洲三国签订了和平友好条约。周恩来指出："今年签订的这三个条约都是根据我们历来的主张，以和平共处五项原则为基础。"③ 这充分说明，中国在思想上和组织上坚持和平共处五项原则的政策是没有任何变化的，而且中国以和平共处五项原则为旗帜，确实和广大民族国家建立了良好的关系，并以友好条约的形式将友好关系确定下来。广大民族国家的发展史本身就是一个摆脱帝国主义的奴役史，在包括中国、印度等国家取得民族独立和恢复国权的伟大过程中，帝国主义国家和前殖民主义国家，其肮脏的旧殖民主义心态驱使它们在新兴民族国家不间断地采取破坏性手段，在民族国家间制造冲突和对抗因素，加之前殖民主义国

---

① 《周恩来外交文选》，第 178~179 页。
② 《周恩来外交文选》，第 178~179 页。
③ 《周恩来外交文选》，第 293 页。

家历史上在民族国家之间在领土和边界问题上遗留下了大量潜在的冲突因素，在面对民族国家因共同的命运而日益走向团结和合作的历史性的时刻，霸权主义和强权政治者最后使出它们的绝招，以经济援助为诱饵，以离间为手段，选择压倒民族国家这群大"骆驼"的最后的稻草为"最佳"对象，终于使印度等一些民族国家上了当，倒在西方世界设下的陷阱之中，中印冲突不可避免，至少民族国家的团结合作受到破坏性的影响，在这种情况下，在这个世界上最进步、最有普世价值、最有前途的、最先进的国际政治主张和真正代表世界上一切爱好和平的国家和人民的外交文化——和平共处五项原则的传播和推广的力度就明显削弱。

二　党的第二代中央领导集体充分实践并创新和平共处五项原则

（一）历史证明不同社会制度的国家间完全可以在和平共处五项原则的基础上建立正常的国家关系

在现代国际关系的两极格局对抗的时代，不同社会制度的国家或国家集团冲突是主要的表现形式，而几乎不存在正常的国家间关系，美国为首的资本主义阵营和苏联为首的社会主义阵营，相互之间的关系就没有理顺过，原因在苏联方面要么进行意识形态的严重对抗，要么就和美国不讲原则地企图搞"美苏共同主宰世界"的政治游戏。苏联企图用"大家庭方式"控制中国，美国也因它"失掉中国"而转而对中国采用遏制加封锁和意识形态对抗的政策，由于长达二十多年和美国没有外交关系，美国也没有直接的机会感受到可以和任何不同社会制度国家打交道的、符合当今世界外交潮流的、能够真正给国际社会带来和平与和谐的外交文化——和平共处五项原则，这是令人感到很遗憾的事情。美国和中国实现关系正常化是在尼克松访华后的 1979 年 1 月 1 日才得以实现，中国的等待确实漫长了一些，但如果中国不是以五项原则为建立外交的政治基础，而是以意识形态为标准，中美关系正常化今天都未必能够到来。

（二）践行和平共处五项原则，为中国发展同世界各国的关系和经济文化往来提供了强有力的外交支持

和平共处五项原则是党的第一代中央领导集体传承下来的宝贵外交资产，它不但在改革开放前中国的对外政策中发挥强大的作用，在改革开放时代，其理念为营造中国实现现代化的国际环境，发挥着越来越强大的作用。冷战后时代是"和平"与"发展"的时代，也正是和平共处五项原则的精神得以在世

界范围内发挥强大作用的时机。中国按照和平共处五项原则的精神，通过改革和开放，吸收了不少国际先进技术和经营管理经验和资金。正如邓小平所指出的："毛泽东同志关于三个世界划分的战略思想，给我们开辟了道路。我们坚持反对帝国主义、霸权主义、殖民主义和种族主义，维护世界和平，在和平共处五项原则的基础上，积极发展同世界各国的关系和经济文化往来。经过几年的努力，有了今天这样的、比过去好得多的国际条件，使我们能够吸收国际先进技术和经营管理经验，吸收他们的资金。这是毛泽东同志在世的时候所没有的条件。外国人也可能骗我们，也可能欺负我们落后。比如，一套设备，给你涨点价，或者以次充好，都是可能的。但是总的说来，我们有了过去没有的好条件。"① 和平共处五项原则是中国对外发展一切关系的政治、经济、文化、科技等关系的基础，而在冷战时代，在中国受到霸权主义和强权政治的全面封锁的情况下，其中的很多理念难以得到有效贯彻。改革开放时代，虽然霸权主义和强权政治仍然十分猖獗，但那种随时都有可能爆发世界大战甚至核大战的两极严重对抗的局面，在中国等世界和平力量的努力下，还是有了一定程度的缓和。邓小平指出："我国将长期实行对外开放，愿意在和平共处五项原则的基础上，同世界一切国家建立、发展外交关系和经济文化关系。我们主张用谈判方式解决国际争端，如同我国和英国通过谈判解决香港问题一样。"②

（三）和平共处五项原则不但是处理国际关系的最好的办法，同时也是特殊情况下处理内政的好办法

由于国际关系中霸权主义和强权政治暂时还有很大的市场，所以和平共处五项原则方式尚未发挥出它最大的效用，但是我们完全可以期待，从长远来看它一定是最有前景的方式，苏联的"大家庭"方式已经死亡，今天西方世界"集团政治"方式和"势力范围"方式虽然还存在，但也日益走向末路，越来越不得人心，它们给今天的国际政治本身和对仍然顽固坚持"集团政治"和"势力范围"政治的国家的人民所造成的不安全感越来越严重。因为"集团政治"和"势力范围"政治的本质是以集团的方式和单边支配的方式谋求世界霸权，是世界上种种问题的根源，比如说冷战后时代产生的基地组织式的恐怖主义，可以说是西方霸权所诱发的新的国际安全威胁，西方传统式的安全威胁引起了恐怖主义的非传统安全威胁，而恐怖主义式的非传统安全威胁又进一步

---

① 《邓小平文选》第 2 卷，人民出版社，1994，第 127 页。
② 《邓小平文选》第 3 卷，人民出版社，1993，第 70 页。

为传统安全威胁推波助澜，所以，从一定意义上讲，只要以美国为首的西方国家放弃其传统安全的威胁手段，很多非传统安全问题也就失去了生存的基础和条件。某些非传统安全的威胁也是西方世界的霸权政策造成的，比如，西方国家对华主要是采取"分化"加"西化"并举的政策，这样一种霸权政策直接导致"疆独"和"藏独"的猖獗。总之，西方的"集团政治"方式也好，"势力范围"方式也好，确实是世界不和谐的主要因素。古人说，"知者始于悟，终于谐"，"一事不谐而众谋顿废"。和平共处五项原则的最核心的内容是"不干涉内政"，西方世界做到这一条，世界就有了一个可以朝和谐发展的基础。正如邓小平所强调的："处理国与国之间的关系，和平共处五项原则是最好的方式。其他方式，如'大家庭'方式，'集团政治'方式，'势力范围'方式，都会带来矛盾，激化国际局势。总结国际关系的实践，最具有强大生命力的就是和平共处五项原则。"①

主权国家内部因某些特殊原因，也是可以采用和平共处五项原则的，中国已成功地在自己的主权管辖下对澳门和香港采取"一个国家，两种制度"前提下的"和平共处"，这对世界上一些存在中国类似问题的国家有积极启发意义。邓小平指出："我们解决香港问题，允许香港保留资本主义制度，五十年不变。解决台湾问题也是这个原则。台湾跟香港不同，还可以保留军队。……十亿人口的大陆坚定不移搞社会主义，台湾可以搞它的资本主义，北京不派人到台湾去。这不也是和平共处吗？所以，和平共处的原则不仅在处理国际关系问题上，而且在一个国家处理自己内政问题上，也是一个好办法。"②

（四）作为建立和谐世界的播种机、建立国际政治经济新秩序宣言书的和平共处五项原则

和平共处五项原则是中国建立国际政治经济新秩序的宣言书，是建立和谐世界的播种机，是中国先进的外交文化确立和平与发展、世界人民真正能够实现管理属于人民的世界的核心价值思想体系。和平共处五项原则是最有生命力的原因在于这一原则内容为世界最广泛的可接受性、对世界经济社会发展的最大的可持续性、对社会制度差异的最大限度的包容性，而西方世界的霸权模式构成的世界秩序，正好与和平共处五项原则所要求的世界秩序相反，是没有前途的。《道德经》说："生之徒，十有三；死之徒，十有三；人之生，动之死

---

① 《邓小平文选》第3卷，第96页。
② 《邓小平文选》第3卷，第96～97页。

地，亦十有三。夫何故？以其生之厚。盖闻善摄生者，陵行不遇兕虎，入军不被甲兵。"和平共处五项原则所建构的国际秩序，的确是国际政治主张中的"善摄生者"，而西方世界的"以其生之厚"的模式，必然要被扫进历史的垃圾堆。

　　国际秩序是建立在国际社会所认可或者接受的行为主体相互作用和博弈基础上所形成的秩序，它有一定的机制，其运行受占支配地位的思想和文化体系的深刻影响。国际秩序与国际格局的联系密切。国际格局深刻地影响和制约着国际秩序，大国和强国对国际秩序的作用与影响往往是决定性的，而能够对国际秩序造成重大影响甚至是决定性影响的大国，一定是政治、经济、文化、军事等方面处于最先进行列者。美国为什么能够通过两次世界大战而崛起，其主要原因是它集欧洲文明政治、经济、文化和科技之精华于一身，并能够应用正确的国际战略与谋略使它成长为资本主义世界唯一的超级强国，并长期左右世界格局，成为建立和控制资本主义主导的国际秩序的主导力量。但随着世界由"战争"与"和平"的世界主题向"和平"与"发展"的主题迈进时代的演变，再到"发展"与"和谐"主题的迈进，以美国为核心的霸权主义和强权政治方式及理论统治的国际秩序已经不能再持续下去，只有充分体现人类理想的和平共处五项原则才是世界现在与未来的前途所在。今天的世界已经是一个加速向多极化发展的时代，大国力量或者说国家联合体所形成的具有和"极"同等意义的力量的崛起，使美国谋求单极主宰世界的图谋越来越不得人心，失去了它存在的客观和主观的基础。中国作为曾经在历史上最强大的国家并深刻影响了世界的大国和作为今天推动世界和平发展和和谐发展的重要力量之一，面对人类社会是向光明发展还是向更加无底的黑暗的深渊滑下去的十字路口，必须站出来主持国际公道，伸张国际正义。正当20世纪80年代末90年代初世界各国都在纷纷提出自己的国际秩序主张之际，正当以美国为首的西方世界借苏联主导的苏联、东欧社会主义阵营出现明显颓败之势之机，企图抢占由西方世界主导的国际秩序的制高点，邓小平及时提出有中国气派的世界新秩序的主张，第一，指出"当前世界上主要有两个问题，一个是和平问题，一个是发展问题。和平是有希望的，发展问题还没有得到解决"。第二，指出"霸权主义、集团政治或条约组织是行不通了"，"至于国际政治新秩序，我认为，中印两国共同倡导的和平共处五项原则是最经得住考验的"，"这五项原则非常明确，干净利落，清清楚楚"①。第三，指出"解决南北问题，还应该建立

────────────────

① 《邓小平文选》第3卷，第281～282页。

国际政治新秩序，使它同国际经济新秩序相适应。我特别推荐五十年代由我们亚洲人提出的和平共处五项原则，作为今后国际政治新秩序的准则。我们两国自七十年代建立外交关系以来，可以说真正遵循了这个原则"①。第四，指出"我们对外政策还是两条，第一条是反对霸权主义、强权政治，维护世界和平；第二条是建立国际政治新秩序和经济新秩序。这两条要反复讲"②。从20世纪90年代至今，"一超多强"的局面一直持续着，没有什么大的变化，中国也确实按照邓小平的告诫在以和平共处五项原则为基础推动世界新秩序的建构，但到目前为止，旧格局仍然很强大，甚至有进一步做大的趋势，而中国倡导的秩序则似乎出现减弱的趋势。造成这种情况的原因是复杂的，但最主要的原因可能有这样几个方面：第一，冷战后西方世界调整了它们和广大第三世界国家的关系，使西方国家和广大第三世界过去的那种尖锐的矛盾有了很大程度的缓解；第二，中国主动放弃了当第三世界"头"的地位（这样说并不是主张中国应该当头，这样才能有效推动中国的新秩序主张，这里只是说按照邓小平讲的有所作为的举措还没有产生立竿见影之效也是其中一个原因），一方面确实使中国自身的外交政策灵活性得到加强，也很大程度上缓解了中国和西方世界的矛盾，但第三世界处于群龙无首的状态也使中国的国际政治经济新秩序的主张失去了强大的第三世界国家的支持。第三，西方世界不但不愿意改变其维持霸权秩序的政策，相反它们充分利用国际环境暂时有利于它们的态势，大肆算变天账，不断强化和精细化其霸权政策，使中国的主张面对西方强力的抵制。这是三个主要原因，造成今日国际秩序程度更深的"浊"，"孰能浊以静之徐清"？中国能够使似乎日趋恶化混浊的世界秩序之水变清澈吗？办法当然是有的，一是加大中国宣传和平共处五项原则主张之力度；二是加强和广大第三世界国家的团结，中国不能当第三世界的头，但是要真正的在协调第三世界立场，加强和他们的团结上发挥关键作用，西方世界看到一个拥有广大第三世界广泛支持的中国和中国坚定支持的团结的第三世界，才会使它们愿意听一听中国的世界新秩序的主张，如果西方看到的是一个一盘散沙的第三世界和已经失掉第三世界广大朋友支持的中国，中国和西方世界打交道的本钱也就失去了。当然还要强化中国主张在西方世界人民中的宣传力度。正如老子所云："知其雄，守其雌，为天下溪。"中国了解和平共处五项原则之"雄"，但要实现这个"雄"，必须通过谦卑地、办法多样化的、艰苦的努力奋斗。

---

① 《邓小平文选》第3卷，第328页。
② 《邓小平文选》第3卷，第353~354页。

（五）不干涉别国内政是建构国际政治经济新秩序的最核心内容

美国为首的西方世界使新的国际政治经济秩序不但建立无望，甚至更加使它们的旧秩序像打了"强心针"一样取得发展和强化的动力之关键手法——打着"民主"、"自由"、"人权"旗号实为侵犯别国主权与安全，深度干涉别国内政如进入无人之境一样容易。当西方的阴谋不能得逞时，它们又以制裁为手段，企图达到进一步破坏中国和搞垮中国之目的。邓小平指出："中国永远不会接受别人干涉内政。我们的社会制度是根据自己的情况决定的，人民拥护，怎么能够接受外国干涉加以改变呢？国际关系新秩序的最主要的原则，应该是不干涉别国的内政，不干涉别国的社会制度。要求全世界所有国家都照搬美、英、法的模式是办不到的。"① 美国强大了就称霸，就行干涉别国内政之举，这足以说明美国的政治制度存在很大的缺陷。如果中国强大起来并和美国一样搞干涉别国内政的霸权政策，世界将永无宁日。今天的时代之所以勉强还可以称之为"和平"与"发展"的时代，新的世界战争打不起来，是因为世界上有一个一贯奉行和平发展，坚持以和平共处五项原则为外交政策宗旨的中国的存在，将来的世界之所以仍然有和平继续发展的前景，也是因为发展强大起来的中国决心以和平共处五项原则特别是以"不干涉别国内政"为核心内容建构国际政治经济新秩序。所以从更深的角度看，美国统治集团粗暴干涉别国内政的外交政策如果不改变，早晚有一天会自食其果，而未来属于中国，属于一切爱好和平的国家和人民。

三　通过实践和发展和平共处五项原则，为中国外交赢得更大的成功，为中国的和平发展和中华民族的伟大复兴奠定了基础

（一）全面忠实地继承两代领导集体和平共处五项原则的思想

毛泽东时代和邓小平时代两代领导人创造和发展起来并经过大量的外交实践产生良好效果的和平共处五项原则，自然而然地成为第三代领导集体外交政策的核心价值理念和外交行动的准绳和方针，而在新的历史条件下，在和平共处五项原则精神不变的情况下，第三代中央领导集体在运用和实践和平共处五项原则过程中，又有新的创新、新的发展和新的面貌，正所谓两代领导集体之

---

① 《邓小平文选》第3卷，第359~360页。

德培养了和平共处五项原则，第三代中央领导集体使和平共处五项原则的可操作性得到进一步加强，为中华民族的伟大复兴提供了理论引导，并使它在新的形势下成为中华民族走向更大辉煌的指路明灯，正所谓"道生之，德畜之"，和平共处五项原则之"道"必将造就国际关系和谐发展的前景，和平共处五项原则之"德"必将积蓄中国强大的应对国际关系复杂局面的战略与谋略。江泽民指出："我们始终不渝地奉行独立自主的和平外交政策，坚持在和平共处五项原则的基础上，同所有国家保持和发展友好合作关系。在国际交往中，我们绝不强加于人，也绝不允许别的国家干涉我国的内政。我们坚决反对霸权主义和强权政治，继续为建立和平、稳定、公正、合埋的国际新秩序，作出不懈的努力。"① 江泽民的这一重要讲话，表明第三代中央领导集体决心按照中国一贯的外交方针和世界各国打交道，我们可以理解为它是中国新一届中央领导集体正式的外交宣言书。

（二）意识到用和平共处五项原则建立国际新秩序的艰巨性

党的第三代中央领导集体充分认识到按照和平共处五项原则建立国际新秩序的道路是漫长的，只有经过长期的努力和奋斗，才有希望。而且在西方的霸权秩序和强权秩序主导下的国际秩序仍然十分强大和顽固的情况下，用和平共处五项原则的基本精神推动国际新秩序，其困难程度可想而知。江泽民在党的十四大报告中指出："建立什么样的国际新秩序，是当前国际社会普遍关心的重大问题。根据历史经验和现实状况，我们主张在互相尊重主权和领土完整、互不侵犯、互不干涉内政、平等互利、和平共处等原则的基础上，建立和平、稳定、公正、合理的国际新秩序。这一新秩序包括建立平等互利的国际经济新秩序。"这是江泽民明确指出的用和平共处五项原则建立国际新秩序的必要性，但江泽民同时又指出："建立国际新秩序是长期的任务，中国人民将同各国人民一道，为此作出不懈的努力。"② 这是我党充分认识到和平共处五项原则建立国际新秩序的艰巨性。因为虽然在新的世纪，和平与发展仍然是时代的主题，世界多极化不可逆转等好的趋势在发展，为中国充分利用有利时机加快发展自己提供了良机，但同时，霸权主义和强权政治的称霸手法也越来越多样化，国际政治局面也日益复杂化，中国面临霸权主义和强权政治更加严峻的挑战。正如江泽民指出的："霸权主义和强权政治依然存在并有新的表现，全球

---

① 《江泽民文选》第 1 卷，第 302 页。
② 《江泽民文选》第 1 卷，第 243 页。

范围内综合国力的较量和竞争更加激烈，在西方国家主导经济全球化进程的条件下发展中国家维护国家的主权和安全问题更加突出，建立公正合理的国际政治经济新秩序还要经历一个艰难的过程。特别是西方敌对势力不愿意看到社会主义中国的统一和强大，利用所谓'民主'、'人权'、'民族'、'宗教'等问题，加紧对我国实施西化、分化的政治战略。我们同西方敌对势力在渗透和反渗透、分裂和反分裂、颠覆和反颠覆方面的斗争，将是长期的、复杂的，有时甚至是很激烈的。"① 霸权主义和强权政治对和平力量的成长一贯抱仇视的立场，和平力量越是发展，霸权主义和强权政治越是想方设法抵消之，破坏之。尤其是像中国这样的社会主义大国发展起来，对于整个资本主义体系来说，无疑是让它们感到无地自容的事情，因为这必然导致人类再次重新认识社会主义道路的价值，霸权主义和强权政治主义者就会有面临灭顶之灾的恐惧感，所以，把一个正在成长中的社会主义大国扼杀于摇篮之中就成为霸权主义和强权政治当下和今后一个时期的重要战略考虑和安排，它们是不达目的决不罢休的。斯大林曾经就深刻地指出："如果以为国际资本会让我们安静地过日子，那就愚蠢了。不，同志们，这是不对的。阶级还存在，国际资本还存在，它是不会平心静气地看着一个正在建设社会主义的国家发展的。"② 以什么样的价值理念为基础建构国际政治经济新秩序，不但决定这个秩序的性质，更决定这个国际秩序的难易程度。比如如果以强权为基础，那么自从人类社会产生阶级、产生国家以来，这样的秩序就可以建立起来，而且是很容易做到的，比如，当古希腊斯巴达强大时，它就建立了以它为主导的希腊化的世界秩序，当罗马帝国强大时，它也建立了它主导的罗马化世界霸权秩序，它们都是强大必霸，它们把一批弱小的民族都控制在自己的强权之下，当然我们不否认无论是希腊的霸权还是罗马的霸权，都在历史上具有一定的进步性，比如使希腊和罗马的一些具有历史进步性的文明传播开去，在由宗教绝对力量支配的欧洲漫长黑暗的中世纪时代中，不能否认古代希腊的霸权秩序和古代罗马的霸权秩序给这种上千年的黑暗时代注入了"活力"的事实。但它们的反动性也是明显的——对人性的压抑，使很多民族长期处于受奴役和压迫的地位，长期遏制社会生产力的发展，使更加先进的文明和先进的生产力失去了健康发展的国际环境。今天，如果仍然继续以实力的大小决定国际秩序，

---

① 《江泽民文选》第 3 卷，第 138～139 页。
② 斯大林：《关于中央委员会和中央监察委员会四月联席全会的工作》（一九二八年四月），《斯大林全集》第 11 卷，人民出版社，1955，第 49 页。

那么只有美国有资格，全世界的弱国和全世界弱国的人民大众都没有资格。按照中国的和平共处五项原则的理念，世界上所有的国家都有份，只是美国不能再称王称霸了。客观现实是，美国不但想保持它已经取得的霸权和强权地位，它还要力图扩大其霸权和强权，而且以美国为首的西方世界，也确实拥有扩大强权的实力和条件。此外，我们也要看到，一些弱国和弱小民族，不但经济上、政治上受到西方世界的长期奴役，思想上所受到的奴役也是十分深重的，而且一时还难以摆脱这种思想上的奴性。因此，在这种情况下，中国这一代表人类先进外交文化，在互相尊重主权和领土完整、互不侵犯、互不干涉内政、平等互利、和平共处这一宽松和谐和自由的国际条件下，必然促使人类社会生产力取得更大发展，能够代表人类最大多数根本利益的理念，也必然面对非常艰难的发展环境。对此，我们必须有充分的思想准备，而中国要成功地推动中国理念的国际秩序，恐怕最主要的，还是要在政治上、经济上、军事上、文化上把中国再做大做强，要让中国的强大足以和美国比肩甚至比美国还要强大，这样，中国才可以说真正取得了推动和平共处五项原则为基础建立国际新秩序的条件。但问题是中国强大起来后，中国还能不能坚持和平共处五项原则，会不会走上和美国一样的霸权世界的老路？会不会避免强大后经不住谋求霸权的诱惑？这是不能回答说绝对不会的。因为中国提出这一理念的时代背景是在中国处于弱国的条件下。正如毛泽东所说的，"我们非常谨慎小心，不盛气凌人，遵守五项原则。我们自己曾是被欺侮的，知道受欺侮的滋味不好受"[1]。中国强大起来后还能做到一如既往？这也是很难回答的，这也是老一代中国领导人最为担心和最为忧虑的。今天中国还是一个发展中国家，经济实力和国际地位确实提高很大，经济总量仅次于美国，但是我们国内就已经开始有人对和平共处五项原则中最关键的"不干涉内政"原则提出修正，认为中国大有必要"创造性介入"别国内政了（当然，我们不否认从学术的意义上看，这可以说是很有意义的外交理论的探索），这从一定意义上讲，也是中国未来能不能坚持和平共处五项原则为基础，推动国际新秩序建立所存在的一个思想上困难的问题，也许将来在中国理念基础上的国际新秩序问题上，中国面对的最大的敌人，可能并非美国，而很可能是我们自身，如果我们不在思想上牢牢地把握住自己的话。

---

① 《毛泽东外交文选》，第 256 ~ 257 页。

（三）响亮提出发展中国家是维护世界和平、推动建立公正合理的国际政治经济新秩序的主力军

发展中国家应该对国际事务有更大的发言权，他们是维护世界和平、推动建立公正合理的国际政治经济新秩序的主力军。江泽民指出："纵观国际形势，随着冷战的结束，世界发生了复杂而深刻的巨大变化。……世界要和平，国家要稳定，经济要发展，社会要进步，成为当今世界的主旋律。占世界人口大多数的发展中国家在政治崛起的同时，经济增长总体速度加快，在世界经济总量中的比重正在增大。发展中国家要求对国际事务有更大的发言权。他们是维护世界和平、推动建立公正合理的国际政治经济新秩序的主力军。"[1] 江泽民强调："现在，第三世界虽然面临不少困难，但仍然是国际舞台上的一支重要力量。第三世界国家地大物博，人口众多，具有巨大的发展潜力。他们占联合国成员国的绝大多数，是霸权主义和强权政治、不公正不合理的国际政治经济旧秩序的最大受害者，是反对霸权主义、维护世界和平、推动建立公正合理的国际政治经济新秩序的主力军。我们必须从战略高度，从我国外交全局和国家整体利益出发，思考怎样加强同第三世界国家的合作问题，进一步提高对第三世界国家工作重要性的认识。现在情况有所变化。有些国家与我国有所疏远，一些新的领导人对我国不够了解，对我国感情也不像以前那么深了。这种现象应该引起我们重视。"[2]

按照"三个代表"重要思想核心"先进生产力"的理念来理解，在全球化时代，生产力和生产关系的矛盾，经济基础和上层建筑的矛盾，已经具备了全球性的意义。旧的国际经济政治秩序，可以称之为旧的国际上层建筑，它日益成为新的国际先进生产力发展的阻碍，由于存在旧的国际经济秩序，包括中国在内的广大发展中国家，经济结构和科技结构，始终处于西方主导的旧的国际经济秩序的低端，处于严重不平等的地位。当然，"二战"后社会主义阵营的形成和新中国的成立，对资本主义主导的旧的国际政治经济秩序已经形成了很大的冲击，使之被撞开了一个很大的口子，由社会主义阵营和新中国推动的国际政治经济新秩序的伟大进程已经展开，特别是新中国始终坚持走独立自主的发展道路，始终坚持以和平共处五项原则作为中国处理国际关系的准则，路漫漫其修远兮，吾将上下而求索，这样，由代表正义、公正、平等的中国体现中国元

---

① 《江泽民文选》第 1 卷，第 525～526 页。
② 《江泽民文选》第 2 卷，人民出版社，2006，第 373 页。

素和中国价值观的国际政治经济新秩序的主张，已经由党的第一代中央领导集体，在理论上和实践上做好了准备。当然，事物发展总是充满曲折的，"二战"后60多年的历史表明，东风压倒西风是世界政治发展不可逆转的大趋势，但是西风也会在一定的时期压倒东风，今天就是处在西风暂时处于上风的严峻时期。

由于旧的国际政治秩序仍然主导着今天的世界政治，广大发展中国家在国际政治事务上的发言权，也始终处于严重的不平等地位。以联合国安理会为例，五大常任理事国中，真正代表发展中国家利益和世界正义力量的国家，只有中国和俄罗斯。正如江泽民在联合国千年首脑会议上的讲话中所指出的，"联合国应该是各会员国共同协商、民主处理国际事务的场所。联合国及其安理会应顺应历史潮流，按照地域平衡原则，进行必要的合理的改革，体现各会员国特别是广大发展中国家的意志。"① 俄罗斯立场和中国接近，才使得联合国核心机构的严重不平衡性有所缓解。广大发展中国家之所以成为推动国际政治经济新秩序的主力军，是因为他们有强烈的改变旧的不公正、不合理、不平等的旧秩序的愿望，他们要求改变现状的要求是有重要意义的，因为这是催生新的先进国际生产力的需要，是建构新的国际生产关系的需要，即国际经济基础和国际上层建筑更上一层楼和取得平衡发展的需要。虽然西方世界已经掌握了现代意义上的先进的生产力和和先进的科学技术，但是它们通过旧格局使这些先进的生产力和先进的科学技术处于它们高度的垄断和控制之中，广大发展中国家处于无权分享的状态，由于西方世界政治上的落后和反动，西方世界本身生产力的先进性也日益衰败，我们从2008年的国际金融危机就看到了这种西方生产力急剧衰败的趋势。所以，从一定意义上讲，西方世界也应该积极地适应国际经济政治新秩序的建立，虽然要它们暂时放弃很多既得利益，使它们感到难以接受，但从长远来看，国际经济政治新秩序也是有利于西方发达国家的，是他们度过金融危机，恢复经济活力，在国际政治领域保持相应发言权的必由之路和重要步骤。

（四）争取首先在周边国家中取得共识，共同推动建立国际政治经济新秩序

如何使中国倡导的国际新秩序得以建立起来，从什么环节开始着手，从哪些地区开始推动，这往往是要么事半功倍，要么事倍功半的事情。周边国家中的印度、缅甸是以和平共处五项原则作为建立国际政治经济新秩序的共同倡导

---

① 《江泽民文选》第3卷，第111页。

国，首先从周边国家着手，这是非常重要的推动中国主张的地缘政治基础。江
泽民指出："要积极向周边国家宣传我国关于建立国际新秩序的主张，争取首
先在周边国家中取得共识，共同推动建立国际政治经济新秩序。"① 在周边国
家中，东盟的作用是必须高度重视的。党的第三代中央领导集体把东盟视为推
动更加合理的国际政治经济新秩序的主力军。江泽民就指出："中国和东盟国
家都是推动建立国际政治经济新秩序的倡导者。……我始终认为，一个团结、
繁荣的东盟，是促进亚洲和平与发展的重要力量。"② 江泽民为中国如何成功
地推动国际政治经济新秩序提供了正确的方法和路径。按照江泽民同志引领的
方向去做，和平共处五项原则建构世界秩序就能收到事半功倍之效。这也是充
分重视中国实现现代化、谋求良好的周边环境的具体举措之一。中国领导人一
贯重视周边外交。东盟国家是中国周边重要的邻国，他们自然是中国推动国际
政治经济新秩序的重要伙伴和战略合作者。

中国是世界上邻国数目最多的国家，分为接壤和不接壤的邻国两部分。这
些国家人口众多，达到或者超过世界人口的1/3。正因为这是事关中国重大利
益的地缘政治特点，霸权主义和强权政治者总是借机制造中国和周边国家关系
的危机和进行其他的捣乱破坏活动，对中国推动国际政治经济新秩序工作的地
缘政治基础，设置了很多的障碍。正如江泽民指出的："周边工作也有其复
杂、特殊的一面。……存在着外部势力从中操纵利用的图谋，突发事件时有发
生。可以说，周边形势错综复杂。"③ 当然，中国在周边也存在不少有利条件。
比如中国和周边大多数国家拥有共同的历史遭遇和今天共同的经济社会发展任
务，历史文化传统相似，共同语言多，在历史上中华文明和周边国家的交流也
比较频繁，今天中国同这些国家在思想沟通方面障碍较少。当然，更加重要的
是，随着不同区域的国际经济科技的硬实力的竞争日趋加剧，而且如何建立更
加有生命力的引导国际政治正确发展方向的软实力的竞争也趋向白热化，中国
要善于利用机遇适时地向前推动能够代表亚洲人民的呼声的国际政治经济新秩
序主张。

**（五）旗帜鲜明、坚持原则，进行卓有成效的工作和必要的斗争，
推动建立公正合理的国际政治经济新秩序**

江泽民指出，"要继续长期坚持冷静观察、沉着应付、绝不当头、有所作

---

① 《江泽民文选》第3卷，第258~259页。
② 《江泽民文选》第2卷，第407页。
③ 《江泽民文选》第3卷，第314页。

为的战略方针。要韬光养晦，收敛锋芒，保存自己，徐图发展。我国国情与国际力量对比决定了我们必须这样做。在直接涉及国家的主权、安全和利益，涉及发展中国家的正当权益，涉及世界和平与地区稳定，涉及建立公正合理的国际政治经济新秩序等问题上，我们必须旗帜鲜明，坚持原则，进行卓有成效的工作和必要的斗争"①，"顺应时代潮流和各国人民的意愿，因势利导，积极推动建立公正合理的国际政治经济新秩序。"② "韬光养晦"和"有所作为"相结合最成功的例子，恐怕要算列宁刚刚建立的苏维埃政权和德国签订的最屈辱的但也是苏维埃政权笑到最后的《布列斯特和约》了。列宁指出："我们的最重要的经验就是布列斯特和约。……当时我们不得不等待，退却，随机应变，签订最屈辱的和约，以便能为新的社会主义军队创立新的基础。我们终于奠定了这个基础，而曾经是不可一世的强大的敌人却已经变得软弱无力了。"③ 在今天，在世界上唯一的超级大国及西方国家的霸权主义和强权政治仍然十分疯狂，而中国综合国力仍然处于较弱状态的情况下，必须把原则的坚定性和策略的灵活性更加紧密地结合起来，埋头苦干，发展自己，顺利地达成我们三步走的目标，到那个时候，中国在国际政治中将取得更多的话语权，在和平共处五项原则的引领下，中国维护世界和平的手段就会更多。马克思主义奠基人很早就注意到世界旧秩序的问题，并对那些开历史倒车、极力地维护旧秩序者进行了无情的批判。恩格斯在他的《俄国沙皇政府的对外政策》文章中，对那些逆历史潮流而动的欧洲统治者无情地批判："对拿破仑的胜利就是欧洲的君主国对法国革命的胜利，因为拿破仑帝国是法国革命的最后阶段；恢复'正统主义'就是对这次胜利的庆祝。但是，当达来朗想用他所臆造的这个词儿使沙皇亚历山大上钩的时候，俄国的外交却反而借助这个词儿愚弄了整个欧洲。它借口保卫正统主义而建立了'神圣同盟'，这个同盟是俄奥普同盟的扩大，把它变成了所有欧洲的君主在俄国沙皇领导下反对本国人民的一个阴谋。"④ 很明显，"神圣同盟"的世界秩序是根本违背各国人民意愿的。江泽民提议各国政府和人民应该在推动世界走向多极化，推进国际关系民主化，尊重世界多样性，正确引导经济全球化，促进各国实现共同发展，树立以互信、互利、平等、协作为核心的新安全观等方面共同作出努力。江泽民指出，"正确引导经济全球化"是新时代发展的产物，而尊重世界的多样性问题，是在毛泽东时

---

① 《江泽民文选》第2卷，第202页。
② 《江泽民文选》第3卷，第473~475页。
③ 《列宁全集》第36卷，人民出版社，1985，第41页。
④ 《马克思恩格斯文集》第4卷，人民出版社，2009，第372页。

代就已经意识到的。1954 年毛泽东在同印度总理尼赫鲁谈话时指出："事物的多样性是世界的实况。马克思主义也是承认事物的多样性的，这是同形而上学不同的地方。"①

（六）国际旧秩序格局下的国内政治、裁军、宗教现状和中国的对策

笔者认为，冷战后的世界秩序并非发生根本改变，但旧的国际政治经济新秩序为国际政治经济新秩序所取代，并非是要采取完全抛弃、推倒重来的办法，事实上这是没有必要的，也是难以达到目的的，最好的办法还是不断地扩大旧的国际政治经济新秩序中的合理的部分，而不断地抛弃其落后于时代和反动的部分。经过全世界一切进步力量的推动，旧的国际政治经济秩序已经有了一定程度的改观，所以，今天中国关于国际政治经济秩序的提法有了改变。

胡锦涛在建党九十周年的讲话中指出："中国外交政策的宗旨是维护世界和平、促进共同发展。我们将继续坚持独立自主的和平外交政策，始终不渝走和平发展道路，始终不渝奉行互利共赢的开放战略，在和平共处五项原则的基础上同所有国家发展友好合作，维护发展中国家正当要求和共同利益，积极参与多边事务，推动国际政治经济秩序朝着更加公正合理的方向发展。我们将坚定不移实行对外开放的基本国策，完善开放型经济体系，全面提高开放型经济水平，加强同世界各国的互利合作，继续以自己的和平发展促进各国共同发展。"②

第三代领导集体观察国内政治、宗教问题，总是从联系的观点来看，从国际政治和国内政治的互动来观察，继承了老一代分析政治总是从联系的观点来看的优良传统。江泽民指出："和平与发展是当今世界的两大主题，同时这两大课题至今一个也没有解决。霸权主义和强权政治有新的表现，天下仍很不太平。世界正处在向多极化发展的趋势之中，单极和多极的斗争十分激烈，多极格局的最终形成将经历一个曲折漫长的过程。东欧剧变、苏联解体后，中国作为世界上最大的社会主义发展中国家，实际上已成为社会主义的一面旗帜。国际敌对势力把中国视为眼中钉，千方百计想搞垮中国共产党的领导和社会主义制度，一刻也没有停止对我国实施西化、分化的政治战略。最近，在联合国人权会议上，美国挑头，一些西方国家配合，演出了一场闹剧。我们经过坚决的斗争和艰苦的工作，第九次挫败了美国等一些西方国家在人权

---

① 《毛泽东外交文选》，第 186~187 页。
② 胡锦涛：《在庆祝中国共产党成立 90 周年大会上的讲话》，《人民日报》2011 年 7 月 1 日。

问题上的反华提案。在这场斗争中，坚决支持我们的都是发展中国家。国际反华势力企图在一些国际组织和国际场合纠集力量同我们进行较量，并以'人权'、'民主'、'宗教'等为借口，插手台湾、达赖等问题，干涉我国内政。美国加紧发展高技术武器装备，发展战区导弹防御系统，强化区域军事合作，售台先进武器装备，目的是为其谋取全球霸权提供军事后盾。国际敌对势力企图西化、分化我国的政治本质绝不会改变，我们同国际敌对势力在渗透和反渗透、遏制和反遏制、分裂和反分裂、颠覆和反颠覆上的斗争，也将是长期的、复杂的，有时甚至是很尖锐的。"① 江泽民在这里虽然没有直接提到"国际政治经济新秩序"的措辞，但是他讲到单极和多极的斗争，实际上就是中国主张的国际政治经济新秩序和旧秩序的博弈，而且提到单极与多极之间斗争对中国内政的影响。

　　宗教问题与国际政治秩序存在因果关系，在旧的国际政治格局和国际秩序支配下，宗教往往起着为旧秩序和旧格局充当打手和开路先锋的作用，对广大发展中国家的文化安全、政治安全、国家安全和政治稳定都会构成严重威胁。江泽民精辟地指出："国际宗教领域的对立和斗争，归根到底总是围绕不同的现实政治、经济利益的斗争和争夺进行的。因此，这种对立和斗争，仅仅在宗教领域里是不可能解决的。只要公正合理的国际政治经济新秩序没有建立起来，世界各国的发展差距和贫富差距依然存在，围绕不同的现实政治、经济利益进行的斗争和争夺，以及宗教在这种斗争中的介入和作用，就会长期存在。"②

　　中国如何裁军，这也是一个内政的问题，但是如何应对这一内政的问题，也和中国所面对的国际安全态势和国际政治经济秩序的状况密切相关。江泽民指出："我们认为，新安全观的核心，应该是互信、互利、平等、协作。各国互相尊重主权和领土完整、互不侵犯、互不干涉内政、平等互利、和平共处五项原则以及其他公认的国际关系准则，是维护和平的政治基础。互利合作、共同繁荣，是维护和平的经济保障。建立在平等基础上的对话、协商和谈判，是解决争端、维护和平的正确途径。只有建立新安全观和公正合理的国际新秩序，才能从根本上促进裁军进程健康发展，使世界和平与国际安全得到保障。"③ 在旧的国际政治经济新秩序仍然起支配作用的今天，我们的国内政治

①《江泽民文选》第 3 卷，第 7~8 页。
②《江泽民文选》第 3 卷，第 378 页。
③《江泽民文选》第 2 卷，第 314~315 页。

应该高度地、充分地防止西方反华势力对我的西化和分化的图谋，不要天真地指望西方世界会对中国采取有利于广大中国人民福祉和国家安全利益的、建立在平等基础上的政治和宗教交流与合作。旧的国际政治经济新秩序也直接对中国内政的和谐带来一系列麻烦，围绕宗教和政治的斗争、争夺也日益激烈和尖锐化，西方借宗教活动与宗教交流培养中国本土对党和政府的"异议人士"并造成严重后果的情况时有发生，使很多原本老实憨厚的百姓成为外国反华势力的牺牲品，也破坏了中国安定团结的政治局面。比如已经向组织化、公开化、政治化方向发展的地下宗教，不但直接导致我国宗教界的不和谐，而且也直接造成社会的不和谐，宗教干预社会世俗机构，正常的生产、生活秩序受到严重干扰，争夺教权而引发教派之间的武装械斗也时有发生。很多误入地下宗教的教民，精神世界受到严重的宗教迷信的束缚。"境外敌对势力打着宗教旗号，利用各种机会在我国部分少数民族地区进行反党反社会主义宣传，攻击我国的改革开放政策和民族政策，煽动民族情绪，扶植分裂势力，从事反政府活动。达赖不时对国内藏族同胞发号施令，有些喇嘛仍然对达赖愚忠，一些藏族干部也对达赖怀有同情。少数高僧活佛与达赖勾结合谋，背叛祖国。20世纪90年代以来宗教激进主义、泛伊斯兰主义、泛突厥主义思潮对我国新疆的渗透和破坏活动愈演愈烈。瓦哈比派渗入新疆引发了激烈的教派之争。境外势力资助出版宗教书刊和音像制品，私办经文学校，干涉教育、行政及计划生育工作。敌对势力向我国穆斯林号召信仰安拉独一，不能相信共产党，怂恿反对异教徒，帮助建立非法组织。宗教极端势力主张以暴力手段推翻社会主义政权。三股势力互信勾结，策划、煽动恐怖活动和暴力犯罪，严重威胁社会稳定和国家统一。"[1] 所以，中国推动国际政治经济新秩序的建立也是出于中国建立和谐社会的需要，是出于宗教在中国健康发展的需要，也是出于中国人民在一个更加安定的社会气氛和政治气氛中安心生活的需要。

在裁军问题上，旧的国际政治秩序总是使霸权主义和强权政治把它们的安全建立在别国特别是弱国和广大发展中国家不安全的基础之上，所谓的国际裁军也往往成为强国控制弱国的工具，成为霸权主义和强权政治优化军备进而谋求单方面安全优势的手段。在旧的国际政治格局和旧的国际安全格局下，中国政府为了保障自己的国家主权与安全，为了具备在外国干涉的情况

---

① 覃辉银：《新时期境外宗教渗透及其对策思考》，《华南理工大学学报》（社会科学版）2010年第4期，第69页。

下统一台湾的军事能力，必须加强国防建设和军队的现代化建设。江泽民在庆祝中国共产党成立八十周年大会上的讲话中指出："在新的形势下，为了保卫国家安全，维护祖国统一，我们必须在经济发展的基础上继续积极推进国防和军队的现代化，不断增强国防实力。要坚持党对军队绝对领导的根本原则，按照政治合格、军事过硬、作风优良、纪律严明、保障有力的总要求，以新时期军事战略方针为统揽，注重质量建设，实行科技强军、依法治军，努力把人民解放军建设成为一支强大的现代化、正规化的革命军队。要加强国防后备力量建设，发展国防科技工业，完善国防动员体制。要不断巩固和加强军政军民团结。"① 胡锦涛总书记在建党九十周年纪念大会的讲话中指出："巩固的国防和强大的军队，是国家主权、安全、领土完整的坚强后盾。"②

（七）建立在和平共处五项原则基础上的上海合作组织及其上海精神是有力推动国际新秩序建立的重要制度基础

"三个代表"重要思想的外交方略是全面继承毛泽东和邓小平时代的外交方略，同时也是对毛泽东和邓小平的外交方略在新的历史条件下加以发展的外交方略。在毛泽东时代，周恩来曾希望在国际上建立一种制度，来保障各国和平共处，全面深入地实践和平共处五项原则，但限于当时的国际环境和中国的国际地位，周恩来的理想是没有办法实现的，经过三代领导人的努力，进入 21 世纪，中国实力已经有了很大的增长，国际地位也有了很大的提高，中国一贯坚持和平共处五项原则所树立起来的形象得到国际社会一切进步力量的广泛认可。在这样良好的国际态势下，以和平共处五项原则为基础和指导原则的、中国主动参与建构的区域性组织也提上了议事日程，上海合作组织就是在这样的国际气氛下建立的。上海合作组织是不同于"大家庭"式、"集团"式和"势力范围"式的组织，而是以"坚持不结盟、不针对其他国家和组织广泛交往、广为合作的对外开放原则"③ 而结伴不结盟的新型国家关系。上海合作组织确立的指导原则是以和平共处五项原则为基础，同时又对和平共处五项原则有所创新、有所发展的原则。诚如有学者所指出的，"从'上海精神'二十字表述的整体看，'互信'是基础，'互利'

---

① 《江泽民文选》第 3 卷，第 295~296 页。
② 胡锦涛：《在庆祝中国共产党成立 90 周年大会上的讲话》，《人民日报》2011 年 7 月 1 日。
③ 胡锦涛：《承前启后，继往开来努力开创上海合作组织事业新局面——在上海合作组织成员国元首莫斯科会议上的讲话》，《人民日报》2003 年 5 月 30 日。

是目的，'平等'是保障，'协作'是途径，'尊重多样文明'是现实，'谋求共同发展'是方向。不难看出，这二十个字处处体现出和平共处五项原则的精神，但又包含着许多新思维。"① 和平共处五项原则最大的创新之处就是根据这五项原则的精神实质，创立了上海合作组织，使五项原则的精神，通过该组织的充分实践，影响当今的国际政治，引导当今的国际政治发展的趋势。江泽民指出："'上海五国'进程，是当代国际关系中一次重要的外交实践。……它所培育出来的互信、互利、平等、协作，尊重多样文明，谋求共同发展的'上海精神'，不仅是五国处理相互关系的经验总结，而且对推动建立公正合理的国际政治经济新秩序也具有重要的现实意义。"② 过去，中国是通过双边条约将和平共处五项原则融入双边关系之中，这固然对国际新秩序的国际环境有很大帮助，但很难形成合力，影响也相对有限，今天，在多边机制中深入实践和平共处五项原则的精神，它所形成的合力效应，必将深刻地影响国际政治的发展方向，使拥有强大生命力的外交文化找到向纵深发展的空间。

党的历代领导人都是党和人民推选出来的优秀分子，他们都是忠实地代表了国家的根本利益，代表了人民的根本利益，因此才使新中国一步步发展强大，这是中国人民的幸运所在。中国的发展强大就是中国的掌舵者们真正代表了国家和人民利益的最好的证明。反之，如果一个国家不是发展起来，而是像戈尔巴乔夫一样使苏联滑向混乱、衰落和解体，那么，这样的领导人不要说他们根本没有代表人民的利益，他们简直就是国家和民族的罪人，就如苏共中央书记处书记、办公厅主任瓦·博尔金对戈尔巴乔夫的评价一样："他登上了党和国家权力的顶峰，宣誓要为人民服务，关心祖国的繁荣昌盛。当时谁也没有想到，也未必能够想到，几年以后总书记就违背自己的这个诺言。……当时我无论如何不相信新上任的领导人会比他的前任们更加意志薄弱，以致四年多来一直让大国的航船摇摆不定。发达社会主义的丧葬期就这样结束了，国家进入了一个前所未有的发展时期，大家都在谈论美好的思想。但是没有想到，善良的思想铺就的却是通往地狱的路。"③

---

① 潘光、周国建：《和平共处五项原则的成功实践和创新发展：上海合作组织及"上海精神"》，《毛泽东邓小平理论研究》2004 年第 12 期，第 47 页。

② 《江泽民文选》第 3 卷，第 257～258 页。

③ 〔俄〕瓦·博尔金：《二十世纪军政巨人百传：改革先锋——戈尔巴乔夫传》，吉力译，时代文艺出版社，2003，第 79～80 页。

第二节　党的第一代和第二代中央领导
集体政治外交核心精神

党的第一代中央领导集体政治外交核心精神是指在中国外交一直起关键和主导作用的文化和思想因素，是中国政治外交的灵魂所在。新中国成立以来的外交实践充分证明，党的第一代中央领导集体政治外交核心精神真正体现了先进的外交价值观，体现了真正的民族利益和国家利益，是建立在马克思主义和中国外交实践相结合基础上的和中国传统优秀外交战略与谋略基础上的外交精神，因而使新中国的外交总是表现出强大的生命力和持久的活力。党的第一代中央领导集体政治外交核心精神不因时间的变化而失效，随着时间的推移和时代的发展，其核心价值反而更加重要，因为它在以后若干年的国际风云变幻中的不朽价值得到进一步验证，成为外交过程和实践中愈加不可缺少的核心外交价值观。六十多年来，中国的外交政策正是在党的第一代中央领导集体政治外交核心精神的指导下，才使中国始终在复杂的国际政治斗争中立于不败之地。今天中国的外交政策，如果放弃党的第一代中央领导集体政治外交核心精神，中国在国际政治中就必然栽大跟斗，中华民族的伟大复兴就只是梦话。党的第一代中央领导集体政治外交核心精神如果用最简略的语言来概括，就是八个字"自强不息"和"厚德载物"。两者是相辅相成的，中国外交所表现出来的强大的自强不息精神使中国在国际外交中不畏强权，坚定地支持世界上一切被压迫民族的独立和主权完整、自立、发展和进步，正因为新中国外交的根本归属是为人民谋利益，所以新中国的外交，从一开始就以厚德载物的精神，把实现世界人民的利益作为中国外交的核心价值目标。

党的第一代中央领导集体政治外交核心精神是在结合马克思列宁主义先进的外交思想与深深扎根于中国传统优秀文明土壤之基础上发展起来的。它是理论和实践的高度结合和有机统一，它为中华民族的独立和自由与伟大复兴发挥了巨大的精神作用。以毛泽东为核心的党的第一代中央领导集体的外交经历了时间的考验，其精神在今天的中国外交中，越来越显示出它的无穷魅力，毛泽东的独立自主的思想和实践，反对帝国主义、霸权主义和强权政治的理论和实践，坚定地维护国家的主权与安全和中华民族的根本利益的理论和实践，必然是今后中国外交继续前进的最强大的精神支柱。

一 党的第一代中央领导集体政治外交的核心精神

1918 年 5 月 14 日列宁在《在全俄中央执行委员会和莫斯科苏维埃联席会议上关于对外政策的报告》中对独立自主和平外交政策思想有很有启发性的、具体的思考。列宁指出:"我们苏维埃共和国的对外政策是郑重的政策,——是做好保卫祖国的准备的政策,是坚定的政策,它决不采取任何步骤去帮助西方和东方的帝国主义列强的极端主战派。这个政策基于郑重的考虑,而不带任何幻想。我们遭受武力入侵的可能性始终都存在着,而我们工人农民对自己和全世界说,并且能够证明,我们会团结得象一个人一样,奋起保卫苏维埃共和国。"① 列宁的论述,结合今天的国际政治形势,用今天的话来说,中国的对外政策应该是保卫国家主权与安全而做好准备的政策,是坚定的政策,它决不采取任何步骤去帮助霸权主义和强权政治。这个政策基于郑重的考虑,而不带任何幻想。我们遭受霸权主义和强权政治的"西化"和"分化"的可能性始终都存在着,而中国人民对自己和全世界说,并且能够证明,我们会团结得像一个人一样,奋起保卫社会主义中国的江山不变色、不分裂。这就是今天中国建立在独立自主基础上的对外政策的全部价值观。

(一) 对别国外交的"独立自主"的尊重和自身外交的"独立自主"的追求

毛泽东对别国取得外交上的独立自主的地位,从来都是非常高兴和坚决支持的,他曾就非洲和第二次世界大战后世界各民族的独立自主深刻地指出:"帝国主义为非洲人民创造了斗争条件,创造了埋葬帝国主义的条件,创造了非洲人民独立自主的条件。如它使非洲人民中产生了工人阶级、工会运动。"② 在《和平为上》一文中,毛泽东精辟地作出总结:"第二次世界大战产生了两种结果:第一,产生了像中国、波兰、捷克斯洛伐克等由共产党管事的国家;第二,像在印尼、印度、缅甸这样的许多亚非国家中,民族主义者所领导的运动使这些国家成为独立自主或者接近独立自主的国家。自从第二次世界大战以来,埃及有了很大的改变,许多近东和中东国家也是如此。虽然美国强了起来,但是西方国家的阵营总的说是削弱了。"③ 即使对昨天还是穷凶极恶的侵

---

① 《列宁全集》第 34 卷,人民出版社,1985,第 321 页。
② 《毛泽东外交文选》,1994,第 465 页。
③ 《毛泽东外交文选》,第 211 页。

略者，但今天反过来成为被压迫民族时，毛泽东也非常同情，非常支持它对独立自主地位的争取。1955 年毛泽东在会见日本国会议员访华团时指出："祝你们每一个斗争能使你们的民族独立增加一分，每一个斗争能使你们的民族权利增加一分。这对你们有好处，对我们也有好处，所以我们也要感谢你们。能够独立自主，是自己应做的事情。中日关系要赶快改进。过去我们一般中国人是不喜欢日本人的，现在我们很喜欢你们，看见日本人很高兴。是不是你们过去占了便宜而现在吃亏了？你们过去没有占便宜，现在也没有吃亏。你们民族为恢复民族独立的斗争，是一年一年、一天一天地发展的，这是可以看到的。你们独立了，还有很多国家要受到影响。"① 针对日本人民的反美斗争，毛泽东深情地表示："美帝国主义不仅压迫日本的工人、农民、学生、知识分子、城市小资产者、宗教界人士、中小企业家，而且还控制日本的许多大企业家，干预日本的对外政策，把日本当作附庸国。美帝国主义是日本民族的最凶恶的敌人。……日本民族是一个伟大的民族。它是绝不会让美帝国主义长期骑在自己头上的。这些年来，日本各阶层人民反对美帝国主义侵略、压迫和控制的爱国统一战线不断地扩大。这是日本人民反美爱国斗争胜利的最可靠的保证。中国人民深信，日本人民一定能够把美帝国主义者从自己的国土上驱逐出去，日本人民要求独立、民主、和平、中立的愿望，一定能够实现。"② 毛泽东对印度尼西亚推动独立自主的外交政策十分赞赏。他说："印度尼西亚执行积极的独立自主的外交政策，无论对印度尼西亚人民，对世界和平，都有很大好处。万隆会议已经产生了广泛而深远的影响，印度尼西亚对这次会议的召开曾经作了重大的贡献。印度尼西亚在国际事务上正起着越来越重要的作用。我们亚洲、非洲和拉丁美洲爱好自由和独立的人民，都在反对殖民主义。在埃及收回苏伊士运河公司的问题上，我们亚洲、非洲、拉丁美洲和全世界爱好和平的人民，必须继续对埃及的正义斗争给予坚决的支持。殖民主义者希望我们不团结，不合作，不友好。我们必须用加强团结、加强友好合作来回答他们，我们必须使殖民主义者的阴谋彻底破产。"③ 新中国成立之初，美国霸权主义十分嚣张，当时很多民族国家由于美国的威胁，不敢和新中国建立正常的外交关系，在对华政策上不得不按照美国的意图行事，毛泽东非常理解这一情况，他以极大的耐心期待这些国家独立自主地位的取得。1956 年 2 月，毛泽东同泰国人民促

① 《毛泽东外交文选》，第 221 页。
② 《毛泽东外交文选》，第 518 ~ 519 页。
③ 《毛泽东外交文选》，第 276 页。

进友好访华代表团谈话时指出："目前你们处在困难中，要慢慢来，必须按照实际情况去做。必要时对美国说几句好话，对我们说几句坏话，我们是谅解的。各国都必须发展自己的经济和文化。你们的国家和别的国家有了独立自主，发展了经济和文化，对中国是有好处的。"① 毛泽东辩证地理解民族国家"中立"立场的独立自主的本质。他在 1958 年 9 月同巴西媒体人讲道："民族主义国家采取中立立场，帝国主义国家却不喜欢，因为这些民族主义国家的中立是摆脱了它们的控制而取得的。民族主义国家的这种中立也就是一种独立自主、不受控制的立场。我们社会主义阵营欢迎这些国家的这种中立的立场，因为它有利于和平事业，不利于帝国主义的侵略计划和战争计划。我们把亚洲、非洲、拉丁美洲已经独立的国家看成朋友，把还没有独立、正在争取独立的国家也看成朋友。我们支持它们。"② 毛泽东对那些走独立自主路线的外国政党高度赞扬。1963 年 5 月，毛泽东同几内亚政府经济代表团和妇女代表团谈话时深情地说："你们的党是很好的党，是一个联系群众的党，有纪律的党，以反对帝国主义、反对殖民主义和建立民族经济作为纲领的党，领导着一个独立自主的国家的党。我们感到同你们是很接近的，我们两国、两党互相帮助，互相支持，你们不捣我们的鬼，我们也不捣你们的鬼。"③

毛泽东把独立自主看做治国之本。他指出："没有现代化工业，哪有现代化国防？自力更生为主，争取外援为辅，破除迷信，独立自主地干工业、干农业、干技术革命和文化革命，打倒奴隶思想，埋葬教条主义，认真学习外国的好经验，也一定研究外国的坏经验——引以为戒，这就是我们的路线。经济战线上如此，军事战线上也完全应当如此。反对这条路线的人们如果不能说服我们，他们就应当接受这条路线。'既不能令，又不受命，是绝物也'（见《孟子·离娄上》），走进死胡同，请问有什么出路呢？"④

毛泽东在新中国成立前夕的最重大的外交决策恐怕就是向苏联的"一边倒"。从毛泽东的外交实践来看，形式上也有似乎非独立自主的外交政策的成分，比如中国对苏联外交的"一边倒"政策。但如果我们从哲学的高度或者从"一边倒"政策实施的特殊的国际政治环境来分析，"一边倒"本质上是"独立自主"的，或者说是更高境界的独立自主的外交政策，是一种骨子里保持独立自主精神之"经"，积历史的经验与教训的暂时性的"权变"。因为从

---

① 《毛泽东外交文选》，第 230～232 页。

② 《毛泽东外交文选》，第 337～338 页。

③ 《毛泽东外交文选》，第 490～491 页。

④ 《毛泽东外交文选》，第 318 页。

近代以来中国积弱积贫的命运可以看出，中国自身至少暂时已经失去了独立自主的条件（虽然我们几千年的政治文化中强调民族的自立和独立精神，但当民族连生存都很困难的时候，暂时的对独立自主生存方式作出妥协就成为必然的选择），这也可以说是毛泽东独立自主外交政策的生命力所在。所以，毛泽东在新中国成立前夕论证中国向苏联为什么一边倒的历史原因时指出："一边倒，是孙中山的四十年经验和共产党的二十八年经验教给我们的，深知欲达到胜利和巩固胜利，必须一边倒。积四十年和二十八年的经验，中国人不是倒向帝国主义一边，就是倒向社会主义一边，绝无例外。骑墙是不行的，第三条道路是没有的。我们反对倒向帝国主义一边的蒋介石反动派，我们也反对第二条道路的幻想。"① 毛泽东"一边倒"政策，如果从整个世界看，似乎是非独立的，但是在社会主义阵营内部，中国一直坚持走独立自主的道路，坚持阵营内部相互关系的平等。也就是说，在社会主义阵营内部，中国和任何国家的关系，都是建立在平等的基础之上的。在"一边倒"实施六年多之后，毛泽东在全国工商联的一次代表大会的负责人座谈会上再次重点地谈到"一边倒"政策。毛泽东说："中国同苏联靠拢在一起，这个方针是正确的。但现在还有人怀疑这个方针，说不要靠在一起，并认为可以采取中间立场，站在苏联和美国之间，做个桥梁。我们认为，站在中间这个办法并不好，对民族是不利的。因为一边是强大的帝国主义，我们中国长期受帝国主义的压迫，如果站在苏联、美国之间，看起来很好，独立了，其实是不会独立的。美国是不好依靠的，它可能会给你一些东西，但不会给你很多。帝国主义怎么会给我们国家吃饱呢？……究竟'一边倒'对不对？我们一边倒是和苏联靠在一起，这种一边倒是平等的。"② 南斯拉夫发展到今天四分五裂的程度，铁托对外政策的失败是一个重要的原因，他采取了"骑墙"政策，他希图走"中立"的路线，想在社会主义阵营中有一票，并希望也和西方世界建立正常的关系，愿望不能说不好，但现实是严酷的，他不懂得鱼和熊掌不可兼得的道理。最后使南斯拉夫遭到社会主义阵营（当然，斯大林这样做也是缺乏宽容精神的表现）的抛弃，西方也没有给它多少实惠。

（二）反对帝国主义、大国沙文主义

在国际关系中搞帝国主义、大国沙文主义，从来都是资产阶级对外政策的

---

① 《毛泽东外交文选》，第93页。
② 《毛泽东外交文选》，第278～279页。

本质。列宁就指出："资产阶级在帮助人民进行争取自由的斗争时，就宣布这个斗争是上帝的事业。在它被人民吓倒而掉过头来支持一切中世纪制度对付人民时，它就把'利己主义'、发财致富、沙文主义的对外政策等等宣布为上帝的事业，在欧洲过去到处都是这样。"① 当然，作为社会主义者，不但要反对别国搞沙文主义，也要防止自身搞沙文主义，在这根本的原则问题上，列宁同样是榜样。列宁对背叛 1912 年 11 月世界各国社会党人一致签字的《巴塞尔宣言》，以"保卫祖国"为旗号，支持自己的政府参与和发动帝国主义战争的各国社会沙文主义者给予了无情的批判。列宁指出："各国社会沙文主义者对社会主义的背叛从以下事实看得特别明显：现在他们所有的人都胆怯地躲开巴塞尔宣言中谈到目前这次战争同无产阶级革命的联系的地方，就象小偷躲开他偷过东西的地方一样。"② 列宁的这些重要的反沙文主义的宝贵思想，为新中国始终不渝地坚持，并在新的历史条件下加以发展。胡锦涛总书记在党的十七大报告中指出："霸权主义和强权政治依然存在"，"中国反对各种形式的霸权主义和强权政治，永远不称霸，永远不搞扩张。"因此，今天我们重温以毛泽东为核心的党的第一代中央领导集体反对帝国主义和大国沙文主义，对于制定新形势下反对霸权主义和强权政治的战略与策略，理论意义和实践意义都非常重大。

新中国成立之初，美国挟其强大的军事实力企图称霸世界，它欲将新生的中国扼杀于摇篮中，其帝国主义的嚣张气焰相当盛。而毛泽东领导的新中国，从来就没有因美国恫吓而退缩。抗美援朝战争就是新中国成立之初对抗美帝国主义的突出的例子，正如毛泽东指出的："我们是要和平的，但是，只要美帝国主义一天不放弃它那种横蛮无理的要求和扩大侵略的阴谋，中国人民的决心就是只有同朝鲜人民一起，一直战斗下去。这不是因为我们好战，我们愿意立即停战，剩下的问题待将来去解决。但美帝国主义不愿意这样做，那末好吧，就打下去，美帝国主义愿意打多少年，我们也就准备跟它打多少年，一直打到美帝国主义愿意罢手的时候为止，一直打到中朝人民完全胜利的时候为止。"③ 在新中国造出自己的原子弹之前，美国经常动辄对中国威胁要使用核武器，如果中国在美国的威胁下屈服，那中国将有多少国权会丧失！更重要的是，无论美国如何的叫嚣要对中国动用核打击，毛泽东都能够非常冷静，以高度政治哲

① 《列宁全集》第 19 卷，人民出版社，1989，第 174 页。
② 《列宁全集》第 32 卷，人民出版社，1985，第 96 页。
③ 《毛泽东外交文选》，第 156 页。

学式的思考，分析出美国不是不想用最恐怖的方式欺负别国，特别是欺负中国，而是有若干因素决定美国不敢这样做，因为那将出现和美国的愿望完全相反的局面，美国和资本主义世界将会付出更大的成本，甚至可能导致帝国主义体系的崩溃。美国越是叫嚣战争，越是其纸老虎本质的表现。毛泽东的科学分析，为战后的国际关系发展史所充分证明。毛泽东指出："美国手里有几颗原子弹，如果说不怕它，那末我们为什么要搞和平运动呢？但其实又不可怕。……美国实行着实力政策，如果真的打起来，首先中间地带就完了。但是，这广大中间地带的人民中，亚非两大陆就有十四个亿，还有欧洲的人民，都是我们反对美国侵略的同盟者。……第一次打出个苏联来，第二次打出八亿人口的人民民主国家。自第二次大战后还出现了两类新的国家：第一类是中国及人民民主国家，第二类是独立及半独立的印度、缅甸、印尼等。所以不待事实出现，就可以作出这样的结论：如果发生了第三次世界大战，资本主义世界就要完结。如果有疯子要发动战争，也没有什么了不起，灭亡的是帝国主义。"① 可以说，毛泽东分析已经预见到了帝国主义国家只有和广大爱好和平的国家一起走和平发展的道路才是其出路所在，帝国主义老路已经走不通。

　　《道德经》说，"受国之垢，是谓社稷主"，毛泽东之所以为中国历史上数千年来最伟大的民族领袖之一，就在于他拥有坦诚、自我反思的精神。中华民族的核心精神就是"自强"和"厚德"，几千年来中华民族成长的历史验证了中国这一核心精神。但是我们不能说所有的中国人都继承了中华民族的核心精神，只能说绝大多数中国人如此。正如法国学者雷纳·格鲁塞分析明朝时期的中国"表现对自己和对外界都缺乏信心，一种畏惧，反求诸己的情绪，疲惫状态，遂使在五个世纪之中，除抄袭过去的一切之外，不能采取其他办法"②的描述一样，毛泽东也客观而理性地看到了近代以来帝国主义给中国强加的种种苦难及对一些中国人挥之不去的消极影响，在这样的情况下，中国的进步和发展，最需要的是鼓劲，使民族的核心精神焕发出来。毛泽东指出："我国过去是殖民地、半殖民地，不是帝国主义，历来受人欺负。……有些人做奴隶做久了，感觉事事不如人，在外国人面前伸不直腰，像《法门寺》里的贾桂一样，人家让他坐，他说站惯了，不想坐。在这方面要鼓点劲，要把民族自信心提高起来，把抗美援朝中提倡的'藐视美帝国主义'的精神发展起来。"③

---

① 《毛泽东外交文选》，第205～207页。
② 〔法〕雷纳·格鲁塞：《蒙古帝国史》，龚钺、翁独健译，商务印书馆，1989，第278页。
③ 《毛泽东外交文选》，第238页。

如何才能有效地应对美国的霸权主义和强权政治，毛泽东指出不是成天地高喊口号能解决问题，而是自己必须具备强大的不被别人打倒的条件。毛泽东指出："美帝国主义它们结成军事团体，什么北大西洋，巴格达，马尼拉，这些团体的性质究竟怎么样？我们讲它们是侵略的。它们是侵略的，那是千真万确的。但是它们现在的锋芒向哪一边呢？是向社会主义进攻，还是向民族主义进攻？我看现在是向民族主义进攻，就是向埃及、黎巴嫩和中东那些弱的国家进攻。社会主义国家，除非是比如匈牙利失败了，波兰也崩溃了，捷克、东德也崩溃了，连苏联也发生问题，我们也发生问题，摇摇欲倒，那个时候它们会进攻的。你要倒了，它们为什么不进攻？现在我们不倒，我们巩固，我们这个骨头啃不动。"① 今天，苏联、东欧倒了，而中国巍然屹立不倒。为什么中国不倒？因为中国共产党人真正掌握了不倒之道。党的第一代中央领导集体政治外交核心精神在中国的对外政策中起了坚强的支撑作用。

20 世纪 60 年代初是非洲国家民族独立运动如如火如荼发展的时代，毛泽东坚定地支持非洲国家的这一伟大的运动，毛泽东指出，"非洲是斗争的前线。……帝国主义为非洲人民创造了斗争条件，创造了埋葬帝国主义的条件，创造了非洲人民独立自主的条件。"② 今天的非洲虽然贫穷，但它再也不是殖民主义时代被霸权主义任意宰割的对象了。

在反对美国的霸权主义和强权政治时，毛泽东也特别强调反对和警惕自身搞强权政治。毛泽东告诫他领导的中国："在国际上，我们反对大国主义。我们工业虽少，但总算是大国，所以就有些人把尾巴翘起来。我们就告诉这些人'不要翘尾巴，要夹紧尾巴做人'。我小的时候，我的妈妈就常常教育我'夹紧尾巴做人'这句话很对，现在我就时常对同志们讲。在国内，我们反对大汉族主义。这种倾向危害各民族的团结。大国主义和大汉族主义都是宗派主义。有大国主义的人，只顾本国的利益，不顾人家。大汉族主义，只顾汉族，认为汉族最高级，就危害少数民族。"③ 毛泽东强调："腐化、官僚主义、大国主义、骄傲自大，中国都可能犯。现在中国人有谦虚的态度，愿意向别人学习，一个原因是我们没有本钱：一、我们原先没有马列主义，这是学别人的；二、我们没有十月革命，是在十月革命三十二年以后才在一九四九年取得革命胜利的；三、第二次世界大战中我们是一个支队，不是主力军；四、我们没有

---

① 《毛泽东外交文选》，第 343 页。
② 《毛泽东外交文选》，第 463 ~ 467 页。
③ 《毛泽东外交文选》，第 255 ~ 256 页。

工业化，主要是农业和破破烂烂的手工业。因此，就是有人想翘尾巴，也没有本钱，顶多翘一两公尺。但是我们要预防将来，十年、二十年以后就危险了，四十年、五十年以后就更危险了。"① 毛泽东强调："向我们的工作人员进行教育，举行讨论，讲清道理，力戒骄傲、浮夸、急躁，坚决反对极端错误的与党的路线水火不相容的大国沙文主义，坚持无产阶级国际主义，为争取一九五九年的更大胜利而奋斗。"② 毛泽东还主动要求非洲朋友监督中国可能出现的大国沙文主义问题，他指出："如果我们有人在你们那里做坏事，你们就对我们讲。例如看不起你们，自高自大，表现大国沙文主义态度。有没有这种人？如果有这种人，我们要处分他们。……凡有人在你们那里称王称霸，不服从你们的法律，搞颠覆活动，应该把他们赶走。"③ 中国今天的经济实力有了很大的增长，中国对非洲国家的支持和帮助的力度也在持续扩大，体现了中国作为一个主权独立且日益强大的国家高度的国际责任感。

（三）坚定地维护国家的主权与安全和中华民族的根本利益

考察马克思主义经典作家关于"主权"的理论，我们会发现，中国共产党的创始人之一陈独秀对国家"主权"的认识是值得一提的。陈独秀早在1904 年 10 月 14 在《安徽俗话报》第 5 期发表《说国家》文章就比较系统和深入地对"主权"概念进行了科学的界定，他从西方列强对我中华民族的欺辱的悲惨历史中懂得，"凡是一国，总要有自己做主的权柄，这就叫做'主权'。这主权原来是全国国民所共有，但是行这主权的，乃归代表全国国民的政府。一国之中，只有主权居于至高极尊的地位，再没别的什么能加乎其上了。上自君主，下至走卒，有一个侵犯这主权的，都算是大逆不道。一国之中，象那制定刑法，征收关税，修整军备，办理外交，升降官吏，关闭海口，修造铁路，采挖矿山，开通航路等种种国政，都应当仗着主权，任意办理，外国不能丝毫干预，才算得是独立的国家。若是有一样被外国干预，听外国的号令，不得独行本国的意见，便是别国的属地。凡是一国失了主权，就是外国不来占据土地，改换政府，也正是鸡犬不惊，山河易主了。这主权岂不是国家一定不可少的吗？"④ 陈独秀之所以成为中国共产党的主要创建者之一，恐怕和他寄希望于此举为恢复中国的国家主权和国权所作的艰苦卓绝的努力有关联

---

① 《毛泽东外交文选》，第 257 页。

② 《毛泽东外交文选》，第 368 页。

③ 《毛泽东外交文选》，第 490 ~ 491 页。

④ 《陈独秀著作选》第 1 卷，上海人民出版社，1993，第 57 页。

吧！中国共产党正是在以后的艰难岁月中，为中华民族独立和主权的回归发挥了决定性的作用。

马克思主义经典作家中，马克思、恩格斯、列宁都提出过"主权"的概念，但是因为马克思和恩格斯没有在他们手上亲自建立过社会主义国家，因此他们还没有提出过社会主义国家主权的概念。列宁领导建立了世界上第一个成功的社会主义国家，他对"主权"同样很重视，但是，对无产阶级国家的主权概念，也是逐步地了解和认识到的。列宁在苏维埃国家建立前对主权也只是定位在人民的主权概念上，列宁说："在柏林无产阶级 3 月 18 日的胜利以后，——《新莱茵报》写道，——革命产生了两方面的结果：一方面是人民有了武装，获得了结社的权利，实际上争得了主权。"① 直到苏维埃取得政权之后，列宁才提出了真正意义上的、可操作的国家主权概念。他说："用社会主义方式组织全国范围内的生产：由工人组织（工会、工厂委员会等等）在唯一拥有主权的苏维埃政权的统一领导下进行管理。"② 在随后两年的论述中，列宁特别提到如何尊重别国主权的问题。他指出："俄罗斯联邦从充分承认自决原则的立场出发，早在 1917 年就承认了并且一直无条件地、不加任何限制地承认波兰共和国的独立和主权，早在 1918 年就承认了并且一直无条件地、不加任何限制地承认乌克兰和白俄罗斯的独立和主权，而在 1920 年则与独立的和享有主权的立陶宛共和国签订了和约。"③ 俄国沙皇时代无端欺辱弱小国家犹如家常便饭，尤其是对邻国的主权更是视之为草芥，所以，当列宁建立了苏维埃政权之后，他立刻宣布无条件地承认邻国的独立地位和国家主权。列宁认为："我们同许多和俄国西部边疆毗连的国家正式签订了和约，这些国家从前都属于前俄罗斯帝国，现在苏维埃政权根据我国政策的基本原则已经无条件地承认了它们的独立和主权。建立在这个基础上的和平完全可能比资本家和西欧某些国家想要得到的更巩固。"④ 列宁在建立苏维埃政权几年后对完整的国家主权概念的认识越来越清晰，提出了维护国家主权的完整的概念，为后来的民族独立国家和社会主义国家建立和完善自己的主权理论奠定了基础。他在全俄中央执行委员会关于出席热那亚会议代表团的工作报告的决定草案中写道："根据越飞的报告拟订的全俄中央执行委员会决议草案大致如下：全俄中央执行委员会代表团正确地完成了自己的任务，维护了俄罗斯联邦主权的完

---

① 《列宁全集》第 2 版第 11 卷，人民出版社，1987，第 117 页。

② 《列宁全集》第 2 版第 34 卷，人民出版社，1985，第 69 页。

③ 《列宁全集》第 2 版第 39 卷，人民出版社，1986，第 273 页。

④ 《列宁全集》第 2 版第 40 卷，人民出版社，1986，第 132 页。

整——同试图实行奴役和恢复私有制的行径进行了斗争，和德国缔结了条约。"① 他在致格·瓦·契切林的信中提到，"希望您把那些证明法国和达申斯基破坏明斯克会晤的全部事实完全告诉加米涅夫。这是必要的。非常非常必要。要通知达尼舍夫斯基，让他一开始就郑重声明（1）独立和主权，（2）边界让步超过寇松的要求，（3）不要任何赔款。是否这样？"② 尊重别国主权是列宁的主权观很重要的方面。列宁以他对欧洲殖民史的深刻了解论述道："葡萄牙的例子向我们表明了政治上独立而金融上和外交上不独立的另一种稍微不同的形式。葡萄牙是个独立的主权国家，但是实际上从西班牙王位继承战争（1701·1714年）起，这200多年来它始终处在英国的保护之下，英国为了加强它在反对自己的敌人西班牙和法国的斗争中的地位，保护了葡萄牙及其殖民地。……某些大国和小国之间的这种关系过去一向就有，但是在资本帝国主义时代，这种关系成了普遍的制度，成了'瓜分世界'的全部关系中的一部分，成了世界金融资本活动中的环节。"③ 可见，社会主义者取得政权后，如何维护新生的社会主义国家的主权并尊重别国的主权，一直是马克思主义经典作家的核心的治国之策。但是列宁在世时还没有来得及从理论上全面和深入地对社会主义的国家主权问题进行研究和总结，而斯大林接班之后，虽然也多次提到国家主权的问题，但是明显地以老大自居，建立在平等和主权完整基础上的国家间关系的思想逐渐被淡化，以后的苏联领导人更是突出地强调社会主义阵营的"有限主权"论。只有到了中国人民建立了社会主义的新中国的阶段，列宁的建立在平等和相互尊重基础上的"主权"观又才重新地提上议事日程。当然，斯大林执政后期也对他的对外政策思想作过反思，他在1948年4月7日在欢迎芬兰政府代表团时指出："许多人不相信大民族和小民族之间的关系能够是平等的。但是我们苏联人认为，这样的关系是能够有的，而且是应当有的。苏联人认为，每一个民族，不论其大小，都有它自己本质上的特点，都有只属于该民族而为其他民族所没有的特殊性。这些特点便是每个民族对世界文化共同宝库的贡献，补充了它，丰富了它。在这个意义上，一切民族，不论大小，都处于同等的地位，每个民族都是和其他任何民族同样重要的。"④ 可惜的是，斯大林的反思没有为斯大林之后的苏联领导人所重视。

毛泽东在1937~1941年抗日战争时期，多次提到主权问题。毛泽东坚定

---

① 《列宁全集》第2版第43卷，人民出版社，1987，第43页。
② 《列宁全集》第2版第49卷，人民出版社，1986，第502页。
③ 《列宁全集》第2版第27卷，人民出版社，1990，第398~399页。
④ 《斯大林论国际形势和苏联对外政策》，人民出版社，1964，第54页。

地提出："不能给日本帝国主义者以任何利益和便利……争取英、美、法同情我们抗日，在不丧失领土主权的条件下争取他们的援助。"① 毛泽东强调："在不丧失领土主权的范围内，和一切反对日本侵略主义的国家订立反侵略的同盟及抗日的军事互助协定。"②"在尊重中国主权与遵守政府法令的原则下，允许任何外国人到边区游历，参加抗日工作，或在边区进行实业、文化与宗教的活动。其有因革命行动被外国政府压迫而来边区者，不问其是宗主国人民或殖民地人民，边区政府当一律予以恳切的保护。"③ 在新中国成立前夕，毛泽东针对战争贩子丘吉尔在英国下议院要求英国政府派两艘航空母舰去远东，对我解放区实行报复的狂妄声明指出，"中国的领土主权，中国人民必须保卫，绝对不允许外国政府来侵犯！"④ 毛泽东的主权观同样也是尊重他国正当主权的主权观，他针对战后美国事实上对日本的占领局面指出："像日本这样伟大的民族应该有独立和主权。"⑤ 1963 年 8 月，毛泽东同索马里总理舍马克谈话时也指出："阿尔及利亚一千万人口，其中有一百万法国人，现在他们大部分都跑了。还有阿联为维护苏伊士运河的主权，曾同英、法打过仗，结果英、法被打跑了，现在苏伊士运河控制在阿联手里。"⑥ 1964 年 1 月，毛泽东为巴拿马呼吁："目前巴拿马人民正在英勇地进行的反对美国侵略、维护国家主权的斗争，是伟大的爱国斗争。中国人民坚持站在巴拿马人民的一边，完全支持他们反对美国侵略者，要求收回巴拿马运河区主权的正义行动。"⑦

毛泽东是中华民族根本利益的维护者。他的对外政策思想，特别强调国家和民族的根本利益，同时也尊重别国的正当利益。他于 1938 年 10 月就抗日战争的外交强调，"根据抗战的长期性，外交方针也应着眼于长期，不重在眼前的利益，而重在将来的增援，这一点远见是必要的"⑧。毛泽东的国家利益观同时是充分考虑对方利益的国家利益观，他在 1945 年 7 月 12 日为新华社写的评论中表示："罗斯福总统在世时，……为了美国的利益，他没有采取帮助国民党以武力进攻中国共产党的政策。"⑨ 毛泽东在作出任何重要决策时都是把

① 《毛泽东外交文选》，第 1 页。
② 《毛泽东外交文选》，第 2 页。
③ 《毛泽东外交文选》，第 4 页。
④ 《毛泽东外交文选》，第 85 页。
⑤ 《毛泽东外交文选》，第 461 页。
⑥ 《毛泽东外交文选》，第 500 页。
⑦ 《毛泽东外交文选》，第 510 页。
⑧ 《毛泽东外交文选》，第 16 页。
⑨ 《毛泽东外交文选》，第 47 页。

国家利益放在第一位，他在 1950 年 1 月 2 日接受塔斯社记者访问时谈道："我逗留苏联时间的长短，部分地决定于解决有关中华人民共和国利益的各项问题所需的时间。"① 他同年 1 月从苏联给中共中央的批示中提到，"今日下午八时，莫洛托夫、米高扬二同志到我处谈话，问我对中苏条约等事的意见。我即详述三种办法：（甲）签订新的中苏友好同盟条约。这样做有极大利益。中苏关系在新的条约上固定下来，中国工人、农民、知识分子及民族资产阶级左翼都将感觉兴奋，可以孤立民族资产阶级右翼……②。毛泽东在不同时期关于国家利益的论述表明，在毛泽东的外交思维中，国家和民族的利益分量是相当重的。虽然在以后的外交政策中，毛泽东很少用"利益"的表述，但是有哪一次重大的外交行动忽视了国家和民族的根本利益？但近十多年来，国内外的一些有关毛泽东外交的研究，有另一种倾向。比如有这样一种观点，认为"毛泽东外交的目标是为了确保中国在世界共产主义革命中的地位。为此，在二十世纪五十年代初，毛泽东紧跟苏联保卫共产主义世界的一块地盘（指中国自身），当苏联背叛而转变为修正主义时，毛泽东则坚定地坚持其走向共产主义的独立发展之路"③。还有人认为，毛泽东"夸大'世界战争'与'世界革命'的可能性，不承认有维持较长时间基本和平的可能性，否定国际形势中缓和因素的存在以及出现缓和趋势的历史性原因。在'文革'时期极左思潮的影响下，甚至断言世界正处于'资本主义和帝国主义走向灭亡，社会主义和共产主义走向胜利的时代'，'世界已进入毛泽东思想的新时代'，在外交上提出以亚非拉'广大农村'包围资本主义'世界城市'。这些认识和政策曾经导致相当极端的外交行为"④。上述这些观点，作为学术探讨，也是无可厚非的，但是任何学术探讨都只有一个目的，就是发现真理。只要我们认真地、实事求是地研究一下就会发现，毛泽东"革命外交"论者是没有注意到谁为因和谁为果。正是在毛泽东的领导下，中国政府坚持反对霸权主义和强权政治、不信邪，才使美国和苏联的霸权主义受到极大的遏制，世界政治才开始真正地向和平与发展的方向演变，世界才出现了"追求现代化的世界性潮流"，包括民族独立国家在内的广大发展中国家才有比较有利的国际和平环境追求"科学技术进步"。我们有必要对新中国成立以来的国际环境和毛

① 《毛泽东外交文选》，第 118 页。
② 《毛泽东外交文选》，第 120 页。
③ Chih-yu Shih, *The Spirit of Chinese Foreign Policy: A Psychocultural View*, London: Macmillan Press, 1990, p. 83.
④ 参见牛军《中国外交 60 年的经验和启示》，《外交评论》2009 年第 3 期，第 10 页。

泽东等老一辈中国领导人是怎样将一个危险的国际环境扭转过来的历史过程进行再探讨，这样我们就不会得出和西方世界相似的结论。难道不是吗？"二战"后的国际社会真的是如那些人所说的情况吗？如果是这样，朝鲜战争、越南战争如何解释？美国和苏联在世界范围内争夺世界霸权的情况又如何解释？如果我们唯心地承认毛泽东"革命外交"的逻辑，那就无异于将"西方世界"放在"善"的地位而将中国看做国际政治"恶"的代表，因为在一些人看来，中国简直成了不识时务者，毛泽东时代的中国简直大有"颠覆文明世界"之嫌。在特殊的历史条件下，实现世界和平与国家利益的方式有时候只能通过以理性对理性（如果你对我友好，我则同样对你友好），以非理性对非理性（比如美国要推翻社会主义制度，中国当然要以世界革命反击），或者以表面上看似非理性的方式求得理性之结果（比如利用苏联向修正主义的蜕变而和苏联决裂，趁势转向自立自主的发展方向），其内在本质是在纷繁复杂的国际政治环境中，发现于我有利的稍纵即逝的机遇，以实现世界向良性与和谐方向发展和国家利益最大化。邓小平理论的核心是实事求是，用实践来检验真理，从党的第一代中央领导集体政治外交核心精神的实践结果来看，中国不但强有力地维护了自己的国家独立地位和主权，同时也用实际行动尊重和维护别国的独立与主权，包括推行霸权主义和强权政治的美国，都不得不坐下来和中国在平等的基础上对话和谈判，走和中国实现关系正常化的道路。

对中国外交史的理解，也许存在一些必须反思的思维定式，如对"弱国无外交"论的理解就是如此，这种说法也许成为外交的黄金定律。"弱国无外交"的提法，如果从事物发展的客观性来说，这是真理，但是从事物发展的主观性来说，则可能会因为过度迷恋实力而轻视外交，从而丧失重大的外交机遇，使实力未能发挥对外交的强大支撑作用。正确的思路应该是实力越强大，越应该重视外交的作用。因为一国国力增强太快，往往成为他国眼中钉，肉中刺，别人会联合起来遏制你，对你形成强大的遏制态势，如果在这种情况下你还没有有效的反遏制措施，实力强大了反而引起外交孤立，造成"强国无外交"的尴尬局面。在特定情况下，弱国不但有外交，而且外交力量还很强大，这和哲学上讲的精神对物质的反作用原理是一致的。20 世纪 30 年代的红色教授钱亦石就用大量的事实推翻了这种观点。他说："中国外交上向来只有失败，其原因究竟何在？我们常听到的一个解释，就是'弱国无外交'，但是这个解释是非常不正确的，为什么？第一，中国在开始和他国发生外交关系时是赫然一个强国，不但不像现在的弱，而且在当时发生关系的诸国中，它也并不弱于哪一国，所以，中国外交失败，至少在开始发生外交时，不能拿'弱国'来作解释，刚刚相反，现在中国所以这样弱，到可以说是历来失败的外交有以致之；一看中国近百年史，就可以看见每经历一次外交中国就加弱一步，所以，就中国说：'弱国无外交'这句话，是倒因为果的说法，实情是因无外交才弱国，不是因为弱国所以无外交。第二，在古今中外的许多事实上，我们看到许多弱国确有很好的外交，而且这些弱国也确因有了好的外交得以转弱为强，……第三，弱国要办外交，比较起强国来说当然要艰苦了许多，但只是艰苦些而已，决不是根本没有办法，而且正因为是弱国，需要依赖外交的地方才更大更多，这只有使当局更坚决的更勇敢的更有计划的去办外交。"[1] 也就是说，主权利益也是动态发展的，强大的国家会因为缺少危机意识而向衰弱方向演变。而弱小的国家由于懂得充分利用国际矛盾，懂得联合一切可以联合的力量，懂得把人民的根本利益放在第一位，也会由弱变强。新中国的外交就是一个在极其复杂和多变的国际条件下，通过毛泽东等老一辈伟大的无产阶级革命家应用强有力的外交战略与谋略、应用正确的外交哲学纵横捭阖，使中国由弱变强的外交。如果我们对毛泽东等大战略家如何应对当时复杂的国际形势看不清楚，无法进行哲学的、理性的分析，那我们就去看结果好了，我们只要看一看没有哪一个外国强盗再能占领新中国一寸土地，中国独立自主的地位得到巩固、绝大多数中国人的安全的和政治的利益得到保护等事关国家核心利益的指标就够了。

自强不息的党的第一代中央领导集体政治外交核心精神生命力是强大的，今天的中国外交之所以乘风破浪，继续取得重大之突破，就是党的第一代中央领导集体政治外交核心精神在新时代充分运用的结果。当然，由于时代的发展和变化，毛泽东外交的很多具体的做法在今天可能已不适用，需要根据新情况作出新的解释，需要在保持其基本精神基础上，在新时期进行时代化的再创新和再变通，而这正是党的第一代中央领导集体政治外交核心精神另一个重要方面——厚德载物思想体系中强调的策略的灵活性所要求的权变。比如，和霸权主义和强权政治作斗争的方式，在毛泽东时代是面对面的和不妥协的，但决不轻易首先走向军事冲突，因为中国当时所面对的霸权主义对中国采取的是公开的不妥协的对抗方式，而今天它们对华的霸权主义方式已相当多元化，其中很多情况下是非直接对抗的方式，所以，中国也只能根据它们的方式来决定我们今天面对霸权主义和强权政治的策略，使我们和西方霸权

---

① 钱亦石：《中国外交史》，生活书店，1938，第 8～11 页。

主义总是处于和而不同，斗而不破的状态，由于在毛泽东时代中国始终坚持谋求建立持久的和平的诚意、坚持对话、始终保持谦虚的态度、坚持大小国家平等主张和不干涉别国内政、以宽容和宽厚之心待人，坚持不同的社会制度的国家和平共处与合作，坚持道义优先、利益其次的精神，使中国在国际政治中始终处于比较有利的地位，从而为邓小平时代推行改革开放政策打好了有利的国际环境之基础。

二 承前启后的党的第二代中央领导集体政治外交核心精神

（一）在改革开放的大背景下，继承和发扬毛泽东"独立自主"精神

1. 政治上的独立自主是独立自主的根本

（1）政治上的独立自主是保障中国改革开放成功的关键所在。在党的第一代中央领导集体的长期努力下，当历史进入 20 世纪 80 年代，中国的国际环境发生了根本性的改观，和平与发展的时代来临，作为党的第二代中央领导集体核心的邓小平，及时抓住发展的时机，推动中国的改革开放，但是怎样才能更好地改革开放，使中国平稳地、健康地发展起来，这是邓小平反复思考的大问题。邓小平在党的十二大开幕词中强调要"走自己的路，建设有中国特色的社会主义"，指出："我们的现代化建设，必须从中国的实际出发。无论是革命还是建设，都要注意学习和借鉴外国经验。但是，照抄照搬别国经验、别国模式，从来不能得到成功。这方面我们有过不少教训。把马克思主义的普遍真理同我国的具体实际结合起来，走自己的道路，建设有中国特色的社会主义，这就是我们总结长期历史经验得出的基本结论。中国的事情要按照中国的情况来办，要依靠中国人自己的力量来办。独立自主，自力更生，无论过去、现在和将来，都是我们的立足点。"① 邓小平针对西方国家对中国采取的制裁指出："去年以来一些国家对中国实行制裁。我认为，第一，他们没有资格制裁中国；第二，实践证明中国有抵抗制裁的能力。中国的特点是建国四十多年来大部分时间是在国际制裁之下发展起来的。尽管东欧、苏联出了问题，尽管西方七国制裁我们，我们坚持一个方针：同苏联继续打交道，搞好关系；同美国继续打交道，搞好关系；同日本、欧洲国家也继续打交道，搞好关系。这一方针，一天都没有动摇过。中国永远不会接受别人干涉内政。要求全世界所有国家都照搬美、英、法的模式是办不到的。我们

---

① 《邓小平年谱：1975～1997》（下），中央文献出版社，2004，第 843～844 页。

不在乎别人说我们什么，真正在乎的是有一个好的环境来发展自己。只要历史证明中国社会主义制度的优越性就够了，别国的社会制度如何我们管不了。可以设想一下，如果中国动乱，那将是个什么局面？一打内战就是血流成河，还谈什么'人权'？一打内战就是各霸一方，生产衰落，交通中断，难民不是百万、千万而是成亿地往外面跑，首先受影响的是现在世界上最有希望的亚太地区。这就会是世界性的灾难。所以，中国不能把自己搞乱，这当然是对中国自己负责，同时也是对全世界全人类负责。外国的负责任的政治家们也会懂得，不能让中国乱。中国提出这样的问题是为了引起大家警惕，是为了提醒各国决定对华政策时要谨慎。"①

（2）以同理心关心别国的政治独立。邓小平高度关注发展中国家的政治独立。邓小平曾对泰国朋友说："我们两国本来就是很密切的亲戚关系，没有理由不友好。我们都属于第三世界。亚洲各国的事情要由亚洲各国来管，非洲各国的事情要由非洲各国来管。尽管中国是不发达的，属于第三世界国家，但我们还是要尽我们的国际主义义务，在力所能及的范围内对第三世界的许多国家进行一点帮助。帮助虽然不大，但这是我们应尽的义务，而且是不附加任何政治条件的。这是我们的一个原则。对东南亚各国，当然更要实行这样的原则，按照和平共处五项原则，建立友好关系。支持世界人民反对剥削、压迫，反对霸权主义，这是我们的一贯立场。"中国支持第三世界国家政治独立的一个体现，就是中国明确表明自身也不当第三世界的"头"，当客人提出希望中国成为第三世界的"领袖"时邓小平指出："我们不敢当。中国只能是第三世界的一个平等的成员。这也是我们的一个原则。不能当领袖，当了领袖就要随便指手画脚，那不行！那就要把自己摆到世界人民特别是第三世界各国人民的对立面。现在中国落后，没有资格称霸，以后中国发展起来了，也不称霸。所以，我们把永远不称霸作为我们国家的指导原则。要以此教育我们的人民。不仅现在，而且将来，都要这样教育。"②

在表明中国支持第三世界国家政治独立的同时，邓小平也对第二世界国家的政治独立非常关注。邓小平指出："美苏不夺取欧洲是称霸不了世界的。欧洲在政治、经济上的作用和力量，包括在军事上的力量是不可忽视的，条件是欧洲自己能团结起来、强大起来。我们欣赏法国在这方面的立场。"邓小平在1975年5月13日晚，出席法国总统德斯坦举行的欢迎宴会的致辞中指出：

---

① 《邓小平年谱：1975～1997》（下），第1318页。
② 《邓小平年谱：1975～1997》（上），中央文献出版社，2004，第58页。

"中法两国社会制度不同，但是我们都愿意在相互尊重主权和领土完整、互不侵犯、互不干涉内政、平等互利、和平共处五项原则的基础上发展两国关系。在国际上，我们都反对超级大国垄断世界事务。德斯坦总统曾经说过，要坚持法国政策的独立性。我们赞赏总统先生的这个决心。中国政府一贯主张，国家不论大小，都应一律平等。各国的事情应由各国人民自己来管，任何国家都无权对别国进行侵略、控制和干涉。中国坚决支持西欧联合。法国和欧洲人民可以相信，在他们维护独立和加强联合的事业中，总是能够得到中国人民支持的。正是根据这种精神，最近中国政府同欧洲经济共同体建立了关系。我们希望联合的欧洲将在世界事务中发挥更积极的作用。"①

（3）高度尊重兄弟党的独立自主。在党际关系的处理上，从国际共运史来看，中国是处理得很好的，是真正把和平共处五项原则的基本精神延伸到了党际关系之中，诚如邓小平所指出的："一个党评论外国兄弟党的是非，往往根据的是已有的公式或者某些定型的方案，事实证明这是行不通的。各国党的国内方针、路线是对还是错，应该由本国党和本国人民去判断，最了解那个国家情况的，毕竟还是本国的同志。但是，一个党和由它领导的国家的对外政策，如果是干涉别国内政，侵略、颠覆别的国家，那末，任何党都可以发表意见，进行指责。"②

在国际共运史中，苏联共产党把自己看做老子党，对其他国家的共产党颐指气使，实际上这是在分裂国际共产主义，对国际共运的发展造成了不可挽回的损失。邓小平就指出："一个国家的社会主义革命和建设应当由这个国家的党自己独立处理，任何外国党要说三道四、指手画脚，肯定会犯错误。一个党对于别国的情况总是比较生疏的，总没有本国那样了解自己的问题。一个党即使犯了错误，也要靠自己去总结、去纠正，这样才靠得住。我们过去在这个问题上处理得不好，我们总结了这方面的经验。法国共产党有些事我们是不赞成的。但不赞成是一回事，指手画脚又是一回事。这是个原则问题。中国革命就是中国共产党人，其中突出的代表是毛泽东同志，独立思考，根据中国的实际制定自己的战略和策略，才取得胜利的。"③

邓小平和毛泽东一样，同样对我党和兄弟党的交往中曾经所出现的问题和错误坦诚反省，同时也批判"老子党"那种不尊重兄弟党独立自主的霸道

①　《邓小平年谱：1975～1997》（上），第43～44页。
②　《邓小平年谱：1975～1997》（上），第642页。
③　《邓小平年谱：1975～1997》（下），第863页。

作风。邓小平指出："五六十年代中苏两党会谈我是一直参加的，多数是我当团长，对手主要是苏斯洛夫，他们有他们的一套，我们有我们的一套。现在回过头来看，他们的那套东西是不行的，中心就是发号施令、以他们为主。我们有些东西今天看来也站不住脚。现在有两个问题他们还没有搞通，一个是平等相处，一个是独立自主。平等就是没有老子党。老子、儿子的关系实际上是否认了独立自主。"① "老子党"的问题不但是政治上"老子党"支配"儿子党"，在经济社会发展模式上也得毕恭毕敬地按照"老子党"的发展模式来办，实践证明结果是很成问题的，为什么社会主义阵营的经济发展，在政治制度明显优于资本主义的情况下，经济发展活力反而不如没落的资本主义国家？其根本的原因就是"老子党"不容忍"儿子党"根据自己的国情走自己的发展道路。甚至"老子党"也很不情愿了解别国的国情，更不愿尊重别国国情。《管子·七法》中说："存乎遍知天下，而遍知天下无敌。"中国共产党之所以在革命和建设两个方面都能取得决定性的成功，关键就是深刻了解自身的国情，是真正的"遍知天下"，把马克思主义的普遍真理和中国的具体实践相结合的结果，而决不是照搬马克思主义的经典语录的结果，"老子党"的特点是喜欢对"儿子党"指手画脚，不允许人家独立思考和独立自主。

（4）强调独立自主是国家的根本利益所在。中国的政治文化传统中对独立自主是十分在意和珍视的。《孟子·梁惠王下》中，滕文公问孟子说："滕，小国也，间于齐、楚。事齐乎？事楚乎？"孟子回答说："是谋非吾所能及也。无已，则有一焉：凿斯池也，筑斯城也，与民守之，效死而民弗去。则是可为也。"滕文公所为难的，就是两大之间难为小。孟子给他的处方就是，"把护城河挖深，把城墙筑坚固，与老百姓一起坚守它，宁可献出生命，老百姓也不退去。做到了这样，那就可以有所作为了。"孟子的意见其实就是要自强自立，不要做大国的附庸国，而要争取独立自主，通过自身硬实力和软实力的发展来保障自身的主权完整。今天的"护城河"和"城墙"就是强大的国防和和谐的社会，而和谐社会的大敌，正如《荀子·强国》第十六所说的："好利多诈而危，权谋倾覆幽险而亡。"如果国家内部从上到下充满赢家通吃现象，处处官本位，处处充满诡诈、玩弄权术、阴暗狡诈之辈，不但和谐社会的到来没有可能，甚至国家都将会遭到灭亡的危机。

---

① 《邓小平年谱：1975～1997》（下），第881页。

《孟子·尽心上》中孟子还说过："行之而不著焉，习矣而不察焉，终身由之而不知其道者，众也。"指那些做事不明白为什么要做，习惯了不想想为什么习惯，一辈子随波逐流不知去向何方，这样的人是平庸的人。一个国家的外交政策如果也是这样，这样的国家不也是平庸的国家吗？日本就是今天平庸的国家中最典型的例子，它经济上虽然是大国强国，但国际政治作用上它是国际社会公认的小国，其原因是它没有一个真正独立自主的外交政策，而只是甘当美国的一个"海外州"式的附庸国和从属国。

邓小平的独立自主的思想，完全是基于国家和民族的最高利益来考虑的。比如说，通过外交努力营造良好的国际环境，对外维护世界和平，对内巩固国家主权与安全，同时解决好人民的经济利益和经济安全问题，发展国家的整体经济，使国家逐步走上繁荣富强，都是改革开放之初邓小平外交所追求的目标。邓小平指出："对内设法摆脱贫困，对外维护世界和平，这是我们工作的总纲领。现在我们实行对外开放政策。一个国家关起门来固然搞不好建设，但对外开放政策也必须建立在自力更生的基础上。要根据自身条件，制定独立的政策。只有这样，才能摆脱困境。根据我们自己的经验，只要政策对头，而且以自力更生为基础，振兴经济就大有希望。一个民族既然站起来了，就能够生存和发展下去。"① 如何独立自主地发展自己，经过中国共产党人在新中国的深入实践，已经成为强大的精神力量，在一定意义上也为广大第三世界国家提供了借鉴和参考。邓小平指出："一条最根本的经验就是，当我们完全根据自己的实际，遵照毛泽东主席实事求是的精神制定政策时，我们就会成功，否则就会受到挫折。……作为发展中国家，我们在前进中总会遇到不少困难，但只要根据自己的情况，采取独立自主的政策，总会胜利。"②

（5）强调"政治独立"和对外开放的统一性。如果开放政策是有主心骨的开放、有明确的指导思想的开放、有原则的开放和有鉴别的开放，那么这样的开放度越高，对人民带来的利益就越大。《孟子·公孙丑下》中，孟子说："天时不如地利，地利不如人和。……得道者多助，失道者寡助。寡助之至，亲戚畔之；多助之至，天下顺之。""多助"其实就有通过对外开放和世界建设和谐的政治经济关系从而给自己带来利益的意思。诚如邓小平所指出的："一个国家要取得真正的政治独立，必须努力摆脱贫困。而要摆脱贫困，在经

---

① 《邓小平年谱：1975～1997》（下），第 1013～1014 页。
② 《邓小平年谱：1975～1997》（下），第 1021～1022 页。

济政策和对外政策上都要立足于自己的实际，不要给自己设置障碍，不要孤立于世界之外。中国执行开放政策是正确的，得到了很大的好处。如果说有什么不足之处，就是开放得还不够。我们要继续开放，更加开放。因为我们的承受能力比较大，加上我们有正确的政策，即使有一些消极的东西也不会影响我们社会主义制度的根本。教育人民坚持四项基本原则，这就为我们事业的健康发展从根本上提供了保证。"① 为了使关心中国发展的国际朋友对中国开放政策放心，邓小平反复向外国朋友说明中国开放政策的战略性和持久性。邓小平曾经对日本社会党人士说："在十三大以前，国际舆论和国内的人民还有些担心我们的改革开放政策是不是会连续下去，十三大回答了这个问题，我国人民和国际朋友都放心了。我们现在所干的事业是一项新事业，马克思没有讲过，我们的前人没有做过，其他社会主义国家也没有干过，所以，没有现成的经验可学。我们只能在干中学，在实践中摸索。我们现在所干的事业，就是努力把中国变成一个现代化的社会主义国家。"② 十三大报告中确定社会主义初级阶段中国应当确立的具有长远意义的指导方针之一就是改革开放。报告指出："必须坚持对外开放。当代国际经济关系越来越密切，任何国家都不可能在封闭状态下求得发展。在落后基础上建设社会主义，尤其要发展对外经济技术交流和合作，努力吸收世界文明成果，逐步缩小同发达国家的差距。闭关自守只能越来越落后。"③ 在后冷战时代，"开放"成为一大趋势，因为美苏两个超级大国的冷战终于走到了尽头，封锁和围堵中国的恶劣的国际环境出现了有利于中国的局面，中国终于可以比较从容地进行毛泽东时代十分渴望但不能实现的对外开放政策。中国不但可以更加从容地和广大第三世界国家进行经济合作，甚至可以和西方资本主义国家进行广泛的经济技术合作与文化交流。

（6）独立思考是独立自主的关键所在。独立思考本质上就是思想的创新，思想的创新过程毕竟是艰难的，比照搬困难一万倍。在独立思考和借鉴别国经验之间，往往会忘记独立思考而采取简单的借鉴了事。中国共产党人重视独立思考。正如毛泽东所指出的："搬，要有分析，不要硬搬，硬搬就是不独立思考，忘记了历史上教条主义的教训。教训就是理论和实践相结合的问题。理论从实践中来，又到实践中去，这个道理没有运用到经济建设

---

① 《邓小平年谱：1975～1997》（下），第1167页。
② 《邓小平年谱：1975～1997》（下），第1218页。
③ 赵紫阳：《沿着有中国特色的社会主义道路前进——在中国共产党第十三次全国代表大会上的报告》（一九八七年十月二十五日），《人民日报》1987年11月4日。

上。马列主义的普遍真理与中国革命具体实际相结合，这是唯物论；二者是对立的统一，也就是辩证法。为什么硬搬，就是不讲辩证法。苏联有苏联的一套办法。苏联经验是一个侧面，中国实践又是一个侧面，这是对立的统一。"① 邓小平指出："我们建国三十九年，头八年好，后十年也好，当中那些年受到'左'的干扰，情况不大好。我们党的十一届三中全会的基本精神是解放思想，独立思考，从自己的实际出发来制定政策。因为在中国建设社会主义这样的事，马克思的本本上找不出来，列宁的本本上也找不出来，每个国家都有自己的情况，各自的经历也不同，所以要独立思考。不但经济问题如此，政治问题也如此。"②

（7）强调维护独立自主、不信邪、不怕鬼的形象。邓小平指出："发达国家欺侮落后国家的政策没有变。中国自己要稳住阵脚，否则，人家就要打我们的主意。世界上希望我们好起来的人很多，想整我们的人也有的是。我们自己要保持警惕，放松不得。要维护我们独立自主、不信邪、不怕鬼的形象。我们绝不能示弱。"③ 邓小平把中华民族自强不息的浩然正气表达得淋漓尽致。《论语·为政》第二中，季康子问孔子："使民敬、忠以劝，如之何？"子曰："临之以庄，则敬；孝慈，则忠；举善而教不能，则劝。"确实，如果执政者在老百姓面前庄重，老百姓就会恭敬；如果执政者孝顺父母，慈爱幼小，老百姓就会忠诚；如果执政者提拔好人，教育能力弱的人，老百姓就会勤勉。这就叫做以身作则。所以，凡是古往今来的执政者中很注意树立自身的形象者，无不直接将良好的形象正面辐射和波及最普通的人群，对整个社会带来良好的风气。国际政治的原理也是如此，如果我们不善于树立和维护独立自主、不信邪、不怕鬼的形象，首先受到消极影响的便是广大的第三世界国家，第三世界国家一定会感到灰心丧气，他们和霸权主义和强权政治斗争的勇气就会受到极大的挫伤，因为如果毛泽东时代重新树立起来的一个拥有伟大气魄的中华民族都软下去了，他们会觉得我们第三世界还有什么希望？再者，霸权主义和强权政治主义者就会变本加厉地采取在国际上打压中国、从中国内部分化和西化中国的战略，就如同西方世界对戈尔巴乔夫统治的苏联一样的西化和分化的历史就会重演。坚定地维护独立自主、不信邪、不怕鬼的形象，对广大第三世界国家来说，就是战胜敌人的勇气和力量的源泉，对霸权主义和强权政治者来说，就是埋藏它

---

① 《毛泽东外交文选》，第 311 页。
② 《邓小平年谱：1975~1997》（下），第 1231~1232 页。
③ 《邓小平年谱：1975~1997》（下），第 1287~1288 页。

们的坟墓。更重要的是，独立自主、不信邪、不怕鬼是中华民族得以在地球上生生不息的民族魂所在，如果丢掉了，中华民族毁灭的日子也就不远了。

2. 外交上独立自主，是独立自主的外在表现

党的第一代中央领导集体的外交灵魂之一就是独立自主，处于冷战末期的党的第二代中央领导集体，继承和发展了独立自主的核心外交价值观。1983年2月下旬，中共中央外事工作领导小组召开会议，强调在外交工作中坚决贯彻执行独立自主的方针。对待任何国际问题，都应从我国人民和世界人民的根本利益出发，根据事情本身的是非曲直，独立自主地确定自己的立场和态度。不能依附、屈从任何一个超级大国，否则就没有我们在世界上的地位。① 这是党的第二代中央领导集体外交方针向更加成熟方向发展的标志。

（1）努力推动西欧执行独立自主的外交政策，成为党的第二代中央领导集体独立自主和平外交政策的一部分。中国推动独立自主的和平外交政策，还必须有世界上一切爱好和平的国家同样执行独立自主的和平外交政策，否则，中国所执行的外交政策就等于没有平台，缺少了国际基础。比如，人家都搞大家庭方式、集团政治方式、军事同盟方式，而中国搞独立自主的和平外交政策，中国的这一政策就没有办法真正执行，中国所面对的，只能是被黑暗的力量孤立的局面，虽然中国的外交理念是真正能够为世界和平与和谐带来可能的理念。这里，我们用《庄子·外物》中庄子和惠子关于"无用与有用"的辩论来比喻是很有意义的。庄子所说的"大地的既广且大"可以比喻为世界上绝大多数国家都实行独立自主的和平外交政策，"人所用的只是脚能踩踏的一小块"可以比喻为中国执行的独立自主的和平外交政策。如果"只留下脚踩踏的一小块"即只有中国执行独立自主的和平外交政策而"其余全都挖掉"即绝大多数国家都放弃独立自主的和平外交政策，"一直挖到黄泉，脚下所踩的那一小块地也失去了作用"，即甚至可能出现绝大多数国家完全与霸权主义和强权政治为伍，中国的独立自主的和平外交政策就等于完全失去了依托。因此，中国不但自身坚定地执行独立自主的和平外交政策，而且要努力地推动世界一切和平的力量也执行独立自主的和平外交政策，为的是保障中国的这一伟大的外交方针有外部和平力量的广泛响应，形成不可阻挡之势，从而避免了中国为世界和平的孤军奋战。由此看来，邓小平多次在会见外国政治家时推动他们的国家走独立自主的和平外交路线，其哲学的意义是非常深刻的。邓小平曾经对法国总统密特朗说："我们欣赏法国奉行的独立自主

---

① 《邓小平年谱：1975～1997》（下），第890～891页。

的政策。中国也是执行独立自主政策的。两国在范围广泛的国际问题上的观点是一致的或近似的。"① 邓小平曾经对欧共体委员会主席托恩说："为了维护世界和平，我们一直希望欧洲联合，变得强大，也希望欧洲各国实行独立自主的政策。"②

邓小平是伟大的公共外交大师，他在见到西方国家的领导人时，总是耐心说服他们走独立自主的外交道路，动之以情，晓之以理，强调大家都执行独立自主的外交政策，对自己的国家利益意义重大。邓小平曾经对加拿大总理特鲁多说："我们这样的一些国家采取独立自主的外交政策是十分重要的。从六十年代我们就一直赞赏法国戴高乐总统在国际事务中采取的独立自主的政策。在七十年代，我们认为战争的危险主要来自苏联，当时我们同西方，包括美国、欧洲采取了更接近的政策，这是按照当时的实际情况决定的。近几年有点变化，苏联还是咄咄逼人，但美国最近的几手表明，对美国也不能忽略。……独立自主的外交政策更有利于争取和平。"③ 邓小平曾经对德意志联邦共和国前总理施密特说："在对外政策上，我们国家更加注意独立自主。……我们历来希望欧洲国家独立自主，有自己的独立性。"④

反对霸权主义和强权政治，光有口号而没有具体的可操作办法，那等于白费力气。邓小平的反霸权主义的一个具体而有效的措施就是鼓励西欧国家独立自主，恢复自信心。邓小平曾经对比利时首相马尔滕斯说："西欧有强大的政治力量，有强大的技术力量，也有强大的军事力量。霸权主义要称雄世界，第一个目标是欧洲。要取得欧洲，不一定采取正面进攻，那是下策，可以从两翼包围欧洲，特别是从中近东着手，取得中近东的资源，卡住欧洲的脖子。正因为国际战略态势如此，所以我们的愿望是有一个强大的联合的欧洲。欧洲只有联合，没有别的出路。单独一个国家即使比较强大，也对付不了霸权主义。我们希望有一个强大联合的欧洲，同时也希望有一个执行独立政策的欧洲。欧洲只有在联合强大基础上才能有一个完全独立自主的政策，分裂的欧洲不可能有独立自主的政策。……中国和欧洲可以相互配合，相互协调，相互帮助。我们把欧洲的发展当作和平力量的发展，制约战争力量的发展，也希望欧洲把中国的发展看作和平力量的发展，制约战争力量的发展。"⑤

---

① 《邓小平年谱：1975～1997》（下），第907页。
② 《邓小平年谱：1975～1997》（下），第942页。
③ 《邓小平年谱：1975～1997》（下），第947页。
④ 《邓小平年谱：1975～1997》（下），第995页。
⑤ 《邓小平年谱：1975～1997》（下），第1039页。

邓小平推动西欧走独立自主外交道路，同样也是基于同理心。邓小平曾经对法国对外关系部部长迪马说："欧洲曾经历两次灾难，因此他们不希望战争。中国领导人不止一次地指出希望有一个独立、联合、强大的欧洲。有了一个这样的欧洲，必将增强制约战争的力量。我不谦虚地说，如果中国发展起来，每发展一步就增加了一分和平力量。我们一贯强调西欧联合、强大、繁荣，就是着眼于维护世界和平，制约战争。我们支持你们的'尤里卡'计划，也是希望欧洲强大起来。我们有共同的利益。在南北问题上，我们双方有共同和近似的观点。欧洲在南北问题上是刚刚起步，希望欧洲在这方面做更多的事情。"①

邓小平对欧洲出现的独立自主趋势感到非常高兴，因为这是世界多极化的希望所在，是世界进一步远离战争的希望所在，中国取得更加良好的国际环境的希望所在。他曾经对奥地利总统基希施莱格说："我们现在观察国际战略形势，不仅把中国看做维护和平、制约战争的因素，而且把西欧和东欧也视为维护和平、制约战争的力量。制约战争的最大力量是第三世界，这些国家占世界人口的四分之三。有这么大的维护和平的力量存在，尽管仍存在着战争的危险，但如果我们搞得好，战争是可以避免的。……维护世界和平，最大的问题是各国都要奉行独立自主的政策，不依附于集团政治，同时也要考虑一些切实可行的解决历史纠纷的方式。"②

今天已经迈向了21世纪的第二个十年，在世界范围内走独立自主的和平外交政策的国家和地区的状况如何？尽管两个超级大国只剩下美国，和平的力量也成长很快，但是集团政治和同盟政治的格局并没有发生太大的变化，世界多极化一方面在艰难地向前发展，但另一方面，霸权主义和强权政治也在极力地将一些国家和地区捆绑在自己的国际政治独裁霸权体系之中。"集团政治"体系对中国的和平发展风险有增无减，在种种严峻的态势面前，我们应该怎么做，是采取"以其人之道，还治其人之身"的"集团政治"、军事同盟反制？还是坚持和平共处五项原则指导下的独立自主和平外交政策？新中国和苏联搞过同盟外交，《中苏友好同盟互助条约》就是铁证，对新中国的外交曾经也发挥过积极的作用，但也使中国的对外政策缺少灵活性和自主性，从今天世界多极化和国际关系民主化的大趋势来看，集团政治只能起破坏世界向和谐方向发展的作用，但如果霸权主义和强权政治决心用集团政治围堵中国，中国从策略

---

① 《邓小平年谱：1975～1997》（下），第1072～1073页。
② 《邓小平年谱：1975～1997》（下），第1076～1077页。

上也可以考虑用"集团政治"的方式加以反击，但这只能是策略考虑，不是长远的战略安排，即使暂时会采取"集团政治"的方式反制霸权主义和强权政治，也是策略上为中国更加坚定地走独立自主的、非集团政治的外交路线服务的。

（2）推行独立自主的和平外交政策。战国末期的杰出的思想家荀子就探索过一个国家如何才能坦然"独立自主"的问题。在《荀子·仲尼篇》第七中，荀子认为，只要实行"礼义之道"，就能统一天下，他以周文王因实行了礼义之道，虽然只占有方圆百里的国土，但天下被他统一来作为正面的例子，以夏桀、商纣王抛弃了礼义之道，虽然实力雄厚地掌握了统治天下的权力，却不能像平民百姓那样得到寿终作为反面教材，最后得出结论："故善用之，则百里之国足以独立矣；不善用之，则楚六千里而为雠人役。"即善于利用治国之道，百里见方的国家也可以独立自主，不善于利用治国之道，就会像楚国那样，即使土地广阔也会为秦国所役使。用今天的话来说，周文王是善于利用先进的文化、道德和制度治天下，夏桀、商纣王则拒绝先进文化、道德和制度的力量，而迷信强权政治的力量。

中国今天能够坦然自信地走独立自主的和平外交路线，这首先是中国五千年文明发展和国家建构的必然结果，是中国强大的标志所在。春秋战国中华大地上列国争霸的时代，当时没有一个"国家"可以真正做到外交上主动的"独立自主"，这一方面是周天子的权威还在，另一方面那些方国实力普遍太弱，无法单独立足，必须借助"保护国"的保护和建立"同盟"关系才能生存，即使偶然会出现"独立国家"的现象，也往往是列国出于自身利益的需要而"被独立"。比如《左传》记载，"鲁襄公和晋悼公、宋平公、……鄫国人在戚地结盟，这是为了会见吴人，同时由晋悼公命令诸侯出兵戍守陈国。穆叔认为鄫国的归属对鲁国不利，就让鄫国的大夫以独立国家的身份参加会见听取命令。"今天中国实际上也面临新的"春秋战国"的局面，只不过这不再是中华大地意义上的"春秋战国"，而是全球意义上的"春秋战国"，中国也不是中华大地上"鄫国"① 那种"被独立"的地位，而是主动地"独立自主"。

反对霸权主义，维护世界和平，中国永远属于第三世界构成中国独立自主的和平外交政策的核心内容。邓小平指出："中国采取独立自主的外交政策，概括起来有三句话：第一，反对霸权主义。第二，维护世界和平。第三，中国

---

① 当时的鄫国实际上已归属鲁国。

永远属于第三世界。现在威胁世界和平的主要是霸权主义。不反对霸权主义，和平就靠不住。两个超级大国的争夺使世界不得安宁，美苏两家不管哪一家得分，吃亏的都是第三世界国家。"① 邓小平进一步阐述："中国的对外政策，主要是两句话。一句话是反对霸权主义，维护世界和平，另一句话是中国永远属于第三世界。现在世界上问题很多，有两个比较突出。一是和平问题。现在有核武器，一旦发生战争，核武器就会给人类带来巨大的损失。要争取和平就必须反对霸权主义，反对强权政治。二是南北问题。……中国的对外政策是独立自主的，是真正的不结盟。中国不打美国牌，也不打苏联牌，中国也不允许别人打中国牌。中国对外政策的目标是争取世界和平。在争取和平的前提下，一心一意搞现代化建设，发展自己的国家，建设具有中国特色的社会主义。"② 这体现了邓小平外交方针在促进自身经济社会发展上的作用。邓小平强调："我们现在是独立自主的外交政策，谁搞霸权主义就反对谁。不允许任何人打'中国牌'。这是维护和平的最好的政策。因为中国这个力量，加到任何一方，都会发生质的变化。我们说十年打不起来，包括我们这个对外政策的作用。最好的是我们现行的政策，这个最有分量，最有利于世界和平和国际形势的稳定。"③ 这体现了邓小平外交方针在促进世界和平中的作用。邓小平说："世界和平是有希望的，我们过去一向讲战争不可避免，现在观点有了改变，有了一种新的看法，战争因素、战争危险存在，但和平力量有了很大发展。……我们现在奉行的是独立自主的对外政策，不倾向于任何一个超级大国。谁搞霸权主义，就反对谁，谁愿与我们友好，我们也愿与谁友好，但决不卷入任何集团，不同它们结盟。"④ 这体现了邓小平外交原则的坚定性与灵活性的统一。邓小平还指出："关于国家关系，我们执行独立自主的和平外交政策，同世界上所有国家和平共处。你们日本是全方位外交，如果全方位外交意味着在和平共处的原则下与全世界各国友好相处，那末中国也可以说是全方位外交。"⑤ 这说明，中国独立自主的和平外交政策也是同世界上所有国家和平共处的外交，是全方位的，是在和平共处五项原则指导下的外交。

（3）中国用实际行动推动独立自主的和平外交政策。邓小平提出"一国

---

① 《邓小平年谱：1975～1997》（下），第 973 页。
② 《邓小平年谱：1975～1997》（下），第 979 页。
③ 《邓小平年谱：1975～1997》（下），第 1012 页。
④ 《邓小平年谱：1975～1997》（下），第 1067～1068 页。
⑤ 《邓小平年谱：1975～1997》（下），第 1134 页。

两制"的构想解决台湾、香港和澳门问题,这一方面是内政上完成国家统一的民族宿愿,另一方面也是中国主动采取和平的外交手段解决国际争端的努力,体现了独立自主的特性。当然,这也可以理解为中国独立自主的和平外交政策的一个较低的层次,因为这主要表现在解决自身的主权归属问题,只是为国际争端的解决提供了中国的一个经典案例,还谈不上中国通过独立自主的和平外交政策为地区和平与安全、为世界和平与安全提供直接的公共产品,只有中国在解决自身之外的地区的和全球性的和平与安全问题上提供实实在在的公共产品,中国独立自主的和平外交政策才能上升到较高的层次。对此,邓小平是有过深入的思索的。邓小平指出:"提出'一国两制'的构想,我是为了解决中国的统一问题,但是,我考虑这对国际上是否也有些益处?我是指对和平会不会有点益处。维护世界和平,最大的问题是各国都要奉行独立自主的政策,不依附于集团政治,同时也要考虑一些切实可行的解决历史纠纷的方式。我们提出'一国两制'的构想,不只是考虑到解决我们自己的问题,解决中国与有关国家的问题,也向国际社会提出这样一个构想,看是否对和平有利,一切都着眼于维护和平。"① 中国正是通过"一国两制"方式使香港和澳门顺利回归,给国际社会展现了一个强大的中国如何独立自主地用和平的方式实现收回列强侵占的领土,"一国两制"模式对世界上其他存在类似问题的国家间和地区间解决国际争端能起到示范效应,当然,只有在绝大多数国家都真正地可以执行独立自主的和平外交政策的情况下,才会真正普遍产生和平手段解决国际争端的理想局面。

实现祖国的完全统一,是中国更加有力反对霸权主义,实现世界和平与安定局面的重要条件。从具有国际法法理地位的《开罗宣言》对将台湾归还中国的定义上讲,台湾作为中国的一个省,主权已经回归中国,但至今两岸仍然未能实现政治上的统一,其中一个主要的原因就是霸权主义和强权政治从中作梗。由于美国长期以来对我政治上统一台湾的遏制,使得整个东亚局势总是处于动荡和不安的状态,中央人民政府以最大的克制和耐心,努力维护东亚地区的和平与稳定局面,特别是在两岸关系的稳定上,作了极其艰苦而有成效的努力,使"台独"分裂势力日益不得人心,台湾宝岛数千万人民渴求两岸政治统一的心愿得以保护。正如邓小平所指出的,统一问题"首先是个民族问题,民族的感情问题"。"凡是中华民族子孙,都希望中国能统一,分裂状况是违背民族意志的。""只要台湾不同大陆统一,台湾作

① 《邓小平年谱:1975~1997》(下),第1077页。

为中国领土的地位是没有保障的，不知道哪一天又被别人拿去了。"① 如果台湾完全从祖国分裂出去，其结果是宝岛的人民必然为霸权主义和强权政治所随意欺凌。为了台湾宝岛人民的根本利益，中央人民政府为台湾的回归消耗了巨大的政治的、外交的、经济的资源，但由于两岸最终的政治统一前景还不十分明朗，也正是因为中国在内政上的这一制约因素，使中国在国际反霸权主义和强权政治的斗争中，发挥的作用还相当有限，甚至可以说，中国的国际地位与自身在反霸权主义和强权政治中的作用是严重不对称的。

在这里，我们挖掘古代先贤关于国家统一的思想，有助于我们理清一些如何实现国家统一的理论问题，同时也能帮助我们理解邓小平的国家和民族统一思想与优秀民族政治文化的传承关系。《孟子·梁惠王上》，孟子向梁襄王讲了"统一"能使天下"安定"的思想。梁襄王请教孟子"天下要怎样才能安定？"孟子回答"要统一才会安定"。孟子进一步说："不喜欢杀人的国君能统一天下。"孟子认为只有不喜欢杀人的国君，才会使像雨后蓬勃生长起来的禾苗一样不可阻挡的人群追随他，天下的老百姓才会伸长脖子期待着他来解救了。真像这样，老百姓归服他，就像雨水向下奔流一样，哗啦哗啦谁都不能阻挡。《孟子·离娄下》中孟子还说："以善服人者，未有能服人者也；以善养人，然能服天下。天下不心服而王者，未之有也。"就是说，单凭善就想令人心服，是不可能的；要用善去培养教育人，才能够使天下的人心服。天下的人不心服而想统一天下，这是不可能的。《孟子·梁惠王上》中，孟子还说过："保民而王，莫之能御也。"只要一切为了让老百姓安居乐业，这样去统一天下，才会畅通无阻。《管子·五辅》第十也从重视"争取人"对统一天下的重要性的角度分析春秋末期的现实，"今有士之君，皆处欲安，动欲威，战欲胜，守欲固，大者欲王天下，小者欲霸诸侯。而不务得人，是以小者兵挫而地削，大者身死而国亡，故曰：人不可不务也。此天下之极也。"《管子·霸言》第二十三中说："强国众，而言王势者，愚人之智也。"意思是强国林立的情况下而谈统一的王业，是极其困难的。《管子·形势》第二中说，"欲王天下，而失天之道，天下不可得而王也。得天之道，其事若自然；失天之道，虽立不安。""天之道"，用今天的话来说，就是万物的规则、万物的道理。统一天下如果不掌握统一天下的规则和道理，是不可能达到目的的，即使暂时达到目的，也是不能长久的。《司马法·定爵》第三中强调用道义统一天下，"被之

---

① 《邓小平年谱：1975～1997》（下），第1132页。

以信，临之以强，成基一天下之形，人莫不就，是谓兼用其人。"就是以诚信感召敌人，以威力慑服敌人，造成统一天下的形势，使人人心悦诚服，这就能争取敌对势力的人为我所用。《韩非子·六反》第四十六中也说："官治则国富，国富则兵强，而霸王之业成矣。霸王者，人主之大利也。人主挟大利以听治，故其任官者当能，其赏罚无私。使士民明焉，尽力致死，则功伐可立而爵禄可致，爵禄致而富贵之业成矣。富贵者，人臣之大利也。人臣挟大利以从事，故其行危至死，其力尽而不望。此谓君不仁，臣不忠，则不可以霸王矣。"① 这是只认法的思想，有了完备、公正、能够激励精英的法，统一天下就没有困难。

邓小平统一祖国的办法，从一定意义上讲也是继承了中华民族传统中如何统一国家的思想，并根据新的时代提出新的具体方略。其中的一条就是反对霸权主义，执行独立自主的和平外交政策。因为反对霸权主义和强权政治是国际关系基本的行为准则，执行独立自主的和平外交政策也是国际法所保障的。和平共处五项原则在中国和几乎所有有外交关系的国家的双边条约中都庄严地加以确定。邓小平指出："我们的对外政策就是反对霸权主义，维护世界和平。这符合世界人民的愿望，也是我们四个现代化建设的需要。根据这一方针，解决国际间的问题，解决我们同国际间的问题，也解决我们自己的问题，如香港问题、台湾问题。我们的对外政策有了一个调整。我们过去曾说过建立'一条线'的反霸统一战线，现在不搞那些，执行独立自主的外交政策。国际上一切和平力量都是我们的朋友，谁搞霸权主义，我们就反对谁。我们也不搞集团政治，不依附任何集团。这一政策对于维护和平比较有利。中缅两国是和平共处五项原则的发起国，也是执行五项原则的典范。……台湾问题是中国实现统一的问题，我们解决台湾问题是从整个民族利益考虑的。"② 如何使台湾最终实现和大陆的政治统一，很重要的一方面就是大陆的经济社会必须要取得实质性的突破性发展，建立强大的国防，人民生活充实，并通过外交努力营造好有利于统一的国际环境，为此邓小平指出："我们现在主要是做两件事。

① 此段话用现代汉语翻译则为："国家富强，兵力就强盛。结果，统一天下的大业也就随之完成了。统一天下，是君主最大的利益。君主怀着统一天下的目的来治理国家，所以他根据能力任用官员，实行赏罚没有私心。要让士人民众明白，为国家尽力拼死，功劳就可建立，爵禄就可获得；获得爵禄，富贵的事业就完成了。富贵是臣子最大的利益。臣子怀着取得富贵的目的来办事，所以他们会冒着生命危险办事，竭尽全力。死而无怨。这叫做君主不讲仁爱，臣下不讲忠心，就可以因此统一天下了。"

② 《邓小平年谱：1975～1997》（下），第1043～1044页。

第一件是一心一意搞社会主义现代化建设，力争在本世纪内摆脱贫困状态，达到一个小康社会的水平。最根本的就是这件事。……我们执行独立自主的外交政策，既不同这家联盟，也不同另一家联盟。这种政策最有利于世界和平。我们的一切对外政策，一切方针、步骤，都是为了这个目的。八十年代中国还有一个任务，就是争取解决台湾问题，实现国家统一，这个任务同前两个相关联。要统一，首先我们自己要取得比较可喜的发展，国家力量比较强大，人民生活有较大的改善，再加上国际和平环境这一条件，统一就比较容易了。我们就是根据这三大任务制定对内对外政策的。"① 要实现台湾的回归，营造两岸走向和平统一的人文环境，也是非常重要的，比如，两岸都要采取有效措施共同遏制"台独"倾向和"台独"言论，共同开发政治上统一台湾的思想文化等等。邓小平就指出，"实现国家统一是所有炎黄子孙的共同愿望，反对任何导致台湾独立的言论和行动。……发扬几千年中华民族光辉灿烂的文化，是我们统一的一个重要基础。一个是政治统一，一个是发展经济，使中华民族立于世界之林，还有继承和发扬中华民族的灿烂文化。这些是我们的共同目标。"②

邓小平统一祖国的思想，包含了古代先贤们的"统一"的目的是使天下"安定"、最大限度地争取和平方式（而不是动辄战争等杀人方式）、以天下人心服的方式、为了让老百姓安居乐业的方式、努力争取人心的方式同时也是在霸权主义和强权政治仍然很强势的情况下谈祖国的完全统一的方式（这用管子的思想衡量属于愚人之智，但在我们看来是不怕鬼的表现），是真正地掌握了"天之道"的表现。

（4）用切实的行动树立中国是和平力量、制约战争力量的形象。邓小平指出："中国的发展是和平力量的发展，是制约战争力量的发展。现在树立我们是一个和平力量、制约战争力量的形象十分重要，我们实际上也要担当这个角色。"③ 独立自主的和平外交政策怎样才能推动下去？首先这一政策要得到国际社会普遍的承认，或者是绝大多数爱好和平的国家的承认。应该说，广大第三世界国家和发达国家中的相当一大部分，无论是普通人民大众，还是政治统治精英，或者是学者，都是承认中国的独立自主的和平外交政策的，都从中国的外交实践中深刻地认识到中国确实是爱好

---

① 《邓小平年谱：1975～1997》（下），第1238页。
② 《邓小平年谱：1975～1997》（下），第1238～1239页。
③ 《邓小平年谱：1975～1997》（下），第1051页。

和平的国家。因为中国用切实的行动证明中国是和平的力量和制约战争的力量。比如，20 世纪 80 年代中期，中央决定把中国人民解放军员额减少一百万，这不但是中国有力量、有信心的表现，而且是中国愿意并且用自己的实际行动对维护世界和平作出的贡献。中国此举也得到国际社会的一致好评。

但是，总有一些对中国怀有敌意的人和势力，或者是不了解中国的一些人和势力，总是以"中国威胁"的心态观察中国，认识中国，以达到借所谓的"中国威胁"恫吓世界之目的。而且"中国威胁"论也确确实实搅乱了国际社会对中国的客观评价，使西方国家抹黑中国达到其自身利益的最大化。正如恩格斯曾经指出的："得手的外交恫吓比较便宜，也比较可靠。"① 美国进攻现实主义学者米尔斯海默"坚信"，"中国能够和平崛起吗？我的回答是不能！只要中国继续其令人印象深刻的经济发展若干年，美中两国就会以相当大的发生战争的潜在性，展开紧张的安全竞争，包括印度、日本、新加坡、韩国、俄罗斯、越南的中国的绝大多数邻国都会加入到美国一边来抗衡中国的强权。"② 2012 年 5 月 24 日，笔者受中国人民大学举办的"中国崛起的安全环境与战略选择"的学术研讨会的邀请，见到了米尔斯海默教授，在和他的对话中，我建议他研究一下中国历史，这样他就会明白为什么历史上的中国强大的时候反而特别倾向和平而非倾向战争，而且往往带来较为长久的和平局面；而当中国衰弱时则往往发生内乱和国际冲突不断，米尔斯海默则说他根本不"trust"历史，我告诉他中国的历史至少应该相信 60%，我给他举了几个生动而真实的例子，比如唐太宗听从房玄龄之劝，放弃征伐朝鲜。明朝开国皇帝朱元璋留下《皇明祖训》中铭文记载永远不征伐周边十五个国家，在整个明朝确实没有对它们动过武，这些历史难道不可信赖吗？米尔斯海默看来对中国历史一无所知，而且他固执己见，难怪他的思维是完全建立在想象之上，而不是建立在严肃的历史认知和严肃的文化认知的基础上的。德国弗莱堡大学（University of Freiburg）助理教授梯模·门尼肯（Timo Menniken）从中国对东南亚的行为效果作出分析，认为"和人口与经济的增长相反，中国的水资源正在变得稀有，由于处理这些由水的稀有和地方不均衡的分配，从而导致国际性影响，中国在国际谈判中的表现及在湄公河机制（Mekong regime）中所展示的形象是不良

---

① 《马克思恩格斯全集》第 38 卷，人民出版社，1972，第 155 页。
② John J. Mearsheimer, "China's Unpeaceful Rise", *Current History*, Vol. 105, No. 690（Apr . 2006），p. 160.

的。本来对中国而言，跨国界的合作更应该是战略性选择，而不应该是策略手段。"门尼肯形容，"中国对外政策概念的连续性由两个基本原则构成——'独立自主'和'安全'。在跨国界的资源管理中，我们只能根据这些中国对外政策需要来了解其行为，分析家们如果缺乏这些理解，就会产生中国会成为慈善霸权国（benevolent hegemony）之非现实的希望，在资源政治中这些假设的突起，使这些本来就由于中国的地缘的和社会经济的'蓝博'（蓝博的含义是指中国为爱寻衅的，极富有好斗性的，对于抗拒规定、规章或法律毫不犹豫的国家），而使已经严重不对称的问题结构更加复杂化。"因此东南亚国家"要联合起来共同应对中国水政策的冲击"，因此东南亚国家"应该聚焦于平衡而不只是批评"，"更不应该对中国的野心置若罔闻"①。哈佛大学博士亚历山大·李伯曼（Alexander Liebman）以中国在湄公河的"表现"为例，否定中国"和平崛起"理论的真实性。他说："中国关注的从来都是自己的国内利益，对中国来说，国内利益处于得失攸关的核心地位，中国拒绝签署合作协定和继续进行有损于下游的单边项目，他们从未采取任何积极的措施使河岸国家受益。在这些零和问题上，中国并未像慈善的霸权那样采取行动。中国所谓的双赢安排完全不具有现实性，在中国的行动和其所表达的高标准的思想并非是一回事，他们并非代表对未来的慈悲行为作出可信之承诺，东南亚国家完全无法指望中国会为和平崛起提供比如无海盗海运通道或开放的贸易路线这样的公共产品，甚至'双赢'的问题上，中国也根本不会对其和东南亚国家大得不成比例的权力作出让步，中国'和平崛起'理论将以其在这条河未来的表现为指示器，中国会如何表现她的'和平崛起'？在这些问题尚不显得十分突出的情况下，中国尚且不能兑现'和平崛起'，而当中国人口继续增长，经济继续发展，大坝继续建设，水的短缺和争端只会进一步加剧的未来，更不可能做到了。"② 其实，中国人讲和平发展也好，讲和平崛起也好，讲和谐世界也好，都是基于中国的政治文化基因中的强劲的结构，古代中国人就认为，讲和平而非发动战争，是为"有道"，而穷兵黩武则被视为"无道"。中国先贤老子说过："天下有道，却走马以粪。天下无道，戎马生于郊。祸莫大于不知足；咎莫大于欲得。故，知足之足，常足矣。"所以，西方人以他们的民族是通过扩张侵略而崛起的经验推理中国的崛起也和他们的民族的崛起一样，实在是

---

① Timo Menniken, "China's Performance in International Resource Politics: Lessons from the Mekong", *Contemporary Southeast Asia*, Apr. 2007, pp. 97 – 121.

② Alex Liebman, "Trickle-down Hegemony? China's 'Peaceful Rise' and Dam Building on the Mekong", *Comtemporary Southeast Asia*, Singapore, Aug. 2005, Vol. 27, Iss 2, pp. 288 – 292.

不了解中国传统所致，或者是假装不知道。当然，如果西方学者对中国的看法都是真实逻辑的话，那么中国就不可能称之为和平的力量和制约战争的力量，更谈不上树立起了中国是和平力量、制约战争力量的形象。问题是西方学者的逻辑都是假的、编造的，虽然在一些具体的问题上西方学者并没有讲错，但结论完全是颠倒黑白的。从西方学者"中国威胁"论来看，邓小平强调中国要树立自身是和平力量和制约战争的形象的思想，是多么有前瞻性和预见性。

（5）为实现四个现代化取得良好的国际和平环境，需要并且始终长期坚持而不改变独立自主的和平外交政策和外交路线。党的第二代中央领导集体独立自主的和平外交政策是一个不断丰富和发展的过程。外交是内政的延续，中国的内政是一心一意把自己的政治、经济、文化发展起来，特别是发展经济，它是决定其他领域发展的基础，是 20 世纪 80 年代中国最大的政治，什么样的外交政策能使中国以经济建设为中心的目标得以实现？独立自主的和平外交政策是最佳选择。独立自主的和平外交政策能够最大限度地为中国的发展营造良好的国际环境，中国的外交实践充分证明这一外交政策在营造和平的国际环境方面的积极作用。邓小平指出："中国奉行独立自主的政策，希望欧洲国家也奉行独立自主的政策。我们深信这种政策有利于世界和平。我们希望中国、欧洲和所有第三世界国家强大起来，加强团结，维护世界和平。……就中国本身来讲，要取得发展，要实现四个现代化的宏伟目标，没有和平的环境不行，所以，执行独立自主的和平外交政策，是我们应该走的唯一正确的道路。"① 邓小平指出，"我们不能坐到别人的车子上去。我们这种独立自主的外交政策，最有利于世界和平。问题的关键是中国的现行政策不能变。只要坚持现行政策，搞它几十年，中国会发展起来的。"②

（二）强有力反对霸权主义和强权政治的举措

在中国的政治思想史上，荀子有一整套反霸权主义和强权政治的理论和原则，在他的《荀子·仲尼》第七中，他说孔门"五尺之竖子，言羞称乎五伯"，因为像齐桓公这个五霸中最负盛名的君主，为了争夺国家的政权，杀死了自己的哥哥；荀子指出齐桓公连自己家庭内部的事情都没有处理好，比如家

---

① 《邓小平年谱：1975～1997》（下），第 1108～1109 页。
② 《邓小平年谱：1975～1997》（下），第 1109 页。

族中有好几个女性都没有出嫁，在宫廷之内，齐桓公更是纵情作乐、奢侈放纵，齐国收入的一半还不够他消费；对外，齐桓公欺骗邾国、袭击莒国，吞并国家35个。他的所作所为是这样的险恶肮脏、骄淫奢侈。荀子指出齐桓公称霸的原因主要是他掌握了治理天下的关键，比如他有管仲的辅佐，让高氏、国氏尊贵，因此齐桓公称霸诸侯确实是理所当然，不是侥幸得来的。但是在荀子看来，春秋五霸的事业是不值得称道的。因为五霸"彼非本政教也，非致隆高也，非綦文理也，非服人之心也。乡方略，审劳佚，畜积修斗，而能颠倒其敌者也。诈心以胜矣。彼以让饰争，依乎仁而蹈利者也，小人之杰也"。就是说，五霸不把政治启蒙作为治国的根本，没有尽力推崇礼仪，启蒙教化人民，这样是决不能使人心悦诚服的。荀子认为，五霸只是注重方法策略，合理安排作息，使人民积蓄财物，加强战备因而能打败他们的敌人，他们依靠计谋取胜，以谦让来掩饰争夺，以仁爱之名来追求实利，他们是小人中的佼佼者而已。

因此荀子提出了他反对称霸的思想，"致贤而能以救不肖，致强而能以宽弱，战必能殆之而羞与之斗，委然成文，以示之天下，而暴国安自化矣。有灾缪者，然后诛之。"用今天的话来概括，荀子的反霸权主义和强权政治思想有这样几个方面：第一，国家的领导人要"极其贤能"，即道德和能力两方面都要达到至高的境界，能够去救助不贤的国君；第二，自己的国家极其强大，能够宽容弱国，耻于对弱国动武；第三，制定各国都适用的完备的立法制度并公布于天下，使那些实行暴力的国家转变为倾向于和平的国家；第四，谴责、惩罚那些祸国殃民、谬误乖戾的国家。荀子的这些思想，在今天看来，其大部分理念仍然对今天中国确立一个什么样的反霸权主义和强权政治的战略与策略体系有启发意义。第一，自身要"极其贤能"，只有这样，才可能产生对其他国家的示范效应。新中国历代中央领导集体，之所以使中国一直都是国际政治舞台上反霸权主义和强权政治的最坚定的力量，就是因为他们做到了"极其贤能。"第二，宽以待国，不以大欺小。第三，推动建立对遏制霸权主义和强权政治横行起作用的国际法体系。第四，采取集体安全措施谴责惩罚那些祸国殃民、谬误乖戾的国家。

在荀子所处的时代，荀子的反霸思想想要达到的目标是不可能得以实现。当然，荀子之后经过两千多年的今天，实施的难度也相当大，因为今天的国际体系也仅仅是春秋战国时代的中华大地上"国际体系"的放大，强大必霸仍然是今天国际关系的主要特征，而新中国从成立的那一天起，就决心永远不称霸，无论将来多么强大，都不会称霸。邓小平指出："从政治角度说，我可以明确地肯定地讲一个观点，中国现在是维护世界和平和稳定的力量，不是破坏力量。中国发展得越强大，世界和平越靠得住。"① 以胡锦涛为总书记的党中央领导下的中国，可以说是真正发展起来的中国，中国对世界的和平与发展的贡献力度持续地扩大。以中国对非洲的科技援助为例，2006 年 11 月，中非合作论坛（FOCAC）北京峰会通过《中非合作论坛——北京行动计划（2007~2009）》。中非合作论坛北京峰会盛况空前，48 个非洲国家的元首、政府首脑和代表齐聚北京，胡锦涛主席在会议上宣布了中国对非援助的"八项政策措施"。在中非合作八项政策措施中，明确提出科技合作的目标，那就是"今后三年内为非洲培养一万五千名各类人才；向非洲派遣一百名高级农业技术专家；在非洲建立十个有特色的农业技术示范中心"。根据这八大措施的规定，中国为非洲国家培训各类人员，到 2009 年 10 月止已达 13307 人次。此外，中国的青年志愿者、高级农业技术专家等陆续到非洲开展工作。② 荀子说过大国强国不称霸的举措之一是宽容弱国，耻于对弱国动武。这样的例子在上古是有的，那就是西周的前三代的文王、武王、成王时代，正如荀子在其《荀子·仲尼》第七中描述的："圣王之诛也潜省矣。文王诛四，武王诛二，周公卒业，至于成王，则安以无诛矣。"同样，邓小平讲的"中国发展得越强大，世界和平越靠得住"其实也是荀子"宽容弱国，耻于对弱国动武"思想的逻辑发展，因为支撑中国的核心精神之一是"厚德载物"，中国一方面要坚定地维护好自身的国家主权与安全，决不允许霸权主义和强权政治再对中华民族进行威胁和欺压，在中国强大起来的同时，中国决不会重走霸权主义和强权政治的老路，中国将更加坚定地按照和平共处五项原则处理国家间关系，决不会对弱国采取侵略扩张的政策。霸权主义和强权政治往往对弱国进行疯狂的侵略，真正有一定实力的国家它们还不敢轻易动手，就像今天的美国霸权主义和强权政治所干的一样，它总是对那些弱小民族和国家大打出手，美国本质上还是毛泽东主席说的纸老虎。

体现中国永不称霸的核心外交思想，就是党的中央领导集体都努力奉行的"和平共处五项原则"，邓小平更是把和平共处五项原则上升到建立国际政治经济新秩序，有效遏制霸权主义和强权政治的核心外交原则。

---

① 《邓小平年谱：1975~1997》（下），第 1031 页。
② 张明：《中国对非务实合作八项政策措施大部分落实完毕》，《人民日报》2009 年 10 月 21 日。

"三个代表"重要思想与当代中国外交

1. 提出反霸权主义和强权政治的总的原则

反对霸权主义和强权政治，在相对和平的时代，主要是要通过一系列为国际社会，特别是广大第三世界国家普遍接受和遵守的总原则和总理念。邓小平指出："新的政治秩序就是要结束霸权主义，实行和平共处五项原则。最经得住考验的不是霸权政治，不是集团政治，而是和平共处五项原则。我们要经过几十年的努力，在和平共处五项原则的基础上建立国与国之间的关系，特别是邻国之间的关系。解决战争与和平的问题，建立国际新秩序的问题，都需要这些原则。"① 反对霸权主义和强权政治的总原则和总理念，还应当符合经常图谋搞霸权主义和强权政治国家中人民的需要。因为一旦谁搞霸权主义和强权政治，它的国家的人民就可以充分利用反霸权主义和强权政治的总原则和总理念揭露他们的统治者的不法行为，并团结世界上一切爱好和平的国家和人民与他们的统治者斗争，使世界上所有国家的人民和世界上绝大多数的政府都可以利用反霸、反强权的总原则和总理念来为建构和谐的世界服务。邓小平指出："我对国际形势有个想法，请研究国际问题的人考虑，就是是否要提出建立一个国际政治新秩序的问题。过去的国际政治是霸权主义、集团政治，实践证明行不通。霸权主义伸出的手不能不收回了。国际关系要用什么新秩序、新原则来代替？就我个人的知识来说，经得起考验的是和平共处五项原则。五项原则能够为不同制度的国家服务，能够为发达程度不同的国家服务，能够为左邻右舍服务。和平共处五项原则，虽然是亚洲的产物，也适用于全世界。所有国家应该能够接受这些原则。"② 今后中国外交政策中最重要的举措之一，就是不但要使各国的统治者人人知晓，尽最大的可能感化各国的统治者，使他们不但是口头上响应，行动上实践和平共处五项原则，而且特别重要的是要使和平共处五项原则理念深入到各国人民心中，只有这样，我们才能实现国际和谐。

2. 加速发展自己，争得较快的增长速度，实现我们的发展战略，是顶住霸权主义的重要条件

一个国家实力的强弱决定外交力量的强弱。邓小平指出，中国的核心任务是"现代化建设。这是解决国际问题、国内问题的最主要的条件"③。邓小平进一步指出："中国能不能顶住霸权主义、强权政治的压力，坚持我们的社会

---

① 《邓小平年谱：1975～1997》（下），第1252页。
② 《邓小平年谱：1975～1997》（下），第1252页。
③ 《邓小平年谱：1975～1997》（上），第592页。

主义制度，关键就看能不能争得较快的增长速度，实现我们的发展战略。"①
为此党的十三大确定经济建设的三大目标，第一步，实现国民生产总值比
1980 年翻一番，解决人民的温饱问题。第二步，到 20 世纪末，使国民生产
总值再增长一倍，人民生活达到小康水平。第三步，到 21 世纪中叶，人均
国民生产总值达到中等发达国家水平，人民生活比较富裕，基本实现现代
化。

　　经济实力提高了，中国在政治、军事、科技等方面的进一步发展才有可
能，从而利用政治、经济、军事和文化的手段抵御霸权主义和强权政治的能
力才会增强。正如邓小平所阐述的："我们的战略是近海作战。我们不像霸
权主义那样到处伸手。我们建设海军基本上是防御，面临霸权主义强大的海
军，没有适当的力量也不行。这个力量要顶用，要精，要真正是现代化的东
西。"② 从国防实力增强的意义上，邓小平指出："现在这件事情，还是我们提
出的口号，也就是对外政策的总方针，叫做反对霸权主义，维护世界和平。我
赞成就是'积极防御'四个字。积极防御本身就不只是一个防御，防御中有
进攻。"③ 能够抵御霸权主义强大的海军之适当的力量和中国人民解放军的
"积极防御"从哪里来？如果没有强大的经济建设成就的支撑，就不可能有海
军的现代化和"积极防御"，从海上、陆地上、空中抵御霸权主义和强权政
治的硬实力就不具备。中国是大国，中国的发展，中国人民的幸福与安全得
到保障，从客观的角度讲，实际上是对人类的幸福与和平世界的贡献。因为
中国的全面繁荣，必然会给世界带来勃勃生机，为世界的和平与安全作出贡
献。邓小平指出："对人类做出贡献，我是从两方面来讲的：一是我们摆脱
了贫困，表明占人类四分之一人口的国家做到了这件事，就可以给人类做更
多贡献。这种贡献，包含对不发达的国家提供如何发展自己国家的经验，也
可以对他们的发展提供比较多的帮助。二是中国每发展一步，就使国际的和
平力量增加一分。中国是一个和平稳定的力量。我们最需要和平，不希望战
争。"④

　　今天已经进入 21 世纪第二个十年，中国的一些发达地区如广东、上海等
东部沿海地区已达到中等发达程度，到本世纪中叶，还有二十多年光景，只要
按照十三大确立的目标聚精会神地发展，中国整体实现中等发达国家的目标一

---

　　① 《邓小平年谱：1975～1997》（下），第 1309～1311 页。

　　② 《邓小平年谱：1975～1997》（上），第 542 页。

　　③ 《邓小平年谱：1975～1997》（上），第 681 页。

　　④ 《邓小平年谱：1975～1997》（下），第 1035 页。

定可以达到，到那时，中国维护世界和平的实力条件就更加充分，中国抵御霸权主义和强权政治的能力就会更加强大，一个强大的中国，对世界和平的贡献力度就会更大。

3. 提出中国的外交目标服务于中国人民和世界人民的思想

一个国家的外交政策是否具有先进性，关键是要看外交政策目标的服务对象是谁，如果服务对象是一个国家的绝大多数，是为人民的根本利益的，这样的外交着眼点就是先进的，正确的。中国的外交目标对内，服务于全体中国人民，对外，服务于世界人民，因此，中国外交的先进性是非常鲜明的。

中国共产党历代领导集体，不但是国家利益和民族利益的坚定维护者，而且也是世界人民和世界各民族利益的维护者，正如邓小平所指出的："我们一定要恢复和发扬毛主席为我们党树立的谦虚谨慎、戒骄戒躁、艰苦奋斗的优良传统和作风，全心全意地为中国人民和世界人民服务。"[1] 这个世界上只要存在霸权主义，世界人民的利益就会受到损害，霸权主义越严重，世界人民的生存与安全所受到的威胁就越大，因此，中国反对霸权主义是完全从中国人民和世界人民的根本利益出发的。邓小平指出："争取和平是世界人民的要求，也是我们搞建设的需要。"[2] 邓小平强调："我们的对外政策就是反对霸权主义，维护世界和平。这符合世界人民的愿望，也是我们四个现代化建设的需要。"[3] 反对霸权主义和强权政治不能搞双重标准，不以国家间关系的好坏决定反霸权主义和强权政治的轻重，只有这样才是真正符合世界人民愿望和根本利益的。邓小平指出："中国的发展需要一个国际和平环境。不仅是十年八年的和平，也不只是本世纪的和平，还要着眼于下一个世纪的和平。……要维护世界和平，必须发展和平的力量，即制约战争的力量。中国把自己看成是维护和平的力量，我们把整个第三世界看成是维护和平、制约战争的力量，也把包括西欧和东欧在内的欧洲看成是维护和平、制约战争的力量。"[4] 冷战时代是两大阵营的对抗，不少国家根据自己的战略与策略需要选择两大阵营中的一方，当然在两大阵营之外，也有若干不服从两大阵营中任何一方的中间地带，还有奉行独立自主外交政策的中国也不属于两大阵营的任何一方，但是今天美国成为唯一的超级大国，第二世界的动摇性暴露无遗，欧洲和日本

---

① 《邓小平年谱：1975～1997》（上），第182页。
② 《邓小平年谱：1975～1997》（下），第1038页。
③ 《邓小平年谱：1975～1997》（下），第1043页。
④ 《邓小平年谱：1975～1997》（下），第1074页。

已经不再是走倾向于独立自主发展路线的国家，它们似乎更进一步地捆在美国的称霸世界的战车上，对此，是不是可以认为毛泽东和邓小平将第二世界界定为"和平力量"的判断就过时了？我们认为没有过时，因为第二世界仍然和企图把称霸世界作为对外政策目标的超级大国的美国，在本质上是不一样的。只要中国团结广大第三世界国家反对霸权主义和强权政治的努力取得成效，第二世界也看到了成效，其作为"和平力量"的一面也会显现出来。当然，遏制美国的霸权主义和强权政治，关键还要寄希望于美国人民和广大第二世界和第三世界国家人民的作用，发挥人民外交的强大作用，如果人民起来遏制霸权，谁想搞霸权都是不可能取得成功的。周恩来就指出，外交的"落脚点还是在影响和争取人民"①。通过人民外交来遏制霸权主义和强权政治对中国等国家和平发展的疯狂行为，将是整个 21 世纪中国和平外交取得成功的关键。

4. 提出反霸反强权是为世界人民的利益考虑的思想

（1）提出面对霸权主义和强权政治制造的任何战争威胁（无论是常规的战争还是核战争），中国将根据世界绝大多数人民、第三世界人民的利益决定自己的立场的思想。邓小平指出："假如第三次世界大战打起来，我们中国也要根据世界绝大多数人民、第三世界人民的利益决定自己的立场。我们既不能帮苏联的忙，也不能帮美国的忙，因为它们是超级大国。"② 邓小平对中东国家人民的和平努力从来都给予积极的评价和支持。1980 年 1 月，邓小平对前来访问的埃及领导人说："在反对霸权主义、维护世界和平的神圣事业中，中国政府和人民将始终站在埃及人民、巴勒斯坦人民、阿拉伯人民以及全世界人民一边，永远是他们最可依赖的朋友和兄弟。""我们面临的问题是怎样延缓战争的爆发，争取比较长时间的和平，这对我们中国、对世界人民、特别是对第三世界比较有利。就中国来说，我们确定的目标是要在本世纪末实现四个现代化。没有一个和平的环境，实现这个目标是困难的。中国是真正热爱和平的。中东问题的解决，归根到底，是阿拉伯世界的团结。"③邓小平指出："核武器毁灭人类这种看法靠不住，最终人类要消灭核武器，而不是核武器毁灭人类。如果超级大国动用核武器，就与全世界人民处于对立地位。"④

---

① 《周恩来外交文选》，第 503 页。
② 《邓小平年谱：1975～1997》（上），第 27～28 页。
③ 《邓小平年谱：1975～1997》（上），第 589 页。
④ 《邓小平年谱：1975～1997》（上），第 34 页。

正因为邓小平心中装着世界人民的利益，当苏联悍然入侵阿富汗及面对广大第三世界国家和地区普遍受到超级大国的欺压时，中国政府和中国人民对霸权主义表达了极大的愤慨和对阿富汗等第三世界国家和人民表达了无限的同情。就在苏联悍然入侵阿富汗之际，邓小平忧虑地表示："全世界人民是用一种沉重心情来迎接八十年代的。八十年代一开始就不平静。阿富汗事件、伊朗问题、印度支那问题还在发展，中东、近东形势更加不安宁。非洲、拉美也存在不少问题。就我们亚洲、太平洋地区来说，太平洋不太平。……中国历来考虑问题不仅是从中国本身考虑的，甚至不仅是从亚洲、太平洋地区来考虑的，而且是从全球范围来考虑的。中国对阿富汗事件反应强烈，就是从全球战略来考虑的。我相信，世界人民是有力量来迎接八十年代的风波的。"① 苏联入侵阿富汗的倒行逆施，一直是后来中苏恢复正常关系的三大障碍之一，为了阿富汗人民的利益，中国联合国际上一切可以联合的力量，调动一切可以调动的因素，和苏联的霸权主义和强权政治进行斗争，直至苏联解决了三大障碍，中苏关系才得以恢复。

（2）中国共产党是执政党，中国的外交政策是由党中央直接领导的。面对 20 世纪 80 年代复杂的国际形势，中国共产党始终把维护世界和平与安全，把实现第三世界的正当的国家利益作为中国外交的重要任务。1980 年 4 月 17 日，邓小平对外国记者说："在当前严峻的国际形势下，我们党面临的重要任务也是争取世界和平、安全和稳定。"② 邓小平对阿拉伯世界内部的不和谐而导致反霸权主义和强权政治不力的情况深感不安，他曾对来访的阿拉伯联盟代表团深情地说："阿拉伯地区拥有丰富的战略资源和具有重要的战略地位。当前引发世界大战的火药库不止一个，但第一个是中东。我们一直希望阿拉伯国家团结起来，这对维护世界和平、争取国际局势的安定十分重要。一亿五千万阿拉伯人联合起来，即便不是决定性力量，也是一支举足轻重的力量。遗憾的是阿拉伯世界还存在着许多分歧，超级大国从中加以利用，为它们的利益服务。世界人民当前最主要的任务是争取和平环境。你们也有一个自己建设的问题，如果阿拉伯世界联合起来建设，就了不起。中国在处理阿拉伯世界内部问题上的根本出发点是，真诚希望阿拉伯各国走到一起来。中国政府和人民坚定不移地支持阿拉伯和巴勒斯坦人民为收复失地、恢复民族权利、争取全面公正

---

① 《邓小平年谱：1975~1997》（上），第 622 页。
② 《邓小平年谱：1975~1997》（上），第 34 页。

地解决中东问题而进行的正义斗争。"①

（3）把恢复中国的主权看做世界人民利益的一部分。邓小平曾对来访的英国首相撒切尔夫人说："一九九七年中国将收回香港，不仅是新界，而且包括香港岛、九龙。否则，任何一个中国领导人和政府都不能向中国人民交代，甚至也不能向世界人民交代。"② 邓小平把自己领土主权的收回不仅仅看做中国人民的事情，也看做世界人民的事情，这是为什么？香港、澳门的回归是中国人民的事情，这容易理解，但同时又是世界人民的事情，确实理解上有一定的困难，但只要我们联系广大的第三世界国家至今还有大量的主权遭受霸权主义和强权政治侵犯还没有得到解决的严峻现实，我们就能够理解中国解决好自己的领土主权回归的国际政治意义所在。因为，一旦中国实现了香港和澳门的回归，中国和霸权主义斗争的勇气、艺术和经验，对广大第三世界将是一个巨大的精神鼓舞，同时，香港和澳门回归的模式，对广大第三世界国家也将是解决自己主权问题的一个有价值的参考案例。所以，中国恢复对香港和澳门的主权，不能简单地理解为中国自己的事情。邓小平指出："香港问题的解决，不仅对台湾问题的解决有积极的影响，它还将有广泛的国际意义。世界上有许多'热点'，即发生冲突和可能引起战争的地区，都存在这个问题，能否用'一个国家，两种制度'的方式加以解决，我看可以嘛。"③ 正因为此，邓小平对《香港特别行政区基本法》给予高度评价，说它是"一部具有历史意义和国际意义的法律。"邓小平说，基本法"说它具有历史意义，不只是对过去、现在，而且包括将来；说国际意义，不只对第三世界，而且对全人类都具有长远意义。"④

（4）提出和平有利于世界人民，特别有利于第三世界的重要观点。邓小平指出："现在世界上的问题可以概括为两大问题，就是东西问题和南北问题。东西问题也就是和平问题。和平有利于世界人民，特别有利于第三世界。战争是同霸权主义连在一起的，所以中国对外政策第一条就是反对霸权主义，维护世界和平。"⑤ 为什么说和平有利于世界人民，特别有利于第三世界？这是因为和平的局面往往使霸权主义者通过发动战争而大发战争财的迷梦破产，使霸权主义企图通过战争侵占别国领土和资源的迷梦破产，因此，和平对霸权

---

① 《邓小平年谱：1975～1997》（上），第 628～629 页。
② 《邓小平年谱：1975～1997》（下），第 854 页。
③ 《邓小平年谱：1975～1997》（下），第 991 页。
④ 《邓小平年谱：1975～1997》（下），第 1308～1309 页。
⑤ 《邓小平年谱：1975～1997》（下），第 1018 页。

主义和强权政治很不利。美国为什么能够崛起？一个主要的原因就是两次世界大战大发战争财。由此在资本主义世界取得了经济、政治和军事上的霸主地位。并依仗其经济优势，疯狂对外进行侵略扩张。邓小平支持世界人民争取和平的要求，当然也是从中华民族的根本利益出发的，因为世界人民的和平愿望落实得越好，中国实现现代化的国际环境就越有保障。邓小平精辟地指出："争取和平是世界人民的要求，也是我们搞建设的需要。要实现经济发展接近发达国家水平的目标，就要尊重社会经济发展规律，搞两个开放，一个对外开放，一个对内开放。对外开放具有重要意义，任何一个国家要发展，孤立起来，闭关自守是不可能的，不加强国际交往，不引进发达国家的先进经验、先进科学技术和资金，是不可能的。"①

（5）对超级大国之间的"和平"努力，要听其言，观其行。在两极对抗的年代，美苏两个超级大国不总是摆出对抗的姿态，有时也会进行一些"和平谈判"，达成一些裁军协议，但是他们的和平诚意是相当有限的，不能解除对世界人民的威胁。和平不能寄托在超级大国身上。世界和平只能靠全世界人民的奋斗才能实现。正如邓小平指出的："如果达成协议，我们赞成，但不容易。我们观察二十年了，双方水涨船高。即使达成协议也不等于真正做到，对世界人民的威胁并未解除，实际问题没有解决。所以维护世界和平不能只看到他们两家的谈判。"② 邓小平指出："我们对待核武器有两条基本原则：第一，美苏两国承担不首先使用核武器的义务；第二，逐步减少核武器，直到最后销毁核武器。如果美苏两国能在这方面达成协议，世界人民才放心。"③ 邓小平清醒地意识到："霸权主义仍然威胁着世界和平。世界真正的缓和仍然需要全世界人民为之奋斗若干年。"④

不同性质的国家对外政策的目标不同。代表垄断资产阶级的对外政策，一定只为垄断资产阶级服务，而代表垄断资产阶级的外交政策，表面上也经常讲人民的利益，实际上根本就做不到，中国的对外政策是完全建立在人民当家作主基础上的对外政策，党和政府没有自己的私利，只有中国人民和世界人民的根本利益。诚如邓小平所实事求是地阐述的："中国确定反对霸权主义、维护世界和平为自己的对外政策。这个政策，既是为了中国人民本身的利益，也是

---

① 《邓小平年谱：1975～1997》（下），第1038页。
② 《邓小平年谱：1975～1997》（下），第1041页。
③ 《邓小平年谱：1975～1997》（下），第1064页。
④ 《邓小平年谱：1975～1997》（下），第1225页。

为了全世界人民的利益。"① 谋求和平的国际环境的理念，只有中国这种社会主义的国家才是真正需要的，因为这是人民最渴望得到的。而代表垄断资产阶级利益的外交政策，往往最不喜欢的就是世界出现一片祥和的局面，这样，它们常常通过制造国际紧张局势而谋取"冲突利益"的迷梦就会破产。邓小平说："中国的发展需要一个国际和平环境。不仅是十年八年的和平，也不只是本世纪的和平，还要着眼于下一个世纪的和平。我们国家的外交政策是反对霸权主义，维护世界和平。只反对苏联的霸权主义不够，谁搞霸权主义，我们就不赞成谁，这样才符合世界人民的利益，包括欧洲、日本和大洋洲人民的利益。要维护世界和平，必须发展和平的力量，即制约战争的力量。中国把自己看成是维护和平的力量，我们把整个第三世界看成是维护和平、制约战争的力量，也把包括西欧和东欧在内的欧洲看成是维护和平、制约战争的力量。基于这种判断，中国不卷入集团政治，采取独立自主的外交政策。实行独立自主的外交政策最符合维护世界和平和第三世界的利益，也符合西欧、东欧以及世界其他不愿战争国家的利益。这就是我们从'一条线'的外交政策改变为独立自主外交政策的依据。"② 不称霸的思想，不但符合世界人民的利益，也符合中国自身的利益，邓小平讲的世界人民的利益，自然也包括中国人民的利益，这一点我们从《淮南子》中的反霸权思想中可以找到理论根据。《淮南子·诠言训》说："侯而求霸者，必失其侯，霸而求王者必丧其霸。故国以全为常，霸王其寄也。"希特勒的德国法西斯用战争去谋求当世界霸主，结果几乎把德国推向毁灭，"二战"后美国想称霸世界，结果造成世界多极化的不可阻挡之势，所以国家以保全自己为长久之计，称王称霸不能长久。

（6）反对霸权主义和强权政治，核心的是从全球战略考虑，而不仅是从自己的利益出发，更不存在中国有求于霸权主义的问题。同时，任何外国政府也不要指望因为中国弱就认为中国好欺负，就可以随意地践踏中国的主权。20世纪80年代初，邓小平对巴基斯坦外长谈到中美关系的严峻情形时说："里根在台湾问题上倒退，反映了他的判断：一是认为中国本身没有什么力量，在经济上特别在军事方面无足轻重；二是认为在全球战略中中国有求于美国，而不是美国有求于中国；三是认为只要美国对苏联采取强硬和对抗政策，在台湾问题和其他问题上美国无论怎么做，中国都会忍耐和吞下去的。就我们来说，观点正好相反：第一，我们是穷，但也有自己的分量。第二，中国制定政策不

---

① 《邓小平年谱：1975～1997》（上），第647～648页。

② 《邓小平年谱：1975～1997》（下），第1047～1075页。

仅是从自己的利益出发，而且是从全球战略考虑的。中国同美国没有关系的时候，日子也过下去了，而且还过得不坏。中国有求于美的观点是很危险的，要犯大错误。第三，认为只要美国对苏联采取强硬和对抗政策，在台湾问题和其他问题上美国无论怎么做，中国都会忍耐和吞下去的观点也是危险的，因为这首先破坏了全球战略。"① 邓小平讲的全球战略，就是从世界人民的根本利益出发，执行独立自主的和平外交政策。邓小平就在同一天出席中共中央工作会议闭幕式时指出："要继续执行反对霸权主义、保卫世界和平的对外政策。这个政策执行得好，我们就有可能争取较长时间的和平建设环境。"②

5. 对广大第三世界为主体的反对霸权主义和强权政治的力量给予积极的支持和赞赏

反对霸权主义和强权政治，孤军奋战是不可能取得成功，必须调动世界上一切积极的力量共同奋斗才会取得成功。马克思在 1864 年 9 月 28 日《国际工人协会成立宣言》檄文中对如何遏制沙俄的霸权主义和强权政治的思想，对我们今天如何反霸权和反强权，是有积极的启发意义的。马克思指出："欧洲的上层阶级只是以无耻的赞许、假装的同情或白痴般的漠不关心态度来观望俄罗斯怎样侵占高加索的山区要塞和宰割英勇的波兰；这个头在圣彼得堡而爪牙在欧洲各国内阁的野蛮强国所从事的大规模的不曾遇到任何抵抗的侵略，给工人阶级指明了他们的责任，要他们洞悉国际政治的秘密，监督本国政府的外交活动，在必要时就用能用的一切办法反抗它；在不可能防止这种活动时就团结起来同时揭露它，努力做到使私人关系间应该遵循的那种简单的道德和正义的准则，成为各民族之间的关系中的至高无上的准则。"③ 如今，面对霸权主义和强权政治各种新手段和新招数，给国际反霸反强权力量指明他们的责任，要他们洞悉国际政治的秘密，从搞霸权主义和强权政治的内部和外部培养反霸反强权的力量，通过"监督"和"揭露"霸权主义和强权政治外交活动和军事行动的反动本质，抵制霸权主义和强权的行动，并推动以和平共处五项原则为准则建立国际政治经济新秩序，为这样一种对外政策而进行的斗争，是争取和谐世界到来的努力的一部分。邓小平利用国际上一切积极因素反霸反强权的思想，正是真正洞悉马克思主义经典作家关于国际政治秘密思想的表现。

1979 年 3 月，邓小平和西哈努克亲王交谈时，对西哈努克亲王亲自率领

① 《邓小平年谱：1975～1997》（上），第 698～699 页。
② 《邓小平年谱：1975～1997》（上），第 700 页。
③ 《马克思恩格斯文集》第 3 卷，人民出版社，2009，第 14 页。

柬埔寨代表团赴联合国，为柬埔寨的独立和尊严，反对霸权主义进行了坚决的斗争，取得了极为重要的胜利表示十分高兴。邓小平说："我们始终对西哈努克亲王的爱国主义立场和坚持正义的斗争精神表示十分钦佩。"① 柬埔寨虽然只是东南亚中的一个小国和弱国，但是它在抵御大国霸权主义和地区霸权主义中发挥了重要的作用，中国政府和人民对它的正义行动一直都给予道义上和实质上的支持。

中国人民对阿拉伯世界的反霸反强权事业一贯支持和同情。邓小平就讲过："中国和阿拉伯也门两国的关系历来是深厚的。我们在国际问题上的观点基本上是一致的。我们确实够得上是朋友。你们那个地区过去是今后相当长的时期内仍将是国际局势动荡的中心之一。最大的原因是资源丰富，战略地位重要，各种力量都来争夺。超级大国霸权主义的争夺，给阿拉伯人民带来了灾难。我们相信，你们的斗争尽管还有曲折，但最终将取得胜利。我们希望阿拉伯也门和整个阿拉伯世界好起来。"②

在强调用实质行动支持第三世界反霸反强权上，邓小平主张造血式的支持。邓小平指出："反对霸权主义，维护世界和平，这是根据新的形势变化提出来的，是我们对外政策的依据。对第二世界、第三世界，我们都要加强工作。对第三世界的援助，要着眼于对受援国确有益处，不要让它躺在援助国的身上。比如可以把援助改成低息贷款，这有益处，它自己有个经济核算，会把钱用得更好些。我们国家经济困难，但还得拿出必要的财力援助第三世界。从战略上说，我们真正发展起来了，就要用相当的财力来援助第三世界。那时，就真正把社会主义中国的国际形象树立起来了。一方面我们要清醒地认识自己，一个是穷，一个是块头大。块头大，决定了我们在国际政治里的分量。对这个分量不要小视，特别是我们实行开放政策后，我们的国际形象以及在国际政治中的分量增加了。另一方面，我们确实名不副实，经济发展速度太慢，人民生活水平太低，工业、农业比较落后。这点我们要谦虚一点，不能不承认。现在我们要争取一个比较长的和平时间，并要利用这个时间，抢这个时间，来建设自己的国家。这个时间可不能丧失，多一年是一年，多五年是五年，有二十年就更好了，我们的目标就达到了，打仗也不怕了。当然现在打仗也没有关系，打了再建设。"③

① 《邓小平年谱：1975～1997》（上），第492页。
② 《邓小平年谱：1975～1997》（上），第518页。
③ 《邓小平年谱：1975～1997》（上），第532～533页。

邓小平对阿拉伯国家反霸反强权的积极行动给予高度赞扬，他曾对埃及领导人说："我们高度评价埃及政府对苏联侵略阿富汗所采取的严正立场。在反对霸权主义、维护世界和平的神圣事业中，中国政府和人民将始终站在埃及人民、巴勒斯坦人民、阿拉伯人民以及全世界人民一边，永远是他们最可依赖的朋友和兄弟。"[1] 中国是第三世界国家，中国发展起来了，对广大第三世界的支持力度就会加强，因为中国和广大第三世界的命运是一致的，强大起来的中国就有力量推动一个强大和繁荣的第三世界。邓小平指出："如果中国能够得到比较快的发展，将在国际事务中，在反对霸权主义、维护世界和平，特别是支持阿拉伯人民、巴勒斯坦人民的斗争中，做出更大的贡献。中国的发展，不但符合中国人民自己的利益，也符合世界人民的利益。"[2] 邓小平曾对约旦朋友说："中国要一心一意搞建设，当然希望有一个和平的国际环境。因此，我们理所当然地不仅关心我们自己，也关心周围国家，比如东南亚、印度支那，也关心中东问题。中东是世界上危险焦点之一，也许是世界最危险的焦点，因为你们有重要的战略资源石油。超级大国要争夺那里丰富的石油资源。它们希望阿拉伯世界一片混乱，以便可以在混乱中插手。因此，中东同样也面临着一个反对霸权主义的问题，这只有靠阿拉伯国家和人民真正团结起来才能得到解决。这也是我们的真诚希望。就中国来说，我们希望同阿拉伯世界所有的国家和人民发展关系。虽然我们所处的地区不同，但实际上面临的是共同的问题。在解决国际问题方面，需要我们大家联合起来，首先是第三世界联合起来，同霸权主义进行斗争。我们相互联合，对维护世界和平，促进联合反霸事业是很重要的。"[3]

邓小平和毛泽东一样，是中华民族最有远见的政治家之一，他关于霸权主义和强权政治对中东的觊觎的判断，在21世纪已过去12个年头的今天，进一步被印证。谁是维护世界和平的最重要最核心的力量？对这个问题，邓小平是这样回答的，"中国永远站在第三世界一边。中国对超级大国，对霸权主义，不管在任何情况下，也不管霸权主义来自哪一方面，都是采取反对立场的。当然，我们有时侧重于这方面，有时侧重于那方面。我们同世界上所有反对霸权主义、维护世界和平的力量，特别是第三世界，要加强合作。"[4] 邓小平进一步指出，"霸权主义的直接受害者是第三世界的国家和人民。这就决定了有切

---

[1] 《邓小平年谱：1975～1997》（上），第589页。
[2] 《邓小平年谱：1975～1997》（上），第590页。
[3] 《邓小平年谱：1975～1997》（上），第661页。
[4] 《邓小平年谱：1975～1997》（下），第829页。

身利益的第三世界是真正的维护世界和平、反对霸权主义的主力。"① 而在联合第三世界反霸反强权的斗争中，中国不能以领袖自居，也不能当什么"精神领袖"，中国和广大第三世界在反霸反强权的斗争中所建立的关系，仍然是兄弟关系、朋友关系。

国家间能否稳定发展，取决于政治基础是否牢固，没有好的政治基础，双边关系就会很不稳定。什么是国家间关系的政治基础？简单地说双方的外交理念要取得基本的一致是关键指标所在。邓小平在和新西兰领导人谈话时就指出："中新建交以来，两国关系一直是好的。为什么好？就是因为有这个政治基础。没有政治基础，就会好一阵又坏一阵，坏一阵又好一阵。"② 霸权主义和强权政治都是为不正当地图谋别国的利益而来的，特别是那些有战略意义资源又丰富的地方，更是霸权主义和强权政治强力争夺的地方。邓小平曾在会见约旦国王时就指出："中国支持阿拉伯人民事业的立场是一贯的。中东地区是世界上最敏感的地区之一。那里有丰富的战略资源——石油，这是你们的幸运。但因此给你们带来了麻烦，那就是两霸争夺。麻烦和幸运联结在一起。我们都是第三世界，都是发展中国家，都有共同的经历。我们衷心希望阿拉伯国家能团结起来。一旦你们联合起来对付霸权主义的挑战，你们那个地区的问题就得到解决了。"③ 这是邓小平启发中东国家应该辩证地看自己的优势，因为优势也往往成为灾难的根源。反对霸权主义就是反对战争，南南合作是提升发展中国家反霸反强权的重要手段，南北经济合作也有助于削弱霸权主义和强权政治的锋芒。邓小平就指出："现在世界上的问题可以概括为两大问题，就是东西问题和南北问题。东西问题也就是和平问题。和平有利于世界人民，特别有利于第三世界。战争是同霸权主义连在一起的，所以中国对外政策第一条就是反对霸权主义，维护世界和平。世界各国人民，特别是第三世界人民最希望和平，即使是发达国家也不希望打仗。当前国际形势是，战争的危险依然存在，但总的说来，和平力量在发展。南北问题对第三世界国家是个非常现实的问题，南方国家首先要摆脱贫困。发达国家要继续发展，也面临着南北问题，占世界人口百分之八十的南方国家不发展起来，发达国家就难找到市场。南南合作很重要，进行南南合作的条件是存在的。南南合作可以推动南北合作。"④

---

① 《邓小平年谱：1975～1997》（下），第841页。
② 《邓小平年谱：1975～1997》（上），第673页。
③ 《邓小平年谱：1975～1997》（下），第873页。
④ 《邓小平年谱：1975～1997》（下），第1018页。

6. 主动约束自身可能产生的霸权主义和强权政治

（1）在双边关系中强调双方都不搞霸权主义和强权政治。老子《道德经》说："自胜者强。"一个国家往往在弱小的时候，即使想在国际事务中搞霸权主义，也往往力不从心，但强大起来之后，对外扩张，搞霸权主义则往往是家常便饭，如果说有什么例外的话，中国就是一个例外，因为中国自身的实力无论处于何种发展水平，中国都将坚持不称霸的政策，这可以说是中国对外政策的一大优势所在。中美建交是 20 世纪的国际关系的大事件，两国建交伊始邓小平对美国进行国事访问，他在 1979 年 1 月在美国访问期间对美国人说，"提请大家注意中美关于建立外交关系的联合公报中重申的上海公报中关于反对谋求霸权的各项原则，这对我们双方是一个约束，对各国人民是一个保证，对霸权主义是一个遏制。我们两国都信守自己的承诺，就可以对维护亚洲、太平洋地区以至世界的和平和安全起到积极的作用。"① 1979 年 5 月，邓小平在一次接见外宾时指出："我们的海军不准备发展得太大，主要是用于防御。我们不会到国外去侵占别人的地方，也不需要在世界上建立什么基地，不搞霸权主义，只要有自己的防御力量就够了。当然，也要现代化才行，现在我们的海军太弱、太小。"② 反对别人搞打牌外交，也反对自己搞打牌外交，是邓小平反对霸权主义和强权政治的措施之一，对自身的外交行为也是一个有力的监督。邓小平指出："我们是从战略角度考虑中美关系的，双方都不要玩打牌游戏。打牌是不从政治角度、不从战略利益考虑的，有时甚至也不从国家利益考虑。如果是打牌，牌就可以随时换，也可以随时丢掉。从战略的角度、政治的角度考虑问题，才能有个稳定的政策。"③ 邓小平说："要争取和平就必须反对霸权主义，反对强权政治。……中国不打美国牌，也不打苏联牌，中国也不允许别人打中国牌。中国对外政策的目标是争取世界和平。"④ 邓小平强调："不允许任何人打'中国牌'。这是维护和平的最好的政策。因为中国这个力量，加到任何一方，都会发生质的变化。我们说十年打不起来，包括我们这个对外政策的作用。最好的是我们现行的政策，这个最有分量，最有利于世界和平和国际形势的稳定。"⑤ 邓小平重申："中国执行独立自主的外交政策，不打苏联牌，不

---

① 《邓小平年谱：1975～1997》（上），第 478 页。
② 《邓小平年谱：1975～1997》（上），第 514 页。
③ 《邓小平年谱：1975～1997》（下），第 778 页。
④ 《邓小平年谱：1975～1997》（下），第 778 页。
⑤ 《邓小平年谱：1975～1997》（下），第 979 页。

打美国牌，也不许人家打中国牌。"①

（2）《中日和平友好条约》中明确写入"反霸"条款。邓小平关于《中日和平友好条约》中写上"反霸权主义"条款的重要论述有如下几点：①"在《中日和平友好条约》中写进反对霸权主义的内容，含义有两点。一是中国和日本都不在亚洲、太平洋地区谋求霸权，都不搞霸权主义。我们中国愿意用这点来限制我们自己，中国承担了义务，不在亚太地区谋求霸权。日本承担在亚太地区不谋求霸权的责任，这是经过两次世界大战和近百年的历史总结出来的经验。由于长期的历史渊源，日本在亚太地区的形象是受了影响的。写上这一条，对日本改善同亚太地区国家的关系，不但是有益的，而且是必要的。二是反对任何国家、任何国家集团在这个地区谋求霸权的努力。现在确实有超级大国在这个地区谋求霸权。写上这一条不是干涉谁的内政，而是干涉它们的行动。"② ②"在日本促进签订中日和平友好条约的力量发展很快，现在就剩下在条约中写入反霸条款问题。日本政府没有理由反对把中日联合声明中已有的条款写到中日友好条约中去。"③ ③"在中日和平友好条约中写入反霸条款对日本是有利的，可以改变日本的形象。"④ ④"当别人要威胁我们、侵略我们，要将霸权强加于我们时，我们就要反对。希望日方不要从中日联合声明的立场上后退。"⑤ ⑤"反霸是不针对第三国的，但有一条，谁搞霸权就反对谁。对我们自己也是一个约束。我们自己如果搞霸权，那就自己反对自己。中国现在没有资格称霸，但起码东南亚有些人担心中国实现四个现代化以后是否会称霸。我们再三说，中国永远不称霸，如果称霸，那就不是社会主义国家了，变了质。条约里写上反霸条款，体现了中国长久的国家政策。"⑥ 由于日本过去对亚洲进行过野蛮侵略，为了达到约束日本重新抬头的军国主义，使亚洲各国对日中两国关系的发展减少戒心，同时防止美苏两个超级大国争夺霸权而把中日纳入他们的棋局之中，防止包括美苏在内的任何国家在亚洲扩大势力范围，当然也是约束中国自身，中日双方最终达成完全的共识。1978 年 8 月 12 日晚，《中日和平友好条约》签订。中日关系展开了新的篇章。当然，中日关系尚存在钓鱼岛主权归属这一敏感的隐忧，由于国际战略环境发生了有利于日本的变化，日本欲冲破邓小平当年

---

① 《邓小平年谱：1975～1997》（下），第 1182 页。
② 《邓小平年谱：1975～1997》（上），第 35 页。
③ 《邓小平年谱：1975～1997》（上），第 202 页。
④ 《邓小平年谱：1975～1997》（上），第 247 页。
⑤ 《邓小平年谱：1975～1997》（上），第 279～280 页。
⑥ 《邓小平年谱：1975～1997》（上），第 355 页。

从中日两国长远大局考虑，并在相当长一段时期也为日本政府遵守的钓鱼岛问题搁置起来的倡议，造成中日关系向不稳定和不和谐的方向演变。

邓小平指出："我们同日本签订了和平友好条约，把反霸条款写入了正文，这在世界上还是第一次。"① 邓小平还指出："中日和平友好条约明确规定反霸原则，在当今的国际形势下具有重大的意义。……我们希望中日双方都教育自己的子孙后代，永远信守中日和平友好条约的反霸原则。反对霸权主义是中日和平友好条约的核心。因为我们要和平友好，谋求亚洲、太平洋地区的和平与安全，谋求世界的和平与安全，不反霸是不行的。"② 在双边条约中写入反霸条款，这是国际关系史上具有里程碑意义的事件。这应该在所有双边关系文件中都写进去，这对霸权主义和强权政治的制约将产生强大的法律约束力，给国际关系提供了崭新的政治合作方式，对和谐世界的实现意义重大。反霸条款的确定，因为两国共同语言增多了，使中日政治、经济、文化关系保持了相当长一段时期的平稳发展。

条约中的"反霸"条款虽然是冷战时代确定下来的，但绝不是"带有明显的冷战特征"③ 的东西，只要世界上存在霸权主义和强权政治，就一定要反下去。事实上，美国的霸权主义在后冷战时代的表现，并不比冷战时代"温柔"多少，直接的军事对抗确实是减弱了，但针对社会主义国家的和平演变和对第三世界它不喜欢的政权采取颠覆政策有增无减，以求最大限度地扩大霸权主义和强权政治的"战果"，霸权主义和强权政治对社会主义国家和广大第三世界的威胁反而更加严重。邓小平指出："美国，还有西方其他一些国家，对社会主义国家搞和平演变。……资本主义是想最终战胜社会主义，过去拿武器，用原子弹、氢弹，遭到世界人民的反对，现在搞和平演变。别国的事情我们管不了，中国的事情我们就得管。中国不搞社会主义不行，不坚持社会主义不行。"④ 霸权主义和强权政治推动社会主义国家的"和平演变"战略，在冷战后时代愈演愈烈。邓小平以伟大的无产阶级政治家和对霸权主义和强权政治垄断和控制国际政治发展方向深刻洞悉阐述道："我希望冷战结束，但现在我感到失望。可能是一个冷战结束了，另外两个冷战又已经开始。一个是针对整个南方、第三世界的，另一个是针对社会主义的。西方国家正在打一场没有硝烟的第三次世界大战。所谓没有硝烟，就是要社会主义国家和平演变。"⑤ 邓

---

① 《邓小平年谱：1975~1997》（上），第 373 页。
② 《邓小平年谱：1975~1997》（上），第 411 页。
③ 参见史桂芳《邓小平与〈中日和平友好条约〉》，《北京党史》2004 年 S1 期，第 43 页。
④ 《邓小平年谱：1975~1997》（下），第 1289 页。
⑤ 《邓小平年谱：1975~1997》（下），第 1302 页。

小平"可能是一个冷战结束了，另外两个冷战又已经开始"的观点，是很有哲学道理的，他看到冷战结束可能带来的"和平"与"发展"局面，同时更看到霸权主义和强权政治以新的方式和新的手段更加疯狂搞霸权和强权的现实，《道德经》就说："祸兮福之所倚，福兮祸之所伏。"党的第二代中央领导集体正是这样以强烈的忧患意识而非侥幸心理，是真正科学而深刻地观察国际政治的发展趋势的。

7. 采取理性的反霸反强权斗争策略

第一，中国发展核武器绝不是准备核战争，即使和帝国主义国家发生武装冲突，也决不首先使用核武器，中国的核武器只是用于自卫。周恩来曾经指出："我们不怕原子弹，也不拿原子弹吓人。"[1] 1982 年邓小平会见利比亚领导人，针对利比亚领导人要求中国和第三世界国家进行核武器方面的合作时邓小平指出："核武器方面的合作是干不得的。我们可以在别的方面同超级大国进行斗争、较量，在核武器方面不能同他们较量。在这方面，中国如果采取不恰当的政策，同其他国家进行核合作，就会带来很大的灾难性后果。第三世界国家不值得把钱花在这方面。第三世界国家在这方面进行战略合作，有百害而无一利。"[2] 据曾经为此次邓小平与卡扎菲会谈做翻译的时延春分析，卡扎菲"曾经试图在很多国家买核武器，并力求发展核武器，但却没有发展到朝鲜、伊朗那个地步。应该说，他现在放弃核武器对他而言没有多少实际损失。卡扎菲有自己的想法。洛克比事件解决了，核计划又放弃了，他是在没有多大损失的情况下争取了主动。这也不是对美国的投降。他指出，他的做法是为了和平，是要在中东实现无核化，要求以色列也放弃核计划。"[3] 试想，如果中国对利比亚采取实质性的核武器发展方面的合作，如果利比亚掌握了实质性的核武器，极有可能引发核战争，即使核武器是针对霸权主义和强权政治的，中东人民也不会从中得到任何好处，因为邓小平的反霸权主义和强权政治的根本目标是使受到霸权主义和强权政治威胁的国家和人民包括安全利益在内的各种正当利益得以保障和实现。

第二，主张霸权主义和强权政治首先应采取的是主动的对话而不是对抗。在和平与发展成为时代主题的时代，反霸反强权的最有力的手段，不是对抗，而是对话。说得更加明确一点，就是努力劝说霸权主义和强权政治者和广大和

---

[1] 《周恩来年谱：1949～1976》（下），中央文献出版社，1997，第 357 页。

[2] 《邓小平年谱：1975～1997》（下），第 865 页。

[3] 时延春：《我所认识的卡扎菲和萨达姆》，《世界知识》2004 年第 2 期，第 30 页。

平力量展开对话。霸权主义和强权政治者往往喜欢采取简单的"零和博弈"方式即战争的方式谋求其私利的最大化。邓小平通过劝说的方式、开导的方式使霸权主义和强权政治者以和平方式、双赢方式获得利益，而不是单边的、引起政治与军事冲突的霸权主义和强权政治的利益。对话的一个重要前提是霸权主义和强权政治首先采取主动，广大第三世界国家不可能乞求它们，也不应该乞求它们，这是广大第三世界国家的尊严所在，国格所在。因为，利益受到损失的，将不是霸权主义和强权政治者，而是广大第三世界国家，只有霸权主义和强权政治首先主动采取对话的政策，才可以适当地化解一些第三世界国家对霸权主义和强权政治的不满情绪，从而为真正有建设性的对话营造良好的人文环境。

早在 1975 年 10 月邓小平会见美国客人时就说："我们劝你们美国同第三世界不发达国家不要对抗，要采取对话的政策。"① 1979 年 1 月邓小平会见美国参议院代表团时表示："我们希望美国直接同朝鲜民主主义人民共和国对话。你们在对话中，更可以了解双方的立场。"② 邓小平在强调南北对话时，当然也没有忘记最根本的，那就是广大第三世界国家之间的团结与合作。1982 年 1 月邓小平会见阿尔及利亚政府代表团时指出："第三世界国家要发展自己也是一场战斗。超级大国、帝国主义和新老殖民主义都不希望我们发展。为了发展的需要，我们还是应该同它们建立良好的关系，实际上我们也都是这样做的。局势的发展提出一个新问题，第三世界国家应该加强友好合作关系，开辟更广泛的合作领域。"③

20 世纪 80 年代，为了消除苏联霸权主义对中国的威胁，邓小平同样认为应该采取对话而不是对抗的方式。但对话是有原则的，有前提的，也不能急于求成，指望一夜之间就解决所有的重大问题，对话只能采取由低级政治逐步到高级政治过渡的办法，而且要避免再度出现中苏那种为外交实践证明不成熟的党的交往方式。邓小平指出："中苏关系要改善，要正常化，首先是要消除中苏关系正常化的障碍，消除对中国的威胁。但中苏对话还要继续下去，不能设想两个国家永远这么僵持下去。"邓小平重申："我们同苏联既然是邻国，争取改善彼此的关系这件事还是要做的，但要有原则。所以，我们恢复了中苏对话，但目标不是恢复到一九六四年以前的关系，而是在和平共处五项原则的基础上建立关系。就是说中苏关系改善的基础是，苏联必须改变以至放弃其霸权主义政策。"④ 邓小

---

① 《邓小平年谱：1975~1997》（上），第 117 页。
② 《邓小平年谱：1975~1997》（上），第 468 页。
③ 《邓小平年谱：1975~1997》（下），第 795 页。
④ 《邓小平年谱：1975~1997》（下），第 877 页。

平主张中苏应该对话而不是对抗的思想，目的之一是遏制苏联的霸权主义，如果苏联的霸权主义和强权政治受到遏制，中苏关系也必然会得到改善，同时也必将有利于世界和平，而中苏对话也绝不是针对另一国的平衡外交，不是打牌。

邓小平曾经对来访的美国前总统尼克松说："我们改变了过去'一条线'专门对付苏联的战略。中国不能把自己拴在一辆战车上，否则只能增加战争的危险，不利于和平。中国也要与苏联对话，如果中苏关系有所改善，对和平只会有利，而不会有害。但我们不是在美苏之间搞平衡政策。"① 邓小平指出："中国一直在做维护和平的事。维护和平是中国外交政策的核心，为了维护和平必须反对霸权主义。不管霸权主义来自哪一方面，我们都反对。我们赞成对话，不赞成对抗。全世界绝大多数人都希望和平。不管谁要发动战争，连它的盟友也不会赞成。因此，和平是有希望的。但和平不会自动来到，需要我们共同努力争取。"②

在南方国家实现自我发展的基础上，加强南北对话不但是遏制超级大国政治上的霸权主义和强权政治的手段，而且也是遏制超级大国经济霸权主义和经济强权政治的重要途径。邓小平说："人类要发展，不解决南北问题不行。现在的趋势是富的越来越富，穷的越来越穷。发展中国家不摆脱贫困，发达国家要发展也会遇到障碍。解决的办法是南南之间发展合作，加强南北对话。只有在南方国家自己发展的基础上，这种对话才比较容易。"③ 冷战时代是两个超级大国争霸的时代，但是它们为了自身的利益，偶尔也会坐下来选择对话而非对抗的办法，中国对此是持欢迎立场的。邓小平指出："完全由超级大国主宰世界的时代已经过去，但是我们不能掉以轻心。我们希望缓和，欢迎美苏对话，并欢迎他们在进一步裁减核军备方面作出更积极的努力。"邓小平总是支持和鼓励对话的潮流。邓小平指出："过去我们曾经对战争有较大的忧虑。以后我们改变了观点，发现和平力量超过了战争力量。现在出现了对话代替对抗的新潮流，和平解决国际争端的趋势正在发展。"④ 邓小平强调："现在集团政治该结束了，这主要指北大西洋公约组织和华沙条约组织。霸权主义该结束了，不仅全球霸权主义，还有区域霸权主义。现在世界从对抗转向对话、由紧张转向缓和的趋势是明显的，至少在今后三十年五十年内这一趋势还会发展。道理就是超级大国谁也不敢发动世界大战。谁搞霸权主义，谁侵略别国，到头

---

① 《邓小平年谱：1975～1997》（下），第1074页。
② 《邓小平年谱：1975～1997》（下），第1149页。
③ 《邓小平年谱：1975～1997》（下），第1177页。
④ 《邓小平年谱：1975～1997》（下），第1222页。

来都得收缩。绝对优势也没有用，还得搞和平共处五项原则。"① 冷战末期出现了对抗向对话转变的趋势，邓小平高瞻远瞩地预见到这一发展趋势。邓小平指出："国际形势最重要的变化是由对抗转向对话。"②

邓小平对第三世界国家内部的团结与合作十分关心，主张内部的问题应该努力通过对话解决。因为第三世界国家如果自身都不团结，霸权主义和强权政治就会轻而易举地找到扩张和干涉第三世界国家的突破口，使第三世界丧失发展机遇。邓小平对非洲国家内部政治关系出现对话感到高兴，建议他们在反对南非的种族隔离政策的斗争中，充分把握好斗争的原则性与灵活性的关系。邓小平指出："我们支持安哥拉反对南非的种族隔离政策。对话比对抗好，缓和比紧张好。对南非斗争既要有坚定性，又要有灵活性。希望你们按照现在的决策，能够通过对话，同他们达成某种谅解，然后一心一意搞国内团结和国内建设。"③ 邓小平对第三世界内部一些邻国之间不但没有团结起来，反而相互发生战争感到万分痛心，呼吁他们克制，采取对话方式解决彼此的争端。1989 年 5 月，邓小平对伊朗总统哈梅内伊语重心长地说："中伊两国是朋友，我们同包括伊拉克在内的阿拉伯国家也都是朋友，我们希望你们和平共处。我们都是第三世界国家，应该团结起来，不要把力量消耗在相互争端上。不要自己抵消了力量，丧失了发展时机，使自己处于困难的境地。要利用目前有利的国际环境，发展自己。我还是一句话'和为贵'。"④超级大国的争霸是世界和平的威胁，反对超级大国的争霸是维护世界和平的重要手段，而推动超级大国由对抗转向对话，自然也是缓和国际局势的重要方面，而一旦超级大国转向对话（尽管这是昙花一现的，或者说是不稳定的），相应地，中国和超级大国发展正常关系的机遇也就会产生。邓小平正是准确地预见到超级大国由对抗转向对话对中苏关系改善的机遇。1989 年 5 月，邓小平会见苏联领导人戈尔巴乔夫时指出，"长期以来，我们面临的国际形势是非常严峻的，冷战和对抗的局面一直没有得到缓和。总的局势是军备竞赛，水涨船高。但是三年前我们已看到，美苏军备竞赛可能有一个转折，有一个解决的途径，美苏有可能由对抗转向对话。"⑤

第三，"不当头"。老子说过："我有三宝，持而保之：一曰慈，二曰俭，

---

① 《邓小平年谱：1975～1997》（下），第 1250～1251 页。
② 《邓小平年谱：1975～1997》（下），第 1254 页。
③ 《邓小平年谱：1975～1997》（下），第 1255 页。
④ 《邓小平年谱：1975～1997》（下），第 1274 页。
⑤ 《邓小平年谱：1975～1997》（下），第 1275 页。

三曰不敢为天下先。慈故能勇；俭故能广；不敢为天下先，故能成器长。今舍慈且勇；舍俭且广；舍后且先；死矣！夫慈，以战则胜，以守则固。天将救之，以慈卫之。"① 邓小平"不当头"的外交思想和老子追求的"不敢为天下先"是为了"能成器长"的价值导向是一致的，中国永远坚定地站在第三世界一边，中国永远不称霸，中国也永远不当头，其目的是真正地在国际政治上有所作为。中国将更加有力地以和平共处五项原则为准则推动国际政治经济新秩序的建立，从而引导广大第三世界国家更加有力地应对霸权主义和强权政治，直至取得完全的胜利。如果"舍后且先"，争当什么第三世界的领导，则等于中国公开率领第三世界和霸权主义直接对抗，这实际上正中霸权主义下怀，使霸权主义和强权政治可以更加肆无忌惮地欺负第三世界国家，从而达不到和平与发展时代反霸反强权的目的。

邓小平指出："毛泽东主席对我们全国人民提出的口号是：'深挖洞，广积粮，不称霸。'这是我们国家的指导方针。我们也劝世界上的朋友们都注意这个问题。'不称霸'，这是我们国家的一个根本原则。……毛主席号召我们全国人民，要教育我们的子孙后代，永远不做超级大国。我们现在说我们属于第三世界，就是到将来我们比较发达了，也属于第三世界。超级大国不能当。就是人们说的中国是第三世界的头头，这也不行，不能当头头。想当头头，本身就居心不良。谁要想当头头，他就想发号施令，就不会以平等的态度来对待别人了。"② 邓小平坚定地表示，中国"支持世界人民反对剥削、压迫，反对霸权主义，这是我们的一贯立场。……中国只能是第三世界的一个平等的成员。这也是我们的一个原则。不能当领袖，当了领袖就要随便指手画脚，那不行！那就要把自己摆到世界人民特别是第三世界各国人民的对立面。现在中国落后，没有资格称霸，以后中国发展起来了，也不称霸。所以，我们把永远不称霸作为我们国家的指导原则。要以此教育我们的人民。不仅现在，而且将来，都要这样教育。"③

管仲是春秋末期有名的政治家和思想家，他在《管子·重令》第十五中，

---

① 《道德经》第六十七章。此段话用现代汉语翻译为："我有三件法宝执守而且保全它：第一件叫做慈爱；第二件叫做俭啬；第三件是不敢居于天下人的前面。有了这柔慈，所以能勇武；有了俭啬，所以能大方；不敢居于天下人之先，所以能成为万物的首长。现在丢弃了柔慈而追求勇武；丢弃了啬俭而追求大方；舍弃退让而争先，结果是走向死亡。慈爱，用来征战，就能够胜利，用来守卫就能巩固。天要援助谁，就用柔慈来保护他。"
② 《邓小平年谱：1975～1997》（上），第16页。
③ 《邓小平年谱：1975～1997》（上），第58页。

同样对想当"超级大国"的思想持否定的态度。他说："地大国富，人众兵强，此霸王之本也，然而与危亡为邻矣。……夫骄者，骄诸侯，骄诸侯者，诸侯失于外；缓怠者，民乱于内。诸侯失于外，民乱于内，天道也。此危亡之时也。"①

邓小平不但主张自身不当头，也反对别国在国际事务中当头。1980 年 10 月，邓小平会见法国总统德斯坦时指出："德斯坦总统提出的'多极政治'是客观现实，多极需要联合，这里面没有什么头头，也不需要一个什么条约，但需要相互协调行动，协调政策。"② 1982 年 6 月，邓小平针对外宾提出希望中国能成为不结盟运动的精神领袖时表示："这我不赞成。千万不要想当什么头，兄弟关系、朋友关系比那个牢靠得多。"③ 1982 年 8 月，邓小平向联合国秘书长阐述中国的对外政策时指出："中国是联合国安全理事会的常任理事国，中国理解自己的责任。……很多朋友说，中国是第三世界的头头。我们说，头头可不能当，头头一当就坏了。搞霸权主义的名誉很坏，当第三世界的头头名誉也不好。这不是客气话，这是一种真实的政治考虑。"④ 1982 年 10 月，来访的利比亚领导人卡扎菲上校要求中国在反对超级大国霸权主义斗争中发挥领导作用，对此邓小平表示："中国的一贯立场是，中国是第三世界的一员，不是什么头头，什么特殊地位、当头头的想法都不能有。第三世界的联合和合作要建立在相互尊重、平等相处的基础上，这样才能真正联合起来。"⑤ 邓小平在涉及内政与外交的多个场合表达过"不当头"的思想，其中最系统地阐述"不当头"的外交政策，是 1990 年 12 月 24 日邓小平对党的第三代中央领导集体所作的政治交代："第三世界有一些国家希望中国当头头。但是我们千万不要当头，这是一个根本国策。这个头我们当不起，自己力量也不够。当了绝无好处，许多主动都失掉了。中国永远站在第三世界一边，中国永远不称霸，中国也永远不当头。但在国际问题上无所作为不可能，还是要有所作为。"⑥ 在这里，邓小平已经把"不当头"的辩证法点了出来，即不当头不是在国际政治的核心议题上无所作为，恐怕还是为了更大的作为才不当头。老子说过"圣人无为，故无败"，如果因为不当头的无为而对国际问题无所作为，

---

① 用现代汉语来翻译则为："地大国富，人众兵强，这自然是称霸、称王的根本。然而，至此也就与危亡接近了。……对各国诸侯骄傲，在国外就脱离了各诸侯国；而松懈怠惰的结果，又将在国内造成人民的叛乱。"

② 《邓小平年谱：1975～1997》（上），第 682 页。

③ 《邓小平年谱：1975～1997》（下），第 829 页。

④ 《邓小平年谱：1975～1997》（下），第 841 页。

⑤ 《邓小平年谱：1975～1997》（下），第 865 页。

⑥ 《邓小平年谱：1975～1997》（下），第 1323 页。

就是糊涂和愚蠢，丧失在国际政治中发挥中国作为和平力量的重要作用，按照邓小平的不当头的哲学，应该是不当头的"无为"，是使中国能够游刃有余地在引导世界向和平、合作、发展、和谐的方向上发挥更大作用的"无不为"。

8. 提出社会主义制度意味着不称霸的思想

中国传统主流的政治文化历来反对称霸，加上今天的中国实行社会主义制度，经济上的核心目标是满足人民群众正当而合理的物质和文化生活需要。这意味着在内政上，中国人民真正成为国家的主人，在外交上，永远不走霸权主义的道路，中国的文化、政治制度、物质需求都决定了中国不会搞扩张和称霸，中国采取的是真正有利于自身和平发展并促进世界和平发展，进而促使世界和谐的外交。正如有学者指出的："真正具有世界历史意义的东西不是纯粹的过往，不是仅仅滞留于传统之中，而是中国的和平主义发展道路，是唯有在这一道路的历史性实践中才能被开启和复活的和平主义传统。它不是既与的、已经完成了的东西，而毋宁说是正在生成着的东西，是在其展开过程中表现为必然性的东西。用我们传统的术语来说，中国的和平主义发展道路乃是真正的'道'，是合于大道（新的普遍原则）的通达之道（道路），是和平主义的'王道'而不是强权主义的'霸道'。它的世界历史意义就在于：它扬弃并且超越现代资本主义的发展道路，从而把不以扩张主义为出发点也不以霸权主义为必然归宿的发展前景启示给人类向着未来的历史筹划。"①

（1）社会主义意味着贡献，而不是称霸。邓小平指出："中国是一个社会主义国家，有责任对人类做出自己应有的贡献。"② 邓小平曾对非洲领导人说，"我们作为一个真正的社会主义国家，是不会只顾自己的。衡量我们是不是真正的社会主义国家，不但要使我们自己发展起来，实现四个现代化，而且要能够随着自己的发展，对人类做更多的贡献。我们相信，经过一段努力，我们自己发展后，可以更多地尽到我们的国际主义义务。"③ 邓小平说："中国是发展中的社会主义国家，任何时候都不会忘记第三世界的穷朋友。中国是社会主义国家，不同于资本主义国家，惟利是图、损人利己的事中国决不去干。"④ 邓小平对英国朋友表示："中国永远属于第三世界。现在是名副其实地属于第三世界，将来发达了，还是属于第三世界。那时，我们还要继续执行现在的在道义上、政治

---

① 吴晓明：《论中国的和平主义发展道路及其世界历史意义》，《中国社会科学》2009 年第 5 期，第 59 页。
② 《邓小平年谱：1975～1997》（上），第 31 页。
③ 《邓小平年谱：1975～1997》（上），第 325 页。
④ 《邓小平年谱：1975～1997》（下），第 1140 页。

上帮助第三世界的方针政策。这个问题不仅是我们这一代人的问题，也是下一代人的问题。中国是不是真正的社会主义国家，这是一个重要的标志。"

（2）社会主义永远属于和平的力量，永远不做超级大国，永远不干涉任何国家的内政。邓小平对来访的日本朋友说："社会主义国家永远属于第三世界。"① 社会主义不但不会干涉非社会主义国家的内政，也不会对社会主义国家内部事务指手画脚。邓小平对日本朋友表示："我们对邻国，哪怕是社会主义国家，也都采取不干预国事务的政策。我们对朝鲜、越南都有援助，但绝不会依仗援助施加影响。这是我国的根本方针。"② 主张和平的社会主义制度为什么会在中国生根、开花、结果？因为主张和平的社会主义制度完全符合中国的具体的国情、民族感情和近代中国的历史。邓小平指出："中国地方这么大，人口这么多，还要人家的地盘干什么？中国要摆脱自己的贫困，绝不是本世纪末的事情，甚至于还需花下个世纪的一半时间才能达到。我们现在的国策，就是永远不称霸。"③ 邓小平指出："问题是中国发展起来了称不称霸？现在世界上有一部分人担心这一点。我们说，中国即使发展起来了也还是属于第三世界，绝不称霸。"④ 1982年7月，邓小平对缅甸朋友表示："中国历史上有很长时间处于被侵略、受屈辱的地位，中国不会把自己经受过的屈辱强加给别人。"⑤

（3）社会主义制度的本质是创造和平，而不是制造战争。邓小平坚定地指出中国的社会主义和中国不搞霸权主义是一种正相关关系，正是基于他对中国的社会制度、经济模式和历史文化的科学判断。邓小平说："如果中国还是社会主义国家，就不能实行霸权主义，仍然属于第三世界。如果那时中国翘起尾巴来了，在世界上称王称霸，指手画脚，那就会把自己开除出第三世界的'界籍'，肯定就不再是社会主义国家了。"⑥ "作为一个社会主义国家，中国永远属于第三世界，永远不能称霸。"⑦

1979年10月，邓小平对英国客人说："我们有自己的信念，我们希望永远保持社会主义制度，我们正在用这样的信念教育我们的后代。……在国际

---

① 《邓小平年谱：1975～1997》（上），第200页。
② 《邓小平年谱：1975～1997》（上），第217页。
③ 《邓小平年谱：1975～1997》（上），第690页。
④ 《邓小平年谱：1975～1997》（下），第1110页。
⑤ 《邓小平年谱：1975～1997》（下），第831页。
⑥ 《邓小平文选》第2卷，第112页。
⑦ 《邓小平年谱：1975～1997》（上），第307页。

上永远实行国际主义，不搞霸权主义。"① 邓小平指出："社会主义的一条标准就是不称霸，如果称霸就不是社会主义。……中国需要和平，没有和平的国际环境，就不能安心建设，改善人民的生活。当然为了反对霸权主义，需要中国做的事，中国也可以做出牺牲。"② 邓小平的社会主义意味着不称霸的思想说明，社会主义制度下的对外政策目标，是实现人类自由与解放、民主与平等，因此国家间关系必然遵循国家平等、民族平等的基本原则，而不会实行霸权主义和强权政治。社会主义制度的本质决定中国永远走和平发展道路。邓小平坚定地表示："坚持社会主义，是中国一个很重要的问题。如果十亿人的中国走资本主义道路，对世界是个灾难，是把历史拉向后退，要倒退好多年。如果十亿人的中国不坚持和平政策，不反对霸权主义，或者是随着经济的发展自己搞霸权主义，那对世界也是一个灾难，也是历史的倒退。十亿人的中国坚持社会主义，十亿人的中国坚持和平政策，做到这两条，我们的路就走对了，就可能对人类有比较大的贡献。"③ 邓小平强调："我们搞的是有中国特色的社会主义，是不断发展社会生产力的社会主义，是主张和平的社会主义。……中国同样认为，社会主义国家不能侵犯别国的利益、主权和领土。"④ "不称霸"思想就不仅是邓小平关于将要发展和强大起来的社会主义中国的和平外交政策的宣言书，也是对霸权主义和强权政治者攻击社会主义的强有力回答。邓小平的南方谈话指出："社会主义的本质，是解放生产力，发展生产力，消灭剥削，消除两极分化，最终达到共同富裕。"⑤ 邓小平讲的社会主义本质的对外表现，自然决无称霸世界的任何意图和本质特征。正如有学者指出的："探讨邓小平的'不称霸'思想也应从社会主义本质的高度来着手，这是极有意义的。从发展生产力的角度来看，社会主义中国是一个从半殖民地半封建社会脱胎而来的大国，经过中国人民的艰辛劳动，生产力虽然获得了长足的发展，但从总体上来说，仍然比较落后。中国政府和中国人民要从根本上改变中国贫穷落后的状况，最大限度地体现社会主义的优越性，就必须集中精力大力解放生产力，发展生产力，也就是要在实际工作中坚持以经济建设为中心，其他各项工作只能服从和服务于这个中心而不能扰乱这个中心。因此，我们的外交政策必须是和平的，不称霸的，只有这样，才能最大程度地减少

---

① 《邓小平年谱：1975～1997》（上），第 567 页。
② 《邓小平年谱：1975～1997》（上），第 686 页。
③ 《邓小平年谱：1975～1997》（下），第 748 页。
④ 《邓小平年谱：1975～1997》（下），第 1292～1293 页。
⑤ 《邓小平年谱：1975～1997》（下），第 1343 页。

国际摩擦面和对立面，为中国的社会主义现代化建设提供一个和平稳定的国际环境。"①

为什么美国总想称霸世界，这主要是因为它的政治制度、经济需求和文化理念都充满了扩张性。以文化的因素为例，美国人自认为它是上帝的选民，它怀有"拯救世界"的"使命"。美国的霸权主义是不难理解的，令人困惑的倒是苏联也是社会主义国家，勃列日涅夫时代的苏联为什么会搞霸权主义？这是因为它在制度上虽然是社会主义的，但由于沙皇俄国历史上是一个侵略成性的民族，当苏联未能有效地遏制自身的扩张文化时，霸权主义就会跳出来，并战胜其政治制度的选择，尤其是当其社会主义制度陷入严重僵化时（这实际上使社会主义制度不发挥作用，因而俄国沙皇的传统扩张主义文化就自然死灰复燃了），特别是名义上是社会主义，但实际上对外政策上已经背叛了社会主义的对外关系原则，这样就必然要走向对外扩张和霸权主义。正如 1979 年 3 月邓小平在党的理论工作务虚会上的讲话中指出的："而打着社会主义旗号实行霸权主义正是取得了政权的马列主义党背叛社会主义原则的最显著标志。"② 早在 1977 年 10 月，邓小平对法国朋友就表示："中国发动战争，中国是没有资格的，中国在若干年后强大起来了，四个现代化实现了，只要我们还是社会主义国家，就不会发动战争。如果那时我们发动战争，就变成了社会帝国主义国家。社会主义国家，不论大小，不管它发达到什么程度，永远属于第三世界。"③ 1978 年 10 月，邓小平访日时对日本记者表示，中国"成为强大的社会主义国家，也决不称霸。这是毛主席生前为我们规定的国策，并已明确载入中国的宪法"④。邓小平指出："中国是社会主义国家，这个社会制度的性质决定了我们对外奉行和平外交政策。……我们是社会主义国家，在政治上、道义上支持一切被压迫民族和被压迫人民的斗争，这是我们义不容辞的责任。"⑤

（4）只要世界上还有社会主义存在，世界和平就有希望，因为社会主义同霸权主义是水火不相容的。邓小平表示："我们的发展方向决定了我们的国家仍然是社会主义国家。如果那个时候我们的根本方向变了，那就是我们变质了，那

① 王中人等：《正确理解邓小平的"不称霸"思想》，《辽宁教育学院学报》1996 年第 4 期，第 13 页。
② 《邓小平文选》第 2 卷，第 172 页。
③ 《邓小平年谱：1975～1997》（上），第 229～230 页。
④ 《邓小平年谱：1975～1997》（上），第 411 页。
⑤ 《邓小平年谱：1975～1997》（上），第 393 页。

我们就应公开号召世界人民同中国人民一起把中国打倒。我们就是本着这种精神来教育我们的下一代。总之，社会主义同霸权主义是水火不相容的。"①

（5）社会主义要学会抓住机遇和借助一切可以借助的力量发展自己。邓小平说："世界总的形势是谁都不想发动战争。看来第三次世界大战可以在比较长的时间里避免。我们社会主义国家要把这个问题看得很清楚。要利用这个机会，借助一切力量，把经济搞好。"②

（6）主张不称霸、不搞强权的中国必然是霸权主义和强权政治的眼中钉、肉中刺，作为和平希望所在的社会主义中国自然成为霸权主义和强权政治要极力搞垮的主要目标。邓小平深刻而精辟地指出："西方国家正在打一场没有硝烟的第三次世界大战。所谓没有硝烟，就是要社会主义国家和平演变。……西方国家对中国也是一样，他们不喜欢中国坚持社会主义道路。"③

9. 指出霸权主义有全球霸权主义和地区霸权主义

霸权主义从区域范围来说，存在地区性和全球性的；从表现的特点来说，有政治性的、文化性的、经济性的、军事性的；从表现手法来说，有公开的，也有比较隐蔽的。邓小平说："要维护世界和平，就要从各个角度反对霸权主义。霸权主义有全球性的霸权主义，有区域性的霸权主义。"④ 邓小平强调："不管是大霸权主义，还是小霸权主义，我们都反对。"⑤ 邓小平还指出："现在集团政治该结束了，这主要指北大西洋公约组织和华沙条约组织。霸权主义该结束了，不仅全球霸权主义，还有区域霸权主义。"⑥

《淮南子·人间训》中说："物类之相摩，近而异门户者，众而难识也。故或类之而非，或不类之而是；或若然而不然者，或不若然而然者。"用今天的话来说，就是"纷繁复杂的事物紧密联系着，可是又不同门类，这种现象随处可见，又难以识别。所以有些事物的现象看来相似，但却又不一样；有时有些事物的现象看似不一样，但却又是一样。有时候好像是这回事却又不是这回事；有时候好像不是这回事却实际上正是这回事。"用这样的思维来观察国际关系，是很有启发意义的。比如说在南海诸岛主权问题上，美国和越南挑战中国的现象看来是相似的，但两者的意图实则不同，越南是想多争得一些海

---

① 《邓小平年谱：1975～1997》（上），第 200 页。
② 《邓小平年谱：1975～1997》（上），第 315 页。
③ 《邓小平年谱：1975～1997》（下），第 1302 页。
④ 《邓小平年谱：1975～1997》（下），第 866～867 页。
⑤ 《邓小平年谱：1975～1997》（下），第 1138 页。
⑥ 《邓小平年谱：1975～1997》（下），第 1250 页。

岛，遏制中国崛起的意图是有的，但没有美国那么强烈，美国的意图是加速打乱中国崛起的步伐，制造周边国家和中国更多的摩擦和冲突，好坐收渔人之利。有时有些国际关系的现象看似不一样，但又是一样。比如说美国今天对华政策中时而拉（比如美国学者提出 G2 概念），时而压（比如对华设置的所谓的民主国家对中国的军事包围圈）的政策，表面上看不一样，其实质却是完全一样的，因为一旦中国接受美国的 G2 理念，中国的外交政策的性质就必须完全改变，中国就必须为美国的全球霸权付费和埋单，使中国成为紧跟在美国霸权之后的、按照美国意图行事的二流霸权国，造成中国外交政策上全面的被动，同时内政上社会主义政权必将受到西化派的严重挑战，形成内外交困的局面，最后达到美国欲擒故纵的目的。有的国际关系现象好像是这回事却又不是这回事，就比如说东盟高调地把美国引入东南亚，不少国人认为是东盟联合美国遏制中国，其实并非绝对如此，东盟的主要意图是为了求得自己的安全引入大国之间的博弈，使其自身起平衡作用罢了。有些国际政治现象好像不是这回事却实际上正是这回事，比如美日同盟问题，人们一般认为它今天的功能主要是遏制中国和俄罗斯，其实也未必完全是这么回事，美国和日本的军事同盟关系核心的功能是遏制日本军国主义的再度崛起，威胁美国的利益。为此美国在日本建立军事基地，核心目的还是要把日本永远放置在附属国的地位，至于说美国将来会联合日本，通过军事基地对中国发动军事进攻，为日本的新的大东亚共荣圈迷梦服务，那绝对是天方夜谭，没有可能性的事情。当然，日本绝对希望利用它和美国的军事同盟关系称霸，但美国会同意吗？难道美国不想自己称霸而听命日本的调遣吗？

坚持和平发展的中国遭遇到了大小霸权主义和强权政治的联合包围，大霸权主义往往喜欢在背后怂恿小霸权主义公开和中国作对，小霸权主义也常常狐假虎威，也恣意妄为地挑战中国的心理底线（菲律宾最近在中国黄岩岛问题上的一系列非理性的动作就足以说明问题），我们一心一意发展自己的国际环境时不时地出现危机和动荡。问题的复杂性在于菲律宾是第三世界国家，是中国要坚定团结的对象，如果中国轻易地对其挑衅行为采取武力惩罚，实际上等于向全世界宣布中国放弃第三世界的穷朋友。菲律宾今天为谋求全球霸权的美国所利用，实际上是充当了美国全球霸权的棋子而已，说白了不过是不自觉地充当了美国对外政策的打手而已，所以，中国对菲律宾的挑衅性行为，恐怕采取的策略主要还是要多劝说，当然也要看到菲律宾有可能顽固走小霸权主义的不归路，中国也完全有理由认为它不再是第三世界的一员，而是大霸权主义战车上的同伙。

10. 反霸反强权是战略而不是策略的考虑，不充当好好先生

在反霸反强权问题上不做好好先生，这是中国反霸反强权的一个重要特点。孔子说过："乡原，德之贼也。"好好先生是偷道德的贼。孟子也说过，"阉然媚于世也者，是乡原也。"像宦官那样八面玲珑，四处讨好的人，就是好好先生。进入 20 世纪 80 年代，中苏关系出现缓和的态势，如何使中苏关系未来有一个新的开始，走上健康发展的道路，这是邓小平非常重视的。邓小平指出："我们同苏联既然是邻国，争取改善彼此的关系这件事还是要做的，但要有原则。所以，我们恢复了中苏对话，但目标不是恢复到一九六四年以前的关系，而是在和平共处五项原则的基础上建立关系。就是说中苏关系改善的基础是，苏联必须改变以至放弃其霸权主义政策。"① 中美关系在 20 世纪 80 年代初到 1989 年政治风波发生前，关系有了很大的改善，但是这并不等于中国对美国的霸权主义和强权政治就采取迁就政策。因为中国的反霸反强权不是策略的考虑，而是战略的选择。1982 年 12 月，邓小平会见美国客人时说："中美两国发展关系符合两国自身的利益。我是主张中美交朋友的，这是从战略观点出发的。尽管美方搞了许多小动作，但我们的这个方针和立场没有改变。……从战略角度出发，中美关系应该发展，但必须相互信任。有没有令人鼓舞的消息，恐怕主要是这个问题。大家努力吧。中国同任何国家的关系都是从战略观点出发的。中国的战略概括起来就是反对霸权主义，维护世界和平。美国有不少人问，为什么现在中国也批评美国是霸权主义。你们在黎巴嫩搞的事情，使我们没有办法不讲。"② 1983 年 9 月，邓小平对来访的金日成说："美国人说，你们为什么批评我们是霸权主义，不要这样讲，太刺耳了。我说，你这个'航空母舰'是什么东西，什么政策？《与台湾关系法》是什么政策？这不是霸权主义是什么？中美两国关系的关键问题就是两个：一个是台湾问题，一个是技术转让问题。最根本的问题是台湾问题。尽管我们这个时期关系好起来了，而且我们希望关系发展，但是《与台湾关系法》存在的本身就会带来危机。美国是干涉中国的内政，这就是对中国实行霸权主义，那不行。"③ 邓小平还指出："从一九七二年起，我们同美国的关系逐步开始发展，尽管有曲折，总的还是发展了。有发展并不意味着对美国的霸权主义不反对，不批评。我们多次批评美国'四个航空母舰'政策。台湾问题是中美间最大的疙瘩，可能今后还是

---

① 《邓小平年谱：1975～1997》（下），第 877 页。
② 《邓小平年谱：1975～1997》（下），第 977 页。
③ 《邓小平年谱：1975～1997》（下），第 935 页。

这个问题。如果处理不好，带来某种冲突都可能。"① 中国对美国的霸权主义和强权政治行径从来也没有放松过批评，邓小平的这种拒绝平庸和拒绝充当好好先生的外交气质，应该成为中国对外政策的永恒的理念，永远贯彻下去。

（三）党的第二代中央领导集体的大主权观与大安全观

中国历代贤明的统治者均十分重视国家的主权与安全，否则我们将无法解释中华文明为什么是世界上唯一没有中断的文明的事实。中国传说中的一种凶恶贪食的野兽"饕餮"，古代青铜礼器上常用它的头部形状做装饰，以求保社稷之安。无独有偶，17世纪英国伟大的思想家霍布斯也发明了他的"饕餮"——利维坦（Leviathan），霍布斯描述他的"利维坦"根据国家中每一个人授权，就能运用付托给它的权力与力量，通过其威慑组织大家的意志，对内谋求和平，对外互相帮助抗御外敌。霍布斯把国家比喻为庞然大物的"利维坦"——"主权"是使整体得到生命和活动的"灵魂"；官员和其他司法、行政人员是人造的"关节"；用以紧密连接最高主权职位并推动每一关节和成员执行其任务的"赏"和"罚"是"神经"，这同自然人身上的情况一样；一切个别成员的"资产"和"财富"是"实力"；人民的安全是它的"事业"；向它提供必要知识的顾问们是它的"记忆"；"公平"和"法律"是人造的"理智"和"意志"；"和睦"是它的"健康"；"动乱"是它的"疾病"，而"内战"是它的"死亡"②。

霍布斯的"主权"观和安全观对我们理解新中国历代领导集体的主权观和安全观有很大的启发价值："主权"不正是党的历代中央领导集体所维护的国家利益的"灵魂"吗？国家的安全和人民的安全不正是新中国内政与外交所经营的伟大"事业"吗？《易经》的《坎》卦中有"王公设险以守其国"这样一句话，用今天的话来讲，就是政治精英要学会用最好的办法和手段来保障国家的主权、安全与领土完整。因为精英的地位是在国家主权与安全得到保障的情况下才可以从容地获得。如果主权都没有了，"精英"阶层自身的地位和利益也就无从保障了。

在正式探讨邓小平的国家主权与安全观之前，还必须了解一下中国传统的国家安全思想，其中最卓越的，当首推先秦时代韩非子的国家主权与安全思想。《韩非子·制分》第五十五说："夫治法之至明者，任数不任人。是以有术之国，不用誉则毋适，境内必治，任数也。亡国使兵公行乎其地，而弗

---

① 《邓小平年谱：1975~1997》（下），第977页。
② 〔英〕霍布斯：《利维坦》，黎思复、黎廷弼译，商务印书馆，1996，第1页。

能围禁者，任人而无数也。自攻者人也，攻人者数也。故有术之国，去言而任法。"① 这是强调法治而非人治对国家主权的重要意义。《韩非子·五蠹》第四十九说："皆曰：'外事，大可以王，小可以安。'夫王者，能攻人者也；而安，则不可攻也。强，则能攻人者也；治，则不可攻也。治强不可责于外，内政之有也。今不行术于内，而事智于外，则不至于治强矣。鄙谚曰：'长袖善舞，多钱善贾。'此言多资之易为工也。故治强易为谋，弱乱难为计。"② 在韩非子看来，国家的强盛和安定主要不是依靠外交，而是要搞好内政，而内政的关键是建立法制国家。如果把精力主要放在外交上，国家安全和富强的目的就不可能达到。在两千多年前的中国，就有如此深刻的有关内政与外交的思想，确实不能不感叹中华文明的博大精深。受韩非子国家主权与安全思想的启发，我们研究邓小平的国家安全思想时，应该从邓小平反复强调"以经济建设为中心"和"建立社会主义法制国家"两个方面去探讨。因为以经济建设为中心决定国家会走向富强；建立社会主义法制国家，使国家、集体和个人的合法利益得到保护，会使国家在良好的社会秩序中和平发展。

同样，荀子以国家能否公正地使用人才作为国家主权是否强固的标准的思想，也对我们今天理解邓小平的国家主权观有启发意义。《荀子·王霸篇》第十一说："国者，巨用之则大，小用之则小；綦大而王，綦小而亡，小巨分流者存。巨用之者，先义而后利，安不恤亲疏，不恤贵贱，唯诚能之求，夫是之谓巨用之。小用之者，先利而后义，安不恤是非，不治曲直，唯便僻亲比己者之用，夫是之谓小用之。"③

---

① 此段话用现代汉语翻译则为："对法律整饬得极其严明的君主，依靠的是法律条文而不是一二人才。因此有办法的国家，无须名扬四海。就能无敌于天下，国家得到治理，这都是依靠法度的缘故。丧失主权的国家，让敌兵公开地在境内活动而不能予以防御制止的原因，在于只凭一二人才而没有法术，自取灭亡，是人为的因素在起作用；进攻别国，是法术的力量在起作用。所以在有办法的国家里，总是排斥空谈而使用法术。"

② 此段话用现代汉语翻译则为："纵横家们都说：'进行外交活动，收效大的可以统一天下，收效小的也可以保证安全。'所谓统一天下，提的是能够打败别国；所谓保证安全，指的是本国不受侵犯。兵强就能打败别国。国安就不可能被人侵犯。而国家的强盛和安定并不能通过外交活动取得，只能靠搞好内政。现在不在国内推行法术，却要一心在外交上动脑筋。就必然达不到国家安定强盛的目的了。乡间谚语说：'长袖善舞，多钱善贾。'这就是说，物质条件越好越容易取得功效。所以国家安定强盛，谋事就容易成功；国家衰弱混乱，计策就难以实现。"

③ 此段话用现代汉语翻译则为："国家，在大的方面利用它，它就强大；在小的方面利用它，它就弱小。强大到了极点，就可称王天下；弱小到了极点，就会灭亡，介于这两者之间，就能保有国家。在大的方面利用它，就是先讲正义，再讲利益，既不论亲疏，也不顾贵贱，只是为了求取真正的有才能之士，这就是在大的方面利用；在小的方面利用，就是先讲利益，后讲正义，不论是非曲直，只知任用阿谀逢迎的人，这就是小的方面利用。"

早在 1978 年 1 月，邓小平会见来访的美国民主党参议员肯尼迪一行时就指出："在属于国家主权的问题上是没有谈判余地的。"① 中美建交也正是美国在满足了中方要求其对"台湾当局"断交、撤军、废约三项涉及主权问题的条件后实现的。但是美国自恃其强大的经济和军事地位，仍然对中国采取霸权主义的政策。针对美国卖武器给台湾当局，干涉了中国内政，破坏中国统一的事实，邓小平指出："如果美国不尊重中国主权，势必要导致中美关系的倒退。"② 国家主权是中国最高利益，为了最高利益牺牲一两个双边关系，甚至是重要的双边关系，两害相权取其轻，必须要作出牺牲时就要果断下决心。中国大陆和台湾的和平统一的问题为什么一直没有解决，说白了就是因为两岸的和平统一有一个巨大的障碍，即美国在两岸政治统一问题上设置的障碍，而中国大陆的经济、政治（主要是民主法制建设水平）、军事的综合实力还远远没有达到美国的程度，在中国大陆人均收入达到中等发达国家水平，全体中国人民实现共同富裕之前，中国政府还不足以在军事上有完全的把握用非和平的方式（因为肯定要发生和美国的直接军事对抗）解决两岸的政治统一的问题。同样的，为什么中国政府能够顺利地解决香港、澳门的回归问题，这是因为从综合国力来说虽然比不上美国强大，但崛起的新中国对付英国和葡萄牙这两个老牌的殖民主义国家，还是绰绰有余的，再加上邓小平采取正确的"一国两制"外交方针和路线。邓小平重申："国家的主权、国家的安全要始终放在第一位。"③ 但这里关键的，就是国家的主权、国家的安全真正能够放在第一位，就是要有强大的经济军事实力、人才保障及完善的法制建设，否则再怎么重视，也是力不从心的。邓小平说过："发展中国家要维护民族独立和国家主权，归根到底要发展本国的经济。"④党的第二代中央领导集体的国家主权观与国家安全观，是通过紧紧抓住经济建设这个现代化建设的中心任务和不断地进行政治经济体制的改革来体现的，是一种宏观的、科学的国家主权观与安全观，或者可以称之为"大主权"观与"大安全"观，它们并非可以直接在党的第二代中央领导集体的语录之中找到，而是隐含在中国改革开放时代的政治、经济、国防和文化建设的过程和结果之中。

1. 建立领导人退休制度，为权力的平稳交接开了先河，从而极大地保障了国家的主权与安全的稳定性

权力平稳过渡，在中国今天的政治现实中，似乎不再是一个突出的问题，

---

① 《邓小平年谱：1975～1997》（上），第 254 页。
② 《邓小平年谱：1975～1997》（下），第 817 页。
③ 《邓小平年谱：1975～1997》（下），第 1303 页。
④ 《邓小平年谱：1975～1997》（下），第 772 页。

因为在中国，权力的交接已经制度化，人人都清楚这一点。但恐怕必须要强调一下的是在中国几千年的政治制度史中，真正实现权力平稳过渡的历史，其实只有不多的几次，一次是周朝建立前周太王把权力交给周文王，周文王将权力平稳移交给武王，这为周江山800年的历史奠定了基础；第二次是清朝的康熙帝把权力交给雍正帝而雍正帝将权力交由乾隆继承，同样也造就了中国历史上仅有的少数民族统治中国达将近300年的历史，两次权力相对平稳的移交都给王朝江山的巩固带来了极大的利益。邓小平把权力移交给了江泽民并使这种权力的移交制度化，这应该是中国政治制度史上第三次成功且平稳的权力移交。当然，显而易见的是，第三次权力的平稳过渡在性质上和前两次有着根本的不同，因为周朝和清朝都是家天下，而第三次权力的移交，则是保障人民的天下永固。三次权力平稳移交的一大共性是，它们都对整个中国走向强大和繁荣打下坚实的制度上的基础，因此，从一定意义上讲，党的第二代中央领导集体的最伟大的贡献之一，就是为了将党的第一代中央领导集体打下的江山引领向巩固的方向，建立了党和国家领导人的退休制度。具体而言，邓小平的举措有如下几个方面。

（1）从国家的发展大计考虑集体决策的决定性作用而非个人的作用。个人在历史上的作用往往是巨大的，但是个人的作用真正要产生良性循环效应和具有科学性，必须是和集体的力量结合起来，否则容易造成专断和独裁。正如邓小平所指出的："个人的作用如果不同集体结合起来，就发挥不了大的作用。国际上普遍议论，如果中国某人不在了，中国现行政策是否能够持续下去。我们的干部和领导班子的逐步年轻化就是对这个问题的回答。"①科学决策、集体决策是防止出现专断和独裁的最好办法。中国政治制度史和世界政治制度史告诉我们，专断和独裁如果是一国最高领导人的行为，则往往直接危及国家主权与安全。当然，必须要指出的是，新中国是人民的政权，以毛泽东为核心的党的第一代中央领导集体和以邓小平为核心的党的第二代中央领导集体，决策是在民主基础上的集中，因此，中国的革命和建设事业总体上是稳定的，国家的主权与安全得以充分的保障就是证明。但问题是毛泽东和邓小平都是有极高威望的领导人，即使在政治制度尚存很多漏洞的情况下（比如缺乏健全的退休制度），中国的建设事业照样稳步前进，问题是今后怎么办？今后不可能再靠领袖的威望治国，只能靠制度，靠科学治国，靠民主和法制治国。正如邓小平所指出的："把一个国

---

① 《邓小平年谱：1975～1997》（下），第1095页。

家、一个党的稳定建立在一两个人的威望上，是靠不住的，很容易出问题。"① 邓小平指出："中国问题的关键在于共产党要有一个好的政治局，特别是好的政治局常委会。只要这个环节不发生问题，中国就稳如泰山。国际上不可能小视我们，来中国投资的人会越来越多。"② 笔者检索了一下《纽约时报》1982 年以来"China and Standing Committee of the Politburo"的数据，竟有 320多条，这充分说明国际上出于不同的心态高度关注中国政治局常委的稳定性。如果中国"政治局常委"这一领导中国的最核心的权力中心缺乏活力，内部不和谐，中国就肯定天下大乱，敌对势力就会浑水摸鱼，"西化"和"分化"中国的机会就都来了，对中国友善者就会感到痛心疾首。

邓小平推动决策的民主化，推动健全退休制度，这是大得民心的壮举。邓小平指出："中国的发展前途不取决于个人的作用，而取决于政策是否正确，路子对不对头。中国过去几年的变化符合人民的利益，人民喜欢，因此我们的政策将继续下去。"③ 邓小平用实际行动让世界了解中国的运行是靠制度，而不是个人，他把此举看做党和国家安全直接相关的大事，是他所亲自开辟的改革开放路线能否贯彻下去的大问题，同时，对世界的和平与发展事业的顺利推进也意义重大。因为作为世界性大国的中国本身的稳定性，对世界的和平与发展事业的前途的影响也是非同小可的。1986 年 8 月，邓小平对来访的日本自民党最高顾问说："几年来我一直尽量不做工作，一旦我不在，可以向世界证明，中国的事情仍然可以办得好，现行政策仍然能执行得好。这不是个人的问题，是国家和党的安全问题。我真诚希望身体好的时候退休，退休以后我还是个党员，有意见还可以以党员的身份讲。我人还在，但是别人做工作，这就可以向国际国内证明，现行政策不是决定于我一个人，而是决定于政策本身是否正确。排除个人因素，也许对中国对国际有好处。"④ 邓小平的思考正是和韩非子的"亡国"者，"任人而无数也"的思想一脉相承。中国历代王朝兴盛主要是因为王朝的君主比较英明，而王朝衰亡往往也主要是由于君主无能，这样一种依靠一两个人的"人治"体制，对社稷的安危影响巨大。

（2）加速推进建立领导干部退休制度。《道德经》说："治人事天，莫若啬。夫为啬，是谓早服，早服谓之重积德。重积德则无不克。无不克则莫知其

---

① 《邓小平年谱：1975~1997》（下），第 1289 页。
② 《邓小平年谱：1975~1997》（下），第 1324 页。
③ 《邓小平年谱：1975~1997》（下），第 970 页。
④ 《邓小平年谱：1975~1997》（下），第 1128 页。

极。莫知其极，可以有国。有国之母，可以长久。是谓深根固柢，长生久视之
道。"① 这段话对理解邓小平时代建立退休制度等重大的政治体制改革的意义，
帮助极大。确实能不能做到"啬"即做到不浪费天下人的精神和精力至关重
要，从而可以避免出现苏联后期出现的那种以现职领导人在岗不断地死去而出
现的"丧葬政治"。而要做到"啬"就应该有一整套科学的而严格的制度使
"啬"落到实处，就是说要使大量德才兼备，年富力强的人才充实到治国安邦
的队伍中去，让他们担当治理国家的重任。这样，国家政权就后继有人，国家
主权与安全就有了可持续发展的坚实基础，中国的现代化建设就肯定无往而不
胜，形成真正的"长生久视"之喜人局面。

邓小平指出："我们真正的转折点是一九七八年底三中全会以后，我们开
始总结经验，注意制度改革，废除终身制，注意革命的连续性和后继有人等问
题。"② 在中国的政治制度史上，由于受几千年帝王思维的影响，人们往往对
好的帝王有一种终身希望他干下去的愿望，这种情绪的惯性在现代仍然在持续
着，比如人民认定的好的领导人，人民并不在乎他在位时间长短。毛泽东和邓
小平都是人民喜爱的领袖，因此都希望他们为中国人民的事业终身当领袖，正
如邓小平对美国著名记者华莱士所说的："我提倡废除终身制，而且提倡建立
退休制度。我正在考虑什么时候退休。但这个问题比较困难，在党内和人民当
中很难说服。我相信，在我有生之年退休，对现行政策能继续下去比较有利，
也符合我个人向来的信念。但这件事还要做更多的说服工作。最终我是一个共
产党员，要服从党的决定。我是一个中华人民共和国的公民，要服从人民的意
愿。我还是希望能够说服人民。"③ 邓小平充分地意识到人民的这种情绪，他
深感有必要在人民中进行如何破除终身制的思想大解放的启蒙。毕竟要把人民
的美好的愿望和科学精神结合起来才是真正符合民心的。邓小平就说过："我
本人多年来一直提出要求退休，现在年龄越来越大，难免有一天出差错，而且
身居高位，一旦突然发生不测事件，影响倒不好。所以现在我要集中一切力量
争取退休，要求同志们理解。我们要坚持党和国家的退休制度，任何人都不能

① 这段话的意思是："治理国家，修养自己的身心，都要爱惜自己的精神和精力，没有比爱惜精
神和精力更重要的了，爱惜精神和精力，这就叫做提前作准备，不断积累的精神精力和治国
安邦的办法就可以产生无法估量的巨大的力量，造成无往不胜之势，这样就可以担负起治理
国家的重任。掌握了治国的根本，这就为治国打下坚实的基础，这才是真正国家长治久安的
方法。"

② 《邓小平年谱：1975～1997》（下），第 943 页。

③ 《邓小平年谱：1975～1997》（下），第 1133～1134 页。

例外。"① 建立党和国家领导人及地方领导人的退休制度，不是做表面文章，而是要真正地把党的活力和国家的活力体现出来，这是邓小平建立退休制度的根本目的。1988 年 5 月，邓小平对来访的捷克共产党中央领导人说，"我的心情是全退，这对党有益处，对国家有益处。从根本上说，退的涵义是真正建立党和国家领导人员的退休制度，从人事制度上，使比较年轻的同志容易上来。……不但中央要这样做，而且地方各级都要这样做。党和国家的各级领导人，要逐步年轻化，才能体现党的活力，体现国家的活力。年轻人经验不够，但精力充沛，比较容易接受新事物，新的知识比较多。"② 邓小平指出，"我多次讲，一个国家的命运寄托在一两个人的威望上是很不正常的。"③ 邓小平所要求的退是真正的退，全退，给全党和全国人民树立榜样，为党和国家领导人的退休制度的建立开了先河。1989 年 10 月，邓小平对来访的泰国总理说，"我现在尽量不管事了，日常事务少过问。我不赞成终身制，多次提倡退休制度。退休制度提倡了多年，自己未办到说不过去，我心中始终存在一个疙瘩。我现在的奋斗目标是全退，要求同志们理解。"④ 社会主义制度作为人类新型的社会制度，领导人退休体制相当长时期也未能建立起来，因此，以邓小平为核心的党的第二代中央领导集体完成了一件几千年来中国政治制度建设中最伟大的事业，即建立了社会主义制度下党和国家最高领导人的退休制度，实现了韩非子"任数不任人"的理想。邓小平同弟弟邓垦谈话时说："我退休是党中央全会认可和批准的。我的意思是建立退休制度。没有退休制度，我们的事业难以为继。长久下去，会背起一个大包袱，一堆老人。不仅是数量问题，更重要的是活力没有了，战斗力没有了。国家发展了，我当一个富裕国家的公民就行了。"⑤

2. 确立经济建设为中心的发展战略，为国家主权的巩固与安全的保障提供强大的物质基础

（1）抢抓时机，发展自己，一旦经济实力得到很大提高，顺利地实现了我们的发展目标，保障国家主权与安全的能力就会增强。邓小平指出："从战略上说，我们真正发展起来了，就要用相当的财力来援助第三世界。那时，就真正把社会主义中国的国际形象树立起来了。一方面我们要清醒地认识自己，

---

① 《邓小平年谱：1975～1997》（下），第 1292 页。
② 《邓小平年谱：1975～1997》（下），第 1234 页。
③ 《邓小平年谱：1975～1997》（下），第 1286～1287 页。
④ 《邓小平年谱：1975～1997》（下），第 1293 页。
⑤ 《邓小平年谱：1975～1997》（下），第 1364 页。

一个是穷，一个是块头大。块头大，决定了我们在国际政治里的分量。对这个分量不要小视，特别是我们实行开放政策后，我们的国际形象以及在国际政治中的分量增加了。另一方面，我们确实名不副实，经济发展速度太慢，人民生活水平太低，工业、农业比较落后。这点我们要谦虚一点，不能不承认。现在我们要争取一个比较长的和平时间，并要利用这个时间，抢这个时间，来建设自己的国家。这个时间可不能丧失，多一年是一年，多五年是五年，有二十年就更好了，我们的目标就达到了，打仗也不怕了。"①

（2）强调社会主义国家的生产发展速度应该高于资本主义，只有这样才能体现社会主义比资本主义优越。邓小平指出："社会主义总要比资本主义优越，社会主义国家应该使经济发展得比较快，人民生活逐渐好起来，国家也就相应地更加强盛一些。在这一方面我们经过了几次曲折。马克思主义历来认为，社会主义要优于资本主义，它的生产发展速度应该高于资本主义。经济发展对我们来说是一个新的问题，要付学费。现在我们在摸索比较快的发展道路，我们相信这方面是有希望的。不解放思想不行，甚至于包括什么叫社会主义这个问题也要解放思想。经济长期处于停滞状态总不能叫社会主义，人民生活长期停止在很低的水平总不能叫社会主义。"② 邓小平强调："不管是四个现代化本身也好，实现祖国统一也好，国际反霸斗争也好，关键在于我们的经济发展情况。所以，现在我们三大任务的核心，是搞经济建设。自己的生产力不发达，经济基础薄弱，在国际上尽的义务就有限了。"③ 1987 年 5 月的一天，邓小平对金日成谈到社会主义和资本主义两种社会制度的竞争时说："总有一天，要体现出我们的社会制度确实优于他们的社会制度，我们的经济发展速度要超过他们的经济发展速度。现在世界总的局势表明，各个争端问题都不能用军事力量来解决。世界总的形势是谁都不想发动战争。看来第三次世界大战可以在比较长的时间里避免。我们社会主义国家要把这个问题看得很清楚。要利用这个机会，借助一切力量，把经济搞好。"④ 如果社会主义的经济发展速度比不上资本主义，人民生活改善也很慢，实现祖国统一和国际反霸斗争事业都将是一场空，社会主义制度的合法性就肯定会受到资本主义的严重挑战，由此，社会主义制度下的国家主权与安全问题就会变得突出起来。苏联的解体和东欧的剧变，都是很有力的证明。邓小平指出："世界上一些国家发生问题，

① 《邓小平年谱：1975～1997》（上），第 532～533 页。
② 《邓小平年谱：1975～1997》（上），第 619～620 页。
③ 《邓小平年谱：1975～1997》（上），第 633 页。
④ 《邓小平年谱：1975～1997》（下），第 1190 页。

从根本上说，都是因为经济上不去。如果经济发展老是停留在低速度，生活水平就很难提高。……假设我们有五年不发展，或者是低速度发展，这不只是经济问题，实际上是个政治问题。"①

（3）指出中国经济实力的增强，不但能够有力地维护自身的国家主权与安全，也将会为世界和平事业作出贡献。邓小平指出："中国经济发展了，就可以为维护世界和平做出更大的贡献。"②"中国要发展，没有国际合作，不搞开放，关起门来是不行的。我们耽误了二十年，而这二十年是六十年代、七十年代的二十年，这是世界经济发展和科技发展很快的二十年，我们要补上这二十年的损失不容易。……中国争取和平的实际行动就是努力建设和发展，因为占世界人口五分之一的中国每发展一步，就是为世界和平增加一分力量。我们发展自己不仅是为了改善本国人民的生活，同时也是对整个国际和平的贡献，也就是中国对人类的贡献。我们正是朝着这一目标前进的。"③ 中国经济发展了，中国对世界和平的贡献就可以落到实处，具体地讲，就是中国维护主权国家正当的主权利益与它们正当的安全利益的能力就会增强。

3. 建立保障国家主权与安全的人才政策

在传统的中国政治文化中，国家主权与安全问题的关注是重要课题，不过古人用"国难""宗庙倾危""安定社稷"等措辞来表达，讲到那些能够辅佐帝王维护国家主权与安全之才时，称之为"社稷之器"等。今天，"主权"作为国家的固有权利，对内表现为国家管辖国内的一切中央和地方的行政、立法和司法机关，对外表现为国家在国际关系中享有独立自主地、不受任何外力干涉地处理国内外一切事务的权力。主权的这种对内对外的权力执行的强弱和好坏，都是由执行这些权力的人的因素的好坏决定的，如果有一大批精干、高效、奉公守法的、忠诚于国家利益的德才兼备的人才执行对内对外的这些权力，国家的主权利益与安全利益就自然能得到充分的保证。反之，国家主权与安全就会受到严重威胁。比如掌握国家神器者，如果他们当中很多是像汉灵帝那样由卖官鬻爵所产生的，国家主权与安全的危机、亡国的危机就快来了，轻者就是权力更迭如董卓乱政，重者将引起外国入侵而沦为列强的殖民地如晚清政府。

（1）党的第二代中央领导集体以战略的远见高度重视人才的建设。人才

---

① 《邓小平年谱：1975～1997》（下），第1310页。
② 《邓小平年谱：1975～1997》（下），第775页。
③ 《邓小平年谱：1975～1997》（下），第1222页。

的重要性关系到国家发展的全局，它是解决所有问题的决定性因素。邓小平对人才问题的战略意义作出过一系列的论述："衡量一个单位改革是否见效，不仅看它定了什么规章制度，更重要的是看它选的人好不好，这是问题的核心"①；"人才不断涌现，我们的事业才有希望"②；"搞四个现代化，知识应放在第一位"③；"经济方面、体制方面的改革问题很多，但是有个核心的问题，就是选用人才"，"事情成败的关键就是能不能发现人才，能不能用人才"④；"凡是看准了的人，要大胆地提升上来，把他们放到重要的或者更重要的岗位"⑤。

一个国家国力的强弱，取决于人才队伍的强弱，这是世界现代化史充分证明的真理。对此，邓小平是充分注意到的。邓小平说："我们国家国力的强弱，经济发展后劲的大小，越来越取决于劳动者的素质，取决于知识分子的数量和质量。……有了人才优势，再加上先进的社会主义制度，我们的目标就有把握达到。"⑥ 邓小平还说："我们正在进行的主要是两大改革，一个是干部年轻化，一个是经济体制改革。最重要的是干部年轻化。干部年轻化是我们的战略决策。有了大批年轻的、精力充沛的和具有专业知识的人才，才能促进我国经济的发展。我们现在要做的事情很多，这两件事最关键。"⑦ 邓小平突出强调："用一个人才成功带来的利益很大。这方面我们要舍得花钱，不要怕影响左邻右舍，就是要给特殊待遇，因为带来的利益太大了。"⑧

（2）搞好中国自己的事情，不但需要中国自己培养的人才，还应该以开放的心态，把符合中国建设需要而中国缺乏的外国人才、海外华人等都引进来。邓小平指出："关于人才不足问题，可以考虑从香港，从东南亚、日本，从其他国家，请一批人来做顾问。不只是华侨、华人，外国人也可以；不是请一个两个，而是请一批。任务就是教我们的干部怎么同外商打交道，怎么搞好城市的开放和管理。"⑨

---

① 《邓小平年谱：1975～1997》（上），第833页。
② 《邓小平年谱：1975～1997》（上），第860页。
③ 《邓小平年谱：1975～1997》（上），第894页。
④ 《邓小平年谱：1975～1997》（下），第1008页。
⑤ 《邓小平年谱：1975～1997》（下），第1012页。
⑥ 《邓小平年谱：1975～1997》（下），第1046页。
⑦ 《邓小平年谱：1975～1997》（下），第1059页。
⑧ 《邓小平年谱：1975～1997》（下），第1099～1100页。
⑨ 《邓小平年谱：1975～1997》（下），第1023页。

（3）人才政策能否适应现代化建设的需要，是事关中国政治和政策长期稳定的问题，是事关中国战略全局的大问题。邓小平指出："像我们这样年岁的人，首要任务是寻找新的、年轻的接替人，因为这关系到政治、政策长期稳定的问题。"① 党的第二代中央领导集体把人才问题视为国家发展战略的核心问题、事业的希望所在和关系到社会主义事业的成败和政治、政策长期稳定等一系列论述充分表明，人才作为"社稷之器"在"社稷安定"上发挥的作用是何等的重要。

4. 建设法制国家，有力地保障国家主权与安全

（1）民主和法制是辩证统一的。社会主义民主是社会主义法制的基础，而民主一旦制度化和法律化，任何人都没有权力去随意地改变它，只有这样，才能保障国家主权的稳定和保障建立在社会主义民主基础上的国家安全的稳定。邓小平指出："为了保障人民民主，必须加强法制。必须使民主制度化、法律化，使这种制度和法律不因领导人的改变而改变，不因领导人的看法和注意力的改变而改变。"② 邓小平强调："我们要发扬民主，也要加强法制，中国吃了十年动乱的苦头。反对少数人的胡作非为，是得人心的，人民是很拥护的，人民不满意他们乱搞。"③ 邓小平认为："我们将坚决加强社会主义民主和社会主义法制，这将有利于继续安定局势，有利于现代化。"④ 邓小平非常重视民主与法制对国家安全的重要性，他指出："民主和法制，这两个方面都应该加强，过去我们都不足。要加强民主就要加强法制。没有广泛的民主是不行的，没有健全的法制也是不行的。我们吃够了动乱的苦头。要制定一系列法律，这是建立安定团结的政治局面的必要保障。民主要坚持下去，法制要坚持下去。这好像两只手，任何一只手削弱都不行。"⑤ 在邓小平看来，加强法制的真正目的，是使民主与集中、自由与纪律、个人心情舒畅与统一意志得以充分体现，使整个中国社会出现和谐的、安定团结的局面，由此使全国人民能够一心一意地发展自己的经济和文化事业。邓小平指出："我们要民主，也要集中，要自由，也要纪律，要个人心情舒畅，也要统一意志。我们说加强社会主义法制，就是要使这两个方面都得到保证。"⑥ 邓小平强调："我们政治上强调

---

① 《邓小平年谱：1975～1997》（下），第1205～1206页。
② 《邓小平年谱：1975～1997》（上），第450～451页。
③ 《邓小平年谱：1975～1997》（上），第515页。
④ 《邓小平年谱：1975～1997》（上），第525～526页。
⑤ 《邓小平年谱：1975～1997》（上），第529～530页。
⑥ 《邓小平年谱：1975～1997》（上），第554页。

民主和法制。只有加强民主和法制，才能把人民的积极性调动起来，才能在全国形成一个安定团结的政治局面。只有形成这样的政治局面，我们才能全心全意地发展经济。在我们这样大的国家，总是要立足于自力更生，立足于自己。"① 在民主和法制的关系问题上，必须是在保障民主的前提下，把重点放在法制上。邓小平指出："什么叫民主，民主和法制的关系是什么，这些要弄清楚。我们从十一届三中全会以来，提出加强社会主义民主，同时也提出加强社会主义法制。若是民主变成了无政府主义，还有什么社会秩序、社会安定和社会团结？所以，没有法制不行。我们历史上的缺点就是法太少。"② 搞中国特色的社会主义就是要使中国按照马克思主义的普遍原理结合中国的具体实践，使中国真正强大起来，而强大起来的中国就能够有力地保障国家的主权与安全，而如何才能使中国真正强大起来，使民主和法制建设协调发展是关键，因此邓小平强调："党的十一届三中全会以来我们制定的方针，第一在发扬社会主义民主的同时，还要加强社会主义法制，做到既能调动人民的积极性，又能保证我们有领导、有秩序地进行社会主义建设。这是一整套相互关联的方针政策。我们搞的是有中国特色的社会主义。"③ 落后就要挨打，落后就会使来之不易的国家主权与安全得而复失。搞好社会主义法制建设，根本的目的之一是把中国在国际上的落后状态改变过来，通过法制建设使中国产生稳定的政治局面，有了稳定的政治局面，中国才能一心一意地发展自己的经济和国防，才能摆脱在国际上落后的状态，因此邓小平指出："中国在国际上处于落后状态，中国要发展起来，要实现四化，政治局面不稳定，没有纪律，没有秩序，什么事情都搞不成功。中国的民主是社会主义民主，是同社会主义法制相辅相成的。"④

邓小平关于民主与法制关系的思想和理论，对我们今天建设和谐社会意义十分重大。我们同样可以从国家主权与安全的角度来对邓小平的这一卓越的思想进行剖析。因为民主与法制的和谐统一，必然产生一个和谐社会，和谐社会对国家行使对内的最高权和对外的独立权，所产生的效果就必然是那种一盘散沙的社会的"国家主权"完全不同的状态（例如晚清政府一盘散沙的局面，引来了八国联军的侵略，导致丧失主权和亡国的危机）。对内，只要党中央和国务院一声令下，全国人民就会积极响应；对外，一个强大而内部和谐的中国

① 《邓小平年谱：1975～1997》（下），第744～745页。
② 《邓小平年谱：1975～1997》（下），第769页。
③ 《邓小平年谱：1975～1997》（下），第1172页。
④ 《邓小平年谱：1975～1997》（下），第1199页。

是任何反动力量都不能随便欺负的，如真遇外国侵略，中国人民也必将把侵略者彻底埋葬。中国人民的抗美援朝战争就是新中国成立之初的和谐的中国反对美帝国主义侵略的一场正义的战争。

（2）"高级干部要遵守法制"。邓小平指出："我们制定法律的步伐要加快。确实要搞法制，特别是高级干部要遵守法制。以后，党委领导的作用第一条就是应该保证法律生效、有效。没有立法以前，只能按政策办事；法立了以后，坚决按法律办事。我们这次大会要认真立法，大会以后还要立一系列的法。这是很严肃的事情。国际上认为中国有个新的开端，不但指四个现代化，还有加强民主和法制。"① 邓小平突出强调高级干部必须遵守法制，这是因为领导干部的示范作用和表率作用可以积极影响一大片，而消极影响也会波及一大片，即所谓上梁不正下梁歪。从国家主权与安全的角度看，如果高级干部不遵守法律，就有可能干出威胁国家主权与安全的罪恶勾当，王立军事件就是一个佐证。当然，王立军事件还只是极个别的现象。

（3）民主与法制是我们社会主义建设的保障。邓小平指出："民主与法制是我们社会主义建设的保障。"② 社会主义建设就是四个现代化的建设，四个现代化建设成功之时，也就是我们的国家主权与国家安全得以更加巩固之日，但是社会主义建设绝无可能在没有民主和法制的保障下取得成功，没有民主政治，社会主义建设就肯定是僵化的建设，关起门来搞的建设，没有活力的建设，没有法制保障的社会主义建设，这样的建设肯定出现严重的无秩序状况和无政府状况。最后的结果将是葬送社会主义建设本身。今天中国搞的是社会主义市场经济，市场经济本质上是法制经济，法制薄弱的地方和领域，大量的坑害人民利益的情况就层出不穷，造成十分严重的经济安全问题，许多违反市场经济规则的案件甚至给国家间关系带来严重消极影响。

（4）党要管党，法律范围的问题应该由国家和政府管。"党要管党"，这是党的第二代中央领导集体探索中国特色的政治体制改革的重要思想。今天的中国是在中国共产党为民心所向的基础上建立的，因此，中国共产党领导今天中国的一切事业具有无可争议的合法性，一切法律都应该由党的领导下的立法机关制定并在党的领导下不断加以完善，但一旦法律通过立法机关制定

① 《邓小平年谱：1975~1997》（上），第527~528页。
② 《邓小平年谱：1975~1997》（上），第528页。

并发布执行之后，党则应该在法律的范围内活动，决不允许党有任何超越法律范围的行为发生。党应该是严格执行法律的模范。因为，从国际政治的意义上说，主权只存在"国家主权"，而决不存在"党主权"，党也不可能成为政府间关系的行为主体。党领导中国的外交，但执行中国外交的只能是中华人民共和国中央人民政府。邓小平指出，"党要管党内纪律的问题，法律范围的问题应该由国家和政府管。这是一个党和政府的关系问题，是一个政治体制的问题。"①

第三节　"三个代表"重要思想与党的第三代中央领导集体的政治外交

　　"三个代表"重要思想是新时代的马克思主义。从 20 世纪 80 年代初到 21 世纪头四年的二十多年中，以江泽民同志为核心的第三代领导集体，以与时俱进的精神，全面继承和发展党的两代中央领导集体的外交理论，外交工作取得质的飞跃，中国外交发展为以适应新时代需要的总体外交引导下的政治外交、经济外交、文化外交、军事外交、科技外交既分工又合作的强大外交体系，为中国的现代化建设营造了良好的国际环境，为世界和平事业作出了贡献，极大地提高了中国的国际地位，为中华民族的伟大复兴创造了良好的外部条件。"三个代表"重要思想面对当今世界格局的变化、面对国际形势的发展趋势，面对国际社会各种力量和矛盾的交互运动都提出了一系列科学的分析和富有远见的判断，提出了影响长远的我国政治外交的一系列正确的战略策略方针。正如胡锦涛同志在"三个代表"重要思想理论研讨会上的讲话中指出的："'三个代表'重要思想全面审视当今世界格局的变化，准确判断国际形势的发展趋势，深刻分析国际社会各种力量和矛盾的交互运动，提出了我国外交工作的战略策略方针。坚持贯彻'三个代表'重要思想，始终奉行独立自主的和平外交政策，高举和平与发展的旗帜，维护世界多样性，促进世界多极化和国际关系民主化，推动建立公正合理的国际政治经济新秩序，我们就能不断为我国现代化建设营造和平的国际环境和良好的周边环境。"② 坚持"三个代表"重

---

① 《邓小平年谱：1975～1997》（下），第 1125 页。
② 胡锦涛：《在"三个代表"重要思想理论研讨会上的讲话》，《求是》2003 年第 13 期，第 7 页。

要思想，深入贯彻科学发展观，中国新时期的外交工作就一定会取得更大的发展。

一 "三个代表"重要思想全面审视当今世界格局的变化

（一）修好内政，以应对世界格局和力量对比的变化

党的第三代中央领导集体是在冷战末期和 1989 年政治风波后正式起航的。苏联解体和东欧剧变对中国共产党人提出的警示意义极大，警示之一就是，在霸权主义和强权政治千方百计和平演变中国为主要特征的复杂多变的国际政治环境中，我们应该首先搞好自己的内政。江泽民指出："从国际来看，国际敌对势力加紧推行和平演变战略，支持、收买、培植社会主义国家内的反共反社会主义势力。情况已经表明，这是世界范围内两种社会制度、两种思想体系长期对立和斗争的继续，是在国际形势缓和过程中重新出现的尖锐化表现。……不管世界格局和力量对比将怎样变化，对我们中国共产党人来说，最重要的责任，就是要进一步把自己的党建设好，把社会主义现代化建设好。"① "我们正处在世纪之交的重要历史时刻。和平与发展仍是当今时代的主题，世界格局正在朝着多极化方向发展，但霸权主义和强权政治依然存在，并有新的表现。现代科技进步日新月异，全球范围的产业和经济结构调整加快进行。综合国力竞争，越来越成为决定一个国家前途命运的主导因素。我们既面临着难得的发展机遇，也面临着严峻的挑战。我们只有不断增强经济实力、国防实力、民族凝聚力，才能在日趋激烈的国际竞争中立于不败之地，才能切实维护我们的国家主权和民族尊严。"② 江泽民在这里实际上是提到了一个非常关键的"对内政策"与"对外政策"的关系问题，提出了一个内政上立得住还是立不住，实际上事关中国在国际政治斗争中能否取胜的问题。如果我们进一步把自己的党建设好了，把社会主义现代化建设好了，任何对中国的西化和分化的图谋都是注定要破产的。冷战是以西方世界对苏联博弈的胜利告终的，西方世界使苏联和东欧几乎在一夜之间就被西化掉和分化掉，其根本的原因就是苏联和东欧没有把自己的事情办好，它们的党没有建设好，它们的社会主义也严重僵化。而中国同样受到来自以美国为首的西化和分化的强大的压力，但中国最终经受住了考验，原因就是新中国成立以来，中国一直坚持走独立自主

---

① 《江泽民文选》第 1 卷，第 88 页。
② 《江泽民文选》第 2 卷，第 379 页。

的外交路线，坚持发展社会主义和建设社会主义，坚持不断地建设我们的党，使我们的党总是充满活力，使我们的社会主义建设总是不断地上新的台阶。今天，新的国际格局仍然在形成过程中，在这个过程中，存在着对中国有利的因素，也存在着大量的潜在危险和威胁，有些国际格局变化的因素可以预测，有些则是很难判断的，总之是非常复杂和非常扑朔迷离，但无论有多复杂和有多扑朔迷离，只要我们把自己的事情办好，像战国时代邹忌谏齐威王后出现的"战胜于朝廷"的修好内政，就能够做到处变不惊，以不变应万变。

（二）坚持中国一贯的外交方针，不被国际形势的不确定性所迷惑

主权国家往往在面对一个不确定的国际形势时，对外政策会发生很大的变动，严重的会对自己长期执行的对外政策作出质的改变，这样往往使自身短期内好像是适应了变化了的国际环境，但把支撑一国根本的有效的具有长远影响的外交政策原则给抛弃了，从而给国家的长远利益带来严重的危害。冷战后时代确实呈现出美国"独霸"世界的趋势，中国一贯的反对霸权主义和强权政治的政策还要不要坚持，这确实对中国是一个巨大的考验，中国还要不要旗帜鲜明地高举反霸反强权的旗帜，确实是摆在中国外交面前的重大原则问题，因为，此时如果明确地向以美国为首的西方世界"称臣"，愿意服从西方的"领导"，短期内西方世界也许会在若干次要利益上放中国一马，中国短期内甚至会被西方世界认可为"盟友"，但是从根本上看，中国一贯的独立自主的和平外交政策就变质了，西方世界从此可以深入到中国内部更加胆大妄为地搞西化中国和分化中国的工作，由此造成对中国根本的利益破坏。江泽民同志在庆祝中国共产党成立七十周年大会上讲话中指出："建设有中国特色的社会主义，需要争取和平的国际环境。现在，旧的世界格局已经打破，新的格局尚未形成，世界处于新旧格局交替的动荡时期。我们要继续坚持独立自主的和平外交政策，积极发展同一切国家的友好关系，特别是保持和发展同周边国家的睦邻友好关系，加强同第三世界国家的团结合作。在国际事务中，我们永远不谋求霸权，坚决反对任何形式的霸权主义和强权政治，反对使用武力或以武力相威胁，主张通过和平协商解决国际争端，维护世界和平。我们坚决维护中国人民的根本利益，维护国家主权和民族尊严，绝不允许任何人干涉我国内政。我们一贯主张在平等互利的基础上，发展同世界各国的经济技术合作和贸易往来。在处理同外国党的关系上，我们要继续坚持独立自主、完全平等、互相尊重、互不干涉内部事务的原则。我们要同世界各国和各国人民一道，为在和平共处

五项原则的基础上建立国际政治经济新秩序，作出积极的贡献。"① 和平共处五项原则是中国在国际外交舞台上永远立于不败之地的精神法宝。恩格斯曾经提出一个具有高度外交哲学的命题，他指出在当时欧洲五"大"强国之外将会产生另一个强国，那就是"革命"，这是一个没有边界的精神上的强国，是使那些显性的，不但拥有主权而且图谋称霸的强国"个个战栗"的精神强国。恩格斯说："在欧洲还有一个第六强国，它在一定的时刻将宣布它对全部五个所谓'大'强国的统治并使它们个个战栗。这个强国就是革命。它已经长久地沉默和退却，但是现在商业危机和粮食匮乏又把它召上战场。从曼彻斯特到罗马，从巴黎到华沙和佩斯——到处都有它的存在，到处它都在抬头，从沉睡中醒来。它复苏的迹象是多种多样的；这些迹象在各地无产阶级的骚动和不安中都可以看到。只要一个信号，这个欧洲最大的第六强国就会披戴灿烂的盔甲、手持宝剑昂然走出来，好像密纳发女神从奥林匹亚神的头脑中出现一样。这个信号将由快要到来的欧洲战争发出，那时，对于列强均势的一切预计都要因新因素的出现而被推翻，这个新的因素将以其永葆青春的活力粉碎旧的欧洲强国及其将军们的一切计划，正如同 1792 ~ 1800 年的情形一样。"② 新中国倡议并一直忠实地实践的和平共处五项原则，正是这样一个精神上的强国，它使霸权主义和强权政治威风扫地，使一切进步的力量与和平的力量都在和平共处五项原则的引领下乘风破浪地前进。

（三）指出多极化的复杂性，霸权主义和强权政治有新的表现

江泽民同志的多极化思想是在邓小平对世界"多极"的发展形势进行客观估计和正确评价基础上发展起来的。邓小平科学地预见到："所谓多极，中国算一极。中国不要贬低自己，怎么样也算一极。"③ 世界的多极化意味着像中国这样的和平力量的增长，因此世界的多极化同时也意味着霸权主义和强权政治的市场受到和平力量的遏制。江泽民同志对邓小平"多极"科学判断的创新之处，在于江泽民同志把多极化等所造成的外部有利条件和中国本身在内政上所具备的有利因素同时联系起来考察，使中国的国际政治观与中国本身内部政治经济发展形成一个有机的整体。江泽民在党的十五大报告中指出："在新世纪将要到来的时刻，我们面对着严峻的挑战，更面对着前所未有的有利条

---

① 《江泽民文选》第 1 卷，第 164 页。

② 《马克思恩格斯全集》第 13 卷，人民出版社，1998，第 8 页。

③ 《邓小平文选》第 3 卷，第 353 页。

件和大好机遇。必须清醒地看到：国际竞争日趋激烈，经济、科技上同发达国家的差距给我们很大压力，我们自身还有许多困难。同时必须充分地看到：第一，和平与发展已成为当今时代的主题，世界格局正在走向多极化，争取较长时期的国际和平环境是可能的。世界范围内科技革命突飞猛进，经济继续增长。这为我们提供了有利的外部条件。第二，建国后特别是近二十年来我国已经形成可观的综合国力，改革开放为现代化建设创造了良好的体制条件，开辟了广阔的市场需求和资金来源，亿万人民新的创造活力进一步发挥出来。第三，更重要的是，我们党确立起已被实践证明是正确的建设有中国特色社会主义的基本理论和基本路线。这些都是今天拥有而过去不曾或不完全具备的条件。"① 江泽民强调："世界格局走向多极化的进程虽然曲折复杂，但这一发展趋势不可阻挡。现在，各国都把发展经济、提高本国人民生活水平放在首位，相互经济联系不断加强。科技进步日新月异，国际市场日益扩大，生产要素流动加快，为各国发展提供了机遇。对于一切爱好和平的国家和人民来讲，应该说是机遇大于挑战，希望多于困难。"②

（四）深刻分析美国企图建立单极世界对世界多极化目标的消极影响

多极化是今后国际政治的客观进程，美国企图独霸世界的迷梦是不可能实现的，但就今天的国际政治形势而言，美国确实是今天世界上唯一的超级大国，它也力图主宰世界，它利用自己强大的政治、经济、军事实力不断地破坏和分解世界的多极化进程，也就是说，美国是绝对不会自动地放弃称霸世界的迷梦的，对这种严峻的情况，中国必须有清醒的认识，正如江泽民在第九次驻外使节会议上所指出的："当前世界各种力量的实力对比是很不平衡的。美国企图构筑单极世界，由它一家来主宰国际事务。尽管受到各方牵制，但在相当长的时间内，美国仍将在政治、经济、科技、军事等方面保持显著优势。最近几年，美国的经济强势不仅没有下降，反而得到重振，重新恢复了世界最大出口国和竞争力最强的地位。欧盟整体实力不断扩大，随着一体化进程的深入和欧元的启动，在经济方面日益成为美国的强大竞争对手，政治上与美国闹独立的意识也在增强。但是，欧盟内部矛盾不少，还没有形成共同的外交和防务政策。日本是仅次于美国的经济大国，但经济多年低迷不振，想做政治大国也受到多方牵制。俄罗斯在军事和科技方面仍拥有相当的实力和优势，但目前经济

---

① 《江泽民文选》第 2 卷，第 3 页。
② 《江泽民文选》第 2 卷，第 401 ~ 402 页。

状况不是很好。广大发展中国家的经济技术水平，同发达国家相比还存在很大差距。总之，在可预见的将来，单极和多极的矛盾将更加突出，多极化趋势将在美国一个超级大国同其他几大力量的并存和竞争中逐步向前发展。世界新格局的最终形成，还有一个相当长的演变过程。"① 江泽民强调多极化反映国际关系的深刻变化和时代的进步，有利于削弱、抑制霸权主义和强权政治，有利于推动建立公正合理的国际政治经济新秩序，有利于争取把一个和平、稳定、繁荣的世界带入新的世纪的同时，也谈到中国作为世界多极当中一极所面临的诸多变数。江泽民指出："美国和其他西方大国，虽然相互存在着这样那样的矛盾和争斗，但这些国家中的一些人在不希望社会主义中国发展壮大这一点上是一致的。他们不会放弃对我国进行西化、分化的政治图谋。不管是采取'遏制政策'还是所谓'接触政策'，万变不离其宗，目的都是企图改变我国的社会主义制度，最终将我国纳入西方资本主义体系。这种斗争是长期的。"② 美国和其他西方国家万变不离其宗的对华西化和分化政策，其核心目的不但是要改变我国的社会主义制度，把中国纳入西方资本主义体系，而且是把中国纳入其体系后，达到使中国乱，使中国分裂，使中国被彻底削弱的目的，以便西方世界继续在国际政治中更加方便地搞它们的霸权主义和强权政治。

（五）把中国的前途命运放在世界格局中观察，才是真正的爱国主义

狭隘的爱国主义往往是关门的爱国主义，闭关锁国的爱国主义，这种爱国主义早已经让历史的经验否定。在全球化时代，只有把爱国主义和对世界格局科学把握结合起来，把中国的前途和命运与和谐世界的推动结合起来，才有意义，而且，实践这样的爱国主义，首先要在青年中去培养，因为这事关中华民族的未来。江泽民指出，建立在"努力学习和继承中华民族的优良传统，努力吸取和传播人类社会的优秀文明成果"基础上的爱国主义，才是具有时代精神的爱国主义，"这种爱国主义，把中国的前途命运放在世界格局中观察，把中国社会的发展与整个人类社会的进步紧紧联系在一起。"③ 中国的前途和命运，掌握在自己手中，但是如果不把自己放在世界格局中观察，不了解世界政治、经济、文化、科技、军事等的发展面貌，中国的发展就还是闭关自守式的，鼠目寸光式的。党的第一代中央领导集体的核心成员周恩来就说过："在

① 《江泽民文选》第2卷，第195～196页。
② 《江泽民文选》第2卷，第197页。
③ 《江泽民文选》第3卷，第482页。

现代，每个国家都不能闭关自守、孤立起来。真正的独立并不排斥国际合作，即同真正的友好国家合作。"① 周恩来指出："我们主要地依靠自己，来求得政治的完全独立和经济的独立发展，我们的目标是工业化。……我们认为，只有同世界各国和平共处，才能得到发展。"② 把中国往世界格局中一放，一比较，我们就知道自身的优势和差距所在，也可以清楚地了解中国的朋友和敌人是谁，更清楚中国所面临的机遇与挑战所在。把中国的命运放在世界格局中观察，还意味着要搞清楚和平与发展的世界主题要通过怎样的国际政治斗争和外交斗争才能得以巩固和加强，从而使中国实现伟大民族复兴的国际环境特别是周边国际环境变得更加良好，中国推动的和谐世界的目标能够早日实现。

二　"三个代表"重要思想准确判断国际形势的发展趋势

以江泽民同志为核心的第三代领导集体继承和发展了毛泽东和邓小平的对国际形势的科学分析方法，在新的历史条件下，针对新的国际形势和局面，及时地提出了一系列科学而深刻的见解，对制定新形势下中国的对外政策，提供了科学的依据和行动的指南。

（一）西风并没有压倒东风，弘扬民族精神，以应对险恶的国际形势

江泽民同志执掌中国可以说受命于危难之际。国际环境出现冷战以来新的大变动，霸权主义和强权政治在和苏联阵营的对抗中占了明显的上风，大有"西风"压倒"东风"之势，西方世界天真地认为，社会主义已被它们踩在脚下。社会主义并没有像西方世界说的完结了，社会主义只是在前进和发展过程中出现了曲折，如果说社会主义有什么东西完结的话，也只能是僵化的社会主义完结了，搞霸权主义和强权政治的"社会主义"完结了，正如江泽民面对冷战后世界范围内社会主义处于低潮的国际形势时所指出的："世界社会主义处于低潮，但并不像有的人说的那样——社会主义已经崩溃。《共产党宣言》发表已有一百四十二年，第一个社会主义国家诞生也有七十三年了。但是，这在人类发展的历史长河中只是很短暂的时间。从英国资产阶级革命算起，资本主义国家已有三百五十年的历史。资产阶级革命是一个剥削阶级取代另一个剥削阶级的统治，但西方资产阶级最终掌握政权也经历了若干次复辟和反复辟。迄今为止，欧洲一些国家还有封建主义的尾巴。社会主义是消灭剥削制度的新

---

① 《周恩来外交文选》，第406页。
② 《周恩来外交文选》，第177页。

型社会制度，只有七十三年的历史，遇到一些挫折和困难，走一些弯路，也难以完全避免。当代世界的很多根本矛盾，在马克思、恩格斯、列宁以及后继者的著作中都作过分析。资本主义并没有解决这些矛盾。只有社会主义才能解决当代世界的根本矛盾。只要社会主义国家集中精力加快经济发展，增强实力，充分显示出社会主义制度的优越性，最终一定能够取得胜利。"①

　　振奋民族精神，拿出鲁迅那样的"骨头最硬"、决无"丝毫的奴颜和媚骨"的精神，来应对错综复杂的国际形势和应对艰难繁重的国内改革任务，这也是江泽民国际形势观一个很重要的视角。江泽民同志在鲁迅诞生一百一十周年纪念大会上的讲话指出："面对错综复杂的国际形势和艰难繁重的国内建设和改革任务，不仅文化战线的同志要义不容辞地学习鲁迅、宣传鲁迅，而且广大工人、农民、知识分子和各条战线的干部，都要进一步学习和发扬鲁迅精神。"② 国际形势无论如何严峻，中国改革开放的国际环境无论如何恶化，即使全世界的敌人都团结起来围剿中国，只要中国人精神不倒，敌对势力就奈何我不得。如果民族精神垮掉了，国际形势一恶化，就可能会马上举手投降，戈尔巴乔夫统治的苏联就是这样一种情形，中国必须引以为戒。

　　我们应不以物喜，也不以己悲来看待国际形势的有利与不利。冷战后的时代总体上说确实是和平与发展的时代，在这样的时代，对中国一心一意地发展自己是有利的，但是这样的时代也不是绝对可以认为一切万事大吉，战争和动荡就没有可能性了，同时，也不能因为形势有对我不利的因素而灰心丧气，认为天要垮下来一样。面对国际形势，确实要有那么一点任凭风浪起，稳坐钓鱼船的精神境界和精神气质，只有这样，我们这个民族才是一个成熟的民族，只有这样，我们这个国家才可以称得上是成熟的国家。江泽民指出："不能因为国际形势有利于我们的东西不少，就盲目乐观，麻痹大意，放松必要的警惕；也不能因为还存在不利于我们的东西，就把国际形势看得过于严重，盲目紧张，好像兵临城下、草木皆兵了，甚至因此而动摇集中力量搞经济建设的决心。这些显然都是不正确的，也是不符合客观实际的。可以这样说，当前国际形势对我们有利的一面还是主要的。只要我们坚持按照邓小平同志所说的，冷静观察、沉着应付、绝不当头、有所作为，抓住国际形势对发展我国经济有利的机遇，一心一意把国内的事情办好，我们就能从容应对各种复杂局面，始终

_____

① 《江泽民文选》第1卷，第136页。
② 《江泽民文选》第1卷，第170页。

立于不败之地。通观我国的安全环境，可以看出，不论是政治问题还是经济问题，不论是外部军事威胁还是完成祖国统一的障碍问题和国内不稳定因素，大都直接或间接地同霸权主义和强权政治有关，大都可以看到霸权主义和强权政治的影子。对此，我们在战略上必须深谋远虑。对损害我们民族利益和国家主权的行为要坚决进行斗争。当然，斗争的方法要灵活掌握。"① 中国虽然也受到强大猛烈的西方反社会主义和反华风暴的冲击，但是中国站住了，中国挺过了西方和平演变的压力，这证明坚持老一代领导集体创立的独立自主外交路线并在新时期坚持改革开放的、充满活力的中国的社会主义制度经受住了考验，中国特色的社会主义取得了决定性的胜利。面对一个政治、经济、军事和国防已经取得长足发展的欣欣向荣的中国，面对一个从 19 世纪以来遭受列强欺凌上百年最后又顽强重新崛起的中国，面对一个在国际政治中始终主张对话而不是对抗，主张和平而不是战争的中国，面对一个世界上绝大多数的国家和人民都普遍愿意生活在和平的环境里的现实，以美国为首的西方世界也不得不最终选择缓和与对话的方式，但是，也正是从此时开始，西方世界把西化掉和分化掉中国作为他们对外政策的一个战略性的和核心的目标，也正是从此时开始，中国的和平发展面临的不确定因素更多了。

（二）坚持通过对话的方式来引导国际形势向有利于我的方向发展

无论形势发展对我国多么不利，无论国际的敌对势力有多猖獗，中国相信爱好和平的国家和人民是大多数，即使现在有些仍然坚持反华的政客，面对中国精诚所至，其反华之顽石、金石也会为之打开的。1989 年政治风波后不久，江泽民同志在中央军委扩大会议上就指出："目前的国际形势，总的是由紧张转向缓和，由对抗转向对话"②。江泽民突出强调国际关系的"对话"，而不是西方世界所希望的"冷战"，一个是西方世界所希望的继续扩大冷战的"成果"的国际政治旧思维，一个是中国所主张的"对话"的把世界引向和谐的新思维，充分表明中国人民和中国共产党人对和平的热爱和对世界和平的追求的持久性和不可动摇性，由于中国诚心诚意地、艰苦卓绝地努力和推动，我们看到，近年来各种"战略对话"在国际政治舞台普遍开花，在很多领域已经取得了丰硕的成果。通过战略对话，至少避免了对抗，良好的对话为战略合作创造了条件，更为和谐世界的营造提供了前提。以胡锦涛为总书记的党的中央

---

① 《江泽民文选》第 1 卷，278~282 页。
② 《江泽民文选》第 1 卷，第 76 页。

领导集体很注意中国在国际事务中采用"战略对话"的机制，在和美国建立战略对话机制的同时，中日、中俄、中印、中巴也建立了战略对话机制。中日、中美战略对话机制是由中国主动提出的，其中日本强调和中国不是同盟关系，不愿意使用"战略"这一字眼。这几组建立起来的战略对话机制，依据的是江泽民对苏联解体和东欧剧变这一后冷战时代国际形势的判断仍然是"和平与发展"，是缓和大于紧张，是经过深思熟虑的外交布局，成为中国外交一大特色，成为中国新一代领导集体把握重要双边关系的一个重要方法。以中美双边关系为例，通过战略对话，"许多美国人对中国和中美关系的现状与未来还是有比较清醒的认识。这使人可以对中美两国未来建立一种更为理性的关系抱有期待。另外，中国新一代领导人对自己面临的任务、对国家利益的界定、对工作优先次序的排列都是非常明确的，会把重点放在国内，放在推动经济发展和解决国内各种问题上。外交工作的主要目标，仍然是创造有利于经济发展的国际环境。在全球和地区事务中，中国无意挑战美国，而且愿意与美国一起维持现有秩序的稳定，使两国成为真正的'战略伙伴'。……通过双方不断的对话与沟通，让美国对中国的战略意图有更准确的认识，这个目标是有可能达到的。"①

（三）中国必须建立能够发挥强大外交影响力的实力后盾

鉴于今天仍很不太平，鉴于霸权主义和强权政治图谋西化和分化我国的严峻现实，中国决心通过外交手段致力于世界和平与发展的伟大事业，但是要使中国维护世界和平的外交手段产生积极和有效的影响，中国外交要发挥其有效的作用，中国必须建立能够发挥强大外交影响力的实力后盾。江泽民指出："必须看到，国际敌对势力亡我之心不死，他们对我国进行武装侵略、武装干涉失败以后，转而加紧推行和平演变战略，运用政治、经济、文化的手段，千方百计进行渗透。我们在反和平演变的同时，也还要看到帝国主义的另一手。"② 正是建立在这样分析的基础之上，江泽民提出要紧紧抓住国防科技高技术的发展和发展自己的具有世界先进水平的常规武器装备。指出"这关系到国际战略形势的发展和世界和平"③。为了坚决有效地应对国内顽固坚持资产阶级自由化立场的人可能搞的各种破坏和颠覆活动，江泽民强调必须有一支

---

① 傅梦孜等：《战略对话与中美关系》，《现代国际关系》2005 年第 8 期，第 61 页。
② 《江泽民文选》第 1 卷，第 76 页。
③ 《江泽民文选》第 1 卷，第 76 页。

强大的军队、有一个巩固的国防。江泽民进一步指出："在当前国际形势下，我们不能缺少国防观念这根弦。虽然世界大战一下子打不起来，但这个世界并不太平，局部冲突不断，特别是发生了像海湾战争这样的局部战争。要看清国际形势的发展变化。世界社会主义处于低潮，我们必须充分警惕，一定要有这根弦，千万不能麻痹。"① 这样，江泽民对国际环境的考察，就把内政与外交统筹地加以考虑，形成了内政与外交的有机联系的方针，特别是强调建立强大的军队和巩固的国防，这是作为社会主义大国外交上必不可少的筹码，也是未来中国在任何外交博弈中取得平等地位的先决条件。这种外交后盾观也是新中国第一代领导人外交思想的继承和发展。从继承的意义上讲，正如周恩来在新中国成立之初所指出的："国家这个统治武器，最主要的是军队和监狱。这些东西表面上看来同外交并无多大关系，实际上却是外交的后盾。军队是保卫我们的，要有备，才能无患。今天国内战争尚未结束，还需要军队，全国解放了，军队经过整编，还得作为捍卫国家的力量。在没有发生战争和破坏的时候，对内对外都要进行保卫国家利益的工作，对内就不说了，对外而言，外交就成了第一线工作。"② 周恩来总理还指出："中华人民共和国建国以来，一直坚持和平的外交政策。我们坚持这一政策，相信以和平竞赛的方法来胜过帝国主义是完全可能的。当然，为防备帝国主义发动战争，我们应该在和平斗争中巩固国防，加强经济力量。要使帝国主义不敢发动战争，万一它发动战争，就叫它遭到失败。"③

（四）江泽民同志以哲学的辩证思维看待国际环境的变化，注意国际形势的不变中的变化，同时耐心地观察国际形势的发展变化，不轻易下结论

江泽民指出："我们党和国家正处在一个非常关键的时期。从国内来看，今年春夏之交，极少数坚持资产阶级自由化的人，在国际敌对势力支持下，策动了一场反共反社会主义的动乱和反革命暴乱。……情况已经表明，这是世界范围内两种社会制度、两种思想体系长期对立和斗争的继续，是在国际形势缓和过程中重新出现的尖锐化表现。这场斗争，关系到我国人民的前途命运，关系到社会主义和全世界人民的前途命运。"④ 党的第三代中央领导集体以卓越的政治智慧冷静地认识到国际形势缓和的本质并没有发生根本性的变化，冷战

---

① 《江泽民文选》第 1 卷，第 142 ~ 143 页。
② 《周恩来外交文选》，第 2 页。
③ 《周恩来外交文选》，第 48 页。
④ 《江泽民文选》第 1 卷，第 88 页。

后时代，世界范围内两种社会制度、两种思想体系长期对立和斗争尖锐化，仍然是在国际形势缓和的框架内，和平与发展仍然是主流，中国既定的对内对外政策可以根据新的情况作出调整，但不应该根本改变之，如果因为两种政治制度矛盾的尖锐化而错误地判断"和平与发展"的时代已经结束，甚至错误地判断世界又退回到"战争与革命"的时代，那么中国的对内对外政策都要发生根本性的改变。如果这样，中国现代化的进程就会中断，整个中国由此就可能发生内乱，从而使西方世界不战而使中国屈服之。

冷战以美国为首的西方阵营的胜利而告终，世界有加速向多极化方向发展的趋势，这对中国的外交战略环境来说是一个利好的状态，但短期看来，力量平衡的打破，有可能使世界更不稳定。江泽民指出："对国际形势如何发展还要观察。世界上各种力量在重新组合，一些基本矛盾没有解决，新的矛盾又不断产生。在美苏关系缓和、东欧局势发生剧变后，世界上确实有不少共产党人对社会主义前途产生怀疑，有的甚至失去信心。还有人看到美苏关系逐步缓和后，认为从此天下太平了。事实证明，这种看法太天真了。实际上，由于苏联地位和作用的削弱，美苏力量平衡被打破，世界更不稳定。伊拉克侵占科威特，美国和西欧一些国家向海湾地区调兵遣将，海湾局势紧张就是一个表现。目前，海湾局势十分复杂，多种矛盾交错。今后世界上还将发生什么事情，现在还难以预料。"① 江泽民指出："对国际形势的变化，要辩证地看，既要看到困难和严峻的一面，又要看到有利的一面。中国坚定不移地奉行独立自主的和平外交政策，同时根据形势的变化适时调整，采取一些灵活做法，以争取较长时期的和平国际环境，保证改革开放和现代化建设顺利进行。我们就是要以实际的最好的社会主义建设成果来回答人们对社会主义前途的忧虑。"②

（五）紧紧抓住和利用对我有利的国际经济形势，是江泽民同志观察国际形势的一个突出特点

一般我们讲国际形势，传统的思维都是指国际政治的动态演变的状况，这样的思维在"战争与和平"问题突出的冷战时代，无疑是正确的、客观的，但如果面对冷战后的和平与发展时代，讲国际形势仍然只是讲政治和军事方面的战略形势，就肯定片面了。江泽民指出："现在，亚太地区经济发展势头强劲，国际市场竞争激烈。这对我们来说既是机遇，也是挑战，对于

---

① 《江泽民文选》第 1 卷，第 134 页。
② 《江泽民文选》第 1 卷，第 134～135 页。

扩大我国对外贸易是有利的，当然也会面对更多竞争对手。在这样的国际形势下，我们要不落后于亚太地区其他国家的经济发展，并在增长速度方面超过他们，加快改革开放步伐，抓紧开发以浦东为龙头的长江三角洲和沿江地区，更是刻不容缓。应该认识到，党中央、国务院在继续抓好珠江三角洲开放开发的同时，决定以开发开放浦东为龙头，带动长江三角洲和沿江地区开发开放和经济发展，这是我国经济发展区域布局和扩大对外开放格局的一个重要战略决策。中央各部门和七省一市要齐心协力，确保这一战略决策得到贯彻实施。"①

三　深刻分析国际社会各种力量和矛盾的交互运动

一国能否对国际社会各种力量对比和矛盾的交互运动的分析建立在冷静把握、科学分析、集思广益、民主集中的基础上，决定一国对外政策的成败，从赫鲁晓夫到戈尔巴乔夫领导下的苏联错误地估计国际力量格局的演变，前者以为世界是美苏两家主宰的世界，后者干脆放弃社会主义，主动向西方世界投降，结果葬送了苏联。诚如苏共前中央书记处书记、办公厅主任瓦·博尔金痛心地指出的："一个曾经与北大西洋公约组织并存的、十分强大而又十分牢固的社会主义国家联盟顷刻之间就像纸牌搭成的房子一样垮掉了，……为什么实际上各级领导者谁也没有为社会主义国家的军事—政治和经济联盟的瓦解感到不安呢？这首先是因为，在我国人民早已习惯于什么事都由领袖替他们'操心'。政治局和政府中的人也清楚地知道，有权决定国际政策问题的只有两三个人，首先是总书记。除此之外，任何人都无权插手国际关系方面的事务，除非戈尔巴乔夫要求或盼咐某个人专门解决某一问题。"② 1971 年 7 月 6 日，美国总统尼克松在美国经历了一系列外交和政治军事的失败后提出世界格局的"五大中心"的看法。他把美、苏、中、西欧和日本列为世界的五个力量中心。这是美国第一次谦卑而同时也是客观地承认了世界力量格局的演变，它客观地意识到自己的霸权地位已严重衰落，中国作为世界重要的一极正在成长。为了改善在美苏争霸中美国的战略处境，美国开始了接近中国的过程，尼克松的"五大中心论"为美国扭转自身实力衰落的趋势提供了比较理性的国际政治现实依据。中国三代领导集体和新一届中央领导集体，总是科学而准确地分析和判断国际格局的演变，并根据国际格局的演变确定中国的外交战略与策

---

① 《江泽民文选》第 1 卷，第 207 页。
② 〔俄〕瓦·博尔金：《二十世纪军政巨人百传：改革先锋——戈尔巴乔夫传》，第 179～180 页。

略，为中国的现代化建设营造了良好的国际环境，为世界和平作出了自己的贡献。

（一）国际力量对比观

首先，党的第三代中央领导集体认为，无论世界格局如何对我国不利，中国以坚定地坚持社会主义制度的不变来应对国际格局的演变，中国在任何困难面前都要保持乐观主义的精神，不能灰心丧气。同时要采取积极的应对措施，争取更多的外交主动和一心一意地把握住自己的发展目标。江泽民强调："对国际形势如何发展还要观察。世界上各种力量在重新组合，一些基本矛盾没有解决，新的矛盾又不断产生。在美苏关系缓和、东欧局势发生剧变后，世界上确实有不少共产党人对社会主义前途产生怀疑，有的甚至失去信心。还有人看到美苏关系逐步缓和后，认为从此天下太平了。事实证明，这种看法太天真了。"① 其次，要善于利用矛盾，灵活应变，争取主动。江泽民指出："在世界向多极化发展的过程中，国际上各种力量和矛盾的斗争相当尖锐复杂，我们在战略指导上很重要的一个问题，就是要善于利用矛盾，灵活应变，争取主动。在同霸权主义和强权政治的斗争中，我们既坚持原则，又保持灵活，利用一切可能利用的矛盾，扩大我们的回旋余地。对周边国家，我们要按照稳定周边的方针，多做工作，消除疑虑，促进睦邻友好；妥善处理涉外事务，力争以和平协商方式逐步解决某些争端；对一时难以解决的问题，要在稳定现状的前提下，积极创造条件逐步加以解决，不能急于求成。"② 最后，主张中国在今后一个较长时期内，争取和平的国际环境，避免新的世界大战，仍然是可能的。江泽民在党的十四大报告中指出："当今世界正处在大变动的历史时期。两极格局已经终结，各种力量重新分化组合，世界正朝着多极化方向发展。新格局的形成将是长期的、复杂的过程。在今后一个较长时期内，争取和平的国际环境，避免新的世界大战，是有可能的。同时也要看到，目前国际形势仍然动荡不安。世界各种矛盾在深入发展，不少国家和地区的民族矛盾、领土争端和宗教纷争突出起来，甚至酿成流血冲突和局部战争。国际经济竞争日趋激烈，许多发展中国家经济环境更加恶化，南北差距进一步扩大。"③

---

① 《邓小平文选》第1卷，第134页。
② 《江泽民文选》第1卷，第288～289页。
③ 《江泽民文选》第1卷，第241～242页。

（二）指出霸权主义的若干新表现

江泽民深刻而敏锐地指出："当今世界，霸权主义和强权政治有新的表现。七国首脑会议早期主要是协调他们之间的经济利益，后来开始向政治方面转化。"江泽民指出西方世界的所谓"保障民主"，鼓吹推动"世界民主化潮流"，对社会主义国家、第三世界国家诱压兼施。面对打着"民主"的旗号干涉别国内政，企图将西方的政治经济模式强加给各国等情况，江泽民深刻地揭示，"当今世界形势使大多数第三世界国家处境更加严峻。穷国越来越穷，富国越来越富，国际政治经济秩序中不合理的因素不是减少了，而是增多了"，指出"中国坚定不移地奉行独立自主的和平外交政策，同时根据形势的变化适时调整，采取一些灵活做法，以争取较长时期的和平国际环境，保证改革开放和现代化建设顺利进行。我们就是要以实际的最好的社会主义建设成果来回答人们对社会主义前途的忧虑。"最后，江泽民同志在科学地比较分析了资本主义发展史和社会主义发展史之后坚定地指出："只有社会主义才能解决当代世界的根本矛盾。只要社会主义国家集中精力加快经济发展，增强实力，充分显示出社会主义制度的优越性，最终一定能够取得胜利。"[1] 这表现了中国共产党员人面对复杂不定的国际政治格局坚定而不可动摇的信念。江泽民指出："北约推出'战略新概念'，公然对南联盟发动军事打击；美日强化军事同盟，决定联合研制战区导弹防御系统；印巴竞相搞核实验，并在克什米尔地区发生武装冲突；朝鲜半岛局势一度激化，美国继续向朝鲜施压；等等。国际局势中不稳定不确定因素明显增加。霸权主义和强权政治有新的表现，直接威胁着世界的和平与稳定。但是，世界上维护和平、反对霸权的各种力量也在发展，特别是广大发展中国家坚决反对霸权主义和强权政治。各国仍把发展经济、提高综合国力放在首位。虽然国际形势风云变幻，但时代的主题并没有改变。我们完全有可能争取一个良好的周边环境和国际环境，继续推进我国的现代化建设。"[2]

（三）指出军备竞赛正向高新技术领域转移

江泽民指出："霸权主义和强权政治已成为世界和平与发展的主要障碍。……国际军事斗争也很复杂，虽然军控和裁军谈判取得了一些进展，但军

---

[1]《江泽民文选》第 1 卷，第 135～136 页。
[2]《江泽民文选》第 2 卷，第 422 页。

备竞赛正向高新技术领域转移，这将对国际和亚太地区军事斗争形势产生不可低估的影响。"① 军备竞赛一旦和高新技术更加紧密地结合，首先是在非战争的条件下，将影响一国外交的选择模式和一国外交的心理状态。越是高科技基础上的军备竞赛，越具有强大的外交威慑性，也就越会为霸权主义和强权政治推行其"强制外交"提供方便，"和平"与"发展"的世界主题就会再次向"战争"与"和平"的局面倒退。中国反对搞军备竞赛，但是霸权主义和强权政治者不会因为中国的反对而停止军备竞赛的进程，特别是不会放弃用更加先进的科技武装其军备竞赛。中国不搞军备竞赛，但是必须取得足以应对任何霸权主义和强权政治者的军事实力，特别是要取得同样用高新技术武装中国的国防现代化的军事实力。只有这样，才能遏制霸权主义和强权政治者的胡作非为，维护来之不易的和平与发展局面，同时，在非战争的情况下，中国才能取得外交博弈的主动权，在战时，为军事斗争的胜利奠定物质基础，并最终夺取正义战争的胜利。

（四）指出世界多极化趋势继续发展，终将形成多种力量竞争共处的新格局

各种力量共存，既有竞争和矛盾，又有协调和合作，谁也吃不掉谁，谁也压不倒谁。江泽民指出："世界多极化趋势继续发展，终将形成多种力量竞争共处的新格局。各种力量共存，既有竞争和矛盾，又有协调和合作，谁也吃不掉谁，谁也压不倒谁。在这种情况下，对我国有利的因素将会不断增多。在战与和的问题上，新的世界大战在一个较长时期内打不起来，离我们较远的地区冲突又不可能把我们卷进去。我国周边环境有了根本性改善，对我们打开多层次、多渠道、全方位开放的格局是有利的。西方发达国家之间的矛盾和冲突刚刚露头，正在深入发展，个别国家已不可能再像过去那样为所欲为，我国外交的回旋余地进一步扩大了。发展问题已成为世界各国关注的中心问题，是国际竞争的主要焦点之一。各种势力调整战略的主要方向是：考虑本国切身利益的因素上升，内向性成分增多，经济安全比重加大，国家战略更加突出地为全球性综合国力竞争服务。世界各国特别是大国正在进行结构性的经济调整，致力于发展高技术。这为我们引进资金、技术和先进管理经验提供了有利机会。我们还有可以团结和依靠的、正在进一步觉醒的广大第三世界国家。我国的情况比四年前好多了。放眼全球，世界各国特别是大国都有一本难念的经，我们的

---

① 《江泽民文选》第 1 卷，第 280 页。

经比他们的好念。只要我们牢牢把握住经济建设这个中心，经济和各项事业发展了，国家强大了，无论碰到什么问题都比较容易解决。'任凭风浪起，稳坐钓鱼船。'没有什么大不了的事。我们对前途充满信心。"①

（五）提出"美国企图构筑单极世界"到"美国成为唯一的超级大国"

在世界格局演变过程中，美国是中国对外政策的一个最核心关注点，稳住美国，使它成为世界和平的一个积极的建设者而不是破坏者，这是中国对外政策的一个重点和难点。在 20 世纪 90 年代中后期，美国的实力确实恢复很快，因此它改变了尼克松时代世界"五大中心"之说，加速向美国单独统治世界的方向发展，亦即企图建立单极世界，而且成为唯一的超级大国。江泽民指出，"多极化趋势在全球或地区范围内，在政治、经济等领域都有新的发展，世界上各种力量出现新的分化和组合。……多极化趋势的发展有利于世界的和平、稳定和繁荣。"② 江泽民强调："走向多极化符合世界各国人民的共同意愿和利益。"③ 但江泽民同时也指出："当前世界各种力量的实力对比是很不平衡的。美国企图构筑单极世界，由它一家来主宰国际事务。尽管受到各方牵制，但在相当长的时间内，美国仍将在政治、经济、科技、军事等方面保持显著优势。最近几年，美国的经济强势不仅没有下降，反而得到重振，重新恢复了世界最大出口国和竞争力最强的地位。欧盟整体实力不断扩大，随着一体化进程的深入和欧元的启动，在经济方面日益成为美国的强大竞争对手，政治上与美国闹独立的意识也在增强。但是，欧盟内部矛盾不少，还没有形成共同的外交和防务政策。日本是仅次于美国的经济大国，但经济多年低迷不振，想做政治大国也受到多方牵制。俄罗斯在军事和科技方面仍拥有相当的实力和优势，但目前经济状况不是很好。广大发展中国家的经济技术水平，同发达国家相比还存在很大差距。总之，在可预见的将来，单极和多极的矛盾将更加突出，多极化趋势将在美国一个超级大国同其他几大力量的并存和竞争中逐步向前发展。世界新格局的最终形成，还有一个相当长的演变过程。"④

从 2008 年发生严重冲击资本主义世界并波及全球的金融危机以来，世界政治局势变得更加复杂化，集中表现出这样一个总体的特征，即西方世界经济的混乱和广大北非和中东阿拉伯世界政治的大动荡（一般称之为"阿拉伯之

---

① 《江泽民文选》第 1 卷，第 311～312 页。
② 《江泽民文选》第 2 卷，第 39 页。
③ 《江泽民文选》第 2 卷，第 423 页。
④ 《江泽民文选》第 2 卷，第 195～196 页。

春")和中国不可遏制的在东方和平崛起，以及世界上唯一的超级大国美国相对实力的下降。美国虽然是西方世界经济混乱的主要因素，同时也是金融危机的直接受害者，但由于它过去的政治经济力量积累厚实，金融危机并没有大伤其元气，相反它拼命利用西方世界的经济混乱与北非和中东阿拉伯世界政治的大动荡掘取"混乱利益"，并在蛊惑中国周边一些国家和中国展开领土争端上的博弈，企图使中国的发展势头戛然而止，甚至出现分裂和混乱的局面。在这种情况下，中国应该如何把握好今后的国际政治发展方向，如何营造一个有利于中国的世界新格局？求得对我国有利的局面，使中国外交适应中国发展战略的需要？

第一，要意识到今天的中国已经是一个全球性的大国，要在国际政治重大问题上主动设置相关议题，建立自己的话语体系，以体现中国一贯主张的独立自主的外交政策的本质。中国应该意识到，西方的霸权语境和话语系统越来越成为国际灾难的根源，中国没有必要再为西方所谓的它为全球安全提供"公共产品"所欺骗，中国必须按照事情本身的是非曲直决定自己的政策和原则，对很多重大国际问题，必须在第一时间主动提出自己的主张，没有必要顾忌西方国家的想法，因为如果按照西方国家的意图采取行动，虽然是一时讨好了西方国家，暂时维持了和西方国家的稳定关系，但长此以往，中国的独立自主的外交政策的本质还在吗？

第二，要从更宽更广的领域认识国家利益。胡锦涛主席2009年7月在中国第一次驻外使节会议上提出"政治上更有影响力、经济上更有竞争力、形象上更有亲和力、道义上更有感召力"。这就为我们对国家利益的界定提出了新的要求，也就是说，那些能够使政治上更有影响力的舆论安全、形象塑造、议题设置与国际话语权的确立，使经济上更有竞争力的科技进步和科技创新、形象上更有亲和力的谦恭文化和感情文化的培养，道义上更有感召力的讲公正、讲正义形象的树立，都是国家利益的范畴。

第三，在推动第三世界新的团结和统一进程的同时，也要因其不同的状况采取不同的对策。我们认为，第三世界的分裂只是暂时的，我们对其外交政策的根本是要促进其团结，不能认为它们的分裂从此就无法挽回了，但是，使第三世界重新走上团结之路的办法，恰恰需要针对其不同的情况，采取外交技术更加细化的政策，因为今天的第三世界各国利益格局多元化趋向明显，如果还是一个笼统的、不加区分的第三世界政策，不但使中国的对第三世界政策缺乏针对性，而且也对战略上推动整个第三世界的团结不利。

第四，抓住机遇，提供中国发展经验。对广大发展中国家来说，中国的发展模式对它们有很大的吸引力，它们迫切需要在如何重建经济、稳定社会上得到国际社会的帮助，特别是中国的发展经验对它们有极大的吸引力。中国应该抓住机遇，加大对广大第三世界国家的关注和投入，而完全没有必要把钱主要投在欧美国家，因为那样做是锦上添花，中国更应该做的是雪中送炭。

四 提出了我国外交工作的战略策略方针

在论述"三个代表"重要思想如何提出我国外交工作的一系列战略策略方针之前，有必要简单地回顾一下新中国成立时的外交工作的战略与策略方针，新中国成立之初，周恩来在外交部成立大会上就新中国的外交提出三个重要命题：一是要建立指导新中国外交的马克思主义思想指导下的先进的"外交学"理论体系，借鉴社会主义国家的外交学和翻译资本主义国家的外交学，并将其中国化；二是提出发展与苏联和人民民主国家的友谊和反对帝国主义的新中国的两项外交任务；三是提出新中国外交工作一面是对兄弟国家战略上要联合但战术上不能没有批评，一面是对帝国主义国家战略上斗争但战术上有时在个别问题上可以联合的辩证法。① 周恩来关于新外交工作的设想，已经很清楚地把新中国外交的理论建构、外交任务和外交的战略与策略清晰地勾画出来了，此后中国的外交，可以说是在周恩来提出的上述三大命题基础上的继承和发展起来的。

（一）提出具有创新意义的建立公正合理的国际政治经济新秩序主张

邓小平曾经提出用和平共处五项原则作为建立国际政治新秩序的原则，因为和平共处五项原则中的不干涉别国的内政，不干涉别国的社会制度的思想，对任何国家来说都是可以接受的理念，包括搞霸权主义和强权政治的美国，恐怕也不希望别国干涉它的内政。为了在新时期更好地体现和落实邓小平不干涉别国内政思想为核心内容的建立世界新秩序的主张，使中国的世界新秩序主张更具有可操作性，准确体现时代特点，江泽民从推动世界走向多极化等方面加以阐述，丰富和发展了邓小平建立国际政治经济新秩序的思想。江泽民指出："我们认为，维护世界和平、促进共同发展的正确途径是：顺应时代潮流和各国人民的意愿，因势利导，积极推动建立公正合理的国际政治经济新秩序。"② 通过什么样的举措来建立这个新秩序，江泽民在国际国内的

---

① 参见《周恩来外交文选》，第1页。
② 《江泽民文选》第3卷，第473页。

很多场合都强调，最主要的就是全世界一切爱好和平的国家和人民都应该积极地推动世界走向多极化，推进国际关系民主化，尊重世界多样性，正确引导经济全球化，树立以互信、互利、平等、协作为核心的新安全观等方面共同作出努力。因为世界是丰富多彩的，不可能都按照美国模式或者中国模式运行，国家之间和平相处、共同发展的世界，各种文明相互交汇、相互借鉴的世界，所有国家平等相待、彼此尊重，充满活力而又绚丽多彩的世界，才是人类的根本归属。但是在今天的世界"多极化"的推动下，"国际关系民主化"的尊重，"世界多样性"的尊重，"经济全球化"的正确方向，"以互信、互利、平等、协作为核心的新安全观"等构成国际政治经济新秩序的这些核心要素，真正尊重这些核心要素的国家主要都是中国、俄罗斯等发展中国家，西方世界的统治精英对这些核心要素是轻蔑的，他们认为中国所倡导的、构成国际政治经济新秩序的核心要素，如果实现的话，等于是对他们的利益和地位的剥夺，至于对这些从长远看才是真正有利于他们的民族和人民利益的国际政治经济新秩序核心要素的内在本质，西方世界统治者及其盟友往往是充耳不闻的。① 中国建立国际政治经济新秩序的主张，前途光明，但道路确实曲折。

（二）提出进一步开创外交工作的新局面的若干方针政策

20 世纪 80 年代末至 21 世纪初，是党的第三代中央领导集体外交方针形成到成熟发展的时期。在这个时期，国际政治进入到后冷战时代，和平与发展的世界主题没有改变，但国际局势更加复杂多变，冷战结束，两超对抗演变为一超独霸，各种力量重新分化组合，重新站队，世界进入更加扑朔迷离的新旧格局交替时期。在对绝大多数发展中国家意味着更大的困惑的经济全球化和时而是机遇时而对世界带来更加不确定的多极化加速发展的同时，非传统安全的问题也日益突出起来。以江泽民同志为核心的党的第三代中央领导集体，牢牢把握国家的根本利益，站在时代前列，紧紧抓住难得的发展机遇期，开拓进取，使中国现代化建设的外部环境更加稳定。党的第三代中央领导集体在 20 世纪 80 年代末至 21 世纪初的外交方针，概括起来有如下几点：第一，要继续长期坚持冷静观察、沉着应付、绝不当头、有所作为的战略方针；第二，要处

---

① 比如，按照"以互信、互利、平等、协作为核心的新安全观"，日本就应该和美国解除军事同盟关系，撤走美军在日本的基地，这样做正是几十年来受美军严重扰困的日本人民所希望的，但是，几乎日本历届保守的执政党都是对人民的愿望充耳不闻的。

理好同世界各大国的关系，努力推进多极化趋势的发展；第三，要处理好与周边国家的关系；第四，要进一步加强同广大发展中国家的团结合作；第五，要积极参与多边外交活动；第六，要坚决维护我国的主权、领土完整和民族尊严，努力推进祖国统一大业；第七，中国政府和人民坚定不移地谴责和反对一切形式的恐怖主义。

江泽民在谈到中国"要韬光养晦"的同时，也强调"随着我国国际地位的提高，我们所承担的国际责任也越来越大，国际社会特别是广大发展中国家也希望我们这样做"的现实情况，指出"我国作为最大的发展中国家，应该发挥自己应有的作用"；在谈到处理好大国关系时，江泽民强调"中美关系关乎我国外交全局，关乎我国政治、经济和国家安全的战略利益"；在谈到如何处理好与周边国家的关系时，江泽民重点围绕日本、俄罗斯、东盟等展开论述；在论及如何加强同广大发展中国家的团结合作时，江泽民突出强调重视非洲工作，指出"富朋友要交，穷朋友也要交，关键时刻往往穷朋友更靠得住。在发展同大国关系的同时，加强同发展中国家的合作，对我们来说更加重要"；在谈到多边外交时，江泽民指出"在世界多极化和经济全球化的趋势不断发展的新形势下，各大国都以地区组织为依托发展自己，都力图通过多边场合得到在双边关系中得不到的东西"；谈到如何维护我国的主权、领土完整和民族尊严，努力推进祖国统一时，江泽民提出要"进一步搞好涉台外交工作"，同时"高度警惕国外敌对势力包括民族分裂主义势力、宗教极端主义势力对我国进行的渗透，坚决排除一切破坏我国稳定的外部干扰。"① 江泽民在谈到反恐问题时指出："国际社会应该加强对话和磋商，开展合作，共同打击国际恐怖活动。打击恐怖主义要遵守联合国宪章的宗旨和原则及公认的国际法准则，充分发挥联合国和安理会的作用，一切行动应该有利于维护地区及世界和平的长远利益。不能将恐怖主义与特定的民族或宗教混为一谈。不能对打击恐怖主义采取双重标准。不能借反恐怖主义推行影响世界和地区稳定与发展的其他政治意图。无论恐怖主义发生在何时何地、针对何人、以何种方式出现，国际社会都应该共同努力，坚决予以谴责和打击。"②

（三）提出实现外交根本目标的辩证法

江泽民指出我国外交工作的根本目标是，"进一步巩固和发展有利于我国

---

① 《江泽民文选》第 2 卷，第 202~206 页。
② 《江泽民文选》第 3 卷，第 475 页。

的和平国际环境特别是和平周边环境，为我国改革开放和经济建设服务，为祖国统一大业服务。其实，归根到底就是一句话，外交工作要坚定不移地维护国家和民族的最高利益"①。为了实现这一根本目标，江泽民指出，应该辩证地对待和处理好远和近、利和弊、坚定性和创造性、长远利益和眼前利益、局部和全局这几大关系。简而言之，一要高度重视近处发生的重大事情，远处的则相对超脱；二要趋利避害，争取化弊为利；三要有坚定性和创造性；四要使眼前利益服从长远利益；五要坚持局部服从全局。江泽民谈到上述几大关系中值得注意的重要观点是，虽然我们对远的问题可以相对超脱，但"应该坚持伸张正义"，而对发生在家门口的重大问题，要"最大限度地确保我国的根本利益，维护各有关方面合理的共同利益"。对利和弊，江泽民强调"对我们完全有利或利大于弊的事，就要去争取，就可以支持。相反，对我们不利或弊大于利的事，就要尽量避免，就要反对"。关于坚定性和创造性，江泽民强调"中央制定的方针政策要坚定不移地贯彻执行，这不能有半点含糊"，但"在贯彻执行时要结合驻在国以及本部门和本使领馆的实际情况，不能照抄照搬，机械地死板地行事。"对长远利益和眼前利益，江泽民指出"长远利益和眼前利益，两者兼而得之那当然更好。然而，有时眼前利益和长远利益有矛盾，那我们就毫不犹豫地使眼前利益服从长远利益。"关于局部和全局，江泽民强调"在中央外交方针政策指引下，无论哪个部门，包括各个外事部门，一定要处理好局部和全局的关系。要增强全局观念，坚持局部服从全局、服务于全局"，指出"这是国家和民族的根本利益之所在"，"不能政出多门、各行其是。否则，就有可能出大问题，酿成影响我国声誉的大事"②。

五 "三个代表"重要思想与中国政治外交观念更新

（一）适时淡化"国际主义"的提法

无产阶级国际主义相对于社会沙文主义者的"爱国主义"论调是一个巨大的历史进步。以列宁坚持无产阶级国际主义，揭露第二国际领袖们是口头社会主义者，实际上的社会沙文主义者，是列宁所说的"熟透了的机会主义"③，如果列宁不坚持他的无产阶级国际主义立场，当时的世界范围内的无产阶级联

---

① 《江泽民文选》第1卷，第314页。
② 《江泽民文选》第1卷，第314~315页。
③ 《列宁选集》第2卷，人民出版社，1995，第491页。

合和解放就完全不可能。新中国成立后仍然坚持列宁的无产阶级国际主义主张和思想，这在相当长时期是符合中国国情的，是新中国相当长时期外交工作取得国际无产阶级支持和新中国作为社会主义国家对世界社会主义力量和和平力量进行坚定支持应该确立的思想路线和组织路线。但是随着冷战后中国真诚而全力推动的"和平与发展"的世界主题的提出，再继续使用"国际主义"的表达和"无产阶级国际主义"的战略与策略，就落后于国际关系本身发展的实际了。

让我们来梳理一下新中国第一代领导人和第二代领导人的"国际主义"观。毛泽东在《别了，司徒雷登》檄文中提到："美国白皮书和艾奇逊信件的发表是值得庆祝的，因为它给了中国怀有旧民主主义思想亦即民主个人主义思想，而对人民民主主义，或民主集体主义，或民主集中主义，或集体英雄主义，或国际主义的爱国主义，不赞成，或不甚赞成，不满，或有某些不满，甚至抱有反感，但是还有爱国心，并非国民党反动派的人们，浇了一瓢冷水，丢了他们的脸。特别是对那些相信美国什么都好，希望中国学美国的人们，浇了一瓢冷水。"① 毛泽东说："中华人民共和国中央人民政府成立以后，我们的政府做了一件重要的工作，签订了中苏条约。……这个条约又是国际主义的条约，它是国际主义的。"② "国际方面，要和苏联、一切人民民主国家及各国共产党、工人阶级友好，讲国际主义，学习苏联及其他外国的长处，这是一个原则。"③ 毛泽东强调："马克思主义的普遍真理要与各国情况相结合；国际主义同爱国主义是统一的。过去一个很长时期没有这样的纲领，现在有了这个纲领，它已经成为全世界各国共产党所接受的纲领。"④ 毛泽东特别指出："总而言之，一九五八年，我们的成绩是伟大的，缺点错误是第二位的，是十个指头中的一个指头。分不清这个主次，就会犯错误。但既然是缺点错误，而且涉及对外，性质严重，就一定要改正，而且越快越好。其办法，就是向我们的工作人员进行教育，举行讨论，讲清道理，力戒骄傲、浮夸、急躁，坚决反对极端错误的与党的路线水火不相容的大国沙文主义，坚持无产阶级国际主义，为争取一九五九年的更大胜利而奋斗。"⑤

毛泽东在 1938 年 10 月指出："中国共产党人必须将爱国主义和国际主义

---

① 《毛泽东外交文选》，第 103 页。
② 《毛泽东外交文选》，第 132 页。
③ 《毛泽东外交文选》，第 312 页。
④ 《毛泽东外交文选》，第 314 页。
⑤ 《毛泽东外交文选》，第 368 页。

结合起来。我们是国际主义者，我们又是爱国主义者，我们的口号是为保卫祖国反对侵略者而战。"① 在《纪念白求恩》中，毛泽东对白求恩的国际主义精神给予高度评价："一个外国人，毫无利己的动机，把中国人民的解放事业当作他自己的事业，这是什么精神？这是国际主义的精神，这是共产主义的精神，每一个中国共产党员都要学习这种精神。……我们要和一切资本主义国家的无产阶级联合起来，要和日本的、英国的、美国的、德国的、意大利的以及一切资本主义国家的无产阶级联合起来，才能打倒帝国主义，解放我们的民族和人民，解放世界的民族和人民。这就是我们的国际主义，这就是我们用以反对狭隘民族主义和狭隘爱国主义的国际主义。"② 毛泽东说："被压迫人民争取彻底的解放，首先是依靠自己的斗争，其次才是国际的援助。已经获得革命胜利的人民，应该援助正在争取解放的人民的斗争，这是我们的国际主义的义务。"③ 毛泽东在苏联最高苏维埃庆祝伟大的十月社会主义革命四十周年会议上的讲话中指出，"社会主义国家是完全新型的国家，是推翻了剥削阶级而由劳动人民掌握权力的国家。在这些国家间的相互关系中，实现着国际主义和爱国主义相统一的原则。共同的利益和共同的理想把我们紧紧地联结在一起"。④ 周恩来指出："坚持国际主义，反对狭隘民族主义。对这个问题，大家在理论上也懂得，但是在工作中，在一些具体问题上，就往往容易带着新中国胜利的骄傲，表现出狭隘的民族主义和大国思想。当然我们应该有民族自信心，可是如果有自大、骄傲的情绪，那就是狭隘的民族主义了，即使有时是不自觉的，也不好。每一个民族都有它的优点，值得我们尊重和学习。要肃清狭隘的民族主义思想，确立国际主义思想。……我们的国际主义是要各国都独立平等。社会主义的爱国主义不是狭隘的民族主义，而是在国际主义指导下的加强民族自信心的爱国主义。我们有些同志有时表现得失去立场，那是因为我们过去是半殖民地国家，羡慕资本主义国家的文明，不审查其中有无毒素，盲目崇拜。"⑤ 周恩来指出："社会主义各国是由共同的共产主义的理想和目标联系起来的，因此，他们之间的关系是以无产阶级的国际主义原则为基础的。社会主义各国又是独立的主权国家，因此，他们之间的关系又是以马克思列宁主义关于民族平等的原则为基础的。"⑥

---

① 《毛泽东选集》第 2 卷，人民出版社，第 520 页。
② 《毛泽东选集》第 2 卷，第 659 页。
③ 《人民日报》1963 年 8 月 9 日。
④ 《毛泽东文集》第 7 卷，人民出版社，1999，第 319 页。
⑤ 《周恩来外交文选》，第 54～55 页。
⑥ 《周恩来外交文选》，第 194～195 页。

在此，周恩来还特别提到，"苏联出兵援助匈牙利人民镇压反革命暴乱和社会主义阵营各国对以卡达尔同志为首的匈牙利工农革命政府的支持和援助，充分地证明了社会主义国家是忠实于无产阶级国际主义原则的。帝国主义国家破坏社会主义国家的罪恶企图过去已经遭到可耻的失败，今后还将继续遭到可耻的失败。"①

邓小平也指出："党的各级组织的任务，就是要认真地加强对于广大的新党员的教育，切实地组织和指导他们进行对于马克思列宁主义的学习，对于毛泽东同志的著作的学习，对于党的历史和党的政策的学习，并且加强无产阶级国际主义的教育……"② 邓小平指出，"我们党是取得了革命的胜利，并且领导全国政权的党。这个党，照我们历来的说法，是光荣的、伟大的、正确的党，是名副其实的马克思列宁主义的党。我们党一定要在国际上高举反对帝国主义的旗帜，高举革命的旗帜，高举无产阶级国际主义的旗帜。同时，我们也历来高举着维护世界和平的旗帜。我们党在国际方面能否尽到自己应尽的责任，归根到底，首先决定于能否把我们国内的工作搞好。要搞好国内建设，搞好国内各方面的工作，又首先决定于我们党的领导"③。邓小平强调，"在社会主义国家，一个真正的马克思主义政党在执政以后，一定要致力于发展生产力，并在这个基础上逐步提高人民的生活水平。这就是建设物质文明。过去很长一段时间，我们忽视了发展生产力，所以现在我们要特别注意建设物质文明。与此同时，还要建设社会主义的精神文明，最根本的是要使广大人民有共产主义的理想，有道德，有文化，守纪律。国际主义、爱国主义都属于精神文明的范畴"④。邓小平强调："我们现在还很穷，在无产阶级国际主义义务方面，还不可能做得很多，贡献还很小。到实现了四个现代化，国民经济发展了，我们对人类特别是对第三世界的贡献可能会多一点。作为一个社会主义国家，中国永远属于第三世界，永远不能称霸。这个思想现在人们可以理解，因为中国现在还很穷，是不折不扣的第三世界国家。问题是将来我们发展了，搞不搞霸权主义。朋友们，你们都比我年轻，你们是可以看到的，到那个时候，如果中国还是社会主义国家，就不能实行霸权主义，仍然属于第三世界。如果那时中国翘起尾巴来了，在世界上称王称霸，指手画脚，那就会把自己开除出第三世界的'界籍'，肯定就不再是社会主义国家了。一九七四年我在联大特别会议上作了一篇讲话，讲的就是这个内容。这是毛泽东主席、周恩来总理制

---

① 《周恩来外交文选》，第 196～197 页。
② 《邓小平文选》第 1 卷，第 247 页。
③ 《邓小平文选》第 1 卷，第 297～298 页。
④ 《邓小平文选》第 3 卷，第 28 页。

定的对外政策，我们要用来教育子孙后代。"①

以上就是毛泽东、周恩来、邓小平对有关国际主义的论述。从他们的论述中，我们至少可以提炼出如下几个方面的内容。第一，爱国主义是建立在国际主义基础上的，国际主义同爱国主义是统一的。反对狭隘民族主义和狭隘爱国主义的国际主义，是在国际主义指导下的加强民族自信心的爱国主义。第二，平等的双边条约是"国际主义的条约"。第三，国际主义意味反对霸权主义和强权政治。第四，社会主义各国由共同的共产主义的理想和目标联系之，以无产阶级的国际主义原则为基础。同时社会主义各国又是独立的主权国家，因此，他们之间的关系又是以马克思列宁主义关于民族平等的原则为基础的。第五，国际主义有时可能牺牲社会主义国家的一些主权，可以因社会主义国家内部出现"反革命暴乱而出兵平乱"。第六，国际主义、爱国主义都属于精神文明的范畴。第七，国际主义意味着国际贡献。

以上七个方面除了第五方面明显地存在不符合中国一贯倡导的"不干涉内政"的原则及第四方面当中的强调社会主义国家以无产阶级国际主义原则为基础具有明显的意识形态意味之外，其他的方面都是完全可以在中国今天的外交思想和外交实践中找到根据的作为重要的外交资产传承到今天的外交理论和实践之中。

在从毛泽东到邓小平的外交思想和理论中，"国际主义"的理念是中国作为一个社会主义国家在外交政策上区别于资本主义国家的核心指标，是相当长一段时期中国外交政策最正确的选择。因为中国外交把国际无产阶级的利益视为自己的根本利益，本身就是中国社会制度在国际事务上的集中体现。同样也是中国在相当长一个时期国际斗争与外交斗争中之所以取得辉煌胜利的法宝。但是，20世纪70年代以来，由于美国在越南战争及和苏联的对抗中急剧衰落，以美国为首的西方国家对外政策相对地也淡化了意识形态的对抗，出现了中国政府始终不渝坚持的和平共处五项原则作为调整国际关系准则的较好国际环境，具有明显国际阶级斗争含义的"无产阶级国际主义"外交思维也随之消化在中国更加广泛的非意识形态思维的国际政治理念之中，使过去那种主要考虑为国际无产阶级服务的国际主义转变为中国一贯作为负责任的大国的国际公共责任和义务。

"国际主义"的提法，在第一代和第二代中央领导集体的国际政治语汇里是经常出现的，它生动地反映了从新中国成立到改革开放前中国在国际政治斗争鲜

---

① 《邓小平文选》第2卷，第112页。

明的时代特点和中国对世界和平的庄严承诺，但随着邓小平提出的"和平与发展"时代到来，这一提法逐渐就从中国的国际政治语汇中消失了，特别是第三代中央领导集体，基本上在正式的国际关系语汇中不再提"国际主义"了。"国际主义"这一语汇出现在《江泽民文选》中只有一次，而且不在正文，是在注释中提到 2000 年 10 月 25 日江泽民在首都各界纪念中国人民志愿军抗美援朝出国作战五十周年大会上发表讲话中才出现"国际主义精神"的表述。①

为什么"国际主义"的提法基本上不再在党的第三代中央领导集体的正式的文章和著作中表现出来呢？这首先是中国外交从理想主义向务实的、具有现实的可操作性转变的结果，是从中国大量的外交实践中深刻体会"国际主义"这一概念意识形态过度浓厚，不符合国家间的基本动力是国家利益和民族利益的普遍法则，不是在"和平与发展"主题下制定对外政策核心的依据。此外，从历史上看，"在长期的实践中，在社会主义国家以苏联为中心的时期，国际主义成为苏联干涉别国内政的一个借口，成为苏联利己主义、大国主义、俄罗斯民族主义和沙文主义的一种幌子"②。国际主义的牌子已被苏联给砸毁；党的第三代中央领导集体之所以放弃"无产阶级国际主义"的思维，我们可以用一些学者的研究来加以解读："一般来说，由马列主义意识形态指导的国家一诞生，在国际上往往表现为对现存国际秩序的革命与挑战，热衷于推动世界革命，援助其他国家的共产党或民族解放组织进行革命斗争，甚至越界对外输出革命。由于马列主义承认无产阶级没有祖国，因此，国家的边界或国家主权对于代表着人类发展必然趋势的无产阶级革命来说，并不是不可逾越的障碍。对于这些新生的共产党国家来说，帮助他国进行无产阶级革命，就比遵守国际关系的准则、不干涉别国内政更为重要。"③ 很明显，在此种历史背景下产生的"无产阶级国际主义"观，面对新的时代，为了更好地体现中国的利益和世界人民的根本利益，也只能从中国国际政治的核心语汇中删除了。

党的第三代中央领导集体已将"国际主义"原则中仍然适用于今天中国外交的部分，在新的历史条件下加以保留、创新和发展，使之融化在更具有时代感的"和谐世界""倡导国际关系民主化""尊重世界的多样性、促进国际格局的多极化""维护世界和平""促进共同发展""促进国际格局的多极化，维护国际战略力量的稳定""建立伙伴关系""双赢的国家利益"等理念之中。

---

① 参见《江泽民文选》第 3 卷，第 201 页注释①。
② 叶自成：《新中国外交思想：从毛泽东到邓小平》，北京大学出版社，2001，第 67 页。
③ 曹希岭、武国友：《共价值视野下中国和平外交理念的演进——从和平共处五项原则到建设和谐世界》，《社会科学战线》2010 年第 12 期，第 149 页。

（二）提出外交工作要坚定不移地维护国家和民族的最高利益，突破了外交仅仅"是以国家的关系为对象"的传统提法

周总理在新中国成立之初界定外交的范围时说："外交是国家和国家间的关系，还是人民和人民间的关系？外交工作是以国家为对象，还是以人民为对象？我们要团结世界各国的人民，不仅兄弟国家的人民，就是殖民地半殖民地国家和资本主义国家的人民，我们也都要争取。但就外交工作来说，则是以国家和国家的关系为对象的。外交是通过国家和国家的关系这个形式来进行的，但落脚点还是在影响和争取人民，这是辩证的。这一点要搞清楚。"① 外交工作是"以国家和国家的关系为对象"的提法，在当时的历史条件下是完全正确的，甚至可以说是与时俱进的，因为一来新中国刚刚成立，中国最迫切的任务是维护国家的主权与安全，因此把外交工作放在国家对国家是完全正确的，但随着中国外交模式的日益多元化，即使是在党的第一代中央领导集体的外交实践中，也发生了革命性的外交变革，比如，中国和日本在建交前广泛而深刻且十分活跃的民间外交，就是周总理所说的"国家与国家的关系为对象"观念的更新和突破，他曾经针对日本和中国尚无正式外交关系，而日本经济界又特别希望发展和中国的友好关系时对日本友人说："经济界人主要有远大的眼光，这样才能发展事业。从长远着想，这条道路不仅对日本人民有利，对亚洲、太平洋各国人民有利，而且对全世界各国人民也有利。正因为这样，中国人民和政府向来支持日本人民在这方面所做的努力。无论政治三原则还是贸易三原则都是从中日友好的愿望提出的。在一个时期内中日邦交不能恢复，不能签订政府间的协定，我们就进行民间往来，以促进友好。"②

由此可见，新中国的外交理论，最初还是狭义上的外交，强调以国家为对象，但由于帝国主义和不少资本主义国家的政府对中国实行不发展官方外交关系即政治上围堵、遏制、孤立中国的政策，所以在中国的外交实践中，又产生了大量非官方的民间外交。所以，新中国的外交一开始就有了和社会主义国家官方形式的外交和资本主义国家的非官方的外交两种形式的外交。

随着经济全球化的到来和中国改革开放政策的实施，外交体现反对民族分裂、维护祖国统一和独立、维护国家主权与安全的作用和地位越来越突出，而

---

① 《周恩来外交文选》，第52页。
② 《周恩来外交文选》，第308页。

"三个代表"重要思想认为反对民族分裂、维护祖国统一、维护国家主权与安全是国家和民族的最高利益所在，是外交工作的核心使命。1998 年 7 月 9 日，江泽民同志在新疆维吾尔自治区考察工作时指出："反对民族分裂，维护祖国统一，是国家最高利益之所在。"① 2000 年 9 月 6 日，在联合国千年首脑会议上的讲话中江泽民也说："只要世界上还存在国界，人们分别在各自的国家中生活，维护国家的独立和主权就是每个国家政府和人民的最高利益。"② 江泽民指出："其实，归根到底就是一句话，外交工作要坚定不移地维护国家和民族的最高利益。"③ 中国的外交要想充分地落实江泽民指出的国家和民族的最高利益，要想在反民族分裂、维护祖国统一和独立、维护国家主权与安全上发挥核心作用，在政治外交上就必须在涉台外交、涉疆外交、涉藏外交等方面进行战略性的、富有成效的工作，必须将中国的总体外交统一到实现民族和国家的最高利益上来，使经济外交、文化外交、军事外交、科技外交服从民族和国家的最高利益而战略性地展开。

（三）讲"国际斗争"和"外交斗争"的同时，提出"国际和谐"思想

恩格斯曾经指出："如果放弃在政治领域中同我们的敌人的斗争，那就是放弃了一种最有力的行动手段，特别是组织和宣传的手段。"④ 霸权主义和强权政治是中国外交的最大的敌人，反对霸权主义和强权政治最有力的思想武器莫过于在国际关系中倡导和谐理念。

1. 在中国五千年的历史长河中，和谐文化一直是中国政治文化的主流，"三个代表"重要思想的外交文化继承并发扬了中国传统的和谐世界观

在五千多年的中国文明史中，追求人与自然的和谐，人与社会的和谐，人与人的和谐，国家与国家的和谐的思想一直都是中国人视为最高价值的政治文化思想，"天时不如地利，地利不如人和"就是这个意思。"和谐世界"观，实际上我们从中国人几千年前的国际政治观中就能找到线索，比如五帝时代就有这样的记载："东至于海，登丸山，及岱宗。……万国和，而鬼神山川封禅与为多焉"⑤，"百姓昭明，和合万国"⑥，"百姓昭明，协和

---

① 《江泽民文选》第 2 卷，第 157 页。
② 《江泽民文选》第 3 卷，第 111 页。
③ 《江泽民文选》第 1 卷，第 314 页。
④ 《马克思恩格斯文集》第 3 卷，人民出版社，2009，第 92 页。
⑤ 《史记》五帝本纪第一。
⑥ 《史记》五帝本纪第一。

万邦"①，"野无遗贤，万邦咸宁"②，"庶政惟和，万国咸宁"③。唐朝有"遇大道行而两仪泰，喜元良会而万国贞"④。古代中国的帝王和政治家懂得，治理天下的核心价值理念是"和合"思想，以"和合"的思想谋求世界的和平与安宁。

　　而新中国成立后，除了努力追求和世界的"和平共处"这一仍然充满中国和谐文化的基因的外交目标外，外交斗争和国际斗争成为新中国外交的一大明显的特点，形成这种局面的原因完全不在中国，而是霸权主义和强权政治总是图谋破坏中国的国家主权与领土完整，干涉中国内政，分化和西化中国，因此，中国的国际政治充满斗争性是自然而然的，直到相对比较和平的今天，外交工作和国际斗争仍然是中国外交的一个核心的命题，因为霸权主义和强权政治并没有放弃它们西化和分化中国的企图。中国在进行国际斗争和外交斗争的同时，也一直致力于推动世界和平的伟大事业，从周恩来提倡的不同社会制度国家可以和平共处，到邓小平提出"和平与发展"是当今世界的主题，都是中国领导人传承中国和谐文明在对外政策上的具体而自然的表达，到了党的第三代中央领导集体，在继续高举两代领导人外交斗争和国际斗争旗帜的同时，响亮地提出了"国际和谐"的思想，中国的外交文化，从此和中国几千年主流的和谐文化传统相联结。中国的外交观念从此发生了革命性的变革。江泽民指出："我们要造成自主选择、求同存异的国际和谐局面。……每个国家和民族都有自己的特点和长处，大家只有彼此尊重、求同存异、和睦相处、互相促进，才能创造百花争妍、万紫千红的世界。没有多样化，就不成其为世界；没有多样化，也不成其为联合国。不承认、不尊重世界多样性，企图建立清一色的一统天下，是必定要碰壁的。"⑤ 江泽民深刻地意识到："战后世界并不是一个和谐安宁的世界。东西冷战对峙，南北矛盾加深，地区冲突不断，核军备竞赛轮番升级，世界人民仍然生活在动荡不安和核武器威胁的阴影之中。"⑥ 江泽民强调："新竞争、新矛盾、新挑战，使得世界的发展并不和谐。国际关系民主化的目标还远远没有实现。不公正不合理的国际政治经济旧秩序还没有得到改变，有些方面还在加剧。南北贫富差距和'数字鸿沟'扩大。因民族、

① 《尚书》虞书·尧典。
② 《尚书》虞书·大禹谟。
③ 《尚书》周书·周官。
④ 《贞观政要》规谏太子第十二。
⑤ 《江泽民文选》第1卷，第480页。
⑥ 《江泽民文选》第1卷，第477页。

宗教、领土等问题引发的冲突此起彼伏。发展中国家维护国家的主权、安全和利益的任务更加艰巨。"① 江泽民说："两千多年前，中国先秦思想家孔子就提出了'君子和而不同'的思想。和谐而又不千篇一律，不同而又不相互冲突。和谐以共生共长，不同以相辅相成。和而不同，是社会事物和社会关系发展的一条重要规律，也是人们处世行事应该遵循的准则，是人类各种文明协调发展的真谛。"② 江泽民在党的十六大报告中指出："我们主张顺应历史潮流，维护全人类的共同利益。我们愿与国际社会共同努力，积极促进世界多极化，推动多种力量和谐并存，保持国际社会的稳定；积极促进经济全球化朝着有利于实现共同繁荣的方向发展，趋利避害，使各国特别是发展中国家都从中受益。"③

2. 以胡锦涛为总书记的党的中央领导集体继承了江泽民同志的"国际和谐"理念，发展为"和谐世界"观，建构了先进而强大的具有历史继承性的先进外交文化

胡锦涛主席在联合国成立六十周年首脑会议上提出"协力构建各种文明兼容并蓄的和谐世界"④，从 2006 年 4 月 18～29 日，胡锦涛主席分别对美国、中东和非洲的国家进行访问，他在耶鲁大学的演讲中，全面阐述了"和谐世界"理念⑤，并在随后对沙特阿拉伯王国的访问中，提出了建立和谐世界的三个具体目标⑥。这是以胡锦涛为总书记的党中央推动世界迈向新的发展阶段的

---

① 《江泽民文选》第 3 卷，第 239 页。

② 《江泽民文选》第 3 卷，第 522 页。

③ 《江泽民文选》第 3 卷，第 566 页。

④ 胡锦涛指出："我们应该尊重各国自主选择社会制度和发展道路的权利，相互借鉴而不是刻意排斥，取长补短而不是定于一尊，推动各国根据本国国情实现振兴和发展；应该加强不同文明的对话和交流，在竞争比较中取长补短，在求同存异中共同发展，努力消除相互的疑虑和隔阂，使人类更加和睦，让世界更加丰富多彩；应该以平等开放的精神，维护文明的多样性，促进国际关系民主化，协力构建各种文明兼容并蓄的和谐世界。"《胡锦涛在联合国成立 60 周年首脑会议上的讲话》，《人民日报》2005 年 9 月 16 日。

⑤ 胡锦涛指出："中华文明历来主张善人亲民，讲求和睦相处，中华民族历来爱好和平，中国人在对外关系中始终秉承不执弱、富不辱贫的精神，主张协和万邦。中国人提倡海纳百川有容乃大，主张吸纳百家的优长，兼济八方的精神，坚定不移的走和平发展道路，既通过维护世界和平发展自己，又通过自身的发展来促进世界和平。中国坚持实施互利共赢的对外开放战略，真诚愿意同各国广泛开展合作，真诚愿意兼收并蓄，博采众长，以合作谋和平，以合作求发展，推动建设一个持久和平共同繁荣的和谐世界。"《胡锦涛在美国耶鲁大学的演讲》，http：//www.fmprc.gov.cn/chn/ziliao/wzzt/hjtcf200604/hjtcf200604usa/t248028.htm（中华人民共和国外交部网页）。

⑥ 胡锦涛主席论述的和谐世界的三个目标是："第一，建立和谐世界，必须致力于实现各国和谐共处；第二，建立和谐世界，必须致力于实现全球经济和谐发展；第三，建立和谐世界，必须致力于实现不同文明和谐进步。"《胡锦涛在沙特阿拉伯王国协商会议的演讲》，新华社利雅得 4 月 23 日电。

外交革命宣言书，是战胜超级大国强权政治的强大思想武器，它本身就是遏制霸权主义和强权政治的思想上的"强国"（前面提到过恩格斯的"第六强国"概念）。今天中国提出"和谐世界"这个思想上的"强国"主张，对企图称霸世界的超级大国强权逻辑无疑是最有力的回击。随着中国持续的崛起，中国的这一理念一定会为世界上一切爱好和平的国家和人民所接受，一定会最终取代霸权主义和强权政治的逻辑。

3. 党的第三代中央领导集体的外交斗争与国际斗争思想

江泽民针对国际新格局形成过程中，世界各种矛盾的发展和各种力量的重新分化组合及各种重大战略关系的调整变化及资本主义经济政治发展不平衡的规律继续的作用，敏锐地看到西方国家内部及相互之间的矛盾日趋暴露和上升，内外难题不断增加的事实，提出这种局面"为我们在国际斗争中运筹帷幄、纵横捭阖，创造了许多新的机会。"① 江泽民指出："在处理国际关系和进行国际斗争中，也有个长远利益和眼前利益的关系问题。长远利益和眼前利益，两者兼而得之那当然更好。然而，有时眼前利益和长远利益有矛盾，那我们就毫不犹豫地使眼前利益服从长远利益。"② 江泽民指出："在激烈的国际斗争中始终掌握主动权，就必须继续锲而不舍地加强自身建设。"③ 江泽民特别提醒共产党员要了解中华民族相互融合的悠久历史和勇敢维护民族独立自主的光荣传统，指出"这是我们各级领导干部坚定地维护祖国统一、在涉及我国主权和安全的一些重大问题的国际斗争中牢牢掌握斗争主动权的重要思想条件。"④ 这样，我们在涉藏外交、涉台外交、涉疆外交的斗争中才会有强大的思想和历史知识为基础。江泽民特别强调在今天难得的和平条件下，紧紧扭住经济建设这个中心不放，在各方面把中国的实力发展起来，我们"就能在国际斗争中赢得更大主动权，就能立于不败之地。"⑤ 江泽民在以美国为首的北约用导弹袭击我国驻南斯拉夫联盟共和国大使馆的背景下，再次突出强调告诫国人要有"冷静观察、沉着应付"的思想，指出"邓小平同志全面审视了现阶段国际力量的对比，全面考虑了我们抓紧时间完成现代化建设这个中心任务的要求，也是全面估量了通过集中力量发展生产力和增强综合国力最终在国际

---

① 《江泽民文选》第1卷，第280~281页。
② 《江泽民文选》第1卷，第279页。
③ 《江泽民文选》第1卷，第404~411页。
④ 《江泽民文选》第2卷，第302~303页。
⑤ 《江泽民文选》第2卷，第327页。

斗争中获得更大主动权的需要。"① 江泽民欣慰地表示："我们党有了一大批在新的历史时期、在改革开放和发展社会主义市场经济的社会环境中、在复杂的国际斗争形势下会治党治国的政治家，由这样的政治家来办经济、办文化、办军事、办外交、办现代化建设的各项工作，建设有中国特色社会主义伟大事业就一定能够不断从胜利走向新的胜利。"②

涉台外交是当今中国外交斗争的一个重要方面。江泽民指出："我们同'台独'分裂势力进行了坚决斗争。一九九五年，台湾当局领导人访美，公然在国际社会制造'两个中国'。我们明确指出，要'丢掉幻想，准备斗争'。中央决定对台湾当局、对美国进行针锋相对的政治和外交斗争，包括在台湾海峡及周围海域组织军事演习。"③ "单极和多极的矛盾，称霸和反霸的斗争，将成为二十一世纪相当长一个时期内国际斗争的焦点。"④ 江泽民强调，"当前和今后一个时期，我们要继续坚持邓小平同志提出的冷静观察、沉着应付、绝不当头、有所作为的战略方针，从政治、经济、文化、军事等方面主动布局，纵横捭阖，在错综复杂的国际斗争中，促使国际环境继续朝着有利于我们的方向发展"⑤。西方世界利用宗教颠覆中国的企图日趋明显，江泽民强调指出："宗教常常与现实的国际斗争和冲突相交织，是国际关系和世界政治中的一个重要因素。"⑥ 江泽民指出："在这些年的国际斗争中，敌对势力往往利用宗教问题向我发难。他们加紧利用宗教进行渗透、破坏活动，企图搞垮中国共产党的领导和我国社会主义的国家政权。他们支持达赖集团和'东突'恐怖主义势力进行分裂活动，支持境外一些基督教团体加大对我国搞'福音化'的力度。"⑦ 江泽民告诫我们："我们经历了艰巨复杂的斗争，也积累了对外工作和对外斗争的重要经验。对十五年来我们围绕加入世界贸易组织开展工作取得的经验，要认真总结，从中汲取有益启示，以增强我们在复杂条件下开展对外工作和进行国际斗争的能力。"⑧ 江泽民在中共十五届五中全会上的讲话中，分析中国已实现香港、澳门回归的大好形势而思考解决台湾问题的办法时指出："'台独'分裂势力抛出所谓'两国论'，大肆从事分裂祖国的活动，使台湾问题的

① 《江泽民文选》第 2 卷，第 325 页。
② 《江泽民文选》第 2 卷，第 366 页。
③ 《江泽民文选》第 2 卷，第 366 页。
④ 《江泽民文选》第 3 卷，第 541 页。
⑤ 《江泽民文选》第 3 卷，第 352 页。
⑥ 《江泽民文选》第 3 卷，第 377 页。
⑦ 《江泽民文选》第 3 卷，第 390 页。
⑧ 《江泽民文选》第 3 卷，第 442 ~ 443 页。

解决面临许多新的情况，涉台的政治、经济、军事、外交斗争形势也更加复杂。解决台湾问题，必须考虑复杂的国际背景。我们要善于进行政治斗争和外交工作，同时抓紧进行反'台独'军事斗争准备，以促进台湾问题早日解决。能够和平统一，当然最好，但我们决不承诺放弃使用武力。必须下大气力把一些'杀手锏'武器装备搞上去，推进科技强军，切实做好两手准备。这样，无论发生什么情况，我们都主动。"① 江泽民指出："做好周边工作，是推进社会主义现代化建设、实现中华民族伟大复兴的需要，是扩大对外开放的需要，是确保边陲安宁、维护国内稳定的需要，是完成祖国统一大业的需要，是外交斗争全局的需要。"②

4. 响亮地推出"国际和谐"观

江泽民在美国纽约联合国总部举行的联合国成立五十周年特别纪念会议的讲话中，在回顾战后国际社会在政治、经济、和平方面的进步之后指出，"战后世界并不是一个和谐安宁的世界。东西冷战对峙、南北矛盾加深，地区冲突不断，核军备竞赛轮番升级，世界人民仍然生活在动荡不安和核武器威胁的阴影之中。"③ 为此，江泽民提出："我们要造成自主选择、求同存异的国际和谐局面。……没有多样化，就不成其为世界；没有多样化，也不成其为联合国。不承认、不尊重世界多样性，企图建立清一色的一统天下，是必定要碰壁的。"④ 江泽民指出："两千多年前，中国先秦思想家孔子就提出了'君子和而不同'的思想。和谐而又不千篇一律，不同而又不相互冲突。和谐以共生共长，不同以相辅相成。和而不同，是社会事物和社会关系发展的一条重要规律，也是人们处世行事应该遵循的准则，是人类各种文明协调发展的真谛。"⑤ 在随后不久的中国共产党第十六次全国代表大会的报告中，江泽民在阐述中国一贯的对外政策之后指出："我们主张顺应历史潮流，维护全人类的共同利益。我们愿与国际社会共同努力，积极促进世界多极化，推动多种力量和谐并存，保持国际社会的稳定；积极促进经济全球化朝着有利于实现共同繁荣的方向发展，趋利避害，使各国特别是发展中国家都从中受益。"⑥

这样，党的第三代中央领导集体的外交思想，就从国际斗争、外交斗争、

① 《江泽民文选》第3卷，第124页。
② 《江泽民文选》第3卷，第313页。
③ 《江泽民文选》第1卷，第477页。
④ 《江泽民文选》第1卷，第480页。
⑤ 《江泽民文选》第3卷，第522页。
⑥ 《江泽民文选》第3卷，第566页。

和平与发展演进为国际斗争、外交斗争、和平与发展加和谐世界的理念，形成了马克思主义国际政治的斗争性与同一性的统一，斗争性的目的是为了实现同一性，而为了实现同一性，坚定地、战略与策略地运用斗争性。从而为以胡锦涛为总书记的中央领导集体的更加科学的外交战略与策略的形成打下了坚实的基础。

六 "三个代表"重要思想解决了众多棘手且重大的外交难题

（一）化解了政治风波后西方国家的对华制裁

诚如有学者所指出的，党的第三代中央领导集体的理论创新体现了五大特点：一是继承性，二是实践性，三是求实性，四是全面性，五是人民性。① 这样五大特点所引导的中国外交，是继承了党的第一代中央领导集体、第二代中央领导集体开创的事业基础上的外交，同时是在中国改革开放和现代化建设的实践中产生和发展起来的外交，是建立在对我国社会主义初级阶段基本国情和时代特征深刻认识的基础上的外交，同时也是中国特色社会主义理论中一个有机组成部分的外交，更是集中地表现为国家和民族最高利益的外交。这样一种集中体现了先进生产力、先进文化和最广大人民群众根本利益的外交，面对任何复杂的国际环境，面对任何棘手的外交难题，都能迎刃而解。以江泽民同志为核心的党的第三代中央领导集体，解决了三个方面的重大外交难题，第一，顶住了来自以美国为首的西方国家制裁、分化和西化中国的强大压力；维护了国家的主权和尊严。第二，稳定并提升了中国和周边国家的关系。第三，稳定了中国和西方国家的关系。这三个方面既相互独立又相互联系的重大外交难题，只要有一项没有处理好，中国的外交就将陷入困境，中国实现现代化的良好的国际环境就不可能营造起来。以江泽民同志为核心的第三代领导集体在继承前两代领导集体开创的外交局面的基础上，集中全体中国人民的智慧，成功地突破了上述三大外交难题，为中国的和平发展，为中华民族的伟大复兴创造了更加良好的国际环境。

党的第三代中央领导集体是在 20 世纪 80 年代末到 90 年代初起航的，这个时期正是中国外交最艰难的时期，中国对 1989 年政治风波果断采取措施，这完全是中国的内政，中国政府的行动是完全符合民心的，但是西方国家纷纷宣布制裁中国，各种政治势力也掀起反华狂潮和恶浪。美、日、欧共体和西方

---

① 参见宋海庆《论第三代领导集体的理论创新》，《毛泽东思想研究》2001 年第 3 期，第 91～92 页。

七国首脑会议相继采取不明智的制裁行动，中止与中国高层互访，停止军售和商业性武器出口，推迟国际金融机构向中国提供新的贷款。一时有"黑云压城城欲摧"的味道。在邓小平同志的直接领导下，党的第三代中央领导集体敢于斗争，善于应对，很快打破了西方的种种制裁，遏制了反华浪潮。

当时中美苏大三角关系的效用还在发挥作用，美国担心孤立中国，会使中苏加速靠拢，布什决定派国家安全事务助理斯考克罗夫特将军作为总统特使于1989年7月1日秘密访华，中国向斯考克罗夫特表明中国的内政决不允许任何人加以干涉，不管后果如何，中国都不会让步的坚定立场。此次斯考克罗夫特的访问，使美国认识到中国不怕鬼、不信邪的外交气质，对缓解西方世界对中国的制裁气焰产生了一定的良好效果。以后虽然发生了美苏关系缓和加速，东欧剧变，美国认为中国的地缘政治地位在下降，美国甚至有人主张遏制中国，但美国通过和中国这一轮外交博弈认识到中国强大的外交自信是不可动摇的，双方关系缓解的势头基本保持下来，加之随后发生的1990年夏季伊拉克突然出兵入侵并吞并科威特，中国有利的地缘政治因素又出现，美国意识到它必须与中国打交道和需要中国合作，这就是美国为了获得联合国安理会的授权，用武力把伊拉克军队赶出科威特，没有中国的支持是不可能的。

日本成为中国打破西方制裁的突破口。在对华制裁的西方同盟国中，日本扮演了一个不太情愿的角色，它只是想在立场上和西方保持一致性，所以才同意西方七国首脑会议制裁中国的决议。日本在1990年就恢复了对华第三批日元贷款，随后不久日本外相中山太郎应邀访华，之后中国外长对日本进行了回访。接着日本首相海部俊树来到北京，成为西方对中国实行制裁后第一位访华的西方政府首脑，标志着日本完全解除了对华制裁，中日关系恢复到正常轨道。在海部俊树首相访问中国期间，中国宣布原则上加入《核不扩散条约》。日本政府决定，日本宣布第三批日元贷款实施。1992年4月6~10日，江泽民访问日本，随后不久日本天皇和皇后对中国进行了正式访问。随着中日关系的修复与突破，欧洲共同体对华制裁也开始松动。值得我们注意的是，在西方世界制裁中国的狂潮中，西方世界也并非铁板一块，西班牙是对中国表达友善比较突出的国家，它一直执行中西两国已签约的贷款协议和经济合作项目，保持和中国的政治交往。这里还要特别提到的是广大第三世界国家的声援，它们坚定地站在中国一边。无论是在联合国的多边场合还是在双边交往中，对中国的友好都是一如既往，中国此时还实现了与东盟国家关系的长足发展，继印尼与中国恢复外交关系后，中国与新加坡和文莱都建立了外交关系。

（二）顶住了以美国为首的西方世界的人权外交攻势

马克思主义奠基人对"人权"问题有过深刻的论述。马克思在他的《资本论》中精辟地论述道："劳动力的买和卖是在流通领域或商品交换领域的界限以内进行的，这个领域确实是天赋人权的真正乐园。"① 马克思主义通过研究资本主义生产力与生产关系得出结论，"平等地剥削劳动力，是资本的首要的人权"②。恩格斯在他的《反杜林论》中对资产阶级的人权作过最辛辣的讽刺。他说"被宣布为最主要的人权之一的是资产阶级的所有权"③。恩格斯还对美国虚伪的人权进行了毫不留情地批判。他说，资产阶级的"自由和平等也很自然地被宣布为人权。可以表明这种人权的特殊资产阶级性质的是美国宪法，它最先承认了人权，同时确认了存在于美国的有色人种奴隶制：阶级特权被置于法律保护之外，种族特权被神圣化了。"④ 以美国为首的西方世界对华采取"人权外交"攻势，是它们基于中国是"独裁政权"而它们是"民主国家"的假设，直到今天，"西方民主国家"的价值认同在国际社会上仍然处于上风，而广大第三世界国家和非西方国家仍然处于受西方世界谴责的被动地位，甚至被西方国家的"人权"攻势击倒，近几年所发生的东欧国家的"颜色革命"和现在正在发生的"阿拉伯之春"，我们都不能否认西方国家的"人权"外交攻势确实取得了阶段性的"胜利"，达到了它们有时处心积虑地通过军事侵略手段和经济制裁手段所不能达到的干涉别国内政，甚至颠覆别国政权之险恶目的，正如江泽民同志在美国纽约联合国总部举行的联合国成立五十周年特别纪念会议上的讲话所指出的："有的大国常常打着'民主'、'自由'、'人权'的幌子，侵犯别国主权，干涉别国内政，破坏别国的统一和民族团结，这是当今世界不安宁的一个主要原因。"⑤ 但是我们反观西方国家对华的人权外交攻势，留给西方的是可耻失败的记录。美国从 1976 年起，每年都以世界道德判官的面目出现在发表别国人权报告中，按照中国传统的政治文化，中国应该马上针锋相对，同样搞一个针对美国的人权报告，因为美国才是一个不但严重违反美国人民的人权，同时也严重违反世界人民的人权的国家，但是中国忍了二十多年，直到 2000 年才发表《美国年度人权报告》，其目的一方

---

① 《马克思恩格斯全集》第 23 卷，人民出版社，1972，第 199 页。
② 《马克思恩格斯全集》第 23 卷，第 324 页。
③ 《马克思恩格斯全集》第 20 卷，人民出版社，1971，第 20 页。
④ 《马克思恩格斯全集》第 20 卷，第 116 页。
⑤ 《江泽民文选》第 1 卷，第 479 页。

面是提醒美国政府自己的人权问题和让美国人民看清美国政府是如何对待人权；另一方面揭露美国对华不实指责。中国政府还成功地在联合国人权机构中维护了中国的利益。以美国为首的一些西方国家，从 1990 年开始，就提出所谓的中国人权状况议案，结果是在程序性表决过程中就没有获得通过。美国等西方国家在各种场合无端谴责中国人权状况，就中国的人权"发表声明"，而且一直在联合国提出相关的反华议案。但是美国对中国的人权攻势没有一次成功，美国提出的关于中国人权问题的议案，绝大多数议案都胎死腹中，连程序性表决都没能通过。根据《李鹏外事日记》，日记时间是 2011 年 4 月 19 日，"中国在日内瓦人权会议上第十次胜利，以'不采取行动'方式挫败美国的反华提案，……美国的提案竟无一国联署"，美国还在二〇〇一五月三日落选人权委员会，这对于以"人权卫士"自居的美国，是极大的讽刺，贻笑大方"①。

中国取得西方国家人权外交攻势决定性胜利不是偶然的，不是中国动用了什么外交智谋的结果，而是有中国特色的民主政治制度和中国人民所取得的广泛的民主得到世界上最广大的国家认可的结果。同样，这里还有一个重大的理论问题需要探讨，就是一个声称自己是民主的国家，在世界上大搞霸权主义和强权政治，其本身在国内搞的必然是独裁政治，或者是用漂亮的一些"民主"的外壳包装但实质是独裁的政权，而在国际关系中提倡民主化，实践民主化的国家，其在国内肯定实行的是民主政治，虽然其在国内实行的民主政治可能缺少西方世界那种漂亮的包装，但其实质内容是民主的，是符合民心而不是简单的民意的。恩格斯曾经提到当时德国应该有一个什么样的对外政策时铿锵有力地指出："德国将来自由的程度要看它给予毗邻民族的自由的多少而定"②，其实就是说一个国家要说自己是民主自由的，取决于这个国家对别国是否采取国际关系民主化的政策，否则就根本谈不上什么民主自由的国家。

中国为什么在西方国家人权外交攻势面前不倒？这一方面是中国本身不存在严重的人权问题，相反，中国的人权事业取得了巨大的成就；第二，中国在国际社会采取公正的人权政策；第三，"人权"是一国主权范围内的思想切中了人权问题的本质，中国的这一思想是国际社会那些长期遭受西方国家借别国人权问题实为是别国主权受到侵害的国家所衷心拥护的，是深入人心的。

---

① 李鹏：《和平、发展、合作：李鹏外事日记》，新华出版社，2008，第 276~277 页。
② 《列宁全集》第 60 卷，人民出版社，1990，第 170 页。

党中央历来十分关心残疾人事业，使之成为中国人权事业的重要组成部分。江泽民指出："全国各地的残疾人参与机会在增多，参与范围在扩大，自身素质也在提高，他们的生活状况进一步改善。从这个方面，也有力地表明了我国人权保障的广泛性、公平性、真实性，体现了我国社会主义制度的优越性。"① 中国作为一个发展中国家，处于社会主义初级阶段和世界人口最多的国家，这一状况决定生存权和发展权是中国最迫切、最重要的人权，这是中国人权问题上最主要的矛盾和问题，而不首先解决温饱问题上的民主和人权，其他一切权利都只能是纸上谈兵。而以江泽民为核心的党的第三代中央领导集体紧紧地抓住这一主要矛盾，一心一意发展经济，中国的总体外交也是通过营造良好的国际环境服务于经济建设这个中心，才取得了巨大的历史性的成就，正如江泽民同志所指出的："近二十年来，中国的贫困人口减少了近两亿，为人民更好地享有各项权利创造了必要的物质条件。"② 新中国的各项建设，如果说在不同时期有不同时期的经济社会发展指标，经济社会发展水平也因不同的阶段有高低之分和不同的变化，但有一个根本的指导思想是不变的，那就是始终把人民的生存权和发展权作为一切工作的出发点，所以中央对老少边穷地区的扶贫开发工作一直是非常重视的。"根据有关国际组织提供的数据，从 1990 年到 2007 年，中国减少占全球比重超过 70% 的贫困人口数量，是第一个提前实现联合国千年发展目标中贫困人口比例减半任务的国家，中国扶贫开发取得的成就，加速了全球减贫的进程。"③ 世界银行 2008 年公布的数据表明，过去 25 年全球脱贫事业成就的 67% 来自中国。中国扶贫开发取得的成就，为全球反贫困事业作出了积极贡献。江泽民指出："组织扶贫开发，解决几亿人的温饱问题，说明我们党和国家高度重视推进中国人民的人权事业，为保障人民的生存权和发展权这一最基本、最重要的人权，进行了锲而不舍的努力。扶贫开发取得的成就，不仅是对世界人权事业的重要贡献，也为我们开展国际人权斗争、反对西方反华势力干涉我国内政创造了有利条件。"④

人权问题本质上属于一国内政的范畴，在当今以主权国家为行为体的国际社会，人权的体现都是经过主权国家所表达出来的，没有祖国的人就根本没有人权可言，超越国家主权去对别国的人权指手画脚，除了图谋破坏别国的主权

---

① 《江泽民文选》第 1 卷，第 648 页。
② 《江泽民文选》第 2 卷，第 51 页。
③ 转引韩启德《30 年辉煌，历史新起点》，《民主与科学》2008 年第 6 期，第 2 页。
④ 《江泽民文选》第 3 卷，第 248 页。

并伺机图谋践踏别国的人权外而决无什么真正善良的意图。霸权主义和强权政治者经常打着"人道主义"的牌子，甚至挟联合国以令"诸侯"，对别国大打出手，使中国努力推动的"和平与发展"的世界主题一再出现倒退的危机。正如江泽民同志指出的，"只要世界上还存在不同的国家，只要我们这个星球上的人民还生活在不同的国度里，人权问题就始终属于一个国家的内部事务。任何一个国家的人权事业，不管这个国家是大是小、是强是弱，都应由本国政府依靠自己的人民自主去解决"①。

江泽民强调："国际反华势力企图在一些国际组织和国际场合纠集力量同我们进行较量，并以'人权'、'民主'、'宗教'等为借口，插手台湾、达赖等问题，干涉我国内政。美国加紧发展高技术武器装备，发展战区导弹防御系统，强化区域军事合作，售台先进武器装备，目的是为其谋取全球霸权提供军事后盾。国际敌对势力企图西化、分化我国的政治本质绝不会改变，我们同国际敌对势力在渗透和反渗透、遏制和反遏制、分裂和反分裂、颠覆和反颠覆上的斗争，也将是长期的、复杂的，有时甚至是很尖锐的。"②

中国在坚持人权问题是一国内政的同时，并不排斥在人权问题上的对话。因为人权事业，本质上也是一国文明的表现，是一国政治发展和政治文化的一部分。一国如何发展自己的人权事业，怎样发展，可以借鉴别国一些行之有效的经验。通过人权对话可以增进别国对中国人权事业成就的理解和了解。江泽民在联合国千年首脑会议的讲话中指出："世界是丰富多彩的。如同宇宙间不能只有一种色彩一样，世界上也不能只有一种文明、一种社会制度、一种发展模式、一种价值观念。各个国家、各个民族都为人类文明的发展作出了贡献。应充分尊重不同民族、不同宗教、不同文明的多样性。世界发展的活力恰恰在于这种多样性的共存。应本着平等、民主的精神，推动各种文明相互交流、相互借鉴，以求共同进步"。从江泽民同志的论述中我们可以认识到，建立在平等和相互尊重主权基础上的人权对话，能够达到文明的互补和相互人权事业水平的提高，产生一个相对比较和谐的世界。但是对于这种以人权为切入点的文明对话，我们必须持谨慎的态度，因为西方今天的文明虽然继承了古希腊和古罗马文明的一部分成果，但是并没有把古希腊和古罗马文明中繁荣和多元的文明精华继承下来，而只是非常偏执地对基督教单一文明的超级崇拜。这种超级

---

① 《江泽民文选》第2卷，第52页。
② 《江泽民文选》第3卷，第8页。

崇拜曾经使欧洲文明几乎被西方世界的祖先打入石器时代一千多年，西方世界对文明的破坏的这种巨大的历史惯性，也同样在当今的时代，有把世界的其他文明想打入石器时代的险恶意图。所以从这样的认识上看，中国一方面要坚持和西方国家进行人权对话，但同时不能指望人权对话会产生突破性的进展，西方国家所想要达到的目的，就是要用它们的带有严重缺陷的文明取代经过历史长河考验而从未中断过的中华文明，并严重破坏中国的主权。好在今天的中国不但是主权独立的中国，也正是因为中国主权完整地在中国共产党的领导下得以确保，中国人的人权得以前所未有地受到保护，江泽民同志讲，"没有主权，也就谈不上人权。"① 江泽民同志还指出："今天中国所焕发出的巨大活力，是中国人民拥有广泛自由、民主的生动写照。历史和现实都告诉我们，国家主权是一国人民充分享受人权的前提和保障。这两者不是相互对立的，而是相辅相成的。"②

2008 年中国在成功地举办北京奥运会的同时，西方世界爆发了金融危机，这一危机使西方国家的经济影响力大为下降，而中国成功地规避了这场危机的严重拖累和影响，中国的总体实力继续上升，西方国家以"题内损失题外补"的心态，在政治上遏制中国的力度再次强化，他们利用人权干涉中国内政的力度明显增大，一个明显例子是诺贝尔和平奖授予达赖这件事情本身，就可以看出西方国家企图用"西化"手段的企图已经达到了何等的疯狂程度。当然，西方国家在觉醒的中国人民面前是不可能有所作为的，只要我们牢牢把握邓小平理论和"三个代表"重要思想关于人权问题的理论，任何对中国的"西化"伎俩都是达不到其罪恶目的的。

（三）周边外交取得重大突破

1. 中国与印度尼西亚复交

20 世纪 80 年代末 90 年代初，发生了苏联解体和东欧剧变。党的第三代中央领导集体按照邓小平冷静观察、稳住阵脚、沉着应付、韬光养晦、有所作为的策略思想，成功地应对苏东事件对中国的波及性影响，当然这也是党的第三代中央领导集体受惠于前两代领导集体长期坚持独立自主的和平外交政策所产生的必然结果。和苏东的情况相反的是，中国在这一时期，外交局面有了很大的拓展，一些长期困扰中国的周边外交难题得以突破，正如江泽民所指出

---

① 《江泽民文选》第 3 卷，第 110～111 页。
② 《江泽民文选》第 3 卷，第 114 页。

的，"与世界其他地区相比，亚太地区形势保持了相对稳定，各国的经济联系和合作日趋紧密，原有的热点问题已经或正在实现政治解决。我国周边安全环境不断得到改善，同周边国家的睦邻友好关系处于建国以来最好的时期"①。李鹏同志也指出："我们不以意识形态划线，按照和平共处五项原则，与苏联解体后新成立的国家以及东欧国家建立和保持了正常的国家关系。这一时期也是我国外交战线的'丰收期'。中国与印尼复交，与新加坡、沙特、韩国和以色列建交，同越南实现了关系正常化，开创了我国同周边国家睦邻友好关系的新局面。这无疑对我国国家安全和现代化建设具有十分重要的意义。"②

　　这些重大的外交难题的解决，为"三个代表"重要思想的形成，提供了新的实践来源和认识基础。因为中国周边国家特别是东南亚地区和中国关系的稳定，对中国以经济建设为中心、以造福全体中国人民为根本目标的改革开放的路线营造了良好的周边环境，在解决周边外交的难题中，生活在东南亚的华人的命运和地位有了很大的改善，他们当中的很大一部分人，不但在安全感方面，在众多的经济和文化利益方面，在联系其所生活的国家与祖国关系方面，都产生了积极的效应。……这些外交举措，直接和间接地服务于最普通的老百姓。国人感到，作为执政党的中国共产党领导的国家的外交政策，所表达的确实就是人民大众的利益，所直接服务的对象也是人民大众。而且随着中国国力的增强，中国表达人民利益的外交政策可以比较充分地落到实处了。这和在美苏对抗的冷战时代的情况是根本不同的。比如，在 20 世纪 50 年代，中国政府欲在两极格局中找到某种突破口——和东南亚国家建立全面和正常的关系，但是由于美国和苏联对中国的双重遏制，中国和东南亚国家的关系总体上是比较被动的，此时大部分国家和中国没有建立外交关系，即使已经建立了外交关系的国家，除了和越南、缅甸等几个国家的关系比较稳定外，和印度尼西亚的关系就相当不稳定。中国政府所最为关注的中国与印度尼西亚的核心问题，就是中国在印尼的华侨的生存与安全的保障问题，中国政府对印尼的最基本的要求就是中国的华侨在印尼的基本权利应该得到保障，但是，当时的印尼政府由于受到霸权主义和强权政治在其中的挑拨和利用，作出令中国无法接受的举动——排华，因此对中国与印尼的关系产生了严重消极的影响。

　　新中国的外交有一个从不成熟到逐步成熟的过程，从相对不科学到相对科

---

① 《江泽民文选》第 1 卷，第 279 页。
② 李鹏：《和平、发展、合作：李鹏外事日记》，前言。

学的发展阶段，明显的标志就是中国和印度共同发起的和平共处五项原则使中国外交步入科学发展的阶段。中国在和印尼打交道时，采取的政策基本上是按照这一原则来办事的，比如 20 世纪 50 年代到 60 年代中期，印尼共产党相当活跃，中国在党际关系上对印尼共产党的支持也是严格限制在道义上，印尼后来所发生 1965 年的"9·30"事件①，根本不存在中国参与其中的问题，但后来的印尼政权因该事件而和中国断交，只能说明第三世界国家的团结和联合确实并非易事，不可能一蹴而就，新中国外交也不可能一天就把霸权主义和强权政治埋藏，曲折是难免的，有时也是无可奈何的。有些第三世界国家得到帝国主义国家的一点好处，就可能牺牲他根本的国家利益，这些国家往往才独立不久，有关如何治理自己国家的经验也不足，比如印尼，中国的华侨其实已是它们的国民的一部分，而且是它们建设国家的最宝贵的资产，但在当时它们的历史经验中还不会明白这一点，倒是西方学者的研究，道出了当时美国真正的意图："从 1957 年起，印度尼西亚在国际事务中开始出现同共产党集团结盟的倾向。那时美英两国遭到谴责，说它们在 1949 年以前就已支持荷兰殖民主义，并且实行一种地区霸权主义，破坏印度尼西亚实现领导权的愿望。美国海陆空基地遍布西太平洋地区，如同英国在新加坡、马来西亚和北婆罗洲驻军一样，都遭到雅加达反对。但是美国还是向印度尼西亚提供宝贵的经济援助，而且只要印度尼西亚同中国在关于华人的权利与地位问题上保持紧张关系，美英两国势力的存在也并不是完全不受欢迎的。"② 当时的印尼就像一个头脑简单的壮实孩子，有人一挑拨，说什么人对你如何如何不义，这个孩子不分青红皂白，马上就大打出手。最后发生亲者痛，仇者快的人间悲剧。诚如美国学者描述的："1957～1960 年间，雅加达同中国的关系一直紧张。印度尼西亚的敌意起先是针对支持国民党的华人，其主要原因是怀疑同美国结盟的蒋政权支持外岛叛乱分子。但是雅加达政府和军队终于开始折磨所有的华人，不管他们是否效忠，它们取缔一切华人组织，禁止华人在农村做生意，封闭所有华人学校。1957 年，北京对这样虐待华人提出抗议后，双方举行了多次激烈争执的谈判。

---

① 所谓"9·30"事件是指 1965 年 9 月 30 日，以印尼总统警卫部队第三营营长翁东中校为首的一批军官，逮捕和打死包括陆军司令在内的六名将领。印尼陆军几名将军立即采取反制措施，挫败了翁东中校等的行动。印尼随即开始严厉镇压和清除印尼共产党和亲苏加诺总统的政治势力。中国对"9·30"事件事前一无所知，事后在相当长的一段时间内，也未对印尼政局表态，但印尼军方从一开始就指责中国策划和支持了"9·30"政变，干涉了印尼内政，并发展到派军队搜查中国大使馆商务处。到了 1967 年，两国关系进一步恶化，直至当年 10 月 30 日，两国外交关系中断（此注内容参见《外交十记》）。
② 〔美〕约翰·卡迪：《战后东南亚史》，姚楠等译，上海译文出版社，1984，第 254 页。

结果在 1960 年批准了关于双重国籍的条约，要求所有华人入印尼籍，放弃中国国籍并从而失掉了北京的保护。"① 美国学者所说的最后一句话，正好和中国的意图和客观效果完全相反，华人放弃中国国籍恰好是使印尼和中国关系建立在彼此更加信任基础上，从而达到保护华人的目的，周恩来指出，"选择中华人民共和国国籍的，属于中国的侨民。他们要尊重所在国的法律，不参加所在国的政治活动，保持一个华侨的地位。这样，便于我们华侨同所在国人民友好相处"，"愿意选择印度尼西亚国籍的，我们赞助他；愿意选择中华人民共和国国籍的，我们欢迎他"②。

中国和印尼的复交，极大地改善了中国与整个东南亚国家的关系，东南亚各国均欢迎中国的这一外交难题的突破，他们纷纷发表声明支持中国和印尼实现两国关系正常化。中国和印度尼西亚关系的恢复，产生了良好的带动效应，表明中国外交懂得什么是重点，如何通过突破重点而带动其他问题的解决。在同印尼恢复外交关系的推动下，中国于 1990 年 10 月和 1991 年 9 月，先后同新加坡和文莱建立了外交关系。这样，中国实现了同东盟成员国全部建立外交关系。

印度尼西亚和中国的复交是中国打开周边外交新局面的一个很重要的环节，正如钱其琛所指出的："印尼是东盟国家的老大，在东盟国家中具有举足轻重的地位，争取早日同印尼复交，不仅可带动另外两个东盟国家新加坡和文莱同中国建交，有利于进一步打开我们同东盟国家的关系，还可以有效遏制台湾当局竭力推行的'弹性外交'，打破西方国家对中国的制裁。"③

中国与印度尼西亚关系的突破，核心的动力是来自对人民利益的关怀。在中国和印尼的复交谈判过程中，当时中国的首席外交官钱其琛同志指出："中、印尼同属亚洲大国，中国有 11 亿人口，印尼有 1.7 亿人口。我们两国都面临建设自己的国家和提高人民生活的任务，都需要有一个和平的国际环境。我们两个大国，若能集中精力搞好国内建设，并一同致力于和平，那将是本地区和平与稳定的重要因素。"④

2. 中韩关系取得突破

从国际上看，1972 年朝鲜和韩国双方发表促进国家统一的联合声明，这是朝鲜半岛关系缓和的重要信号。到 20 世纪 80 年代初，国际上已有近百个国

---

① 〔美〕约翰·卡迪:《战后东南亚史》，第 254～255 页。
② 《周恩来外交文选》，第 138 页。
③ 钱其琛:《外交十记》，世界知识出版社，2003，第 128 页。
④ 钱其琛:《外交十记》，第 121 页。

家同时与朝鲜和韩国建交。朝鲜半岛内部也由敌对向接触发展，双方举行了高级别会谈。

从我们国内看，正如钱其琛同志指出的："党的十一届三中全会后，全国工作中心转移到经济建设上来了，改革开放随之起步。在此情况下，如何积极开展对外活动，最大限度拓展国际交流空间，为现代化建设创造良好的外部环境，已成为外交工作面临的迫切问题。正是在这个背景下，进一步缓和朝鲜半岛的紧张局势，促进南北两方和谈，松动与近邻韩国的关系，就提上了议事日程。"[1]

1992 年 8 月 24 日，中国与韩国正式签署了《中韩建交公报》，建立外交关系。这不但是中国周边外交的重大突破，也是中国外交意识的一次革命。其中的一个最大的难点是，中国如何转变自身长期坚持的对朝鲜的在新形势下已经难以为继的外交承诺和如何说服朝鲜接受中韩发展正常关系的事实。如果因中韩建交而使朝鲜的利益受到重大损失，致使中朝关系恶化，这样的建交也是得不偿失的。

为此，中国首先是推动朝鲜和韩国同时加入联合国。1991 年 9 月 17 日，联合国大会通过决议，朝鲜和韩国同时加入联合国，成为正式会员国。这样，保障了朝鲜最大限度地在国际上不受美国等西方国家的孤立与遏制，同时也为中韩建立正常外交关系营造良好气氛。第二，中韩建交也是在中国耐心反复地做朝鲜工作并在朝鲜充分理解基础上达成的。第三，中韩建交使中国得以发挥朝韩两国人民扩大交流、加深相互理解，最后走向统一的桥梁作用。第四，中韩建交也有力地打击了"台独"分裂势力，为中国的和平统一进程发挥了积极的影响，同时也为朝鲜半岛的和平统一营造了良好的国际环境。第五，中韩建交使中国和韩国的经济文化交流得以深入发展，使两国人民的经济和文化利益得以充分体现。

今天 21 世纪已经过去十多个年头，朝鲜半岛的形势虽有反复，但总的来说是比较稳定的。在一个还没有实现民族和解，冷战结构依然存在的地方能够基本保持相对安定的局面，证明中国实现和韩国关系正常化的决策是很有远见的，是"三个代表"重要思想在外交政策上的具体的体现，是完全正确的。

3. 成功应对亚洲金融危机

从 1997 年 7 月开始，金融危机几乎波及整个亚洲。面对这场危机，中国

---

[1] 钱其琛：《外交十记》，第 121 页。

政府冷静分析形势，有针对性地采取了一系列重要措施。中国经济社会发展的良好局面得以继续保持，中国人民的生产和生活没有受到大的波及和影响。与此同时，中国作为负责任的国家，采取人民币不贬值的政策，同时对泰国提供大笔资金救市，为东亚的金融稳定作出了贡献。江泽民在中共十五届二中全会上讲话中指出，"这场金融危机，由于发生在同我国有着密切经济联系的一些周边国家，难免会对我们产生一些影响。我国的出口、利用外资等，都会不同程度地受到影响。我们宣布保持人民币汇率稳定，国际社会都很欢迎，但这是要付出艰苦努力和一定代价的"①。中国在保持人民币不贬值的同时，向泰国注入 20 亿美元的援助资金，体现了中国作为一个负责任的大国的形象，当然，也对中国的国家利益带来一些积极的影响，对遏制国际炒家，使香港地区不受金融危机太多冲击，也产生了一些积极的影响。虽然总体上中泰关系是良好的，但是中泰毕竟是邻国，历史上还存在一些复杂的负面影响，比如中国政府成立傣族自治州，泰国就很紧张，曾经认为这是中国建立的准备侵略泰国的基地和前哨。周恩来就提到，"我们的邻邦泰国和菲律宾对中国存在着恐惧。对我们不了解的人，我们是容许他怀疑的。在这次同泰国和菲律宾的代表接触中，我向他们保证，中国决不向他们的国家进行任何侵略和威胁。我并告诉旺亲王，在中泰两国建交以前，泰国也可以派代表团到中国的云南省来看看，特别是到傣族自治州去，看看中国有无向外侵略的意图。"② 在中泰建交前一天的 1975 年 6 月 30 日，周恩来在同泰国总理巴莫的谈话中庄严地表示："毛主席说，将来如果中国的下一代称霸，全世界人民就应该群起而攻之，一起来推翻它。"③ 几十年来，中国用行动证明中国是真正爱好和平、不搞霸权的国家，今天中泰关系不但早就实现了关系正常化，而且两国关系已取得长足的发展，但是我们很难说今天泰国对中国的一些担心的历史记忆就完全消除了，此次中国对泰国金融援助，直接的好处是使泰国认识到，在它最艰难的时候，是中国伸出了援助之手，这对推进中泰关系，使中泰边境的两国人民建立更加牢固的相互信任关系，促进两国人民的经济和文化等方面的交流与合作，无疑产生了非常积极的作用。1998 年 8 月 28 日，江泽民指出："亚洲金融危机发生后，东盟对我国发挥的积极作用是肯定和赞扬的。"④

以上三个案例当然不能全面概括党的第三代中央领导集体以"三个代表"

---

① 《江泽民文选》第 2 卷，第 100 页。
② 《周恩来外交文选》，第 131 页。
③ 《周恩来外交文选》，第 503 页。
④ 《江泽民文选》第 2 卷，第 205 页。

重要思想为指导，引导中国外交对重大周边外交难题的解决上所取得的成功。这三个案例仅仅只是众多成功的中国外交的一小部分。随着中华民族的伟大复兴的到来，中国所面临的国际环境特别是周边环境越来越复杂，周边国家对中国的怀疑和利益冲突也会持续地增加，中国和周边国家陆地上的问题还大量存在着，海洋上的利益博弈也十分突出，解决的办法就是要以党的第三代中央领导集体发展起来的新时期外交思想和外交方针为指导，结合新的历史条件下的新形势和新局面，进行新的外交工作和外交实践。我们认为，今后中国周边外交的成功，只有坚持"三个代表"重要思想的外交方针和科学发展观中的外交新思维，才能继续向前迈进。江泽民指出："亚洲地区有殖民时期遗留下来的祸根，有民族、宗教纷争的背景，有经济社会发展水平的差异，有领土、领海和海洋权益争端，存在着外部势力从中操纵利用的图谋，突发事件时有发生。可以说，周边形势错综复杂。我们要继续坚持既定的战略策略方针，增强做好周边工作的紧迫感和针对性，进一步明确指导思想。"① 正如江泽民所指出的："对周边国家，我们要按照稳定周边的方针，多做工作，消除疑虑，促进睦邻友好；妥善处理涉外事务，力争以和平协商方式逐步解决某些争端；对一时难以解决的问题，要在稳定现状的前提下，积极创造条件逐步加以解决，不能急于求成。"② 只要我们坚持睦邻友好，坚持和平共处五项原则，坚持和平解决争端，妥善处理同周边少数国家间存在的历史遗留问题，坚持政经结合，努力深化同周边国家的关系，充分调动我国丰富的外交资源，多渠道、多层次、多领域地开展对周边国家的工作，同时把双边与多边外交密切结合起来，中国的周边外交工作就能够取得更大的成功。

4. 奥运外交取得成功

江泽民指出："办好二〇〇八年奥运会，不仅关系到我们对国际社会的承诺，也关系到祖国的荣誉。"③ "对国际社会的承诺" 就是要办出一届高水平的令世界人民满意的奥运会，"祖国的荣誉" 就是如何借北京奥运会展示好中国国际形象。北京奥运会应该说是圆满地达到这两大目标。为了实现这一目标，一方面中国争取到了广泛的国际支持，但另一方面，中国也展开了卓有成效的国际斗争和外交斗争。

如果从传统意义上理解外交，中国申奥确实不能算作是外交活动，但是从

---

① 《江泽民文选》第 2 卷，第 315 页。
② 《江泽民文选》第 1 卷，第 289 页。
③ 《江泽民文选》第 3 卷，第 498 页。

总体外交和大外交的角度来看，中国申奥的历程，确实是实实在在意义上的外交，是大外交，是体现全民族意志的外交。奥运会是全世界的体育盛会，可以说是体育世界先进文化的代表，但是它充满了西方世界意识形态的纠缠，冷战后中国作为蒸蒸日上、欣欣向荣的社会主义大国，一方面得到世界上一切爱好和平的国家和人民的喝彩，但另一方面也受到来自敌视中国的势力的抵制，这表现在中国申请举办奥运会等问题上。就在北京奥运会即将举办前的日子里，国际反华势力大有要使北京奥运会夭折的意思，说什么因为北京支持"搞种族灭绝的苏丹喀土穆政权"，所以北京奥运会将是一个"种族灭绝的奥运会"①。反华分子呼吁国际社会抵制北京奥运会②，借口所谓中国的"人权"、西藏问题而抵制北京奥运会的反华恶浪在北京奥运会的全球火炬传递之际达到了高潮，面对这样的形势，中国政府从世界人民的根本利益出发，采取了有利、有礼、有节的斗争，化解了一次又一次反华势力欲图破坏北京奥运会的图谋。其中一个突出案例是，中国在西方社会的"压力"下，对苏丹喀土穆政权所谓的"种族灭绝问题"提出警告，对此西方世界表示"很满意"，以为从此以后中国对外政策的核心原则会"变"。中国对自己长期坚持的"不干涉内政"原则作了临时的变通性调整，以化解反华恶浪对中国北京举办奥运会带来的障碍。因为北京奥运会是世界人民的奥运会，中国不能因为国际上有几个跳梁小丑出来反对就把它搞砸了，那些西方世界的反华分子不是要中国去干涉一下苏丹喀土穆政权的内政吗？那么好，据美国媒体的报道，"中国政府促使苏丹喀土穆政权同意非统（African Union）的军队和联合国维和部队进入达尔福尔地区"③，中国从确保北京奥运会能够顺利举办的更大的"仁"和"义"出发，破解反华分子破坏北京奥运会的图谋，中国临时性地牺牲一下自身的对外政策之"经"的不干涉内政原则而临时"权变"为干涉一下别国的"内政"，这只能说是中国对外政策高度的原则性和特定情况下的灵活性的体现，是为更大的"经"的世界人民和中国人民企盼已久的北京奥运会不要使人失望收场。从北京奥运会的整个开始到胜利结束，中国的外交斗争确实达到了经权达变的艺术般的境界。

北京奥运会的成功举办可以说是两次外交斗争的结果。第一次是 1993 年

---

① Ronan Farrow and Mia Farrow, "The 'Genocide Olympics'", *Wall Street Journal*, Mar. 28, 2007, p. A. 17.

② "Olympic Clash", *Financial Times*, London (UK), May 19, 2007, p. 7.

③ Danna Harman, "How China's Support of Sudan Shields a Regime Called 'Genocidal'", *The Christian Science Monitor*, the June 26, 2007.

9 月向国际奥委会申办 2000 年奥运会。在正式提交申请前，就已出现申办对手联手攻击北京的情况。1992 年 2 月和 4 月柏林奥申委负责人先后两次将北京的申办同 1989 年政治风波相联系。悉尼的申办负责人麦克吉奥也恶意攻击北京，发动澳大利亚舆论攻击中国的所谓"人权"问题。美国是反对北京第一次申办奥运会的急先锋，它此次没有申办城市，却以人权卫士自居，极力阻止中国的申奥。1993 年 6 月 10 日，美国众议院外委会人权小组委员会通过决议案，反对在北京或在中国的其他地方举办 2000 年奥运会，要求国际奥委会的美国委员投票反对北京申奥。6 月 24 日，萨马兰奇在瑞士发表谈话说，美国应该尊重国际奥委会的独立性，并放弃其发动的反对北京申办奥运会的运动。美国一参议员加入了反对北京申办奥运会的行列，写信给萨马兰奇"强烈反对在北京政府否认其公民的基本人权的时候让北京举办奥运会"。美国众议院通过决议，"强烈反对让北京举办 2000 年奥运会，要求美国奥委会委员投票时投北京的反对票"①。最后是 45 票对 43 票，仅仅两票之差，奥运会与中国失之交臂。从第一次北京申奥的外交斗争中我们体会到，虽然以美国为首的西方世界极力地反对中国的城市申办奥运会，但是我们还是可以看出，中国举办奥运会的群众基础是好的，中国人只要坚持下去，再次申请，总结经验，就一定会取得最后的胜利。

申奥成功给北京和全国各族人民带来了无比的喜悦，中国亿万人民度过了一个不眠之夜。在精神上给中国人带来了无限的鼓舞、无穷的力量；在物质力量的增长上，全国很多地方都在借北京奥运会做足了自身经济社会发展的大文章。

随着改革开放不断深入人心，社会稳定、人民富强、中国的国际地位日益上升，社会主义中国如巨人般屹立于世界东方，得到国际社会的广泛理解、同情和支持，达成了北京成功申办奥运会的目标，并最终使以绿色奥运、科技奥运、人文奥运为主旨的北京奥运会取得了巨大的成功。

5. 中国成功加入世界贸易组织

中国曾是 WTO 前身关贸总协定的缔约方，但代表中国的是国民党政府，溃逃到台湾的蒋介石集团最终退出了关贸总协定。自 1986 年 7 月 10 日起，中国政府正式向关贸总协定提出了关于恢复中国创始缔约方地位的申请，从此拉开中国"复关"的序幕，长达十五年的"复关"、"入世"之路历尽磨难。

①　何振梁：《中国申办 2000 年奥运会的前前后后》，《武汉文史资料》2008 年第 8 期，第 15 ~ 21 页。

1994 年在日内瓦谈判中，由于主要缔约方美国、欧盟等国家无意让中国进入，使中国"复关"的努力再次失败，之后，中国"复关"谈判转为"入世"谈判。1999 年 9 月 15 日，中美经过几番激烈争斗之后，终于达成关于中国加入世界贸易组织的双边协议，随后在 2001 年 11 月 10 日，世贸组织在多哈会议上，终于以协商一致的方式，批准中国"入世"申请。2001 年 12 月 11 日，中国成为世贸组织第 143 个正式成员。

中国加入 WTO，是党的第二代中央领导集体的重大经济外交成就，中国成为世贸组织的一员，有利于在政治上树立中国为守规则、负责任的大国形象，消除国际社会对中国的疑虑，从而为中国的经济发展创造良好的外部环境，使中国取得在多边贸易体制中的发言权，最大限度地谋取正当的国家利益。在中国加入WTO 之前，中国的国际经济环境是恶劣的，以中美经济关系为例，美国经常利用中国不是 WTO 成员的这一被动地位，以一年一审的方式，在最惠国待遇问题上反复摆弄中国，使最惠国待遇问题成为美国对华政策上可以打的一张有力的外交牌。① 我们从美国前总统克林顿的回忆录《我的生活》中可以了解到美国是怎样地利用最惠国待遇问题摆弄中国的，这是美国在 1994 年发生的事情，克林顿在回忆录中说："到了 5 月底，我不得不决定是否给予中国贸易最惠国待遇。贸易最惠国待遇实际上是一种有点令人误解的说法，指的是没有额外关税或是其他壁垒的正常贸易关系。美国对中国已经有了不小的贸易赤字，随着美国每年购买中国 35% 到 40% 的出口商品，这一赤字在以后几年里还将持续上升。1989 年政治风波之后，美国高阶层的政治人物都觉得，布什政府与中国重新建立外交关系太快了。在竞选期间，我曾批评布什政府的政策，并于1993 年发布行政命令，宣布在给中国贸易最惠国待遇之前，中国必须在移民、人权和监狱里的强制劳动等方面取得进步。5 月，沃伦·克里斯托弗交给我一份报告，显示所有的移民案件都解决了；我们与中国就如何处理监狱强制劳动问题签署了谅解备忘录；中国还第一次答应将遵守《世界人权宣言》。另一方面，克里斯托弗也说，中国对异见者仍有侵权行为，对西藏传

---

① 中美之间规定最惠国待遇的协议是 1979 年 7 月 7 日在北京签订、1980 年 2 月 1 日生效的《中华人民共和国和美利坚合众国贸易关系协定》。协定的主要内容是关于最惠国待遇的规定。此外协定还对协定的效力做了规定。协定的有效期为 3 年，缔约任何一方如未在有效期满前至少 30 天将终止本协定的意愿通知对方，则本协定延长 3 年，此后仍可依此方法延长。中国在加入 WTO 前，最惠国待遇需要按双边或多边条约规定，所以就有围绕这个问题的谈判，这成为美国外交手段中的砝码。中美是在 1999～2000 年美国通过给予中国永久性正常贸易关系即PNTR 最惠国待遇每年一审随即取消。在 2001 年 11 月中国加入 WTO 后，所有 WTO 加盟国都要按条约给予其他加盟国最惠国待遇。

统仍有所压抑。中国对其他国家'干涉'其政治事务极为敏感。中国领导人还觉得，随着经济的现代化，以及伴随而来的人口从内陆省份向经济快速发展的沿海城市的大量转移，他们会尽力处理所有这些变化。因为我们的接触产生了一些积极的效果，因此我决定给予中国贸易最惠国待遇，而且将来把我们在人权方面的努力与贸易脱钩。这一决定得到了我外交政策小组的一致支持。更多的贸易和接触将给中国人带来更多的繁荣，更多与外部世界接触的机会，更多在诸如朝鲜等问题上的合作（在这个问题上，我们需要中国的合作），让他们更好地遵守国际规则。而且我们希望，贸易和接触将推动中国的个人自由和人权。"①

中国加入世界贸易组织，不但可以使中国较为彻底地融入西方主导的世界经济体系，争取到更多的国际经济话语权，同时，也自然使西方国家利用中国欲加入"世界经济大家庭"的急切愿望打外交牌的力度得到一定的遏制。1999 年 4 月 6~14 日，国务院总理朱镕基对美国进行正式访问。这是中国总理 15 年来首次访美，本次访美主要是冲着和美国达成 WTO 协议而来的，但是正如克林顿在他的回忆录中所披露的，中美达成中国入世协议的过程是极其困难的，由于来自美国国会的压力和美国新闻媒体对所谓中国间谍事件的炒作等涉及中美关系的复杂问题在此时大爆发，美国政府没有勇气完成和中国的协议。克林顿回忆录说："不幸的是，有消息传言我们已经达成协议，所以当协议最终没有达成时，朱总理因为做出让步而受到伤害，我也因为在反对势力的压力下拒绝一个好的协议而受到批评。这一情况因媒体中出现的大量反华内容而变得更糟。关于中国政府在 1996 年美国大选时提供政治献金的传言还没有解决，新墨西哥州洛斯阿拉莫斯国家实验室的美籍华人李文和又被指控将敏感技术泄露给中国。我们都希望中国今年能够加入世贸组织，但现在看起来难度会更大。"②

美国政府在中国入世问题上的犹豫不决决不会换取中国无原则妥协退让。但是，应该看到，中国入世不但是对中国外交的一大考验，在内政上也是一大考验，国际上的反对声音自不待言，就是中国国内，也有一些人对中央政府的入世举措表达强烈的不满。1999 年 4 月 13 日，朱镕基总理在纽约经济俱乐部晚宴上回答美国商务部前部长霍伯特·弗兰克林因中美未能达成中国入世协议时所提的"你认为在这个问题上中国国内会有什么样的政治条件或困难？"的问

① Bill Clinton, *My Life*, Alfred A. Knopf New York Press, 2004, p. 598.
② Bill Clinton, *My Life*, pp. 852 – 853.

题时，朱镕基回答："我非常高兴你提出这个问题。我确实会在中国遇到困难。因此，我在这里跟诸位讲我们做了最大的让步，但是香港的报纸说，我到美国来就是给克林顿总统送大礼的。我说你们千万不要再讲了，再讲下去对克林顿总统很不利，这会被说成是 political contribution（政治捐献）。但是老实说，我们确实是做了让步，而且是相当大的让步。是不是我们非要加入 WTO，没有 WTO 我们就活不下去呢？不是这样的。我们谈判了 13 年，在这 13 年中间，中国不但活下来了，而且活得越来越好。如果谈不成的话，我们还可以等下去。那么，我们为什么要做这么大的让步呢？第一，我们是从中美友好合作关系的大局出发的。在当前，在美国存在着一种对中国不高兴的情绪的时候，我们希望通过达成这个协议，能够推动中美友好合作关系的发展，推动由江泽民主席和克林顿总统所建立的建设性战略合作伙伴关系进一步发展。第二，是由于邓小平先生所奠定的改革开放政策的成功，中国已经发展到这种程度，就是我们对于加入 WTO 以后所引起的对于中国的国有企业、中国的经济结构、中国的市场所带来的冲击，现在的承受能力大大加强了。同时，中国人民的认识程度也大大地提高了。他们也开始认识到，只有引入这种竞争的机制，才能更好地促进我们自己的国有企业发展，促进我们的国民经济更加健康地向前发展。我可以告诉大家一个故事，就是大前年，我跟乔治·费舍先生谈，请他的柯达公司来中国合作的时候，我曾经被某人第二次称为卖国贼。但是经过这两年，柯达公司进入了中国，大量地投资，促进了中国胶片工业的发展。因此，那位叫我卖国贼的人，最近在春节活动的时候来对我讲：我以前错了。我相信，今后我不会第三次被称做卖国贼了。我认为，这种让步对于中美两国都是有利的。"①

七 进一步丰富了邓小平关于经济特区是"对外政策窗口"的思想

改革开放的总设计师邓小平曾经生动和形象地把已经在实践中显示出勃勃生机的经济特区描述为现代化建设的四大窗口："技术的窗口，管理的窗口，知识的窗口，也是对外政策的窗口"②，如果从对外开放和外交的意义上来看邓小平所说的这四大窗口的含义，经济特区就是中国进行国际技术合作与交流的窗口，是中国与世界在经济管理方面合作与交流的窗口，是中国和世界进行知识和文化合作与交流的窗口，也是中国实践和表达中国对外政策的窗

---

① 《朱镕基答记者问》，人民出版社，2009，第 271～272 页。
② 《邓小平文选》第 3 卷，第 51～52 页。

口。一句话，经济特区是改革开放时代中国进行总体外交的窗口和前沿阵地。

对于经济特区的作用江泽民指出："要充分发挥沿海开放城市和经济特区对外经济技术交流的窗口作用，同时选择某些重点企业，赋予它们更大的对外经营活动的自主权，更有效地开展对外经济技术交流和合作。"① 江泽民强调："中国对外政策的宗旨是维护世界和平、促进共同发展。"② 江泽民在党的十四大报告中指出："兴办深圳、珠海、汕头、厦门四个经济特区是对外开放的重大步骤，是利用国外资金、技术、管理经验来发展社会主义经济的崭新试验，取得了很大成就。"③ 中国对外政策的一大核心目标是维护国家主权与统一，经济特区对新时期中国实现这一目标作出了自己的贡献。1994 年 6 月，江泽民同志考察广东时在深圳讲话中谈到经济特区在维护国家主权与巩固国家统一方面的重要作用。在谈到经济特区在维护国家主权方面的作用时，江泽民指出："经济特区尤其是深圳、珠海经济特区要继续为香港、澳门的平稳过渡和保持香港、澳门长期繁荣发挥更大的促进作用。我们对香港、澳门按期恢复行使主权，这是一件举世瞩目的大事情，对国内国外都有重大影响。由于深圳、珠海毗邻香港、澳门，这种特殊的经济地理位置对于促进香港、澳门的稳定和发展具有其他地区不可替代的作用。深圳、珠海经济社会发展得越好，就越会对香港、澳门增强吸引力，就越有利于激发香港、澳门广大同胞的爱国主义热情。"④ 在谈到巩固国家统一方面，江泽民强调："要坚持经济特区以及沿海比较发达地区同内地的横向联合，在发挥各自优势的基础上，做到分工协作、优势互补。这一点极为重要，对于促进全国统一的社会主义市场经济的发展，对于逐步缩小内地与沿海地区的发展差距、实现共同富裕，对于维护社会稳定和巩固国家统一，具有深远的历史意义。"⑤ 鉴于经济特区的重要性和战略价值，江泽民进一步强调："经济特区不仅要继续发挥窗口作用、试验作用、排头兵作用，而且要发挥得更充分。"⑥ 江泽民在党的十五大报告中再次明确强调："进一步办好经济特区、上海浦东新区。鼓励这些地区在体制创新、产业升级、扩大开放等方面继续走在前面，发挥对全国的示范、辐射、带动

---

① 《江泽民文选》第 1 卷，第 11 页。
② 《江泽民文选》第 3 卷，第 522 页。
③ 《江泽民文选》第 1 卷，第 11 页。
④ 《江泽民文选》第 1 卷，第 379~380 页。
⑤ 《江泽民文选》第 1 卷，第 378 页。
⑥ 《江泽民文选》第 1 卷，第 374 页。

作用。"① 实践证明，深圳、珠海等经济特区的成功，为香港和澳门的顺利回归创造良好的国内区域周边环境，为民族的振兴和巩固国家的统一发挥了不可替代的作用。江泽民的论述，是对邓小平关于经济特区四大窗口作用的具体的诠释和发展。

第四节　本章小结

在"三个代表"重要思想中，"代表先进文化的前进方向"是其中一项重要原则，党的第一代领导人提出的和平共处五项原则在经受了半个多世纪的外交实践检验证明，这一原则不但已经成为中国核心的外交文化和外交哲学，而且必将是对国际关系的和谐发展提供强大精神武器的外交文化。要有效地应对霸权主义和强权政治，为中国营造好现代化建设的国际环境，建立一个持久和平的和谐世界，必须继续坚持和发展和平共处五项原则。

党的第一代和第二代中央领导集体培养和发展起来的维护国家主权与安全、反对帝国主义、大国沙文主义、反对霸权主义和强权政治的政治外交核心精神，构成了自强不息的中国政治外交的核心精神，今天中国之所以不被西方的"和平演变"攻势所击倒，不使西方国家对中国的分化和西化图谋得逞，关键就是因为中国外交始终以党的两代中央领导集体建立并巩固的政治外交核心精神为行动的准则和战略依据，并结合变化了的国际政治实际，以策略的灵活性相配合，使中国外交总是立于不败之地。

党的第三代中央领导集体的政治外交，其核心价值理念是"三个代表"重要思想，"三个代表"重要思想在外交上的表现无不充分体现了和平共处五项原则的理念和党的第一代和第二代中央领导集体创立和发展的政治外交的精神，在"三个代表"重要思想的指引下，党的第三代中央领导集体准确把握当今世界格局的变化，科学判断国际形势的发展趋势，深刻分析国际社会各种力量和矛盾的交互运动，提出了我国外交工作的战略策略方针，更新了中国外交的一些为实践证明不适用的观念，解决了众多棘手且重大的外交难题，并必将为摆在中国外交面前的众多新的难题提供解决的办法和思路。

当代中国外交先进性的表现：居善地——始终和广大第三世界国家站在一起；心善渊——始终拥有自己科学而博大精深的战略与谋略指导的外交文化；

---

① 《江泽民文选》第 2 卷，第 27 页。

与善仁——始终在国际关系中以和平共处五项原则真诚对待一切国家；言善信——始终在国际关系中以诚信为本；政善治——始终坚持把国家主权与安全放在第一位，并很好地维护之；事善能——始终注意总体外交的各个功能外交的平衡；动善时——始终在合适的时机推动中国与大国、中国与周边等国家双赢国家利益的实现。

第二章

"三个代表"重要思想与党的三代
中央领导集体的经济外交

党在新中国发展的不同阶段，均高度重视经济外交。胡锦涛总书记在党的十七大报告中指出："拓展对外开放广度和深度，提高开放型经济水平。坚持对外开放的基本国策，把'引进来'和'走出去'更好结合起来，扩大开放领域，优化开放结构，提高开放质量，完善内外联动、互利共赢、安全高效的开放型经济体系，形成经济全球化条件下参与国际经济合作和竞争新优势。深化沿海开放，加快内地开放，提升沿边开放，实现对内对外开放相互促进。加快转变外贸增长方式，立足以质取胜，调整进出口结构，促进加工贸易转型升级，大力发展服务贸易。创新利用外资方式，优化利用外资结构，发挥利用外资在推动自主创新、产业升级、区域协调发展等方面的积极作用。创新对外投资和合作方式，支持企业在研发、生产、销售等方面开展国际化经营，加快培育我国的跨国公司和国际知名品牌。积极开展国际能源资源互利合作。实施自由贸易区战略，加强双边多边经贸合作。采取综合措施促进国际收支基本平衡。注重防范国际经济风险。"① 在这里，"引进来"和"走出去"、"扩大开放领域"、内地和沿海两个开放的思想，是对党的三代中央领导集体经济外交思想的继承，而"优化开放结构，提高开放质量，完善内外联动、互利共赢、安全高效的开放型经济体系，形成经济全球化条件下参与国际经济合作和竞争新优势"的思想，"创新利用外资方式"和"创新对外投资和合作方式"的思想则是以胡锦涛为总书记的党中央根据新的国际经济格局的新提法、新观点，是胡锦涛科学发展观的有机组成部分。胡锦涛"开放型经济体系"的提出，标志着我国经济外交格局从政策性经济外交向体制化和机制化的经济外交方向

---

① 《改革开放三十年重要文献选编》，中央文献出版社，2008，第1726页。

转变。这既是对我国经济外交取得的伟大成就进行的科学总结，同时又与时俱进地发展了党的三代中央领导集体关于经济外交的思想。已经退休的江泽民同志仍然心系中国的经济外交。他发表论文指出，中国要"进一步加强能源资源国际合作。在努力增加国内能源供给的同时，应统筹国内能源发展和能源对外开放，进一步加强国际能源资源合作，把能源'引进来'和'走出去'更好地结合起来，充分利用国际国内两个市场、两种资源。在能源、资源、环境领域的对外交往中，应体现和平、发展、合作的要求，奉行互利共赢的开放战略，本着平等相待、互利互惠的原则，积极开展国际能源政策和环境政策的对话协调，促进能源生产国、消费国的沟通联系，扩大能源贸易与投资合作，增进能源技术、管理、人才交流，促进世界各国资源优势互补、能源保障供应、经济共同发展。"①

胡锦涛同志在党的十八大报告中精辟而具体地阐述了中国现在和今后相当长一段时期的经济外交思想。胡锦涛指出："中国将始终不渝奉行互利共赢的开放战略，通过深化合作促进世界经济强劲、可持续、平衡增长。中国致力于缩小南北差距，支持发展中国家增强自主发展能力。中国将加强同主要经济体宏观经济政策协调，通过协商妥善解决经贸摩擦。中国坚持权利和义务相平衡，积极参与全球经济治理，推动贸易和投资自由化便利化，反对各种形式的保护主义。"② 党的十八大提出的经济外交思想，标志着中国经济外交的战略与谋略更加成熟，使中国的经济外交成为科学发展观的重要组成部分。

第一节 "三个代表"重要思想与党的第一代 中央领导集体的经济外交

马列主义经典作家的思想和著作是留给人类的宝贵财富，他们有关对外经济交往的思想和论述成为当代中国开展经济外交的理论基础和思想动力，而中国传统文化和当代西方国际关系理论对我国经济外交也有着重要的启示。

马克思、恩格斯在《共产党宣言》中指出："资产阶级，由于开拓了世界

---

① 江泽民：《对中国能源问题的思考》，《上海交通大学学报》2008 年第 3 期，第 359 页。
② 胡锦涛：《坚定不移沿着中国特色社会主义道路前进　为全面建成小康社会而奋斗——中国共产党第十八次全国代表大会报告》，人民出版社，2012，第 48 页。

市场，使一切国家的生产和消费都成为世界性的了。"随着世界市场的形成，"过去那种地方的和民族的自给自足和闭关自守状态，被各民族的各方面的互相往来和各方面的互相依赖所代替了"①。马克思和恩格斯在撰写《共产党宣言》的时候，"经济外交"这一概念尚未出现，但马克思、恩格斯的这段论述却富有预见性地解释了经济外交的开展及其重要性在全球化时代不断上升的原因及必然性。自给自足和闭关自守状态的打破使得交往突破国家与国家之间的界限，而这种交往从民间开始活跃，最终必然上升到政府行为的高度，也就开始了真正的实际意义上的经济外交。随着科技、交通和通信的发展，国与国之间的界限更加模糊，尤其是在经济方面，经济全球化浪潮以锐不可当之势席卷全球，任何国家都无法将自己置身于这个全球化经济网络之外，与别国打交道也就在所难免。而经济外交是维护和保障国家经济利益，提高经济交往的效益，节省资源和成本的必然选择。

马克思主义认为：经济和政治是相互影响、相互作用的，但归根结底还是经济决定政治。恩格斯指出："政治、法、哲学、宗教、文学、艺术等等的发展是以经济发展为基础的。但是，它们又都互相作用并对经济基础发生作用。"② 这就为我们处理经济外交中经济和外交的关系以及外交中经济外交与外交其他形式如政治外交、军事外交的关系指明了方向。经济外交的开展并非是孤立的，它也需要政治外交、军事外交等的协调配合，而经济外交的开展则为其他外交形式的展开提供了必不可少的物质基础。但经济外交毕竟不能代表整个经济基础，因此，经济外交也要为总体外交服务以利于实现国家的整体利益。

如果说马克思和恩格斯指出了经济外交开展的必然性，那么列宁则诠释出了经济外交的必要性。列宁认为："只要资本主义国家还照样存在，我们就必须同它们做生意。我们准备以商人的身分去同它们谈判，这一点我们能够办到。"③

以毛泽东、周恩来为代表的第一代中央领导集体继承和发展了马列主义的经济外交思想，提出了先进的经济外交文化理念及许多具有先进生产力内涵的经济外交方式，并使经济外交充分地落实到最广大人民群众的直接的和间接的利益上。

---

① 《马克思恩格斯选集》第1卷，人民出版社，1995，第276页。
② 《马克思恩格斯选集》第4卷，人民出版社，1995，第732页。
③ 《列宁选集》第43卷，人民出版社，1987，第4页。

一　党的第一代领导集体通过经济外交实现先进生产力大发展思想

（一）中国迫切地需要一个和平的国际环境，来发展我国独立自主的经济

如果从 18 世纪 60 年代英国发生工业革命算起到新中国成立，从整体上看，中国和具有现代意义上的工业革命实际一直不沾边，民国时期的国际问题学者何永佶提出"金鱼理论"，他把长期和世界隔绝的中国称为在鱼缸里的金鱼，"优在游在"地在金鱼缸里住了几千年，忽然被抛入大海，那里有各种各样的海洋猛兽正威胁着中国这条"金鱼"的生存与安全。① 中国至少有两百年的时间几乎是完全生活在自己的梦乡世界里，以至于偌大一个帝国几乎被老牌的帝国主义欧洲列强和后起的帝国主义日本所灭亡。新中国的成立打破了新老帝国主义的迷梦，建立了先进生产力大发展的先进生产关系，中国从此取得了追赶新的一轮世界性工业革命的主权独立地位，因此，中国特别需要一个和平安定的国际环境来发展自己的民族经济。1955 年 4 月 19 日，周恩来在亚非会议全体会议上的发言中指出："在中国，自从人民作了自己国家的主人以后，我们的一切努力就是要消除长期的半殖民地社会遗留下来的落后状态，把我们的国家建设成为一个工业化的国家。五年以来，我们恢复了遭受长期战争破坏的国民经济，并且从一九五三年起开始了经济建设的第一个五年计划。由于这些努力，我们在各个主要生产部门，例如钢铁、棉布、粮食的生产量，都已经超过了中国历史上任何一个时期的水平。但是，这些成就比之于我们的实际需要还微小得很，比之于工业高度发展的国家，我们还落后得很。正象其他的亚洲国家一样，我们迫切地需要一个和平的国际环境，来发展我国独立自主的经济。"② 新中国成立以来的世界一直不太平，战争与和平的问题一直影响着中国的发展状况，中国第一代领导集体为了营造一个相对有利的国际和平环境，采取了很多的措施，带领全国人民进行了艰苦卓绝的努力，用超群的智慧在国际政治的舞台上纵横捭阖，终于使进入 20 世纪 80 年代的国际环境变得对中国的发展相对有利，这就是和平与发展成为时代的主流。在新中国成立之初，中国采取了向苏联"一边倒"的外交政策，用周恩来的话讲，中苏的结盟，不

---

①　何永佶在《论大政治》中发问："我们什么时候才能从金鱼缸进至大海洋，从小政治进至大政治？"参见蒙树宏《"战国派"及其和尼采思想的关系》，《思想战线》1988 年第 1 期，第 32 页。

②　《周恩来外交文选》，第 118 页。

但是一个政治的同盟，而且还是一个"经济上"的同盟，《中苏友好同盟互助条约》的签订"使两国防御由东方来的侵略的力量大为加强。在这个条约的同时或稍后，中苏两国还签订了关于中国长春铁路、旅顺口及大连的协定，关于贷款给中华人民共和国的协议，关于在新疆创办中苏石油股份公司的协议，关于在新疆创办中苏有色及稀有金属股份公司的协议，关于建立中苏民用航空股份公司的协议，专家协议，贸易协议等"一系列经济协议，"中国与波兰、捷克和朝鲜也已签订了关于贸易的合同和协议"，"中国与若干资本主义国家也发展了贸易关系。今年中国的对外贸易总额，估计是可以达到并超过预定计划的。"① 也就是说，新中国虽然面对的只是社会主义阵营对中国的开放，充其量只是半个世界向中国打开了大门，但相对于近代以来的中国被列强长期欺压的命运，中国在当时是得到了自我发展的最好的国际环境。

（二）强调西方国家能够实现经济文化的发展，亚非发展中国家也能做得到

第一，周恩来提出各国经济的发展，一方面依靠自己的力量，另一方面也依靠相互开放市场，开展国际合作和对外开放的思想。发展先进生产力，是当今人类的共同使命，发展中国家由于殖民主义和帝国主义的侵略，经济文化发展落后了，但随着亚洲国家民族的觉醒和民族独立国家的增多，不但要发展维持自身生存的经济文化，而且应该取得和西方国家一样的经济和文化的发展，不能总是落后于西方国家。周恩来指出："我们亚非国家早在历史的黎明时期，就创造了灿烂的文化。我们今天在经济上和文化上比较落后，这是外国的侵略和压迫造成的。我们亚非国家在取得了独立以后，正在为消除贫穷落后的状态而努力，一定能够使自己的经济和文化出现新的高涨。西方国家能够做到的事情，我们没有理由不能做到。曾经创造了光辉的古老文化的亚非国家，在创造人类新文化的伟大事业中，一定能够做出卓越的贡献。"②

第二，任何双边的经济合作，都应该把眼前利益和长远利益结合起来。应该体现合作的战略性意义，这是新中国领导人非常重视的。在新中国成立之初，西方国家不但对中国采取政治对抗的方式，经济上也采取全面封锁的政策，中国为了突破西方的经济封锁，采取了一系列的对策。首先，对经济发达

---

① 《周恩来外交文选》，第21~22页。
② 《周恩来年谱：1949~1976》（中），第609页。

的邻国日本采取经济外交攻势，劝诱日本把眼光放得更长远一些。1964 年 4 月，周恩来与来访的日本关西经济访华代表团有过一次历史意义很重大的谈话，因为周恩来提出了在没有外交关系的国家之间，如何展开经济上的合作的重要原则。概括起来，周恩来提出的原则主要包括三个方面，一是国家间的经济合作，包括贸易往来和技术合作等，要在平等互利的基础上进行；二是中日两国和平共处、友好合作发展的前途是无限的，因为中日互为很大的市场，中日经济力量发展了，需要就会增加，互通有无的可能性就会更大；三是日本要讲信用，要保证中日经济合作的安全顺利进行以避免类似"长崎国旗事件"再次发生。只有这样，中日双边的经济合作才能顺利进行。①

第三，用和平共处五项原则指导国际经济合作。周恩来是运用辩证唯物主义原理解决国际社会经济发展问题的大师，从一定意义上讲，和平共处五项原则就是面向国际经济合作的先进生产关系，只要国际社会真正实施"平等互利"的理念，穷国会发展成富国，世界会走向共同繁荣，诚如周恩来 1964 年所指出的，"亚非地区有十七亿人口，占世界人口的百分之六十，有广大的地上和地下资源，大多数的国家还不发达。如果我们按照和平共处五项原则、万隆会议十项原则，在平等互利的基础上进行经济合作，那么，发展前途是无限的。不发达国家的开发，国际市场上的需要，将超过现在好多倍。当然，这不是几年的事，而是需要几十年。但是，这是很有前途的。我们希望亚非各国在平等互利的基础上进行经济合作。过去殖民主义的做法是行不通的。中国自己遭受过殖民主义的灾难，决不会用这种做法对待别人。日本人民也遭受过军国主义的灾害，不同意日本再采取旧的态度。这样，在亚非国家的大家庭中，大家就可以平等相处，友好合作"②。国家间健康的经济合作，应该是在各国经济独立的基础上，以平等互利为原则，大力拓展双方的市场，并通过国际间的合作，促进经济的发展和技术的提高，由此促进国家间经济和技术需求的增加，达到互通有无，这是通过经济外交达到和实现先进生产力大发展的思想，是极其宝贵的。可以认为，"三个代表"重要思想外交方略中的"先进生产力"理念，周恩来的经济外交思想是其重要的思想渊源。当然，只要在这个世界上旧的国际经济秩序没有改变，世界只是少数国家建立起了先进的社会制度，而世界的整体是旧的生产关系和旧的上层建筑体系，代表先进生产力的力量前进的道路就是非常艰难曲折的。有时一种先进的生产方式呈世界性

---

① 参见《周恩来外交文选》，第 413 ~ 414 页。
② 《周恩来外交文选》，第 421 页。

的发展态势，好像不可逆转，但旧的生产方式就如病毒一样，一旦时机成熟，又可能会死灰复燃，这就像法国大革命后不久欧洲旧势力在神圣同盟的驱使和支配之下，封建王朝纷纷复辟一样，同样，社会主义代替资本主义也是不可抗拒的历史潮流，但是冷战的结局是社会主义示弱，而代表落后生产关系的西方资本主义却反而力量得到很大的恢复，它们成了新时代的"神圣同盟"。第二次世界大战后日本又重新纳入到西方旧的国际经济格局之中，中日两国实现关系正常化后，两国的经济关系实现了强劲发展，但是这种发展严重受制于两国根本矛盾的战略利益，造成日本的越繁荣对中国的国家安全的威胁越大的背反效应，即日本取得了强劲的经济发展后，使它更加有资本牢牢地捆绑在美国遏制中国为目的的军事同盟的战车上，对中国的长远的和平发展形成潜在和现实的遏制性效应。诚如有学者指出的，"20 世纪 50 年代中期，在苏联的影响下，中国政府给'人民外交'设定了推动实现中日国家间关系正常化的目标，为此尽力满足日本在贸易、遣返日侨、释放战犯等方面的利益期待。但当时的日本政府一方面取利，一方面侮辱中国的邦交正常化追求，中国政府愤而于 1958 年 5 月切断了交流。这是美日同盟敌视中国和日本保守政治势力因逃脱战争责任追究而继承战前对中国的蔑视的结果。日本对华敌视、蔑视的关系结构，决定了战后中日关系的'周期性恶化'特征"[①]。

第四，对外开放思想也是党的第一代中央领导集体经济外交思想中的一个有机组成部分。可以这样认为，如果在党的第一代中央领导集体的经济外交中缺少对外开放思想，那么可以肯定地说，这样一种经济外交就是不深刻的，或者说是缺少时代精神的，中国已经取得了民族的独立，中国已经取得了主动向世界打开大门的条件，为什么不提对外开放？我们从党的第一代中央领导集体的外交思想中，体会到即使在今天看来仍然很亲切的对外开放的思想。周恩来指出："闭关自守是会阻碍进步的。在世界上中国产生比你们的国家早得多，但因为长期闭关自守，所以进步很慢。因此，闭关是不好的。但是现在不是我们闭关，而是美国想关住我们，不让我们同各国来往。"[②] 周恩来强调："一个国家不可能闭关自守。国家不分大小，要看经济文化发展情况。"[③] 周恩来表示："中国是开放的"，欢迎外国到中国投资。周恩来申明："我们不仇视任何

---

① 刘建平：《中日人民外交的挫折：过程研究与结构分析》，《开放时代》2009 年第 2 期，第 75 页。
② 《周恩来年谱：1949～1976》（上），第 574 页。
③ 《周恩来年谱：1949～1976》（上），第 598～599 页。

国家。美国现在压迫和干涉我们，……如果美国不压迫我们，我们就不会排斥它，还和它做朋友"①，"如果中美两国友好起来，毫无疑问，对两国经济的发展都会有好处"，周恩来突出地强调："任何一个国家在建设中，任何一个国家在这个世界上，不可能完全闭关自给，总是要互相需求，首先就是贸易的来往，技术的合作。"② 周恩来还指出："要互通有无，不能完全闭关自守。对兄弟国家如此，对资本主义国家也要互通有无。"③ 周恩来强调："中国人民希望有一个有利于建设祖国的国际和平环境。中国愿同世界上一切国家，包括美国在内，根据五项原则，实行和平共处。" 就我国一贯执行的自力更生建设方针的含义，周恩来解释，"依靠本国人民的劳动和智慧，充分利用本国的资源，来发展本国的经济；同时，在平等互利的基础上同世界各国发展贸易，互通有无"，"我们所说的自力更生，绝不是自给自足，闭关自守。"④ 周恩来强调："独立并不排斥合作。在现代，每个国家都不能闭关自守、孤立起来。真正的独立并不排斥国际合作，即同真正的友好国家合作。我们的政策是：凡是对我们友好的国家，我们就以更友好的态度对待他们；如果敌视我们，我们就以同样的态度进行抵抗。但是敌视不为人先，这就是我们的原则。"⑤ 周恩来还指出："自力更生不排除国际上互通有无，在现代世界上不能闭关自守。" 但是，"不幸新中国成立后就面临美国等国的敌视、包围和封锁"⑥。周恩来重申，"中国主要靠自己，但不是闭关自守"⑦。中国只有在完全取得民族独立的前提下，对外开放才能取得真正的自主权和发言权，正如胡绳所指出的，"中国人得出的结论并不是中国不应当对外开放，应当闭关自守，而是中国应当首先摆脱半殖民地的地位，也就是摆脱外国帝国主义的统治和压迫，这样才能作为独立的国家平等地和世界各国交往，才有可能摆脱贫穷落后的状态，取得正常地对外开放的条件"⑧。即使取得了民族独立的地位和恢复了国家主权，但如果自身所处的国际环境十分不利，国际敌对势力强大，中国自身即使有很好的对外开放的理念和相应的精神准备，也是暂时难于取得突破性发展的。所以，党的第一代中央领导集体的一大核心任务就是，努力创造中国实现现代化的国际

① 《周恩来年谱：1949～1976》（上），第611～612页。
② 《周恩来外交文选》，第228～229页。
③ 《周恩来年谱：1949～1976》（中），第298页。
④ 《周恩来年谱：1949～1976》（中），第599页。
⑤ 《周恩来年谱：1949～1976》（中），第636页。
⑥ 《周恩来年谱：1949～1976》（中），第604～605页。
⑦ 《周恩来年谱：1949～1976》（下），第477页。
⑧ 《胡绳文集》，中国社会科学出版社，1994，第107～108页。

环境，为此进行了长期的努力，比如说广泛和广大第三世界交朋友，抓住有利的时机改善了和美国、日本官方关系，等等。

（三）通过和美国以外的西方国家的经济合作，扩大世界和平的力量，促进世界和平

第二次世界大战后的美国成为世界头号资本主义强国，而且它也从世界反法西斯的"盟主"演变为世界和平的最大威胁，它到处惹事，它经常打着"民主""自由"的旗号，粗暴干涉别国内政，动辄对别国使用侵略手段，并扬言要对中国动用原子弹。为了遏制美国霸权主义对世界和平的威胁，保卫中国来之不易的国家主权和安全，中国和美国进行了针锋相对的斗争。比如中国采取推动世界和平运动、用实际行动支持第三世界国家的民族解放运动等政治手段的同时，也通过经济手段，吸引第二次世界大战后已降格为二流资本主义国家的英国和法国参与到中国的经济建设中，通过扩大它们和中国的经济合作，通过促进它们和中国的贸易等经济办法，使它们减少对美国的政治依赖，培养英法等西方国家的和平趋向，推动世界和平事业的发展。当然，还有一个重要的目的是，希望美国不再穷凶极恶地搞霸权主义，而是让它和世界一起走和平、合作、共同发展的道路。周恩来指出："我们并不要求英国改变资本主义制度。但是，和平则是对英国有利的。要和平就得跟美国闹别扭。西方国家跟美国闹一点别扭，就能提高一点自己的地位。但是，要闹，就得有点力量。英国的经济有些恢复，例如取消了配给制，依赖美国的倾向减弱了。法国要象英国一样敢于跟美国闹别扭，还得一个时期。法国是有生产能力的。它要恢复经济，就要找出路，找广大市场。东西方贸易就是出路。中国六亿人口的市场很大，同中国发展贸易很有前途，西方国家都懂得这一点。我们跟西方国家改进关系，在政治上是和平，在经济上是贸易。美国害怕这两点，和平它怕，死抱住扩充军备和紧张局势不放；贸易它也怕，怕别人跟它竞争。我们可以根据这两条跟一些西方国家结成统一战线。"[1] 根据 1957 年 5 月 22 日《张闻天年谱》："最近的苏伊士运河问题，是英法很大的失败。英国今天希望把更大的力量用在扩大贸易上，它对中国市场的兴趣很大，主张放宽一些禁运。西德和日本经济发展比较快，它们现在到处找市场，它们要求独立自主的愿望更强了。"[2] 毛泽东针对当时复杂的国际形势指出："对于国际问题的观察，我们认

---

① 《周恩来外交文选》，第 81 页。
② 《张闻天年谱》（下卷）（1942～1976），中共党史出版社，2000，第 1060 页。

为还是这样：帝国主义之间闹，互相争夺殖民地，这个矛盾大些。他们是假借跟我们的矛盾来掩盖他们之间的矛盾。我们可以利用他们的矛盾，这里很有文章可做。这是关系我们对外方针的一件大事。"① 使二流资本主义国家和美国"闹别扭"，并通过经济杠杆培养这些二流资本主义国家成为世界和平的力量之一，此项工作难度是巨大的，因为第二次世界大战后的西方世界，虽然它们之间存在矛盾，但第二次世界大战后的雅尔塔体系使西方世界的自私的利益得到较大的满足，它们之间的一些深层次的矛盾得到了解决，整个西方世界内部的矛盾很大程度上讲得到了化解，它们之间即使还会发生一些新的矛盾，比如说在世界范围内争夺各种利益的冲突时有发生，但这些矛盾总是能够控制在一定的水平，至少暂时不会再由它们内部大争吵起来而演变为新的世界大战，为了它们整个西方世界的"整体利益"，它们学会了"相互包容"。按照《道德经》"不知常，妄作，凶。知常容，容乃公，公乃全，全乃天，天乃道，道乃久，殁身不殆"② 所排列的，西方世界至少已经跨过了"不知常，妄作，凶"的阶段，而学会了使其西方阵营内部保持和谐的"知常"状态，因此它们能够做到对相当程度的内部分歧采取包容和宽容的策略，因此西方国家之间经常表现出惊人的"精诚团结"，所以分解西方的政治同盟其难度之大可想而知，但是，世界上再难的事，只要有坚忍不拔的精神，愚公也是能够把大山给移走的。正如《道德经》所言："九层之台，起于累土；千里之行，始于足下。"

二 党的第一代中央领导集体的面向经济的先进外交文化理念

经济外交有两方面的含义：一是指一国通过经济手段达到既定的外交目标；二是指通过外交运作实现自身和外交对象国经济的发展和繁荣。具有先进性和进步性的经济外交，应该是以先进和进步的经济外交的理念为宗旨，一方面通过平等的、公正的、公平的外交手段推动自身和外交对象国的经济发展和经济繁荣，达到一国和外交对象国外交关系的加强之目的；另一方面，通过平等的、公正的、公平的外交手段的运作实现自身和外交对象国经济独立地位的提高，进而促进外交对象国之间政治和经济地位的提高。党的第一代中央领导集体的经济外交，充分表现了中国外交的先进性和进步性。

---

① 《毛泽东文集》第7卷，第189页。
② 西方世界的"精诚团结"再往前发展就可能困难了，因为"容乃公"的逻辑发展是公正、公平、正义，就西方世界的本质来说，这是很难做到的，至于它们是否能越过"容乃公"，向"公乃全，全乃天，天乃道，道乃久，殁身不殆"，更是难以想象。

（一）新中国的经济外交一开始就是建立在讲平等、非歧视、促公平和先进经济外交理念之上

中国先进的经济外交理念是什么，就是和平共处五项原则中的"平等互利"原则，这一原则在中国的经济外交实践中是一以贯之的。周恩来指出："五项原则的第一条就是互相尊重主权和领土完整，国家不分大小强弱，都互相尊重，是完全对的，完全需要的。互相尊重首先必须不侵犯人家主权，不侵占人家领土，不干涉人家内政，不对别人进行侵略。彼此相处要平等对待，包括政治、经济和文化各方面，不应该要求特权。在进行贸易和经济合作的时候要互利，而不是只有利于一方。互相尊重不能解释为一方可以为所欲为，要人家尊重，因为这样就妨碍了另一方。和平是可以争取得到的。中国人民将在这个伟大的斗争中担负起自己应有的责任，继续为世界和平和人类进步的事业作出坚持不懈的努力。"①毛泽东指出："我们认为，国家不应该分大小。我们反对大国有特别的权利，因为这样就把大国和小国放在不平等的地位。大国高一级，小国低一级，这是帝国主义的理论。一个国家不论多么小，即使它的人口只有几十万或者甚至几万，它同另外一个有几万万人口的国家，也应该是完全平等的。这是一个基本原则，不是空话。既然说平等，大国就不应该损害小国，不应该在经济上剥削小国，在政治上压迫小国，不应该把自己的意志、政策和思想强加在小国身上。"② 20 世纪 50 年代是整个西方世界对新中国采取不但是政治上对抗，经济上也是全面封锁的政策，1954 年 4 月日内瓦会议召开前，美国国务院负责中国事务的官员詹金斯还特地在一个公开场合宣称："在经济方面我们遵循的政策是对共产党中国完全的禁运，我国船只禁止驶往共产党中国的港口。"③ 表现出美国不可一世的傲慢和疯狂，也正是在这样的情况下，中国以"己所不欲，勿施于人"的精神，主张亚洲国家应该建立非歧视的公正的政治经济和文化关系。周恩来强调："中华人民共和国政府认为：亚洲国家应该互相尊重各国的独立和主权，而不互相干涉内政；应该以和平协商方法解决各国之间的争端，而不使用武力和威胁；应该在平等互利的基础上建立和发展各国之间的正常的经济和文化关系，而不容许歧视和限制。只有这样，才能使亚洲国家避免新的殖民主义者利用亚洲人打亚洲人的空前灾难而获

---

① 《周恩来外交文选》，第 180～181 页。
② 《毛泽东外交文选》，第 191 页。
③ The US State Department Bulletin, Vol. XXX, June 16, 1954, p. 624.

得和平和安全。"① 周恩来相信："我们亚非国家需要在经济上和文化上合作，以便有助于消除我们在殖民主义的长期掠夺和压迫下所造成的经济上和文化上的落后状态。我们亚非国家之间的合作应该以平等互利为基础，而不应该附有任何特权条件。我们相互之间的贸易来往和经济合作应该以促进各国独立经济发展为目的，而不应该使任何一方单纯地成为原料产地和消费品的销售市场。我们相互之间的文化交流应该尊重各国民族文化的发展，而不抹煞任何一国的特长和优点，以便互相学习和观摩"。周恩来指出："在我们亚非地区的各国人民日益掌握了自己命运的今天，即使我们在目前经济和文化的合作规模还不可能很大，但是，可以肯定地说，这种建立在平等互利的基础上的合作是有远大的发展前途的。我们深信，随着我们亚非国家工业化的发展和人民生活水平的提高，随着各国间贸易关系中人为的外来的障碍的消除，我们亚非各国间的贸易来往和经济合作将会日益增进，文化交流也将日益频繁。"② 周恩来指出："扩大和平地区的政策在具体执行中就是坚持和平政策，坚持民族独立的政策，不参加敌对性的军事集团，反对在自己领土上建立外国军事基地，主张国际经济合作，但是不容许要求特权和附加政治条件，主张各国平等友好地相处。"③

（二）推动各国的"经济独立"的经济外交思想

周恩来指出："我们大多数亚非国家，包括中国在内，由于殖民主义的长期统治，经济上还很落后。因此，我们不仅要求政治上的独立，同时还要求经济上的独立。当然，我们要求政治独立并不是要对亚非地区以外的国家采取排斥的政策。但是，西方国家控制我们命运的时代已经过去了，亚非国家的命运应该由亚非各国人民自己掌握。我们要努力实现各国的经济独立，这也并不是要排斥同亚非地区以外的国家的经济合作。但是，我们要求改变西方殖民国家对东方落后国家的剥削状态，我们要求发展亚非各国独立自主的经济。争取完全独立是我们大多数亚非国家和人民长期奋斗的目标。"④ 周恩来指出："中国和菲律宾的关系是可以改善的，而且应该改善，因为我们两国之间没有根本利害冲突。我们两国都分别在第二次世界大战后取得了独立和解放，现在还在为争取完全的独立而奋斗。一个国家如果经济上不能完全独立，政治上也就不能

---

① 《人民日报》1954 年 5 月 14 日。
② 《周恩来外交文选》，第 115~116 页。
③ 《周恩来外交文选》，第 164 页。
④ 《周恩来外交文选》，第 115~116 页。

完全独立。我所说的经济上完全独立，并不排除经济往来和贸易上互通有无，这在当前的世界上是必需的，特别是我们亚非国家更应该实行经济合作。贸易往来，但是决不能侵犯任何国家的主权。我们两国虽然没有外交关系，但是并不妨碍双方关系的发展。自从万隆会议以来，我们就有发展两国关系的愿望。"① 周恩来指出："为了克服这些困难，发展中的国家除了相互帮助外，最根本的还是要依靠自己的力量，也就是说，自力更生为主，外援为辅。如果经济不能立足国内，过多依靠外援，特别是依靠大国的贷款，这是很危险的。在这方面，一些国家有过沉痛的经验教训。"② 第一代领导集体的促进国际关系的"经济独立"的思想在今天仍然是有现实指导意义的，因为在今天，西方国家通过明目张胆的战争与侵略的硬性的旧殖民主义模式的市场已经大为缩小，它们主要是从经济、文化等软性的方式奴役发展中国家，推行新殖民主义政策。比如 20 世纪 70 年代末以来打着经济全球化旗号向发展中国家贩卖的新自由主义，就是这种新殖民主义的一种表现。特别是在苏联解体、东欧剧变之后，传统安全问题相对稳定的情况下，世界格局主要是围绕经济斗争展开的，跨国公司实际上已代替其资本主义的母国以经济上掠夺、奴役和瓜分世界为主要手段，使很多弱小国家的经济变得更加单一化，经济的独立性更加脆弱，自主的民族工业长期发展不起来，工人失业和经济主权的沦丧更是家常便饭，因此社会的贫困化现象日益突出。"2000 年 2 月在曼谷举行的联合国贸发会议上，发达国家要求发展中国家建立符合他们新自由主义原则的国家管理体制，更是明目张胆地对发展中国家内政的干涉。"③

（三）主张自力更生为主，争取外援为辅

主张自力更生为主，争取外援为辅一直是党的第一代中央领导集体的核心经济外交理念。中国坦然地面对帝国主义国家的经济封锁。毛泽东指出："自力更生为主，争取外援为辅，破除迷信，独立自主地干工业、干农业、干技术革命和文化革命，打倒奴隶思想，埋葬教条主义，认真学习外国的好经验，也一定研究外国的坏经验——引以为戒，这就是我们的路线。经济战线上如此，军事战线上也完全应当如此。反对这条路线的人们如果不能说服我们，他们就应当接受这条路线。'既不能令，又不受命，是绝物也'，走进死胡同，请问

① 《周恩来外交文选》，第 425 ~ 426 页。

② 《周恩来外交文选》，第 498 页。

③ 丁冰：《新自由主义与经济全球化——试析经济全球化的消极影响》，《当代经济研究》2002 年第 6 期，第 42 ~ 43 页。

有什么出路呢?"① 毛泽东指出:"我国是一个大国,我们同亚非国家也进行着合作,没有这些西方国家,我们一样可以发展经济和文化。美国现在搞禁运,我们愿意它搞。它不禁运,我们就要同它搞贸易,就要同英国、法国、西德等等国家都搞贸易,但是由于经济落后,我们还拿不出东西同它们搞。当然我们的口号是反对禁运,它搞禁运我们就骂它,这也是外交攻势。到第二个或第三个五年计划后它解除禁运时,那我们就会有些东西同它搞贸易,到那时我们可以同它建立关系。"② 如何辩证地来看待帝国主义的经济封锁,毛泽东以他伟大的哲学家的思维,看到的是经济封锁的反作用力,看到其中激发出来的自强不息的民族精神发展自己的力量。1960 年 10 月的一天,毛泽东在同美国作家、友好人士斯诺谈话中,就集中表达了帝国主义对中国越封锁,中国越是能够发展起来的理念。③

(四) 做好外部条件恶化的情况下,如何搞好自身的经济建设,做到有备无患

党的第一代中央领导集体主张自身的经济独立的同时,也充分地利用外部条件对我有利的形势,争取更多的外援,但也做好外部条件恶化的情况下,如何搞好自身的经济建设,做到有备无患。周恩来指出:"我们要争取苏联的帮助,但要去掉依赖思想。如果苏联有困难,或在某些方面还留一手,那就要靠我们自己想办法,主要是自力更生,但不放弃争取外援。过去我们党内一些同志有完全依靠苏联的想法,在党外朋友中这种思想也发展了。我们要靠自己,有苏联和人民民主国家的帮助当然很好,没有苏联和人民民主国家的帮助,我们也要建设社会主义。这样说,并不是不尊重苏联,不团结苏联。苏联的帮助是重要的,但起决定作用的是中国人民,这和尊重、团结苏联是两回事。有时我们的一些同志把苏联的帮助说成是决定的条件,这是不对的。"④

(五) 实事求是而非主观主义的经济外交

在开展经济外交的过程中,实事求是而非主观主义的精神是十分关键的,也是经济外交取得成功的关键。周恩来针对苏联对中国的经济援助指出:"我们向苏联提出五十五个援助项目的要求是带有试探性的。苏联在第二十次党代

---

① 《毛泽东外交文选》,第 318 页。
② 《毛泽东外交文选》,第 287~288 页。
③ 参见《毛泽东外交文选》,第 501~502 页。
④ 《周恩来外交文选》,第 172 页。

表大会以后需要各国党的支持，结果没有很好地考虑就答应了……我们不能以感情代替政策，苏联现在也有困难，过去有些不该答应的答应了，有些项目推迟了，有时还有在某些方面留一手的情况，但总的来说，还是帮助我们的。我们也要考虑苏联的困难。他们有缺点，那是要改的，我们也可以把问题提出来。我们同意苏联来信的原则，但我们可以作一些调整。苏联来信中说，向中国提供最先进的独一无二的设备，那我们就要最先进的独一无二的。苏联答应给我们的，还有些不是最先进的独一无二的，我们提出来，他就得考虑，但也要准备他不给。不给，也不要泄气，我们自己搞。"①

（六）让邻国对中国的经济发展安心的经济外交

中国的经济外交的一项重要任务是，如何使自身经济发展起来之后，让地缘政治上对中国比较敏感的国家感到放心，认识到中国的发展是世界和平的重要保障，而不是中国进行对外扩张的实力条件。周恩来指出："中国的解放、胜利和发展，有一方面的理由可能引起周围的和世界上的一些国家的恐惧。这我们是理解的。中国是大国，人口多，如果在一个相当时间内实现了工业化，发展成为强国，人们很容易会联想起过去的某些国家在强大以后向外扩张的例子。也有人会回想起东方的历史，某些民族曾经向外扩张过，中国封建帝国向外扩张过。联想到这些就会有恐惧，特别是中国的邻国。两年前，我们同印度和缅甸的总理接触的时候，就感觉到这一点。在万隆会议中接触到更多国家的领导人，我也感觉到这一点。这是一方面。但是还有另外一方面，而且是主要的一方面，那就是时代不同了，中国的情况不同了。应该向有恐惧的外国朋友们解释的，首先是中国自己落后了一个世纪。不论是由于什么理由，中国过去被西方殖民主义侵略过，没有得到发展。现在我们胜利了，摆脱了殖民主义，要求得到政治上和经济上的独立发展。我们能取得胜利是因为我们建立了依靠人民的制度，这就是人民民主的制度。我们主要地依靠自己，来求得政治的完全独立和经济的独立发展，我们的目标是工业化。我们曾受过殖民主义的祸害，我们也看到了殖民主义的失败。我们怎能走殖民主义的老路去侵略人家呢？这是不许可的。这是我们国家的制度和政策所不许可的。我们主要依靠国内市场，这足以让我们得到发展。我们认为，只有同世界各国和平共处，才能得到发展；只有站在反殖民主义的立场，不容许自己重蹈殖民主义的覆辙，才不致失败。这一点已经成为我们规定在宪法里的基本政策。现在

----

① 《周恩来外交文选》，第172～174页。

时代也不同了。殖民主义的一切表现（这是万隆会议决议的用词）都是要失败的。"①

（七）有主见的学习型经济外交

新中国第一个五年计划虽然完成得比较顺利，但基本上是照搬苏联的经验。苏联的经验对于新中国来说是非常宝贵的，苏联经验所起的指导和推动作用也是明显的。但第一个五年计划的实践也证明，苏联的有些经验不很适合或很不适合中国的国情，需要加以研究和调整。党的第一代中央领导集体感到，别国的经验一定要适合中国国情，经济建设才能健康地发展起来。新中国的经济外交正是基于这样的理念来展开的。毛泽东在中共中央政治局扩大会议上的讲话《论十大关系》中指出："我们的方针是，一切民族、一切国家的长处都要学，政治、经济、科学、技术、文学、艺术的一切真正好的东西都要学。但是，必须有分析有批判地学，不能盲目地学，不能一切照抄，机械搬运。他们的短处、缺点，当然不要学。"②毛泽东的学习别国经济发展等的思想，可以理解为有主见的学习型经济外交思想，为此毛泽东举了苏联一开始设电影部、文化局，我们设文化部、电影局，后来苏联也改设文化部、电影局的例子，说明不能跟风，要有自己的主见的道理，这对毛泽东所批评的包括经济界在内所存在的、在学习别国经济发展时的教条主义是一个极大的警示。

（八）对广大第三世界慷慨援助的经济外交

中国是第三世界中的大国，而且中国成功地建立起了迈向社会主义道路的大国，虽然新中国比较彻底地摆脱帝国主义的束缚而成为民族独立的国家，国力还很弱，但无论是从生产关系的先进性要求还是从中国和广大民族独立国家感情上的共鸣方面，中国都必须在力所能及的情况下，在对广大民族独立国家的支持方面发挥表率作用，中国应该用行动来证明中国是世界和平与繁荣的一支重要力量，新中国成立才几年光景，世界范围内的民族解决运动风起云涌，埃及则是其中的一颗耀眼的明星，中国人民对埃及在反对英法老牌殖民主义的斗争中给予了真诚而无私的支持。中国和埃及是 1956 年 5 月 30 日正式建交的。"建交前，两国就已经展开了广泛的经济外交关系，一九五五年中国就从

---

① 《周恩来外交文选》，第 176~177 页。
② 《毛泽东外交文选》，第 236 页。

埃及进口接近五千万美元的棉花，这些棉花是在西方国家拒绝购买而造成埃及棉花大量积压下中国对埃及人民的雪中送炭之举。"① 西方学者对毛泽东时代慷慨的对外援助评价说："无疑，毛泽东的中国感到自己负有一种使命，即率领世界上的无产者大众反对摄食过多、过于富裕的各国，并向他们展示如何实现一场迅速的革命——在传授经验方面，她一直是非常乐于、非常慷慨和非常热心的。尽管自身遇到了困难，中国从未停止输出其供应和资金，就资金而言，1953～1959 年间，她共向阿尔巴尼亚、缅甸、柬埔寨……北朝鲜等国提供了 11.91 亿美元。这一数字尚不包括她向阿尔及利亚反叛者提供的援助，或与加纳达成的一项协定（1961 年）。这些以及其他事实（比如 40% 贷款给了非共产党国家）表明，人民中国打算扮演一种国际角色，这可能非其现有资源力所能及，但肯定未达到其雄心勃勃的高度。"② 我们当然不赞成西方学者作的中国要"率领世界上的无产者大众反对摄食过多"的描述，这是将中国的意图高度政治化的思维，西方学者不了解中国对外政策的哲学基础往往是从"为无为，事无事，味无味"出发，强调以不谋求任何自身的特殊利益而作出自己的国际贡献，当然中国这样做使很多得到中国援助而经济社会发展水平和中国一样处于不发达状况的穷朋友们给予了很多政治上的回报，这也是那些拥有知恩图报文化传统的国家自然而然的表达。所以西方学者的描述即使不是别有用心，也是非客观的，但是其中所讲到的中国在自身很艰难的情况下仍然坚持对穷朋友们的经济帮助，还是很生动的。1956 年 9 月 17 日，毛泽东在同埃及驻华大使的谈话中指出，中国"愿意尽力帮助埃及，我们的帮助没有任何条件。你们有什么需要，只要我们能力所及，一定帮助。我们对你们的帮助，你们能还就还，不能还就算了，我们可以给无代价的援助。当然，埃及是个有民族自尊心的国家，如果接受我们的援助还是要还，那末现在可以记帐，以后再说，或者过了一百年以后再还吧。埃及现在遭受西方国家的经济封锁，我们也经历过这种封锁，深知埃及人民的艰苦。中国在抗美援朝时，花了不少钱，死了不少人，现在没有战争了，可以尽力帮助埃及。"③ 在 1956 年 7 月 26 日埃及宣布苏伊士运河收归国有，英、法伙同以色列出兵入侵埃及后，中国政府要求英法立即停止对埃及的侵略，就苏伊士运河问题进行和平协商。"一九五六年十一月三日，中国政府赠送 2000 万瑞士法郎的现金给埃及，北京 40 多万

---

① 参见雷钰、苏瑞林《中东国家通史·埃及卷》，商务印书馆，2003，第 405 页。
② 〔法〕费尔南·布罗代尔：《文明史纲》，肖昶等译，广西师范大学出版社，2003，第 213 页。
③ 《毛泽东外交文选》，第 249 页。

群众集会，声援埃及人民，中国红十字会向埃及捐款 10 万元人民币，用于购买医药物资。"① 毛泽东的慷慨，实则反映的是中国人民的慷慨，是中华民族厚德载物的生动体现。我们从中国对埃及的这一无私的支持中可以窥一斑而见全豹，了解到为什么第三世界国家对中国有强烈和浓厚的情感，总把中国看做他们的精神领袖的深刻历史原因所在。

（九）以对外援助八原则为中国对外援助外交的宗旨

"对外援助八原则"首先是在和非洲国家发展关系时提出的。20 世纪 60 年代是非洲民族独立运动的高潮时期，截至 1963 年底，独立的非洲国家已达 34 个。中国此时先后同已独立的埃及、摩洛哥等 12 个非洲国家建立了外交关系，没有建立外交关系的也和它们有广泛的经济贸易往来，非洲国家的一些领导人也先后访华，但 1962 年中国被迫对印度的挑衅采取自卫还击，这一行动在美苏的大肆歪曲宣传下，使非洲国家对中国的对外政策产生了一些误解，为了向大洋洲国家澄清问题的原委，同时也是对来访的非洲国家领导人的回访，周总理于 1963 年 12 月至 1964 年 2 月访问了埃及等十国。② 1964 年 1 月 15 日，周恩来在访问加纳共和国答加纳通讯社记者问时首先阐述了中国对外经济技术援助的八项原则，在同月 21 日发表的中国同马里共和国两国政府的联合公报中正式写入了八项原则。周恩来指出："中国政府在对外提供经济技术援助的时候，严格遵守以下八项原则：第一，中国政府一贯根据平等互利的原则对外提供援助，从来不把这种援助看作是单方面的赐予，而认为援助是相互的。第二，中国政府在对外提供援助的时候，严格尊重受援国的主权，绝不附带任何条件，绝不要求任何特权。第三，中国政府以无息或者低息贷款的方式提供经济援助，在需要的时候延长还款期限，以尽量减少受援国的负担。第四，中国政府对外提供援助的目的，不是造成受援国对中国的依赖，而是帮助受援国逐步走上自力更生、经济上独立发展的道路。第五，中国政府帮助受援国建设的项目，力求投资少，收效快，使受援国政府能够增加收入，积累资金。第六，中国政府提供自己所能生产的、质量最好的设备和物资，并且根据国际市场的价格议价。如果中国政府所提供的设备和物资不合乎商定的规格和质量，中国政府保证退换。第七，中国政府对外提供任何一种技术援助的时候，保证做到使受援国的人员充分掌握这种技术。第八，中国政府派到受援国帮助进行建设

---

① 参见雷钰、苏瑞林《中东国家通史·埃及卷》，第 406 页。
② 参见艾周昌、沐涛《中非关系史》，华东师范大学出版社，1996，第 240 页。

的专家，同受援国自己的专家享受同样的物质待遇，不容许有任何特殊要求和享受。"① 周恩来在访问非洲期间提出的此八项原则，"表明了新中国诚心诚意地同各国和平共处，帮助新兴国家发展自己独立的民族经济，不以大国自居，不谋求私利，同当时的某些大国对非洲提供的援助和支持形成鲜明对照"②。在此，八原则"严格尊重受援国的主权，绝不附带任何条件，绝不要求任何特权"反映了中国传统优秀哲学思想，《庄子·天运》说："兼忘天下易，使天下兼忘我难。夫德遗尧舜而不为也，利泽施于万世，天下莫知也岂直大息而言仁孝乎哉？夫孝悌仁义，忠信贞廉，此皆自勉以役其德者也，不足多也。故曰，至贵，国爵并焉；至富，国财并焉；至愿，名誉并焉。是以道不渝。"③党的第一代中央领导集体对外援助正是遵循"虚静淡泊"的哲学来对待受援国的，而且这种援助并不寻求自己特殊的政治经济利益，使受援国不至于产生报恩的精神压力，中国只求受援国真正通过中国的援助改善其经济和社会条件，使受援国人民真正受益，而附加条件的援助就好像是庄子讲的"大谈仁孝"的行为一样，目的是想拘执受援国，以达到援助国的自私的国家目标。所以说，中国不附加条件的援助，是中国以知足的心态提供援助，而不谋求特殊利益，包括受援国的赞誉都可以不追求。而西方国家和中国的做法正好相反，如周恩来指出的，它们想"使民族独立的政策受到限制，它们主张经济合作要有条件，军事同盟必须维持，它们要把殖民主义的各种表现保存下来，或者变换花样保存下来。"④ 1964 年 6 月 14 日，毛泽东在会见坦桑尼亚领导人谈话时重申了"八原则"。毛泽东指出："现在非洲的问题是要独立，要反对外来干涉，要在军事、政治、经济和文化各方面独立。我们都要反对外来干涉。我国现在正在进行建设，赶上世界先进水平要用几十年。对整个非洲来说，要赶上西方国家的水平，也要几十年。如果我们几十年能赶上，就算很快了。西方那些发达的资本主义和帝国主义国家都有几百年的建设历史。它们几百年建成这个样，我们几十年赶上，时间不是并不那么长吗？我们要有信心。

---

① 《周恩来外交文选》，第 388～389 页。
② 参见艾周昌、沐涛《中非关系史》，第 243 页。
③ 此段文字用现代汉语翻译为："一并虚静淡泊地对待天下之人容易，使天下之人能一并忘却自我困难。盛德遗忘了尧舜因而尧舜方才能任物自得，利益和恩泽施给万世，天下人却没有谁知道，难道偏偏需要深深概叹而大谈仁孝吗？孝、悌、仁、义、忠、信、贞、廉，这些都是用来劝勉自身而拘执真性的，不值得推崇。所以说，最为珍贵的，一国的爵位都可以随同忘却自我而弃除；最为富有的，一国的资财都可以随同知足的心态而弃置；最大的心愿，名声和荣誉都可以随同通适本性而泯灭。所以，大道是永恒不变的。"
④ 《周恩来外交文选》，第 164～165 页。

有人说有色人种就不如白种人。我看，他们说得不对。有色人种觉醒起来之后，可能还要做得比西方更好一些。世界上人数最多的地方是亚洲、非洲和拉丁美洲。在欧洲和北美洲的人民中也有很多人是不反对我们的。在美国人民中就有很多人是赞成我们这一方的，如美国专家有一些在我们这儿当编辑、翻译，也有的在我们的外国语学校帮我们教学。我们抗日战争时，就有个加拿大的医生在我们这儿工作，后来牺牲了。要把他们的政府、垄断资本家同广大人民分开来看。你们国家和我们国家一样，什么都没有，又什么都有。第一条，你们有人民；第二条，你们在非洲是个大国，有很好的土地，可以搞农业和畜牧业；第三条，可能有很多地下矿藏。这几条中，首先一条是你们有人民，有很好的人民。你们非洲很有希望，全世界人民都注视着你们起来。不要讲很久以前的历史，就讲十年前和十年后就大不相同。十年前，埃及在一九五二年推翻了法鲁克王朝，苏伊士运河还没有收回。十年前还没有开万隆会议。世界变化相当快。历史和未来不仅属于非洲人民和亚洲人民，而且属于所有欧洲、美洲各国人民。我讲的是人民，不是那些大资本家。我们一定要实行八项原则。如果我们不执行其中任何一项，那就不行，对你们不利，对我们也不利。到外国去剥削人家，对我们有什么好处？我们自己还是被压迫者，这就是说台湾还没有解放。自己还是个不发达的国家，去打外国人的主意，象话吗？如果哪个中国人在你们那儿做坏事，你们就告诉我们，我们把他撤回来。你们也可以把他赶回来。我们派出去的人，可能有不好的。我们要检查工作，如果发现有人对外国态度不好，就必须责令他改正错误；如果他不改，就调回来。我们也有跑到资本主义国家中去的人，他们看不惯社会主义，想跑，跑一点也可以，我们人本来就太多了。"①

（十）告诫非洲国家对帝国主义丢掉幻想的经济外交

告诫非洲国家不要对帝国主义国家的经济支持抱幻想，要坚持独立自主，即使这样会犯一些错误，那也是从失败走向成功的错误，要有自我探索的精神。毛泽东指出："安哥拉朋友问，建立独立的民族经济要防止哪些幻想和危险？由于安哥拉现在还没有解放，仍要搞武装斗争。你们现在只能搞革命，经济建设只能在根据地搞一些。葡萄牙是不会帮助你们的。美国的帮助是别有用心的。如果说要防止幻想，我想要防止对美国的幻想。至于建设过程中会出现哪些危险，现在很难说。如果要说防止危险，就是防止从帝国主义方面来的危

---

① 《毛泽东外交文选》，第 527~528 页。

险。至于实际工作犯些错误，那是难免的。哪个政党都要犯错误的，中国共产党就犯过很多错误，犯过重大错误。犯了错误，改正就是了。错误能帮助人头脑清醒。"①

三 党的第一代中央领导集体通过经济外交直接或者间接为中国人民和世界人民谋利益的思想和举措

中国共产党的奋斗目标，其根本的归属就是实现中国人民和世界人民的利益。正如毛泽东在《抗日战争胜利后的时局和我们的方针》一文中所指出的，"我们的责任，是向人民负责。每句话，每个行动，每项政策，都要适合人民的利益"②。同样的，我们可以从 1961 年 9 月刘少奇会见英国蒙哥马利元帅的问答中，可以清楚地了解党的第一代中央领导集体的人民大众利益在他们一切重大方针政策中的分量和地位。刘少奇在回答蒙哥马利提出的"中国共产党中央委员会和中国政府的最终目标是什么"的问题时说，"中国共产党最终的目标也就是中国人民的最终目标，就是要把中国建设好，保证中国是一个独立的国家，主权的国家，改善人民的生活。我们说改善人民的生活，是指改善人民的经济和文化的生活，实现社会主义和共产主义。这是我们的最终目标"。在蒙哥马利元帅谈到"过三十年、四十年或五十年，那时中国将成为有十亿人口的大国，那时从中国以外的角度来看，情形将是怎样的呢？这就是西方许多国家正在考虑的问题"时，刘少奇表示："凡是压迫别国人民的民族，它自己就不会有自由，也得不到好的结果。我们不但不会压迫英国人，就是对一些小国，对我们的邻国，比如缅甸、泰国、柬埔寨、尼泊尔、印度等，我们都要在互利的条件下，互相尊重主权，根据和平共处的五项原则，发展友好关系。我们现在如此，将来也如此，并教育我们的后代永不侵略和压迫别的国家。我们只在自己的这块土地上把自己的生活过好。"③

（一）党的第一代中央领导集体的经济外交体现人民利益的理论

列宁指出："资产阶级在帮助人民进行争取自由的斗争时，就宣布这个斗争是上帝的事业。在它被人民吓倒而掉过头来支持一切中世纪制度对付人民时，它就把'利己主义'、发财致富、沙文主义的对外政策等等宣布为上帝的

---

① 《毛泽东外交文选》，第 539 页。
② 《毛泽东选集》第 4 卷，人民出版社，1991，第 1128 页。
③ 《毛泽东、刘少奇、周恩来会见蒙哥马利谈话记录》，《党的文献》2003 年第 1 期，第 34 页。

事业，在欧洲过去到处都是这样。"① 以毛泽东为代表的党的第一代中央领导集体的外交政策，目的只有一个，就是通过外交努力，从根本上把全中国人民的利益和全世界人民的利益实现好，维护好，没有共产党本身的特殊利益，中国共产党的外交事业，就是人民的事业。这和资产阶级统治的国家所追求的外交目标是根本不同的。

第一，中国共产党的力量和骨气来自不谋私利，来自为民族和人民谋利益，所以能成大器，所以能够战胜一切曾经不可一世的敌人，中国人民才真正放心地把中华民族的命运交给中国共产党去谋划。《道德经》说："天长地久。天地所以能长且久者，以其不自生，故能长生。是以圣人后其身而身先；外其身而身存。" 正如毛泽东为新华社写的一篇评论中指出的："三次反共高潮以及其他无数次挑战，不是因为共产党的无限制的让步和服从而打退的，而是因为共产党坚持'人不犯我，我不犯人；人若犯我，我必犯人'的严正自卫态度而打退的。如果共产党毫无力量，毫无骨气，不为民族和人民的利益而奋斗到底，十年内战何能结束？抗日战争何能开始？即令开始，又何能坚持到今天的胜利？"②

第二，如何把人民的利益落到实处，办法是多种多样的，其中的有效办法之一是扩大一切愿意而且能够为人民大众利益服务的朋友和人群，使之成为社会主义政权的组织基础和同盟军。只有最大限度地争取和团结那些为着人民的利益而工作的人，使他们以人民的愿望为自己的愿望，实现人民的利益才会取得最大的组织保障。而如果我们的朋友中，很多人是厌恶人民的势力，他们的思维是一心一意地代表资产阶级的利益，为剥削阶级说话，这样的人如果加入到革命的队伍中，人民的利益就会被边缘化，甚至最后改变社会主义政权的性质。正如毛泽东在他的著名的《将革命进行到底》一文中所说的："我们认为中国人民革命阵营必须扩大，必须容纳一切愿意参加目前的革命事业的人们。中国人民的革命事业需要有主力军，也需要有同盟军，没有同盟军的军队是打不胜敌人的。正处在革命高潮中的中国人民需要有自己的朋友，应当记住自己的朋友，而不要忘记他们。忠实于人民革命事业的朋友，努力保护人民利益而反对保护敌人利益的朋友，在中国无疑是不少，无疑是一个也不应被忘记和被冷淡的。我们又认为中国人民革命阵营必须巩固，必须不容许坏人侵入，必须不容许错误的主张获得胜利。处在革命高潮中的中国人民除了记住自己的朋友

---

① 《列宁全集》第 19 卷，人民出版社，1989，第 174 页。
② 《毛泽东选集》第 4 卷，第 1150～1151 页。

以外，还应当牢牢地记住自己的敌人和敌人的朋友。如上所说，既然敌人正在阴谋地用'和平'的方法和混入革命阵营的方法以求保存和加强自己的阵地，而人民的根本利益则要求彻底消灭一切反动势力并驱逐美国帝国主义的侵略势力出中国，那末，凡是劝说人民怜惜敌人、保存反动势力的人们，就不是人民的朋友，而是敌人的朋友了。"① 在《向全国进军的命令》中，毛泽东从民族和人民的利益出发，指出南京国民党政府拒绝"国内和平协议"的实质，"是因为他们仍然服从美国帝国主义和国民党匪首蒋介石的命令，企图阻止中国人民解放事业的推进，阻止用和平方法解决国内问题。"在此项八条二十四款国内和平协议中，对战犯问题的宽大处理与国民党军队的官兵和国民党政府的工作人员的宽大处理等其他各项问题"亦无不是从民族利益和人民利益出发作了适宜的解决。拒绝这个协定，就是表示国民党反动派决心将他们发动的反革命战争打到底。拒绝这个协定，就是表示国民党反动派在今年一月一日所提议的和平谈判，不过是企图阻止人民解放军向前推进，以便反动派获得喘息时间，然后卷土重来，扑灭革命势力。"②

第三，由于中国实行的是社会主义制度，在社会主义制度下，人民的利益高于一切。正如毛泽东受中国人民政治协商会议第一届全体会议的委托起草的会议宣言所指出的："中华人民共和国现已宣告成立，中国人民业已有了自己的中央政府。……它将领导全国人民克服一切困难，进行大规模的经济建设和文化建设，扫除旧中国所留下来的贫困和愚昧，逐步地改善人民的物质生活和提高人民的文化生活。它将保卫人民的利益，镇压一切反革命分子的阴谋活动。它将加强人民的陆海空军，巩固国防，保卫领土主权完整，反对任何帝国主义国家的侵略。它将联合一切爱好和平自由的国家、民族和人民，首先是联合苏联和各新民主国家，以为自己的盟友，共同反对帝国主义者挑拨战争的阴谋，争取世界的持久和平。"③ 要实现中国人民经济的、政治、文化的、安全的各种利益，必须要有一个和平安定的国际环境，以毛泽东为核心的党的第一代中央领导集体深刻地懂得这一点，而且从新中国成立就积极地营造人民安居乐业的国际环境。在社会主义制度下建立的外交制度以及这种制度所推行的外交政策和方针，最大限度地营造好了中国人民所需要的以国家主权的巩固与民族尊严的保障为前提的国际环境。而且可以肯定地说，今天中国人民生产和生

---

① 《毛泽东选集》第 4 卷，第 1378 页。
② 《毛泽东选集》第 4 卷，第 1449～1450 页。
③ 《毛泽东文集》第 5 卷，人民出版社，1996，第 348 页。

活所获得的国际环境，肯定是几千年以来最好的。

中国的外交政策和外交制度，是真正为中国人民利益服务的，新中国成立以来的一切重大的外交行动，都为人民的利益作出了重大的贡献，但是外交政策主要集中体现国家利益，国家利益的核心是民族的最高利益。因此，在具体的人民利益的表现方面，有时会因为国家重大战略行动的需要，牺牲人民的一些眼前利益和直接利益（比如抗美援朝中国人民在经济上和生命上作出的牺牲），但是这种牺牲是建立在实现人民和国家长远利益基础上的。正如毛泽东在《关于正确处理人民内部矛盾的问题》所指出的："我们的人民政府是真正代表人民利益的政府，是为人民服务的政府，但是它同人民群众之间也有一定的矛盾。这种矛盾包括国家利益、集体利益同个人利益之间的矛盾，民主同集中的矛盾，领导同被领导之间的矛盾，国家机关某些工作人员的官僚主义作风同群众之间的矛盾。这种矛盾也是人民内部的一个矛盾。一般说来，人民内部的矛盾，是在人民利益根本一致的基础上的矛盾。"①

中国共产党所表达的"人民的利益"和"人民的长远利益"的思想，并不是空洞的口号，而是有深刻内容的。毛泽东在《给中国人民志愿军的命令》中指出："为了援助朝鲜人民解放战争，反对美帝国主义及其走狗们的进攻，藉以保卫朝鲜人民、中国人民及东方各国人民的利益，着将东北边防军改为中国人民志愿军，迅即向朝鲜境内出动，协同朝鲜同志向侵略者作战并争取光荣的胜利"，此处的"藉以保卫朝鲜人民、中国人民及东方各国人民的利益"，就是实实在在的，没有丝毫的粉饰的成分。正如毛泽东讲到的人民的眼前利益的"小仁政"和人民的长远利益的"大仁政"的关系时所指出的，"所谓仁政有两种：一种是为人民的当前利益，另一种是为人民的长远利益，例如抗美援朝，建设重工业。前一种是小仁政，后一种是大仁政。两者必须兼顾，不兼顾是错误的。那末重点放在什么地方呢？重点应当放在大仁政上。现在，我们施仁政的重点应当放在建设重工业上。要建设，就要资金。所以，人民的生活虽然要改善，但一时又不能改善很多。就是说，人民生活不可不改善，不可多改善；不可不照顾，不可多照顾。照顾小仁政，妨碍大仁政，这是施仁政的偏向。有的朋友现在片面强调小仁政，其实就是要抗美援朝战争别打了，重工业建设别干了。我们必须批评这种错误思想。这种思想共产党里边也有，在延安就碰到过。一九四一年，陕甘宁边区征了二十万石公粮，一些人就哇哇叫，说共产党不体贴农民。共产党的个别领导干部也提出所谓施仁政问题。那时我就

---

① 《毛泽东文集》第7卷，人民出版社，1999，第205页。

批评了这种思想。当时最大的仁政是什么呢？是打倒日本帝国主义。如果少征公粮，就要缩小八路军、新四军，那是对日本帝国主义有利的。所以，这种意见，实际上是代表日本帝国主义、帮日本帝国主义忙的。"① 抗美援朝战争的胜利是弱国战胜强国的胜利，是中国人民意志的胜利，也是中国外交哲学的胜利。中国人民历来懂得"舍小家顾大家""天下兴亡、匹夫有责""皮之不存，毛将焉附"的道理，当国家主权与安全受到帝国主义的严重威胁时，当中国的邻国受到帝国主义侵略时，中国人民宁可牺牲眼前的利益，而服从国家的长远利益，举国支持抗美援朝就是一个很好的证明。中国共产党的伟大之处，就在于她深刻懂得民心所向，懂得人民发自内心深处的渴望。而几千年来真正懂得民心所向并将民心所向的政策一以贯之的中国封建统治者，是寥寥无几的，除了汉唐和清王朝最鼎盛时期的统治者能懂得一点外，其他任何时期的封建统治者，几乎都是背人民的意愿而动的或者执政的理念和行动不能充分反映民心。所以我们今天生活在以先进生产关系建构起来的新中国，看到成立仅仅六十多年的新中国，在中国共产党的科学决策、曲折探索和坚强领导下，就基本实现了中华民族的伟大复兴，从中我们深刻地体会到，这是中国有史以来真正地把国家意志和人民的意愿完全统一起来的新中国。因此，中国走向更加强大的历史趋势是绝对不可改变的。

第四，人民民主专政的外交意义。宪法第一条就规定："中华人民共和国是工人阶级领导的、以工农联盟为基础的人民民主专政的社会主义国家。"② 毛泽东在谈到"人民民主专政"这个重要概念时专门谈到了它涉及的在国家主权与安全方面的功能。他说："我们的国家是工人阶级领导的以工农联盟为基础人民民主专政的国家。……专政还有第二个作用，就是防御国家外部敌人的颠覆活动和可能的侵略。在这种情况出现的时候，专政就担负着对外解决敌我之间的矛盾的任务。专政的目的是为了保卫全体人民进行和平劳动，将我国建设成为一个具有现代工业、现代农业和现代科学文化的社会主义国家。谁来行使专政呢？当然是工人阶级和在它领导下的人民。专政的制度不适用于人民内部。人民自己不能向自己专政，不能由一部分人民去压迫另一部分人民。"③ 人民民主专政的第二个作用，主要反映在国防和外交领域。从党的第一代中央领导集体的本意来看，要实现人民民主专政的第二个作用，必须建立

① 《毛泽东选集》第5卷，第105~106页。
② 《人民日报》2004年3月16日。
③ 《毛泽东文集》第7卷，第206页。

一个强大的国际国内反侵略统一战线，以保障中国人民安居乐业的国家主权和国家安全。

第五，通过先进生产关系实现人民的外交利益的道路是广阔的，但也是有曲折的。社会主义制度和人民利益是高度一致的，但是这种一致并不能简单地在实践中完全做到，因为社会主义制度本身存在不完善性，特别是在社会主义初级阶段，这种不完善性就更加明显，人民的利益和制度总是存在这样那样的矛盾和冲突，虽然这些矛盾都是人民内部范围内的，但有些矛盾如果不实时地采取有效措施解决，也可能会向对抗性方向发展，特别是在旧的国际政治经济秩序仍然主导着今天的国际政治的情况下，暗藏在国内的一小撮外部敌人的代言人和奸细会充分利用党和政府决策上的一些失误或者一些政策的不良后果所引起的民众的不满情绪，推波助澜地使之向对抗性方向发展，结果不但破坏国家间正常的外交关系，使人民大众通过国家间正常的外交往来而得到的外交利益受到极大的破坏，1989 年政治风波就是一个突出的例子。正如毛泽东指出的："在一般情况下，人民内部的矛盾不是对抗性的。但是如果处理得不适当，或者失去警觉，麻痹大意，也可能发生对抗。这种情况，在社会主义国家通常只是局部的暂时的现象。这是因为社会主义国家消灭了人剥削人的制度，人民的利益在根本上是一致的。……社会主义国家内部的反动派同帝国主义者互相勾结，利用人民内部的矛盾，挑拨离间，兴风作浪，企图实现他们的阴谋。匈牙利事件的这种教训，值得大家注意。"① 因此，如何使内政与外交得到很好的平衡，最大限度地实现人民的利益，让人民的专政真正为人民．这是执政的工人阶级必然要处理好的问题。中国是一个地域发展不平衡且人口众多的大国，治理好这样的大国，一定要讲科学的方法。《道德经》说："治大国若烹小鲜。以道莅天下，其鬼不神。……夫两不相伤，故德交归焉。"毛泽东在他的《论十大关系》中要处理好的问题，就是系统地提出了新中国各项建设如何才能更好地进行的科学的理论和方法。毛泽东在《论十大关系》中，就"中国与外国的关系"的论述，在今天看来需要根据今天的国际政治实际加以发展，因为其内容的核心只是讲如何向外国学习的问题（因为当时中国的外交是一边倒外交，完全独立自主的外交运作的时机尚不成熟，因此主要是向外国学习、特别是向苏联学习），但从毛泽东此篇著名的文章总的精神上看，体现了求实精神、科学精神和"若烹小鲜"那样的举重若轻，并且可以说找到了治理中国以建设中国特色的社会主义之道以"莅天下"，使帝国主

---

① 《毛泽东文集》第 7 卷，第 211 页。

义遏制中国发展的"鬼不神",真正地达到了"德交归焉"的境界。在毛泽东正确的内政与外交的方针的指引下,新中国成立后的第一个十年,中国各方面的建设都取得了巨大的胜利。1959 年 10 月 6 日发表的周恩来为纪念新中国成立十周年而作的《伟大的十年》文章中,周恩来指出:"在中华人民共和国庆祝成立十周年的时候,世界上的人们不管政治见解如何,都不能不承认,中国发生了真正翻天覆地的变化。中国人民由人间地狱的奴隶一变而为自己命运的大无畏的主人。"① 1949 年 8 月,美国国务卿艾奇逊在他致美国总统杜鲁门的信中,嘲笑中国共产党关于"解决人民的吃饭问题"不可能取得成功,新中国的成就使美国这个"鬼"的预言不神了。

由于社会主义制度存在不完善性,在这种情况下发生的社会主义国家间的交往,也可能因彼此制度的不成熟和不完善而使人民的直接利益受到一定的损害。比如新中国成立后不久,新中国就和苏联建立了同盟关系,赫鲁晓夫领导下的苏联开始对中国进行经济科技方面的大规模援助,显示了社会主义国家空前的团结,正如周恩来在新中国成立十周年时总结的,"我国人民在庆祝建国十周年的时候,特别要感谢苏联在第一个五年计划期间援助我国建设了一百六十六个项目,去年和今年又新订了援助我国建设一百二十五个项目的协议,并且在十年中先后派遣经济、文教专家一万零八百多人来华工作。同时,也要感谢其他社会主义国家在第一个五年计划期间援助我国建设了六十八个项目,以后又新订了援助我国建设四十多个项目的协议,并且先后派遣一千五百多个专家来华工作。我们所取得的成就是同兄弟国家人民的巨大援助分不开的,他们的热情和友谊是我国人民所永远不能忘怀的。我们应该永远坚持爱国主义和国际主义相结合的马克思列宁主义的原则,不断地巩固和发展同他们的兄弟般的合作"②。但是,"1960 年 7 月 16 日,苏联政府突然照会中国政府,单方面决定召回苏联专家。这是 1960 年 6 月底布加勒斯特会议结束以后,苏共领导把两党关系的恶化扩大到国家关系上来,对中国施加的压力。7 月 25 日,未等我方答复,苏方又通知中国政府:自 7 月 28 日至 9 月 1 日期间,将撤回全部在华专家 1390 人,终止派遣专家 900 多名,并撕毁了 343 个专家合同和合同补充书,废除了 257 个科学技术合作项目。据统计,第一个五年计划以来,苏联援助中国的项目共 304 项,到 1960 年上半年,已建成 103 项,还有 201 项正在建设中。苏联在华专家分布在中国经济、国防、文化教育和科学研究等部

---

① 《辉煌的十年》,人民日报出版社,1959,第 27 页。
② 《辉煌的十年》,第 50~51 页。

门的 250 多个企事业单位中，在技术设计、工程施工、设备安装、产房试制和科学研究等方面担负着重要任务。这些苏联专家聘期未满，合同没有到期，中国政府虽然多次挽留，苏方始终坚持其决定，苏联专家撤走时，带走了全部图纸、计划和资料，并停止供给中国建设急需的重要设备，大量减少成套设备和各种设备中关键部件的供应。苏联的这一举动，使中国一些重大设计项目和科研项目被迫中断，一些正在试验生产的厂矿不能按期投入生产，250 多个企业和事业单位处于停顿、半停顿状态。苏联政府这种背信弃义的行动，不仅严重地打乱了中国发展国民经济的计划，加重了中国当时的经济困难，给中国的社会主义经济建设事业造成了重大损失，而且进一步破坏了中苏两国之间的关系"①。邓小平 1989 年 5 月会见苏联总统戈尔巴乔夫时，就中苏关系实事求是地总结说，"应该说，从六十年代中期起，我们的关系恶化了，基本上隔断了。这不是指意识形态争论的那些问题，这方面现在我们也不认为自己当时说的都是对的。真正的实质问题是不平等，中国人感到受屈辱。虽然如此，我们从来没有忘记在中国第一个五年计划时期苏联帮我们搞了一个工业基础"②。中苏意识形态争论表现为两个共产党大国在社会主义制度下执政的不成熟，苏联作为第一个成功建立社会主义的国家对外政策沙文主义化更是走上了一条和社会主义制度所要求的平等互利相违背的不归路，苏联的教训就是社会主义制度虽然是建立在先进的生产关系之上的，苏联的经验也说明先进的生产关系一定会促进先进生产力的大发展，但是苏联的教训也说明，社会主义制度也要不断地进行改革，即使是相对成熟的社会主义制度，要避免僵化，同时要避免骄傲自满，做到宠辱不惊，只有这样，才能保障国家的长治久安，而不至于"大患"缠身。在对外政策上不以政治制度划线，不搞意识形态的争论，这样才有可能建立起正常和稳定的党际的和国家间的关系。正如《道德经》所说的："宠辱若惊，贵大患若身。……爱以身为天下，若可托天下。"

（二）党的第一代中央领导集体以人民的利益为目标的经济外交实践

新中国外交的着眼点和最终归属，都是从人民的根本利益考虑的。1950 年 2 月 14 日，周恩来作为中国政府全权代表，同苏联政府全权代表维辛斯基共同签署了从中国人民的政治利益、安全利益考虑的《中苏友好同盟互助条

---

① 中华人民共和国国史全鉴编委会编《中华人民共和国国史全鉴》第 3 卷，团结出版社，1996，第 2573 页。
② 《邓小平文选》第 3 卷，第 294 ~ 295 页。

约》、从中国人民主权利益考虑的《中苏关于中国长春铁路、旅顺口及大连的协定》和从中国人民经济利益考虑的《中苏关于贷款给中华人民共和国的协议》。周恩来在签字仪式上发表演说时指出："这些条约和协议的签订，对于新兴的中华人民共和国说来，是特别重要的，将有助于中国经济的恢复和发展。中苏两国这种为和平、正义与普遍安全而携手合作的举动不仅是代表中苏两国人民的利益，同时也是代表东方和世界上一切爱好和平与正义的人民的利益。"① 以《中苏友好同盟互助条约》为例，在当时的历史条件下，从总体上来评价它可得出这样的结论："它对于防止日本军国主义死灰复燃，以及美国扶植日本进行新的侵略和扩张，保障中苏两国安全，维护远东的稳定与世界的和平具有重要意义。后来的事实证明，美国没敢冒天下之大不韪，把朝鲜战争扩大到中国境内，这个条约是起了震慑作用的。它对于中国冲破西方大国的封锁和禁运政策，获得相对有利的国际环境，医治国内战争创伤，恢复国民经济和开展以苏联援助中国的 156 项工程为核心的经济建设也具有积极意义。"② 这个条约是真正和平的条约，是通向和谐世界最坚实的条约。这个条约，使中国人民彻底摆脱了《雅尔塔协定》的羁绊，宣告废除国民政府当年同苏联签订并留给新中国的最后一个不平等条约，结束了近代以来中国蒙受西方列强凌辱的苦难岁月，开辟了向世界展示中国人民新生活、新形象和新力量的时代，使中华民族再也不是一个被人侮辱的民族，使中华民族从此列入爱好和平自由的世界民族大家庭中，勤劳勇敢的中国人民创造自己的文明和幸福的时代从此不可逆转地到来了。

党的第一代中央领导集体在和社会主义国家建立全方位外交关系中，充分体现的是中国人民和社会主义国家间人民的利益，即使和资本主义国家的政治经济关系，也同样把人民的利益作为最高价值取向。周恩来在一次谈到中英经济关系时就指出："中英的贸易应该按照两国的需要，以及两国人民的利益来进行。关于中国在英国建立贸易机构问题，我们将加以考虑。在此前后，指示雷任民多找关系同在日内瓦的威尔逊等和英国贸易界人士接触，以英国为突破口，冲破巴黎统筹委员会对中国实行的封锁禁运政策，打开英国市场。"③ 党的第一代中央领导集体对广大发展中国家的经济外交，都是着眼于经济合作和经济援助对象国的人民直接受益。《西哈努克自传》就披露："一九五六年，我到了中华人民共和国，所受到的欢迎比在马尼拉时要隆重得多。我的中立政

---

① 《周恩来年谱：1949～1976》（上），第 24～25 页。

② 田居俭：《维护国家主权和领土完整的严正斗争——从〈雅尔塔协定〉到〈中苏友好同盟互助条约〉》，《当代中国史研究》1997 年第 1 期，第 12 页。

③ 《周恩来年谱：1949～1976》（上），第 373 页。

策在中国和社会主义阵营里确实产生了效用。周恩来在他的讲话中强调指出：'在万隆亚非会议上，西哈努克亲王亲自率领的柬埔寨王国代表团明确表示，柬埔寨始终坚持中立，决不被用来作为侵略基地。在我们相互接触中，亲王殿下维护柬埔寨独立和维护印度支那和平的决心给我留下了深刻的印象。柬埔寨的和平中立政策赢得了世界上广大人民群众和大多数国家的敬佩。柬埔寨王国在亚洲事务中发挥着越来越大的作用。'要当一个好的外交家是很辛苦的。至于毛泽东主席方面，他非常亲切地接待了我，并同我进行了三次长时间的单独交谈，详细地询问我国的情况，同我讨论了重大的国际问题。他对我说：'我是人民的儿子，农民出身的共产主义者，但我为有你这样的亲王做朋友而感到荣幸。'这一次中国之行为我国奠定了真正的工业基础，因为我的朋友周恩来以政府的名义为我国援建了三座大型工厂：即磅湛纺织厂、金边附近的岱埃胶合板厂和桔井省的川龙造纸厂。周和我都努力使柬埔寨实现在就地取材、加工和直接服务于人民群众（即收购棉花、木材和竹子，提供棉布、普通胶合板、文化用纸等）的基础上的工业化。到一九五八年，中国又援建了三座工厂：即贡布省的乍格雷丁水泥厂、金边附近的斯栋棉吉玻璃器皿厂和在马德望的第二个纺织厂。"①

第二节 "三个代表"重要思想与党的第二代中央领导集体的经济外交

邓小平经济外交思想是邓小平理论的重要组成部分，是对马列主义、毛泽东思想中的经济外交思想在新的历史条件下的继承和发展，是新时期中国经济外交的理论基础和指导思想。

一 从先进生产力的意义上看党的第二代中央领导集体的经济外交

（一）引进国外先进科学技术服务于经济建设，吸引外资，学习外国先进管理方法和生产经验

把生产力引入国际外交之中，这是中国共产党人办外交的一大特点。比

---

① 〔柬埔寨〕诺罗敦·西哈努克：《西哈努克自传》，李恩广译，时代文艺出版社，2003，第228页。

如，1941年12月14日，周恩来发表于《新华日报》题为《太平洋战争与世界战局》的文章指出："全世界反侵略国家和民族必定取得胜利，但还得经过若干过程，主要是因为民主国家尚存在若干弱点和困难，人力、物力、财力、生产力还没能全部动员，使用尽当，也还没有做到完全团结和信赖无间。指出我们不能忽视这一切弱点，而应联合友邦，奋起直追，解决这些困难，以担负太平洋上伟大艰苦的抗日任务。"周恩来关于"生产力"的思想很清楚地表明，只有把民族国家的"生产力"等硬实力要素发展好，国际反法西斯统一战线才能真正有力量取得胜利。党的第二代中央领导集体在国际交往中不但重视生产力要素，而且更加重视高于一般意义上的生产力要素即先进科学技术的引进。邓小平指出："十一届三中全会以后，我们探索了中国怎么搞社会主义。归根结底，就是要发展生产力，逐步发展中国的经济。第一步，到本世纪末翻两番，达到小康水平。第二步，再花三十年到五十年时间，接近发达国家的水平。目标确定了，从何处着手呢？就要尊重社会经济发展规律，搞两个开放，一个对外开放，一个对内开放。对外开放具有重要意义，任何一个国家要发展，孤立起来，闭关自守是不可能的，不加强国际交往，不引进发达国家的先进经验、先进科学技术和资金，是不可能的。对内开放就是改革。改革是全面的改革，不仅经济、政治，还包括科技、教育等各行各业。"① 中国要成为新时代的世界经济强国，如果不取得居领先地位的新科学技术的大发展，不在国际经济交往中首先取得先进科学技术的突破，不能把握先进科学技术在经济发展中的核心引导作用，经济合作仅仅只是在低端科技领域中徘徊，中国就不可能真正强大起来。正如美国学者所说的："现代史上所有早期经济大国——英国、美国、德国都是通过新技术领域居领先地位而崛起的。"② 引进外国特别是西方国家先进的科学技术和管理方法，在今天看来不会有多少人提出疑义，但在邓小平启动改革开放之初，极"左"的思想根深蒂固，由于帝国主义对中国的长期封锁而形成的对帝国主义国家的一切东西抱绝对排斥的观念在中国大地上十分流行，最明显的就是以反对"崇洋媚外"（崇洋媚外在任何时候都是要反对的，但在自身独立自主、保持民族尊严、平等互利的前提下学习和引进外国的先进科学技术和先进的管理经验，则不属于崇洋媚外）为名而实际上是遏制了自身发展的旧思想和旧观念长期地束缚着人们，而这些旧思想和旧观念的集中表现，就是谁越"左"，谁就越革命，谁主张吸收包括资本主

---

① 《邓小平文选》第3卷，第117页。
② 〔美〕彼得·德鲁克：《后资本主义社会》，第40页。

义国家的一些好的东西，谁就是修正主义，谁就是想走资本主义道路。所以邓小平的改革开放，很大程度上还要解决思想解放的问题，在中国大地上如果思想不能解放，改革开放就不可能顺利进行，要完成这一具有思想启蒙运动意义的伟大的任务，对党的第二代中央领导集体来说是一个极其严峻的考验。邓小平指出，"要弄清什么是资本主义。资本主义要比封建主义优越。有些东西并不能说是资本主义的。比如说，技术问题是科学，生产管理是科学，在任何社会，对任何国家都是有用的。我们学习先进的技术、先进的科学、先进的管理来为社会主义服务，而这些东西本身并没有阶级性"①，是人类共同创造的财富。他强调："搞社会主义，中心任务是发展生产力。一切有利于发展社会生产力的方法，包括利用外资和引进先进技术，我们都采用。""归根到底，我们的建设方针还是毛主席过去制定的自力更生为主、争取外援为辅的方针。不管怎样开放，不管外资进来多少，它占的份额还是很小的，影响不了我们社会主义的公有制。吸收外国资金、外国技术，甚至包括外国在中国建厂，可以作为我们发展社会主义社会生产力的补充。当然，会带来一些资本主义的腐朽的东西。我们意识到了这个问题，但这不可怕。"② 当然，邓小平主张学习西方发达国家的科学技术，也是从抓住难得的历史机遇的意义上来考虑的，因为从中国启动改革开放一直到东欧剧变和苏联解体前，西方国家出于和中国战略利益的某些方面的一致性（比如共同遏制苏联的霸权主义），对华科技的转让还是比较积极的，它们在一般性的非敏感的科学技术方面的转让，是持配合态度的，它们甚至可以在中美还没有正式建交的情况下，就制定了相关的政策，比如1977年6月完成的美国第24号《总统参考备忘录》第三项就涉及对中国的技术转让。在该档的拟订过程中，美国执政精英内部曾经发生严重分歧，美国出于遏制苏联的需要，最后主张向中国转移科学技术的一派占了上风，③ 1979

---

① 《邓小平文选》第2卷，第351页。

② 《邓小平文选》第2卷，第351页。

③ 在该档的拟订过程中，美国执政精英布热津斯基与万斯已经发生了交锋。布热津斯基主张向中国转让技术，他认为这一发展与中国的战略关系的步骤将会使苏联在处理有关美国的利益方面不致胆大妄为。国防部长布朗支持这种主张。万斯则向总统称，发展与中国的战略关系是"相当危险的"，因为"再没有别的什么"被苏联人看做"更富有敌对意义"的了。它将使苏联重新评估削减美苏紧张状态到底有多少用处。他进而说，只要向中国转让可用于防卫的技术的风声走漏出去，就会对美苏关系产生影响。结果万斯的主张占了上风，第24号《总统参考备忘录》第三稿建议，在转让与军事有关的设备和技术方面，美国应当继续做到对苏联和中国不偏不倚，"一碗水"端平。经过一系列官僚政治运作，这一稿有意透露给了新闻界。转引自郝雨凡《美国对华政策内幕（1949～1998年）》，台海出版社，1998，第180页。

年中美建交就签订了科技合作协定;① 1984 年 10 月，中美又签订了中美工业科技协议，中美科技合作达到了一个新的阶段。但随着苏联解体，东欧剧变的发生，美国认为没有必要再打"中国牌"了，这直接导致美国对中国各方面的战略性合作受到直接的消极影响，在科技合作方面更是想方设法找中国的茬，其醉翁之意就是要中断中美科技合作良好的势头。随后所发生的种种美国在科技问题上对中国的刻意诬蔑，以求达到既找到理由中断和中国的科技合作，又在中国的国际形象上抹黑，收到一石二鸟、一箭双雕之效。1999 年 3 月 6 日，《纽约时报》发表题为《中国窃取美国原子弹计划建造更好的武器》的长篇文章，声称 20 世纪 90 年代中期中国爆炸了小型核弹头，取得了核技术方面的突破，是因为中国从一家美国国家实验室窃取了核机密，始作俑者是在这家实验室工作的华裔美籍科学家李文和。② 当然，最臭名昭著的是那个捕风捉影、胡编乱造、移花接木、信口栽赃、不着边际，充斥着"很可能""大概""看来""或许""委员会判断"等模棱两可的词语的《考克斯报告》③。对于"核盗窃案"，朱镕基总理在 1999 年 4 月 8 日访问美国时，在与克林顿联合记者会上用斩钉截铁的语气说："我以中华人民共和国总理的身份在这里庄严地声明，我根本不知道有什么间谍偷窃了美国的军事机密，我也完全不相信这一点。我也问过江泽民主席，他也完全不知道有这么一回事。中国没有这种政策，要去盗窃美国的军事机密。我也不相信，在美国的安全保卫工作这么严密、技术设备这么先进（当然，这个麦克风的技术好像不是太先进）的情况

---

① 邓小平于 1979 年 1 月 28 日开始对美国进行为期 8 天的访问，访问期间，邓小平和卡特亲自签订了两国科技合作协定。根据协定，中美两国将在平等、互利和互惠的基础上，在农业、能源、空间、卫生、环境、地学、工程和科学技术及其他领域如管理、教育和人员交流等方面进行合作。双方鼓励中美两国政府机构、大学以及其他组织和机构之间的联系和合作，并提供便利。两国成立科技合作联合委员会，每年轮流在对方开会一次。协定为期 5 年。

② James Risen and Jeff Gerth, "China Stole Secret U. S. Bomb Plans Builds Better Weapons. White House Told of Theft 2 Years Ago", *New York Times*, March 6, 1999, p. 1.

③ 报告全称为《美国国家安全和对中华人民共和国军事和商业关注》，分为 11 章，报告大肆渲染李文和案件，但拿不出真凭实据。报告指责中国从美国 4 家核实验室窃取了从 W56 到 W88 等 7 种核弹头的技术数据。美国在 20 世纪 80 年代出版的出版物中就已经公开了这 7 种核弹头的详细资料。报告用很大的篇幅对与中国有高科技合作的美国公司进行无端猜测和指责，说它们向中国提供了未获许可证的、"非法的"导弹技术、设计和测试程序等。报告把每年数万名中国大陆访美学者、留学生以及从事商贸活动的 300 多家中国在美公司统统打入所谓的"中国间谍网"，说他们都是为了"要替中国搜集某种形式的情报"。因此报告建议，政府每半年要向国会报告中国政府针对所谓的美国在核武器方面的"间谍活动"，报告还在卫星发射、高性能计算机、对其他高科技出口等方面建议一系列对华的防范和限制措施。见 Shirley A. Kan, "China's Technology Acquisitions: Cox Committee's Report Findings, Issues, and Recommendations", CRS Report for Congress, June 8, 1999, p. 378。

下，中国能够在美国盗窃什么机密。我看是不可能的。"朱镕基说："至于中美两国学者在交流他们的科学技术知识的时候，也许会谈到某些有关军事方面的技术，但是我不相信这里面有什么带有实质性的军事机密，我也不相信在他们的交流中间会涉及这样的问题。作为一个高级工程师，我主管中国工业几十年，我从来不知道有什么尖端技术是从美国来的。当然，技术是人类共同的财富，科学的发明往往是殊途同归，我们中国的导弹与核技术确确实实也是从外国引进的。我们导弹技术最早的先驱者是钱学森先生，他是从美国回来的；我们核技术最早的先驱者是钱三强先生，他是从法国的居里夫人的实验室回来的。但是我可以向你们保证，他们回来的时候一片纸也没有带回来，就带回来一个脑袋。所以，我在3月份的记者招待会上曾经说过，请你们不要过低地估计了你们自己的安全保密的能力，也请你们不要过低地估计了中国人民开发军事技术的能力。"①

（二）在引进外国先进的技术和管理经验中的独立自主

党的第二代中央领导集体关注引进外国先进的技术和管理经验，并非是将自己融入资本主义的世界体系之中而成为帝国主义和资本主义世界的附庸，而是要造成最终超越资本主义的实力条件。邓小平指出："社会主义要赢得与资本主义相比较的优势，就必须大胆吸收和借鉴人类社会创造的一切文明成果，吸收和借鉴当今世界各国包括资本主义发达国家的反映现代社会化生产规律的先进经营方式、管理方法。"② 通过自身经济的发展促进世界生产力的进步和发展，显然是经济外交的一个有机组成部分，通过自身经济的发展促进人类的和平事业，也可以理解为经济外交的一个方面。邓小平强调中国经济的发展不是自私自利的发展，而是时刻准备对人类整体生产力的发展和世界和平作出中国自己的贡献，强调中国如果发展起来，世界和平就更有希望。邓小平关于中国自身发展与世界和平的正相关关系的论述有："我们诚心诚意地希望不发生战争，争取长时间的和平，集中精力搞好国内的四化建设。"③"第三世界的力量，特别是第三世界国家中人口最多的国家的力量，是世界和平力量发展的重要因素。所以从政治的角度来说，中国的发展对世界，对亚太地区的和平和稳定都是有利的"，"中国现在是维护世界和平和稳定的力量，而不是破坏力量。中国发展得越强大，世界和平越靠得住"，"中国的发展是和平力量的发展，

---

① 《朱镕基答记者问》，人民出版社，2009，第129~130页。
② 《邓小平文选》第3卷，第373页。
③ 《邓小平文选》第3卷，第57页。

是制约战争力量的发展。"① 中国用今天发展的事实证明，随着中国经济科技实力的壮大，中国的国际贡献也日益显现，中国日益成为维护世界和平的重要力量。党的中央领导集体对广大发展中国家的经济与科技越来越大的投入和中国维护世界和平能力的提升就是一个很好的证明。当然，今天的虽然仍然是发展中国家，但中国确实按照邓小平的谋划发展壮大起来了，发展起来的中国，树大招风。广大发展中国家对中国的发展普遍欢欣鼓舞，西方世界也有不少朋友和国家对中国的崛起感到高兴，但是国际社会总有那么一些人和势力"恐惧"中国的成功。正如《道德经》所说的"智慧出，有大伪"，中国力图找到一条既能促进自身发展同时又能促进世界和平与繁荣的双赢的充满睿智的发展道路，但诽谤中国的世界恶势力也同时产生了。1993 年 5 月 6 日，朱镕基接受德国《商报》记者柴德立兹采访，当柴德立兹提出"很多人担心一个经济强大的中国，会成为民族主义情绪强烈的国家和国际社会上不易相处的伙伴。你对此有何回应？"的问题时，朱镕基回答说："产生这种担心的原因有两点。首先，可能很多人并不真正了解中国，对中国的情况知道得不多。他们只是凭历史教训得出这一结论：有的国家经济发展了就会走向扩张。有太多这样的例子，因此他们会有这种担心。但是，好好看一下中国的情况你就会发现，中国的经济还不发达，我们仍是一个发展中国家。尽管我们的经济增长速度较快，但经济总量还相对较少；尽管中国正在发展，可我们还有很长的路要走。看一看历史就知道，中国过去饱受列强欺凌，而从来没有欺凌过任何国家。即便中国在很久以后经济发展了、强大了，我们也将继续致力于维护世界的和平，永远不会对他人构成威胁。其次，这种担心是那些别有用心、对中国不友好的人散布的。总之，中国不是也绝不会成为这样的威胁。"② 柴德立兹采访朱镕基之后的这一二十年间，西方世界谎言制造机器果然制造出了它们的核心品牌——"中国威胁"论，大有中国要发动侵略扩张之嫌。诚如中国著名外交家王嵎生指出的，"近些年来，中国经济持续、快速发展，而且比较平稳，在国民生产总值、对外贸易总量、吸收外资规模以及人均收入等方面，世界排名都有显著上升，国际地位和影响也相应提高，过去被称为'东亚病夫'，长期落后和受屈辱的中国人民，无不感到自豪和扬眉吐气，对前途充满信心，对中国的这种发展速度和持续性，国际上也感到有点眼花缭乱，他们议论纷纷，评论大多是正面的，积极的，也有言过其实、过度赞美的，还有一些是蓄意渲染或有意拔

---

① 《邓小平文选》第 3 卷，第 218 页。
② 《朱镕基答记者问》，第 71 页。

高的，总体上都肯定或承认中国的巨大成就以及中国的国际贡献，同时也提出了不少问题，诸如中国的'崛起'对世界究竟是福还是祸，中国这个'庞然大物'究竟会向什么方向发展，中国是否也将仿效美国成为世界无情的权力追逐者，在美丽外交辞令的掩盖下，最大限度地占有世界权力，等等"①，因此中国学者建议："中国必须加大国际作为，敢于承担责任。一方面，中国内部的发展早已具有了很大的外部性，中国要争得与自身实力相当的地位，就必须发挥与自身实力相当的作用。另一方面，中国有 13 亿人口，占世界人口的1/5，把中国自己的事情办好本身就是对国际社会履行了最大的责任。中国的国际贡献与国际形象的树立，要本着循序渐进、逐渐成熟的原则，切忌不量力而行，顾面子而不考虑实际。韬光养晦与有所作为，始终是中国崛起战略选择的一对辩证命题。"②

（三）建立中国经济外交的窗口和基地

中国是一个地区差异很大的大国，因此搞对外开放不可能齐头并进，只能从最容易取得成功的沿海地区先设立窗口和基地，在沿海地区先行先试取得经验再不失时机地向全国展开。中国古代的宋朝也是比较开放的，那时就在广州和福建等城市设立了"市舶司"，使它们成为当时中国重要的对外开放的窗口，它们的地位大概相当于今天的经济特区。邓小平把具有中国经济外交平台、基地和窗口作用的经济特区建立在广东和福建，是居于中国历史的传统和我国幅员辽阔发展极不平衡的特点而作出的正确选择。1984 年 2 月，邓小平在视察广东等地回京后对几位中央领导说："特区是个窗口，是技术的窗口，管理的窗口，知识的窗口，也是对外政策的窗口。从特区可以引进技术，获得知识，学到管理，管理也是知识。特区成为开放的基地，不仅在经济方面、培养人才方面使我们得到好处，而且会扩大我国的对外影响。听说深圳治安比过去好了，跑到香港去的人开始回来，原因之一是就业多，收入增加了，物质条件也好多了，可见精神文明说到底是从物质文明来的嘛！"③ 经济特区的发展大力推动了中国经济由内向型转向外向型，为后来的全国沿海港口城市，沿海、沿边、沿江地带的开放打下了基础，推动了中国和他国的经济交往与合作，带动了全国的经济发展。

---

① 王崧生：《和平发展任重道远》，《决策探索》2005 年第 7 期，第 18 页。
② 江凌飞：《国际大变局，中国怎么办》，《世界知识》2010 年第 2 期，第 33 页。
③ 《邓小平文选》第 3 卷，第 51~53 页。

（四）开展全方位的经济交往与合作

全面发展同世界各国长期的经济交往与合作，而不是只面向个别国家和个别地区，即营造全方位的对外开放格局是党的第二代中央领导集体经济外交的一大特点。邓小平认为，为了中国经济的全面发展，中国的开放应是对世界所有国家开放，对各种类型的国家开放。"一个对外经济开放，一个对内经济搞活。改革就是搞活，对内搞活也就是对内开放，实际上都叫开放政策。而对外开放，我们还有一些人没有弄清楚，以为只是对西方开放，其实我们是三个方面的开放。一个是对西方发达国家的开放，我们吸收外资、引进技术等等主要从那里来。一个是对苏联和东欧国家的开放，这也是一个方面。国家关系即使不能够正常化，但是可以交往，如做生意呀，搞技术合作呀，甚至于合资经营呀，技术改造呀，一百五十六个项目的技术改造，他们可以出力嘛。还有一个是对第三世界发展中国家的开放，这些国家都有自己的特点和长处，这里有很多文章可以做。所以，对外开放是三个方面，不是一个方面。对内经济搞活，改革经济体制，发展起来会比我们预想的要快，就是说，很有希望。中间也可能会出些问题，不要紧，我们不怕，一步步走，一步步地总结经验，不对头赶快改，不是大改，大的方针不会变了。"① 中国的对外开放政策是一时的心血来潮还是中国长期的政策，这关系到国际社会对中国政策的信心指数。尽管国际社会存在这样那样的遏制中国和平发展的势力，但是善意地期待中国发展起来的力量还是大多数，而要使这个大多数放心，中国建立在自立自主基础上的对外开放的政策保持不变并不断地使之优化是关键。邓小平指出："对内经济搞活，对外经济开放，这不是短期的政策，是个长期的政策，最少五十年到七十年不会变。为什么呢？因为我们第一步是实现翻两番，需要二十年，还有第二步，需要三十年到五十年，恐怕是要五十年，接近发达国家的水平。两步加起来，正好五十年至七十年。到那时，更不会改变了。即使是变，也只能变得更加开放。否则，我们自己的人民也不会同意。"② 邓小平强调："如果开放政策在下一世纪前五十年不变，那末到了后五十年，我们同国际上的经济交往更加频繁，更加相互依赖，更不可分，开放政策就更不会变了。"③ 而且中国的开放，是平等地面向任何国家的开放，非区别对待的开放，

---

① 《邓小平文选》第 3 卷，第 98～99 页。
② 《邓小平文选》第 3 卷，第 79 页。
③ 《邓小平文选》第 3 卷，第 103 页。

正如李先念所说的，"中国的对外开放政策是面向全世界的，对任何国家都不歧视"①。

二　从先进的外交文化意义上看党的第二代中央领导集体的经济外交

列宁曾经在谈到 20 世纪初的国际形势的基础时指出："目前整个国际形势的基础就是帝国主义的经济关系。"② 应该说今天的国际形势的基础，比 20 世纪初有了很大的改观，因为世界不只是存在帝国主义这样一种经济关系。那么，21 世纪的今天的国际形势的基础又是什么？不就是以美国为总代表的仍然是经济力量十分强大的霸权主义和强权政治的经济关系和虽取得政治独立但经济发展仍然十分不尽如人意的广大发展中国家的经济关系吗？当然，在发展中国家当中，中国恐怕算得上能够较好地适应今天国际形势的发展中国家之一，并能够在霸权主义和强权政治的经济关系与发展中国家的经济关系之间发挥协调者的作用。

（一）自信的经济外交

党的第二代中央领导集体主张发展中国家要认真总结经验，相信自己的力量，加强自身团结，不要对西方资本主义心存幻想，要加强发展中国家之间的自助和合作，以达到发展中国家巩固自身经济独立地位的同时，实现自身的经济革命性发展和飞跃。党的第一代中央领导集体当时所最为关注的是广大第三世界国家的经济独立问题，认为即使他们在取得政治上的独立地位的情况下，如果经济地位不独立，在国际分工体系中如果总是被西方世界限制在低级的链条内，也无法实现民族的真正的崛起。从现实情况来看，广大发展中国家在取得民族的独立地位之后，其中的不少国家也确实没有真正发展起来，甚至还不如殖民主义时代的经济社会发展水平。这种情况就如西方学者所说的："今天，殖民时代一去不返。在二战后的大约 20 年时间里，俄罗斯帝国以外的绝大多数欧洲殖民地都赢得了独立。如果殖民主义果真是发展的阻碍因素，那么我们可以预期，一旦实现了民族独立，这些国家就将利用其新近获得的自由去发展经济。然而，已经呈现的事实证明，在实现政治独立后，很多国家并没有能够获得很大的经济进展，一些国家似乎走向倒退。而且，主要问题并紧随在独立后出现，而是出现于 10 年后乃至更晚，其间，这些国家已有时间实施自

---

① 《人民日报》1985 年 7 月 26 日。
② 《列宁全集》第 39 卷，人民出版社，1986，第 206 页。

己的发展战略。"① 面对广大发展中国家经济社会发展中的严峻现实，邓小平一方面呼吁发达国家转变旧有的观念，重视和发展中国家的实质性的、平等的经济科技方面合作，积极转让先进的科技和经济管理的知识，提高合作质量；另一方面邓小平突出强调发展中国家之间的合作，首先从经济上加强发展中国家之间的整体的独立自主地位。前者称之为"南北对话"，后者称之为"南南合作"。邓小平指出："我们很高兴第三世界的国家提出南南合作问题。当然，南北问题也应解决。南北问题不解决，第三世界负债那么多，日子怎么过啊！如果发达国家不拿出钱来帮助发展中国家发展，发达国家在第三世界的市场也就没有了。世界上的国家富的愈富，穷的愈穷，解决这个问题是国际舞台上的一个重要课题。但是，看来这个问题很难解决。中国有句话：愈富的人愈悭吝。要富国多拿点钱出来，它不肯，技术转让更不愿意。所以，第三世界仅寄希望于南北问题的解决是不够的，南南之间还要进行合作。在可能的范围内，通过这种合作总能解决一些问题。这些年来第三世界有一些发展，各国都有一些好的东西，可以相互交流和合作。改变国际经济秩序，首先是解决南北关系问题，同时要采取新途径加强南南之间的合作。"② 邓小平把"南南合作"放在突出的地位考虑，因为发展中国家要真正发展起来，只能走自强不息的道路，联合起来自己拯救自己。邓小平指出："现在世界上问题很多，有两个比较突出。一是和平问题。……二是南北问题。这个问题在目前十分突出。发达国家越来越富，相对的是发展中国家越来越穷。南北问题不解决，就会对世界经济的发展带来障碍。解决这个问题当然要靠南北对话，我们主张南北对话。不过，单靠南北对话还不行，还要加强第三世界国家之间的合作，也就是南南合作。第三世界国家相互交流，相互学习，相互合作，可以解决许多问题，前景是很好的。发达国家应该清楚地看到，第三世界国家经济不发展，发达国家的经济也不可能得到较大的发展。"③ 中国站在第三世界国家一边，动机是非常清楚的，就是要给第三世界国家人民以力量，给第三世界国家人民以希望。如果不是这样，第三世界将由强权政治和霸权主义这种残暴的力量所继续地压迫。中国作为世界和平的重要力量，客观的历史使命决定中国只能和广大第三世界国家为伍，尽管第三世界很弱。列宁曾经说过，"世界上有两种力量能够决定人类的命运。一种力量是国际资本主义，它要是取得胜利，就会无比残暴

① 〔英〕彼得·桑德斯：《资本主义——一项社会审视》，张浩译，吉林人民出版社，2005，第48页。
② 《邓小平文选》第3卷，第20页。
③ 《邓小平文选》第3卷，第56页。

地施展这一力量，每个小国的发展史都说明了这一点。另一种力量是国际无产阶级，它用无产阶级专政（它把这叫作工人的民主）来争取社会主义革命的胜利。……我们正确地判定了世界历史的力量：或者是野蛮的资本取得胜利（不管是哪一个民主共和国），那它就会扼杀世界上所有的弱小民族；或者是无产阶级专政取得胜利，那全体劳动人民和各被压迫的弱小民族就有了希望。原来，我们不仅在理论上正确，而且在世界政治的实践上也是正确的。"① 广大第三世界和霸权主义强权政治者在综合实力对比上存在很大的差距，但从长远看，霸权主义者决定的是人类更加悲惨的命运，广大第三世界决定的是人类更加光明的前程，这应该是我们对世界历史力量发展的重要判断。只有这样，我们在理论上也是正确的，从而在世界政治的实践上也才有正确的方向。党的第二代中央领导集体的重大外交举措之一，就是要使广大第三世界国家发展起来，使人类的前途不可逆转地走向一个光明的未来。而第三世界如何发展起来，首先是要在经济上摆脱贫困。要调动世界上一切外交资源解决广大第三世界的贫困问题。党的第二代中央领导集体把如何解决好第三世界的贫困问题始终作为十分重大的战略问题来应对。邓小平看到了南南合作是发展中国家解决自身发展问题的根本，但也要争取南北合作，因为北方国家也有一个再发展的问题，而它们的再发展和广大发展中国家存在很大的互补性空间。邓小平强调："国际上有两大问题非常突出，一个是和平问题，一个是南北问题。还有其他许多问题，但都不像这两个问题关系全局，带有全球性、战略性的意义。现在世界上北方发达、富裕，南方不发达、贫困，而且相对地说，富的愈来愈富，穷的愈来愈穷。南方要改变贫困和落后，北方也需要南方发展。南方不发展，北方还有什么市场？资本主义发达国家遇到的最大问题是发展速度问题，再发展问题。所以，南南合作还有一个意义，可以推动南北合作。"② 1988 年12 月，邓小平在会见印度总理甘地时进一步强调："人们都在讲南北问题很突出，我看这个问题就是发展问题。"讲到南北问题，邓小平指出："南北之间的差距不是在缩小，而是在扩大，并且越来越大"。讲到"亚洲世纪"，邓小平说："真正的亚太世纪或亚洲世纪，是要等到中国、印度和其他一些邻国发展起来，才算到来"。讲到西方国家对发展中国家的援助问题，邓小平一针见血地指出："历史证明，越是富裕的国家越不慷慨，归根到底，我们要靠自己来摆脱贫困，靠自己发展起来。主要靠自己，同时不要闭关自守，可以多方面

---

① 《列宁全集》第 37 卷，人民出版社，1986，第 379 页。
② 《邓小平文选》第 3 卷，第 96 页。

找朋友。我们欢迎发达国家同我们合作，也欢迎发展中国家相互之间的合作，这后一种合作是非常重要的。特别是人口众多的发展中国家要有自己的良好政策。"讲到中国在为发展中国家的发展中的作用和贡献时，邓小平表示："中国执行改革开放政策，争取在五十到七十年时间内发展起来。中印两国如果发展起来了，那就可以说我们对人类做出了贡献"，"也正是在这个伟大的目标下，中国政府提出，所有发展中国家应该改善相互之间的关系，加强相互之间的合作。"①

　　国际经济关系的发展证明，邓小平的加强南南合作和推动南北合作的思想是极其有预见性的。今天的世界经济总体上是在变得越来越疲软，根本的原因就是南南合作没有发生实质性的转机，南北合作的势头也不强劲，实际上还是"北北"攻守同盟体系在作怪，2008 年始于美国、对"北北"体系打击最为沉重的金融危机，其中爆发的一个主要的原因就是因为"北北"体系藐视以平等的心态和广大发展中国家进行经济合作。

（二）搁置争议，共同开发

　　党的第二代中央领导集体提出在经济利益与领土争端交织在一起的地域，可以通过先进行经济合作，搁置争议，共同开发，最终达到解决争端，实现和平的思想。邓小平指出："世界上有许多争端，总要找个解决问题的出路。……世界上的许多争端用类似这样的办法解决，我认为是可取的。否则始终顶着，僵持下去，总会爆发冲突，甚至武力冲突。如果不要战争，只能采取我上面讲的这类的方式。这样能向人民交代，局势可以稳定，并且是长期稳定，也不伤害哪一方"，"我还设想，有些国际上的领土争端，可以先不谈主权，先进行共同开发。这样的问题，要从尊重现实出发，找条新的路子来解决。"② 邓小平的"先不谈主权，先进行共同开发"的思想，在国际上也是有成功的范例的，使用经济手段达到政治和解的案例在现代世界政治中也是有的，那就是从经济的合作到西欧的政治联合。1950 年，法国外长舒曼提出"欧洲煤钢联营计划"，此后，法、西德、意、比、荷、卢等 6 个西欧国家开始在此计划基础上进行谈判。随后不久上述 6 国在巴黎签订为期 50 年的《欧洲煤钢联营条约》，它不但标志着西欧走向了经济联合的道路，也为欧洲逐步走上政治一体化发挥了重要作用，因为它"建议德国和其他西欧国家把煤和钢的生产整个

---

① 《邓小平文选》第 3 卷，第 281～282 页。
② 《邓小平文选》第 3 卷，第 49 页。

交由一个高级公共机构负责掌管，目的是使大家在经济领域团结一致，并进而在政治领域相互靠近"①。邓小平提出的方案总体思路和舒曼相似，都是希望通过经济手段达到政治和解，但是邓小平的方案更具挑战性，更大胆和更有创意，不但经济意义重大，政治意义也是重大的。中国所面临的解决具备"搁置争议、共同开发"条件的争端问题的国际环境复杂得多，因为邓小平的方案不但涉及国家主权的重大问题，而且也涉及霸权主义和强权政治在中国和周边国家领土争端问题上的插足和干扰等复杂问题。中国作为一个大国，提出这样的方案，其实是"大国者处下"的一种谦卑的姿态。以胡锦涛为总书记的中央领导集体实践邓小平的"搁置争议、共同开发"的战略思想，启动了中日联合开发东海石油的工程，已取得初步的经验，虽然困难很多，但前景一定是美好的。

（三）战略性的经济外交

党的第二代中央领导集体提出帝国主义包括经济手段的"文"侵略日益突出，丰富了列宁关于帝国主义的论述，为中国实行更具有战略性的经济外交提供了理论依据。陈云同志是党的第二代中央领导集体的重要成员，根据长期主管全国经济工作的实践与理论思考，他及时地提出列宁的帝国主义论仍然有现实意义。陈云指出："列宁论帝国主义的五大特点和侵略别国、互相争霸的本质，没有过时。列宁为这篇著作时，帝国主义国家为瓜分殖民地而进行的第一次世界大战还没有结束。战争并没有解决帝国主义国家之间的矛盾，却引起了了无产阶级的革命。"接着，陈云历数了从 1917 年至 20 世纪 70 年代末帝国主义战争和无产阶级革命的主要史实，然后说："从历史事实看，帝国主义的侵略、渗透，过去主要是'武'的，后来'文''武'并用，现在'文'的（包括政治的、经济的和文化的）突出起来，特别是对社会主义国家搞所谓的'和平演变'。那种认为列宁的帝国主义论已过时的观点，是完全错误的，非常有害的。这个问题，到了大呼特呼的时候了。"② 中国的外交政策的一个基本的原则就是不搞意识形态的对抗，不以社会制度画线，包括中国在展开经济外交时，只有两个目的：通过经济外交，实现经济目的；通过经济外交，推动世界和平。而决不存在像西方国家那样的用经济手段达到"和平演变"它国，推翻别国合法政权的目的。因此，中国经济外交除了自身在展开经济外交时避

---

① 〔法〕法布里斯·拉哈：《欧洲一体化史：1945～2004》，彭姝祎、陈志瑞译，中国社会科学出版社，2005，第 27 页。

② 《陈云年谱：1905～1995》下卷，中央文献出版社，2000，第 428 页。

免采取帝国主义国家那种动辄就对别国进行经济制裁等霸道行为，同时也要运用经济的和政治的手段，针锋相对地应对帝国主义国家对中国及广大发展中国家的经济制裁。

（四）时代不同而内容也不同的经济外交

学习外国先进的经济管理经验，并非完全能做到心想事成，不同的时代有不同的任务，不同的时代提供的机会和条件也不尽相同。在两极对抗的时代，在西方国家对中国全面封锁的情况下，中国想学美国和西方其他国家的先进经济管理知识和经验，就存在巨人的困难。陈云指出："说计划经济是战时经济，在某种意义上可以这样说。说过去我们学的是苏联那一套，那时我们不能不学苏联。美国和西方其他国家对中国实行封锁政策，学习美国、英国、法国行吗？只能结合中国实际向苏联学习，而且，苏联那时对我们的援助也是真心实意的。随着我国国际地位的提高，同西方国家打交道多起来了，从一九五七年开始举办了广交会。"① 同样，今天的世界虽然开放很多了，但帝国主义国家出于冷战的心态，在关键科学技术方面对中国采取的仍然是封锁加遏制的立场。所以，今天中国的主要任务是要把学习型的中国如何转变为自主创新的中国，只有这样，中国才会永远立于不败之地。

（五）把经济外交看做社会主义建设的重要补充

借资本主义资金之力发社会主义之力是我国社会主义建设的重要补充，而且是不可缺少的补充，但绝不是使自己被资本主义异化。中国古代先哲老子说，"不贵其师，不爱其资，虽智大迷"，老子还说，"企者不立，跨者不行，自见者不明，自是者不彰，自伐者无功，自矜者不长"，讲的都是在不损害自己根本的情况下，虚心地学习别人的长处，借别人之力发展自己，一定会收到奇效，如果自以为是，拒绝一切可以为我所用的资源，那将一败涂地，一事无成，一个国家也是这样。殷鉴不远，在夏后之世，晚清唯我独尊的前车之鉴是一个很好的反面例子。邓小平指出："五十年以后中国同外国在经济上将更加紧密地联系起来，千丝万缕的联系怎么能断得了呢？有人说中国的开放政策会导致资本主义。我们的回答是，我们的开放政策不会导致资本主义。如果真的导致了资本主义，那末，我们的这个政策就失败了。实行对外开放政策，会有一部分资本主义的东西进入，但是社会主义的力量更大，而且会取得更大的发

---

① 《陈云年谱：1905～1995》下卷，第407页。

展。社会主义的比重将始终占优势。"① 邓小平指出:"我们开放了十四个沿海城市,都是大中城市。我们欢迎外资,也欢迎国外先进技术,管理也是一种技术。这些会不会冲击我们的社会主义呢?我看不会的。因为我国是以社会主义经济为主体的。社会主义的经济基础很大,吸收几百亿、上千亿外资,冲击不了这个基础。吸收外国资金肯定可以作为我国社会主义建设的重要补充,今天看来可以说是不可缺少的补充。当然,这会带来一些问题,但是带来的消极因素比起利用外资加速发展的积极效果,毕竟要小得多。危险有一点,不大。"②

三 从代表最广大人民群众的意义上看党的第二代中央领导集体的经济外交

(一) 提出各个领域技术上、制度上、组织上的改革关系到人民的长远利益的思想

党的第二代中央领导集体提出各个领域技术上、制度上、组织上的改革关系到人民的长远利益的思想,为中国在沿海地区设立经济特区,推动经济外交和改革开放,提供了强大的精神动力。邓小平指出:"党的十一大和五届人大已经向全国人民提出在本世纪末实现社会主义的四个现代化的伟大目标。现在党中央、国务院要求加快实现四个现代化的步伐,并且为此而提出了一系列政策和组织措施。中央指出:这是一场根本改变我国经济和技术落后面貌,进一步巩固无产阶级专政的伟大革命。这场革命既要大幅度地改变目前落后的生产力,就必然要多方面地改变生产关系,改变上层建筑,改变工农业企业的管理方式和国家对工农业企业的管理方式,使之适应于现代化大经济的需要。……因此,各个经济战线不仅需要进行技术上的重大改革,而且需要进行制度上、组织上的重大改革。进行这些改革,是全国人民的长远利益所在,否则,我们不能摆脱目前生产技术和生产管理的落后状态。"③ 中国随后的改革开放,广泛和世界发展经济关系和经济联系,设立经济特区这一改革开放的窗口,都是从全国人民的长远利益出发的重大举措。

(二) 通过改革开放,极大地满足人民的实际利益的思想

邓小平指出:"为国家创造财富多,个人的收入就应该多一些,集体福利

---

① 《邓小平年谱:1975~1997》(下),第1026页。
② 《邓小平文选》第3卷,第65页。
③ 《邓小平文选》第2卷,第135页。

就应该搞得好一些。不讲多劳多得，不重视物质利益，对少数先进分子可以，对广大群众不行，一段时间可以，长期不行。革命精神是非常宝贵的，没有革命精神就没有革命行动。但是，革命是在物质利益的基础上产生的，如果只讲牺牲精神，不讲物质利益，那就是唯心论。"① 邓小平强调："今后，政治路线已经解决了，看一个经济部门的党委善不善于领导，领导得好不好，应该主要看这个经济部门实行了先进的管理方法没有，技术革新进行得怎么样，劳动生产率提高了多少，利润增长了多少，劳动者的个人收入和集体福利增加了多少。各条战线的各级党委的领导，也都要用类似这样的标准来衡量。这就是今后主要的政治。离开这个主要的内容，政治就变成空头政治，就离开了党和人民的最大利益。"② 改革开放以来的中国富民政策，正是以邓小平的富民政策为宗旨而进行的。中国不但通过自力更生为实现富民政策进行了艰苦的奋斗，而且也通过广泛地拓展经济外交，扩大和深化与各国的经济合作，使全体中国人民的实际生活水平有了质的飞跃和提高。

（三）实现四个现代是中国最大的政治，它代表着人民的最大的、最根本的利益

邓小平指出："能否实现四个现代化，决定着我们国家的命运、民族的命运。在中国的现实条件下，搞好社会主义的四个现代化，就是坚持马克思主义，就是高举毛泽东思想伟大旗帜。你不抓住四个现代化，不从这个实际出发，就是脱离马克思主义，就是空谈马克思主义。社会主义现代化建设是我们当前最大的政治，因为它代表着人民的最大的利益、最根本的利益。"③ 四个现代化即工业现代化、农业现代化、国防现代化、科学技术现代化。1954 年召开的第一届全国人民代表大会，第一次明确地提出要实现工业、农业、交通运输业和国防的四个现代化的任务，1956 年又一次把这一任务列入党的八大所通过的党章中。毛泽东首先提出了四个现代化的完整概念："建设社会主义，原来要求是工业现代化，农业现代化，科学文化现代化，现在要加上国防现代化。"④ 在第三届全国人民代表大会第一次会议上，周恩来首次提出，在 20 世纪内，把中国建设成为一个具有现代农业、现代工业、现代国防和现代科学技术的社会主义强国，实现四个现代化目标的"两步走"的设想。四个

---

① 《邓小平文选》第 2 卷，第 146 页。
② 《邓小平文选》第 2 卷，第 146～150 页。
③ 《邓小平文选》第 2 卷，第 162～163 页。
④ 《毛泽东文集》第 8 卷，第 116 页。

现代化对外交的要求，就是要以总体外交的思路来拓展，改革开放以来的中国外交，全面开展了政治外交、经济外交、科技外交、军事外交、文化外交，有力地配合了中国的四个现代化的建设。

（四）科学界定个人与集体、局部与整体、暂时与长远、小局和大局的利益关系，为通过外交方式实现人民大众的利益提供了正确的辩证法

邓小平指出："在社会主义制度之下，个人利益要服从集体利益，局部利益要服从整体利益，暂时利益要服从长远利益，或者叫做小局服从大局，小道理服从大道理。我们提倡和实行这些原则，决不是说可以不注意个人利益，不注意局部利益，不注意暂时利益，而是因为在社会主义制度之下，归根结底，个人利益和集体利益是统一的，局部利益和整体利益是统一的，暂时利益和长远利益是统一的。我们必须按照统筹兼顾的原则来调节各种利益的相互关系。如果相反，违反集体利益而追求个人利益，违反整体利益而追求局部利益，违反长远利益而追求暂时利益，那末，结果势必两头都受损失。"[1] 在对外关系中，党的第二代中央领导集体是非常科学地把握各种利益关系的。社会制度、意识形态和两国人民的利益和世界和平相比，前者则属于局部的利益，而后者则更具有长远的战略意义。因此，要实现中美关系的正常化，如果总是没完没了地在社会制度和意识形态上纠缠，中美两国人民的长远利益就会受到破坏性影响。所以，中国在对外关系中不搞意识形态的博弈，某种意义上是牺牲了自己的局部利益的表现，但这样的牺牲是值得的。虽然中国这样做并不能换来美国的"有来有往"，使美国对华政策也相应地采取不以"社会制度和意识形态"相博弈的政策，相反它总是以"人权外交""意识形态外交"为导向，以求谋得其单边利益，以损害中国人民的根本利益。而党的第二代中央领导集体的外交思维，则是在外交中最大限度地谋求国家间人民利益的实现。邓小平在1979 年 1 月对美国的历史性访问中指出，中美"两国社会制度不同，意识形态不同。但是，两国政府都意识到，两国人民的利益和世界和平的利益要求我们从国际形势的全局，用长远的战略观点来看待两国关系。……我们相信，中国人民同美国人民的友好合作，不仅有利于两国的发展，也必将成为维护世界和平和促进人类进步的强大因素"[2]。邓小平此处所讲的"两国人民的利益"，最主要的体现应该是两国人民的经济、文化和科学技术交流所带来的利益，因

---

① 《邓小平文选》第 2 卷，第 175～176 页。
② 《新华月报》1979 年 2 月号，第 147～151 页。

为从狭义的政治利益上看，由于两国根本政治制度不同，意识形态不同，中国决不会为了和美国取得政治战略的一致而放弃社会主义制度去搞资本主义，搞美国式的两党制，坚持四项基本原则才是中国人民的根本利益所在。相对于中美关系，邓小平时代中苏关系的改善就达到了局部利益与全局利益的统一。1986年9月2日，邓小平接受美国哥伦比亚广播公司"六十分钟"节目记者华莱士电视采访时提出中苏关系正常化的前提是消除三大障碍①，邓小平说："如果戈尔巴乔夫在消除中苏间三大障碍，特别是在促使越南停止侵略柬埔寨和从柬埔寨撤军问题上走出扎扎实实的一步，我本人愿意跟他见面。"② 正是由于苏联在"三大障碍"上取得了突破，中苏关系才最终实现了正常化。同样，中苏关系的正常化，不但可以使两国人民的政治利益得到极大的满足，也能够广泛地促进两国人民的经济和科学技术的来往，苏联解体后的中俄两国边境地区一度充满活力的、使两国人民通过边境贸易而取得广泛实惠的情况，就是一个在中苏关系正常化背景下很好的逻辑发展。2001年中俄贸易突破了100亿美元大关。当然，总的来说，中俄两国的经济合作仍然很不充分，通过两国深入的经济合作以满足两国人民的经济利益的空间还很大。邓小平解决中苏关系首先特别注重政治问题的解决给今天中国的对俄罗斯外交一个明确启示是，两国的政治互信质量越高，其他领域的合作就相应的越顺利。随着中国的强劲崛起，俄罗斯政坛上的一些人以邻为壑的心态也随之膨胀，欲通过经济上限制和中国合作来达到其遏制中国崛起的心态有加速膨胀之势。诚如有学者指出的："关于中俄关系，流行的看法，是政治关系良好，经济关系很弱，并且这种不匹配制约了前者的发展；为巩固并提升两国良好的政治关系，需要推进经济领域的合作，以夯实政治关系的经济基础。从这种判断出发，推进两国经济合作的意义在于匹配或适应政治关系，经济合作进而成为从属性的，并服务于政治战略的需要。真正制约两国经济关系走向深化的主要原因，恰恰是缘于俄罗斯高举政治目标而置经济利益于不顾。事实上，正确的逻辑，不是政治伙伴关系要由经济基础来支撑，而是经济关系的深化需要通过增强政治互信才能得

---

① 20世纪60年代中期，苏联开始在蒙古人民共和国大量驻军并在中苏边境地区驻扎重兵，70年代末，苏联支持越南入侵柬埔寨，后又出兵侵略阿富汗。这些行动给中国的安全造成严重威胁，是妨碍中苏关系正常化的三个重大障碍。1982~1988年中苏两国政府特使就实现两国关系正常化问题进行磋商时，中方提出，为了实现两国关系正常化，苏方必须消除上述三大障碍，即从蒙古人民共和国和中苏边境撤军，从阿富汗撤军，促使越南停止侵略柬埔寨并从柬埔寨撤军。

② 《邓小平文选》第3卷，第167页。

以实现。从这个角度看，两国的政治关系并非臆想中的好，事实是，双方的深层互信问题并未得到根本解决，进而阻碍了两国经济关系的提升。"①

总之，党的第二代中央领导集体的经济外交，是为中国最广大人民群众利益服务的经济外交，是为世界人民的根本利益服务的经济外交。正如邓小平所指出的："我们的对外政策，就本国来说，是要寻求一个和平的环境来实现四个现代化。这不是假话，是真话。这不仅是符合中国人民的利益，也是符合世界人民利益的一件大事。"②

第三节　"三个代表"重要思想与党的第三代中央领导集体的经济外交

以江泽民同志为核心的党的第三代中央领导集体，提出了"三个代表"重要思想，党的第三代中央领导集体的经济外交方针和实践，充分发挥体现了先进生产力的要求，充分体现了先进的外交文化的前进方向，充分地体现了中国人民和世界人民的根本利益。

一　党的第三代中央领导集体的经济外交，充分体现了先进生产力的发展要求

（一）实事求是的经济外交

中国的经济外交，是建立在中国实际生产力发展水平上的经济外交，又是以提高中国生产力发展水平为目的经济外交，同时也是和生产力发展水平比中国高得多的发达国家展开的广泛而深入的经济外交。江泽民在党的十五大报告中指出："社会主义是共产主义的初级阶段，而中国又处在社会主义的初级阶段，就是不发达的阶段。在我们这样的东方大国，经过新民主主义走上社会主义道路，这是伟大的胜利。但是，我国进入社会主义的时候，就生产力发展水平来说，还远远落后于发达国家。这就决定了必须在社会主义条件下经历一个相当长的初级阶段，去实现工业化和经济的社会化、市场化、现代化。这是不

---

① 曲文轶：《深化中俄经济合作：未来方向、实质约束与政策含义》，《中国市场》2011 年第 29 期，第 26 页。
② 《邓小平文选》第 2 卷，第 241 页。

可逾越的历史阶段。"① 从邓小平启动改革开放一直到今天以至于在今后相当长一个时期内，中国都是处在社会主义初级阶段，在这样长的一个历史时期，中国的经济外交，是努力配合中国实现工业化和经济的社会化、市场化、现代化为目标的经济外交。在实施经济外交的过程中，中国一方面自身经济发展水平不高，是典型的发展中大国，同时又处于旧的国际政治和经济的秩序之下。因此，中国一开始就被纳入国际经济分工体系的低端，发达国家大量过剩的劳动密集型经济（这些经济甚至往往是高污染的，对自然环境的破坏很大）向中国转移，中国虽然处于如此尴尬的状态，但是中国仍然通过改革开放吸收了大量的外资，解决了很多人的就业问题，启动了经济特区，同时也通过和发达国家的经济合作，学到了发达国家的先进管理经验和引进了一些促进经济发展的先进科学技术。诚如有学者指出的："1978 年以来，中国的对外开放及时抓住了 80 年代以来世界产业结构调整和东亚发达经济体产业升级的机会，大量吸引国际投资，充分发挥中国劳动力资源丰富的比较优势，大力促进劳动密集型产品出口创汇，大量吸收了农村剩余劳动力，也为中国的工业结构升级创造了条件。在过去的 28 年，中国劳动密集型产品出口累计创汇约 1.5 亿美元，吸引国际直接投资近 1.3 万亿美元，进口机电设备约 3.6 万亿美元，使中国的'二元'结构矛盾大为缓解，也极大地提升了国力，从而使中国经济创造出连续 28 年平均 9.6% 高增长的世界奇迹，若没有对外开放，这个世界奇迹也是绝对不可能出现的。"② 江泽民在党的十二大报告中还指出："社会主义的根本任务是发展社会生产力。在社会主义初级阶段，尤其要把集中力量发展社会生产力摆在首要地位。"江泽民强调，中国"社会的主要矛盾是人民日益增长的物质文化需要同落后的社会生产之间的矛盾，这个主要矛盾贯穿我国社会主义初级阶段的整个过程和社会生活的各个方面。这就决定了我们必须把经济建设作为全党全国工作的中心，各项工作都要服从和服务于这个中心"③。

党的三代中央领导集体都是把经济建设作为中心任务来抓的，外交政策也都是如何围绕搞好经济建设这个中心来进行的。但是，党的第一代中央领导集体面对冷战时代中国仍然要花很大的精力去维护国家主权与安全这一十分严峻的现实和新中国如何建设自己和发展自己的艰苦探索，走过了非常曲折的道路。因此，客观条件不允许党的第一代中央领导集体集中精力搞四个现代化建

---

① 《江泽民文选》第 2 卷，第 13～14 页。
② 王健：《新时期中国对外开放战略研究》，《香港传真》2007 年第 3 期，第 2 页。
③ 《江泽民文选》第 2 卷，第 15 页。

设，但是我们仍然要肯定地说，党的第一代中央领导集体不但打下了天下，还为中华民族站起来立下了不朽的功勋。在经济建设上，虽然在探索的过程中也犯过这样和那样的错误，但是通过独立自主、自力更生和卓越的外交工作，党的第一代中央领导集体为中华民族的起飞打下了比较牢固的经济、科学技术、国防和人才的基础，并通过广泛团结世界一切和平力量、巩固广大第三世界的友谊、中日建交、中美关系解冻、中国恢复在联合国中的合法地位等重大外交行动，使有利于中国和平发展的国际环境终于基本稳定下来。党的第二代中央领导集体在国际政治中以"和平"与"发展"为旗帜，紧紧围绕经济建设这个中心展开外交工作，为改革开放的中国、为一心一意谋求繁荣富强的中国营造了更加良好的国际环境和周边环境，通过引进发达国家的资金、技术和先进的管理经验，使中国初步实现了国家的繁荣富强，人民的生活水平有了很大的提高。党的第三代中央领导集体全面继承了第一代和第二代中央领导集体外交紧紧围绕经济建设这个中心任务，开展了全方位的经济外交。中国领导人在一切可能的外交场合，都紧紧抓住一切可以利用的机会，鼓励和推动国际社会参与到中国的建设之中，比如，2001 年 9 月 6 日，朱镕基在接受比利时《自由比利时报》记者巴盖的"中比今年庆祝建交 30 周年，请你对中比关系作一总结，并指出今后还应在哪些方面取得进展？"的提问时，回答说中比两国要"第一，进一步加强人员交往。尽管现代化信息技术越来越先进，但它代替不了人与人之间的感情交流和沟通。双方应加强接触、加深了解，增进信任、减少误解，扩大共识、推动合作。第二，进一步挖掘经贸合作的潜力。中比经济互补性强，前景十分广阔。中国正在实施'十五'计划和西部大开发战略，欢迎更多的比利时企业家参与中国的经济建设，特别是在信息、生化等比利时拥有优势的高新技术产业加强对华合作。第三，进一步加强文化交流对增进两国人民了解和友谊的桥梁作用。中比、中欧两种不同文明相互补充和借鉴，可以为世界的持久和平和普遍繁荣作出有益的贡献。第四，深化在国际事务中的磋商与合作。中比之间没有直接的利害冲突，在维护和平、促进发展方面有共同利益和立场。我们愿就联合国事务以及军控、环保、跨国犯罪等人类共同关心的问题经常与比方交换意见，加强协调与合作。"① 2000 年 10 月 8 日，朱镕基在回答日本共同社记者森保裕的关于"经济合作、中国西部大开发的具体计划出台时间及具体内容、对日本有什么期待"的问题时，朱镕基说："中国的西部地区大开发，是一个战略任务，也是一个长期任务，完成这个任务需要

---

① 《朱镕基答记者问》，第 220 页。

好几代人的努力。在即将召开的中共十五届五中全会上，会通过对第十个五年计划的建议，这个建议对西部地区大开发将作出若干规定。西部地区大开发的主要内容包括：第一个方面是基础设施的建设。有好多的大项目，比方说'西气东输'、'西电东送'等，都是很大的工程；第二个方面是生态环境的改善；第三个方面是科技、教育的大发展。这些方面都为中日两国的经济合作提供了广阔的前景，也为日本企业到中国来竞争提供了广阔的商机。目前，日本各界人士对中国西部大开发表现出浓厚的兴趣，很多日本企业界人士到中国西部进行考察。9月上旬，我在新疆还会见了日中经济协会组织的各界人士特别是企业界人士视察团。我想，中日两国的友好合作一定会借这个机会推进到一个新的高度。"① 同样，中国对真正帮助过中国经济建设的朋友也是不会忘记的，正如朱镕基在回答日本森保裕的"最近围绕ODA的问题，日本国内有一些议论，就是到底有没有必要对经济高速增长的中国继续提供高额的政府开发援助？"的提问时，朱镕基回答："关于日本政府对中国的日元贷款、赠款和技术合作，迄今为止20年了，已经承诺提供240多亿美元，达到了这么大一个数字。这些贷款或者赠款对于中国的经济建设起了很大的作用，我们对此给予高度评价，同时，对日本政府和人民表示感谢。过去我们宣传得不够，我们今后要加强这方面的宣传。最近，我们举行了中日经济合作20周年招待会、座谈会，日本执政三党的干事长都来参加了招待会，等一会儿我还要会见他们，我希望这件事情能够得到广泛的、正确的理解。但是也要看到，日元贷款ODA本身是有它的特殊历史背景的，是日本作为对中国人民友好的标志而建立的，而且它不是只有利于中国一方，而是有利于中日两国的经济发展。也可以说，没有ODA，也就没有今天中日的经济合作，中国也不可能成为日本的第二大贸易伙伴。如果有人利用这个事情作为一张牌对中国施加压力，我认为这是不讲道理的，是不了解中日两国的友好历史的。"②

（二）谋求在国际斗争中赢得强大的实力地位的经济外交

党的第三代中央领导集体的价值目标是，牢牢把握经济外交的目标是促进中国生产力的提高和中国综合实力的提高，为中国在国际斗争中赢得强大的实力地位。中国仍然要继续扩大改革开放，不但要战略性地加强和广大发展中国家广泛的经济、文化和科学技术的交流与合作，而且要在根本的原则问题把握

① 《朱镕基答记者问》，第180页。
② 《朱镕基答记者问》，第181页。

住的前提下，只要西方国家不采取对中国全面封锁和遏制的政策，中国就要继续和西方发达国家保持广泛的经济、科技和文化等领域的合作。江泽民指出："邓小平同志全面审视了现阶段国际力量的对比，全面考虑了我们抓紧时间完成现代化建设这个中心任务的要求，也是全面估量了通过集中力量发展生产力和增强综合国力最终在国际斗争中获得更大主动权的需要。经过二十年的改革开放，我们已经有了新的更大的发展。但是，在经济力量、科技力量、国防力量的对比上，我们同美国和其他西方大国还有很大差距，同时又面临霸权主义和强权政治的压力。在这种情况下，我们必须坚持冷静观察、沉着应付的方针，以争取赢得更多时间，抓住一切机会，集中力量加快发展自己。我们的国力大大增强了，在这个世界上我国的安全就有了根本保障。"① 在这里，如何落实好江泽民的这一思想是关键。中国如何在经济的、科技的、国防的力量对比上，在一个不太长的历史时期缩小和美国及西方大国的差距，核心当然是要靠自力更生，但同时也要以冷静、理性和沉着应付的方针和世界进行广泛的互通有无的经济的、科技的、文化的、军事的交流与合作，霸权主义和强权政治越是挤压中国，中国越是要坚持自力更生和改革开放相结合的路线，只有这样，中国才会在一个可预见的未来，顶住霸权主义和强权政治的压力，赢得更多的时间，大大提高自己的国力，保障好中国的国家主权与安全。

（三）关注知识经济时代的经济外交效用

党的第三代中央领导集体敏锐地注意到知识经济时代的到来对生产力发展的重要意义，同时敏锐地注意到知识经济发展的机遇能否抓住，将决定自身在国际社会中的经济吸引力强弱和政治地位的高低。江泽民对知识经济提出了一系列重要观点：第一，提出"当今世界，科学技术突飞猛进，知识经济初见端倪，国力竞争日趋激烈"②。第二，指出"初见端倪的知识经济预示人类的经济社会生活将发生新的巨大变化"③。第三，指出"当今世界，一些发达国家正在向知识经济前进。知识在经济发展和社会进步中的作用，比以往任何一个历史时代都重要千百倍"④。第四，指出"要考虑知识经济对农业现代化的意义"⑤。第五，指出"要迎接科学技术突飞猛进和知识经济迅速兴起的挑战，最重要的

---

① 《江泽民文选》第 2 卷，第 325 页。
② 《江泽民文选》第 2 卷，第 123 页。
③ 《江泽民文选》第 2 卷，第 132 页。
④ 《江泽民文选》第 2 卷，第 147 页。
⑤ 《江泽民文选》第 2 卷，第 220 页。

是坚持创新。创新是一个民族进步的灵魂，是一个国家兴旺发达的不竭动力"①。第六，指出"当前，一些发达国家的经济正在朝着主要依靠知识创新和知识的创造性应用的方向发展。这个趋势，必须引起我们密切注意"②。第七，指出"亚洲的历史经验，对人们规划新世纪的蓝图不乏启示。世界多极化和经济全球化的趋势深入发展，科学技术突飞猛进和知识经济悄然兴起，给亚洲和世界各国的发展和进步带来新的希望，也带来新的挑战。面对即将来临的新世纪，亚洲人民在思考亚洲的未来，也在思考世界的未来。如何抓住机遇，迎接挑战，继续推动建立和平稳定、公正合理的国际政治经济新秩序，努力把一个持久和平、普遍繁荣的新亚洲和新世界带入二十一世纪，是包括中泰两国在内的亚洲及世界各国的政治家和人民共同面临的紧迫课题"③。第八，指出"为什么会有这么多资本流到美国？很重要的原因，就是美国在世界上已率先实现了新一轮的产业结构调整升级，信息产业、知识经济发展较快；科技发展居世界领先水平，并有一套较完善的、与技术创新相适应的风险投资机制，特别是有较强的创新能力和较高的劳动生产率，整个经济有活力"④。

江泽民关于知识经济的论述，主要体现在八个方面，第一，关系到国力的竞争；第二，关系到经济科技制高点的竞争；第三，关系到经济发展和社会进步；第四，关系到中国的四个现代化的成败；第五，关系到民族的创新动力来源；第六，关系到中国的跨越式发展能否真正成为可能；第七，关系到中国能否取得建立国际政治经济新秩序的主动权；第八，关系到中国能否成为世界经济新的最具吸引力的增长点。这八个方面如果不是在知识经济的引导下，中国不是在知识经济的国际竞争中处于领先地位，中国就有可能在新的一轮世界性的以知识的生产为标志的国际竞争中丧失成为世界一流政治、经济、文化和科技强国的机遇。近代以来，英国曾经领世界之风骚，作为第一次工业革命的发动者和直接受益者，成为世界唯一的超级强国。而第二次和第三次工业革命则是美国领世界之风骚，最后为美国奠定了成为世界唯一超级强国的实力基础，今天中国如果抓住了知识经济的制高点，21世纪的中国至少是领世界之风骚的国家之一。今天中国已成为仅次于美国的第二大经济强国（从GDP来看），知识经济在其中所起的作用不容忽视。

经济合作与发展组织对知识经济作了这样的定义：知识经济是指建立在知

---

① 《江泽民文选》第2卷，第237页。
② 《江泽民文选》第2卷，第299页。
③ 《江泽民文选》第2卷，第405～406页。
④ 《江泽民文选》第3卷，第429页。

识和信息的生产分配与使用之上的经济。知识经济是和农业经济、工业经济相对应的一种经济形态。其最重要的特征是可以把知识作为资本来发展经济。① 作为初见端倪的知识经济，谁抓住它，谁就有可能使自身的经济和科技的实力上一个很大的台阶，谁就会在国际力量的对比和制衡关系的演变中处于主动地位。正如有学者指出的："在知识经济时代，知识和知识产业的拥有量是决定和衡量一个国家综合竞争力的重要因素。从'二战'到90年代，美国和日本力量对比的变化主要是由两国在知识经济领域的竞争决定的。进入90年代以来，日本与美国的差距主要源于在知识经济竞争中相对于美国的落后。据有关方面估计，'经济合作与发展组织'主要成员国国民经济总产值的50%是以知识产业为基础的。"②

知识经济时代对经济外交注入了新的内容和提出了崭新的课题。知识经济时代的经济外交不再是一个简单的物质形态的产品的双边或者多边的博弈，而是整个人类社会团结起来，如何更经济地、更环保地、更有效地将地球上有限的资源最大限度地转化为精神生产力和物质生产力的有机组合。主权国家也好，国际组织也好，都有责任和义务推动精神和物质两种力量组合而成的大文明，大文化的发生和形成。正如有知识经济专家所形容的，"传统意义上的知识属于精神文明，经济属于物质文明。可是，在知识经济时代，知识与经济、物质文明与精神文明已成为共同的知识经济现象，将共同组成大文明，也就是物质文明和精神文明的大统一。因此，经济、文化建设需要协调发展，同步共进。在知识经济时代，知识经济和文化知识是双向运行、全方位扩张的。发展经济就是促进文化生成，建设文化就是推动经济。经济竞争的实质知识竞争，而文化传播也就意味着经济扩张"③。所以，从一定意义上讲，中国追求的更加公正和合理的国际政治经济秩序这一美好愿望的实现，与对知识经济在世界范围内的合作与交流的扩大和深入重视与否有着直接的关系。

二　党的第三代中央领导集体经济外交的先进外交文化

党的第三代中央领导集体在经济外交过程中所表现出来的先进外交文化，一方面是全面继承了党的第一代中央领导集体和党的第二代中央领导集体经济外交的先进文化理念；另一方面在继承的基础上又有自己的创新和发展，值得我们今天认真总结。

---

① 杨福家：《知识经济意味着什么》，《文汇报》1997年10月27日。
② 夏兴园、杨长友：《论知识经济的兴起与经济增长点的选择》，《当代经济研究》1999年第3期，第2~3页。
③ 张守一：《知识经济概论》，中央广播电视大学出版社，1999，第365页。

（一）"不附加条件"为中心内容的经济外交理念

党的第三代中央领导集体的经济外交思想，首先表现为忠实地继承了党的前两代中央领导集体以"不附加条件"为中心内容的经济外交理念，并在新时代有所创新和发展。江泽民关于对外经济合作"不附加条件"的思想主要有：第一，指出"中国坚定不移地支持非洲国家发展经济的努力，继续提供力所能及、不附加任何政治条件的政府援助；双方积极配合，通过合资、合作等方式振兴中国提供的传统援助项目；鼓励双方企业合作，特别要推动有一定实力的中国企业、公司到非洲开展不同规模、领域广泛、形式多样的互利合作，在合作中坚持守约、保质、重义等原则；拓宽贸易渠道，增加从非洲的进口，以促进中非贸易均衡、迅速发展"①。第二，指出"开展国际经济交往，应该坚持平等互利、共同发展。制定国际经济贸易领域的新规则，应该充分反映发展中国家的合理要求，注意保障他们的正当权益，发达国家应该也有能力承担更多义务。任何国家都不得利用自己的优势在经济全球化中谋求特权和损害别国的利益。附加政治条件的经济合作和援助历来不受欢迎，形形色色的贸易保护主义既危害别人，最终也会损害自己。这种历史教训不应忘记"②。第三，指出"必须为广大发展中国家的发展创造良好的外部环境。各国应消除形形色色的贸易保护主义，进一步相互开放市场。应切实减免发展中国家所欠的债务，增加对他们的不附加条件的官方援助。任何国际政治、经济和贸易组织，都应该更多地倾听发展中国家的呼声，维护发展中国家的权益。各国都应遵循平等互利的原则开展经济贸易技术的交流和合作，以共享经济全球化和科技进步的成果"③。

中国国际经济合作和对外援助的理念，从周恩来提出的"不附加任何条件"，到20世纪80年代前半期的1983年中国总理访问非洲时提出的援非四原则中提出的"不附加任何政治条件"④，到江泽民的相关论述，可以充分地看出，党的三代中央领导集体的核心经济外交原则根本的理念没有发生任何变化，但时代的发展决定中国实施"不附加……的条件"时，只有充分把握时代特点，才能更好地体现经济合作对象和受援国的利益，并使中国也实现可持续发展。"不附加任何条件"的提法符合当时的历史背景和广大第三世界国家

---

① 《江泽民文选》第1卷，第528～529页。
② 《江泽民文选》第2卷，第406页。
③ 《江泽民文选》第3卷，110页。
④ 陈公元主编《21世纪中非关系发展战略报告》，中国非洲问题研究会，2000，第22页。

特别是非洲国家的利益诉求，具有鲜明的反霸和争取民族独立的特点。"不附加任何政治条件"则实际上是执行了邓小平的国际经济合作思想的表述，这是中国一方面开始集中精力大力发展自己的生产力，另一方面也积极地进行国际经济合作和继续实施对广大发展中国家的对外援助，但同时中国也开始成为西方国家的援助对象国。朱镕基指出："在进一步巩固和发展援助项目与劳务承包工程的同时，积极开拓合资、独资、租赁等新形式。中国的对外合作不仅重视发达国家的市场，同时也重视发展中国家的市场。我们不仅积极吸引外资，也鼓励中国企业到国外投资兴业。"① 这反映了中国对外援助和经济合作在重视发展中国家的同时，也重视和发达国家的经济合作的思想。朱镕基指出："对于实现可持续发展和改善环境，发达国家应该有责任帮助发展中国家，给他们创造一些条件，给他们提供资金和技术方面的援助。这样，整个地球才能够实现可持续发展和缩小贫富的差距。"② 这反映了中国作为发展中国家，在发展过程中仍然非常需要得到经济技术发达国家的支持的思想。中国作为援助国和受援国的双重身份，提出"不附加任何政治条件"是有双重含义的，一方面是中国坚持自己的对外援助和对外经济合作不对别国附加任何政治条件，另一方面也反对西方发达国家在对中国的经济技术的援助中附加任何政治条件的图谋，这也是邓小平谋求中国一心一意发展好自己的、健康的国际环境的时代需要。江泽民实际上提出了这样一个重要的命题，"不附加政治条件"的经济合作和援助才是正道，是国际关系和谐化的源泉，是避免形形色色贸易保护主义的前提，是实现双赢的保障。"不附加政治条件"原则取代了"不附加任何政治条件"，避免了表达上的绝对性，增强了原则的灵活性，当然其中也包含了这样的思想：即在国际经济关系中无论谁搞霸权主义和强权政治，中国都会坚决反对，同时，这对中国强大起来之后自己搞霸权也是一个提醒。

随着中国的崛起和日益强大，中国还能不能继续坚持"不附加政治条件"的原则，确实正在受到非常严峻的考验。国际关系学术界开始在探索某种可以附加政治条件的思考，比如有观点认为："曾经，中国'不干涉别国内政'、'援外不附加政治条件'的做法备受发展中国家赞赏，可随着中国经济触角的无远弗届，经济外交的单兵突进越来越显得莽撞冒失。未来，中国要开拓世界市场，除去政治折冲的保驾护航外，还需要学会主动释疑、避嫌，为国家利益

---

① 《朱镕基答记者问》，第 321 页。
② 《朱镕基答记者问》，第 437 页。

诉求作道德装扮，甚至武力呵护人类政治文明的底线。"① 这实际上是说中国的"不干涉内政"和"不附加政治条件"的政策已经过时，与此观点相似但似乎说得很有道理的观点认为："60 多年来，该原则有力地维护了我国的主权与领土完整，同时在国际上也深受广大发展中国家的认同与推崇。但进入 21世纪以来，国际形势特别是中国自身发生了巨大的变化，我国有必要重新审视这一原则。当前中国国际地位空前提高，国民生产总值位居世界第二。中国已经成为国际大家庭中的重要成员之一，负责任的大国既是国际社会对于我国的期望，也是我国给予自身的一个新的定位与要求。这也要求中国在采取行动时要更多地考虑国际通行准则及承担更多的国际责任。当前我国将对外援助中附加政治条件的行为和干涉受援国内政直接挂钩的做法，已经不能完全适应国际社会的现实和中国自身地位的变化，客观上将限制中国援外的方式和手段，从而有可能损害援助目的的实现，并招致国际社会的某些批评。中国对外援助历来坚持不附加任何政治条件，这当然深受受援国的欢迎，有利于发展受援国与中国的关系。但也存在着问题与风险，特别是当受援国政治腐败，对援助使用不当时更会出现问题。中国缺少对于援助资金使用的监督与引导，难以保障援助的合理使用，如果受援国当局将援助资金挪作他用，尤其是用来贪污腐败或镇压反对势力时，一旦该国政局出现变动，中国必然面临着外交上的巨大风险。"② 作为一种学术探讨，持这样那样的观点都是无可厚非的，毕竟学术问题必须要百花齐放才能繁荣，但问题是任何学术研究都必须建立在观点和论证的求实精神和科学精神基础之上。在以主权国家为特征的国际社会，国与国之间的关系只能建立在"不干涉内政"和经济合作与经济科技的援助"不附加政治条件"的基础上才是正道和常道。中国一直把"不干涉内政"和"不附加政治条件"作为战略选择不但过去证明是正确的，今天同样在发挥它们强大的正面作用，今后仍将证明是正确的选择，因为它们是中国对外政策之"经"，是保障国家间关系政治平等和国际社会和谐发展的"经"。但这并不表明中国的"不干涉内政"和"不附加政治条件"是绝对在任何情况下都不能变通的，但如果"不干涉内政"和"不附加政治条件"真的会造成实质性的国家间平等关系的破坏或者是导致国际关系和谐相处局面的中断，甚至发生极其非人道的后果，在特殊情况下并在得到国际社会的全力支持（比如联合国

---

① 谢奕秋：《"不干涉内政"的困境》，《南风窗》2010 年第 1 期，第 42 页。
② 姜磊、王海军：《中国与西方国家对外援助比较分析——基于附加政治条件的研究》，《理论与改革》2010 年第 6 期，第 36 页。

的授权）的情况下，可能要采取果断的应急措施，此种情况下"不干涉内政"和"不附加政治条件"的"经"暂时就不能发挥作用了，这就叫"权"即"权变"①，但是这个"权变"是暂时的，一旦达到目的，则应当立即回到"经"上来，而绝不是从此"权"变成"经"了，否则就成了孟子所形容的那种"不揣其本，而齐其末，方寸之木可使高于岑楼"②的不讲原则的胡为和乱套了。同样的道理，在国际政治中"干涉内政"和"附加政治条件"是西方国家对外政策之"经"，但有时它们也会暂时地实行"不干涉内政"和"不附加政治条件"的政策，但这不过是它们的暂时的权变而已。比如美国克林顿政府时期对华政策决定将"人权"与"最惠国待遇"脱钩，可以视为美国从策略考虑的对华政策的不附加条件的政策，但这只是个小政策，大战略就是在台湾问题、西藏问题上使劲干涉中国内政。这当然一方面是美国认为它的实力允许它这样做，另外一方面，这是由美国的外交文化所决定的。至于说到中国的"不附加政治条件"的政策由于"招致国际社会的某些批评"就要改弦更张，那更是"宠辱若惊"的表现，其实并不存在一个真正意义上的"国际社会"对中国的批评的态势，而只是西方国家对中国的不满，而且这种不满主要是因为中国的"不附加政治条件"等政策所达到的双赢效应是西方所望尘莫及的。③还有，

---

① 其实，《孟子·离娄上》已经把"经"和"权"的辩证关系讲得很清楚了。淳于髡曰："男女授受不亲，礼与？"孟子曰："礼也。"曰："嫂溺，则援之以手乎？"曰："嫂溺不援，是豺狼也。男女授受不亲，礼也；嫂溺，援之以手者，权也。"
② 《孟子·告子下》。
③ 美国"批评"中国的有代表性的意见，可以从2011年11月3日华盛顿美联电题为"美担心中国扩大在非洲影响"的报道中看出。该报道说："美国一些参议员担心华盛顿已失去对非洲政府的影响力，而中国在这同时已经崛起，成为非洲的主要贸易伙伴，和当地基础设施的主要投资者。"美国政客库恩斯说："美国在非洲促进社会开放的努力正受到中国的挑战，中国这些年不断向非洲大陆一些专制国家提供无条件投资。中国在向非洲提供的援助中，70%用以建造道路、体育场和政府大厦，通常是由中国提供材料和劳力；而美国政府花在非洲的款项，主要是用来支持当地人民的福利，尤其是抗艾滋病、疟疾、肺病和其他疾病。"他在一个听证会上说："我们可能在抗击疾病的斗争中获胜，但却在争取非洲民心方面打败仗。"库恩斯的言论反映了美国决策者的普遍担心：中国崛起成为政治经济强国，正向美国的全球霸权地位挑战。民主党参议员卡尔丁说："中国只对自己的目标感兴趣，而很少关心那些与它交往的国家的治理情况。"美国的一些专家还认为，中国向非洲国家提供发展基础设施所需的贷款，以换取中国为促进经济增长所需的出口商品，中国的做法满足了非洲无法从西方那里获得的需要。美国有学者说，安哥拉在内战结束之后，曾争取西方国家到该国投资，但不得要领，后来转向中国。中国协助它发展基础设施，以换取它承诺向中国出口石油。美国大学教授布劳蒂冈指出，人们指责中国的投资对非洲的人权和民主起负面的影响，主要是因为它支持津巴布韦和苏丹。但她又说，"没有迹象显示，非洲总体的民权和自由走下坡路"。还有美国人认为"中国在非洲的投资在某种程度上破坏了西方在非洲促进民主、良好治理和人权的目标"，说"中国把科技引进非洲，使某些国家的政府，如津巴布韦和埃塞俄比亚，能限制信息在互联网流通"。

223

西方世界岂止是对中国的"不干涉别国内政"和"不附加政治条件"的对外政策不满，它们对中国的根本制度不就是很不满吗？它们不是过去和现在，而且将来都企图要消灭之而后快的吗？中国对西方世界的"批评"，完全可以坦然地面对，完全没有必要大惊小怪或者感到有什么不安。

（二）不断丰富改革开放的内涵的经济外交

党的第三代中央领导集体不断丰富改革开放的内涵，通过持续的改革开放的实践，继续把中国的改革开放引向深入。中国历史上凡是有作为的政权，都是非常重视改革的，而顺应历史发展的改革，往往又大大地把社会往前推一步，使整个民族都从改革中得到实惠，人民得到实惠。而把自身的改革和对内对外开放融入在一起的重大政治经济变革与国际关系的互动联系在一起的大举动，在中华民族的发展史上，还是头一遭，而且实践充分证明，中国的改革开放，取得了伟大的成功。正如江泽民所指出的："改革开放，是中华民族自强不息和变革创新精神在当代的集中体现和创造性发展。我们把改革开放叫做社会主义改革开放，因为它是中国社会主义制度的自我完善和发展。近二十年的实践已充分证明，我们进行改革开放的方向是正确的，信念是坚定的，步骤是稳妥的，方式是渐进的，取得的成就是巨大的。虽然在前进中也遇到这样那样的困难和风险，但我们都顺利地解决了，不仅没有引起大的社会震动，而且极大地解放和发展了社会生产力，保持了社会稳定和全面进步。"① 党的第三代中央领导集体面对一个更加开放的国际国内市场，在邓小平的改革开放政策实施快要进入 20 年后的党的十五大报告中，江泽民对如何深化改革开放和中国改革开放面临怎样的新机遇提出要求，要"以提高效益为中心，努力扩大商品和服务的对外贸易，优化进出口结构。坚持以质取胜和市场多元化战略，积极开拓国际市场。进一步降低关税总水平，鼓励引进先进技术和关键设备。深化对外经济贸易体制改革，完善代理制，扩大企业外贸经营权，形成平等竞争的政策环境，积极参与区域经济合作和全球多边贸易体系"。江泽民指出："积极合理有效地利用外资。有步骤地推进服务业的对外开放。依法保护外商投资企业的权益，实行国民待遇，加强引导和监管。鼓励能够发挥我国比较优势的对外投资。更好地利用国内国外两个市场、两种资源。完善和实施涉外经济贸易的法律法规。正确处理对外开放同独立自主、自力更生的关系，维护国家经济安全。"②

---

① 《江泽民文选》第 2 卷，第 62 页。
② 《江泽民文选》第 2 卷，第 27 页。

党的第三代中央领导集体在中国深化改革开放工作上所取得的成就，正如朱镕基指出的："中国改革开放 20 多年以来，无论是综合国力还是人民的生活水平都上了一个很大的台阶。最近几年，我们在复杂多变的国际形势下，既克服了亚洲金融危机给我们带来的影响，又克服了世界经济衰退、增长明显减速的影响，国民经济保持了持续良好的发展势头。过去 5 年，国内生产总值年平均增长 7.8%，去年的国内生产总值达到 1.16 万亿美元，外贸进出口总额突破了 5000 亿美元。去年，外商对中国的直接投资为 468 亿美元，累计已经达到 4000 亿美元。这就说明，中国经济已经具有战胜各种困难和挑战的能力。今后一个时期，中国经济预计还会以 7% 以上的速度向前发展。"①

坚定地走改革开放之路不动摇，是党的第三代中央领导集体的高度共识。党的第三代中央领导集体始终高举改革开放的旗帜，把一个贫穷落后的中国终于推向了繁荣和强大的康庄大道。中国积两千多年历史的经验与教训，中国人深刻地认识到，什么时候中国处于闭关锁国的状态，中国就落后，就处于挨打受气的地位。当然，中国历史上的闭关自守，都主要是由于外部环境存在诸多不利因素，而封建统治者为了自己统治集团的利益，简单地采取对外部世界"关门大吉"的不明智的政策。今天中国的对外开放政策，同样面临种种的外部不健康因素，对外开放同样会带来对国家安全的种种的威胁，但是，只要搞改革开放，只要充分规避对外开放可能带来的风险，科学决策，勤奋工作，始终以人民的利益为重，机遇总是会大于挑战的。党的第三代中央领导集体充分地认识到对外开放的风险所在，但是他们更相信，只有坚持对外开放，同时积极地应对、防范对外开放过程中面临的和已经出现的各种问题，才是强国富民的唯一的出路。江泽民指出："经济全球化作为世界经济发展的客观趋势，是不以人们的意志为转移的，任何国家也回避不了。当今世界是一个开放的世界，谁也不可能孤立于世界之外去发展自己的经济。我们要坚定不移地实行对外开放政策，适应经济全球化趋势，积极参与国际经济合作和竞争，充分利用经济全球化带来的各种有利条件和机遇。不能看到有风险、有不利因素，就因噎废食，不敢参与进去。同时，又要对经济全球化带来的风险保持清醒的认识，坚持独立自主，加强防范工作，增强抵御和化解能力，以切实维护我国的经济安全，更好地发展壮大自己。"② 历史证明，中国共产党不但是伟大的党，也是一个成熟的党，今天的中国共产党科学地处理着内政与外交的复杂的关

---

① 《朱镕基答记者问》，第 345～346 页。
② 《江泽民文选》第 2 卷，第 201 页。

系，应对国际关系中的复杂关系的能力有了更大的提高，这是得益于我们党政策的连续性和不同时代政策与策略的灵活性，同时也善于和有勇气对自身政策进行科学而深入的反思和总结。江泽民指出："在经济全球化趋势进一步加强的情况下，如何处理好既要积极参与国际经济合作和竞争，又要善于维护国家的独立、安全和利益的关系。……这些都是对我们实现跨世纪发展目标有直接影响的课题，希望全党同志开动脑筋，在实践中不断寻找解决它们的正确答案，以利推动我国改革开放和现代化建设更好地向前发展。"①

在对外开放方面，今天中国面临的机遇和挑战就和党的三代中央领导集体所面临的形势大不相同，比如中国的现代化建设所需求的矿产资源越来越多，而且主要是从资源型发展中国家进口，中国的很多制成品不但销往发达国家，而且也大量销往发展中国家，造成贸易摩擦，其摩擦的频率甚至超过中国和发达国家。据有关研究数据："中国与发展中国家贸易摩擦的演变发展，以 1995年 WTO 成立为标志分为两个阶段：自 1979 年欧共体首次对华发起反倾销调查至 1994 年底为第一阶段，自 1995 年以来至今（2009 年）为第二阶段。在第一阶段，中国面临的贸易摩擦主要来自发达国家。以反倾销为例，根据关贸总协定（GATT）统计，在这 15 年间针对中国产品发起的 172 起反倾销调查中，发达国家占 140 起，发展中国家仅占 32 起。而在第二阶段，尤其中国加入WTO 以后，发展中国家发起的案件急剧增加。1995～2005 年底，WTO 成员共对中国提起反倾销起诉 469 起，实施 338 件，其中，发展中成员在起诉案件中占 64.8%（304 起），实施案件占 67.5%（228 起）；案件的实施率，发展中国家达到 75%，明显高于发达国家。"② 造成摩擦的原因固然有国际贸易保护主义抬头、中国加入 WTO 时签订的中国属于"非市场经济国家"和"特保"歧视性条款，但中国与发展中国家的产业结构和出口商品结构趋同和中国与发展中国家的产业结构和出口商品结构相似等也是重要原因。中国仍然是发达国家主要的资金吸收国，很多发展中国家无法和中国竞争外资的引进，这种中国和其他发展中国家对外开放的不平衡性，如果不能有效地解决，中国和发展中国家的政治关系就有可能趋向冷淡，中国外交的立足点就会发生严重动摇。不但如此，如果产生拥有资源优势的发展中国家联合抵制中国的情况，不仅中国的资源获得将失去可靠保障，还会在政治上为发展中国家所孤立，而如果形成

---

① 《江泽民文选》第 2 卷，第 304 页。
② 苏然、王宸：《中国与发展中国家贸易摩擦分析》，《现代经济信息》2009 年第 15 期，第 62页。

这样的局面，发达国家也会借机落井下石。所以，新时期如何实质性地加强中国和广大发展中国家的关系，使中国的发展真正地成为广大发展中国家也同时受益的发展，是中国经济外交的一大紧迫课题。

（三）趋利避害，寻求扩大同各方的利益汇合点的经济外交

党的第三代中央领导集体提出在坚定不移走社会主义道路、高度警觉西方国家企图西化和分化中国的前提下，通过政治对话、经济合作和科技交流三位一体的手段处理好和西方国家等大国关系，趋利避害，寻求扩大同各方的利益汇合点。原则的坚定性和策略的灵活性是马克思主义的基本观点和方法。西方国家历来仇视社会主义国家，它们对一个正在迅速崛起的社会主义中国更是恨得要死，怕得要命，欲将中国扼杀于摇篮中更是它们的痴心妄想，中国和它们的斗争是不可避免的，但是与此同时，在"和平与发展"这个主题之下，西方国家也不得不和中国进行合作，因为发源于资本主义世界的两次世界大战，使资本主义世界也认识到，完全步希特勒的后尘是没有前途的，世界要和平也成为今天绝大多数西方国家的共识，在和平得以基本维持的情况下，发展也是使西方资本主义的统治得以维持的基本前提。因此，中国在国际政治中始终高举和平与发展的旗帜，这对于绝大多数西方国家来说，也是能够接受的。特别是针对中国走社会主义市场经济道路，虽然西方国家对中国的市场经济体制前面的"社会主义"的定语很不满意，但是它们也意识到，西方世界和中国相互开放自己的市场所带来的好处和利益是非常明显的，中国通过和它们的经济合作，极大地搞活了相互间的经济。当然，中国和西方国家经济合作的加深，有赖于双方政治互信的加强，要中国和西方世界政治互信得以加强，政治对话是一个重要前提，而如果政治互信加强了，不但可以使双方的经济合作向深度和广度进军，也能够使双方的科技交流得到深入发展。江泽民指出："中国作为一个社会主义国家和世界上最大的发展中国家，在多极化进程中所处的地位和发挥的作用，与西方大国迥然不同。美国和其他西方大国，虽然相互存在着这样那样的矛盾和争斗，但这些国家中的一些人在不希望社会主义中国发展壮大这一点上是一致的。他们不会放弃对我国进行西化、分化的政治图谋。不管是采取'遏制政策'还是所谓'接触政策'，万变不离其宗，目的都是企图改变我国的社会主义制度，最终将我国纳入西方资本主义体系。这种斗争是长期的、复杂的。对此，我们要始终保持清醒的头脑，切不可丧失警惕。有些周边大国也以不同方式对我国进行牵制。我们要善于处理好同各大国的关系，尽可能地趋利避害，寻求扩大同各方的利益汇合点，加强同这些国家的政治对话、

经济合作和科技交流。同时，要善于在他们之间进行纵横捭阖的周旋，推动多极化趋势和大国关系调整朝着有利于我国现代化建设和完成祖国统一大业，有利于维护世界和平、促进共同发展的方向发展。"①

三 党的第三代中央领导集体的经济外交广泛体现了中国人民和世界人民的利益

（一）将改革和发展生产力，明确地解读为实现最广大人民群众的利益

党的第二代中央领导集体将改革和发展生产力，明确地解读为实现最广大人民群众的利益，铿锵有力，体现社会主义制度的根本要求。江泽民指出："我们的改革，是社会主义制度的自我完善和发展，是在坚持社会主义基本制度的前提下，自觉调整和改革生产关系同生产力、上层建筑同经济基础不相适应的方面和环节，促进生产力发展和各项事业全面进步，目的是更好地实现最广大人民群众的利益。"② 江泽民在党的十五大报告中，提出四个"坚持和完善"，其中之一是坚持和完善对外开放，积极参与国际经济合作和竞争，四个"坚持和完善"，都是为了保证国民经济持续快速健康发展，人民共享经济繁荣成果。江泽民指出："建设有中国特色社会主义的经济，就是在社会主义条件下发展市场经济，不断解放和发展生产力。这就要坚持和完善社会主义公有制为主体、多种所有制经济共同发展的基本经济制度；坚持和完善社会主义市场经济体制，使市场在国家宏观调控下对资源配置起基础性作用；坚持和完善按劳分配为主体的多种分配方式，允许一部分地区一部分人先富起来，带动和帮助后富，逐步走向共同富裕；坚持和完善对外开放，积极参与国际经济合作和竞争。保证国民经济持续快速健康发展，人民共享经济繁荣成果。"③ 江泽民强调："社会主义的根本任务就是解放和发展生产力。生产力不发展，经济实力不强，国内就稳定不了，在国际上就没有发言权。民富国强，强就强在你发达起来了；民穷国弱，弱就弱在你不发展上。"④

（二）关注世界人民的整体的经济利益

中华民族是乐善好施的民族，代表中华民族愿望的中国共产党及其所实行

---

① 《江泽民文选》第2卷，第197～198页。
② 《江泽民文选》第2卷，第254页。
③ 《江泽民文选》第2卷，第17页。
④ 《江泽民文选》第2卷，第530页。

的对外政策，自然也是乐善好施的。随着中国国力的日益增强，中国也日益具备为广大发展中国家提供资金、技术等支持的能力。1999 年 11 月 27 日朱镕基在菲律宾工商界午餐会上的演讲和答问中，当菲律宾记者向朱总理提出中国能对菲律宾提供什么帮助时，朱镕基回答："我们的农业部长刚刚访问了你们国家，据他估计，只要你们现在所有种稻子的稻田都采用中国的杂交稻和中国的技术，就可以提高产量 50%。我们将提供资金，和贵国合作，建立一个农业技术中心，无偿地为贵国的农民提供经验、提供良种、提供农机具，无偿地帮助贵国的农民发展农业。……中国是一个发展中国家，是亚洲的一员，是东亚、东南亚的一员，我们愿意和大家一起努力，互相帮助，共同发展。"① 在这里，朱总理两次提到"无偿地"为菲律宾农民提供经验、提供良种、提供农机具和无偿地帮助菲律宾农民发展农业。由此可见，中国外交的人民性特点是多么的鲜明。

第一，劝说发达国家和发展中国家展开经济合作。经济发达的国家基本上是西方资本主义国家，而西方资本主义经济的发达史主要是通过殖民掠夺实现的，但是在今天的时代，再想按老办法实现西方资本主义世界的繁荣已经不可能，只有广泛和发展中国家进行平等的经济合作才是唯一的正确选择，只有这样发达国家的人民才能继续享受繁荣所带来的好处，同时也使广大发展中国家的人民逐步地过上好日子。江泽民指出："经济优先已成为世界潮流。这是时代进步和历史发展的必然。当前，对每个国家来说，悠悠万事，唯经济发展为大。发展不但关乎各国国计民生、国家长治久安，也关系到世界的和平与安全。经济的确越来越成为当今国际关系中最首要的关键的因素。各国根据平等互利原则，不断加强合作力度和协调，在更大规模上互通有无、取长补短，是促进经济发展、实现共同繁荣的必由之路，也是为维护世界和平奠定重要基础。国际社会尤其要花大气力，使发达国家和发展中国家各自具有的优势相互补充，缩小贫富差距，使世界经济得以持久、均衡、稳定地发展。这并不仅仅是发展中国家的要求，也是发达国家保持经济持续发展的需要。"②

第二，突出强调和广大发展中国家的合作，造福广大发展中国家的人民。江泽民在党的十五大报告中指出："要进一步加强同广大发展中国家的团结合作。……近年来，我一直强调要十分重视非洲的工作，不仅政治上要重视，在开展经济合作方面也要重视，各有关部门都应该积极支持。我们必须以长远的

---

① 《朱镕基答记者问》，第 293 页。
② 《江泽民文选》第 1 卷，第 414 页。

战略眼光看待同广大发展中国家的关系。富朋友要交，穷朋友也要交，关键时刻往往穷朋友更靠得住。在发展同大国关系的同时，加强同发展中国家的合作，对我们来说更加重要。这项工作只能加强，不能削弱。我提出为非洲国家培养一些人才，此事正在落实。今后要适当增加一些同发展中国家的高层往来，推进双方的经贸合作。在国际事务中，我们要继续同广大发展中国家相互配合、相互支持，共同维护发展中国家的正当权益。"[1] 进入新世纪以来，中非双边贸易和投资关系得到迅猛发展，2011年双边贸易接近1600亿美元规模，到2010年中国对非洲各类投资近400亿美元。在经贸关系之外，主要通过中非合作论坛，中国为非洲提供了全面的可持续发展支持，覆盖了从农业与粮食安全、基础设施建设到人力资源开发、教育、科技合作与技术转让到减贫、医疗卫生、气候变化应对、减灾救灾等几乎所有方面。例如，为支持非洲的农业可持续发展，中国在过去50多年里为非洲援建农业项目142个，建成农产品加工项目51个，通过提供优惠贷款支持农业项目13个，为非洲培训农业人才6000多名。[2] 中国真诚无私地给发展中国家送实惠、办实事，发展中国家不会忘记。

在党的第三代中央领导集体的利益观中，倡议发达国家加强和发展中国家的经济合作，指出这也是发达国家经济再发展的新动力和可持续的正确道路，强调建立在平等互利、不断加强合作力度和协调、在更大规模上互通有无和取长补短的南北之间的经济合作是世界经济繁荣的出路所在，同时也是实现世界和平的重要经济基础。

第三，把"引进来"和"走出去"的价值目标定位于造福中华民族的子孙。"引进来"和"走出去"是中国对外开放的很形象的表述。"引进来"和"走出去"要达到什么目标？是不是仅仅经济指标上去了就万事大吉？不是的。党的第三代中央领导集体始终把对外开放的成果怎样为中国人民造福放在第一位来思考。江泽民指出："凡是有能力有条件的企业，包括国有企业，也包括其他经济成分的企业，在国家指导、组织和支持下，应该大胆地走出去，走向世界各地，通过平等互利的国际合作，更多地利用国外一切可能利用的市场和资源。当然，走出去也要组织好，不能盲目地搞，一定要着眼于取得扎扎实实的成效。'引进来'和'走出去'是对外开放的两个轮子，必须同时转动

---

① 《江泽民文选》第2卷，第205页。
② 陈德铭：《中国将继续支持非洲农业发展和基础设施建设》，中国商务部网站，http://www.mofcom.gov.cn/aarticle/ae/ai/200911/20091110608567.html，2010年2月20日。

起来。这个问题，我思考了很久，主要是为我国的未来发展和中华民族的子孙后代考虑的。"① 党的第三代中央领导集体把对外开放的平衡发展看做中国未来发展和中华民族子孙后代的利益所在。如何更好地、更高质量地、更加有利于人民的经济利益与安全利益和保障国家的主权与安全的"引进来"和公民和企业更加安全的、更加受益的、更有尊严地"走出去"，的确是在全球化时代关系到中国未来发展的大事，是关系到子孙后代幸福的大事，党的第三代中央领导集体自然十分关心。

第四节　本章小结

党的三代中央领导集体的经济外交所经历的时代虽然不同，但价值导向完全一致，都是为了促进中国和世界先进生产力的发展，在经济外交的过程中，都充分地应用最能促进国家间关系和谐发展的和平共处五项原则这一中国倡议的核心外交文化，都把经济外交的成果落实为中国最广大的人民群众和世界最广大人民的利益，都希望通过国际经济合作达到政治上促进人类和平的目的。

通过对我们党的三代中央领导集体的经济外交的研究，使我们搞清楚了一些重大的理论问题，那就是，以毛泽东为核心的党的第一代中央领导集体，一开始就非常重视中国的对外开放，希望在开放的世界中加强和世界广泛的经济交往。但是帝国主义采取封锁中国的政策，使得对外开放的政策难以顺利进行，即使是在这样的情况下，党的第一代中央领导集体仍然坚持开放的方针，努力拓展和广大第三世界国家的经济关系，努力推动广大第三世界国家的经济独立，扩大和广大第三世界国家的经济合作。在中苏交恶之前，中国和广大社会主义阵营的经济合作全面深入地展开，与此同时，党的第一代中央领导集体也艰苦地探索和第二世界国家的经济合作空间，提出了一系列至今看来仍然具有现实意义的经济合作的思想。

以邓小平为核心的党的第二代中央领导集体的经济外交所面临的国际环境，与党的第一代中央领导集体相比已经有了很大的改观，邓小平时代的经济外交可以说是全方位的，实现了和广大第三世界国家深入的经济交往，同时也发展了和西方国家的经济合作。引进国外先进科学技术服务于经济建设，吸引外资，学习外国先进管理方法和生产经验，是党的第二代中央领导集体经济外

---

① 《江泽民文选》第 3 卷，第 458～457 页。

交思想的核心内容。全面发展同世界各国长期的经济交往与合作，而不是只面向个别国家和个别地区，即营造全方位的对外开放格局是党的第二代中央领导集体经济外交的一大特点。党的第二代中央领导集体主张发展中国家要认真总结经验，相信自己的力量，加强自身团结，不对西方资本主义心存幻想，要加强发展中国家之间的自助和合作，以达到发展中国家巩固自身经济独立地位的同时，实现自身的经济革命性发展和飞跃；提出在经济利益与领土争端交织在一起的地区，通过先进行经济合作，搁置争议，共同开发，最终达到解决争端，实现和平的思想；提出帝国主义包括经济手段的"文"的侵略日益突出，为中国实行更具有战略性的经济外交提供了理论依据；主张借资本主义资金之力发社会主义之力，作为我国社会主义建设的重要补充，而且是不可缺少的补充；提出各个领域技术上、制度上、组织上的改革关系到人民的长远利益的思想，从而为中国在沿海地区设立经济特区，推动经济外交和改革开放，提供了强大的精神动力；主张通过改革开放，极大地满足人民的实际利益的思想。

以江泽民为核心的党的第三代中央领导集体，注重开展经济外交必须和中国实际生产力发展水平相适应，注重提高中国生产力发展水平，并通过经济外交促进中国生产力的提高和中国综合实力的提高，达到提高中国在国际斗争中赢得强大的实力地位的目的。敏锐地注意到知识经济发展的机遇能否抓住，决定自身在国际社会中的经济吸引力强弱和政治地位的高低；提出在坚定不移走社会主义道路、高度警觉西方国家企图西化和分化中国的前提下，通过政治对话、经济合作和科技交流三位一体的手段处理好和西方国家等大国关系，趋利避害，寻求扩大同各方的利益汇合点。十分关心广大发展中国家的经济利益，倡议发达国家加强和发展中国家的经济合作，指出这也是发达国家经济再发展的新动力和可持续的正确道路，强调建立在平等互利、不断加强合作力度和协调、在更大规模上互通有无和取长补短的南北之间的经济合作是世界经济繁荣的出路所在，同时也是实现世界和平的重要经济基础。

| 第三章 |

"三个代表"重要思想与党的三代 中央领导集体的文化外交

胡锦涛总书记在党的十八大报告中指出："建设社会主义文化强国，关键是增强全民族文化创造活力。要深化文化体制改革，解放和发展文化生产力，发扬学术民主、艺术民主，为人民提供广阔文化舞台，让一切文化创造源泉充分涌流，开创全民族文化创造活力持续迸发、社会文化生活更加丰富多彩、人民基本文化权益得到更好保障、人民思想道德素质和科学文化素质全面提高、中华文化国际影响力不断增强的新局面。"① 提高"中华文化国际影响力"的思想，为中国的文化外交提出了前进和努力的正确的方向和目标，在这里，胡锦涛把中国文化外交的完整内涵表达得清清楚楚，也把中国人民的文化自信和文化自觉充分地表达了出来。

第一节　"三个代表"重要思想与党的第一代 中央领导集体的文化外交

文化交流在中国历史上从来没有断绝过。在上古时代的周朝，就有对外文化交流的发生。例如《周礼》记载，"旄人，掌教舞散乐，舞夷乐。……凡祭祀宾客，舞其燕乐"，"舞四夷之乐"。东汉白虎观经学会议之资料汇编《白虎通》说："王者制夷狄乐。"汉唐时期出现宗教文化交流，包括佛教传入中国和佛教的中国化，元朝时中国四大发明传入欧洲，明朝中西文化交流频繁，西方文化和自然科学传入中国。以毛泽东为代表的党的第一代中央领导集体十分

---

① 胡锦涛：《坚定不移沿着中国特色社会主义道路前进　为全面建成小康社会而奋斗——中国共产党第十八次全国代表大会报告》，人民出版社，2012，第31页。

重视通过文化的力量展开新中国的外交，确立了文化外交的方针、政策和具体的实施战略与策略，为新中国的文化外交起了奠基人的作用。对于党的第一代中央领导人在文化上的贡献，即使是西方学者，也持比较客观公正的评价。美国已故的"头号中国通"、著名学者费正清教授就指出："毛泽东则像汉朝和明朝的创业皇帝那样，是以崛起于民间的英雄人物身份统一国家的。他胜过前辈，并且能够在长江里游泳，以激励他的人民去利用和征服自然。毛在 40 年代的军队并不给农民带来苦难，而是为他们翻身求解放的。他'赢得了人民的拥护和爱戴'，……他靠暴力起来执掌政权，但他仍然保护中国文化，雇用学者整理前一政权的档案，并指出其衰亡的教训。他用古典体裁的诗词来庆贺革命胜利，他的书法点缀了许多公共场所。他的榜样对周围国家有很大影响。在北京，他在十五世纪明代帝王修筑的大宫殿前修起了一个大广场，让东南亚和西方地区的代表团到那里去观看盛大的游行仪式。"① 新中国的成立，为文化交流开辟了广阔前景。党的第一代中央领导集体的文化外交思想是丰富多彩的。对党的第一代中央领导集体的文化外交思想的挖掘，对我们今天如何更好地开展文化外交，启发意义很大。

一　党的第一代中央领导集体促进精神生产力发展的文化外交思想

在古代中国的优秀的政治家中，也有不少人懂得文化的"精神生产力"价值，比如战国时代的赵武灵王就是其中杰出的一位。根据《战国策·赵策二》，赵武灵王为了"开发胡、狄僻陋的郊野"，达到"敌弱者，用力少而功多，可以无尽百姓之劳"即进攻弱小的胡、狄，达到用力小而功效大，可以不使人民精疲力竭的目的，下令全国改革服装，实行胡服，训练骑射。当然，赵武灵王吸收胡服文化是为了"进攻"胡、狄的思想在今天的文化外交理论和实践中应该摒弃，但是他的把吸收胡服文化转化为生产力的思维，即使在今天看来，仍很有价值。其实，传说从前舜帝跳苗族的舞蹈，禹帝裸体进入裸国，他们的考虑都是随俗而行，因地制宜，而最终目的是"利民"。正如赵武灵王所言："夫制国有常，而利民为本；从政有经，而令行为上。故明德在于论贱，行政在于信贵。"②

文化不但是提高生产力的有力途径和方法，文化也是生产力。恩格斯指

---

① 〔美〕费正清：《美国与中国》，张理京译，世界知识出版社，1999，第 445～446 页。
② 此段古文用现代汉语翻译为："治理国家，有一定的法则，以有利于人民为根本；从事政治，有一定的原则，以命令能够通行为首要。所以，要想建立出色的政绩，必须为人民着想；要想贯彻政令，必须使贵戚以身作则。"

出："在一个社会里，要在保持人口数量不变的情况下增加财富，必须具备三个条件：造成劳动群众的新的需求，而这只有通过发展智力和情趣，换言之，通过提高文化修养才是可能的，劳动群众有了高度文化修养就会自然而然地摆脱无产者状态。"① 马克思就曾提出："货币的简单规定本身表明，货币作为发达的生产要素，只能存在于雇佣劳动存在的地方；因此，只能存在于这样的地方，在那里，货币不但决不会使社会形式瓦解，反而是社会形式发展的条件和发展一切生产力即物质生产力和精神生产力的主动轮。"② 马克思在此提出了一个"精神生产力"的重要概念。两位马克思主义奠基人关于文化的生产力价值的论述给了我们这样的启示，中国建构自己的文化外交体系，通过市场机制，扩大文化交流，也相应地会产生良好的经济和社会效益。

（一）党的第一代中央领导集体提出了文化交流在促进国家间和平与繁荣方面的积极促进作用

文化交流也是生产力，这在党的第一代中央领导集体的对外政策的理论和实践中是表现得非常充分的。党的第一代中央领导集体总是把经济、文化交流放到一起加以论述。文化交流虽然实际上和经济交流都是促进生产力发展的重要手段，或者从另一个方面说，经济的合作中也可能体现某种文化，文化的交流也会表达着某种经济潜力，二者是互相关联的，也可以说两者都是生产力，分别为产生物质力量的生产力和产生精神力量的生产力。我们从《梁山伯与祝英台》在20世纪50年代的国际政治舞台上的精彩展示了解到精神生产力和物质生产力之间的相互转换"哲学"。1953年由上海电影制片厂制作的新中国第一部彩色戏曲片《梁山伯与祝英台》，在1954年的国际日内瓦会议上由周恩来作为"东方的罗密欧与朱丽叶"介绍给西方世界后，同时南下香港地区及东南亚，在华人地区刮起一阵"梁祝热"及"越剧热"。在和西方代表团唇枪舌剑的时候，《梁山伯与祝英台》这部充满人情味的中国戏曲片成了日内瓦会议场内外的热门话题。为了让西方人了解中国文化，了解中国人的感情，周恩来把片名翻译为《中国的罗密欧与朱丽叶》，随后又送给了住在莱蒙湖畔的电影艺术大师卓别林。在日内瓦的外交官说，周恩来不仅用艺术促进了外交，同时也把外交变成了一门艺术。③ 梁祝热在日内瓦国际会议上达到高潮。日内

---

① 《马克思恩格斯全集》第45卷，人民出版社，1985，第160页。
② 《马克思恩格斯全集》第46卷（上），人民出版社，1979，第173页。
③ 廖心文、陈晋、熊华源：《大型电视文献纪录片〈周恩来〉第三集：世界舞台》，《党史天地》1998年第1期，第10页。

瓦会议主要是讨论如何和平解决朝鲜问题和印度支那问题，它是新中国政府在多边舞台上第一次亮相，是中国通过国际会议谋求和平解决国际争端诚意的体现。"和平"是此次会议的一个重要议题，而新中国如何通过文化的力量赢得英法美等非社会主义国家的尊重也成为此次会议成功与否的关键。在日内瓦会议的准备过程中，对此次会议的举行发挥关键斡旋作用的苏联政府提醒中国代表团在日内瓦会议上应在宣传工作上做更多的努力来扩大新中国的影响力，其中包括举行电影放映会，组织演讲，举办小型的展览及文化表演等。"在日内瓦会议上，中国代表团新闻处一共举行了三场电影放映会招待各国的记者，一场是放映电影《1952年国庆节》，而另外两场就是放映《梁山伯与祝英台》。当电影《1952年国庆节》放映会结束后，有美国记者评论这部纪录片恰恰证明'中国在搞军国主义'。"为了抵制这种谣言，周恩来选择放映电影《梁山伯与祝英台》来招待外国记者，并对如何向外国记者宣传这部电影做了如下的指示："在放映前作3分钟的说明，概括地介绍一下剧情，用语要有点诗意，带点悲剧气氛，把观众的思路引入电影，不再作其他解释。这样试试，我保你不会失败。不信，可以打赌，如果失败了，我送你一瓶茅台酒，我出钱。"① 周恩来的目的是通过文艺所体现的诗意性和悲剧性效果打动国外观众，以发挥中国崇尚和平的影响力，建立良好的国际形象。《梁山伯与祝英台》在记者电影招待会上放映后，如周总理所愿取得了良好的效应。此影片引起了各国记者的共鸣："从'草桥结拜'的欢悦到'英台抗婚'的悲剧，从'楼台会'哀怨泣别到'坟前化蝶'的忠贞相随，那美丽动情的一幅幅画面，伴随着富有浓郁东方色彩的一曲曲旋律，在观众心中起伏回荡。当放映到'楼台会'时，一位法国女记者感动得热泪盈眶；当放映到'哭坟'和'化蝶'时，只听见全场一片同情的感叹声和哭泣声。电灯复明，放映结束，观众还如醉如痴地坐着，沉默了一会儿，才突然爆发出热烈的掌声。一位美国记者说：'这部电影太美了，比莎士比亚的《罗密欧与朱丽叶》更感人！'有的说，想不到电影和色彩这么绚丽。一位比利时记者说：'简直忘了在看电影，好像我也在梁祝身边。'一位印度记者说：'新中国成立不久，就能拍出这样的片子，说明中国的稳定。这一点比电影本身更有意义。'时近午夜，人们还在尽兴地谈论着，不肯离去。当周恩来听取熊向晖汇报得知影片放映获得巨大成功时，意味深长地说：'问题在于宣传什么，怎么宣传。'中国的《罗密欧与朱丽叶》，多么贴切的比喻，多么打动人心的比喻啊！这简简单单的10个字，一下子就

---

① 周静书主编《梁祝文化大观》（学术文化卷），中华书局，1999，第680页。

把不了解中国文化的外国观众吸引住了；这简简单单的 10 个字，又蕴含了多么渊博的知识和高超的智慧啊！"① "日内瓦会议以后，戏曲片《梁山伯与祝英台》开始在不同的国家和地区放映，并且在各大国际电影节上获奖，刮起一阵'梁祝热'。而在这股热潮中，梁山伯的扮演者范瑞娟尤其受到外国观众的欢迎。周恩来在日内瓦宴请卓别林时，还特别邀请范瑞娟作陪同。1954 年，范随团参加了在捷克举行的国际电影节。在电影节上，当穿绣花旗袍和高跟鞋及烫发的范瑞娟出现在外国观众面前时，结果整个电影节都觉得很新奇，还有男演员冲她跪下，说要向'中国女人和艺术'投降，因为她们能演男子汉让人完全看不出来。周围人则冲着范瑞娟大喊'毛泽东、毛泽东'，那大概是他们唯一知道的中国人名字。把梁山伯的扮演者与毛泽东相连是外国观众在梁山伯形象与新中国之间建立的一种象征性联系，值得我们作进一步的分析。在越剧版本里，梁山伯角色由女性来扮演，而且这个以悲剧结尾的爱情传奇与传统意义上的才子佳人故事不同的是梁山伯的过分'女性化'。在传统的才子佳人故事中，经常的故事情节是有情人历经磨难，最后金榜题名奉旨成婚。而越剧版本里的梁山伯是一介穷书生，为爱而伤，最后也为情而死，一生未考取任何功名，是一个非常唯美的'情痴'形象。从这个意义上说，这个'雌化'的梁山伯形象很符合当时新中国在国际外交中所企图建立的崇尚和平和尊重传统文化的国家形象这个期待。周恩来当时还组织上海越剧院到各个国家演出。1955 年，上海越剧院以"中国越剧团"的名义，到当时的民主德国和苏联访问演出。当时的《戏剧报》对此有图文并茂的介绍，并翻译介绍了苏联《真理报》上两篇观后感。其中一篇是一位名为胡波夫的苏联作者写的《高尚爱情的诗篇——为中国越剧团在莫斯科访问演出举行闭幕式而作》。作者用'浪漫'和'优美'等词来形容《西厢记》和《梁祝》中的爱情故事，而且文中还特别提起了演出中'艺术化的舞台装置'，并称之'出色地显示了中国色彩诗一般的情感以及中国建筑学上特殊风格的美观'。另外一篇是一位名为卡巴列夫斯基的观众所写的《古老文化的青春——为越剧在莫斯科作访问演出而作》，文章中作者集中讨论《梁山伯与祝英台》一戏，尤其对越剧的音乐部分作了非常仔细和专业的分析，并称整个故事为'意义深长的诗一般的剧情'。同时也对梁山伯的扮演者范瑞娟作了高度的赞扬，称其为'天才性的演员'。最后，作者也对越剧的'艺术装置'赞不绝口，认为它'替整个戏剧的演出增色不少'，并特别指出服装及舞台装置'有绝妙的风格以及独一无二的民族

---

① 周静书主编《梁祝文化大观》（学术文化卷），第 681 页。

特色'。综合起来，当时外国观众都是对越剧中的抒情性及由舞台装置和服装所表现出来的诗意表示了极大的兴趣。"① 周恩来用《梁山伯与祝英台》这一独具匠心的文化力量，通过日内瓦会议加深了中国与社会主义国家的友谊，同时也在一定程度上化解了中国与意识形态不同的国家的坚冰。

　　新中国成立之初，党的第一代中央领导集体就非常重视与社会主义国家和广大民族国家的文化交流与合作，深信中国和广大亚非国家文化交流频繁的时代一定会到来。1955 年 4 月周恩来总理在亚非会议上提出："在我们亚非地区的各国人民日益掌握了自己命运的今天，即使我们在目前经济和文化的合作规模还不可能很大，但是，可以肯定地说，这种建立在平等互利的基础上的合作是有远大的发展前途的。我们深信，随着我们亚非国家工业化的发展和人民生活水平的提高，随着各国间贸易关系中人为的外来的障碍的消除，我们亚非各国间的贸易来往和经济合作将会日益增进，文化交流也将日益频繁。"② 1962年 10 月 3 日，毛泽东等为祝贺中蒙经济及文化合作协定签订十周年时，在给蒙古领导人的电报中说："中蒙经济及文化合作协定的签订，对促进我们两国友好合作关系的发展和两国经济与文化建设的共同高涨起了重要的作用。它完全符合我们两国人民的根本利益，同时也有助于加强社会主义阵营的团结和维护世界和平。我们相信，随着中蒙两国社会主义建设事业的不断发展，我们两国的这种平等、互利和友好合作关系，必将日益巩固和加强。"③ 特别值得一提的是，1963 年 11 月 22 日，毛泽东等在祝贺中朝经济及文化合作协定签订十周年的电报中，强调中朝两国的文化交流所产生的巨大意义："十年来，我们两国在友好互助和平等互利的基础上，全面迅速地发展了两国的经济和技术合作关系，大力促进了两国的文化交流事业。这种无产阶级国际主义的友好合作关系，不仅进一步加强了中朝两国人民用鲜血凝成的战斗友谊和伟大团结，促进了两国社会主义建设的共同繁荣和高涨，而且对于加强社会主义阵营的力量、促进人类进步的事业，作出了重大的贡献。"④ 对外文化交流工作是体现一国国际形象的极好的机会，因此，出国演出的节目，一定要高水平、高质量，否则将不但达不到树立国际良好形象的效果，反而可能起到相反作用。党的第一代领导人对此是十分重视的。周恩来指出："出国演出必须有新的质

---

① 徐兰君：《"哀伤"的意义：五十年代的梁祝热及越剧的流行》，《文学评论》2010 年第 6 期，第 59 页。

② 《周恩来选集》（下），人民出版社，1980，第 151 页。

③ 《人民日报》1962 年 10 月 4 日。

④ 《人民日报》1963 年 11 月 23 日。

量,出现新的主题,做到文采风流,日日前进。新节目要有新的思想内容,但必须用艺术形式来表现。优秀的节目要保留,不要喜新厌旧,也不可乱改。以后出国,古典节目还是要有,现代节目至少有一半。"① 党的第一代中央领导集体对和中国"在历史及文化上均有悠久而密切的关系"国家之间在建立和发展关系时所产生的积极效应有着深刻的感悟和理解。印度和中国在历史上的文化交流和往来,都是空前的,给两国人民带来了诸多美好的回忆。毛泽东指出:"中印两国,国境毗连,在历史及文化上均有悠久而密切的关系,近世纪来,又都为挣脱自己民族的厄运,进行过长期而勇敢的斗争。"②

(二) 提出包括文化教育的国民经济的比例关系借鉴外国先进经验的思想

党的第一代中央领导集体提出包括文化教育的国民经济的比例关系借鉴外国先进经验的思想,必须从我国的实际情况出发,同时参考世界各国的先进经验,找出我们自己的国民经济在一定时期内各部门的比例关系。同时,为了营造文化外交的健康发展的环境,有必要消除帝国主义对中国长期以来文化侵略所形成的恶劣影响。

周恩来指出:"国民经济体系不仅包括工业,而且包括农业、商业、科学技术、文化教育、国防各个方面。……必须从我国的实际情况出发,同时参考世界各国的先进经验,找出我们自己的国民经济在一定时期内各部门的比例关系。"③ 很明显,周恩来在此把文化教育看做国民经济的有机组成部分,是精神生产力的一部分。而文化教育如何发展,应该确定一个什么样的科学的比例,有必要借鉴先进国家的做法。但是,由于新中国是在半殖民地半封建基础上成立起来的,在进行平等的文化交流之前,首先要消除旧中国遗留下来的反动文化的影响,而此项工作在新中国成立之初就开始了。周恩来指出:"帝国主义对中国的侵略有军事的、政治的和文化的。军事和政治的侵略已经失败,经济和文化的特权还存在着,这些特权我们必须有步骤地收回。对辅仁大学事件,我们已经做到仁至义尽,必须将其教育权和财产权收回。但对别的教会学校,可以允许继续自办,如有类似辅仁大学情况的,也照此办理。"④ 辅仁大学事件指 1950 年 6 月该校发生的教会势力公开反对中国政府教

---

① 《周恩来年谱:1949~1976》(中),第 367~368 页。
② 《人民日报》1950 年 5 月 21 日。
③ 《周恩来年谱:1949~1976》(中),第 574~575 页。
④ 《周恩来年谱:1949~1976》(上),第 84~85 页。

育政策的事件①，这个案例至少说明，新中国还不可能和资本主义发达国家在平等的基础上建立文化关系，因为过去帝国主义对中国长期的文化侵略，造成中国不仅仅是政治主权的丧失，文化主权也随同丧失，而文化主权往往不会随政治主权的收回马上就得到恢复，即使形式可能回归，但是因为是思想层面的问题，往往要经过相当长的历史过程才能回归健康的发展轨道。同样的案例还有对接受美国津贴的文化教育救济机关及宗教团体的处理问题，周恩来指出："过去我们曾设想，要把美帝国主义的残余势力从中国完全肃清，还需要三四年的时间。但最近美国宣布冻结我国在其境内的财产，这就给了我们一个很有利的机会，我们可以提早把美帝国主义在我国的残余势力肃清出去。现在，我们宣布这一命令，对美帝国主义是一个严重打击。会议通过《中央人民政府政务院关于处理接受美国津贴的文化教育救济机关及宗教团体的方针的决定》等文件。"② 从近代中国沦落为半殖民地半封建一直到新中国诞生前，帝国主义国家对我国除了政治、经济和武装侵略外，尤其注重战略性的文化侵略活动。其侵略方式，主要是采取巨额款项津贴宗教、教育、文化、医疗、出版、救济等各项事业，以便达到在精神上控制、欺骗、麻醉和奴化中国人民的目的。美国的"庚子赔款"就是实现这一目的的一个典型手段。③ 为了肃清美帝国主义在我国的影响，维护中国人民文化、教育、宗教事业等的自主权利，以及彻底制止美帝国主义利用文化教育救济机关和宗教团体进行反动活动，1950年12月郭沫若提交的《关于处理接受美国津贴的文化教育救济机关及宗教团体的方针的报告》确定的方针是："一、政府应计划并协助人民使现有接受美国津贴的文化教育救济机关和宗教团体实行先全自办。二、接受美国津贴之文化教育医疗机关，应分别情况或由政府予以接办改为国家事业，或由私人团体继续经营改为中国人民完全自办之事业，其改为中国人民完全自办而在经费上确有困难者，得由政府予以适当的补助。三、接受美国津贴的救济机关，应由

---

① 1950年10月辅仁大学由人民政府接办，外国人或他们的团体在中国境内创办学校，照国际惯例是不容许的，但因为已经办了许多年，暂时还允许续办。不幸的是，辅仁大学当时发生了外国人干涉我国教育行政主权的事情，几乎使辅仁大学陷于不能维持。政府为了不使人民利益受损失，决定维持这个学校，并要使这个学校得到发展，把它办好。在1952年全国高等院校院系调整过程中，辅仁大学与北师大合并。
② 《周恩来年谱：1949～1976》（上），第109～110页。
③ 美国伊里诺大学校长詹姆士在1906年给罗斯福的一份备忘录中声称："哪一个国家能够做到教育这一代中国青年人，哪一个国家就能由于这方面所支付的努力，而在精神和商业上的影响取得最大的收获。""商业追随精神上的支配，比追随军旗更为可靠。"这是帝国主义者赤裸裸的文化侵略供认。

中国人民救济总会全部予以接办。四、接受美国津贴之中国宗教团体，应使之改变为中国教徒完全自办的团体，政府对于他们的自立自养自传运动应予以鼓励。"① 结束帝国主义腐朽文化在中国的影响，是建立中国新文化的前提，是体现建立在文化自信基础上的文化先进性的首要条件。党的第一代中央领导集体果断地结束了帝国主义者对我国多年来的文化侵略活动，肃清对帝国主义认识上的病态心理，为中国的文化自信和展开平等的对外文化交流，创造了民族的健康的心理环境。建立健康的文化自信，需要"知彼"，比如了解外国人对中国文化的评价也是一个渠道。曾经有美国精英感叹由于中国悠久的历史，中国人看问题往往会以非常长远的视角来观察，而美国由于发展的历史短暂，所以看问题往往比较短视。美国前副国务卿、现布鲁金斯学会会长斯特罗布·塔尔博特（Strobe Talbott）在回顾他 1975 年陪同基辛格访问中国时的情形说："中国人是拥有超过四千年持续不倒的文明的看守人（custodians），中国人喜欢提醒我们他们看问题不是可以用一个短的时间段可以下结论的，而必须要经历历史长河的考验。我记得我曾经作为记者首次到中国，我多年一直报道基辛格出访，我在一九七五年陪同他到中国，这是中国的首次允许他们称之为资本主义走狗的媒体和基辛格坐上同一架飞机上一起访华。在我们这边的房间，基辛格先生对我们和他一起旅行的记者们谈他和周恩来随后的交流，基辛格向周恩来了解他对曾经使人类受益的法国大革命持怎样的看法，周恩来略为思考后回答，'要作出结论为时尚早'，我认为中国人对长远观点的偏好和美国人骨子里存在的对急躁的爱好是可以作某种比较的，这没有什么好奇怪，毕竟在文化上和历史上，美国作为一个国家存在的历史长度，也只有中国 1/20。美国很容易受情绪的摆布。"② 塔尔博特的评价可以说是相当正确的。周恩来指出："帝国主义者的'封锁'和'禁运'，正好被我们用以肃清在中国经济中的半殖民地的依赖性，缩短我们在经济上获取完全独立自主的过程，而真正受到打击的，反而是他们自己。美国的'经济封锁'，也加速了我们清算美帝国主义者在中国的经济特权的进程。中国人民在抗美援朝运动中同时顺利地彻底地肃清了美帝国主义者对我国多年来的文化侵略活动，并逐步肃清亲美、崇美、恐美的思想。这一切对于我们的国家和人民都是非常有利的。"③ 清除近代以来形成的对帝国主义的病态心理则是一个相对比较慢长的过程，不可能一蹴而

---

① 《人民日报》1950 年 12 月 30 日。

② Christopher Marsh June Teufel Dreyer，*U. S. -China Relations in the Twenty-First Century*：*Policies*，*Prospects*，*and Possibilities*，Lanham：Lexington Books Press，2003. p. 2.

③ 《人民日报》1951 年 11 月 3 日。

就。周恩来指出："帝国主义总想保留一些在中国的特权，想钻进来。有几个国家想同我们谈判建交。我们的方针是宁愿等一等。先把帝国主义在我国的残余势力清除一下，否则就会留下它们活动的余地。帝国主义的军事力量被赶走了，但帝国主义在我国百余年来的经济势力还很大，特别是文化影响还很深。这种情形会使我们的独立受到影响。因此，我们要在建立外交关系以前把'屋子'打扫一下，'打扫干净屋子再请客'。但是打扫要有步骤，不能性急。我们在美帝侵朝的时候，针对美帝对我国采取敌视政策并冻结我国财产的情况，先接管或冻结美帝在华资产，并接管美帝津贴的文化机关，特别是在抗美援朝运动中肃清亲美崇美恐美思想，这在平时恐怕要几年几十年才能做到。"① 如何消除帝国主义腐朽文化在中国的影响，首要的就是要建立起中国人民的文化自信和文化自尊，并最终达到国人的文化自觉境界。为了实现这个目标，必须采取各种行之有效的办法，比如发行反映中国优秀文化的书刊、电影，举办相关展览等等。周恩来就说过："要加强民族自信心。我们虽然落后，但只要依靠人民，发动人民，我们相信可以建成一个具有现代工业、农业的国家。如果一个民族缺乏自信，将长期受到压迫。"② 当然，中国要迈出走向文化自信的第一步，首先是要通过各种形式揭露帝国主义百年来对中国文化的破坏和掠夺，并使这种揭露服务于政治上进行外交斗争、军事上保卫国家主权与安全的需要。对此，党的第一代中央领导集体是非常重视的。1951 年 4 月 7 日，周恩来总理在故宫午门楼上参观正在布置中的敦煌文物展览，他在参观《帝国主义者劫夺敦煌一带文物罪行》展室时指出："这样陈列很好。这些铁一般的证据，雄辩地说明了帝国主义如何用各式各样的巧取豪夺的方法来盗窃和破坏我国文化遗产。我们必须同仇敌忾，增强抗美援朝的信心，加强抗美援朝的力量。当举国都在深入动员抗美援朝的时刻，这个文物展将会起到爱国主义教育的作用。"③

（三）萌发了文化作为重要变量的总体外交的思路

党的第一代中央领导集体已经萌发了总体外交的思路，提出促进文化外交健康发展的具体措施，为扩大中国精神生产力在世界的影响，提供了组织保障。周恩来提出："今后凡我国所派代表团在出国前，应由外交部主管司负责

---

① 《周恩来外交文选》，第 50 页。
② 《周恩来年谱：1949 ~ 1976》（中），第 261 页。
③ 《周恩来年谱：1949 ~ 1976》（上），第 152 ~ 153 页。

介绍所访国的主要情况","文教委员会要研究关于加强我国与各兄弟国家签订文化协定的监督执行和指导工作的具体办法。"① 外交部负责介绍所访国的主要情况和文教委员会发挥文化协定的监督执行和指导功能,这对文化外交向健康的方向发展意义重大,同时也体现了党的第一代中央领导集体初步的总体外交思路。

(四) 通过文化合作协定促进物质生产力和精神生产力的发展

党的第一代中央领导集体通过和友好国家的经济文化合作协定,在自身仍然极端困难的情况下,想方设法地为促进友好国家的物质生产力和精神生产力的发展作出中国的努力。1953 年 11 月,周恩来在政务院政务会议上所作的关于中朝政府谈判和签订两国间经济及文化协定的报告中指出:"这次中朝政府谈判,签订了协议,表明中国将继续帮助朝鲜。这件事,在政府机关和全中国人民中,也许会引起疑问:我们现在正处在建设初期,同样需要钱,为什么还要帮助朝鲜这么大? 这是因为,抗美援朝是为了保家卫国,是为了朝中人民的共同利益,也是为了远东及世界和平的利益。在朝鲜战争中,朝鲜人民付出的代价更大。停战后,必须巩固朝鲜已得的胜利,恢复朝鲜战争创伤,这是和平阵营的共同责任。中朝两国继续合作,符合两国人民的切身利益和长远利益,对世界的和平有重大意义。会议通过《中朝经济及文化合作协定》。"② 从箕子把中华文化带到朝鲜半岛到今天,中朝两国有三千多年的文化交流史。《史记》和《尚书大传》都记载了周武王封箕子于朝鲜的事。箕氏在朝鲜建立王朝达千年之久,使中华古代文明在朝鲜扎下了深深的根基,并影响到了朝鲜半岛整个地区,再通过朝鲜的桥梁作用影响到日本。在以中华文化为核心的东亚文化圈的形成过程中,箕子是当之无愧的开创者。近代以来,朝鲜也是一个多灾多难的民族,在抗美援朝战争结束后,朝鲜面临如何通过经济文化的建设恢复其正常的人民生活,重建国家的大问题。在这样的情况下,百废待举的新中国没有理由袖手旁观,只能迎难而上,积极参与到朝鲜的经济和文化建设中去。

(五) 举办国际性文化周,促进各国精神生产力的发展

新中国举办亚洲电影周,这是党的第一代中央领导集体通过文化交流,促

---

① 《周恩来年谱:1949~1976》(上),第 287 页。
② 《周恩来年谱:1949~1976》(上),第 335~336 页。

进各国精神生产力发展的大手笔。1957 年 8 月 31 日~9 月 6 日，亚洲历史上一次规模盛大的电影周在中国的首都北京以及天津、沈阳、长春、上海、广州等十大城市举行。8 月 31 日晚，有 16 个国家电影工作者参加的亚洲电影周开幕式在北京举行。周恩来总理、贺龙副总理等以及北京各界人士、驻华使节等一千多人出席了开幕式。中国人民对外友好协会会长、中国电影工作者联谊会会长、电影局局长等有关方面负责人和亚洲团结委员会主席、印度亚洲团结委员会主席尼赫鲁夫人致贺词，缅甸等 13 个国家电影代表团团长讲了话。开幕式后，放映了中国影片《女篮 5 号》。电影周期间，各国电影代表团与中国电影艺术家举行了座谈并进行参观访问。周恩来总理会见了各国电影代表团。9 月 7 日，周恩来总理在招待参加"亚洲电影周"的亚洲各国电影代表团的酒会上说，"'亚洲电影周'是亚非会议关于文化合作的决议的一个具体实施。这一次的合作提供了一个很好的机会，使亚洲各国通过互相观摩，能够推进本国电影事业的进一步发展。"① 在此次亚洲空前的电影周，"电影生产力"的提法是引人注目的。著名作家张又君②撰文高度赞扬此次盛会。他说："朝鲜、越南、蒙古的情形也像中国一样，它们的人民电影事业，在党和政府的关怀下，电影工作者克服了重重困难，取得了很大的发展和成就。朝鲜民主主义人民共和国在解放以前，连一个摄影棚也没有，朝鲜国立电影制片厂是一九四七年才成立的，随即摄制了'我的故乡'、'熔跌墉'等故事片和纪录片，一九五〇年六月，美帝国主义发动侵略朝鲜的残酷战争以后，平壤的制片厂遭到了破坏，但是，朝鲜电影工作者并未停止活动，他们从反抗侵略的战争中汲取题材，把朝鲜人民的英雄事迹搬上了银幕。'保卫家乡'、'侦察兵'、'少年游击队'、'重返前线'等二十多部影片，在美国飞机疯狂滥炸下摄制了出来。在战后恢复时期，国立电影制片厂把战争所破坏的设备，都恢复过来，不仅恢复，而且加以扩充，使朝鲜电影技术设备，远远超过了战前水平。现在，朝鲜电影的生产力增加了，技术提高了，一九五六年制成了第一部彩色影片，这就是参加'亚洲电影周'的《沙道城的故事》。"③

---

① 《周恩来年谱：1949~1976》（中），第 76 页。

② 张又君 1932 年进入暨南大学外语系，1933 年在上海从事文学写作，历任印度尼西亚《新中华报》编辑、印尼《雅加达朝报》编辑、印尼《雅加达生活报》总编辑，回国后任《光明日报》编辑、副刊《东风》主编，《光明日报》高级编辑。1932 年开始发表作品。1956 年加入中国作家协会。著有长篇小说《飘流异国的女性》，短篇小说集《帝国的女儿》《时代的感动》，中篇小说集《红白旗下》，随笔集《作家剪影》《文海潮汐》等。

③ 张又君：《亚洲电影界友好团结的集会》，《世界知识》1957 年第 17 期，第 30 页。

（六）注重外交关系政治、经济、文化、军事的立体效应，使中国和缅甸建立起良好持久的关系

当中国和某一国的双边关系达到可以全方位发展时，则应该抓住全方位发展的大好时机巩固发展成果，这样做，不但可以促进双方政治关系加强，促进物质的、军事的生产力的发展，同时也能促进精神生产力的发展。比如，在军事生产力方面，"为配合勘界工作，在缅甸政府的要求下，中国军队还曾在1960 年底至 1961 年初期间中国与缅甸军协同作战，共同打击盘踞在缅北地区的国民党军残部。此举对消除国民党残部对缅甸北部地区的侵扰破坏和保障中国西南边境地区的安宁起了非常积极的作用"。"1960 年作为'中缅友好年'载入史册。这一年的 4 月 15～19 日，周恩来总理应邀第四次访问缅甸，在仰光穿上缅装，热情地参加了缅甸人民的传统新年泼水节活动，表达了中国人民的真诚友谊。同年 9 月 28 日至 10 月 4 日，缅甸总理吴努和缅军总参谋长奈温将军应邀率缅甸联邦政府代表团访问中国。随同来访的包括军事、贸易、文化、体育、新闻和缅中边界联合委员会缅方代表团，成员多达 350 余人"①。缅甸此举表明，它希望和中国建立全方位的合作友好关系，作为对缅甸这一友好访问的回访，1961 年 1 月 2～9 日，周恩来率四百余人的友好代表团访问缅甸。友好代表团由政府代表团、军事代表团、文化艺术代表团，中缅边界联合委员会中方代表团、云南省代表团、佛教代表团、电影代表团、新闻工作者代表团和体育代表团组成，是新中国成立以来规模最大的对外友好代表团，② 成为此时期中国总体外交的一个亮点。

（七）注重重要国际交通枢纽在文化交往中的作用

正如古代中国的丝绸之路对中西文化交流的作用一样，周恩来高度评价了一些国际交通枢纽的作用。在 1956 年 1 月 5 日晚举行的庆祝中国、蒙古和苏联三国铁路联运通车和欢迎蒙古和苏联两国政府代表团宴会上，周总理在讲话中说："三国铁路的联运通车，是三国间经济合作、贸易往来和文化交流进一步加强的标志。因此，人们把这条铁路叫做'友谊之路'是非常恰当的。"③1963 年 12 月周总理出访埃及时指出："塞得港和苏伊士运河，是联结欧、亚、

---

① 贺圣达：《中缅关系 60 年：发展过程和历史经验》，《东南亚纵横》2010 年第 11 期，第 14 页。
② 《周恩来年谱：1949～1976》（中），第 607 页。
③ 《周恩来年谱：1949～1976》（上），第 536 页。

非三洲的枢纽，在促进世界各国之间的贸易和文化交往方面起着重要的作用。苏伊士运河是用阿拉伯人民的血汗造成的。阿拉伯人民为了保卫苏伊士运河，付出了沉重的代价。"① 文化交流如果没有畅通的国际交通，这样的交流也是无法进行的。而有了"交通"这个硬件，如果不用文化的力量去打造它和丰富它，也是不能成为文化交流的平台的。比如古代正是因为有一条通畅且不断有中外的仁人志士们，用各种文化的力量去建构的"丝绸之路"，才促使了中国与世界经济和文化的交流，推动了世界文明的进步，正如周菁葆指出的，举世闻名的丝绸之路曾把古老的中国文化、印度文化、波斯文化、阿拉伯文化和古希腊、古罗马文化联结起来，促进了东西方文明的交流。比如以振兴丝绸之路的国际音乐交流为例子，要有周恩来那种实现这种交流的"交通"建构的意识，为了振兴丝绸之路音乐，他建议："一、由文化部和中国音协牵头，向国内外音乐界倡议，举办丝绸之路音乐节，每年一次在中国举行。二、设立丝绸之路音乐基金会，目前《新疆艺术》编辑部已开始筹备丝路艺术基金，中央应积极支持这一行动，争取更大范围的筹划，充分发挥中央和地方的两个积极性。三、可以参照日本举办亚洲艺术节的办法，分期分批邀请外国演出团体来华演出。最后一点，希望建立丝绸之路音乐研究中心，最好设在北京和乌鲁木齐，之所以要设在新疆，其原因正如季羡林先生所说'世界上历史悠久、地域广阔、自成体系、影响深远的文化体系只有四个：中国、希腊、印度、伊斯兰，没有第五个而四个文化体系汇流的地方只有一个，就是中国的敦煌和新疆地区，再没有第二个。……目前研究这种汇流现象和汇流规律的地区，最好的最有条件的恐怕就是敦煌和新疆。'"②

（八）注重文化交流的人才队伍建设

1953 年 6 月 21 日，政务院审定并批发中共中央《关于各大行政区及某些大城市成立国际活动指导委员会的通知》（以下简称《通知》）等两个文件。《通知》指出：4 月 21 日成立的中央国际活动指导委员会"目的在统一并加强党对民间性国际活动和一部分政府性国际活动（主要是文化方面）进行指导与检查。由王稼祥任主任，由廖承志、刘宁一任副主任，董越千任秘书长"③。王稼祥是中国首任驻苏联大使、外交部副部长，1951 年起任中共中央对外联

① 《周恩来年谱：1949～1976》（中），第536页。
② 周菁葆：《振兴丝绸之路音乐》，《人民音乐》1987年第1期，第10页。
③ 《周恩来年谱：1949～1976》（上），第310页。

络部部长，他参与了中央在外交方面的许多重大决策，并在对外工作中提出了"应改变援外数量过大的状况""在国际斗争中不要四面树敌"等许多理性的主张。廖承志既是政治家和外交家，也是一个伟大的艺术家，他对中日关系的实现正常化作出了不可磨灭的贡献，日本友人宫岐世民就评价说："如谈论中日友好关系的发展，离开廖公是无法谈的。因为他能够用日本人的思维方法来理解日本人的观点，熟知日本的表里。"① 1954 年 10 月开始廖承志开始全身心地投入到中日关系恢复的具体工作中。"在周总理的具体设计下，廖承志一笔一笔地描绘着中日友好的蓝图，凡日本问题，事无巨细，一一亲躬，每事事先必有请示，事后必有汇报，周恩来总理十分满意日本组（当时国务院设外事办公室，由陈毅任主任，廖承志任副主任；外事办公室下设日本组，由廖承志直接领导）的工作。中日民间友好关系不断向前发展。廖承志负责向派往日本的贸易代表团、科学院访日考察团、乒乓球代表队、梅兰芳演出团、总工会代表团等等，提供情况，介绍日本风俗礼仪、政情民情，解决代表团的一些困难，甚至指派日本组成员随同出访日本做联络工作。日本组人数不多，效率很高，很重要一点是由于廖承志熟悉日本情况，无论历史沿革或是最新变故，无论在朝在野或是各行各业，他都很熟悉。向他汇报问题不需要讲前因后果，也不需要背景资料或是介绍纵横联系，只需说出人名或是事情大概，办法或是决断立时就有了，真是运斤成风，挥洒自如。同样，他到周恩来那里汇报也是如此，周恩来对日本事务的熟悉，也如同电脑一样，存储有大量信息，了如指掌，得心应手。"② 刘宁一是周恩来"人民外交"卓越的实践者和中国国际工运卓越的组织者，他高度评价周恩来的人民外交："外交，它在历史上曾经是个高贵而神秘的字眼，它意味着少数人的活动决定千千万万人的命运。然而，伟大的无产阶级外交家周恩来，把外交与人民大众结合起来，使外交走出少数外交官活动的狭小舞台，进入人民运动的广阔天地，让国家之间的外交往来与人民之间的外交活动相辅相成，从而使外交体现人民的意志。这正是周恩来外交思想和外交实践的重要特色。它不仅在周恩来的全部外交实践中占有重要地位，而且在世界外交史上，也留下了具有开创性意义的光辉篇章。"③ 在"文化大革命"前的 17 年，在日本访华人士中，仅艺术表演人士就有 440 多人次。同时，我国艺术表演人员有多人次访日。周恩来常常抓住时机，派一些日本人

① 何立波：《廖承志与中日关系正常化》，《党史博览》2005 年第 2 期，第 42 页。
② 峥嵘：《"世界公民"廖承志》，《广东党史》2010 年第 1 期，第 18~19 页。
③ 刘宁一：《历史的回忆》，人民日报出版社，1996，第 336 页。

民十分熟悉的人士去日本访问，1955年派郭沫若赴日访问，为中日文化交流掀起了层层巨澜。1956年派京剧大师梅兰芳东渡，又卷起了一阵阵中日友好的热潮。这些事实足以证明周恩来的寄希望于人民，寻求中外文化交流立足点这一思想的正确性。① 董越千，曾任白求恩大夫的翻译，是新中国成立后外交部首批司局级外交骨干，他在处理1954年4月的蒋介石企图暗杀周总理的"克什米尔公主号"事件的机敏反应令人印象深刻，当时"外交部办公厅的灯火彻夜不息，工作人员按周总理的指示立即分头行动，通知有关各方加强防范。外交部办公厅主任董越千亲自守在电话机旁边，要通了新华社香港分社和我代表团已赴港做好登机准备的代表团的电话。董越千一字一句地传达了周总理的紧急指示和外交部的部署：'请大家一定要提高警惕，务必保证安全。'"② "克什米尔公主号"事件再次告诉我们，外事无小事，而是政治性和思想性极强的工作。周恩来就指出："外事工作不是简单的交际和应酬工作，而是具有高度政治性和思想性的工作。在外事工作中，如其他工作一样，政治和思想是统帅，是灵魂，是工作顺利完成的保证；外交战线上的斗争，必须实行统一指挥下的分散作战，统筹安排下的分工协作；广泛地开展文化、科学方面的对外活动，是同资本主义制度在和平竞赛中进行思想斗争的一个重要任务"，"外事工作队伍必须是一支又红又专的队伍"③。周恩来强调，"每搞一项工作，都要统一领导，各方协作。搞好三结合，充分依靠、发动群众是主要的。外交、外贸、文化交流等都要认真搞，不要只靠我们几个老头子。老年人迟钝，没有青年人勇敢、敏锐。在讲话中要求各部总结经验，尤其是对外工作，要总结几条，以整顿对外队伍，开展工作"④。

（九）主张电影合作制片的国际合作

适当的国际电影合作制片是提高电影生产力的重要办法。要生产影响力巨大的电影作品，通过有机的、科学合理的、适当的多国合作，能够做到取长补短，实现优势互补。周恩来在1957年4月在同在京的电影工作者的谈话中指出，"我们同社会主义国家、民族主义国家、资本主义国家甚至是帝国主义国

---

① 张平：《周恩来中外文化交流思想初探》，《暨南学报》（哲学社会科学版）1989年第1期，第33页。
② 何立波：《暗杀周恩来的"克什米尔公主号"事件解密》，《档案时空》（史料版）2005年第3期，第22~23页。
③ 《周恩来年谱：1949~1976》（中），第138页。
④ 《周恩来年谱：1949~1976》（中），第34~35页。

家，都可以考虑和他们合作制片。当然，我们要有余力才和外国合作，同时也要考虑和各国的电影工作者互派代表团相互往来、相互访问，并使大家都能有机会出去看看，向人家学习。当然，这种来往也要按实际情况办事，要有适当的控制，不能搞得太多。"① 周恩来讲"同社会主义国家、民族主义国家"的文化合作比较好理解，但同"资本主义国家甚至是帝国主义国家"合作，这在当时的情况下，是需要强大的政治勇气才能做到的。周恩来如此大胆的考虑，只有一个标准，那就是任何性质的国家都存在优秀的文化，帝国主义国家当然不例外，而且帝国主义国家文化产品的打造技术还大大优越于我们，只要可能，我们为什么不和它们合作？这充分说明，党的第一代中央领导集体在对外政策中的非意识形态的倾向已经十分明显。

二 党的第一中央领导集体的文化外交的先进思想理念

（一）重视文化交流的溢出效应：从低级政治向高级政治过渡

党的第一代中央领导集体通过文化交流，逐步达到或与他国政治上建交，或在建交基础上进一步加深双边经济关系，促进政治外交的发展。文化交流有利于贯彻独立自主的和平外交政策。外交关系主要的是一种政治关系。党的第一代中央领导集体始终把开展中外文化交流纳入新中国外交的总体格局之中，认为同经济贸易一样，文化交流也是其中的重要一翼。党的第一代中央领导集体充分注意到文化交流在外交中的先行性、感染力强和某种超越性的特点和价值。

1951 年 9 月 28 日，周总理致电中央人民政府驻藏代表说："我对印度、尼泊尔等国采取积极主动，以争取友好的方针。目前，正在文化、贸易方面进行这一工作。"中国"与印签订友好通商协定，目前时机尚未成熟，但将加以研究"②。中国与印度于 1950 年 4 月 1 日就建立正式外交关系，两国真正具有现代国际法意义的关系自此展开，尼泊尔和中国建交晚于印度，1955 年 8 月 1 日中尼两国才建交。中国和印度历史上文化交流源远流长，两国建立友好关系的文化和历史基础都是很好的，中国与印度签订友好通商协定也是早晚的事，但是在两国走向更加紧密的机制化的双边政治上友好和经济上共赢的大好局面之前，努力在文化交流和贸易往来增加量的积累，对逐步达到中国所追求的中印关系发展的理想目标是有益的。

---

① 《周恩来文化文选》，中央文献出版社，1998，第 173 页。
② 《周恩来年谱：1949～1976》（上），第 182 页。

1955 年 9 月，周总理和陈毅接见法国参议员密歇勒时也指出，"要建立两国间的正常关系，是需要时间的。但我们不要等待，我们可以加紧进行人民间的联系，如人民的，半官方的，如国会之间的彼此接触，贸易的发展，文化的交流。"① 中法是 1964 年 1 月 27 日才实现邦交正常化，在建交的差不多 8 年前，周恩来希望中国研究和学习法国的经济、文化和技术，因为法国是西方经济、文化和科学发达的国家，在以美国为首的西方国家对新中国的全面封锁的历史过程中，法国的对外政策是相对比较独立的，法国也就成为中国突破西方全面封锁的一个重要突破口。而中国通过和西方国家法国所进行的经济的合作和文化的交流，不但能够达到中国从西方发达国家学到其经济发展和文化建设方面的先进东西，还能借此证明社会主义优越性。西方国家或者是非社会主义国家也可以从社会主义国家中学到一些先进的东西，就好像我们今天讲的双赢理念一样。1956 年 2 月，周恩来总理接见法国经济代表团时说："中国很落后，不论在经济方面、文化方面都是如此。……法国在科学和技术上是有成就的，值得我们学习的地方很多，我们很愿意有机会派代表团去。我们是要去学习，对于法国经济、文化、技术都愿意作进一步的研究和学习。"②

中日关系的发展路径也和中法关系的发展路径差不多，都是采取先经济文化的合作，最后逐步走向政治上的建交的。1955 年 10 月，毛主席同日本国会议员访华团谈话时指出："我们互相帮助，互通有无，和平友好，文化交流，建立正常的外交关系（这并不是能强制建立的）。"③ 第二次世界大战后中日关系可以说是中国所有双边关系中最复杂的关系之一，如何处理好中日关系，使中日关系重新回到正常的轨道上来，党的第一代中央领导集体采取了种种卓有成效的办法，其中之一就是强调"以民促官"，强调先进行民间的或者半官方的文化交流和经济外交，第二次世界大战后中日关系的发展史充分证明，这一政策思路是完全正确的。

中国和阿拉伯的一些国家也是先进行经济和文化交流，通过这样的交流为正式建交创造条件，比如中国和叙利亚建交就是沿着这样的路径走过来的。1956 年 5 月，周恩来在接见叙利亚议会议员鲁斯托姆时指出："中国支持阿拉伯国家的斗争是应该的。希望两国人民的来往更多地增加起来，贸易发展起来，这样可以推动中叙邦交，使之有新的发展。两国的邦交常常由于外来的干

---

① 《周恩来年谱：1949～1976》（上），第 502～503 页。
② 《周恩来年谱：1949～1976》（上），第 549 页。
③ 《毛泽东外交文选》，第 226～227 页。

涉,不能一下子就建交。但我们可以从另外的方面来推动,走点迂回的路。如先从人民团体、经济文化的交往做起,然后水到渠成,最后宣布建立邦交,交换大使。"① 在 1956 年的 8 月 1 日,中叙两国建交。

1957 年 11 月,周恩来系统地总结了通过文化交流等低级政治手段逐步实现向高级政治过渡的外交方略:"目前我国对尚未建立外交关系但有民间来往的六十多个国家,可通过和平友好、文化交流、贸易来往等活动打开局面,不一定要加入联合国,可以通过双边、多边区域性的会议进行活动,这是完全可能的,这种形势要求有一种新的组织形式与之相适应。我们在外交关系上要创造一种新的形式,不通过外交途径也可以做很多工作。"②

中国和东南亚的一些国家走向正式建交的过程中,也仍然是采取先经济文化交流,后实现政治上的建交。比如,在中国和菲律宾建交问题上,中国也是主张先经济文化交流后建交的政策,这是由中菲关系的复杂性所决定的:"在与中国建交的问题上,菲律宾国内存在政治上的反对势力。首先是菲律宾的天主教会,菲律宾 90% 以上的居民信奉天主教,天主教拥有很大的势力。教会领导人认为,作为天主教国家的菲律宾不能与奉行无神论政策的国家建交。其次,菲律宾国防部担心中菲建交后中国会干涉菲内政,支持新人民军和其他左派力量,而引起菲国内政局动荡。"③ 此种情况说明,中菲建交的政治基础还有待培养。1973 年 5 月,周总理会见以菲律宾商会主席克拉维西利亚为团长的菲访华贸易代表团时提出:"目前你们与台湾有外交关系,所以同我们建交还有困难。但我们可以等待,我们不着急。在没建交以前,可以先从贸易、文化入手,贸易可以发展,文化交流也可进行一些,比如乒乓球、羽毛球比赛等。"④ 中菲在建交前两三年,经济和文化交流的国际环境确实有了很大的改善,诚如菲律宾外交部前副部长塞佛里诺所说的,"1973 年爆发石油危机时,中国被视作原油的一个良好来源地,其价格是'友好价'。再者,1971 年北京恢复了在联合国及其安理会具有否决权之常任理事国席位,使菲政府认识到,如果不与这个国际社会重要成员、世界五大核列强之一、世界人口最大国打交道,将是十分愚蠢的"⑤。1975 年 6 月 9 日,菲律宾与中国建交,在建交之前,中菲在经济和文化的广泛领域进行合作与交流,为最终实现政治上建交创造了条件。

① 《周恩来年谱:1949~1976》(上),第 583 页。
② 《周恩来年谱:1949~1976》(中),第 98 页。
③ 方拥华:《中菲关系的回顾与展望》,《东南亚》2005 年第 4 期,第 18 页。
④ 《周恩来年谱:1949~1976》(下),第 590 页。
⑤ 〔菲律宾〕塞佛里诺:《菲中关系之我见》,《东南亚研究》2001 年第 1 期,第 46 页。

（二）认识到政治关系如果出现严重障碍，也会对经济关系和文化关系带来不利影响

党的第一代中央领导集体不但认识到在政治关系尚未正常化的情况下，可以通过非官方的或者半官方经济和文化的交流这种量的积累逐步达到政治关系的飞跃发展，实现质的转变，最终建立正常的外交关系；同时也认识到，政治关系如果总是受到严重的破坏性因素的刺激，本来已经建立的某种经济和文化关系也可能出现倒退或者停滞不前。

1960 年 9 月 5 日，周恩来对英国记者格林说："近几年来中英关系没有获得应有的改善，这是因为英国政府一方面承认中华人民共和国政府是唯一能够代表中国的政府，另一方面却又追随美国在联合国中支持蒋介石集团。只要这个障碍能够除去，中英关系将会立即得到改进，两国间的贸易往来和文化交流也将得到发展。"① 在中英两国建立半外交关系之后，两国的文化交流随之发展起来，但在建交前，两国的文化关系基本上处于停滞状态。以中英的电影交流为例，"中华人民共和国成立初期，中英电影交流一度中断。中英建立半外交关系之后，随着两国文化交流的恢复，从 1956 年开始，英国电影又同我国观众见面了。1956 年—1957 年陆续上映了根据查尔斯·狄更斯文学名著改编的《孤星血泪》、《匹克威克先生外传》、《雾都孤儿》和《人间地狱》四部译制片，1958 年，根据莎士比亚名剧改编，由劳伦斯·奥立佛主演和导演的悲剧《王子复仇记》译制成华语对白公映，另一部历史剧《理查三世》也配上中文字幕，另外有两部讽刺喜剧片：根据马克·吐温原著改编拍摄的《百万英镑》和《天堂里的笑声》，公映后很受观众欢迎。特别要提到的是，在第二次世界大战中献出生命的英国青年导演本·坦尼·森在 1939 年拍摄的影片《骄傲的山谷》，也译制公映了，在这部描写威尔斯山谷中矿工生活的影片里，蜚声国际的美国黑人歌曲家保罗·罗伯逊扮演一位外接矿工，他的歌声和演技，给中国观众留下了深刻的印象。我们还必须提到，1958 年公映的《巴格达窃贼》即《月宫宝盒》（中文字幕），在中国观众中引起了轰动，成为当年最卖座的外国影片之一。六十年代上半期，中国观众先后看到了《冰海沉船》、《鬼魂西行》（即《古堡艳迹》）、《士兵的经历》、《女英烈传》、《罪恶之家》等英国影片，而《红菱艳》的再次公映，又一次创造了外国影片在中国的卖座纪录，但是，'十年内乱'又中断了我国和其他国家的电影交流，英

---

① 《周恩来年谱：1949～1976》（中），第 348 页。

国也没有例外。直到 1978 年，禁锢了十年之久的大批中外影片得以重新同观众见而，其中也包括所有封存起来的英国影片。这样，1978～1979 两年，《百万英镑》、《雾都孤儿》、《冰海沉船》、《王子复仇记》、《红菱艳》等先后恢复上映。1978 年，中英文化交流协定签订，使两国之间的电影交流也有了新的开展。从 1979 年开始，先后译制公映了《简·爱》、《尼罗河上的惨案》、《水晶鞋和玫瑰花》、《孤星血泪》（重摄片）、《苦海余生》、《卡桑德拉大桥》、《吉普赛少年》、《苔丝》、《三十九级台阶》、《阳光下的罪恶》、《第三个人》、《雪地英雄》、《特殊的战争》、《海狼》、《新天方夜谭》、《十字小溪》等多部英国片，特别是 1983 年举办的英国电影周，很受中国观众的欢迎。另外，中国观众在电视屏幕上，还看到不少英国电视系列片以及《西班牙园丁》、《鲁宾逊漂流记》等故事片。"① 中英两国 1972 年 3 月 13 日才签订了升格为大使级外交关系的联合公报，两国完全的外交关系的建立才得以实现，其实早在新中国成立之初，英国就想同新中国建立完全的外交关系，但因英国在支持中国恢复联合国合法席位问题上态度暧昧，双方一直到 1954 年才建立了"半建交"式的代办级外交关系，这在世界外交史上绝无仅有，充分显示出中国外交的灵活性。随着英国明确支持我国恢复在联合国的合法席位和表明台湾是中国一个省并撤销其在台官方代表机构之后，中英全面的经济和文化关系才迎来了最好的发展时期。

国家间政治关系恶化对国家间文化关系的破坏性影响的一个突出例子是中美文化关系的恶化。同样以电影为例，"1950 年 6 月，朝鲜战争爆发，中美关系急剧恶化，为新中国清除好莱坞电影提供了一个绝好的契机。1950 年 7 月，中央人民政府政务院先后颁布了《电影业登记暂行办法》、《电影新片颁发上映执照暂行办法》、《电影旧片清理暂行办法》、《国产影片输出暂行办法》、《国外影片输入暂行办法》等 5 项行政规章，其出发点和指导思想就是要削弱好莱坞在中国电影市场的支配地位，进而彻底清除好莱坞电影的影响。全国各地都纷纷把旧片集中起来统一进行审查清理，禁映有毒素和有消极影响的中外影片，净化电影市场"②。这从某种意义上讲是把非友好国家的文化产品无论好坏都一律清除的政策，无疑是把婴儿与污水一起倒掉。当然中央此举的积极意义是能够尽快地扫除相当一部分中国人对美帝存有幻想与恐惧的心理，对焕

---

① 邢祖文：《英国电影在中国：1929～1984》，《当代电影》1984 年第 2 期，第 94 页。
② 饶曙光、邵奇：《新中国电影的第一个运动：清除好莱坞电影》，《当代电影》2006 年第 5 期，第 121 页。

发新中国人民的精神人格绝对有必要。但是此举也相应地带来了一些对西方世界电影艺术管理模式的忽视，比如对美国的好莱坞集中优势兵力打电影发展歼灭战模式的借鉴，当时就完全忽视了，而是采取了"大而全""小而全"地在各地建立资源分散、人才分散的电影厂的苏联模式。好莱坞电影之所以在世界电影市场拥有强大的话语霸权，这和它充分整合电影资源和充分利用市场机制关系甚大。正如英国制片人普特南所说："美国的电影公司牢牢地控制着全球的电影产业；美国市场机器的强大力量，甚至会使一批非美国影片也被成功地描绘成美国电影；美国电影的国内市场是发达国家中最大的电影市场，而从1994年开始，美国制片公司在海外影院的净收入，首次超过了国内的票房收入，其中，在德国、日本、法国和英国的收入均占相当大的份额。"① 和对非友好国家的情况正好相反，新中国成立到1953年末，"我国译制苏联和人民民主国家影片的工作，已经有四年多历史了。四年来，所译制的影片有一百八十余部。这些影片，在观众中曾经产生了巨大的影响，观众人次仅一九五二年一年中，就达三亿人次。"②

（三）主张进行"走出去"和"请进来"的文化外交

党的第一代中央领导集体主张"走出去"和"请进来"，学习别国的先进文化经营、艺术发展和管理经验与"多表达一些和平、友谊，以促进国与国之间的交流和来往"的文化外交，同时避免学习别国文化的盲目性；赞成和非社会主义国家进行文化交流，并通过和非社会主义国家的文化交流达到证明社会主义制度的优越性之目的。主张学习苏联发展文化的经验，是以毛泽东为核心的党的第一代中央领导集体的既定方针和政策。1950年2月17日，毛泽东在莫斯科车站的临别演说中表示："留在苏联的时期内，我们曾经参观了许多工厂和农场等，看见了苏联工人、农民和知识分子从事社会主义建设的伟大成就，看见了苏联人民在斯大林同志和联共党的教育之下所养成的革命精神与实际精神相互结合的作风，证实了中国共产党人历来的信念，即：苏联经济文化及其他各项重要的建设经验，将成为新中国建设的榜样。"③ 但是毛泽东主张学习苏联的文化，并非全盘苏联化，而是对其不好的文化，采取不学的态

---

① 〔英〕大卫·普特南：《不宣而战：好莱坞 VS 全世界》，李欣、盛希、李漫江、周南译，中国电影出版社，2001，第271~272页。

② 转引饶曙光、邵奇《新中国电影的第一个运动：清除好莱坞电影》，《当代电影》2006年第5期，第123页。

③ 《人民日报》1950年2月20日。

度，比如苏联对其少数民族的大俄罗斯主义，毛泽东主张不应该学习。毛泽东在《论十大关系》中指出："我们要诚心诚意地积极帮助少数民族发展经济建设和文化建设。在苏联，俄罗斯民族同少数民族的关系很不正常，我们应当接受这个教训。天上的空气，地上的森林，地下的宝藏，都是建设社会主义所需要的重要因素，而一切物质因素只有通过人的因素，才能加以开发利用。我们必须搞好汉族和少数民族的关系，巩固各民族的团结，来共同努力于建设伟大的社会主义祖国。"① 毛泽东在《论十大关系》中谈到文化管理机构如何借鉴苏联经验时指出："对于苏联和其他社会主义国家的经验，也应当采取这样的态度。过去我们一些人不清楚，人家的短处也去学。当着学到以为了不起的时候，人家那里已经不要了，结果栽了个斤斗，像孙悟空一样，翻过来了。比如，过去有人因为苏联是设电影部、文化局，我们是设文化部、电影局，就说我们犯了原则错误。他们没有料到，苏联不久也改设文化部，和我们一样。有些人对任何事物都不加分析，完全以'风'为准。今天刮北风，他是北风派，明天刮西风，他是西风派，后来又刮北风，他又是北风派。自己毫无主见，往往由一个极端走到另一个极端。"② 正是毛泽东辩证的学习别国文化的思想方法，使 1962 年 4 月 20 日中共中央批转文化部党组和全国文联党组的《关于当前文学艺术工作若干问题的意见（草案）》（以下简称《草案》），专门讲了如何"吸收外国文化"的问题。《草案》指出："批判地继承我国优秀的文化遗产，批判地吸收外国优秀的文化成果，是我国社会主义文化建设中不可缺少的重要工作。……在对待外国文化的问题上，我们既反对一概排斥，也反对不加选择地全盘接受。"《草案》指出："对于过去时代的文化遗产，必须用马克思列宁主义的历史观点加以分析。一方面，要根据当时的历史条件，检查它们在历史上的意义和作用，不能要求古代的作品具有现代的思想内容；另一方面，又要根据当前的历史条件，注意这些作品对于今天的人民群众所起的作用和影响。为此，在介绍和继承中外文学艺术优秀遗产的时候，必须加强对于这些遗产的研究、整理、批判和革新的工作，帮助广大群众和文学艺术工作者采取正确的态度来对待它们，以便取其精华，去其糟粕"。《草案》认为，"有计划地翻译出版世界各国古典的和当代的优秀文学艺术作品和重要理论著作，演出外国剧目，举办外国造型艺术展览。苏联和其他社会主义国家的文学艺术，亚洲、非洲、拉丁美洲各民族的文学艺术，要特别注意研究和学习。外国的艺

---

① 《毛泽东文集》第 7 卷，第 34 页。
② 《毛泽东文集》第 7 卷，第 41 页。

术，只要是好的，对我们有用的，都应该努力学到手，变成自己的东西"。《草案》强调："对于西方资产阶级的反动文学艺术流派和现代修正主义的文艺思潮，要注意了解和研究，并且有力地加以揭露和批判。应该有计划地向专业文学艺术工作者介绍这方面的作品，让他们经常看看这方面的电影和绘画等等，作为教育文学艺术工作者的反面材料。"① 吸收别国文化怎样才能体现先进性，其中的一个重要举措就是要避免糟粕的东西流入中国。任何国家的文化都存在精华与糟粕两个方面。恩格斯曾经谈到波兰的德国人一方面对波兰的文化有一定的积极贡献，另一方面也"把德国的市侩习气和德国小市民的狭隘性随身带到了波兰，他们兼有两个民族的坏的特性，而没有吸取好的特性"②，所以中国在吸收别国文化时，要从波兰的教训中吸取智慧。1956 年 4 月 19 日，周恩来观看浙江省昆苏剧团演出的《十五贯》。散场后，到后台看望剧团演职人员，他在讲话中指出："我们搞艺术，不要只是搞一种单调的东西，要善于吸收，对外国的也是这样。" 周恩来强调："我们要学习别人的东西，但要防止盲目性。只有学到了家，才能说是吸收。"③ 周恩来指出："我们的音乐、舞蹈、美术应该吸收外国的东西来发展，但要在我们民族艺术的基础上发展。吸取外国的长处，我们的艺术才能保持青春，才能发扬我们的民族之光。"④ 学习别国先进文化的前提是自身的文化艺术的基础要打牢固，否则，学习外国的东西就等于是复制别国文化，而失去了本民族文化的根基，更谈不上达到提高本民族文化的目的。周恩来提出："我们应该先把自己的民族基础搞得很稳固，发展得很好了，再兼容并收。不要那么急着学别人。" 周总理强调："要保持自己的民族风格，不要生搬硬套西洋的东西；要有创造性，不能只注意模仿性。"⑤ 周总理号召演员学习传统文化，学习中国戏曲中的好的东西，在排演历史剧时要有过硬的历史知识。

新中国文化交流最先"走出去"的地方是非洲国家。"1949 年新中国成立开创了中非关系的新纪元。从 1951 年利比亚独立到 1990 年纳米比亚独立，全部非洲国家成为民族主权的国家。1994 年新南非诞生，整个非洲的政治面貌发生了变化，非洲国家以不屈不挠的斗争赢得了真正外交主权。新中国尽最大努力支持非洲国家的民族独立运动。新中国成立后，1949 年 11 月在北京召开

---

① 中共中央文献研究室编《建国以来重要文献选编》第 15 册，中央文献出版社，1997，第 371～373 页。
② 《马克思恩格斯全集》第 5 卷，人民出版社，1958，第 374～375 页。
③ 《周恩来年谱：1949～1976》（上），第 567 页。
④ 《周恩来年谱：1949～1976》（上），第 505～606 页。
⑤ 《周恩来年谱：1949～1976》（中），第 521 页。

亚澳工会会议，非洲代表也首次应邀与会。1955 年 4 月，在万隆举行的亚非会议上新中国代表周恩来首次与非洲国家领导人纳赛尔会谈，与利比亚、埃塞俄比亚、黄金海岸（今加纳）、利比里亚、苏丹代表会晤，接触了以观察员身份与会的正在争取独立的阿尔及利亚、突尼斯、摩洛哥民族主义政党及南非非洲人国民大会的代表，1956 年与埃及建交成为中非建立新型关系的标志，此后陆续同绝大多数非洲国家建交。"① 而在中非良好的发展关系史中，文化交流所起的作用不容低估。或者说，新中国打开和非洲国家关系的最关键的措施之一，就是先和非洲国家发展经济和文化交流。1956 年 2 月，周总理审查将赴埃及等非洲国家演出的新疆军区政治部歌舞团的节目时对演员说："你们是第一批去非洲的，是外交工作的先遣队，要虚心向非洲人民学习，以表达中国人民对他们的深情厚谊，千万不能有大国主义思想。同时叮嘱道：非洲气候很热，路途遥远，所带的演出物资要宽裕一些，要准备吃苦。"② 新疆军区政治部歌舞团 1949 年 11 月 10 日在乌鲁木齐市成立，让新疆军区政治部歌舞团担任此次文化外交的首次航行，是经过精心考虑的。首先，埃及是伊斯兰国家，新疆军区政治部歌舞团中的演员有相当一部分是伊斯兰文化背景的演员，他们除了政治上可靠外，在文化上和埃及也有许多共同点；其次，从地理上，新疆也更靠近中东国家，由中央授权安排新疆代表中国和伊斯兰国家发展经济和文化关系，是一个既经济又针对性强的比较好的办法；最后，这也是调动地方积极性很好的办法。中埃两国关系历史悠久③，万隆会议后，中埃两国开始了频

① 张象：《中非关系源远流长的新启示》，《西亚非洲》2006 年第 6 期，第 55 页。
② 《周恩来年谱：1949～1976》（上），第 548 页。
③ 中国和埃及都是世界文明古国，都对世界文明作出了杰出贡献。中埃两国的友好交往源远流长，可以追溯到公元 1 世纪的汉代。但是到了近代，由于两国都遭受到西方国家的殖民侵略，两国传统的友好往来被中断。1928 年中埃建交。建交后，中国穆斯林学生一批又一批地被派到埃及学习阿拉伯语和伊斯兰知识。他们学成回国后，成为我国阿拉伯语教学和翻译的骨干，对中埃文化交流，对中国阿拉伯学和伊斯兰教的研究，发挥了重要作用。中国著名的阿拉伯学专家马坚、纳忠、纳训等人就是这一时期被派到埃及学习的。抗日战争时期，埃及人民对中国的抗日战争给予了积极的支持。1937 年底，中国向埃及派出了由著名伊斯兰学者达浦生为首的代表团。代表团在埃及期间，很多埃及青年前往中国驻埃使馆，要求组织一支外国穆斯林志愿军开赴中国参加抗日战争。1939 年武汉会战期间，埃及妇联援助了 20 箱药品。埃及对中国抗战的支持，促进了两国关系的发展。第二次世界大战后，国际和国内局势发生巨变。1949 年 10 月，中华人民共和国成立，但新中国与埃及并未很快相互承认，建立正常关系。其原因，一是国际上，以美国为首的西方国家顽固敌视、拒不承认新中国，埃及法鲁克王朝采取了追随西方的对华政策；二是埃及仍同台湾国民党集团保持着外交关系；三是中埃在意识形态上存在差异；四是中国对外政策受苏联影响。参见马丽萍（《万隆会议与中埃建交》，《阿拉伯世界》2000 年第 3 期，第 14～15 页）。

繁的经贸和文化往来。1955 年 5 月，埃及宗教事务部部长巴库里访华，这是埃及官方对中国的首次正式访问。双方就政治、贸易、文化、宗教、军事等各个领域的关系全面交换了意见，达成了一项贸易意向协定，签署了文化合作会谈纪要。根据这个纪要，"该年底，埃及新闻工作者代表团应中国新闻工作者联谊会邀请访问中国，同中国新华通讯社签订了关于交换新闻和图片的协议。翌年 1 月，中国一边向埃及派遣首批留学生，去开罗大学、爱资哈尔大学学习阿拉伯语和伊斯兰知识，一边向这些学校派遣了中文教师，开设汉语课程。同年，埃及也向中国派出了留学生，也有一些埃及专家到北京大学、伊斯兰教经学院讲授阿拉伯语和伊斯兰教义。1956 年 2 月，全国政协副主席、中国伊斯兰教协会主席鲍尔汗率领中国文化艺术代表团访问埃及，受到埃及政府和人民的热烈欢迎。这次访问将 50 年代中埃文化交流推向了一个高潮。访问演出期间，纳赛尔总统接见了代表团成员并观看了在开罗的最后一次公演。此外，双方还签订了两国文化合作协定。通过这些交往，两国加深了相互了解，关系迅速发展，建交时机已经成熟。1956 年 5 月 16 日，埃及政府正式通知中国，埃及决定撤销对台湾的承认，转而承认中华人民共和国政府，并愿意建立外交关系，互换外交使节。次日，中国外交部发表声明，热烈欢迎埃及政府的这一决定。"① "20 世纪 50 年代，在中非双边外交关系开启之初，中国与非洲国家的文化外交非常活跃，有力地发挥了外交'先行官'作用。50 年来，中国政府一直将中非双边文化交流与合作置于为外交大局服务的重要位置，不断推进中非文化关系向前发展。迄今为止，中国与非洲国家共签订文化协定 57 个，文化协定的执行计划 100 多个；先后派遣 30 多个政府文化代表团访问非洲国家。同时，中国邀请和接待了 130 多个非洲国家政府文化代表团访华；中国先后派出各类访问非洲表演艺术团组达 110 余个，并邀请和接待了 80 余个来华演出的非洲艺术团组。中非双方互办了数十个文化艺术展览，其他各类文化艺术交往活动也基本保持可持续的发展态势。"②

新中国成立伊始，党的第一代中央领导集体就非常重视中国文化"走出去"的问题，同样以电影为例，政务院 1950 年下半年颁布了《国产片输出暂行办法》（以下简称《办法》），为鼓励国产影片输出，《办法》特别在税收、外汇结算等方面予以了优惠政策。由于这个政策，"新中国成立以后，电影输出工作取得了长足进步。体制机构、输出渠道逐步建立起来。1951 年初，组

① 马丽萍：《万隆会议与中埃建交》，《阿拉伯世界》2000 年第 3 期，第 16 页。
② 解飞：《中国同非洲国家的文化交流与合作》，《西亚非洲》（月刊）2006 年第 6 期，第 59 页。

建了中国影片经理公司，设立专门的电影输入输出处；输出影片品种也逐年丰富，不仅包括《白毛女》、《女篮五号》、《林家铺子》等优秀故事片，还包括众多舞台艺术片、纪录片、美术片、科教片、风光片等片种；同时影片质量也有所提高。截止1959年9月，中国已向海外输出各类影片500余部，输出国家有60余个；在各种国际电影节上获奖多部次。在这样的现实条件下，不少外国同行建议文化部扩大国产片的输出规模。1956年，有位欧洲片商甚至对夏衍说，'我敢以一个从事多年电影发行工作者的资格保证，这些影片会使欧洲人感到惊奇和欢喜。'"①

1953年9月10日中共中央对中央文化部党组《关于目前文化艺术工作状况和今后改进意见的报告》的批示中，指出要"加强对外文化联络工作"，为此要"逐步改变过去被动应付的状况，加强对外文化联络的计划性。更有效地组织文艺工作者与我国表演访问的外国文化艺术团体和个人交流经验和学习观摩工作。"② 这就是强调走出去的"文艺工作者"如何向我国表演访问的外国文化艺术团体和个人"取经"，以达到学习别国文化艺术长处的目的。1956年5月26日~7月16日，应日本朝日新闻社等团体邀请，在周恩来总理直接关心和帮助下，组建了阵容最强大的访日京剧代表团，梅兰芳任团长。这也是梅兰芳第三次访问日本。代表团先后在东京、九州、大阪、京都、名古屋等地演出。"梅兰芳的三次出国访问演出，虽以演出为主，但并非以营业为目的。其出国演出，旨在沟通中外文化，改良中国戏剧。程砚秋赴欧洲各国考察戏剧，亦以'贡献社会，为人民谋幸福'和为'戏界苦人得到一点好处'为其宗旨。故梅、程通过出国演出、考察戏剧，不仅了解了外国的戏剧状况，并且将外国演剧方面的某些优长，用于我国京剧艺术实践之中，促进了京剧艺术的变革和发展。关于借鉴外国戏剧之优长，其内容要点：①重视戏剧艺术的社会宣传教育作用，把戏剧看成是进行国民教育的重要手段，在欧美一些文化、科学发达的国家，对于戏剧艺术的宣传教育作用十分重视，如宗教教育、伦理教育、政治教育、社会教育等等，均以艺术为重要手段，甚至把戏剧艺术作为国民教育和常识教育的'教科书'。②建有较为系统、先进的演剧理论和演剧制度。在欧美演剧界，围绕演剧这一中心，在表演法、化装法、歌唱法、音乐伴奏法，以及演出环境、一舞台灯光等方面，均有一套指导实践之理论、制度。

---

① 转引自石川《简论夏衍的电影输出思想》，《北京电影学院学报》2000年第4期，第10页。
② 中共中央文献研究室编《建国以来重要文献选编》第5册，中央文献出版社，1993，第35页。

比如表演技术，不允许离开全剧内容发挥个人之专长，在表演设计上强调
'以整个戏剧为单位'，在声乐的发声方法上，注重'蓄养肺力'和'伸缩肺
力'的科学方法，并求得音色、音度、音调、音质、音势、音量、音律的全
面发展。在音乐伴奏上，讲究和声、对位法的运用，伴奏以嗜乐为主，注重音
乐的高、中、次中、低音的不同层次。演出注重发挥灯光的作用。③建有能够
发挥作用的戏剧界社会组织，担负解决从事剧业者的生活、工作以及衰老病亡
诸事宜。梅兰芳、程砚秋等人的出国演出和考察戏剧，正是在解决这三个问题
上得到了值得学习、借鉴的经验和办法。对于提高和发展京剧艺术，起了促进
作用。"①

"1963 年初秋，解放军总政治部给空军政治部下达了一项外事任务：根据
对外文化联络委员会（以下简称'对外文委'）和一些友好国家签订的文化交
流协定，双方将互派文艺团体进行访问演出。对外文委和总政治部研究决定，
由空政文工团组成一个不超过 34 人的演出团，对外名称是中国民族艺术团，
计划从 1964 年下半年出发，用半年左右的时间，前往蒙古、苏联、匈牙利、
罗马尼亚、阿尔巴尼亚、缅甸等六国进行访问演出。对外文委对中国民族艺术
团的要求是：人数不超过 34 人，大体定于 1964 年下半年出发。为了做好对外
宣传工作，同时也使对方国家和中国驻外使馆有所准备，最好提前一年，就要
把演出剧照、节目单、海报、广告宣传品，翻译成对方国家的文字，印刷好寄
过去，而且必须寄两套，一套寄给对方国家的文化部门，一套寄给我国驻该国
的大使馆。文艺节目的原则是：绿的多一点，多展示中国各族人民的传统文
化，多表达一些和平、友谊，以促进国与国之间的交流和来往；红的少一点，
少一点政治口号和宣传。"②

"1964 年 9 月，以陆友为团长的中国民族艺术团一行 34 人，前往蒙古、
苏联、匈牙利、罗马尼亚、阿尔巴尼亚、缅甸等六国进行访问演出，横跨欧亚
两大洲，前后历时半年之久。那个年代，文艺团体出国乘飞机较少，陆路主要
靠坐火车，海路还要坐轮船。由于访问国家比较多，行程较长，中间他们还回
到北京作短暂休整，一直到 1965 年春天才圆满完成任务。"③

最值得大书特书的"走出去"和"请进来"实现巧妙完美结合的文化交
流大手笔，恐怕要算中国参加第三十一届世界乒乓球锦标赛。1971 年 2 月 12

① 苏移：《京剧简史》，《戏曲艺术》1986 年第 1 期，第 100～101 页。
② 耿耿：《陈毅批准舞蹈〈飞夺泸定桥〉出国演出》，《党史博览》2009 年第 12 期，第 39 页。
③ 耿耿：《陈毅批准舞蹈〈飞夺泸定桥〉出国演出》，《党史博览》2009 年第 12 期，第 41 页。

日，周恩来观看准备参加第三十一届世界乒乓球锦标赛的中国运动员练习情况。他嘱咐参赛运动员："这次出国比赛，是打政治仗。要反骄破满，谦虚谨慎；放下包袱，增强信心；友谊第一，技术第二。做到胜不骄、败不馁。"并与国家体委负责人谈话。晚上，周总理看了关于赴日参赛准备工作简报（第一期）后，致信国家体育局曹诚、赵正洪并转中国乒乓球队全体队员："你们首先做政治思想工作，这是一件大好事"；"苦练勤练，从最困难处着想，用毛泽东思想找到克服困难的办法，一定会打出新水平来。"① 1971 年 3 月 8 日，周总理批示同意外交部、国家体委关于参加第三十一届世界乒乓球锦标赛有关问题的请示，提出中国乒乓球队应"坚定、敏捷"，"严守集体行动"，实现"友谊第一，比赛第二"。10 日晚，接见赴日参赛的中国乒乓球队全体队员时，周总理又指示："打出水平，打出风格，应该把打出风格放在前面。风格不高，不是真本事。风格就是政治、思想、品格、作风。水平是技术。我们要政治挂帅，不能搞小动作。你们这次出去，即使技术不熟练，稍有失手，但是思想过硬，万一输一些，我们不会责备你们的。如果是政治上的错误，我们倒要责备了。"② 同年 3 月 14 日，周总理召集外交部、国家体委等部门负责人开会，商讨中国乒乓球队赴日参赛问题，并研究有关外交对策。15 日，他致信毛泽东："此次出国参赛，已成为一次严重的国际斗争。我方提出'友谊第一，比赛第二'，即使输了也不要紧，反正政治上占了上风。"毛主席阅后批示："我队应去"，"要一不怕苦，二不怕死"。16 日，周总理再次接见中国乒乓球队全体队员，他强调指出："到日本后，应注意在对外宣传方面不要强加于人，比如是不是每人手里都要拿语录本，就值得研究；要克服和防止类似的形式主义，提倡实事求是。"③

同年 4 月 7 日，此前几天外交部、国家体委将关于在日参赛的美国等国家乒乓球队访华问题的请示报告送周恩来。报告称："现在，美国队访华的时机还不成熟。周恩来于四日将此报告送毛泽东审批。本日，根据毛泽东作出的邀请美国乒乓球队访华的决定，嘱告外交部以电话通知在日中国乒乓球代表团负责人，对外宣布正式邀请美国队访华。八日晨，在国家体委关于接待美国等国乒乓球队的请示件上批注：'（邀美国队访华的）电话传过去后，名古屋盛传这一震动世界的消息，超过三十一届国际比赛的消息。'"④ "乒乓外交"实现

---

① 《周恩来年谱：1949～1976》（下），第 435 页。
② 《周恩来年谱：1949～1976》（下），第 442 页。
③ 《周恩来年谱：1949～1976》（下），第 444 页。
④ 《周恩来年谱：1949～1976》（下），第 449 页。

了"小球转动大球"，比赛当中，中美运动员之间的友好举动引起了世界舆论的广泛关注，媒体给予了大量的新闻报道。美国运动员希望访问中国的消息很快传到美国。基辛格在其回忆录中说："中国人邀请美国乒乓球队访华，这把大家都惊呆了"，"美国乒乓球队的选手们在中国受到了盛大的欢迎。四月十四日，周恩来在人民大会堂接见了他们。这是一个了不起的事，驻北京的绝大多数西方外交官都未能实现这个宏愿。这位非凡的中国总理说：'你们在中美两国人民的关系上打开了一个新篇章。我相信，我们友谊的这一新开端必将受到我们两国多数人民的支持。'运动员们当时有点发愣，没有答话，这位总理继续谈这个问题：'你们同意我这个意见吗？'这些美国人立刻鼓掌欢迎。他们很快就邀请中国乒乓球队访问美国。这个邀请立即被接受了。"他认为，"乒乓外交"的"整个事情是周恩来的代表作"。① 实情当然应该是毛泽东作出决策，周恩来忠实而机敏地实施，是毛泽东和周恩来的共同的代表作，是集中体现了中国人民智慧的代表作。美国记者在报道中指出："可能成为20年来在恢复美国和共产党中国已经中断的对话方面所采取的最有意义的一个步骤，竟出现在一个意想不到的地方：乒乓球赛场！"② 毛泽东在本届在日本举办的世乒赛的最后一天作出的决定，是石破天惊之举。"乒乓外交"打开了两国人民友好交往的大门，扩大了我国在全世界的影响力，在国际上引起了巨大的反响，对中美关系的发展起到了积极的促进作用。4月10日，美国乒乓球代表团和一批记者成为1949年新中国成立以来第一批获准进入中国的美国人。他们在北京受到热烈欢迎。就在4月14日这天，尼克松宣布大幅度地解除21年来的对华贸易禁运，放宽对中国货币和航运的限制。"这场由毛泽东决定、周恩来实施的'乒乓外交'行动，极大地改变了中国的舆论环境，有效地宣传了中国的开放和进步，形成了以民促官策略的杰作，从根本上推动了中美关系的发展和突破。"③

在"请进来"方面，由于西方世界对新中国采取经济、政治和文化封锁的政策，中国请进来的国家，一般也主要是社会主义国家，在中苏关系破裂前，苏联是中国主要请进来的国家之一，在新中国国庆十周年庆典中，苏联的"芭蕾舞"给中国人民留下的印象就十分深刻："在伟大的国庆十周年前夜，闻名世界的苏联国家大剧院芭蕾舞团，在团长达尼洛夫的率领下，由莫斯科飞

---

① 〔美〕基辛格：《白宫岁月》第2册，世界知识出版社，1980，第367～368页。
② 参见钱江《"乒乓外交"幕后》，东方出版社，1997，第246页。
③ 何一峰：《毛泽东对外宣传思想与主要实践》，《浙江学刊》2002年第6期，第136页。

到北京。苏联最著名的芭蕾舞演员乌兰诺娃，也随团前来参加我们的国庆典礼，这在中苏两国的友谊与文化交流方面，将写下更光辉的一页！苏联国家大剧院，是世界上最大的演出单位。全院有三千多位工作人员，他们的工作与世界上许多国家的人民生活有着密切的联系。这次他们到中国来的芭蕾舞团，是他们在舞剧方面出国演出中的规模最大的一次。这次他们共带来了四部大型舞剧和许多音乐舞蹈节目。这些卓越的艺术表演，已经受到我国广大人民热烈的欢迎。"① 苏联芭蕾舞团的首次访华演出，是 20 世纪 50 年代初，苏联的芭蕾舞艺术大师们于 1952 年 12 月 25 日首次访问大连，并在人民文化俱乐部举行盛大演出。首批来访的就有苏联著名的芭蕾舞艺术大师乌兰诺娃。对苏联"芭蕾舞"在中国人心中留下的美好印象和对中国人产生的影响，我们可以通过张小权先生的文章了解一二："在回忆'天鹅湖'的时候，有一个人应该永远纪念，那就是著名的乌兰诺娃。世界著名电影大师爱森斯坦在谈到乌兰诺娃时说：'她高大无比，她是艺术的灵魂，她本身就是诗，就是音乐。'她是芭蕾舞界的巨人，可以毫不夸张地说，乌兰诺娃就是活着的奥杰塔，或者说奥杰塔就是为乌兰诺娃而产生。她庄重的舞蹈感，凝练的雕塑性，高度的音乐化，令所有的观众激动不已，终生难忘。她对中国人民非常友好，从 1952 年首次在抗美援朝的战火未熄时走入中国人民的视野，直到 1959 年再次来华演出'天鹅湖'时，已年届 50 岁，而又刚刚经历丧夫之痛。1998 年，她已走完自己 88 年的人生道路，真如白天鹅那样越飞越远，离我们而去，如今她静静地长眠于莫斯科的新圣母公墓里，墓前终年鲜花不断。我再去时一定还献上一束鲜红的石竹花。"②

周恩来与英国电影艺术家卓别林的友谊，可以说是中国在"请进来"和"走出去"文化交流政策的一个缩影。1954 年 7 月 18 日，周恩来会见英国电影艺术家卓别林时，请他欣赏中国影片《草原上的人们》。周恩来称赞卓别林"是反对侵略、反对战争的伟大战士，是维护人类和平、友爱、文化进步的坚强卫士。"确实，卓别林所拍的电影和创造的众多角色，都表达了人类友爱、世界和平的思想。卓别林观看影片《梁山伯与祝英台》后说："影片好极了，希望你们多拍这类片子。" ③卓别林虽然不是一个共产党人，但衷心地希望中国人民和全世界人民过上更美好的生活。后来他在瑞士再次

---

① 金紫光：《出类拔萃的苏联芭蕾舞》，《世界知识》1959 年第 19 期，第 29 页。
② 张小权：《今昔"天鹅湖"赏析》，《俄罗斯文艺》2008 年第 2 期，第 109 页。
③ 《周恩来年谱：1949～1976》（上），第 400 页。

观看我国拍摄的彩色戏曲片《梁山伯与祝英台》后，感动得流下眼泪，他告诉中国记者说："你们有几千年的文明，希望你们充分发掘优秀的文化传统。"后来，中国艺术团、中国木偶艺术团赴巴黎演出，卓别林携家人专程赶去观看，推崇备至。①

党的第一代中央领导集体的文化外交主张和一切国家都展开文化的交流，不以政治制度的差别而选择文化交流对象，这不但是新中国领导人文化自信的一个重要表现，更是对自身所选择的政治制度充满自信的表现，同时也是中国决心通过文化交流，使先进的中华文化走向世界，同时引进外国先进文化以丰富中国文化的体现。早在 1955 年周恩来就指出："社会主义国家可以在经济、文化方面同非社会主义的国家来往。这是因为我们相信社会主义制度的优越性。我们社会主义制度的优越性可以在相互往来中得到证明。这就是我们所指的和平竞赛，在交往中进行比较。另一方面，非社会主义的国家在经济、文化方面也有某些优越和值得学习的地方，如在经济方面，它们的某些技术，和文化方面的某些民族特点，是可以学习的。这种相互交往是需要的。因此，在亚非会议上，对促进国家间经济和文化交流方面，我们强调了这一点。"②

"请进来"的文化外交，还意味着争取文化交流的主动。1970 年 10 月 7 日，周总理会见中岛健藏为团长的日本日中文化交流协会代表团，周总理告知日方："中日乒乓球友谊赛，可以采取中国方面邀请日本乒乓球队来华进行的办法。"③"文化大革命"中，中国缺席 1967 年和 1969 年两届世乒赛。1971 年 4 月，第三十一届世界乒乓球锦标赛在日本名古屋召开，经过日本朋友的努力和中国的争取，中国取得了参加此次世乒赛的机会，此届世乒赛也是"文化大革命"以来中国参加的首次重大的国际比赛。为了扩大战果，周恩来考虑世乒赛后进行中日友谊赛，这就是周总理提出邀请日本乒乓球队来华参加邀请赛的原因。

（四）主张在平等互利的基础上建立和发展各国之间不受歧视和不受限制的经济和文化关系

国家间的一切关系，都应该是建立在平等的、不受歧视和相互尊重基础上

---

① 一丁：《周恩来和喜剧大师的笑声》，《党史纵横》2007 年第 5 期，第 57 页。
② 《周恩来年谱：1949～1976》（上），第 502～503 页。
③ 《周恩来年谱：1949～1976》（下），第 399 页。

的。国家之间确实存在经济和文化发展水平不均衡的现实，存在落后与先进的区别，但是决不能因为存在发展上的差距而在价值判断上存在高低。承认多样性并相互包容，才是人类文化走向繁荣的正确之路。党的第一代中央领导集体正是以这样的思维展开文化外交的。周恩来指出："亚洲国家应该互相尊重各国的独立和主权，而不互相干涉内政……应该在平等互利的基础上建立和发展各国之间的正常的经济和文化关系，而不容许歧视和限制。只有这样，才能使亚洲国家避免新的殖民主义者利用亚洲人打亚洲人的空前灾难而获得和平和安全。"① 周恩来"应该在平等互利的基础上建立和发展各国之间的正常的经济和文化关系"的思想，在今天有着特殊的意义。随着中国的崛起和几千年文明孕育的博大精深的中国文化的发掘，中国文化以并非受到"歧视和限制"而是以好莱坞电影的"高调推崇"和"无限扩张"形式出现在世界文化舞台上，这一方面形成中国文化得到国际社会广泛了解和认可的局面，但另一方面文化生产力价值又不完全在中国掌握之中，中国祖先们创造的文化却不都能使今天的中国人受益，造成中国和西方文化发达国家在文化关系上新的不平等和西方国家充分利用中国文化经营机制不善和对传统文化挖掘不力的投机成功。正如有学者指出的，"在文化经济时代，民族国家宝贵的文化资源可以通过资本化的运作把文化价值转化为经济价值。于是，文化像知识产品一样，也有了财产权利的问题。在全球性的文化竞争中，西方发达国家为自己的知识产权产品制定了细密而严格的国际条约（各种知识产权协定），出于调用发展中国家的文化资源来制作文化产品的需要，出于自身经济利益的考虑，西方发达国家却不急于为文化产权的保护制定国际条约，反倒有意让文化资源的全球性流动处于毫无约束的状态。当西方发达国家利用中国的文化资源去制作文化产品时，它不必在乎什么产权问题，不必为产权的问题给中国付任何费用；而当它把文化资源制作成文化产品，使之具有可贸易性之后，在对中国出口时就大讲财产权利了。把文化产权从知识产权中分离出来，尤其是强调文化产权保护的重要性，应该是发展中国家在不尽平等的全球性文化竞争中急切需要解决的问题。由于文化产权得不到保护，发展中国家的文化资源在经济价值被窃取和利用的同时，其文化价值也在传播的过程中被破坏、被贬抑、被糟践，进而对文化资源在本国的持续挖掘和利用带来不利的影响——这不折不扣地成了发展中国家一个相当严峻的文化安全问题"②。

---

① 《周恩来年谱：1949～1976》（上），第366页。
② 颜纯钧：《文化产权和文化安全》，《东南学术》2004年S1期，第228页。

（五）中外文化交流要善于寻找文化的共同点和共同的历史背景，以达到互相了解，增进友谊的目的

中国和印度，两个国家历史上文化联系频繁，中国的佛教就是在吸收印度佛教文化的基础上发展起来的。历史上中国不把印度视为蛮夷，而是把印度视为文化先进的国度。是中国通过文化交流提升中国文化的关键来源。1954 年 6 月 26 日，周恩来访问印度时对印度总理尼赫鲁说："在中印两国关系上，我完全同意尼赫鲁总理所说的应该建立互信。中印的政治制度不完全相同。但是，我们都是从帝国主义的压迫下解放出来的，我们两国的东方文化又有共同的特点。我们两国的历史背景，我们在文化上的共同点，都使我们之间容易互相了解。"① "以善于洞察民族心理而闻名的周恩来，同时也是一位善于在纷繁复杂的国际环境中统一各种矛盾的伟人。在中外文化交流中，每当碰到一些地缘政治复杂而又敏感的问题时，他总是以调查研究入手，全面了解这一地区的历史和文化革沿，寻找与我国文化有共同性的方面，然后利用适当的时机，采取双方都能接受的方式，推动文化的双向交流。他曾希望新疆的文艺工作者到伊斯兰国家去访问演出，正是考虑到与伊斯兰世界有共同的信仰和习俗的缘故。"② 为了冲破美帝国主义对中国的封锁，1963 年 12 月 13 日到 1964 年 3 月 1 日，周恩来总理在陈毅副总理陪同下，访问了非洲、欧洲、亚洲的 14 个国家，访问总共历时 72 天，行程 108000 里，这是周恩来出访国家最多，行程最长的一次，这次出访是新中国史上的重大事件，对中国发展和加强同第三世界发展中国家关系影响深远。在此次访问中，中国和广大第三世界不但加强了政治上的互信，文化上的相互吸引、相互认同和相互推动也达到了一个新的飞跃。在访问期间，周恩来接受突尼斯《行动报》记者采访时说："我们亚非国家早在历史的黎明时期，就创造了灿烂的文化。我们今天在经济上和文化上比较落后，这是外国的侵略和压迫造成的。我们亚非国家在取得了独立以后，正在为消除贫穷落后的状态而努力，一定能够使自己的经济和文化出现新的高涨。西方国家能够做到的事情，我们没有理由不能做到。曾经创造了光辉的古老文化的亚非国家，在创造人类新文化的伟大事业中，一定能够做出卓越的贡献。"③

---

① 《周恩来年谱：1949～1976》（上），第 391 页。
② 张平：《周恩来中外文化交流思想初探》，《暨南学报》（哲学社会科学版）1989 年第 1 期，第 33～34 页。
③ 《周恩来年谱：1949～1976》（中），第 609 页。

党的第一代领导人的文化外交在强调文化的共同点时，除了突出强调正面、积极鼓劲的一面外，也指出值得反思的消极的一面，通过认识到悠久的文化中存在的落后文化对经济社会发展的某些破坏性影响，以求达到"反者道之动"之效。周恩来指出："中国最缺乏的资源是森林。文化越古老的国家，越不知道保护森林，用得多，种得少，树木越来越少。"① 在这里，周恩来不仅仅只是强调文化古老的国家在珍惜和保护森林意识方面还存在许多不足之处，更重要的是希望通过这样的强调来鞭策文化古老的亚非国家共同行动起来，把自己的国家自然生态环境治理好。

党的第一代领导人主张的文化交流的共同点，还在于主张共同性基础上的多样性，比如如果都是坚持在平等的基础上友好，尊重彼此的独立主权，都反对侵略，反对"侵略性文化"，文化交流的政治基础就确立了。至于是持西方式的资本主义的意识形态观念还是中国的毛泽东思想，完全应该由本国的国情而定。周恩来指出："我们所有的朋友说，凡是参加日中文化交流协会的都要相信毛泽东思想，换句话说，要相信马列主义。我们听了很吃惊。这样就把日中文化交流协会这个组织变得狭窄了。文化交流协会是多方面的，带有统一战线性质。如果反对军国主义侵略性文化，这有共同性；主张两国在平等的基础上友好，尊重彼此的独立主权，都反对军国主义的侵略，这就了不起了。这个战线就很广了。我们中国朋友绝没有这样的主张，即认为只有相信毛泽东思想，才能进行文化交流。"②

（六）敢于正视外国先进的文化和敢于正视本民族文化的短处的文化外交

党的第一代中央领导集体的文化外交是敢于正视外国先进的文化和敢于正视本民族文化的短处的文化外交。毛泽东指出："现在，学英文的也不研究英文了，学术论文也不译成英文、法文、德文、日文同人家交换了。这也是一种迷信。对外国的科学、技术和文化，不加分析地一概排斥，和前面所说的对外国东西不加分析地一概照搬，都不是马克思主义的态度，都对我们的事业不利。"③ 这是党的第一代中央领导集体在学习别国科学技术和文化上的辩证唯物主义的立场和态度。

毛泽东还指出："中国是一个正在开始改变面貌的落后国家，经济上、

---

① 《周恩来年谱：1949～1976》（中），第 649 页。
② 《周恩来年谱：1949～1976》（下），第 466 页。
③ 《毛泽东外交文选》，第 237～238 页。

文化上都比西方国家落后。但是现在正在开始改变面貌，已经取得了改变的可能性。"①周恩来指出："日本朋友说，看到、感到中国的情况在变化。这是正确的。新中国和旧中国是有区别的。但是，时间还很短，我们的进步很少，中国在经济上、文化上比起日本来，还是落后的。我们要发展我们的经济、文化，这需要很长时间，需要和平的国际环境。我们需要朋友，从朋友中学习长处。日本是我们的老朋友，你们的长处我们要学，在科学方面、经济方面都要学。"② 周恩来曾对日本朋友说："中国经济、文化落后于日本。中国正在建设，需要向日本学习，学习日本的科学技术。中国是开放的，欢迎你们来。如果日本开放，我们就派人去学习。"③ 这是党的第一代中央领导集体一方面坦率地承认中国自身文化的落后，有一种急起直追学习世界上一切优秀东西的精神，但同时对发展中国自身先进的文化充满信心的表现。

毛泽东曾对日本国会议员访华团说："世界各个民族都是向前发展的，都有它的长处，如果没有长处，它就要消灭了。在这一点上，我们都是有色民族，本来就是要互相尊重的。我们中国的缺点很多，一直到现在，还是经济落后、文化落后的国家。这点，你们比我们强，几十年内你们能够由农业国变为工业国，所以你们有很多东西是我们应该学习的。我们现在还是个农业国，正在努力把这落后状态加以改变，由落后的农业国变为工业国，由文化落后的国家变成有现代文化的国家。这个方面，作为朋友来说，你们是可以提出批评的。讲一讲你们的意见，指出我们有哪些缺点。这不是什么干涉内政，干涉内政是你们外交部长与我们外交部长的事。在这上面提提意见，我们外交部长是不会有意见的，你们有什么意见尽可以讲。很抱歉的是，我比你们落后，你们比较了解中国的情况，我就不了解你们的情况，我是落后分子。哪一天有机会我还想学一学，还想到日本去看一看，把中国人民的友谊表示表示。地球转得很快，太阳刚出来一会儿就落啦。我也想到别的国家去看一看，甚至还想去美国看一看，把中国人民的友谊表示表示，但现在却没有希望实现。"④ 这是党的第一代中央领导集体在承认自身文化落后的情况下对文化先进的日本的强烈的学习愿望和真诚态度。

毛泽东曾同日本社会党国会议员黑田寿男说："日本的经济、文化都走在中国的前面，据说冈山县就有七所大学；我们有个无锡，文化比较发达，但也

---

① 《毛泽东外交文选》，第160～161页。
② 《周恩来年谱：1949～1976》（上），第573页。
③ 《周恩来年谱：1949～1976》（上），第611页。
④ 《毛泽东外交文选》，第222～223页。

没有七所大学。我们没有这样一个县可以同日本比的。中国要赶上日本还要一定的时间。"① 这是党的第一代中央领导集体理性地认识到学习别国文化发展与中国自身发展水平存在的差距，深刻地认识到中国自身需要作出的长期的努力，如何将借鉴别国文化发展经验与中国自身实际相结合的问题，已在党的第一代中央领导集体的考虑和思索中。1954 年 7 月 26 ~ 28 日，周恩来访问波兰，他在出席西伦凯维兹举行的招待会上讲话时指出："波兰是欧洲的一个古老国家，它有光荣的历史和丰富的文化。波兰人民中曾出现过像哥白尼、米茨凯维奇和肖邦这样伟大的天才。"周恩来说："我们两国虽然距离很远，但是，我们两国人民的奋斗目标却是一样。"周恩来认为："波兰在经济文化方面，比中国先进。在这方面，我们需要从波兰学习的很多。"② 周恩来指出："中国是一个落后的国家，我们怎样摆脱经济、文化上的落后呢？就是要把人家的长处学来，融会贯通，用于中国的实际。……对于任何国家的任何一点长处，我们都要把它学来。资本主义政治制度是腐朽的、落后的，但资本主义国家不是没有一点长处。"③ 周恩来曾对来华的奥地利朋友说："中国虽大，但是经济文化都很落后。奥地利虽小，但是工业水平很高，文化也不低，值得我们学习的东西很多。"④ 承认自己文化的落后，辩证地对待自己的落后文化，使落后的文化成为虚心发展自己先进文化的动力，这是党的第一代中央领导集体文化外交的一个重要思维。

由于明清两个封建王朝在大部分情况下实行闭关锁国政策，直接导致中国在科学技术和现代文化上的落后，当然这种文化和科学技术落后的局面也潜藏着巨大的机遇，正如毛泽东所指出的，"我国过去是殖民地、半殖民地，不是帝国主义，历来受人欺负。工农业不发达，科学技术水平低，除了地大物博，人口众多，历史悠久，以及在文学上有部《红楼梦》等等以外，很多地方不如人家，骄傲不起来。"⑤ 当然，毛泽东在此除了谦虚的成分外，也有为中国的这部伟大的文学作品感到骄傲的成分，很多外国人了解一些中国文化，也往往是从读《红楼梦》开始的。毛泽东在分析国际问题时，也很喜欢用《红楼梦》中的人物和故事作为素材，比如 1963 年 9 月，毛泽东在中共中央工作会议上的讲话中谈到国际问题时就说："大家担心的是形势问题，尤其是国际形势。有些同

---

① 《毛泽东外交文选》，第 461 页。
② 《周恩来年谱：1949 ~ 1976》（上），第 404 页。
③ 《周恩来年谱：1949 ~ 1976》（上），第 554 页。
④ 《周恩来年谱：1949 ~ 1976》（上），第 598 页。
⑤ 《毛泽东外交文选》，第 238 ~ 239 页。

志担心苏、美合作对我们不利。我总相信《红楼梦》上王熙凤说的那句话,'大有大的难处'。现在,美、苏两国都很困难。美国政策委员会主席罗斯特曾发表一篇文章,基调是说美、苏都碰到了许多困难,而且是没法解决的。我也不认识这个人,他同我的某些想法不谋而合,差不多。美国不论国内、国际到处都碰钉子;赫鲁晓夫也是这样。不要忘记这一点。还是《红楼梦》上冷子兴说的,'百脚之虫,死而不僵'。美国《锤与钢》杂志也说:美国像一株空了的大树,里边已被虫子咬空了,外边还枝叶茂盛。'"①。难怪红学大师周汝昌说:"每当与西方或外国访问者晤谈时,我总是对他们说:如果你想要了解中华民族的文化特点特色,最好的——既最有趣味又最为捷便(具体、真切、生动)的办法就是去读通了《红楼梦》。这说明了我的一种基本认识:《红楼梦》是我们中华民族的一部古往今来、绝无仅有的'文化小说'。"② 我国的民族文化与近代就走上工业化的发达国家相比差距是巨大的。

党的第一代中央领导集体正是敢于正视外国先进的文化成果,因此才有强烈的学习外国先进文化的愿望和热情,同样,正是因为党的第一代中央领导集体敢于正视本民族文化的短处,才使自己产生汲取外国文化优秀养分的强烈愿望和动力。新中国成立的文化意义,绝对不亚于"摧枯拉朽的法国大革命",也绝对不亚于日本的明治维新,中国革命的成功,不但是改天换地的政治发展的成功,同时也是文化发展的成功,是马克思主义的先进文化战胜腐朽的封建文化和腐朽的官僚资本主义文化的成功,当然,这样的伟大的成功,不可能把延续了几千年的封建主义落后文化在短时期内完全消除,比如在对外文化交流中的"闭关自守、以我为核心、盲目排外"等封建社会遗留下的落后观念,也会在一定的环境条件下"高度显现"出来。正如有学者所指出的,"1967~1970年的10年,中外交流的文艺团体总数只有68个,这个数字还不足于1978年一年73团次的数目。在1968~1970年的整整3年成为当代中外文化交流的空白期。'文革'10年,中外签订的唯一文化交流协定,是周恩来与苏丹国家元首尼迈里共同签订的"③。当然,客观地讲,造成这种严峻形势的原因,主观上确实有"四人帮"的干扰和破坏,客观上是国际上形成了美苏两个超级大国对中国的联合封锁,1971年中美关系出现解冻的迹象,从1971年开始,中国开始派出艺术团出国演出,同时也邀请外国艺术团来华

---

① 《毛泽东外交文选》,第506页。

② 周汝昌、周伦苓:《红楼梦与中国文化》,工人出版社,1989,第12页。

③ 张平:《周恩来中外文化交流思想初探》,《暨南学报》(哲学社会科学版)1989年第1期,第35页。

访问演出，中外文化交流开始复苏。最令人注目的是 1973 年中国和西方国家的文化交流掀起了一个小小的高潮。这一年美国费城交响乐团访华演出。"奥曼迪率领费城交响乐团访华演出，乐团精美绝伦的演奏，人们至今难以忘怀，当年的'费城音响'似乎仍在人们的耳际萦绕。奥曼迪出于对中国人民的友好和对东方音乐文化的尊重，在乐团访华演出目曲中列入了《黄河》钢琴协奏曲，殷承宗独奏，后来又和美国钢琴家艾泼斯坦将此曲录制成唱片。"① 1973 年的中英文化交流也出现高潮，"上海杂技团访问英国给英国人民留下了美好的印象。接着，中国出土文物在伦敦展出，观众踊跃。他们对铜铸奔马优美、奇特、富有想象力的造型，对金缕玉衣的豪华、精致，赞叹不已。英国方面派出世界第一流的伦敦爱乐交响乐团访华。此后，中英两国的各种文化、体育、艺术团接连互访，大大丰富了两国人民的精神生活"②。

（七）建立在同理心基础上的文化外交

党的第一代中央领导集体的文化外交也是建立在同理心基础上的文化外交，是真正做到了"君子以厚德载物""己所不欲，勿施于人"的文化外交。党的第一代中央领导集体总是站在别人的立场上思考问题和采取行动，做到了真正的将心比心。

1955 年 11 月 4 日，周恩来接见日本医学代表团时说："过去中日两国来往非常频繁，六世纪以来日本派很多人到中国留学，后来中国人又到日本留学。近几年来断了往来，最近又来往起来了。中日关系因中间有段不愉快的事断了交，事情已经过去了，现在由文化交流慢慢恢复到国交。两国国交终究会恢复的，恢复得越早对两国人民和世界和平越有益。"同时，周总理向客人介绍了中国卫生工作的状况，周恩来表示："中国的卫生工作提倡预防，但方法还有待完善。中国几种传染范围较广的病，其中血吸虫病在长江流域分布很广，希望能够得到日本医学界人士的帮助和指导，在中国开展一个运动，推广日本的先进方法来消灭钉螺。"③ 周恩来提议日本参与中国血吸虫病的防治工作，可以说是推动中日关系建立良好人文环境的一个十分具体的建议，如果日本积极响应周总理的建议，这无疑将为中日关系的向前发展创造良好的两国人

---

① 卞祖善：《欢迎美国"乐队大使"再度访华》，《人民音乐》1993 年第 8 期，第 20 页。
② 周文：《中国和英国》，《世界知识》1982 年第 18 期，第 15 页。
③ 《周恩来年谱：1949~1976》（上），第 514 页。

民之间的理解文化和和谐两国关系的文化。

1963年5月，毛泽东在同几内亚政经界和妇女界人士谈话时指出："我国的经济、文化同你们差不多，几乎是在没有什么遗产的情况下搞起来的。……西方国家都欺侮我们，认为我们生来就不行，没有什么办法，命运注定了，一万年该受帝国主义的压迫，不会管理国家，不会搞工业，不能解决吃饭问题，科学文化也不行。它们不想一想，这种状况是谁给造成的？我们经济、文化水平低是它们造成的。……我们根本上没有错误，我们是进行革命，没有工业可以逐步搞工业，没有现代化的农业可以逐步搞现代化的农业，科学文化水平也能一年一年地提高。"① 1964年6月，毛泽东同坦桑尼亚领导人谈话时指出："现在非洲的问题是要独立，要反对外来干涉，要在军事、政治、经济和文化各方面独立。……有色人种觉醒起来之后，可能还要做得比西方更好一些。世界上人数最多的地方是亚洲、非洲和拉丁美洲。在欧洲和北美洲的人民中也有很多人是不反对我们的。在美国人民中就有很多人是赞成我们这一方的，如美国专家有一些在我们这儿当编辑、翻译，也有的在我们的外国语学校帮我们教学。我们抗日战争时，就有个加拿大的医生在我们这儿工作，后来牺牲了。要把他们的政府、垄断资本家同广大人民分开来看。你们国家和我们国家一样，什么都没有，又什么都有。"②

新中国和社会主义国家间发展关系的一个重要经验就是努力发展政治、经济和文化等方面的全方位的关系。正如1958年3月周恩来所指出的，"对苏联和东欧新民主主义国家，我们应该加强政治团结、经贸协作和文化交流，但也要防止盲目地学习，要自觉地学习先进经验"③。和社会主义国家间发展关系的经验同样适用于广大第三世界，广大第三世界国家只有进行政治、经济、文化和科技的全方位的合作，才会取得更多的独立自主的本钱，才会在反霸权和反强权的斗争中取得更多的主动权。1957年12月，周恩来同缅甸领导人说："我们希望通过下次亚非会议后亚非国家之间经济上的合作会更加强。和平共处不仅要用在政治上，也要用在经济、文化和技术交流上，这才是真正的共处。这样，西方垄断资本的利益就会被打破。我们要求反独占，反特权，要求平等互利，互相合作。我们要为召开下一次亚非会议交换一些意见，做好准备，不忙于开会，先创造有利条件。"④ 中国和一切国家进行经济和文化合作

① 《毛泽东外交文选》，第491~492页。
② 《毛泽东外交文选》，第526~527页。
③ 《周恩来年谱：1949~1976》（中），第133页。
④ 《周恩来年谱：1949~1976》（中），第106页。

时，都是奉行平等和不附加条件的合作，而西方国家则不然，它们和其他国家特别是广大第三世界国家进行经济和文化合作时，总是附加政治条件，目的是图谋特权，以达到奴役第三世界国家之目的。1958 年 1 月，周恩来对来华访问的也门巴德尔王太子说："我们彼此的立场是反对殖民主义，主张和平共处，并进行经济、文化各方面的合作。我们亚非国家以及其他国家间应根据万隆会议精神进行平等互利的合作，殖民主义者所谓的合作是为了攫取特权。"①1961 年 6 月周恩来接见嵯峨浩、溥仪等人谈话时指出："中日两国有近两千年的来往，发展了经济文化交流，同近两千年比起来，五十年的时间是很短暂的，而且已经成为过去。我们应该往前看，应该努力促进中日两国的友好关系，恢复邦交，发展经济文化交流。我们并不总盯着过去的事情。"②

（八）谋求和广大第三世界国家建立在团结基础上的文化"互利"的文化外交

2006 年 4 月 21 日，胡锦涛在美国耶鲁大学的演讲中就指出："中华文明是世界古代文明中始终没有中断、连续五千多年发展至今的文明。中华民族在漫长历史发展中形成的独具特色的文化传统，深深影响了古代中国，也深深影响着当代中国。"③ 比较世界文明史，中华文明几乎可以说是世界上唯一没有中断的文明。关于这一点，党的第一代中央领导集体是看得很清楚的。毛泽东曾同印度尼西亚领导人谈话时指出："一个民族多少世纪以来不仅保存了而且发展了，一定有它的长处，否则不能理解。西方国家说我们的民族不好，那末我们的民族怎么能保存并发展了呢？……在西方国家面前，我们的问题是团结起来，保卫自己，而不是互相打主意，彼此损害。我们的关系不是互相损害，而是互利，不仅在商业上和文化上如此，在政治上也进行合作，万隆会议就是一个例子。"④ 毛泽东讲的和广大民族国家和第三世界国家进行文化上的"互利"，用今天的话来说就是文化上也要"双赢"和"多赢"的意思。在今天的国际文化关系和文明关系格局中，毛泽东的论述，在今天看来仍然有强大的指导意义。美国著名政治学学者塞缪尔·亨廷顿在他的《文明冲突与世界秩序的重建》中文版"序言"中说："在未来的岁月里，世界上将不会出现一个单一的普世文化，而是将有许多不同的文化和文明相互并

---

① 《周恩来年谱：1949~1976》（中），第 115 页。
② 《周恩来选集》（下），人民出版社，1980，第 321 页。
③ 《十六大以来重要文献选编》（下），中央文献出版社，2008，第 428 页。
④ 《毛泽东外交文选》，第 209~210 页。

存。那些最大的文明也拥有世界上的主要权力。它们的领导国家或是核心国家——美国、欧洲联盟、中国、俄罗斯、日本和印度，将来可能还有巴西和南非，或许再加上某个伊斯兰国家，将是世界舞台的主要活动者。在人类历史上，全球政治首次成了多极的和多文化的。""不会出现一个单一的普世文化"论是不可天真地相信的，因为今天西方国家制造了太多的东方国家之间的不和，东方国家之间也因领土、文化等敏感问题而产生不和，互相打主意，彼此损害的情况日益突出，致使团结问题日益突出，在这样的情况下，西方世界推动以西方普世文化为唯一标准的势头有增无减。广大发展中国家面临着被西方所谓的强势文化和文明的冲击，造成了东方文明和广大发展中国家文明受到西方文明的严重挤压和严重贬低的"文明的冲突"，广大发展中国家确实应该团结起来，保护自己的文化和文明，以防止自己的文化和文明被西方的所谓强势文化和文明所消灭。

（九）感恩的文化外交

周恩来指出："人们都赞扬我国的古代文化，其中就包括很丰富的历史记载，不仅有正史，还有野史，笔记等。汉文在这方面起了很大的作用，我们要把自己所掌握的历史遗产贡献出来。"[1] 中国古代文化是世界优秀古典文化的一部分，周总理在此虽然不是专门针对国际文化交流而谈"历史遗产贡献出来"，但是这完全可以推及国际文化交流领域。中国是世界文明古国，中华文明也可以说是内生文明并充分地吸收了印度、阿拉伯等外来文明，近代以来又吸收了不少西方文明的精华，由于中华文明基本上没有出现严重中断，从这样的意义上讲，中华文明起到了保存外来文明的作用。比如，印度文明的很多极其宝贵的东西，由于印度历史上的战争等原因，其很多文化的经典已经失传，而恰好在中国还保存着唐朝主要是玄奘留学印度时带回来的很多佛教文化经典，这些保存在中国的印度文化经典对重新建构印度文化所起的作用非同小可。党的第一代领导人高度重视印度的这一文化缺憾，十分愿意为印度历史文化的重建贡献自己的力量。1955 年 5 月 15 日，周恩来在接见印度文化国际学院院长、语言学家维拉时关切地说："玄奘在印度学习了十五年。这些经书的原本也是从印度取来的，现在我们应该回报，帮助你们研究它们。'可以有四种方式：（一）多版本的可以送给一部；（二）容易拍照的就拍照；（三）照像困难的，可以借给，定期归还；（四）同一本经书有不

---

[1] 《周恩来年谱：1949~1976》（中），第221页。

同版本的，就送一种，其他的可以看看。这些书在印度翻成印地文，让千百万人看，作用很大。"①周恩来以感恩的心情，决心回报曾经给中华文明作出过不朽贡献的印度。1956 年 12 月下旬，周总理访问巴勒斯坦，他在 24 日晚出席西巴基斯坦政府举行的宴会中说："据可靠的历史记载，我们两国早在第五世纪就开始了文化和经济交流。中国高僧为了寻求知识，曾经先后来到这个地区，其中最著名的是法显和玄奘。他们从你们这里学习了许多东西，丰富了当时中国的文化。"② 周总理的讲话充满了对巴基斯坦在文化上曾经对中国所产生的积极影响的感恩之情。

（十）自强不息和讲原则的、讲民族自豪感和自尊心的文化外交

党的第一代中央领导集体的文化外交是自强不息和讲原则的、讲民族自豪感和自尊心的文化外交。1950 年 12 月的某夜，周恩来和身边工作人员交谈对获斯大林文学奖的小说《旅顺口》的看法时说："书是我今年一月去苏联访问时在火车上看完的。这本书的主导思想完全违背列宁关于战争问题的思想，宣扬的是沙俄侵略战争、掠夺战争。书中的英雄马卡洛夫，只不过对腐朽的沙俄军队制度做过一点技术性的修补、改革，比那些将军们稍好一点，但对沙皇的侵略政策是完全拥护的。对这样的人有什么值得宣扬的？这本书竭尽丑化中国人之能事，把中国人都描绘成坏人，实在令人气愤。"③ 1955 年 2 月 17 日，周恩来在接见刚由莫斯科返回北京的尤金大使时也说："反映日俄战争的苏联小说《旅顺口》，是一部不好的小说，这部小说中没有写中国人民，出现在小说中的两个中国人，都是日本间谍。"④ 1956 年 3 月 8 日，周恩来同出席中国作家协会第二届理事会部分理事座谈，在谈话中说："苏联作家写的《旅顺口》这部小说，是宣传俄罗斯大国沙文主义，为沙皇侵略战争歌功颂德的。书里的康特拉琴珂根本不是英雄，他是沙俄的侵略工具。列宁在《中国的战争》里提到，欧洲资本家的魔掌伸向中国，侵略中国的旅顺口。沙俄和日本争夺旅顺口，他们都是侵略者。书里写的中国人没有一个是好的，这是对中国人民的歪曲。"⑤ 1970 年 6 月 22～23 日，周总理会见日本青年朋友时说："诸位看过《旅顺口》这部小说了吗？小说是获得斯大林奖金的，

---

① 《周恩来年谱：1949～1976》（中），第 480 页。
② 《周恩来年谱：1949～1976》（上），第 650 页。
③ 《周恩来年谱：1949～1976》（上），第 101～102 页。
④ 《周恩来年谱：1949～1976》（上），第 451 页。
⑤ 《周恩来年谱：1949～1976》（上），第 555 页。

但是小说对库洛巴特金却大加赞扬。小说描写了乃木大将的军队在进攻旅顺口要塞时受到阻击的情况。这次战争是在中国领土上进行的，但是小说却丝毫没有反映出中国人民的事，书里虽写了几个中国人，但都是以间谍特务身份出现的。大家知道，旅大是 1945 年被苏联解放的。那儿有个博物馆，保存着日俄战争当时的一些武器。在博物馆的大门口写有列宁 1904 年评述日俄战争的非常正确的语录，即那次日俄战争是两个帝国主义国家之间争夺殖民地的一场战争。"① 《旅顺口》是苏联作家斯杰潘诺夫撰写的对昔日俄国沙皇时代侵略扩张留念至极的小说，获得 1943～1944 年度斯大林文学奖一等奖，可见斯大林的大国沙文主义是何等的顽固。以列宁为首的布尔什维克一直是这场战争的失败主义者，并尽一切力量来揭露护国主义者的丑恶面目。列宁在日俄战争初期就提出了三个革命口号："为彻底摆脱国际资本压迫而斗争的全世界无产者的兄弟团结万岁！反战的日本社会民主运动万岁！打倒掠夺成性的和卑鄙无耻的沙皇专制制度！"② 但违背列宁思想的苏联外文书籍出版局 1947 年翻译出版了《旅顺口》的中文本，在中国大量发售，这一举动是苏联又一次企图在文化上挫伤中国人民感情的严重事件，书中对实为不折不扣的侵略者马卡洛夫大肆吹捧，作者的用心昭然若揭，特别是书中丑化中国人，把中国人都描绘成坏人，更充分地反映当时和中国处于友好状态下的苏联文化界十分扭曲的心态和对大国沙文主义的留恋。党的第一代中央领导人批评小说《旅顺口》这种气魄的意义在于，当时是中苏关系最好的时期，甚至可以说是中苏关系的蜜月期，周恩来在这样的历史背景下提出对小说《旅顺口》的批判，是要有坚定的政治勇气和对维护中苏关系向健康方向发展的强大自信心的。即使是中苏关系已开始严重恶化的时期，周总理仍然是抱着治病救人的善良愿望，期待苏联治好自己的病，使中苏关系向良好的方向发展。1964 年 6 月 21 日，周恩来在和邓颖超会见英国前坎特伯雷教长约翰逊夫妇时就说："人有时会生点疮，有了疮不必悲观，这部分是坏的，去掉后就更健康。这是个暂时现象，每个人都有这种经验。小孩刚生下来也会生疮、发烧，但生命力还是很强，不断成长。苏联是四十多岁的人了，只是暂时得了病，机会主义终究会为人民去掉的。我们主张治病。不反对生病的人。我们不反对苏联，只反对苏共领导集团的病。这是我们的态度。"③ 可悲的是，

① 转引裴兆顺《评小说〈旅顺口〉》，《辽宁师院学报》1980 年第 1 期，第 46 页。
② 《列宁全集》第 8 卷，人民出版社，1986，第 173 页。
③ 《周恩来年谱：1949～1976》（中），第 649～650 页。

苏联拒绝治病，以至于才有后来的苏联解体，当然这是后话。由此，我们可以看出周恩来外交艺术的特点，是原则性与灵活性相结合，而当原则性受到挑战时，坚定地按照原则办事，以维护中华民族的民族尊严，充分地体现了中华民族不畏强暴的自强不息的民族精神。1957 年 1 月周恩来访问苏联在莫斯科大学发表演讲时说："在文化科学领域内，我们不应该故步自封。列宁曾多次告诉我们要善于吸取人类文化中一切好的东西，但是我们也要善于区别哪些是真正有益的，哪些是带有毒素的。为了推动文学和艺术的发展，我们中国提出了'百花齐放'和'百家争鸣'的方针。当然我们这样做是为了发展和丰富社会主义文化，而决不是为了取消或者削弱社会主义文化。列宁从来也没有放松过对于腐朽的资产阶级文化的尖锐批判。"① 周恩来总理在这个讲话中，一方面是向苏联人介绍中国繁荣自身文化的情况，另一方面恐怕也是不指名地批评苏联高调推崇《旅顺口》的行为。

党的第一代领导人的文化外交原则还体现了对待朋友的正直、诚信，见闻学识广博特点。孔子说过朋友有"益友"和"损友"："益者三友，损者三友。友直，友谅，友多闻，益矣。友便辟，友善柔，友便佞，损矣。"② 孔子对劝说朋友的态度："忠告而善道之，不可则止，毋自辱焉"③，在朋友之间的相互勉励方面，孔子说，"朋友切切偲偲"④。1964 年 2 月，周恩来在仰光接见了法国驻缅甸大使时指出："法国人民是有很强的民族志气的，法国近二百年的历史，把法国人民锻炼出来了。法国的文化也有两重性，一方面它发展了殖民主义，另一方面又以其大革命和支持美国独立战争的革命传统影响了殖民地人民。对于殖民主义，我们一贯反对。"⑤ 周恩来指出法国文化的两重性，体现了作为正直与诚信的朋友的特点，是真正的益友的表现。而和别国打交道搞歪门邪道、阿谀奉承、花言巧语这一套，新中国的领导人耻于为之，因为那是"损友"，是有害的。当然，如果中国对一些西方国家采取"友直"和"友谅"的态度而人家不领情，则如孔子所讲的，中国已经忠诚地劝告过它，委婉恰当地开导过它，它还不听从，就停止算了，不自受侮辱。如果劝告和开导的办法都不灵，

① 《周恩来年谱：1949～1976》（中），第 6 页。
② 孔子说："有益的朋友有三种，有害的朋友也有三种。与正直的人交友，与诚信的人交友，与见闻学识广博的人交友，是有益的。与习于歪门邪道的人交友，与善于阿谀奉承的人交友，与惯于花言巧语的人交友，是有害的。"（《论语·季氏篇》第十六）
③ 孔子说："要忠诚地劝告他，委婉恰当地开导他，他还不听从，就停止算了，不要自受侮辱。"（《论语·颜渊篇》第十二）
④ 孔子说："朋友之间要互相勉励督促。"（《论语·子路篇》第十三）
⑤ 《周恩来年谱：1949～1976》（中），第 621 页。

人家照样我行我素地搞霸权主义和强权政治，则我们应该采取针锋相对的国际斗争的办法与它们理论。这就是党的第一代中央领导集体采取的马克思主义与传统中国优秀政治文化相结合的对外政策思维。周恩来指出法国"以其大革命和支持美国独立战争的革命传统影响了殖民地人民"的积极的历史文化，既体现了中国领导人的"多闻"的特点，也是朋友之间互相勉励督促的生动体现。

（十一）尊重世界各个民族文化的文化外交

党的第一代中央领导集体提出"世界上每个民族的文化都有其特长，在世界文化中都有它自己的贡献，都能放出自己的光彩"的思想。在党的第一代中央领导集体的文化外交思维中，对自身的历史文化的积极部分和优秀方面从来都是持肯定态度的，相信中国自己的传统优秀文化是世界文化大厦中的一个有机组成部分。这对"五四运动"以来高调主张"民主"与"科学"而很大程度上忽视自身传统文明的趋向是很及时的纠正。1956年5月，周恩来接见埃及古代史学家费克里和文化使团成员时说："在新文化运动初期我们批判孔子，因为要反对封建文化。现在新文化已占住了阵地，我们就有必要回过头来肯定历史文化中一些积极的东西。……孔子的学说，在历史上是起过一些积极作用的。世界上，每个民族的文化都有其特长，在世界文化中都有它自己的贡献，都能放出自己的光彩。"[1] 从这里我们不难看出，周恩来对中华文化的认识是辩证唯物论的，既看到中国传统文化落后的一面，又充分肯定其积极的一面。这是完全正确的思维导向，使外国朋友对中国传统文化有了一个客观了解的尺度。中国自进入现代以来，很多人包括很多文化精英对中国传统文化的悲观和蔑视的心态，在党的第一代领导人的文化思维中是不存在的。党的第一代领导人对外国优秀文化同样持肯定的立场。同年12月初，周恩来总理访问印度，在观看印度舞蹈表演之后的讲话中高度赞扬印度的文化。周总理指出："你们的艺术家一直忠实地保存着印度艺术和文化在许多世纪以来最优良的传统，同时也把其他民族文化中的优秀和有益的东西吸收融合到自己的文化里。这样你们就丰富和发扬了自己的文化，也因而能够对世界的文化艺术作出无穷的贡献。"[2]

三 党的第一代中央领导集体文化外交为人民根本利益的理念

恩格斯在他著名的《论住宅问题》中特别强调文化掌握在什么阶级手中

---

① 《周恩来年谱：1949～1976》（上），第583页。
② 《周恩来年谱：1949～1976》（上），第645页。

的问题，这对社会主义条件下的中国特色的文化外交有重大启发价值。他说："在所有的人实行明智分工的条件下，不仅生产的东西可以满足全体社会成员丰裕的消费和造成充足的储备，而且使每个人都有充分的闲暇时间去获得历史上遗留下来的文化——科学、艺术、社交方式等等——中一切真正有价值的东西；并且不仅是去获得，而且还要把这一切从统治阶级的独占品变成全社会的共同财富并加以进一步发展。关键就在这里。人的劳动生产力既然已发展到这样高的水平，统治阶级存在的任何借口便都被打破了。为阶级差别辩护的最终理由总是说：一定要有一个阶级无须为生产每天的生活必需品操劳，以便有时间为社会从事脑力劳动。这种废话在此以前曾有其充分的历史合理性，而现在被近百年来的工业革命一下子永远根除了。统治阶级的存在，日益成为工业生产力发展的障碍，同样也日益成为科学和艺术发展，特别是文明社交方式发展的障碍。从来也没有比我们现代的资产者更无知的人了。"① 恩格斯描述的是资本主义时代文化的命运和它只有真正地为最广大的人民掌握才会有生命力和更加广泛的发展前景。今天中国的文化外交所面对的主体，除了广大发展中国家外，还有经济发达的资本主义国家，资本主义国家为了自身的生存，已经很大程度上改变了恩格斯所描述的阻碍文化发展的情况，资本主义社会的文化仍然很"繁荣"，而且为了丰富初步繁荣的社会主义中国的文化，我们很大程度上还得和资本主义国家展开广泛的文化交流，一方面吸收资本主义文化中对我有用的东西，另一方面也通过中国优势的文化和西方文化的交流，达到积极影响西方文化的效果。今天，中国的文化外交或者说文化交流，其中有一个非常明显的特点就是它的广泛性和群众性。它不是少数人独享的东西。普通的中国人通过留学、出国讲学、出国旅游考察等吸收别国的先进文化，而且随着中华文明优势的发挥和发掘，中国文化越来越受到世界上更多国家和民族的喜爱，这样的局面，也只有社会主义制度的优势得到充分发挥的今天才能实现。毛泽东同志指出："我们的文学艺术都是为人民大众的，首先是为工农兵的，为工农兵而创作，为工农兵所利用的。"②毛泽东同志还说："我们的文艺工作者一定要完成这个任务，一定要把立足点移过来，一定要在深入工农兵群众、深入实际斗争的过程中，在学习马克思主义和学习社会的过程中，逐渐地移过来，移到工农兵这方面来，移到无产阶级这方面来。只有这样，我们才能有真正为工农兵的文艺，真

---

① 《马克思恩格斯文集》第 3 卷，第 258 页。
② 《毛泽东选集》第 3 卷，人民出版社，1991，第 863 页。

正无产阶级的文艺。"① 很明显,毛泽东强调的中国文学艺术的服务目标和根本任务,都是围绕"工农兵"来进行的,工农兵是中国的绝大多数,是中国共产党的政权基础,一切文化发展和文化的创造,为中国共产党的政权基础服务,这是一件多么伟大的事业!新中国成立后,文学艺术等文化成果为人民大众服务遂成为新中国文化发展的自然逻辑,新中国的文化外交自然也是围绕这个根本目的来进行的。周恩来总理把民族化、大众化的理念进一步延伸,将其发展为艺术的"人民性"和"民族性"理念。1955 年 10 月,周恩来在全国文艺工作者大会上的讲话中指出:"既然我们是人民的艺术队伍,是代表着胜利了的中国人民的艺术队伍,首先就必须具有充分的人民性。"② 只有充满了"人民性"和"民族性"的艺术,才会产生强大的生命力,才会受到人民的欢迎,引起世界人民的共鸣,周总理特别以 1955 年 8 ~ 10 月,中国青年艺术团、中国艺术团、中国杂技团、中国民间音乐杂技表演团、中国古典歌舞剧团、中国越剧团等先后到波兰、瑞士、苏联、芬兰、意大利、阿尔巴尼亚等国访问演出所受到的欢迎程度,来诠释艺术的"人民性"和"民族性"的意义。周恩来说:"我们这次出国,特别是到西方国家,为什么受到这么热烈的欢迎?我说有两个条件:第一,就是中国人民的胜利,这是政治条件;第二,就是人民的艺术,这是艺术条件。仅仅有艺术条件还不行,过去中国也有出国的京剧团。梅先生、程先生在京剧艺术方面,有谁能超过他们两位?当然,我也希望将来有人后来居上。但那时他们出国能受到像现在这样的盛情欢迎吗?会不会有四十多次谢幕?现在出国跟过去就不同了。这就是说,不是因为艺术上的造诣已经很高很吸引了人,而是胜利了的中国人民吸引了人。六万万的中国人民胜利了,这是震动世界的事情,影响了世界上广大的人民。这是第一条,没有这一条不会有这样的场面。不仅西方国家如此,兄弟国家也是如此。因此,不管是艺术团,还是杂技团、越剧团等等出国得到的荣誉,首先要归功于人民。没有中国人民的胜利,没有抗美援朝的胜利,不可能影响这么大。外交上也证明了这一点,没有中国人民的解放,没有抗美援朝的胜利,能够有日内瓦会议的成就?能够有万隆会议的成就?那是不可设想的。应该有这样的认识。我们一定要更加热爱我们的祖国,热爱中国人民。我想凡是出过国的,凡是跟人民的感情联系在一起的人,不会不由衷地产生出对祖国的热爱,对人民的热爱。我们应该把中国人民的胜利摆在第一位,要继续前进,为人民服务,为祖国争光,为世界和平奋斗,这样就会更加增强我们的责任感。其次,才是在艺术上的

---

① 《毛泽东选集》第 3 卷,第 858 页。
② 《周恩来文化文选》,第 138 页。

成就，如果艺术上没有成就，那么像我这样站在台上，讲几句政治的话，也许还有点用处，如果连唱都唱不成调，哪能谢幕四十多次？我们要使艺术受到人民的欢迎，艺术里面必须充满着人民性。"①

（一）通过参加国际电影展并获得大奖使世界了解新中国推动民族平等、民族和谐、民族宽容和反对大汉族主义政策的举措

中国共产党打天下的根本目的，是为苦难深重的中国各族人民谋利益，共产党打下了天下，则一心一意地实践着为全体中国人民谋利益的宗旨。中国共产党的民族政策和其他国家的民族政策比较之所以算得上是最成功的一类，就在于中国共产党的民族政策既保障了汉族的正当利益，又采取了和汉族完全平等，同时相对于汉族而言又更加宽容和照顾到少数民族特点和利益的政策。正如有学者所指出的，"人民利益不是抽象的，而是具体的，全国 56 个民族中，55 个是少数民族，人口一亿多，占全国人口的百分之八以上，这是我国的基本国情之一。我们党的民族政策之所以正确，是因为它代表了包括少数民族群众在内的全国各族人民的根本利益，是因为它从根本上保证了民族平等，得到了少数民族群众的赞成和拥护。"② 新中国为了实现各民族间的完全平等的政策，一开始是首先解决旧中国时代造成的民族间关系的不和谐即民族隔阂严重的问题。在中国，汉族人口数量和其他少数民族相比，占有绝对多数，且汉族人口所在地区经济文化处于领先地位，虽然从 13 世纪以来少数民族的蒙古族、满族先后统治过中国，但总体上来看，汉族人口在历史上居于政治统治地位的时间要长得多且文化软实力的影响更加深远，就连建立了清朝而统治中国接近300 年的满族，统治文化基本上都是以汉族的儒家思想为主轴，才确立了其长期稳定的统治思想基础。这就是大汉族主义在中国有一定土壤的内在因素。同时，我们也要看到，由于少数民族曾经掌握中国政权时也采取民族不平等政策，他们掌权时打压汉族，也造成了民族关系的不和谐。

新中国成立后，为了使民族平等的政策得以实现，党的第一代中央领导集体一贯致力于反对大汉族主义、地方民族主义和狭隘民族主义，其中主要是反对大汉族主义，影片《内蒙古人民的胜利》就是在党决心实行和谐、平等的民族政策的这种背景下产生的。片子在国际电影节上的展示，具有特殊的政治意义，因为当时的社会主义阵营中，苏联的大俄罗斯主义是非常严重的。正如有学者指

① 《周恩来文化文选》，第 138～139 页。
② 杨建国：《"三个代表"与民族政策研究》，《西安政治学院学报》2002 年第 6 期，第 18 页。

出的，"随着斯大林领导地位的逐步巩固，他便开始独断地处理有关社会主义的理论与政策问题，并逐渐确立起了所谓的斯大林体制。在这一体制下，斯大林在民族理论和民族政策方面的错误主要表现在：一、通过不断强化中央集权体制削弱了各联盟主体的民族自治权利。尽管斯大林从形式上强化了以民族为特征的联邦制，如将苏联分成若干加盟共和国、自治共和国等，但在高度中央集权的政治体制下，这些民族自治实体实际上徒有虚名，各联盟主体根本无法行使宪法赋予自己的权利。二、违背了列宁和他自己过去的正确思想，在理论上不承认一些弱小民族是现代意义上的民族，而将其视为'种族'。三、无视少数民族地区在政治、经济、文化上的特殊性，采取'一刀切'的做法，强制推行整齐划一的农业集体化，致使少数民族地区的农牧业受到严重破坏，引起大规模饥荒，造成少数民族人口因此死亡或被迫迁移国外的达数百万人。四、采取民族歧视、民族清洗和对少数民族不信任的政策，清洗犹太人和其他少数民族的干部与人士，严重伤害了少数民族的感情。五、以维护国家安全为名强行将一些少数民族迁往他处并使之分散居住，破坏了这些民族长期形成的固定的生活习惯、民族习俗和民族文化，激起了少数民族强烈的反俄、反共情绪。六、通过对外扩张，制造新的民族矛盾。由于斯大林的'大俄罗斯沙文主义'思想作祟，所以他认为，凡是沙俄帝国曾经占领过的领土，都应该是苏联的领土，强占这些地方就是恢复苏联'合理的边界'七、对意识形态高度垄断，采用行政手段大力推广俄语，推行文化单一化的政策，也对少数民族的感情造成伤害。斯大林时期的文化政策基本上是以俄罗斯为中心展开的，充满大俄罗斯沙文主义色彩。"① 新中国拍摄一部和"大俄罗斯主义"基调完全不同的"反大汉族主义"的影片，其用心是良苦的，因为此时斯大林还在世，他也完全有机会看到中国拍摄的这部片子，毛泽东和周恩来等新中国的领导人，恐怕内心深处是非常希望苏联能从中体会到中国希望苏联改善其民族政策的良好愿望。从一定意义上讲，《内蒙古人民的胜利》对社会主义国家消除民族间的相互歧视和隔阂、提倡民族平等具有明显的暗示作用和启发作用。当然，此时还不能说新中国已经建立起了先进和完善的、充分体现了民族平等的民族政策，影片也只能说是新中国决心开辟使中华各族人民和谐共处的新社会的宣言书，或者说新中国的民族政策的良好开端向社会主义阵营作了一次精彩的展示。新中国只有首先消除了民族间的隔阂的第一步的工作做到位，民族平等的工作才能够继续往前推动，民族平等的工作也才会取得良好的社会环境。为此，新中国的一切工作，都是围绕如何消除民族隔阂来进行的。通过《内蒙

---

① 蒋锐：《中俄民族问题比较》，《当代世界社会主义问题》2000 年第 3 期，第 30 ~ 31 页。

古人民的胜利》这一标志性电影艺术形象的创造来达到宣传民族政策的目的，而且新中国早期的这一以重新建构和谐的民族关系为主要目的影片，成为今后国内反映少数民族题材影片的样板。正如有学者指出的，"电影创作者把少数民族题材电影作为一种特殊样式的电影来对待，已经从这里开始"。① 从文化外交的意义上讲，新中国的这部片子取得国际电影节的大奖，说明在社会主义阵营中，中国的民族政策得到了广泛的认可。1950 年 5 月 7 日，周恩来就《内蒙春光》指出："这部影片成功之处在艺术性强、深刻动人。但有明显的错误，所反映的某些情况同我们今天的民族政策不相符合，而不是刚才有同志所说的'现在不能演，将来可以演，搁它个两三年'。"周恩来指出，如果"那样，就会发生更多的问题并引起更大的错误。"因为当前"我们主要的敌人，国内是蒋介石为首的反动派，国外是美帝国主义，而不是那些王公喇嘛。"周恩来说，对王公喇嘛，"我们主要的是争取，只有对实在不能争取的，与帝国主义和国民党勾结、顽抗到底的，才打倒。"周恩来认为，"今天民族问题的焦点，还是在民族隔阂问题上"，这要我们积极开展工作来努力消释。影片经过修改后，于 1951 年以《内蒙古人民的胜利》为名在国内外上映，并在 1952 年第 7 届卡罗维·发利国际电影节上获最佳编剧奖。② 卡罗维·发利国际电影节由捷克斯洛伐克电影部主办，是该国举办的第一个国际电影节，也是世界上最老的国际电影节之一，1959年起同苏联创办的莫斯科国际电影节交替举行，改为两年一次。该电影节从1948 年起正式授奖，最高奖品为"水晶地球仪"（分为大奖和主要奖）。卡罗维·发利国际电影节是 A 级国际电影节。从 1950 年起，新中国电影参加了在捷克斯洛伐克举办的主要由社会主义国家参加的卡罗维·发利国际电影节，20 世纪 50 年代初，先后有 7 部初期的故事片及其创作者获奖。《内蒙人民的胜利》获编剧奖，《中华儿女》获争取自由斗争奖，《赵一曼》主演石联星获演员奖（1950 年第五届），《钢铁战士》获和平奖，《白毛女》获特别荣誉奖，《新儿女英雄传》导演史东山获导演奖（1951 年第六届），《翠岗红旗》的摄影师冯四知获摄影奖（1952 年第七届）。③ 这些片子都是直接反映劳动人民的生活和工作、奋斗的故事，把中国人民的新的形象展示在世界社会主义国家面前，虽然当时由于西方对中国的封锁，使中国人民的生产和生活的新面貌未能使绝大多数西方世界所了解，但仍然有一部分西方国家的人民，怀着对新中国电影文化的极大兴

---

① 干学伟、张悦：《由〈内蒙春光〉到〈内蒙人民的胜利〉》，《电影艺术》2005 年第 1 期，第 57 ~ 60 页。
② 《周恩来年谱：1949 ~ 1976》（上），第 38 ~ 39 页。
③ 尹鸿、凌燕：《新中国电影史》，湖南美术出版社，2002，第 10 页。

趣，冲突重重困难，看到了新中国的电影。"这些影片还多次送往一些社会主义国家和亲华国家放映。苏联于 1951 年在全国 30 个大城市举办中国影片展览，《白毛女》、《钢铁战士》等片的观众都达到 1200 万以上。《中华女儿》、《吕梁英雄》、《白衣战士》等影片，半年之内在印度尼西亚放映了 2000 多场，观众超过 100 万。甚至在一些西方资本主义国家，新中国电影也受到具有左翼倾向的民众的喜爱。在一次英国全国青年联欢节上放映中国影片时，虽然没有翻译，千百名青年仍然冒雨观看《白毛女》等影片。这些影片证明，新中国电影已经成为国际社会主义电影的重要组成部分。"①

从《内蒙古人民的胜利》的创作始末可以看出，党的第一代中央领导集体对少数民族题材影片的极度重视程度。原名为《内蒙春光》的影片，其剧作冲突和情节发展的构图运用阶级分析的方法和阶级斗争的理念，把蒙古王爷道尔基处理成革命对象。这当然是机械地，没有照顾到民族地区的实际，和党的少数民族方针政策产生了很大的距离，不能否认，民族问题的本质是阶级问题，民族问题的内容是阶级斗争，在民族问题中，阶级问题是基本矛盾。但民族问题的特殊性又在于，如果简单地照搬阶级斗争理论，在打倒少数民族的王公贵族的同时，我们也同时将失去对少数民族最基本的群众的争取，更谈不上团结广大少数民族建立起最广泛的统一战线，正确的做法是以最大的耐心，争取包括王公和上层贵族在内的少数民族一起走社会主义道路，来共同反对敌视新中国的内外反动派。特别是在面对外部敌人对我国多民族的西化和分化企图时，这一政策是十分有效的。《内蒙春光》把道尔基王爷完全塑造成一个顽固的反动形象必然会引起少数民族上层分子的恐惧和反感，是不利于党的统一战线政策和国家对各少数民族地区的统一的。"影片修改后更名为《内蒙人民的胜利》公映，道尔基王爷的形象变成了一个起初受蒙蔽和欺骗，经过共产党员苏合的启发和争取，最终觉醒，识破了国民党特务的阴谋，接受了共产党的民族政策的人物形象。作为新中国成立后第一部反映少数民族题材的影片，《内蒙人民的胜利》所经历的这番修改周折，非常典型地说明了党对电影事业的始终不懈的强有力领导，同时影片修改成功和上映的意义亦极为重大，原本是一部在贯彻党的少数民族方针政策上有问题的影片，经过周总理的亲自关怀和指导，竟奇迹般地成为少数民族题材电影的剧作技巧和叙事策略的奠基性作品，为十七年的少数民族题材电影提供了一部与《白毛女》同等价值的经典性范本之作——它既有《白毛女》式的阶级分析和阶级斗争的剧作冲突，同

---

① 尹鸿、凌燕：《新中国电影史》，第 10 页。

时又加进了对党的政策来说必不可少的统一战线内容。"①

周恩来指出:"电影是与群众最容易接近的一个有力的教育工具。它的宣传效能是很广的,在今后值得提倡。文委应当经常注意对于作家与导演进行政策教育,使他们能够在《共同纲领》的基本原则指导下进一步地把电影的艺术性及其思想性适当地结合起来,这样对于群众的宣传与教育作用是会更大的。今后电影事业的方针,应当是文化第一,企业化第二。"②《内蒙人民的胜利》不但向国内广大各民族群众宣传了党的民族政策,也向世界宣传了中国新型的民族政策的发展方向。文化产品的艺术性及思想性的有机统一,成为新中国文化外交的前进方向。

(二) 学习第三世界国家人民的战斗精神,以鼓舞中国人民和霸权主义、强权政治作斗争的斗志

《易经》说,"天行健,君子以自强不息",这是中国精神文化的一个很重要的方面,中华民族之所以生生不息,就是因为整个民族无论遇到什么困难,都能咬紧牙关坚持住,而决不被困难所压倒,在这样的民族精神的引导下,中国人民也特别注意学习别国人民自强不息的精神,以丰富中国人民的自强文化和自强传统。周总理就说过,"国际上好的东西,我们也要传播过来,要选好的。比如东方歌舞团出国,我就给他们说:'你总要学一些战斗性的东西回来。黑人站起来反对帝国主义这就是个斗争嘛',学回来,这样一传播,介绍给中国,然后再翻给国际友人看,也算是一个推动,一个新的气象嘛!"③在周恩来看来,把第三世界国家富于战斗性的文艺节目学到手,启迪中国人民及启发常驻中国的外国朋友,激发起他们的正义感和斗争热情,这样就起到支持世界各国被压迫人民反对霸权主义和强权政治的作用。

(三) 文化外交上的爱国主义和国际主义的统一,民族化与国际化的统一,体现世界人民的文化利益

党的第一代中央领导集体在通过文化推动新中国的外交政策时,也充分地把爱国主义和国际主义统一起来,充分地体现中国人民和世界人民的文化利

---

① 李奕明:《十七年少数民族电影的文化视点与主题》,《电影创作》1997 年第 1 期,第 70~71 页。
② 《周恩来年谱:1949~1976》(上),第 106~107 页。
③ 《周恩来论文艺》,人民文学出版社,1979,第 199 页。

益。毛泽东同志就指出："已经获得革命胜利的人民，应该援助正在争取解放的人民的斗争，这是我们的国际主义的义务。"① 毛泽东还指出："社会主义国家是完全新型的国家，是推翻了剥削阶级而由劳动人民掌握权力的国家。在这些国家间的相互关系中，实现着国际主义和爱国主义相统一的原则。共同的利益和共同的理想把我们紧紧地联结在一起。"② 爱国主义和国际主义的统一在新中国开创者的文化交流中，是在文化的民族化与国际化两者互为表里的关系中体现出来的。周恩来指出："有人民性的艺术作品多得很，单是剧种就多得很嘛！中国有这么多的民族，历史这么悠久、这么丰富。如果说我们物质方面的地下资源没有完全开发，我看，我们精神方面的文化资源也同样没有完全开发。谁要忽视了这一点，就是没有爱国主义精神，也就没有国际主义精神，就没有为世界人民作出贡献。人家讲，你给人家呼几句，那叫国际主义？那是不够的，那你就只是一个随声附和的人，不是一个有所建树的人。有所建树的人，应是把自己物质的、精神的财富都贡献给世界人民的，这才是国际主义、爱国主义。所以，我们在文化领域，不仅不要妄自菲薄，还要鼓舞别的国家、别的民族也不要妄自菲薄。我们研究历史上的东西也可使作品的人民性更完满。" 周恩来特别强调"民族形式"与完整的艺术作品对影响世界人民的重要性，认为"你要通过民族形式的艺术来影响世界人民，那就要拿出一个很完整的艺术作品来。凡是现在出国受到欢迎的作品都可以证明这一点。只有真正的有思想性、有人民性的作品，加上民族艺术形式的表现，才是最受欢迎的，因为这是统一的。"③ 周恩来指出："民族化就是大众化，就是要以全国百分之九十的工农兵为基础。" 周恩来认为，"无产阶级国际主义，民族化和国际化是统一的，互相结合的。我们要立足于中国民族的基础上，来想我们对国际的贡献。……要以六亿人民为出发点。在六亿人中又要从工农兵出发，以他们的喜闻乐见为主要方面。其他也不排除，但要放在第二位。民族化就是大众化。大众就是工农兵，这是划等号的。这跟国际主义并不矛盾。当然，要防止发生一种民族主义情绪，发生一种民族主义错误，更不应该发生大国沙文主义。我们自己提倡民族化，也要尊重人家的民族化"④。很显然，周总理在这里所指的"民族化"和"大众化"所体现的中国最广大人民群众的文化利益，周总

---

① 毛泽东：《接见非洲朋友时的谈话》（一九六三年八月八日），《人民日报》1963 年 8 月 9 日。
② 毛泽东：《在苏联最高苏维埃庆祝伟大的十月社会主义革命四十周年会议上的讲话》（1957 年 11 月 6 日），人民出版社，第 9 ~ 10 页。
③ 《周恩来文化文选》，第 146 ~ 148 页。
④ 《周恩来文化文选》，第 288 ~ 289 页。

理在这里所指的"国际化"所体现的是世界人民的文化利益，把二者紧密地结合起来，就构成了新中国领导人最强有力的文化外交体系。党的第一代中央领导集体在文化外交上的爱国主义和国际主义的统一，民族化与国际化的统一的思想，对今天中国建立一个什么样的文化大国，展开一个什么样的文化外交，应该有极其重要的理论的和实践的重大指导意义。

（四）有自己的发言权和主心骨的文化外交

党的第一代中央领导集体主张，对中国文化产品好坏的评价，只能以广大中国人民和广大的中国观众评价的好坏为标准，中国人应该有自己的发言权，有自己的主心骨，而不取决于外国人的看法。周恩来指出："有一些影片，外国人说它不好，但是中国人制作的影片，它的好坏，中国人首先应该有发言权，我们觉得好的就应该肯定它。我们的作品要多为社会主义、为工农兵服务，我们有我们的实际，至于苏联、巴黎的人们是否称赞，应放在其次。我看国际上的电影比赛在给奖上总有几分偶然性，不那么准确。如果太注意电影节，就会成为忙于锦标了……最好、最公平的批评家应该是广大的人民、广大的观众。"[①] 周总理对中国制作的影片的评价应该有自己的发言权的思想，对今天中国电影"走出去"提供了重要的思想原则，特别是在后冷战时代国际电影话语权掌控在西方世界的大前提下，中国电影如欲取得好莱坞之类的电影大奖，必然要牺牲中国电影的人民性特质和民族化的正确发展方向。中国电影所应该追求的大奖，应该是来自人民的评价，这是最根本的中国电影的发展道路。

（五）创新、多样、质量最好的作品，能对得起外国观众的文化外交

党的第一代领导集体强调出国演出要拿出有创新的、多样的、质量最好的作品，才能对得起外国观众的文化外交。周恩来指出："今后我们还要常去亚洲、非洲、拉丁美洲，到五大洲去。必须搞新东西，要写全世界人民大团结，写中苏友好不能老唱《莫斯科——北京》，写社会主义阵营的团结，也写中缅友好（要把五项原则的精神写进去），还可以写别的主题。出国必须不断增加新的东西，表现新的主题，做到文采风流，日日前进，而且要求有新的质量。不能老是那几出京戏，那几首歌子，那几个舞，老是那个水平。人家说我们丰富多彩，但有时在某些方面，在我们自己看起来，还是有些单调。好的歌舞，

---

① 《周恩来文化文选》，第163页。

老看也不行。必须有新东西。新节目要有新的思想内容，但必须用艺术形式来表现，有很好的艺术质量。……我们在政治上是无懈可击的，在艺术上也要无懈可击。……以后出国，古典节目还是要有的，当然也要有教育意义，有人民性；……我们的京剧、歌舞、电影在外国很受欢迎，很受各国人民重视，这表明我们的工作是有成绩的，但绝不能骄傲自满。"① 周恩来实际上提出了一个文化交流如何做到始终保持活力的重要方针。如果出国交流的文化作品总是老一套，没有新东西，那么文化交流的质量就很成问题，文化交流所产生的影响力也就很有限。当然，文化交流产品不光要讲艺术性，政治性也必须过硬，如果反映中国人民生动生活的作品和中国人民爱好和平的精神不能在文化交流的作品中得到很好的表达，不能生动地体现人民性，就无法达到文化交流所追求的目的。同时，要使我们的文化交流水准始终不断提高，保持谦虚的精神是至关重要的。

（六）举办以亚洲各国人民相互了解、友好和团结，为维护亚洲和世界的和平为目标的"亚洲电影周"

随着我国外交活动的开展，被誉为"铁盒大使"的电影的对外交流也日益频繁和广泛，从与苏联等人民民主国家发展到亚洲、欧洲等资本主义国家，影片输出输入的范围日益扩大。电影节和电影周是中国当时电影对外交流的主要形式，是第一代中央领导集体文化外交的一个亮点。1957 年 8 月 31 日至 9 月 20 日，由中国人民对外文化协会和中国电影联合会联合主办的"亚洲电影周"在北京、杭州、天津、上海等 10 个大城市分两批举办，参加的国家与地区有缅甸、锡兰、柬埔寨、印度、印度尼西亚、日本、朝鲜、黎巴嫩、蒙古、巴基斯坦等。9 月 7 日，周恩来在参加电影周的 16 个国家代表团的酒会上说："'亚洲电影周'是亚非会议关于文化合作决议的一个具体实施。这一次合作提供了一个很好的机会，使亚洲各国通过互相观摩，能够推进本国电影事业的进一步发展。"9 日，周恩来为"亚洲电影周"题词："庆祝亚洲电影周开幕，愿亚洲各国人民相互了解、友好和团结，为维护亚洲和世界的和平而努力。"我国党和政府非常重视这一活动，周恩来总理和贺龙、陈毅等领导人出席了开幕式和招待会，接见了各国代表团。各国驻华使节和文艺界知名人士、中国电影工作者等 1000 多人参加了开幕式。电影周还发表了《参加"亚洲电影周"各国电影代表团联合公报》，堪称电影界一大盛事。电影周期间放映了 15 个

---

① 《周恩来文化文选》，第 201～202 页。

亚洲国家的故事片和纪录片,有我国故事片《女篮五号》、苏联塔吉克斯坦故事片《一见钟情》、朝鲜舞剧片《沙道城的故事》、巴基斯坦故事片《叛逆》、缅甸故事片《她的爱》、新加坡故事片《阴云》、印度故事片《章西女皇》、印度尼西亚故事片《查雅布拉纳》、日本故事片《表》、黎巴嫩故事片《向何处去》、泰国故事片《桑弟和维娜》、越南纪录片《越南人民生活片断》《抗旱》,锡兰纪录片《黄袍的祭礼》《锡兰的艺术与建筑》和蒙古纪录片《现代蒙古》、埃及的《和平的土地》等。这些影片的主题都是积极的、进步的,反映的都是参加影展国家人民追求和平与幸福的主题。比如黎巴嫩故事片《向何处去》,"反映了黎巴嫩最迫切的问题——移民。今天我们都知道,黎巴嫩还居住着二千五百名美国人,这批美国人在黎巴嫩过的是豪华奢侈、穷凶极恶的生活,美帝国主义也正借口要保护他们,进行军事干涉而强占了黎巴嫩。但是,黎巴嫩人民的生活怎样呢?他们长期在帝国主义压榨下,早已无法生活下去,不得不撇妻别子,纷纷投奔到外国去找出路。这样,就出现了几乎难以令人相信的事实,黎巴嫩人民在本国只有一百五十万左右,但移民到南美洲的却有一百八十多万。帝国主义殖民统治带给黎巴嫩人民的灾难就是这样的深重。无怪乎,甚至像乔治·纳赛尔先生这样一位民族电影制作家,在选择第一部故事片的题材时,首先就在艺术影片中体现了生活的这一环节。"[1] "电影周的观众达 200 万人次。叙利亚没有参展影片,但派电影代表团参加了电影周活动。电影周期间,各参加国电影代表团举行了会议,通过了关于以后经常举行亚洲电影节的决定,并发表了联合公报。电影周的圆满成功在国际电影界产生了良好的影响,为繁荣亚洲电影事业、维护亚洲和世界和平做出了积极的贡献。同时,也为发展中国电影对外交流工作开拓了更新更广的途径。"[2]

有电影艺术管理方面的专家讲到 20 世纪 50 年代在中国举办的电影周时指出,电影周的一个很重要的功能是"配合外交工作,在国际上交朋友,提高我们国家的地位"[3]。著名作家沈雁冰针对电影交流对中缅关系的影响评价说:"在文化交往方面,中华人民共和国建国以来,我们两国之间曾不断地相互派遣自己的文化艺术团体进行访问和演出。在电影方面,1957 年在我国首都北京举行的'亚洲电影周'上,我们第一次高兴地看到了缅甸影片《她的爱》,接着我国又放映了另一部缅甸影片《人生》。这两部影片都受到中国观众的欢

---

① 中禹、伯奋:《从黎巴嫩影片"向何处去"谈起》,《中国电影》1958 年第 8 期,第 4 页。

② 周铁东:《新中国电影对外交流》,《电影艺术》2002 年第 1 期,第 114~115 页。

③ 陈墨、王家祥:《中国电影人口述历史系列 苏丽瑛访谈录》,《当代电影》2009 年第 1 期,第 56 页。

迎。这些活动都直接有助于中缅人民传统友谊的巩固和进一步发展。"① 曾经参与组织"亚洲电影周"的许蔚文同志给我们讲了这样一个当时是怎样把电影周办起来的鲜为人知且生动的故事："从亚非会议后，大家感觉要加强亚非电影的工作。我们国家开始举办电影周时，很多影片是苏联、东欧国家的，然后是西欧国家的。亚非国家本身影片产量少，所以没办过电影周。当然日本影片多，我们举办过日本电影周。我们那时候想把这个亚洲电影周办成亚洲电影节一样的活动。这是我们国家应该起来组织的工作。但是办电影周一下子集中这么多国家的影片不容易，我们要得到各个驻外使馆的支持。宣传铺开以后，影片就陆续来了，但是步骤还不快。像泰国，我们找了很长时间，香港的南方影业公司也竭尽全力。直到最后一个星期影片才拿过来，而且只是个拷贝和一册泰文对白剧本，底片和译制素材都没有。在北京饭店举行的招待会，周总理出席了，每个桌子他都走遍了。我们汇报说，泰国的影片刚收到，翻译影片来不及了。总理问：'谁管啊？'大家都看着我。总理说：'你们不要考虑赔钱，要考虑影响。'我说：'只有赶快翻译剧本，然后打印字幕。'当时电影周的字幕工作全部交给字幕工厂来做，大家都全心全意地来工作。后来还不错，泰国这个影片过关了，可惜来不及配音。周总理一直很关心我国电影的对外交流工作，包括影片的字幕和译制片工作。早在1956年，在日内瓦时周总理就对杨少任总经理指示，要把中国电影放映给各国人民看，也要把优秀的外国电影放映给中国人民看，而且都能看得懂！可见电影的对外交流工作以及字幕工作、译制片工作的重要性。我们那个时代的电影输出输入工作，就是遵循周总理的指示和贯彻'贸易性和非贸易性相结合的两条腿走路的方针'，不断取得进展。"②

当然，今天有人对中国举办的"亚洲电影周"未能"成为世界影坛一支重要的经济与文化力量"作这样的反思："中国政府相信，亚洲各国尽管有着不同的社会制度和风俗习惯，但却有着一个'共同的坚强意志'，那就是：'争取和平、反对战争，争取和维护民族独立、反对殖民主义'，并且在这些基础上'促进相互间的友好合作'，因此这次电影周将'有助于促使亚洲各国和中国电影事业的共同繁荣和发展'，'有助于亚洲各国共同为保卫亚洲和世界和平而作出贡献'。在中国集合的亚洲十四个国家的电影代表团全体人员，还希望'亚洲电影周'不止举行一次，应该每年在各国轮流举办，并决定自

① 沈雁冰：《中缅友谊万古长青——为"缅甸联邦电影周"而作》，《电影艺术》1960年第11期，第19页。
② 边静、于传松：《中国电影人口述历史系列 许蔚文访谈录》，《当代电影》2009年第11期，第77页。

1958 年起，扩大其范围发展成'亚非电影节'。在此基础上举办的历届'亚非电影节'，以及此后举办的'亚非拉国际电影节'等等，都在团结亚洲各国政府和人民，借以抵抗第一世界殖民霸权等方面发挥了一定的作用，但也不可避免地陷入意识形态的窠臼与冷战思维的藩篱，无法从生产与传播的更深层面上整合亚洲电影。"① 说中国举办"亚洲电影周"及其此后的亚洲电影合作的种种打算"不可避免地陷入意识形态的窠臼与冷战思维的藩篱"，实在是对当时中国的外交政策的不了解和严重误解，中国的外交原则是和平共处五项原则，和平共处五项原则是没有任何意识形态成分的，更谈不上什么"冷战思维"。正确的分析应该是，由于西方世界强权政治和文化霸权极力地挑拨和离间亚洲各国的关系，使处于弱势的亚洲各国的文化合作注定不可能一帆风顺。

第二次世界大战后的国际关系史有这样一个显著的特点，那就是以美国为首的西方国家凭借其强大的经济、军事、政治等优势地位，极力推行文化霸权主义和文化帝国主义，强行向世界推行它们的价值观，企图使全世界都接受西方的价值观和生活方式。在这种情况下，虽然广大第三世界国家法理上取得了政治上的主权独立地位，但是真正的主权并未完全实现，比如经济主权、文化主权还有政治主权的若干方面都实际上处于无权的境地。在这种情况下，广大第三世界国家要想独立地发展自己的政治、经济和文化，其困难程度是可想而知的，在自身文化发展都十分艰难的情况下，希望联合起来推动共同的文化理想和文化事业的发展，自然面临重重障碍。在当时的情况下，任何由中国发起的经济文化合作倡议，都会遭遇反华透顶的美国艾森豪威尔政府的极力阻拦，"艾森豪威尔的对华政策从属于'遏制'共产主义，进行全球扩张的外交总战略。他几乎全盘继承杜鲁门政府的对华政策，其敌视中国的顽固态度比上届政府有过之而无不及。艾森豪威尔政府认为：共产主义正在亚洲取得进展；中国牌子的共产主义比苏联牌子的共产主义威胁更大。显然，中国成为美国在亚洲扩张的主要障碍。这是美国对中国实行'遏制'的主因。在这样的政策思想的支配下，艾森豪威尔政府继续拒绝承认中华人民共和国政府，阻挠恢复中国在联合国的席位，对中国实行贸易、文化封锁，企图以此孤立中国。"② 美国人认为："政治渗透带有强制接受的烙印。经济渗透被谴责为自私和强制，只有文化合作才意味思想交流和无拘无束。"③ 既然美国艾森豪威尔政府那样

---

① 李道新：《从"亚洲的电影"到"亚洲电影"》，《文艺研究》2009 年第 3 期，第 80 页。

② 杨生茂主编《美国外交政策史：1775～1989》，人民出版社，1991，第 490～491 页。

③ Frank A. Ninkovich, *The Diplomacy of Ideas：U. S. Foreign Policy and Cultural Relations, 1938 – 1950*, New York, 1981, p. 27.

"惧怕"中国，在全球范围内"遏制"和"封杀"中国的影响就自然成为美国对外政策的核心内容。列宁曾经指出，"我国的对内和对外政策归根结底是由我国统治阶级的经济利益和经济地位决定的。这个原理是马克思主义者整个世界观的基础"①。同样，美国的对外政策，归根结底也是由美国统治阶级的经济利益和经济地位决定的。美国的统治阶级是垄断资产阶级，垄断资产阶级怎么会愿意看到工人阶级领导的中国的对外政策畅通无阻呢？那种导致中国和世界的"思想交流和无拘无束"的情境当然是美国最不希望看到的。中国在亚非会议前后，美国艾森豪威尔当局通过 1954 年成立东南亚条约组织、1957年成立中央条约组织等迫使几十个国家建立了"军事义务"关系，致使很多国家特别是在它控制下的亚洲国家不敢和中国进行正常的经济文化等方面的合作，更为严峻的是，万隆会议之后，亚洲国家的联合进一步的发展不但没有到来，由于亚非广大的第三世界国家对美国霸权的恐惧，使他们和中国的关系不是走得更近，而是疏远了。据《剑桥东南亚史》："这次会议（指万隆会议）最终未能成立一个持久的亚洲合作组织，但它是不结盟运动的开端。……尼赫鲁和周恩来成了万隆会议的主导人物，'和平共处五项原则'成为印度和中国外交政策的既定手段。中国虽宣称属于'第三世界'（毛泽东语），却被排除于 60 年代初正式形成的不结盟运动之外。"② 这足以说明，美国搞的遏制中国的战略和意识形态对抗产生了它所预想的"效果"，虽然从历史长河的观点来看，美国的倒行逆施是不能长久的，但在当时以及后来的相当长一段时期，美国霸权的干扰和破坏，确实使亚洲国家之间的关系变得很不和谐。搞意识形态对抗与冷战思维的，只能算在搞文化霸权主义和强权政治的美国的账上。这里值得我们认真反思的，倒是把脏水泼在自己身上的"乌龙球"式的思维不能再这样糊涂地进行下去。

（七）打破一切迷信的文化外交

党的第一代中央领导集体主张打破厚古薄今、迷信外国的旧的迷信思想，打破如今的一切都好、古的一切都坏、中国一切好、外国一切坏的新的迷信思想，建立了文化外交的正确导向和求真务实、科学发展的理念。1962 年 2 月，周恩来在中南海紫光阁会见在京的话剧、歌剧、儿童剧作家，为开好即将在广州举行的戏剧创作座谈会，贯彻"双百"方针，创造一个

---

① 《列宁全集》第 34 卷，第 306 页。
② 贺圣达、尼古拉斯·塔林等：《剑桥东南亚史》（第 2 卷），云南人民出版社，2003，第 478 页。

生动活泼的局面，周恩来鼓励剧作家们到创作座谈会上要"先出出气，出了气就能通气了"①。这体现了一个伟大的政治家对作家无微不至的关怀和以人为本的执政理念。周恩来在谈到新旧两个迷信的问题时指出："文艺上的缺点错误表现在：打破了旧的迷信，但又产生了新的迷信。旧的迷信应该打破，如厚古薄今，迷信外国等等。但又产生了新的迷信，如今的一切都好，古的一切都坏。这违背了毛泽东思想。新的东西哪里来的？中国一切好，外国一切坏，骂倒一切，这又犯另外一个片面性，又回到义和团时代了。义和团排外，有他们的历史根源，因为那时中国受压迫。今天有这种思想，会变成大国沙文主义。外国有好的东西，古代有好的东西。莎士比亚的剧本是好的，小仲马的《茶花女》也是好的。怎么能以今天的尺度去要求那个时代的作品呢？任何时代都有它的局限性，'后之视今，亦犹今之视昔'。我们今天也有局限性。到了二十一世纪，我们被后人看来也会是很可笑的。只有现在是好的，只有自己是好的，那就好比有首诗：'天下文章数三江，三江文章数敝乡。敝乡文章数舍弟，舍弟向我学文章。'"② 破除两个迷信思想不但对作家们建立科学的创作观意义重大，而且对中国的文化外交走上更加健康的道路意义重大，对极大地满足中国人民和世界人民的文化利益，也具有十分重要的意义。因为只有破除新旧两个迷信思想，作家们才能以开放的心胸去拓展文学艺术的广阔天地，无论是对历史的还是当代的，无论是对国内的还是国外的，都能够做到以时代精神为引导，以体现社会主义核心价值观为宗旨，以满足中国人民和世界人民的精神需要为目标，强有力地推动中国的文化外交，以达到提升中国软实力之目的。只有破除周总理所批判的厚古薄今，迷信外国的旧的迷信思想，我们在进行文化外交时，在我们本民族的传统文化和外国文化交流时，才不会丢掉我们的民族性和人民性的文化本质。在保留和充分发挥本民族优秀文化的基础上，我们才能坦然地、科学地把外国先进的文化融入到中国的文化之中。同时，即使是在挖掘我们本民族五千年文明史时，我们也始终是将这样的挖掘工作服务于我们今天的改革开放和现代化建设的需要，也让外国朋友从中国的古代文化中体会到其对建构今天世界和谐文化、和平文化的现实指导意义。只有破除周总理所批判的如今的一切都好、古的一切都坏，中国一切好、外国一切坏的新的迷信思想，我们才会在文化外交中客观地、辩证地对待中国传统的文化，做到取其精华、弃其糟粕，在推动中国的文化外交时，把中国文化的优秀部分推向世

---

① 《周恩来年谱：1949～1976》（中），第457～458页。
② 《周恩来文化文选》，第240～241页。

界，而糟粕的东西则不应该推出国门，更不应该把属于糟粕的文化向世界推广。对外国的文化，在进行文化交流时，也同样应该抱着科学取舍的态度，应该有所鉴别，优秀的部分要及时的大张旗鼓地引进。1963 年 3 月，周恩来就有关从外国进口影片的报告向中宣部和文化部的提议，就是对外国文化产品的正确的取舍态度。周恩来的提议的内容是："以后从外国进口片子，第一，要减少数量，留出拷贝洗印我们自己的片子；第二，要注意质量，不仅有修正主义倾向的不要，连低级趣味的也不要；第三，一切进口片子都要经过中宣部指定的专门小组（包括外办）审定后才许译制；第四，少数几部可作内部教育材料的典型片子可以购入译制，但不宜多；第五，在电影公司向国外订货初审时，也需要加强审查员的政治思想质量。"① 周恩来的这个提议，除了"修正主义"的措词不太符合今天的时代精神外，其"以我为主"基本思想并没有过时，相反，对我们今天如何引进外国文化仍然有强大的方法论的意义和具体的指导意义。当然，外国的文化什么是好的，什么是坏的，往往也是一个通过人民大众是否喜欢的实践检验才会发现，通过实践检验是好的，有益的，我们就将其保留下来，实践检验确实是糟粕的文化，就应该加以批判和清除。

（八）"以我为主""求同存异""反对民族虚无主义"的文化外交

党的第一代中央领导集体倡导"以我为主""求同存异""反对民族虚无主义"的具有人民性的文化外交。第一，党的第一代领导人主张文化交流的"以我为主"，并非是以我为中心的自我中心论，如果强调自我中心论，又等于退回到封建王朝时代的"华夷秩序"，这就等于把自己再次禁锢起来，把亿万人民的思想和行动再次限制在狭窄的天地。周恩来所讲的"以我为主"，是主张在不失掉中国本民族文化根本的情况下，在使中国文化变得更加民族化同时又更有世界级的先进性的前提下的"以我为主"的思想，用周恩来的话来说，是把外国的优秀文化"融化"到中国文化中去，使外国优秀文化和中国的"文化溶合在一起"。用周恩来形象的说法，这种溶合是"化学的化合"，而"不是物理的混合"，如果是把外国的文化和中国文化物理式的"焊接"在一起，中国的文化就是四不像的文化，这样就根本达不到促进中国文化繁荣的目的，当然也就无从满足人民群众日益增长的物质和文化的需要。周恩来指出："在中外关系上，我们是中国人，总要以自己的东西为主，但是也不能排外，闭关自守，如果那样就是复古主义了。外国好的东西也要加以吸收，使它溶化在我们民族的文化里。我们

---

① 《周恩来年谱：1949～1976》（中），第 543～544 页。

的民族从来是善于吸收其他民族的优秀文化的。我们吸收了印度文化和朝鲜、越南、蒙古、日本的文化，也吸收了西欧的文化。但要'以我为主'，首先要把我们民族的东西搞通。学习外国的东西要加以融化，不要硬加。……我是主张先把本民族的东西搞通，吸收外国的东西要加以融化，要使它们不知不觉地和我们民族的文化溶合在一起。这种溶合是化学的化合，不是物理的混合，不是把中国的东西和外国的东西焊接在一起。"① 周恩来文化交流的以我为主的思想，对今天我们如何推动中国文化领域的改革开放，繁荣新时期中国的文化和促进世界文化的大发展，启迪意义都是很大的。比如如何搞好中国的文化外交，按照周恩来"化学"而不是"焊接"的理念，美国的文化外交思想中的一些合理的要素，中国也可以大胆地加以借鉴。早在50多年前美国一家智库的一份报告就说："美国对大多数国家的影响，并不仅仅是通过或主要通过正式的外交造成的，而是通过本世纪所特有的人民间的广泛接触和文化的广泛交流而造成的。例如，贸易的扩张和其他经济关系；高级人员的访问和大规模的旅行活动；报纸、无线电广播和电影的影响；教授和学生的交换；向国外输出的书籍和观念，以及美国实现自己的理想的方式——例如尊重人权和不歧视的原则。这些接触和影响对外国的公众态度发生作用，有时候也对外国的官方态度和政策发生作用。这些接触和影响把我们自己的社会展现在全世界千百万人面前，并受到考验，这种情况是过去从来所没有的。……美国社会本身的行动创造了美国的形象，这个形象传播到海外去，影响我们的威信，也影响我们的领导地位。"② 另一家美国智库的一份报告也说："初等教育机构，作为美国外交活动的一个对象，可收到一箭双雕之效。不管执政者怎样更迭，这些机构总会存在下去，往长远看，还可以期望为将来的'下届政府'培养更多负责任的领袖人物。美国在中东办的几所学校，对这个地区下两代或三代产生国家领袖的趋势，曾发生了深远的影响。此外，在许多国家中，大学生甚至在学业期满之前便能对国家政治起主导作用。……同外国的大学生保持联系的美国教育家，如教授、行政管理人员或顾问，便可居于有利的地位，同将来的领袖们建立政治关系，造成影响；从美国派遣政治上成熟的学生作为交换留学生，也有同样的机会可乘。"③ 美国人的文化外交思想，

① 《周恩来文化文选》，第230页。
② 纽约外交学会研究报告：《美国外交政策的基本目的》，1959年华盛顿版，第18页。转引自《帝国主义者关于民族独立和殖民地问题的反动言论》，人民出版社，1964，第112~113页。
③ 美国西拉丘斯大学马克思·威尔公民与公共事务研究院研究报告：《美国外交政策的执行方面》，1959年华盛顿版，第35~36页。转引自《帝国主义者关于民族独立和殖民地问题的反动言论》，人民出版社，1964，第113页。

除了其谋求"领导地位"和企图在意识形态上控制别国下一代以达到政治上控制别国的霸权主义和强权政治逻辑我们坚决不学外，其中的很多操作性的、技术性的思路，是很值得我们认真加以吸收的。

第二，党的第一代中央领导集体在文化交流上的"求同存异"，也是从世界人民的文化利益来考虑的。党的第一代领导人文化交流思想体系，充分把握马克思主义哲学一般与特殊，共性和个性的辩证关系。他们既尊重各民族文化发展过程中的普遍性，又充分照顾到各民族文化的特殊性，他们对不同民族之间存在的文化差异可能带来的某种落后性，从来不以"老师"自居，而是坚持在不干涉别国内政的前提下，通过文化的交流，促进相互的进步与提高。周恩来指出："要防止发生一种民族主义情绪，发生一种民族主义错误，更不应该发生大国沙文主义。我们自己提倡民族化，也要尊重人家的民族化。"[1]"尊重人家的民族化"，从根本上讲，就是尊重人家的文化利益和文化自尊，任何民族的文化要取得大发展，首先是在维护自身的文化主权完整的情况下，再结合自身的实际，不断地改造落后的方面，采取"以我为主"的方针，再融入外国先进的文化成分，化学式地融入而非物理式的"嫁接"，自身文化的发展才能取得成功。今天美国强行地在很多第三世界国家（主要是非洲和南美一些国家）推行其价值观和文化范式，结果使不少第三世界国家自身的文化受到毁灭性的打击，而西方的文化也未能被很多第三世界国家消化，使得受到美国强制推行其文化范式的国家出现文化沙漠化，由此甚至使这些国家由文化认同的稀薄而向政治认同的稀薄甚至民族认同的稀薄恶化，这些国家由此纷争和内战不断，人民从丧失文化利益下滑到政治利益的丧失和人身基本安全利益的丧失。因此，新中国领导人文化交流的"求同存异"的思想在实践中所产生的客观效果，必定是通过国际文化交流来坚定地维护别国文化主权利益，巩固别国文化认同进而促进别国民族认同和民族团结。

第三，文化交流中反对虚无主义，其目的是为了充实人民的文化生活。一部人类文明的发展史，很大程度上讲也是一部文化交流史。无论是今天中国的文化还是中国传统的历史文化，都是中国文化和世界文化"化学反应"的结果。党的第一代中央领导集体的中外文化交流思想是开放的、平等的、异中求同。也正因为是这样一种科学的思维观，使新中国在"文化大革命"前，实现了空前的文化繁荣，广大人民群众得到了极大的文化享受，精神生活的丰富

---

① 《周恩来论文艺》，第181页。

程度是空前的。毛泽东指出："中国古代的圣人之一孟子曾经说过，'夫物之不齐，物之情也'，这就是说，事物的多样性是世界的实况，马克思主义也是承认事物的多样性的，这是同形而上学不同的地方。"① 周恩来强调："外国有好的东西，古代有好的东西。莎士比亚的剧本是好的，小仲马的《茶花女》也是好的。怎么能以今天的尺度去要求那个时代的作品呢？"② 周恩来指出："芭蕾舞是洋的，能说是我们创造的吗？我们编的芭蕾舞剧，基础是原来的，内容却是新的，形式又有了改造，这就叫洋为中用。"③ "文化大革命"之所以在文化交流方面没有取得新的发展，反而是严重倒退，最大的问题就是虚无主义泛滥，人民大众的文化生活变得单一化了，外国朋友也因中国无文化新创造而无法从他们喜爱的中国文化中得到更多的精神实惠。对此，周总理是提出过严肃批评的。1968 年 9 月 18 日，周总理在与交响音乐伴奏《红灯记》演出人员座谈会上说："我们现在很难拿出有艺术性的影片，外国的朋友要我们送几部片子给他们，我们拿不出来。这种情况已经两年了，再继续下去不应该了。我们的胶片储存得都要报废了。艺术这个领域是最宽广的，但我们停顿得最久。电影这方面现在看起来最缺门，而且领域最宽广、需要量最大。"④ 今天我们处在改革开放的伟大时代，虚无主义退出了历史舞台，文化大繁荣的春天再次到来，但是我们必须客观地认识到，中国仍然处于社会主义的初级阶段，社会主义先进文化的前进方向已经找到，社会主义的核心价值观也在建构之中，但是中国面临的国际文化环境是严峻的，西方世界的资本主义核心价值观仍然处于强势，对改革开放时代中国的先进文化建构的挑战依然很大。只要我们牢记党的第一代中央领导集体关于文化建设的思想和原则，只要我们坚持正确的文化外交路线和方针，中国文化大繁荣的时代一定会到来。

第二节 "三个代表"重要思想与党的第二代中央领导集体的文化外交

党的第二代中央领导集体的文化外交是改革开放时代的文化外交，在邓小

---

① 《毛泽东外交文选》，第 167 页。
② 《周恩来论文艺》，第 103 页。
③ 《周恩来选集》（下），人民出版社，1984，第 467~468 页。
④ 《周恩来年谱：1949~1976》（下），第 259 页。

平的领导下，改革开放时代的文化外交成就巨大，正如《五千年中外文化交流史》第5卷《绪言》所总结的，"改革开放以来，人们的思想顺应时代要求发生了深刻的变化，国家的综合国力不断增强，人民生活水平逐步提高，我们的国际影响日益扩大。正是在这一背景下，我国的对外文化交流进入了一个崭新的发展阶段。在邓小平理论的指导下，在中共中央和国务院的正确领导下，新时期的对外文化交流工作，作为国宾外交工作的一翼，坚定不移地贯彻执行独立自主的和平外交政策，同时又作为有中国特色社会主义文化建设的有机组成部分，坚持为我国的现代化建设服务，为发展文化事业和繁荣文学艺术服务，在改善我国改革开放和现代化建设的外部环境以及社会主义精神文明建设中，都发挥了不可替代的重要作用。……改革开放以来的20年，是新中国成立以来对外文化交流事业最富有朝气和活力，蓬勃发展和全面繁荣的时期。主要表现在：'中外文化交流的规模和范围空前扩大，广度和深度不断扩展'、'中外文化交流的艺术品种更加多样'、'中外文化交流的渠道更加宽广'、'中国艺术的国际声誉不断提高'、'中外文化交流带动了多边交流的活跃'、'中外文化交流在促进国家政治关系的发展上做出了独特的贡献。'①

文化外交的意义，从根本上说在于促进人类文化的不断进步和发展，它主要表现在维系文化发展的连续性，加快文化发展的速度，提高文化发展的质量和品质，调节各国文化平衡发展，促进世界的和谐发展等方面。以邓小平为核心的党的第二代中央领导集体的文化外交思想和文化外交实践，是在改革开放条件下进行的，是改革开放时代中国将文化外交和政治外交、经济外交、科技外交、军事外交等一起整合而形成的大外交的有机组成部分。正如有学者指出的，"在制订外交政策和处理国际关系时，无论在理论上还是在实践上，都应兼具政治、经济、文化三重意识。在外交立策上，政治立策、经济立策与文化立策合则优，割裂则劣。政治外交、经济外交、文化外交应求得综合效应，共同也是最终的目的，是从不同的角度优化我们国家的整体文化，强化我们的整体实力。三者协调的好，就会使我们在国际交往中更安全，更有实际利益，更有本质性的发展。"② 正如邓小平所指出的："中国对外政策除发展同世界各国的政治、经济、文化关系外，就是怎样能够延缓这个战争的爆发，这是我们处理国际事务的根本依据。"③ 很明显，发展和各国的"文化关系"即对世界各国

---

① 李喜所主编《五千年中外文化交流史》第5卷，世界知识出版社，2002，第28~33页。
② 杨凯：《"大文化"视野中的国际关系研究》，《国际政治研究》1989年第2期，第28页。
③ 《邓小平思想年谱》，中央文献出版社，1998，第90页。

展开文化外交，成为改革开放时代中国对外政策的重要组成部分。改革开放时代的文化外交，充分体现了先进精神生产力的发展要求，充分地向世界展示了中国的先进文化并以开放的胸怀吸收世界先进的文明成果，所取得的文化外交的成果充分地服务于人民大众，极大地满足了中国人民和世界人民的文化利益。

一　党的第二代中央领导集体促进精神生产力发展的文化外交思想

（一）利用一切可以利用的机会，向世界表达中国决心搞好中国的物质文明和精神文明建设

凡能够正面介绍中国，让世界能够客观地了解中国的工作，党的第二代中央领导集体都是积极推动的，比如，1981 年邓小平在为英国培格曼出版公司准备编辑出版的《邓小平副主席文集》英文版所作的序中说："我想，这本小小的文集可能为各国对中国的情况、中国共产党的工作以及我们几十年来的历史感兴趣的人，从某些侧面提供一些材料。这就是我同意出版这本文集的原因。"邓小平在《序言》中论述道："我们的民族曾经创造过灿烂的古代文明，也经历过各种深重的苦难和进行过付出巨大代价的、坚忍不拔的斗争。现在，我们正在认真地总结经验教训，在安定团结的基础上，集中力量建设高度发展的物质文明和社会主义的精神文明。"① 在这里，邓小平促进世界精神生产力发展的思想更加清晰可见，而且邓小平把促进世界精神生产力发展看做中国的义务，是中国自己不可推卸的责任。这足以让世界充分地了解到中华民族不但是曾经创造过灿烂的古代文明的民族，也是自强不息、坚忍不拔的民族，同时又是一个正在建设高度发展的物质文明和社会主义的精神文明的民族，是一个充满希望的民族。邓小平在向外国朋友介绍中国时，特别注意讲中国精神文明的发展情况，介绍中国是如何通过精神文明建设提高人民的精神面貌的情况，如 1981 年 5 月的一天，邓小平会见北美主席洛克菲勒等 35 人组成的北美、日本、欧洲三边委员会成员，在回答关于中国提倡精神文明的问题时说："我们要在人民中提倡，特别是教育青年要有理想、有纪律、有知识、有礼貌，也就是我们常说的'五讲四美'。我们现代化建设的目标是建立一个具有高度民主、高度文明的社会主义国家。为此就要使人们具有良好的精神面貌。只要我们的精神状态好，不管有什么困难，都能够克服。"② 邓小平在向外国朋友谈

① 《邓小平年谱：1975～1997》（下），第 713～714 页。
② 《邓小平年谱：1975～1997》（下），第 743～744 页。

到中国的精神文明建设时，也从来不回避在中国人中存在对西方的盲目崇拜，强调"延安精神"对中国人精神面貌的重要性。1981年9月的一天，邓小平会见日本公明党第十次访华代表团时说："精神文明，就是社会风尚，人民的理想、道德、精神面貌，包括讲礼貌在内，这些都很重要。'文化大革命'带来了年轻一代人的思想混乱，其中一点就是盲目崇拜西方。其实，在'文化大革命'以前，我们的精神面貌、道德风尚是很好的，人民有理想、有奔头，着眼于更远的目标，照顾整个国家、整个社会，照顾左邻右舍。正是因为有这样的精神文明，我们在延安非常困难的情况下，大家过得非常愉快，什么困难也压不倒我们，我们把它叫做'延安精神'。……现在我们搞四化，情况会逐步好起来，但是好起来也要保持艰苦奋斗的精神。……如果没有远大的理想，只追求物质享受，以后的发展就没有希望。这也属于精神文明范围的问题。"① 邓小平把精神文明建设和生产力发展联系起来考虑，比如一个国家精神文明建设搞上去了，也会造成良好的吸收外资的软环境。1981年12月12日，邓小平会见意大利天客人科隆博谈到中国国情时指出："现在我们提倡精神文明，坚持社会主义制度，始终要注意避免两极分化。要逐步增加人民收入，不允许产生剥削阶级，也不赞成平均主义。这涉及吸收外资问题。我们欢迎外国来中国投资、设厂，这里面有剥削，但这只是作为社会主义经济的一种补充。西方有人认为我们放弃了基本立场和信仰，这不确实。马克思主义有很多新发展。马克思主义归根到底是要发展生产力，贫困不等于马克思主义。以前我们犯过平均主义、吃大锅饭的错误，影响了生产力的发展。"② 邓小平此举实际上也是在对外国朋友进行社会主义优越性的教育。在向外国朋友介绍中国精神文明建设的情况时，邓小平也直率地表明中国绝不引进资本主义世界腐朽的东西。1982年2月的一天，邓小平会见来访的摩洛哥首相布阿比德，在谈到中国对外开放问题时指出："中国将继续实行对外开放政策。我们主要是引进先进的技术和管理知识，吸收对我们有用的资金。但是，贪污、盗窃、贿赂、走私这些资本主义世界腐朽的东西决不能引进来。这些事在资本主义世界不奇怪。既然开放，接触多了总会有影响，问题是你能否消除这些影响。这需要有清醒的头脑，既不要大惊小怪，又要认真抵制，采取有效的手段包括法律手段，消除这些坏的东西。我们要提倡精神文明，在这方面我们有自己的传统，要教育我们的后代有理想，有道德，讲礼貌，守纪律，要艰苦奋斗。我们

---

① 《邓小平年谱：1975～1997》（下），第768～770页。
② 《邓小平年谱：1975～1997》（下），第790～791页。

国家的每个人包括娃娃都要有爱国主义精神，有民族自尊心，这与实现四个现代化是密切相联的。"① 邓小平曾向外国朋友表明，中国抓精神文明建设是中国要抓的几件大事之一。1982 年 4 月 7 日，邓小平对来访的缅甸共产党中央代表团说："我们现在在做四件大事。第一件事是体制改革。……第三件事是抓精神文明建设。随着经济的发展，如果不注意精神文明建设，就有很大危险。精神文明是十分重要的一件事，特别是有理想、有道德、有纪律和艰苦奋斗。这也不是抓一年两年的事，要一直抓到底。……这四件大事都围绕着坚持社会主义道路和四个现代化的目标，是坚持社会主义道路和四个现代化的保证。"② 推动中国的精神文明和物质文明建设，最终是要证明社会主义制度优于资本主义制度。1988 年 10 月 17 日，邓小平对来访的罗马尼亚共产党领导人说："我们要用发展生产力和科学技术的实践，用精神文明、物质文明建设的实践，证明社会主义制度优于资本主义制度，让发达的资本主义国家的人民认识到，社会主义确实比资本主义好。"③

新中国的领导人一贯重视在对外关系中展示中国和中国人民良好的形象。1971 年 6 月 1 ~ 9 日，罗马尼亚领导人齐奥塞斯库访华。在访问期间，"中国井井有条使他感到震惊：在北京，建筑整整齐齐，步行和骑自行车的群众很守纪律，他们不愿意闷在可笑的'达契亚'牌小汽车里，而罗马尼亚的小干部们却对这样的小汽车垂涎三尺。中国群众穿着清一色的、简单而实用的服装。中国妇女与俗里俗气的罗马尼亚女人不相同，后者浓妆艳抹，似乎过去与土耳其人交往、受土耳其人统治的历史留下了不可磨灭的痕迹。甚至有人向他报告说，有的妇女因为弄不到只能用外汇购买的香水就争先恐后去抢购保加利亚香水。这种香水是用浓缩玫瑰油制作的，散发着一种难以消失又有害健康的气味。另外，中国女人个个身材苗条，她们不吃对身体不利的蜂蜜蛋糕。总而言之，中国领导人得心应手，万事如意。毛泽东不愧是一位英明的领袖。……齐奥塞斯库简直着了迷。毛泽东用晚婚、超过两个孩子就罚款的办法控制人口出生率。什么事都是可能办到的"④。世界发展得很快，要充分地体现文明和文明的先进性，就必须科学地把握好文明的继承、发扬与扬弃的关系。即使是最近几十年前的文明成果，其中的有些内容可能已经不适合当今的时代，比如，作为器物层次文明的"自行车"和"中国群众穿着清一色的、简单而实用的

---

① 《邓小平年谱：1975 ~ 1997》（下），第 801 ~ 802 页。

② 《邓小平年谱：1975 ~ 1997》（下），第 813 ~ 814 页。

③ 《邓小平年谱：1975 ~ 1997》（下），第 1139 页。

④ 〔法〕迪朗丹：《尼古拉·齐奥塞斯库》，王新连等译，世界知识出版社，1991，第 137 页。

服装"的时代，显然不可能在今天的中国继续成为主流，随着人民生活的改善，人民有理由向"自行车"和穿着的"清一色"说再见，中国人民也有充分的理由向和那个时代相适应的计划经济这一属于制度层面的文明说再见，但是，作为理念层次的"守纪律"和艰苦朴素的作风与健康的生活方式，则不但适用于今天，即使再过一万年都是适用的。

和党的第一代中央领导集体高度重视在国际关系中树立中国良好的文明形象一样，邓小平不但在国内政治生活中经常讲物质文明建设和精神文明建设的问题，他也经常利用和外国友人会见的各种场合谈中国的物质文明建设和精神文明建设的问题。邓小平此举本身就是身体力行地展开宣传中国、介绍中国两个文明建设的推进情况和两个文明建设所取得的成果，极大地增强了外国政党领导人和外国政府对中国的了解，树立了中国的良好国际形象，特别是中国文化和文明的形象。

（二）通过推动面向发达国家"走出去"的大规模的留学生教育，培养为中国改革开放和现代化建设服务的人才队伍

人才是精神生产力的最核心要素，没有一大批懂得世界最前沿科学技术发展和其他各个领域急需的人才，中国的现代化建设就是一句空话。邓小平指出："我赞成增大派遣留学生的数量，派出去主要学习自然科学。要成千上万地派，不是只派十个八个。请教育部研究一下，在这方面多花些钱是值得的。这是五年内快见成效、提高我国科教水平的重要方法之一。现在我们迈的步子太小，要千方百计加快步伐，路子要越走越宽。"[1] 在邓小平这个关于留学生的重要讲话出台以后，主要面向西方发达国家的走出去就大规模地开始了。在邓小平理论的指导下，从中央到地方，从高等院校到科研院所，逐步建立起一整套与国家、社会和个人发展相适应的出国留学管理和运行机制，国家公派、单位公派、自费留学三条渠道优势互补。据不完全统计，自 1978 年到 2000 年，我国有 36 万多人到 103 个国家和地区出国留学，其中既有国家公派近 6 万人，也有单位公派 11 万多人和 18 万多的自费留学生，留学攻读的专业几乎涵盖了全部现有的学科门类；留学规模和强度不仅在中国历史上，即使在世界范围内也是前所未有的。[2] 留学生工作的开展，为中国的现代化建设培养了大

---

① 《邓小平思想年谱》，中央文献出版社，1998，第 7 页。
② 数据主要参考逄丹《中国：留学政策的最大受益者》，《出国与就业》2000 年第 15 期，第 2 页。

批人才，现在学成回国的这些人才在祖国的各个领域都发挥着非常大的作用。正如有关学者所总结的："第一，为大陆教育科技界培育了能够与国际学术界进行对话和交流的新一代学术领导群体。第二，培养了一批具有国际经验的高等院校和科研机制的主要领导管理骨干。第三，使大陆几乎所有学科的知识，包括学术思想、理论和研究方法在很大程度上都得到了更新，创设了一大批曾经空白的学科，陆续引进了大批新教材以及新的教学方法，极大地提高了我国学科建设和高等教育的水平，对高等院校人才培养的质量产生了重大影响。第四，使大陆的科研水平有了显著提高，大大缩短了与国际水平的差距，一些学科已经达到国际领先水平。第五，建立了广泛的国际学术交流网络，留学归国人员成为扩大本单位、国家与国际社会，尤其是国际学术界联系的桥梁和纽带。第六，在全世界传播中华民族的文化，开展民间外交，促进我国与不同国家之间人民有效的相互理解与沟通，提高我国在国际社会中的地位等方面发挥了重大作用。第七，为国家在海外储备了一大批高级专门人才。第八，留居海外的公派留学人员（亦包括自费留学生）除极少数因政治、犯罪等原因流亡海外，绝大多数都抱有强烈的爱国之心和报国之志。"①

（三）提出文化是为劳动者服务，生产精神产品的行业和领域

文化发展应该以追求社会效益为最大价值，它创造的是精神生产力，它本身也是一个行业，或者说是一个产业，这一点，在"文化大革命"时代是没有人敢提的，谁要是提"文化"也是一个行业，谁就会被戴上"唯生产力论"的大帽子。邓小平在改革开放之初就对文化作为精神生产力的价值作过系统的论述。1978 年 8 月邓小平同文化部负责人谈话时指出："文化也是一门行业，一个领域，这个领域是为劳动者服务的行业。随着生产的发展，精神方面的需要就增大了。最近，我赞成要使一亿拿工资的人有一半都能够拿到八十元以上，相当七八级工的工资。这样，消费需要就不同了。这些人要看戏，看电影，要艺术品装潢他们的家。他们柜子里要有东西放，需要书，需要花。这样反过来就会刺激其他行业发展。人们要吃好的，就会刺激饮食行业。归根到底，理论问题是关系到能不能实现四个现代化的问题。我们要敢于想问题，提问题，敢于理论联系实际。"②

---

① 陈学飞：《改革开放以来大陆公派留学教育政策的演变及成效》，《复旦教育论坛》2004 年第 3期，第 15～16 页。
② 《邓小平思想年谱》，第 76 页。

　　邓小平的关于文化是为劳动者服务的"行业"的思想，首先是在文化发展上的拨乱反正，纠正人们对文化发展的错误认识，以此达到激发文化行业大胆开拓文化事业的发展，文化事业发展起来了，中国有丰富的文化产品了，我们对外才有东西去交流，否则，一切都是空谈，文化领域的对外开放也不可能进行。所以，当中国文艺界大胆发展自己的文化生产力并取得突破性成长之后，邓小平十分高兴，他在1979年10月30日的中国文学艺术工作者代表大会上说："粉碎'四人帮'以后，在党中央的领导下，文艺界已经和正在落实党的知识分子政策，过去受到人民欢迎的一大批文艺作品重新和人民见面。文艺工作者心情舒畅，创作热情高涨。短短几年里，通过清算林彪、'四人帮'的罪行和谬论，已经出现了许多优秀的小说、诗歌、戏剧、电影、曲艺、报告文学以及音乐、舞蹈、摄影、美术等作品。这些作品，对于打破林彪、'四人帮'设置的精神枷锁，肃清他们的流毒和影响，对于解放思想，振奋精神，鼓舞人民同心同德，向四个现代化进军，起了积极的作用。"①

　　邓小平提出，为了充分发挥社会主义制度的优越性，加速现代化事业的发展，要在"经济上""政治上"和"组织上"这三个方面着手改革党和国家领导制度及其他制度，其中有关的"经济上"要求，邓小平指出："经济上，迅速发展社会生产力，逐步改善人民的物质文化生活。"② 在这里，邓小平同样把文化的发展看做生产力的发展，是直接和经济的发展联系在一起的。也正因为党的第一代中央领导集体把文化的发展视为经济发展的一部分，使直接为文化交流服务的精神生产力，在邓小平的领导下，取得了前所未有的大发展。以电影的文化交流为例子，"从1980年到1992年，共向107个国家和地区商业性输出长短影片近500个节目，2373部次；在美国、法国、荷兰、西班牙、泰国、新加坡、马来西亚等国家和港澳地区均设有中国影片录像带的销售和代理发行点。此外，还向各国一些大专院校、社会团体、研究机构、博物馆和友好人士出售相当数量的电影拷贝和录像带，供非商业性映出。在改革开放之后的十数年内，各国电影公司的代表来华选看影片、洽谈业务平均每年达100起以上。参加国际电影节或与一些友好国家互办电影周等活动也日益频繁。1980年以来，中国一共选送700部长短影片，参加了40个国家举办的280个国际电影节；有几十个国家举办了中国电影周等映出活动。许多影片获奖，中国电影在国际影坛上的地位日益提高。输出影片的题材和片种有了新的突破，改变

---

　　① 《邓小平文选》第2卷，第208页。
　　② 《邓小平思想年谱》，第162～164页。

了 60 年代时港澳和东南亚以戏曲片为主，非洲、拉丁美洲以战斗题材影片为主，西欧各国只购买美术、科教、纪录短片，对长故事片不感兴趣的状况。1983 年，法国巴黎 12 家电影院排映中国美术长片《大闹天宫》长达一个多月，观众 10 万多人次。《三毛流浪记》在巴黎电影院也映出了一个多月，并在巴黎掀起了'三毛热。'反映重大历史题材的影片《西安事变》在香港连映 21 天，受到港澳同胞的热烈欢迎。这部影片在美国华人社会也产生了强烈的反响，开创了中国影片在美国发行的好成绩。尤其是像《黄土地》、《红高粱》和《孩子王》等一批第五代导演的影片在国际市场广受欢迎。这些成绩标志着中国电影已经以崭新的面貌出现在世界影坛，当代中国电影对外交流工作也因此而进入了一个崭新的发展阶段。"①

改革开放时代一个重要的命题就是要把在新中国经济发展史上曾经起过非常积极作用，但在新时期已经不再适用的计划经济体制，逐步地向社会主义市场经济体制转轨，在中国走向社会主义市场的过程中，文化交流也相应地要适应这种形势发展的需要。同样以电影的对外交流为例，从 1977 年到 2000 年，"这是中国电影海外推广工作的转型期，朝着既有文化交流的性质，又有商业推广的方向转变。实际上，建国 60 年来，中国电影海外输出工作走过一条逐步加强的路径，在改革开放以来，获得了较快的发展。可以说，只有到了新时期以后，中国电影才算正式登上世界影坛，逐渐走进西方观众的视野。这一时期，按照中国电影对外交流的特点，可以分为前后两个阶段：第一是从'文革'结束到国内电影业机制改革前夕的 1992 年。以张艺谋、陈凯歌等为代表的优秀的电影人把独具中国特色的影片送到了国际电影舞台上，使中国电影为世界观众所认识。功夫影片也让中国电影大放异彩。新中国电影对外交流掀开新的一页；第二是从 1993 年正式实行电影机制改革一直到 2000 年底。此时，全球电影业的不景气也影响到了中国，为此，中国电影人开始努力探寻新的电影振兴之路。与电影发达国家一样，我国电影对外交流的重心也从之前的文化交流转向争取主流观众的商业推广与销售为主。"②

（四）把文化和经济摆放在一起表达，体现邓小平把文化也同时看做生产力的一部分的思想

恩格斯曾经在他的《匈牙利的斗争》一文中，这样描述他所关注的先进

---

① 周铁东：《新中国电影对外交流》，《电影艺术》2002 年第 1 期，第 116～117 页。
② 杨步亭等：《60 年来中国电影海外推广工作的繁荣与发展》，《当代电影》2009 年第 10 期，第 12 页。

文化的情境："马扎尔人同德国人一起领导了精神和贸易的发展。"① 这是把文化与经济发展联系起来的思维观。党的第一代中央领导集体在谈到文化建设时，总是将文化和物质联系在一起，即物质和精神文化应该取得同步发展，物质生产力和精神生产力应该协调一致。邓小平继承了党的第一代中央领导集体的这一思想，并在新的历史条件下加以发挥和创新，提出了物质文明建设与精神文明建设两手抓，两手都要硬的思想。

邓小平关于"物质和文化"的论述有如下几点：（1）指出"马克思主义的基本原则就是要发展生产力。社会主义的首要任务是发展生产力，逐步提高人民的物质和文化生活水平。"②（2）指出"达赖喇嘛和美国参议员给我们制造点麻烦，对我们影响不了什么。要把西藏从中国分裂出去，谁也没有这个本事。我们对西藏采取扶持的方针，要内地帮助西藏发展。关键是要使西藏人民提高物质和文化生活水平。"③（3）指出"我们是社会主义国家，社会主义制度优越性的根本表现，就是能够允许社会生产力以旧社会所没有的速度迅速发展，使人民不断增长的物质文化生活需要能够逐步得到满足。按照历史唯物主义的观点来讲，正确的政治领导的成果，归根结底要表现在社会生产力的发展上，人民物质文化生活的改善上。"④ 邓小平的物质和文化协调发展的思想，在邓小平国际政治的理念中，得到非常充分的体现，比如，邓小平提出的建立国际政治经济新秩序的思想，就是国际政治意义上的物质和文化建设。

邓小平在继承党的第一代中央领导集体"物质文化"联系起来分析问题的基础上，提出了物质文明和精神文明的重要概念与物质文明和精神文明都要抓的思想。邓小平指出："社会主义精神文明建设，很早就提出了。……我们为社会主义奋斗，不但是因为社会主义有条件比资本主义更快地发展生产力，而且因为只有社会主义才能消除资本主义和其他剥削制度所必然产生的种种贪婪、腐败和不公正现象。……不加强精神文明的建设，物质文明的建设也要受破坏，走弯路。光靠物质条件，我们的革命和建设都不可能胜利。"⑤ 邓小平在这里，已经明确地提出了两个文明建设必须平衡发展的理念。如果将邓小平两个文明平衡发展的理念运用于外交政策，这就是中国在展开广泛的经济外交的同时，健康的、有取舍的文化外交也应该取得平衡的发展。邓小平指出："只要我

---

① 《马克思恩格斯全集》第6卷，人民出版社，1961，第199页。
② 《邓小平思想年谱》，第314页。
③ 《邓小平思想年谱》，第397~398页。
④ 《邓小平文选》第2卷，第128页。
⑤ 《邓小平文选》第3卷，第143~144页。

们的生产力发展，保持一定的经济增长速度，坚持两手抓，社会主义精神文明建设就可以搞上去。"① 一些地方出现丑恶的现象，问题出在精神文明建设这一手软，而精神文明建设软的原因是我们先进的文化的发展在一些地方受到忽视，在文化交流方面，盲目崇拜西方的文化，恐怕也是一个不可忽视的原因。

（五）既重视和广大发展中国家的文化交流，也重视同西方发达国家的文化交流

党的第二代中央领导集体将文化合作的重点放在了同广大发展中国家的文化合作上，据有关数据："从 1980 年到 1990 年，在中国与外国签订的 79 个文化合作协定中，与发展中国家签订了 71 个，占总数的 89%。在签订的 220 个年度文化交流执行计划中，与发展中国家签订了 159 个，占总数的 67%。"② 这个数据同样说明，广大发展中国家，是中国文化外交的立足点。

邓小平也十分关注同西方发达国家之间的文化往来。邓小平指出："对于现代西方资产阶级文化，我们究竟应当采取什么态度呢？经济上实行对外开放的方针，是正确的，要长期坚持。对外文化交流也要长期发展。经济方面我们采取两手政策，既要开放，又不能盲目地无计划无选择地引进，更不能不对资本主义的腐蚀性影响进行坚决的抵制和斗争。为什么在文化范围的交流，反倒可以让资本主义文化中对我们有害的东西畅行无阻呢？我们要向资本主义发达国家学习先进的科学、技术、经营管理方法以及其他一切对我们有益的知识和文化，闭关自守、故步自封是愚蠢的。"③ 邓小平积极推动中国和发达国家的文化交流，不但可以达到促进和发展国家的文化关系，促进和发达国家的政治关系的发展和稳定，同时也能反过来促进中国和发展中国家文化关系的发展，进而在政治上和发展中国家建立更加紧密的关系。因为广大发展中国家总是和发达国家之间存在着千丝万缕的复杂关系和联系，如果中国和美国为首的西方发达国家关系很僵，那就会给那些和西方发达国家有这样那样战略关系的发展中国家与中国的政治、文化、经济关系带来消极的影响，所以，中国和西方国家发展稳定的政治、经济和文化的关系，本质上讲还是为加强和作为中国外交立足点的发展中国家利益服务的。1979 年 8 月 28 日，邓小平与美国副总统蒙代尔共同签署了中美 1980 年和 1981 年文化交流执行计划，并指出两国在文化

---

① 《邓小平文选》第 3 卷，第 378 ~ 379 页。
② 中华人民共和国文化部对外文化联络局编《中国对外文化交流概览：1949 ~ 1991》，光明日报出版社，1993，第 71 页。
③ 《邓小平文选》第 3 卷，第 43 页。

和科技领域的合作交流，有助于进一步促进中美两国人民之间的相互了解。邓小平积极推动中美加强文化合作，在中美关系的发展过程中表现出中国文化的强大吸引力。其实，即使是在中美没有外交关系的冷战时代，中国就持既向社会主义国家开放，同时也向西方世界开放的立场，但美国并不领情，比如，1956 年 8 月 6 日，中国政府取消不让美国记者入境的禁令，向美国 15 个重要的新闻机构发电，邀请他们派记者来华作为期一个月的访问。这些机构包括《纽约时报》、《纽约先驱者论坛报》、《商业周刊》、《美国新闻与世界报道》、合众社、全国广播公司、哥伦比亚广播公司等。这是中国方面愿意改善对美关系真诚愿望的具体体现。接到中国政府邀请的《纽约时报》向美国当局提出申请到中国采访，但遭到拒绝。① 9 月 22 日，中方提出关于促进中美人民来往和文化交流的协议声明，建议两国"将各自主动采取措施，来消除目前阻碍他们两国人民自由来往和进行文化交流的障碍。"② 所有这些都表明，中国一直都是非常希望通过文化交流等方式，逐步和美国等西方国家改善关系，但是当时的美国政府采取消极的立场。直到 20 世纪 70 年代初，中美关系才开始解冻，为了推动中美关系，营造良好的社会和文化气氛，中国在美国进行了一次非常重要的文化交流活动，那就是中国在美国举办的中国出土文物展览，"时间长达 8 个月。展览自 1974 年 12 月中旬开始，至 1975 年 8 月 28 日闭幕，从首都华盛顿，到中部地区的堪萨斯城，到西海岸的旧金山市，受到美国各界人民的热烈欢迎，可谓盛况空前。展览总共接待参观者 180 万人，超过了在美国举办的任何一次外国展览。福特总统的夫人、基辛格、众议院议长艾伯特、联邦政府一些部长和许多国会议员、州长、市长出席了展览会在各地的开幕式，或参观了展览。中国悠久的历史和灿烂的文化给参观者留下了深刻的印象。这次展览的成功增进了美国人民对中国的了解，对于塑造美国人民心目中良好的中国形象起了积极作用。"③ 中美建交前的重要文化交流活动还有 1978 年 6 月间的中国艺术团对美国的访问演出，此次演出活动在美国民众中产生了极大的好感，无疑对中美建交又创造了更加良好的人文气氛。据此次访美演出的组织者赵起扬描述："一九七八年六月二十六日，我和中国艺术团一行一百四十九人，远渡重洋，来到太平洋彼岸的美利坚合众国。这是我国建国以来第一个赴美演出的艺术代表团，它的到来，在美国文化界和社会生活中，产生了很大影

---

① FRUS, 1955 – 1957, Vol. 3, p. 416.
② 世界知识出版社编《中美关系资料汇编》第 2 辑（下），1960，第 2437 页。
③ 陶文钊：《中美关系史》（下）（1972~2000），上海人民出版社，2004，第 20 页。

响。一位美国友人曾表示希望艺术团成为'艺术大使'。我们艺术团每个成员，也深以能在中美文化交流活动中，在加强中美两国人民传统友谊的过程中尽一分力量而感到高兴。这次赴美访问演出，历时四十天。先后在纽约、华盛顿、洛杉矶、旧金山、明尼阿波利斯等五个城市进行了三十场演出，观众约十二万人，出席了各种联欢会、招待会、座谈会及小型演出，共四十七次，参观访问了二十多个单位，观看了舞蹈、歌剧、电影等文艺节目。日程紧凑，工作繁重，然而心情愉快，因为我们自踏上那块土地之后，始终生活在美国人民的深情厚谊之中。这次赴美演出，我们组织了一个大型的综合性艺术代表团。有京剧、民族舞蹈、独唱、民族器乐和芭蕾舞等多种形式的节目，可以组成两组晚会。为了向美国人民表达友谊，介绍中国的艺术，艺术团同志们克服旅途劳顿、饮食生活条件的不适应，甚至带病坚持演出，力求把最好的演出水平，呈现给观众。事实证明，美国人民非常欣赏并且热爱我们的艺术。美国接待单位的一位文艺界人士金夫人说，'不接触不知道。过去我以为中国文艺只有几个样板戏，看了你们的演出，才知道你们原来有这么丰富多彩的艺术，使我感到惊讶。'有的评论说，'节目之丰富，有如中国菜的菜单，一个晚上不能消化。'一位为中国艺术团开车的司机，和我们关系非常融洽友好。我们每场演出，他都挤在观众中看。有人问他，他说，'精彩，精彩。太不平凡了！看你们的节目，我开始还知道自己是个西方人，到后来，好像到了神秘的东方，变成一个东方人了。'在华盛顿，我们遇到了一件非常感人的事。一位老太太，领着儿子、儿媳、孙子，全家一起来看演出，特意以观看中国艺术团的演出来庆祝她六十五岁的生日。演出结束后，全家人还等候在剧场门口不走，非要见一见中国人不可。一直等到十一点半，演员卸装后走出剧场。她对新华社记者说，'中国艺术高超，艺术力量感人，我们全家对你们的艺术都能理解。'"①20 世纪 70 年代末 80 年代初，经过党的第一代中央领导集体的长期耐心的努力而打好走向正常化基础的中美关系，终于在以邓小平为核心的党的第二代中央领导集体的努力下，实现了正常化，中美建交后，两国人民之间的友好往来加速发展起来，两国之间文化交流的感人故事比比皆是，这里仅举一个例子，就是美国语言学家莫尔斯与西藏的感人故事："来自大洋彼岸的美国语言专家莫尔斯，六十二岁作出了这样一个庄重的选择：在中国拉萨度过晚年，为西藏的教育事业贡献力量。……一个异国的专家，为什么要放弃比较优裕的生活环境和工作条件，来我国西藏拉萨？1921 年，一支由著名的国际主义战士肖尔

---

① 赵起扬：《中国艺术团赴美散记》，《人民戏剧》1978 年第 10 期，第 90 页。

顿大夫率领的医疗队来到巴塘藏区。医疗队里有一对年轻的夫妇，就是莫尔斯的父母。1931 年，他们又来到云南省大理县。中国壮丽的河山，勤劳勇敢的各族人民，强烈地吸引着莫尔斯。从'哇哇'学语到上学读书，莫尔斯结识了许多当地的各族小朋友，逐渐学会了藏、汉等九个民族的语言。他对语言学产生了浓厚的兴趣，立志通过攻读语言学，为增进世界各族人民的友谊，为加强各族人民的文化交流，贡献一份力量。1941 年，他投身于抗日战争的行列。曾参加在云南帮助中国人民抗日的美国军队，做翻译工作。抗战后期，他遵照当地人民政府的安排到农村教书。为了弄清当地少数民族语言与汉语、英语的差别，他经常跋山涉水，深入村寨实地考察，千方百计提高教学质量。抗战胜利了，莫尔斯为了从事语言学研究，1945 年回国，在印地安那州大学攻读语言学。中美两国远隔千山万水，然而洱海之畔的白族人民、雪山脚下的藏族人民的友情，牵动着莫尔斯的心。……1984 年初，他经过反复考虑，作出在中国度晚年的决定。1985 年 9 月 1 日，他又谢绝了中国政府有关部门和亲友的劝告，毅然抵达拉萨，决心为西藏的教育事业贡献力量。莫尔斯先生不顾旅途劳顿，第二天就开始了紧张的工作，白天，他和西藏群众对话练发音；夜晚，他在灯下孜孜不倦地备课。……就这样，莫尔斯来拉萨后没有休息过一天，就登上了西藏大学的讲台。"① 像莫尔斯这样热心发展两国友好合作关系的美国人，实在太多太多！但美国执政当局的一些人，却不愿意像莫尔斯那样维护两国人民通过共同打败日本帝国主义的血与火的考验而建立起来的友谊，总是在中美关系中制造一些不和谐的因素。1982 年 9 月初，美国前总统尼克松访华，邓小平在谈到文化交流等问题时对尼克松说："真正从全球战略出发，维护和发展中美关系要做许多事情。中美关系发展，不只是在台湾问题上，还有全球战略关系，两国间的经济、贸易方面以及文化、科技合作方面，领域宽得很。关心中美战略关系，热心发展两国友好合作关系的人，还要做许多工作。十年来建立的这种关系来之不易。我们党的十二大肯定了我们的对外关系，包括对美国的关系。但问题是还要走着看。"② 邓小平提出"还要走着看"，那是基于中美关系复杂多变的特点来观察的，美国政治结构（比如三权分立造成的相互牵制格局）的复杂性，往往迫使其执政者出于自身私欲的考虑（比如即将任完第一任的总统为第二任当选的考虑等）和遏制中国的需要，采取一些可能对中美双边关系带来严重负面冲突的非理性的政策，里根政府制造的"胡

① 李永发：《美国专家在拉萨》，《中国民族》1986 年第 4 期，第 28 页。
② 《邓小平思想年谱》，第 232 页。

娜事件"就是其中一例。胡娜是中国青年女子网球选手。就在邓小平会见美国前总统尼克松的一个多月前的 1982 年 7 月，胡娜随中国网球队到美国旧金山参加国际网球比赛。7 月 20 日，她在一些人的引诱下离队出走，随后又由别人宣布她要求在美国政治避难。1983 年 4 月 4 日，美国政府宣布给胡娜"政治庇护"，这成为中美文化关系中的一次灾难性的事件。邓小平多次在重大外交场合提到胡娜事件。1983 年 2 月 2 日，邓小平会见访华的美国国务卿舒尔茨时说，对胡娜问题，"为什么我们这么重视？这是个危险的先例，此例一开，就会有连锁反应，最终会形成影响两国关系的重大问题。"① 在我国外交部向美国政府提出严正抗议，我国文化部和体总宣布停止与美国的文化和体育交流后，美方百般辩解，说什么这是"孤立的事件"，希望"不至于对美中关系产生不利影响"，声称"保持良好关系对双方都有利"等等。看来，里根政府在坚持其反共立场的同时，还不得不考虑到如导致美中关系破裂，将使美国在同苏联争夺的全球战略上处于不利地位，这也是美统治集团内部在对华政策上发生分歧的原因之一。②

　　文化外交相对于政治外交而言，是政治敏感度较低的政治，但是，它往往又会触发要么是积极的，要么是消极的、高度敏感的政治外交的发生。从积极的方面来看，中美"乒乓外交"可算是一个经典的案例，从消极的方面来看，"胡娜事件"是一个经典案例。这两个案例无独有偶，都发生在中美关系身上。而对这两个案例的处置，中国外交的设计大师毛泽东、周恩来和邓小平的应对策略，可以说有异曲同工之妙，都是从促进精神生产力的发展或稳定精神生产力的成果来考虑问题的。毛泽东和周恩来是把"乒乓外交"换来的政治外交成果的蛋糕做到最大，而邓小平是把"胡娜事件"的消极影响的后果限制在最小。正如有学者所指出的："'胡娜事件'也是发端于体育界，后来演变成为中美之间的一个外交事件，可以说是中美两国借助体育领域开展的一场政治斗争。由于体育活动的通俗性、大众性和其能得到普遍关注的'聚焦效应'，美国方面首先选择'胡娜事件'制造国际舆论，打击中国；中国方面也针锋相对地予以还击，表明立场，在处理事件的过程中强调原则性和灵活性的结合。'胡娜事件'毕竟只是两国进行政治较量的手段，到底还是要为国家间的外交和政治目的而服务。事件的最终结果只是中国政府宣布停止一段时期的

---

① 《邓小平思想年谱》，第 248 页。
② 柯友申：《里根政府为什么给胡娜以所谓"政治庇护"？》，《国际问题资料》1983 年第 15 期，第 13 页。

中美体育、文化双边交流，中美两国在经贸、军事、科技和技术转让等方面的交流合作几乎没有受到影响。并且就在美国宣布同意胡娜'政治避难'请求的十天后，中国驻旧金山总领事胡定一在记者招待会上表示，'如果双方都谨慎地、诚实地行事，双方文化交流计划是可以恢复的。''胡娜事件'的最后平息，是两国关系即将进入相对稳定发展时期的先兆，充分说明中美两国领导人仍然认为中美关系相当重要，要用长远的战略观点看待中美关系。"①

邓小平重视和西方国家发展文化关系，也是出于中美两种文化存在巨大的互补性的考虑，正如有学者所指出的："跟自然界存在的杂交优势一样，两种不同的文化互相交流，能结出数量大大多于双方、质量大大优于双方的新果实。这就是文化交流促进文化发展的机理所在。"② 历史上在此类案例中，古埃及和古希腊的文化的杂交，就是一个典型的例子。③

在中美两国关系的发展过程中，作为党的第二代中央领导集体核心的邓小平，以中华民族博大精深文化熏陶下所表现出来的魅力展开外交工作，赢得了美国政治家的高度赞扬。正如尼克松赞扬毛泽东时代的外交一样："我们发现中国人看起来比较容易相处，原因之一是他们一点也不骄傲自负。他们和苏联人不同，苏联人一本正经坚持他们所有的东西都是世界上最大的和最好的。中国人几乎念念不忘自我批评，常常向人请教怎样改进自己。甚至连江青也不例外，当我对她说她的芭蕾舞给我多么深刻的印象时，她也说，'我高兴地知道你觉得它还可以，但是请你讲一讲有哪些地方要改进'。周不断地提到他们需要了解和克服自己的缺点，我就不禁想到赫鲁晓夫怎样吹牛皮说大话，和他相比中国人的态度要健康得多。我当然知道，这只是他们的一种态度，他们有意作出决定要这样来看待自己，事实上他们绝对相信自己的文化和哲学极端优

① 何可：《"胡娜事件"和中美关系》，《档案天地》2007 年第 5 期，第 14～15 页。
② 郁龙余：《略论文化交流》，《深圳大学学报》（人文社会科学版）1987 年第 3 期，第 55 页。
③ 早在公元前三千年，古埃及人就在尼罗河畔创造出灿烂的文化。雄伟的金字塔是古埃及文化的象征。但是，由于各种原因，这种文化发展变得十分缓慢，两千年间，农具除了犁的改进外，几乎没有其他显著变化，青铜器取代石器用了一千多年时间，贸易长期停留在以物易物的水平上，一直到新王国时期，真正的货币仍然没有出现。后来，这个古老的、似乎停滞不前的文化与年轻新兴的希腊文化相遇，在交流中发生了惊人的变化。作为两种文化交融产物之一的亚历山大城，成为国际贸易中心，不仅是商品经济最发达的地方，也是荟萃世界各国学者的圣地。它拥有四千座宫殿，四百座剧场，第一流的大学和庞大的图书馆。正是在古埃及的亚历山大城，完成了古希腊科学的主体部分。可以说，古埃及和古希腊文化的交流，结出了具有强大生命力的文化种子。后来，这些种子在欧洲生根开花，成了现代文明的一大来源。类似上述的例子，在人类文化交流史上很多［郁龙余：《略论文化交流》，《深圳大学学报》（人文社会科学版）1987 年第 3 期，第 55 页］。

越，认为总有一天要胜过我们和其他所有人的文化和哲学。"①《卡特回忆录》
对党的第二代中央领导集体的外交也有同样高度的评价："事实证明，我们在
对外政策方面有几项任务比我在就任之初所预料的要令人愉快和满意得多，中
国问题就是其中之一。我当初认为我们从事的这项工作可能以失败告终，因为
中国可能对我们在涉及台湾的问题上的一项或几项重大原则拒不让步，我们还
可能在亚洲其他地区遇到难以预料的复杂问题，可能同中国发生某种关系重大
的对抗，或者，可能在我国人民中间和在国会遭到无法克服的政治上的反对。
恰恰相反，一切都很顺利。无论在建交之前还是在建交之后，中国人对我的其
他职责，对我们国内的政治现实都表现出十分了解。关于第二阶段限制战略武
器会谈，关于解决台湾问题，关于我们新建立的外交关系在西太平洋的稳定作
用，以及我们同日本建立牢固的合作关系的必要性，他们的言论都是有助益
的，而且在所有这些方面都没有给我们同他们建立的新关系加上反苏色彩。在
这个过程中，我懂得了为什么有人说中国人是世界上最文明的民族。"②

（六）向外国朋友介绍精神文明建设的意义

1985 年 10 月 23 日，邓小平会见以格隆瓦尔德为首的美国高级企业家代
表团。格隆瓦尔德向邓小平询问中国经济改革过程中所出现的少数贪污腐化和
滥用权力应该采取何种对策时，邓小平指出："只要我国经济中公有制占主体
地位，就可以避免两极分化。当然，一部分地区、一部分人可以先富起来，带
动和帮助其他地区、其他的人，逐步达到共同富裕。我相信，随着经济的发
展，随着科学文化和教育水平的提高，随着民主和法制建设的加强，目前社会
上那些消极的现象也必然会逐步减少并最终消除。"③"文化水平"等精神文明
建设的水平越是提高，社会上的那些消极现象越会减少甚至消失，邓小平在和
外国企业家谈中国人民的文化等精神文明建设水平的提高的意义，本身就具有
某种文化外交的含义在里面，邓小平实际上是给外国的企业家介绍中国文化等
精神文明建设的核心价值观，表明中国一旦精神文明建设得到提高，中国人民
就向共同富裕的目标迈进了，而绝不是穷的越穷，富的越富的状况。邓小平在
这里所说的"文化"，应该指的是一种先进的、进步的文化，在中国的传统文

---

① 〔美〕理查德·尼克松：《尼克松回忆录》（中），伍任译，世界知识出版社，2001，第686
页。
② 〔美〕吉米·卡特：《忠于信仰：一位美国总统的回忆录》，卢君甫等译，新华出版社，1985，
第246页。
③ 《邓小平思想年谱》，第343页。

化中，有"一人得道，鸡犬升天"的落后文化，更有大力提倡"廉政"和"廉洁"的文化，一些人掌握权力之后滥用权力，不可一世，称王称霸，就其本质而言，是没有掌握中国传统的优秀廉政文化。《道德经》就告诫世人："持而盈之，不如其已。揣而锐之，不可长保。金玉满堂，莫之能守。富贵而骄，自遗其咎。功遂身退，天下之道"，类似这样的传统中国优秀的廉洁文化，那些贪得无厌、失去党性的掌权者有几个深得其意？知识改变中国人命运，而不是资本主义国家那样的家族的势力和私人资本改变命运，这在改革开放的中国是普遍现象。中国的改革开放为什么充满活力，就是因为社会主义制度造就了一大批有知识和有文化的社会主义建设大军，使他们的才智得以在各条战线上得到发挥，使他们当中的很多人成长为各条战线的领头羊和中坚力量，而这些崛起的力量，几乎都是在改革开放时代靠文化和知识的力量成长起来的。他们当中的绝大多数，都是靠公有制为主体的国家所提供的经济支持接受的高等教育等各个层次的教育成长起来的。而这些成长起来的精英中的一些人，却成了权力狂，腐败狂，大搞家天下者。这也表明优秀的文化并没有装进这些人的头脑中。今天的中国已经是仅次于美国的经济强国，实现共同富裕的物质条件应该说已经基本具备，现在是到了下决心通过优秀先进文化的传播、社会主义法制建设、社会保障制度建设、先富者大力帮助落后者等手段，大力推动共同富裕的最佳时机了。

（七）国际主义、精神文明、促进世界繁荣三位一体

邓小平把体现时代精神的"国际主义"思想和精神文明放在促进世界和平与发展的框架中进行思考，以促进和加强国际文化的交流与合作。邓小平指出："国际主义、爱国主义都属于精神文明的范畴。"[①] 既然"国际主义"是精神文明建设的一部分，那么这就意味着中国推动国际文化交流，也就自然而然地成为中国建设社会主义精神的范畴，因而开展文化外交也就成为中国精神文明建设的有机组成部分。维护世界和平是邓小平的"国际主义"思想中的重要内容，国际文化交流自然应该通过宣传"和平"与"发展"为核心内容来展开，从而成为中国精神文明建设的一部分。简而言之，国际主义、精神文明、促进世界繁荣三位一体的结构，可以理解为邓小平文化外交的所追求的目标和特征。邓小平非常重视中国在国际主义义务方面对人类的贡献，这就意味着中国应该在帮助人类精神文明建设方面有所贡献，并把能不能尽到应有的国

[①] 《邓小平文选》第3卷，第28页。

际主义义务视为衡量中国还是不是社会主义国家的关键衡量指标。邓小平就指出："衡量我们是不是真正的社会主义国家，不但要使我们自己发展起来，实现四个现代化，而且要能够随着自己的发展，对人类做更多的贡献。我们相信，经过一段努力，我们自己发展后，可以更多地尽到我们的国际主义义务。"① 最能够体现邓小平三位一体的文化外交观的论述的是 1979 年 10 月 15日，邓小平会见格林率领的英国知名人士代表团并接受电视采访时的一段经典的表述。邓小平说，中国"在国际上永远实行国际主义，不搞霸权主义。我们希望若干年后，在下个世纪不长的时间，作为社会主义的、比较富的中国，能够对人类特别是第三世界，尽到符合我们自己身份的国际主义义务。"② 邓小平的这段表述，可以理解为中国强大起来后，将通过包括体现国际主义、精神文明、促进世界繁荣三位一体精神的文化外交在内的总体外交，为世界的和平与发展，特别是对广大第三世界的和平与发展，作出中国自己的特殊贡献。

二 党的第二代中央领导集体的文化外交的先进思想理念

（一）继承和发扬光大党的第一代中央领导集体自强不息与厚德载物的民族精神

民族精神是一个民族最核心且其核心内涵亘古不变并不断充实和发展的，处于最高理念层次的文化。而自强不息与厚德载物就是中国最核心的民族精神，它们共同构成了今天中国对外政策的核心价值观。

自强不息无疑是党的第二代中央领导集体理念层次的核心外交文化。突出的例子是西方世界借 1989 年政治风波所采取的对中国冻结世界银行和其他国际财政机构的贷款、冻结美中双方高层官员的会面、冻结双方的军事交流等"制裁"，而中国针锋相对所采取的应对之策。邓小平指出："中国最不怕制裁。我们利用制裁这件事教育我们的人民，使每个中国人都知道，要自强不息。中国真正的稳定是要靠自身的发展。中国不会改变颜色，不会放弃社会主义，不会改变改革开放的政策。"③ 中国用行动证明了西方对华制裁的无效。从新中国成立开始，西方世界就对中国采取封锁和制裁的政策，中国人民和中

---

① 《邓小平思想年谱》，第 70 页。
② 《邓小平思想年谱》，第 134 页。
③ 《邓小平年谱：1975～1997》（下），第 1316～1317 页。

国政府没有一秒钟向西方世界妥协过，进入到改革开放时代，中国不但巩固了和广大发展中国家的关系，而且也确实以互利共赢无私心态和西方世界发展了正常的国家间关系，但西方世界特别是美国在和中国发展关系时，总是借机推翻中国共产党领导的人民政权，以达到其在冷战时代毫无指望所达到的险恶目的。1989 年政治风波正是美国认为的"绝好"时机，它们以为在东欧剧变和苏联行将解体的国际背景下，中国也必然会出现多米诺骨牌效应，"东欧剧变，尤其是齐奥塞斯库的倒台，给华盛顿一个普遍的感觉是，中国的共产主义政权也不会再持续多久。美国中央情报局的估计更是如此"①。但是中国人民的自强不息再次让西方世界"失望"了。

厚德载物同样是党的第二代中央领导集体理念层次的核心外交文化。《淮南子·氾论训》"人有厚德，无间其小节，而有大誉，无疵其小故。夫牛蹄之涔不能生鳣鲔，而蜂房不容鹄卵，小形不足以包大体也。夫人之情莫不有所短，诚其大略是也，虽有小过，不足以为累。"② 果断地结束过去，面向未来，是党的第二代中央领导集体外交上厚德载物的具体表现。1988 年 10 月 13 日，邓小平会见芬兰总统科伊维斯托，在阐述实现中苏两国关系正常化的指导原则时邓小平指出："我们要同苏联建立新的关系，即建立在和平共处五项原则基础上的新关系。……简单的历史回顾恐怕也难避免，这要当作结束过去、开辟未来来讲。重点是一切向前看，建立新型的中苏政治、经济关系。不纠缠过去，一切着眼于未来，在这些原则的指导下来解决中苏关系问题。"③ 邓小平的此次谈话，是向苏联发出一个中国希望和苏联和解的强烈信号，当苏联总统戈尔巴乔夫不久后来到中国，邓小平再次重申："我们这次会见的目的是八个字：结束过去，开辟未来。结束一下过去，就可以不谈过去了，重点放在开辟未来的事情上。国与国之间的关系，关键是要平等。历史上中国在列强的压迫下遭受过损害。从中国得利最大的，是两个国家，一个是日本，一个是沙俄，在一定时期一定问题上也包括苏联。六十年代，在整个中苏、中蒙边界上苏联加强军事设施，军队总数达到了一百万。从六十年代中期起，我们的关系恶化了，基本上隔断了。这不是指意识形态争论的那些问题，这方面现在我们也不

---

① 王堃编著《布什与中国》，华夏出版社，2007，第 169 页。
② 用现代汉语翻译为："其人只要有大德，就不必非议计较他的小节；如果有他的可称赞的地方，就不必对他的不足之处吹毛求疵。牛蹄踩出来的水塘是长不出鱼来的，蜂巢里是容不下鹅蛋的，这说明狭小的东西是容不下大东西的。人之常情是谁人没有短处？如果他的大处主流是好的，即便有些小错误，也不应成为他的累赘。"
③ 《邓小平年谱：1975～1997》（下），第 1253～1254 页。

认为自己当时说的都是对的。真正的实质问题是不平等，中国人感到受屈辱。历史账讲了，这些问题一风吹，过去就结束了，这也是这次会晤取得的一个成果。在今后发展交往方面，我有一个重要建议：多做实事，少说空话。"① 只要苏联愿意向前看，不纠缠过去，一切着眼于未来，这就是苏联"有大誉"的表现，而中国则不应该像"牛蹄之涔"那样，因为那是"不能生"出外交之"鳣鲔"来的，只会使中国自身像"蜂房"那样狭小的空间而不容双边关系之"鹄卵"孵化而出，正所谓小形不足以包大体也。对中美关系，邓小平同样是持厚德载物的政策。早在 1983 年，邓小平就对来访的美国众议院代表团表示："我们对美国也提出一个政策连续性的问题，就是说一九七二年美国领导人尼克松、基辛格确定改善中美关系，结束过去的旧关系，建立新关系的这种政策是不是能够连续下去？我多次跟美国朋友谈过，我们彼此都应该珍惜符合世界和平利益的这样一个政策，珍惜这个局面，把我们这十年走过的曲折道路中的很多障碍消除掉，这对于我们两国都有利。"② 1989 年 10 月 31 日，邓小平会见尼克松时指出："你是在中美关系非常严峻的时刻到中国访问的。我们同美国也应该结束这几个月的过去，开辟未来。我非常赞赏你的看法，考虑国与国之间的关系主要应该从国家自身的战略利益出发。着眼于自身长远的战略利益，同时也尊重对方的利益，而不去计较历史的恩怨，不去计较社会制度和意识形态的差别，并且国家不分大小强弱都相互尊重，平等相待。"③

中国以"结束过去，面向未来"的外交思维来处理历史上对中国人民犯下严重罪恶的国家关系，是有深刻的厚德载物民族精神根基的。以冷战后的中俄关系为例，"上个世纪 90 年代以来，俄罗斯某些媒体发表了大量文章，鼓噪'中国威胁论'，诬蔑中国对俄罗斯进行'人口扩张'、'领土扩张'，攻击中国，妖魔化中国。即使在中国的'俄罗斯年'期间，这类言论仍然出现在俄罗斯的媒体上。俄罗斯出现这种令中国人痛心的现象，具有复杂的原因。改革开放以来，中国发展迅猛，成就巨大，两国国力的此消彼长导致一些俄罗斯人心理失衡和强烈的嫉妒。由此诱发种种偏见，如'俄中合作，中方获益多于俄方'。某些具有冷战思维的俄罗斯人特别害怕中国强大，在他们看来，一个衰弱的、事事顺从它的中国是最好的中国。在这样的背景下，一些俄罗斯民族主义者肆意地编造关于中国的谎言，煽动对中国的敌对情绪。总起来看，俄

---

① 《邓小平年谱：1975～1997》（下），第 1275～1276 页。

② 《邓小平年谱：1975～1997》（下），第 897～898 页。

③ 《邓小平年谱：1975～1997》（下），第 1293～1294 页。

罗斯的沙文主义者、民族主义者、种族主义者、阴险政客、'红眼病'患者是进行这类恶意宣传、妖魔化中国的主体，其行为的结果是混淆了视听、误导了俄罗斯大众。对以上现象，中国人完全有理由感到委屈和不满，甚至采取相应的行动，但是，中国人没有这样做，表现出博大的胸怀和了不起的宽容。中国媒体上没有俄罗斯媒体上的那类污蔑性的言论，相反，总是发表关于俄罗斯的正面消息和文章，一如既往地给予俄罗斯国家及其人民以好评。对俄罗斯一些人丑化中国的行为，除了个别中国学者有所抱怨，中国方面一直静悄悄的，没有任何回应。比较两国人民在对方受到的不对等待遇，更能说明俄罗斯一些人的褊狭无情和中国人的宽容温良。在俄罗斯经常发生一些不愉快的事，如警察苛刻地检查中国人的护照，中国公民，包括中国教授、中国女子遭殴打，俄罗斯公职人员对中国人进行敲诈、刁难、勒索。十多年来，中国人在俄罗斯被抢、被骂、被打、被侮辱、被关甚至被杀害的事例有很多，但却没有动摇中国人对俄罗斯的整体印象，没有导致中国方面的报复行为。俄罗斯人在中国受到热情友善的接待，他们在中国随意活动，自由又安全，没有像中国人在俄罗斯所遭遇的那些不快和不幸。中国警察对俄罗斯人彬彬有礼，从不检查俄罗斯人的护照，中国海关人员对俄罗斯人也未曾刁难或是勒索，更没有什么中国种族主义分子殴打俄罗斯人。概而言之，在俄罗斯有些人不友好地对待中国人，某些媒体煽动大众对中国的不满情绪，妖魔化中国的形象，中国方面却善待俄罗斯人，其媒体不进行对俄罗斯不利的宣传，使俄罗斯的形象在中国受到很好的维护。中俄双方的行为形成了鲜明的对照，中俄双方的不对等行为导致了两国形象的差异。"[1] 借用西方学者的话："一个以它的文明，它的成就和它的命运与现代世界的整个生活交织在一起的伟大民族，是能够把它的拥护者和它的攻击者置之不理的。"[2]

中华民族正是以自己的厚德载物的精神，自己的成就和自己的命运与现代世界的整个生活交织在一起的伟大民族，不会计较俄罗斯一些人对中国的不理性，相反，中国从大局出发，从两国人民的根本利益出发，以自己极大的耐心和宽容的精神，维持着自己与巨大邻国的和平关系。《道德经》"和大怨，必有余怨，安可以为善？是以圣人执左契，而不责于人。有德司契，无德司彻。天道无亲，常与善人。"中国和历史上曾经有过大怨的国家的和解，甚至超越了老子

---

① 李随安：《中国和俄罗斯：国家形象之比较》，《西伯利亚研究》2007 年第 4 期，第 55 页。
② 〔瑞士〕雅各布·布克哈特：《意大利文艺复兴时期的文化》，何新译，商务印书馆，1997，第426 页。

"必有余怨"的宿命，中国在近代是受欺负的一方，但是并没有因为执有完全可以"以牙还牙、以血还血"的正当性的"左契"而责于国，从而也为中国的和平发展营造了良好的国际环境。当然，中国的厚德载物，并非不讲原则的好好先生式而不讲是非的"厚德载物"，如果中国的厚德载物是放弃原则的厚德载物，则无异于孔子所说的"乡原、德之贼也"，那么中国的厚德载物就是在国际关系中表面上宽厚谨慎，为了获得别国的好感而牺牲民族重大利益的愚蠢之举，只是充当了欺世盗名的国际政治好好先生而已，中国就是专门偷取国际政治道德的贼一样的国家，是对中国人民甚至是对世界人民根本利益的背叛，是对国际关系道德的践踏。而中国绝不是这样的国家，中国外交的厚德载物可以说是原则性和灵活性、斗争性和同一性的高度统一，是在坚定维护国家主权与安全和民族尊严基础上的自强不息与厚德载物辩证统一的外交，党的第二代中央领导集体成功地实践了这样建立在民族核心精神基础上的外交，并取得了巨大的成就。

（二）强调国家之间敏感的政治问题的解决出现较大困难的情况下，可以先进行经济文化交流

老子说过："人法地，地法天，天法道，道法自然。"党的第二代中央领导集体继承党的第一代中央领导集体的文化交流思想，强调国家之间敏感的政治问题的解决出现较大困难的情况下，可以先在经济、文化交流方面加强合作着手，这就是要让国际政治之"道"法双边关系从经济、文化的合作与交流，再到军事、国防和政治安全领域的合作之"自然"。比如中印关系，由于存在比较敏感的领土争端的问题，所以党的第二代中央领导集体主张从低级政治入手解决，在低级政治充分发展的基础上，再自然而然地提升到高级政治领域的合作。邓小平指出："中印两国之间的问题并不很大，既不存在中国对印度的威胁，也不存在印度对中国的威胁，无非就是一个边界问题。双方都应该做些事情来恢复五十年代的友谊。只要双方采取合情合理的方式，边界问题我看是不难解决的。即使一时解决不了，可以先放一放，在贸易、经济、文化等各个领域还可以做很多事情，加强往来，增进了解和友谊，双方合作仍然有广阔的前景。"[1] 自 20 世纪 90 年代以来，中印关系稳步发展。进入 21 世纪后，双方就安全观问题达成一致，重申彼此互不构成威胁，并采取多种建立信任措施，双边关系开始在保持低级政治领域广泛合作的情况下，高级政治领域也取得实质性的发展。2000 年五六月间，印度总统访问中国，使得一度遭到挫折的

---

① 《邓小平思想年谱》，第 238 页。

中印关系重新走上正确的轨道。2003年，印度总理瓦杰帕伊成功访华，两国领导人签订了《中印关系原则和全面合作宣言》。2005年4月，温家宝总理访问印度，双方确定建立面向和平与繁荣的战略合作伙伴关系，签订了《关于解决边界问题的政治指导原则》等重要文件。2006年两国部长级互访持续不断，其中包括中国商务部部长、农业部部长和印度国防部部长等。特别值得指出的是，2006年11月中国国家主席胡锦涛对印度进行了成功的访问。中印两国虽然政治制度不同，但在重大国际问题和地区问题上始终有着相似或相同的立场，双方都主张多极世界，反对单极霸权，反对以人权为借口干涉他国内政。在多哈回合谈判中，中印与其他一些国家一道，努力维护发展中国家的利益。

当然，中印两国在高级政治领域还有更多的事情要做，比如增强在促进和谐世界进程的安全文化的创新方面的合作，也可以说是两国高级政治取得实质性突破的切入口。目前，中印双方在战略互信与传统安全领域尤其是边界问题与地区战略方面难以取得突破性进展，不应妨碍两国在安全文化创新方面推动实质性合作。既然中印两国曾经培育了影响世界的和平共处五项原则这一先进的外交文化，今天中印两国没有理由不在先进的国际安全文化的培养上再次显示两国卓越的创新能力。

（三）指出第三世界国家"文化的独立"的艰巨性和长期性

各民族的文化发展史往往是文化的自生与不同文化自然而然融合的历史。这就注定先进的文化一定是在自生的基础上，主动按照丰富自身文化的需要而吸收别国文化的文化，并在与其他文化的交流中不断丰富与进步。为了实现第三世界国家政治的、经济的、文化的全方位独立，发展中国家自身的努力是关键，同时，国际社会的努力和支持也是一个重要方面。邓小平特别重视联合国在促进第三世界国家政治、经济和文化全方位独立方面的重要作用。邓小平曾对来访的联合国教科文组织总干事恩布说："西方世界垄断的状态已开始改变了。我们这些国家长期以来受帝国主义、殖民主义的侵略和奴役。要真正完全独立，光政治独立不够，还要经济独立、文化独立。现在第三世界的经济独立刚刚提上日程。经济上真正独立恐怕还要几十年的时间，文化方面花的时间更久。所以，教科文组织在这方面的责任是很重的。"① "文化独立"问题确实是一个深刻的问题，即使在拥有强大文明积淀的国家，"文化独立"也是一个重

---

① 《邓小平年谱：1975~1997》（上），第7页。

要课题，比如，在中国就有主张"全盘西化"的人，认为中国一切都落后，一切都要按照西方文化来改造。好在中国一贯奉行独立自主路线，因此，中国的独立自主的和平外交政策，能够很好地保障中国的文化的主权和文化的独立性。但是广大第三世界国家的文化独立地位，往往因霸权主义和强权政治者乘人之危的附加种种苛刻政治条件的经济援助，而受到很大的破坏，使发展中国家自身的文化，特别是自身的政治文化逐渐为西方文化特别是西方政治文化所取代，结果是适合自身的发展的文化丢失了，而西方的文化则严重消化不良，最终对自身经济社会造成灾难性的影响。要解决好广大发展中国家"文化独立"的问题，发展中国家自身要有强烈的保护自身文化精华的意识，同时也要通过国际多边领域给予积极的帮助，联合国教科文组织就是一个很好的帮助实现广大发展中国家维护文化独立的平台。

（四）建立在马克思主义进行分析、鉴别和批判基础上的对古今中外一切优秀的文化成果的借鉴和学习

强调古今中外一切优秀的文化都应该借鉴和学习，但一定要用马克思主义进行分析、鉴别和批判的思想。邓小平指出："我国历史悠久，地域辽阔，人口众多，不同民族、不同职业、不同年龄、不同经历和不同教育程度的人们，有多样的生活习俗、文化传统和艺术爱好。雄伟和细腻，严肃和诙谐，抒情和哲理，只要能够使人们得到教育和启发，得到娱乐和美的享受，都应当在我们的文艺园地里占有自己的位置。英雄人物的业绩和普通人们的劳动、斗争和悲欢离合，现代人的生活和古代人的生活，都应当在文艺中得到反映。我国古代的和外国的文艺作品、表演艺术中一切进步的和优秀的东西，都应当借鉴和学习。"[1] 邓小平还强调："文艺工作者还要不断丰富和提高自己的艺术表现能力。所有文艺工作者，都应当认真钻研、吸收、融化和发展古今中外艺术技巧中一切好的东西，创造出具有民族风格和时代特色的完美的艺术形式。只有不畏艰难、勤学苦练、勇于探索的文艺工作者，才能攀登上艺术的高峰。"[2] 改革开放时代的一个很大的特点是，中国和几乎所有的西方国家都建立了外交关系，中国和西方国家的文化交流也出现了高潮，特别是中国从西方国家引进了数量可观的文化产品，这其中当然主流是好的，是有利于中国的文化建设和发展的，但是西方国家的一些腐朽和落后的文化及反动的价值观也流入中国，并

① 《邓小平文选》第 2 卷，第 210 页。
② 《邓小平文选》第 2 卷，第 213 页。

对一些人产生不良影响，特别是由于文化交流本身的双向互动的特点，西方国家往往也通过他们来源及目的都具有某种险恶用心的"文化外交"，以达到精神上麻痹和俘虏中国人的目的。美国人大言不惭地说："在冷战初期，美国的文化外交活动由中央情报局和国务院文化关系处直接拨款。尽管在今天看来，中央情报局的慷慨资助也许不是很合适，甚至是适得其反，但是那段历史的确在提醒我们，华盛顿曾经是多么重视通过文化交流以达到相互理解。当时的决策者们深知征服境外民心与战胜意识形态上的敌人之间的密切联系，并认识到文化外交对美国国家安全的极端重要性。"① 对于西方国家腐朽文化的传入和西方国家采取的邪恶"文化外交"手段对中国发起进攻所带来的问题，作为党的第二代中央领导集体核心的邓小平是非常重视解决的。邓小平指出："通过不同渠道运进了一些黄色、下流、淫秽、丑恶的照片、影片、书刊等，败坏我们社会的风气，腐蚀我们的一些青年和干部。如果听任这种瘟疫传布，将诱使许多意志不坚定的人道德败坏，精神堕落。各级组织都要严肃地注意这个问题，采取坚决有效的措施，予以查禁、销毁，坚决不允许继续流入。"② "对于现代西方资产阶级文化，我们究竟应当采取什么态度呢？经济上实行对外开放的方针，是正确的，要长期坚持。对外文化交流也要长期发展。经济方面我们采取两手政策，既要开放，又不能盲目地无计划无选择地引进，更不能不对资本主义的腐蚀性影响进行坚决的抵制和斗争。为什么在文化范围的交流，反倒可以让资本主义文化中对我们有害的东西畅行无阻呢？我们要向资本主义发达国家学习先进的科学、技术、经营管理方法以及其他一切对我们有益的知识和文化，闭关自守、故步自封是愚蠢的。但是，属于文化领域的东西，一定要用马克思主义对它们的思想内容和表现方法进行分析、鉴别和批判。西方如今仍然有不少正直进步的学者、作家、艺术家在进行各种严肃的有价值的著作和创作，他们的作品我们当然要着重介绍。但是，现在有些同志对于西方各种哲学的、经济学的、社会政治的和文学艺术的思潮，不分析、不鉴别、不批判，而是一窝蜂地盲目推崇。对于西方学术文化的介绍如此混乱，以至连一些在西方国家也认为低级庸俗或有害的书籍、电影、音乐、舞蹈以及录像、录音，这几年也输入不少。这种用西方资产阶级没落文化来腐蚀青年的状况，再也不能容忍了。"③ 很明显，邓小平强调的文化交流是促进精神生产力大发展的交流，

---

① 海伦娜·芬恩、轩传树：《论文化外交》，《国外社会科学文摘》2004 年第 6 期，第 22 页。
② 《邓小平文选》第 2 卷，第 337～338 页。
③ 《邓小平文选》第 3 卷，第 43～44 页。

而绝不是带来"精神污染"危害的文化交流，如果文化交流的结果是产生精神污染效应，其只会祸国害民，造成邓小平所说的"消极涣散、离心离德的情绪，腐蚀人们的灵魂和意志，助长形形色色的个人主义思想泛滥，助长一部分人当中怀疑以至否定社会主义和党的领导的思潮。"① 为此邓小平特别强调："思想文化教育卫生部门，都要以社会效益为一切活动的唯一准则，它们所属的企业也要以社会效益为最高准则。思想文化界要多出好的精神产品，要坚决制止坏产品的生产、进口和流传。"② 用马克思主义对引进的西方文化进行分析、鉴别和批判，是由马克思主义理论本身的科学性和解决问题的有效性所决定的。正如邓小平指出的，"马克思主义理论从来不是教条，而是行动的指南。它要求人们根据它的基本原则和基本方法，不断结合变化着的实际，探索解决新问题的答案，从而也发展马克思主义理论本身。……因为只有这样，才能提高我们运用它的基本原则基本方法，来积极探索解决新的政治经济社会文化基本问题的本领，既把我们的事业和马克思主义理论本身推向前进，也防止一些同志，特别是一些新上来的中青年同志在日益复杂的斗争中迷失方向"③。

（五）视野更宽广的、建立在同理心基础上的文化交流思想

邓小平继承党的第一代中央领导集体的文化外交思想，强调中国和第三世界的阿拉伯国家对世界文明发展的贡献。1980 年 12 月 8 日，邓小平在会见约旦国王塔拉勒时指出："中国支持阿拉伯人民事业的立场是一贯的。中东地区是世界上最敏感的地区之一、那里有丰富的战略资源石油，这是你们的幸运。但因此给你们带来了麻烦，那就是两霸争夺。麻烦和幸运联结在一起。我们都是第三世界，都是发展中国家，都有共同的经历。我们衷心希望阿拉伯国家能团结起来。一旦你们联合起来对付霸权主义的挑战，你们那个地区的问题就得到解决了。在历史上，中华民族和阿拉伯民族都对世界文化作出过伟大贡献。我们之间没有什么利害冲突，没有任何矛盾。剩下的就是友谊、相互支持和合作。中国同所有阿拉伯国家的关系都是如此。"④

在文化交流上换位思考，是党的第一代中央领导集体文化外交的一个突出的特点，邓小平作为党的第一代中央领导集体的重要成员和党的第二代中央领导集体的核心，继承和发扬了党的第一代中央领导集体文化外交的同理心的文化外

---

① 《邓小平文选》第 3 卷，第 44～45 页。
② 《邓小平文选》第 3 卷，第 145 页。
③ 《邓小平文选》第 3 卷，第 146～147 页。
④ 《邓小平思想年谱》，第 241～242 页。

交思想，只是在新的历史条件下，表达中国同理心的对象增多了，不但是面向广大发展中国家的，不但是面向和中国有共同的历史文化背景的国家，同时也面向西方发达国家。1979 年 1 月 29 日至 2 月 5 日，时任国务院副总理的邓小平应美国总统卡特的邀请，对美国进行历史性的正式友好访问。此时距中美两国正式建交还不到一个月。这是中国国家领导人第一次访问美国。1 月 30 日晚，邓小平出席美国外交政策协会、国立美术馆、美中关系全国委员会、与中华人民共和国学术交流委员会、亚洲协会和中国理事会等六个团体联合举行的招待会，阐述中国对世界形势、中美关系和台湾问题的立场和政策。他在谈到美国人民对人类文明的贡献时指出："美国人民是伟大的人民。美国人民对人类的文明和世界的进步做出了杰出的贡献。中国人民对美国人民一向怀有友好的感情，对你们那种实干和创新的精神深为钦佩。你们有许多东西值得我们学习。中美两国人民的友谊是深厚的。今后，随着经济和文化交流的日益增多，友好往来的日益频繁，我们之间的友谊一定能够获得更大的发展。"[1] 邓小平作为社会主义国家的领导人，不是拘泥于意识形态的差别，而是勇于承认西方资本主义国家文化上的先进性，并决心学习其对中国的社会主义文化建设有用的元素，这在中国改革开放之初极"左"思潮在中国大地上仍然很严重的情况下，是需要政治勇气的。中国决不引进资本主义制度，绝不是出于中国顽固和坚持落后，正好相反，中国所坚持的社会主义制度，是人类社会发展的最先进的社会制度，这样的社会制度，中国怎么能说放弃就放弃？如果中国接受资本主义制度，等于中国自乱阵脚，自动放弃自己已经选择的正确发展道路，中国又将重新回到暗无天日的时代。不但如此，中国此举动无疑还给资本主义世界一个错觉，即使西方国家永远陶醉于自己的落后的社会制度，永远失去自我更新的精神动力，反过来说，这样的中国既是对自己不负责任的国家，又同时是对西方世界误导的不负责任的国家。所以中国提倡国际关系民主化，提出尊重世界多样性，一方面是出于中国自身的核心的国家利益的考虑，另一方面，也是给西方资本主义社会提供某种自我更新的参照。当然，中国决不引进西方的社会制度和腐朽颓废的文化，决不意味着中国放弃学习资本主义国家的一切好的东西，中国不但要学习西方一切好的东西，好的文化，而且要真正地把它们融入到中国社会的方方面面，但是，反过来说，西方国家也可以从中国的发展中领悟到一些对它们的社会发展有积极意义的东西。正如邓小平所指出的，"如果发达的资本主义国家摆脱了资本主义制度，它们的经济文化肯定还会有更大的进步"。[2]

---

① 《邓小平年谱：1975～1997》（上），第 478 页。
② 《邓小平文选》第 2 卷，第 167～168 页。

其实，第二次世界大战后资本主义经济的恢复，很多方面是借鉴了公有制的很多做法，当然其根本的制度没有改变。因此，周期性的经济危机，社会腐朽现象仍然十分突出，只有其社会制度真正地转向了社会主义，其经济文化的发展，才会真正走上健康的轨道。

2008 年发生在西方资本主义国家的金融危机和中国在此次金融危机中卓越的应对再一次证明了这样一个事实，即资本主义正在走向不可逆转的衰败和坚持社会主义制度的中国正在走向不可逆转的崛起。而特别有意义的是，西方世界特别是美国，为了挽救金融危机所造成的严重后果，他们不得不采取通常是在社会主义国家才会采取的措施——国有资本介入私人银行的救市。

在这里，我们也要特别提及一下美国卡特时代对华文化外交的同理心的经典之作，邓小平 1979 年访问美国，在访问期间，美国精心安排了一场美国儿童演唱中国歌曲《我爱北京天安门》的场面，根据《卡特回忆录》中卡特 1979 年 1 月 29 日日记："在肯尼迪中心看了一场精彩表演。表演结束后，邓和我还有他的夫人卓琳女士，罗莎林和艾米走上舞台同演员见面，当他在拥抱美国演员，特别是唱了一支中国歌曲的儿童时，确实全场感情激动。他吻了许多演员，报纸后来说许多观众流下了眼泪。一直强烈反对同中国建交的参议员拉克索尔特在看了这场演出后说，我们把他们打败了；谁也没法对唱中国歌的孩子们投反对票。邓和他的夫人看来真的爱人民；他确实令在场的观众和电视观众倾倒。"① 这就是文化的力量！它既震撼美国人，也同样震撼了中国人。

三 党的第二代中央领导集体文化外交为人民根本利益的理念

列宁指出："过去，人类的全部智慧、人类的全部天才所进行的创造，只是为了让一部分人独享技术和文化的一切成果，而使另一部分人连最必需的东西——教育和发展也被剥夺了。然而现在一切技术奇迹、一切文化成果都将成为全民的财产，从今以后，人类的智慧和天才永远不会变成暴力手段，变成剥削手段。"② 今天中国文化建设的一切成果，已经成为真正意义上的"全民的财产"，在"和平"与"发展"主题的引领下，作为全民财产的社会主义文化建设成果，在"三个代表"重要思想和科学发展观的引领下，通过国际间的文化交流而增值。从某种意义上讲，通过中国对西方国家的文化外交，达到防止了资本主义毁灭人类文化的目的。当然，中国的文化外交是全方位的，它是

---

① 〔美〕吉米·卡特：《忠于信仰：一位美国总统的回忆录》，第 243 页。
② 《列宁全集》第 33 卷，人民出版社，1985，第 288 页。

面向世界的文化外交，既是面向资本主义国家的，也是面对社会主义国家的，既是面对发达国家的，也当然是面对发展中国家的，它更应该是面向世界人民的，是为世界和平和人类真正的平等服务的，是为人类消除"暴力手段"和"剥削手段"服务的。邓小平指出："我们的文艺属于人民。"① 邓小平还指出："对人民负责的文艺工作者，要始终不渝地面向广大群众，在艺术上精益求精，力戒粗制滥造，认真严肃地考虑自己作品的社会效果，力求把最好的精神食粮贡献给人民。"② 邓小平的论述充分说明，文化的发展与繁荣最终是为人民大众服务的，这些思想在党的第二代中央领导集体的文化外交中一以贯之。

（一）"使人民的文化生活、精神面貌好一些"的思想

邓小平指出："生产力发展的速度比资本主义慢，那就没有优越性，这是最大的政治，这是社会主义和资本主义谁战胜谁的问题。生产力总是需要发展的，外国人议论中国人究竟能够忍耐多久，我们要注意这个话。我们要想一想，我们给人民究竟做了多少事情呢？所以，我们一定要根据现在的有利条件加速发展生产力，使人民的物质生活好一些，使人民的文化生活、精神面貌好一些。"③ 如果一切物质文明和精神文明建设的成果的核心目标都是以最广大人民为对象，如果物质文明和精神文明建设的成果都能直接地落实到最广大人民群众的身上，外国人怀疑中国忍耐不了多久的预言就会破产。这就是邓小平所希望回答外国人的答案。外国人特别是西方世界的人，总认为中国是"非民主国家"，中国共产党所领导的政权"不能长久"，"中国崩溃"论很有市场，这些言论从反面对中国是一个很大的提醒，而中国的信心来自社会主义制度的优越性，但是这个优越性并不会通过制度的先进性不加努力和奋斗就能直接反映出来，必须有实实在在的可操作性，必须经过努力和奋斗才能实现，而且往往要付出比资本主义国家还要艰难得多的努力和奋斗才能取得成功，因为社会主义是新型的社会制度，没有太多的经验和理论可以借鉴（唯一的参照就是苏联，而作为世界第一个成功地建立了社会主义国家的苏联最终放弃社会主义制度，这对中国的考验和挑战的严峻程度可想而知），中国特色的社会主义道路很大程度上还处在探索和实践的过程之中，而资本

---

① 《邓小平文选》第 2 卷，第 209 页。
② 《邓小平文选》第 2 卷，第 211 页。
③ 《邓小平思想年谱》，第 80 页。

主义则不同，它已有几百年的历史，因此走资本主义道路者相对于中国走的社会主义道路来说，经验和理论都是非常丰富的，更何况中国的社会主义制度是建立在半殖民地半封建基础上的社会主义，其艰巨性就更突出了。中国共产党不但要创造一切条件使中国人民的物质生活达到高水平，同时也要使人民的精神生活达到很高的水平，如果在物质文明和精神文明建设方面不能让人民大众得到看得见、摸得着的利益，社会主义要战胜资本主义根本不可能，反过来资本主义则必然确定无疑地打败搞社会主义的中国，因为如果中国自身不能在两个文明建设上使最大多数的中国人民受益，这样的社会主义就是口头上的社会主义，是假的社会主义，假的社会主义和真的资本主义博弈，也是不能取得成功的。在这个方面，"殷鉴不远，在夏后之世"，苏联的教训非常深刻。当然，中国的两个文明建设能否取得成功，还在于能否充分吸收资本主义两个文明建设的成果。列宁就说过："我们不能设想，除了建立在庞大的资本主义文化所获得的一切经验教训的基础上的社会主义，还有别的什么社会主义。"①邓小平指出："我们相信，现在我们提出的方针是正确的，其中包括充分利用外国资金和技术。扩大中国同世界各国的经济交往、发展贸易，这是一个重要的条件。……我们现在缺乏技术人才，特别缺乏管理人才，我们不仅要学习先进国家的一些技术，管理知识也要学习。"马克思主义理论家李洪林认为："列宁所说的'资本主义'，指的是人类在资本主义社会中所创造的物质文化和精神文化成果，这些文化，有的和资产阶级共命运，将随着资本主义制度的灭亡而退出历史舞台，例如资本家对工人的剥削压迫。但是有的文化并不属于某个阶级所独有，也不会随着资本主义一起灭亡，例如现代化的大生产，以及和它联在一起的先进科学技术和经营管理。特别是商品生产和市场机制，虽然在资本主义社会得到空前发展，却不是这个社会所独有的。上述这些文明成果，是全社会的财富，并且是任何国家走向现代化所不可缺少的阶梯。可是有些人在很长的时间里都不懂这个道理，总想超越必经的阶梯，直接建立起富丽堂皇的社会主义大厦。结果正像列宁所批评的十月革命后的俄国一样，盖房子不是从基础开始，而是从屋顶开始，结果每次都失败了。"② 这就像孟子所说的"不揣其本，而齐其末，方寸之木可使高于岑楼"，但结果一定是不切实际的和没有基础的。因此，以邓小平为核心的党的第二代中央领导集体的两个文明建设，也是建立在充分吸收资本主义文明成果基础上的。

---

① 《列宁全集》第34卷，第252页。
② 李洪林：《四种主义在中国》，生活·读书·新知三联书店，1988，第86~87页。

（二）借鉴发展水平相似的外国经验，提高文化发展的比例，造福人民

即使同是发展中国家之间，也各有自己的优势和长处，中国也可以从一些发展中国家的文化发展中借鉴一些有益的经验。而且它们的经验更有现实的可操作性和实践价值。对此，党的第二代中央领导集体是非常重视的。邓小平指出："为了建设现代化的社会主义强国，任务很多，需要做的事情很多，各种任务之间又有相互依存的关系，……经济发展和教育、科学、文化、卫生发展的比例失调，教科文卫的费用太少，不成比例。甚至有些第三世界的国家，在这方面也比我们重视得多。印度在教育方面花的钱就比我们多。像埃及这样的国家，人口只有四千万，按人口平均计算，他们在教育方面花的钱，也比我们多几倍。总之，我们非要大力增加教科文卫的费用不可。"①改革开放的一个很重要的特点是以经济建设为中心，经济建设搞上去了，其他领域的发展就有了物质基础。随着中国经济总量的提高，中国经济社会的发展模式必然要从以经济建设为中心的模式，向不同行业平衡发展转变和过渡，基本做法就是降低中央财政在经济建设中的支出比例，而提高科教文卫的支出比例，改善教科文卫等基础设施，同时也要逐步缩小地区间教科文卫发展差距过大的问题。进入21世纪，中国文化的发展进入了黄金时期，不但面向国内的文化发展的比例提高很大，中国的文化也开始加速走向世界，海外中国文化中心和孔子学院纷纷建立。以孔子学院为例②，据有关统计，"自2004年11月21日全球第一所孔子学院在韩国首尔挂牌，截至2011年8月，全球已建立338所孔子学院和276个孔子课堂，共计614所，分布在94个国家（地区）"③。

（三）物质文明和精神文明两手抓、两手都要硬

两个文明的建设，既是内政的需要，也是对外政策的需要。没有物质文明，中国推动世界和平与发展就缺少硬实力的基础；没有精神文明，中国同样缺少推动世界和平与发展的软实力基础。中国推动世界和平与发展的硬实力和软实力，两个都要抓，而且两个都应该硬。邓小平指出："我们要在建设高度物质文明的同时，提高全民族的科学文化水平，发展高尚的丰富多彩的文化生

---

① 《邓小平文选》第2卷，第250页。
② 孔子学院并非一般意义上的大学，而是一个非营利性的教育和文化交流的社会公益机构，目的是推广汉语和传播中国文化与国学，一般下设在国外的大学和研究院之类的教育机构。
③ 洪晓楠、林丹：《孔子学院的发展历程与文化意蕴》，《文化学刊》2011年第5期，第31页。

活，建设高度的社会主义精神文明。……对人民负责的文艺工作者，要始终不渝地面向广大群众，在艺术上精益求精，力戒粗制滥造，认真严肃地考虑自己作品的社会效果，力求把最好的精神食粮贡献给人民。"① 邓小平曾经说过，"国际主义属于精神文明建设范畴"，定位于为世界人民服务的中国的文化外交当然属于国际主义的重要组成部分，这样，文化外交自然就属于精神文明建设的内容之一了。从国际政治的意义上讲，邓小平提出的"把最好的精神食粮"打造出来"贡献给人民"和作品必须产生良好的"社会效果"的思想，对中国的国际文化交流事业的发展，必然打下良好的软实力基础，因为中国人民满意的精神食粮，把外国人请进来欣赏之和推出国门对外交流之，一定将产生十分积极和良好的效应，这样中国在国际上的文化影响力和吸引力将随着中国在国际上政治、经济和科技影响的提高而提高，如此发展的中国，才是一个平衡发展的中国和综合实力协调发展的中国。

（四）和外国共产党谈建设社会主义精神文明的根本要求

党和国家领导人，经常利用会见外宾之机谈自己国家的国情，此举也可以称之为"国情外交"，这对任何一个愿意和中国深交的国家，都是非常希望了解的，以便在和中国交往时做到有的放矢。如果是与我们意识形态相同或者相似的外宾，谈论则往往围绕党的建设等议题展开。1983 年 4 月，邓小平会见印度共产党（马克思主义）中央代表团时指出："在社会主义国家，一个真正的马克思主义政党在执政以后，一定要致力于发展生产力，并在这个基础上逐步提高人民的生活水平。这就是建设物质文明。与此同时，还要建设社会主义的精神文明，最根本的是要使广大人民有共产主义的理想，有道德，有文化，守纪律。"② "使广大人民有共产主义的理想，有道德，有文化，守纪律"的思想，最符合广大人民群众的利益，如果绝大多数中国人都树立了共产主义理想，中国的面貌必然大变，中国人民的政治生活、经济生活和文化生活都将取得质的飞跃，如果绝大多数中国人都是道德完善的人，人民之间就会互敬互爱，真正的和谐社会就会到来，如果绝大多数的中国人科学文化水平都很高，他们就会为人类社会创造更多的文明成果，如果绝大多数中国人都是守纪律的人，整个国家的政治、经济、文化秩序就会处于积极稳定的状态，人民就会生活在更加安定和安全的环境中。邓小平和印度共产党（马克思主义）谈中国

---

① 《邓小平思想年谱》，第 136～137 页。
② 《邓小平思想年谱》，第 252 页。

精神文明的建设，虽然讲的是中国的内政，但是这明显的有文化外交的意义，是邓小平直接进行的对外宣传工作的实践。

（五）突出强调文艺为人民服务的思想

党的第二代中央领导集体文化外交的根本立足点，就是文化为中国人民和世界人民服务，为世界上一切爱好和平的力量服务。世界上的主权国家的政治制度及其统治阶层的对华态度，可能会决定中国对其采取的对外政策，但对待人民都一样，中国都一样热爱，一样友好，不管不同国家的人民对中国是采取什么态度，中国对他们的态度只有一个，那就是友好。这种友好表现在文化交流上，就是要让中国的文化走进他们，为他们的文化利益服务，为丰富他们的文化生活服务。这样的思想是从哪里来的？是从中国文化成果为谁服务的理念延伸来的。列宁曾经针对帝国主义时代各国人民文化生活的状况指出："世界各国的工人群众都遭受着压迫。他们不能享用资本主义的文化财富，其实正是劳动群众才应该是全部国家生活的基础。"① 今天，作为"全部国家生活的基础"的全世界各国人民，有一个奉行人民外交的中国正在努力创造条件，使他们能够享用社会主义的中国提供的文化财富。比如，今天在全球范围内展开的孔子学院和中国文化中心，就是向世界人民敞开的文化财富的平台之一。今天的中国已不再是列宁曾经痛心地形容的"不独立的、没有充分权利的民族"而使包括中国的东方国家成为"帝国主义国际政治的客体"，使包括中国在内的东方国家的存在只是为了给资本主义文化和文明当肥料②的时代已经一去不复返，中国作为今天国际政治的主体昂首挺胸地活跃在世界政治舞台上，中国已成长为向世界传播文化和文明的真正的文化大国。邓小平指出，"我们要继续坚持毛泽东同志提出的文艺为最广大的人民群众、首先为工农兵服务的方向"③。邓小平还说过："我们一定要恢复和发扬毛主席为我们党树立的谦虚谨慎、戒骄戒躁、艰苦奋斗的优良传统和作风，全心全意地为中国人民和世界人民服务。"④ 为中国和世界人民服务的文化交流，首先是要吸收和借鉴别人优秀的文化，同时也要将通过艺术创造的中国人民的伟大形象和充满爱、充满包容、主张和谐和体现对多样性尊重的文化推向世界，影响世界。文化的互相影响是一种非常复杂的现象，吸收外来文化存在一个如何按照人民大众的意愿进

---

① 《列宁全集》第 37 卷，第 166 页。
② 参见《列宁全集》第 37 卷，第 166 页。
③ 《邓小平文选》第 2 卷，第 210～211 页。
④ 《邓小平年谱：1975～1997》（上），第 182 页。

行分析、鉴别、咀嚼、消化的过程。为了保持进步的健康的文化，给人民以健康的精神食粮，必须遵守批判吸收的原则。

第三节 "三个代表"重要思想与党的第三代中央领导集体的文化外交

《尚书·舜典》中有一段话，是舜帝命令夔为主管文艺的官员，要他用诗歌和音乐的力量教导年轻人，使他们"直而温，宽而栗，刚而无虐，简而无傲"，让"八音克谐，无相夺伦"，以达到"神人以和"之效。在《论语·阳货》中，孔子说过诗歌"可以群"即可以用诗歌来交朋友的话。《荀子·乐论篇》"君子以钟鼓道志，以琴瑟乐心。……故乐行而志清，礼修而行成。耳目聪明，血气和平，移风易俗，天下皆宁，莫善于乐。"这是讲音乐塑造和谐的人和建立和谐的社会的直接关联性。《礼记》"治世之音安以乐，其政和；乱世之音怨以怒，其政乖；亡国之音哀以思，其民困。声音之道，与政通矣。"这是讲音乐和政治的直接关联性。

今天国家间的外交引入文化因素，其目的就是通过文化的力量，发展出更多的朋友，使国家间的关系会变得和谐。印度伟大的诗人泰戈尔于 1924 年访问中国时即兴作诗："新时代已经来到了，就站在我们面前，等着我们去欢迎。我们不能够再让她久候了。让我们，中国和印度，联合起来吧；让欢迎伟大时代的歌声从中国和印度响起来吧！让我们两个国家把欢迎的灯点起来吧，迎上前去吧！如果由于逆风，说不定谁的灯会被吹灭，就让我们互相帮助吧；说不定谁会晕倒，就让另一个把他唤醒吧！"① 这就是用诗来解读国际关系的很好例证，如果中印两国人民普遍能吟诵这一反映印度伟大诗人泰戈尔对中国人民的美好感情的诗歌，两国因为敏感性问题而爆发冲突的可能性甚至都会大大降低，因为彼此在对对方充满亲切感的情况下，谁还会有意地去扩大敌对性的事态？

充分利用文化的亲近感和吸引力在政治外交中的作用，在今天越来越受到各国的青睐和重视。比如，2000 年 10 月下旬的法国总统希拉克访华，此次访问的文化的因素就十分的浓厚。为了此次法国总统的访问，江泽民主席专门向法国通柬埔寨西哈努克亲王请教，"二战前后法国社会最流行什么歌曲，因为像希拉克这一代人对那一时期有抹不去的深刻记忆。西哈努克说了几首，其中

---

① 季羡林：《中印文化交流史》，新华出版社，1993，第 184 页。

一首《玫瑰明天》流传最广，是由当时法国著名歌星'小麻雀'唱红的。谈话中，江泽民还就希拉克访问扬州作了具体而周密的部署，包括希拉克去了以后看什么；晚宴后要安排个小型的晚会，演什么节目等细节。""希拉克很喜欢中国历史，对中国的青铜器情有独钟，研究很深，几乎达到专家的水平。""1997年希拉克访问上海参观上海博物馆，当讲解员介绍到青铜器，令人吃惊的是希拉克不等讲解员说完，他自己就讲开了，他眉飞色舞地向同行的法国人讲述着青铜器的历史和文化，其博学为在场的人所惊叹。青铜器专家马承源是希拉克的私人朋友，每次去巴黎，希拉克都要见他，讨论中国青铜器的发掘情况。有一次，马承源把自己撰写的一套关于青铜器的书送给希拉克，希拉克随手打开了其中的一卷，指着一张照片问：'这是不是二里头二期的青铜器？'马承源说，他当时惊讶得说不出话来。"①

1990年3月14~16日，江泽民同志访问朝鲜，这是他担任中共中央总书记之后的首次出访。"3月的平壤，依然有几分寒意。但江泽民总书记刚一踏上朝鲜的土地，就沉浸在朝鲜人民友好的热浪中。在金日成陪同江泽民总书记乘车前往百花园国宾馆途中，50多万平壤群众组成了一条长达12公里的欢迎长廊。他们身着节日盛装，手中挥舞着中朝两国国旗，和五彩缤纷的花束一起，组成了欢乐的海洋。由数千人排成的乐队方阵，齐奏《社会主义好》和《没有共产党就没有新中国》等中国歌曲，昂扬的旋律响彻云天。江泽民总书记频频挥手，向人们致意。""当车队驶入金日成广场时，欢迎的气氛达到高潮。江泽民总书记和金日成走下汽车，劳动党平壤市委书记兼人民委员会委员长崔文善向江泽民总书记赠送了一尊象征朝中友谊的雕塑——中国人民志愿军战士和朝鲜人民军战士紧紧拥抱。江泽民总书记将它高高举起，成千上万的欢迎群众爆发出雷鸣般的掌声和欢呼声，一万只气球腾空而起，两万多朝鲜文艺工作者跳起了中国传统的'红绸舞'和'狮子舞'。""在凯旋门广场，4万名平壤少年儿童欢呼雀跃。朝鲜少年给江泽民总书记戴上红领巾。江泽民总书记精神焕发，神采奕奕。他祝朝鲜少年儿童茁壮成长。朝中友谊塔前，朝鲜人民军协奏团奏起了《中国人民志愿军军歌》，激昂的乐曲和人民军战士们雄健的舞姿把人们又带到了那难忘的烽火岁月。"②

应越共中央总书记农德孟、越南国家主席陈德良的邀请，中共中央总书记、国家主席江泽民于2002年2月27日至3月1日对友好邻邦越南进行了正

---

① 初阳：《世界外交史上的一段佳话——江泽民主席、希拉克总统互访对方故乡的前前后后》，《党史博览》2006年第12期，第9~10页。

② 钟之成：《为了世界更美好：江泽民出访纪实》，世界知识出版社，2006，第4页。

式友好访问。在这次访问中，江总书记受到了越南党和政府隆重、热情、友好的接待，受到了越南人民发自内心的热烈欢迎。江总书记这次访问的时间虽然很短，在越南逗留的时间全部加起来只有 52 个小时，但东道主却盛情地安排了 20 场正式活动，内容极其丰富。"当江总书记步入河内国家大学演讲大厅时，全场起立，雷鸣般的掌声和《越南—中国》的歌声在大厅里久久回响，气氛十分热烈、感人。江总书记专程前往河内国家大学同青年朋友见面，并发表了题为《共创中越关系的美好未来》的重要演讲。面对青春洋溢、朝气蓬勃的大学生们，江总书记深情地回忆起 50 多年前自己还是一名大学生时的人生体验，……江总书记的讲话不时引起阵阵热烈的掌声。演讲结束后，在同学们用汉语演唱的中国歌曲《歌唱祖国》和越南歌曲《越南—中国》充满友好情谊的歌声中，江总书记欣然为青年朋友们题词：'中越友谊，世代相传'"①。越南在政治外交中将备受中越两国人民喜爱的《越南—中国》一歌在江泽民访问的场所反复播放，这无疑对勾起中国人民对两国人民友好时代的回忆，对今天如何巩固和加强两国人民的传统友谊有巨大的精神鼓舞作用。从而也在一定程度上达到消弭 20 世纪 70 年代末期到 90 年代初两国关系中不愉快的历史怨恨的作用。必须指出的是，造成此段历史时期中越关系下滑的原因不在中国，而是越南在地区霸权主义和越南当局刻意恶化中越关系使然，而中越关系的此段时期的政治恶化的直接后果之一，是越南人对中国文化上的认同感和亲近感的危机。据东南亚问题专家宋北仑回忆："自从 70 年代末中越交恶之后，越南就视中国为头号敌人，不但表现于平时处理日常两国关系上，甚至把与中国有丝毫联系的任何东西都视为有敌意的，不惜连根铲除毁之而后快。1991年笔者第一次访问越南时在越南和平水电站接触了一名曾留学中国的工程技术人员。他在中越关系恶化期间，由于受当局反华宣传影响，甚至连那些有中国文字的书都已统统烧掉，即使是非常有用的而又没有政治内容的《越汉词典》也不例外。这位在中国留学多年的越南人叙述这些情况时悲伤地掉下了眼泪。尽管 19、20 世纪以来，中国与越南一直都是友好交往，以至可以说是患难与共，互相支持和帮助，但两国关系恶化时期越南出版的书报杂志却找不到记录这些的只字片言。真是爱得越深恨得也越深。"② 由此可见，文化上的认同在国家间关系中的媒介作用有多么强大，影响有多么深远！

---

① 张向斌：《增进互信、面向未来——中共中央总书记、国家主席江泽民访问越南》，《当代世界》2002 年第 3 期，第 6 页。

② 宋北仑：《中越关系从对抗走向和好》，《东南亚纵横》2000 年 S1 期，第 39 页。

"三个代表"重要思想与当代中国外交

1996 年 4 月 24 日，俄罗斯总统叶利钦来华访问。而远在莫斯科，在享有盛誉的俄罗斯科学院远东研究所，特意选定这一天，举行一个古朴、热烈、庄重的授衔仪式——为了表彰一位中国学者在中俄关系史研究和翻译、传播俄罗斯文学与文化作品方面的卓越功绩，以及为加强中俄两国学者的合作所做的巨大贡献，向他授予荣誉博士称号，并把他的巨幅彩照悬挂在科学院的肖像陈列厅。下午两点整，按照惯例，远东研究所所长、学术委员会主席、科学院院士、博士、俄中友好协会、副会长（现为会长）、汉学家季塔连科教授敲响了悬挂在会议桌台面上的铜锣，宣布授衔仪式开始。他首先介绍了这位学者的生平、学术成就与贡献，然后按照传统程序，向他提了两个问题：您是否时刻准备着维护和平理想和增进我们两国人民之间的友谊？您是否时刻准备着为繁荣科学服务？这位中国学者简短而坚定地回答"是"。每回答一次，学术委员们都起立热烈鼓掌。接着，主席先生向他颁发了荣誉博士证书，并表达了良好的祝愿。之后，研究所的女秘书向他献上了一束鲜艳的玫瑰花……这位获此殊荣的学者就是黑龙江省社会科学院研究员郝建恒教授。[①]

文化外交是党的三代中央领导集体总体外交的一个有机组成部分，内容是非常丰富的。江泽民对此作过一系列的论述：（1）指出"我们要不断扩大同外国的经济技术合作和文化交流，加强同各国人民的友好往来。"（2）强调"独立自主，就是坚定不移地维护民族独立、捍卫国家主权，把立足点放在依靠自己力量的基础上，同时积极争取外援，开展国际经济文化交流，学习外国一切对我们有益的先进事物。"[②]（3）指出"中国和非洲，都是人类文明发达最早的地区之一。两个古老文明早在大约两千年前就曾有过交汇。公元八世纪，中国同非洲的贸易往来和文化交流进入了迅速发展的时期。十五世纪，中国明代著名航海家郑和曾来到非洲东海岸。中非人民友好交往源远流长，从来没有发生过冲突。"[③]（4）指出"实行改革开放是我们的基本国策。同世界各国进行广泛的经济、贸易、科学、技术、教育、文化交流，对我们进行社会主义现代化建设具有重大作用。"[④]（5）指出"香港作为我国同世界各国进行经济、科技、文化交流的重要桥梁而获得巨大利益。"[⑤]（6）强调"要坚持平等

① 常延廷：《中俄文化交流的使者——记中俄关系史学家、翻译家郝建恒教授》，《学术交流》1999 年第 5 期，第 81 页。
② 《江泽民文选》第 1 卷，第 3444 页。
③ 《江泽民文选》第 1 卷，第 524 页。
④ 《江泽民文选》第 1 卷，第 573 页。
⑤ 《江泽民文选》第 1 卷，第 656 页。

互利的原则，同世界各国和地区广泛开展贸易往来、经济技术合作和科学文化交流，促进共同发展。"① （7）就推动复兴经济由中亚地区的古老的丝绸之路指出"积极进行铁路和公路建设，争取尽快建立现代化的交通运输网络，以促进和活跃本地区的经济文化交流。"② （8）指出"古丝绸之路作为中外经济文化交流的重要渠道，对中华文明和世界文明的发展都曾作出了重要贡献。"③关于古丝绸之路的历史地位，英国著名的历史学家汤因比有过深入的分析，他指出："旧大陆文明中心的北大西洋边缘到西南亚的距离几乎有西南亚到印度河流域的两倍，但是，黄河流域中下游地区距西南亚比欧洲大西洋沿岸距西南亚更远。在黄河流域也发现了新石器时代的文化遗迹，那就是最古老的新石器时代文化——仰韶文化。它是根据今天河南的一个村落的名字命名的，这个村落被认为是它的典型遗址。但是，它的起源似乎更早，在今天中国最西北的省份甘肃持续的时间似乎更久。……因为甘肃和乌克兰位于欧亚大平原的两边，而大平原也象海洋一样，是可以交通的。来自西南亚的新石器时代的先驱们也许可以到达横跨里海的欧亚大平原南岸，然后穿过大平原，沿西北方向到达乌克兰，同时沿东北方向到达甘肃。"④ （9）指出"我们对日本要坚持以争取合作为主。在历史问题和台湾问题上，要坚持原则。要加强两国经贸合作和文化交流，鼓励日本在东亚经济合作中发挥积极作用。要多做日本年轻一代政治家的工作，培育中日友好力量。我们要维护朝鲜半岛的和平稳定，积极发展同东盟国家的关系，努力保持东北亚和东南亚两个战略方向的稳定。"⑤ （10）强调"我们将继续广泛开展民间外交，扩大对外文化交流，增进人民之间的友谊，推动国家关系的发展。"⑥

一 党的第三代中央领导集体促进精神生产力发展的文化外交思想

国家间关系如果缺乏文化上的相互的亲近感和吸引力，政治关系要发展好是不可能的，政治关系冷漠，经济关系要取得稳步发展也是难以想象的。以中俄关系为例，正如有俄罗斯研究学者发表在 1998 年第 2 期《今日东欧中亚》

---

① 《江泽民文选》第 2 卷，第 41 页。
② 《江泽民文选》第 2 卷，第 403 页。
③ 《江泽民文选》第 3 卷，第 58 页。
④ 〔英〕阿诺德·汤因比：《人类与大地母亲：一部叙事体世界历史》，徐波等译，上海人民出版社，2002，第 69 页。
⑤ 《江泽民文选》第 3 卷，第 354 页。
⑥ 《江泽民文选》第 3 卷，第 568 页。

的论文指出的："中俄关系有特殊的历史原因，它常常与意识形态和个人性格等因素联系在一起。中俄关系沿袭了中苏关系的发展惯性，由上而下、依靠国家最高领导人的威望而得以恢复和发展。同时，在五十年代中苏蜜月时期，培养了一批对中苏两国文化和国情有着丰富感情和深刻了解的领导干部和知识分子，他们是九十年代中俄关系得以健康发展的社会基础。然而随着时间的推移，两国社会精英的更新换代，以及两国人民价值观念的急剧变化，中俄关系过去曾经赖以生存和发展的文化资源将会减少，曾经用来支撑中俄友谊大厦的社会根基发生位移。……不用多少年，中国和俄国对本国社会精英的年轻人来说都有一种莫名的陌生感。普希金的诗篇和鲁迅的杂文都难以激起本国人民对另一国度文化的激动和崇敬。对于中国官员来说，俄国承包商和日本、欧美的承包商没有任何本质的差异，俄国人只有证明自己比其他国家的商人做得更好，才能在中国大量工程项目中一个个的中标。在不久的将来，从本世纪二十年代形成的、经过多年历史沧桑磨砺的俄罗斯情结，说不定很快在新一代的中国青年人心中终结。学俄语的人在中国几乎加入了下岗队伍。中国研究俄罗斯的学术机构和刊物急剧削减。在上海，发表本文的刊物还在俄罗斯研究这个领域里苦苦挣扎。俄国青年的中国情结可能消退得更快。于是，中国和俄国的关系又多了一分隔膜；不仅有了地理上的距离感，也有了历史的距离感。行将产生的中俄两国文化断层（指对对方文化的了解）必然给未来的中俄关系笼罩上阴影。"[①] 该文至少给我们提供了这样的启示，文化交流的可持续性发展本身也是生产力，而且这个生产力甚至有着牵一发而动全身之效。所以，党的三代中央领导集体之所以高度重视通过和各国文化的交流，尤其重视文化交流的带动效应和波及效应，是因为这不但可以促进自身精神生产力的发展，也可以促进别国精神生产力的发展。

（一）继承毛泽东和邓小平两代中央领导人的"物质和文化"的思想，在新时期加以创新和发展

第一，提出物质和文化建设的好坏是决定国家主权是否完整和在国际政治中力量强弱的决定性条件。20 世纪 80 年代中国的三件大事是加紧经济建设、实现祖国统一和在国际事务中反对霸权主义、维护世界和平。以江泽民同志为核心的党的第三代中央领导集体紧紧围绕这个中心，为相互促进、相互依托的三大任务作出了不懈的努力，取得了巨大成绩。江泽民指出："在这三大任务

---

① 陆钢：《中俄关系思考：现实与理想》，《今日东欧中亚》1998 年第 2 期，第 26 页。

中，现代化建设是核心。我国还处于并将长期处于社会主义初级阶段，主要矛盾依然是人民日益增长的物质文化需要同落后的社会生产之间的矛盾。经济建设是党和国家的中心任务。到下个世纪中叶基本实现社会主义现代化，是我们的总目标。大力发展社会生产力，不断增强综合国力，是社会主义的根本任务，也是我们解决国内国际问题最主要的条件。一切决定于我们自己的事情干得好不好。改革开放以来，我们有一条十分重要的经验，就是不论发生什么事情，国际的也好，国内的也好，只要不发生大规模的外敌入侵，都始终扭住经济建设这个中心不放。今后，我们要继续坚定不移地这样做。"①

第二，联系人的全面发展、物质文明建设和精神文明建设谈实现人民的物质和文化生活需要。江泽民指出："我们建设有中国特色社会主义的各项事业，我们进行的一切工作，既要着眼于人民现实的物质文化生活需要，同时又要着眼于促进人民素质的提高，也就是要努力促进人的全面发展。这是马克思主义关于建设社会主义新社会的本质要求。我们要在发展社会主义社会物质文明和精神文明的基础上，不断推进人的全面发展。这是马克思主义关于建设社会主义新社会的本质要求。我们要在发展社会主义社会物质文明和精神文明的基础上，不断推进人的全面发展。"② 江泽民同志在庆祝建党八十周年的讲话中还指出："推进人的全面发展，同推进经济、文化的发展和改善人民物质文化生活，是互为前提和基础的。人越全面发展，社会的物质文化财富就会创造得越多，人民的生活就越能得到改善，而物质文化条件越充分，又越能推进人的全面发展。社会生产力和经济文化的发展水平是逐步提高、永无止境的历史过程，人的全面发展程度也是逐步提高、永无止境的历史过程。这两个历史过程应相互结合、相互促进地向前发展。"③ 随着中国改革开放的深入，中国人民的物质和文化生活的需要，不再是孤立地在一国内部进行，而是只有通过和国际社会进行广泛的经济和文化的交往，才能使人民的物质和文化的质量得到进一步提高，同时才会为中国人民在紧跟国际社会发展大趋势背景下的全面发展提供有力的物质上和精神上的保障。如果今天的中国还处在明朝中后期和清王朝时期的时代，国人还是处在对外封闭和孤立的状态下，"人的全面发展"就永远只能是空想和奢望。封闭的状态只能使民族的活力消失殆尽，甚至威胁民族的生存，更不要奢望"人的全面发展"了。由此我们不难理解，江泽民

---

① 《江泽民文选》第 3 卷，第 124 页。
② 《江泽民文选》第 3 卷，第 294 页。
③ 《江泽民文选》第 3 卷，第 295 页。

同志高度关注的人的全面发展是物质文明建设与精神文明建设的根本目的所在，而通过广泛的多层次的经济和文化交流则是保障人民的物质和文化生活需要健康发展的重要外部条件和重要促进因素。在国际竞争日益激烈和外部环境考验更加突出的今天，只有让中国人民的物质和文化生活需要更加紧密地、更加科学地、更加有序地、更加有针对性地和有选择性地和国际社会的物质发展和文化发展相联系，中国人民的全面发展的机体才会变得更加牢固，才会使绝大多数中国人真正成为睁眼看世界、了解世界发展大势并积极参与有利于国家和民族利益和世界人民整体利益的清醒的中国人，只有这样，中华民族的伟大复兴才会真正到来。苏联外交家费德林就精辟地指出："地球的生存有赖文化的接近。各民族的文化接近，汇世界文化精华于一体，这不是一个应时性的运动，而是一个认真的永远不停的运动，如果我们想在地球上保存生命的话。"①

第三，建立在实事求是基础上的"物质文化"观。我国人口多、底子薄、地区发展不平衡、封建传统影响深远等因素决定了人民的物质和文化的需要仍然不可能得到充分的满足，这是实实在在的客观现实，执政党只有实事求是地根据这一客观事实最大限度地满足人民群众日益增长的物质和文化需要。即使执政党的种种艰苦卓绝的努力可能已经最大限度地适应了人民群众的物质和文化的需要，但是和发达的资本主义国家相比，中国人民普遍的物质文化生活水平仍然是差距巨大的，特别是在全球化和地球村的今天，由于资讯高度发达，人们很容易认识到这种差距。江泽民指出："必须看到，我国正处于并将长期处于社会主义初级阶段，现在达到的小康还是低水平的、不全面的、发展很不平衡的小康，人民日益增长的物质文化需要同落后的社会生产之间的矛盾仍然是我国社会的主要矛盾。"② 江泽民同志的相关论述，我们不但应该从国内政治的角度来认识，而且应该从国际政治的角度来思考。因为"人民日益增长的物质文化需要同落后的社会生产之间的矛盾"决定，中国一方面要通过扩大和世界的经济文化联系来提高中国人的整体的物质和文化水平，另一方面中国在进行国际物质文化援助时采取实事求是的方针和政策，使中国的国际性的物质和文化援助能够支援一切至今仍然遭受霸权主义和强权政治欺负的国家和民族，同时也保障中国人民的物质和文化生活水平需要不受消极的影响。这并不是中国人民自私，而是为了保障中国的对外物质和文化支援的可持续发展。

---

① 〔俄〕尼·费德林：《费德林回忆录：我所接触的中苏领导人》，周爱琦译，新华出版社，1995，第183页。
② 《江泽民文选》第3卷，第542页。

孔子说过"过犹不及"的话，在和平与发展的时代，如果中国超越自身的实际进行对外物质和文化的援助，短期来看确实把中国的气魄表达出来了，当然也会超水平地感动受到中国援助的国家，但是这样的举动显然不可持续的，短暂的。当然，在特定的时代，比如，在帝国主义疯狂蹂躏广大第三世界国家和中国受到霸权主义和强权政治全面封锁和遏制的 20 世纪 50～70 年代，以毛泽东为代表的中国共产党人和中国政府，适当地赶超中国国情的允许，勒紧裤腰带，牺牲一点中国人民的物质和文化生活利益，那是极其有战略眼光的，中国人民的此举，不但有力地遏制了帝国主义对广大第三世界国家的欺侮的势头，也为中国冲破帝国主义和封锁打下了牢固的国际基础。

孔子和他的学生颜渊有这样一段对话："颜渊问仁。子曰：'克己复礼为仁。一日克己复礼，天下归仁焉，为仁由己，而由人乎哉？'颜渊曰：'请问其目。'子曰：'非礼勿视，非礼勿听，非礼勿言，非礼勿动。'"[①] 今天的"礼"，就是要建立公平、公正、合理的国际政治经济新秩序。正是以毛泽东为代表的中国共产党人以实现人类永久和平为远大目标，努力克服自身物质和文化落后的状况，在特定的时期大胆地采取特定的对外援助政策，为和平与发展时代的到来打下了坚实的基础。正如 1999 年 8 月 4 日江泽民同志在中央有关部门召开的一次外事工作会议上的讲话中所充分肯定的，"第三世界国家大多数是原来的殖民地、半殖民地，在获得政治独立以后，经济上仍未独立，属于发展中国家。我国一贯重视对第三世界国家的工作，支持这些国家的民族解放运动和发展民族经济的正义事业，并提供了大量援助。"[②] 以江泽民为核心的党的第三代中央领导集体，进行外援不但充分考虑自身的物质和文化实际发展程度，也充分尊重市场经济的特点，更从世界人民的正义事业出发，不计较眼前的和短暂的利益，甚至为了人类的正义事业，可以牺牲自身的一些眼前的物质和文化利益。江泽民指出，"对于亚非拉的发展中国家，我们与他们发展经济技术合作，有些项目从短期看可能效益不大，有些还需要给点无偿援助。但是，如果我们现在不走出去到这些国家投资办厂，不去加强相互的经济技术合作，等到其他国家完全控制了这些国家的资源和市场，我们再想进去就难了。广大发展中国家是我们在国际上反对霸权主义和强权政治的主要依靠力量，帮助他们开

---

① 颜渊问什么是仁。孔子说："努力战胜困难，使自己实践礼的规范，这就是仁。一旦自己战胜了自己而实践礼的规范，天下也就归依于仁了。修养仁德全靠自己，难道会靠别人吗？"颜渊说："请问具体细节。"孔子说："不符合礼的不看，不符礼的不听，不符礼的不说，不符合礼的不做。"

② 《江泽民文选》第 2 卷，第 372 页。

发利用丰富资源和潜在市场，不仅可以促进他们的发展，对我国经济的长远发展也是很有利的。"① "对一些特别友好的'全天候'朋友，不要期望从他们那里赚多少钱，有时甚至要舍得付出，继续提供力所能及的援助，多搞一些投资少、周期短、效益好的项目，包括技改项目，搞好人员培训。要积极开展资源开发合作，建立战略性资源供应基地。要积极推进中国、印度、缅甸、孟加拉国四国合作，探讨参与印支及南亚的区域或次区域合作机制。通过支持周边国家的经济发展，进一步巩固我国与这些国家的政治关系。"② 新中国成立以来的对外物质文化援助成就巨大，正如时任商务部部长陈德铭所指出的，"我国对外援助起步于 1950 年。截至 2009 年底，共向 164 个国家和区域组织提供了双边援助，其中援建成套项目 2100 多个，培训各类人才 12 万余名，派出援外专家和技术人员 60 万余人次、医疗队两万余人次、青年志愿者 400 余人，减免 50 个重债穷国和最不发达国家对华政府债务 380 笔。60 年来，我国援外工作成效显著，在维护世界和平稳定、促进共同繁荣发展中发挥了重要作用。一是促进了广大发展中国家经济社会发展。我国援建的工农业生产和重大基础设施项目、技术示范中心以及提供的各类物资和人才培训，有力地增强了受援国的自主发展能力。比如，坦赞铁路、巴基斯坦瓜达尔港口等项目，已成为受援国重要的交通中枢；援建的医院、学校、体育场馆、供水设施、低造价住房等公益性和社会福利项目，丰富和改善了当地人民的生活。派往受援国的医护人员，治愈了数以亿计的当地患者。二是增进了与广大发展中国家的友好关系。通过对外援助，进一步巩固和发展了与广大受援国之间的传统友谊，结交了一批全天候的发展中国家朋友。2008 年我国汶川地震后，巴基斯坦、萨摩亚等一大批受援国，在自身十分困难的条件下，仍竭尽所能，在第一时间给予我国宝贵援助。三是深化了与广大发展中国家的互利合作。通过实施不同的援助项目，在帮助受援国发展的同时，也加深了这些国家对中国企业、产品和技术的了解，有效推动了双边经贸合作，带动和扩大了我国企业和产品的'走出去'。四是提升了我国的国际地位和树立了良好的国际形象。我国真心实意帮助受援国改善民生、促进发展，推动落实联合国千年发展目标，赢得了广大发展中国家和国际社会的广泛认同和赞誉，提高了我国的国际地位和影响力，彰显了负责任大国的国际形象。"③

---

① 《江泽民文选》第 2 卷，第 511 页。

② 《江泽民文选》第 3 卷，第 316～317 页。

③ 陈德铭：《努力开创援外工作新局面——深入贯彻落实全国援外工作会议精神》，《求是》2010年第 19 期，第 42 页。

第四，为恢复中华文明进而发展中华文明作出不懈努力。中国拥有五千以上的文明史。美国历史学者保罗·肯尼迪说过，"在近代以前时期的所有文明中，没有一个国家的文明比中国文明更发达，更先进。它有众多的人口（在15世纪有1亿~1.3亿人口，而欧洲当时只有5000万~5500万人），有灿烂的文化，有特别肥沃的土壤以及从11世纪起就由一个杰出的运河系统联结起来的、有灌溉之利的平原，并且有受到儒家良好教育的官吏治理的、统一的、等级制的行政机构，这些使中国社会富于经验，具有一种凝聚力，使外国来访者羡慕不已。的确，这个文明受到蒙古游牧部落的严重破坏，并且在忽必烈汗的入侵以后被蒙古人统治着。但是，中国惯于同化征服者而不是被后者同化，当1368年出现的明朝重新统一帝国并最后打败蒙古人的时候，许多旧的制度和知识都保留下来。对于受教尊重'西方'科学的读者来说，中国文明最引人注目的特点必定是其技术上的早熟。中国11世纪就出现了活字印刷，不久就有大量书籍。商业和工业受到开凿运河和人口压力的促进，同样很发达。中国的城市要比中世纪欧洲的城市大得多，商路也四通八达。纸币较早地加速了商业的流通和市场的发展。到11世纪末，中国北部已有可观的冶铁业，每年能生产大约12.5万吨铁，主要为军队和政府所用，比如，100万人以上的军队是铁制品的一个巨大市场。值得指出的是，这一生产数字要比700年以后英国工业革命早期的铁产量还多！中国也许是第一个发明真正火药的国家，而且在14世纪末明人曾用大炮推翻蒙古人的统治。"[①] 但是如此让西方学者高度评价的中华文明，从英帝国主义发动的鸦片战争开始到新中国成立前的一百多年间，中国在各个方面都大大地落后于西方资本主义世界，在这样漫长的时期，众多的仁人志士，都在艰苦卓绝地为中华民族的生存而战，都在为保存中华文明而战，可歌可泣。只有到了真正代表先进生产力和先进文化，一心一意为中国人民的利益献身的中国共产党崛起，中华民族的命运才真正的出现了根本性的转机。中国共产党不但强有力地维护了国家主权与安全，同时在恢复中华文明并进而发展中华文明上作出了不懈的努力，但由于文化的恢复和发展与经济发展相比，要更加复杂和更加漫长，没有几代人甚至十几代人的不懈奋斗是很难产生质的飞跃的。如果考虑到国际文化帝国主义的干扰和从中作梗以及我们在自身文化建设过程中可能出现的失误等因素，中华文明走向伟大复兴的过程可能会更加漫长一些。道路虽然曲折，但前景一定光明。正如江泽民所指出

---

① 〔美〕保罗·肯尼迪：《大国的兴衰：500年经济变迁与军事冲突》，陈景彪等译，国际文化出版公司，2006，第4~7页。

的，"人类已经跨入了新的世纪。本世纪中叶，我们将基本实现现代化，实现中华民族的伟大复兴。到那时，一个富强民主文明的社会主义现代化中国将屹立于世界的东方，中国人民将对人类作出新的更大的贡献。这是近代以来中国人民一直为之奋斗的历史使命。一切有志气、有理想、有抱负的中华儿女，都为能够投身于这一壮丽事业而感到自豪。实现中华民族的伟大复兴，不仅需要发达的物质文明，而且需要先进的精神文明。实现这两个文明协调发展，是我国社会全面进步的必由之路。"①

今天中华文明正在走向稳步复兴的道路上，中国通过在世界上兴办孔子学院等方式已逐步确立在世界上的文化影响力，但是由于中国文化的恢复和发展的阶段还处在较低的层次，对外的影响力还不大。以孔子学院在海外的影响为例，国人当然赞扬有加，但是还不能过高估计其影响力，我们应该看看外部世界的人是如何评价孔子学院的，这样往往能给我们提供较为客观和理性的思考。在圣地亚哥加州大学国际关系与太平洋研究所从事研究的西方学者詹姆斯·帕勒戴斯（James F. Paradise）2009 年在《亚洲观察》（Asian Survey）发表了《中国与国际和谐：孔子学院在推动北京软实力中的作用》，其代表性观点也许让我们对孔子学院的现状和未来的发展方向的认识提供一些启示。她说："要说孔子学院之建立有助于在世界范围内赢得外国朋友尚存在两个难题，一是孔子学院项目处于草创阶段，还无法知晓其有何影响，另一个难题是要澄清孔子学院的所做的其他诸多的文化促进活动之效果。我们往往可以通过舆论调查明了其中的一些软实力存在之困惑，2007 年 3 月 BBC 世界广播舆论调查公布结果发现，所调查的 26 个国家（不包括中国），认为中国在世界中有积极影响的只占 42%，32% 的人持消极影响观；而在 2006 年 2 月相同的调查中，对中国持积极影响观的为 45%，而持消极影响观的为 27%；而 2005 年 3 月持积极影响观的为 48%，持消极影响观的为 30%，其中有一个重要的因素影响了舆论调查的结果，就是'中国变得越来越独裁'。皮尤全球态度项目也发现 2005～2007 年间中国在世界上的形象恶化了，许多国家的大多数人认为，中国日益增长的军力为坏事一桩。许多发达国家的人也日益关注中国经济力量对自己国家的影响，中国的软实力投射是否能成功取决于其软实力之源——一国之文化，政治价值和其对外政策的吸引力，就像约瑟夫·奈（Joseph Nye）所说的那样。在文化阵线，中国现在可能处于最轻松的时代，中国的食品、音乐、艺术等等正在源源不断输出到世界各地，世界上的很多人

---

① 《江泽民文选》第 3 卷，第 399 页。

对学习汉语趋之若鹜，如果不是因为对此门非常难掌握的语言的内在兴趣，那就是因为对自己的业务有很大的用处。在政治战线，中国要面对诸多艰苦的斗争，因为国际社会对其独裁体系的批评使其处于守势而穷于应对，在外交政策领域，在国际机制中的建设性的良好表现对中国来说是一个好兆头，但是其形象将因其在动荡地区好斗的行为而毁坏，比如像台湾。中国如想使自身的形象得到持续改善，很大程度上要看中国如何很熟练地实施公众外交。人们可能会提到它包括很多有争议的领域，包括台湾、西藏、苏丹、缅甸、法轮功组织等等，中国的业绩令人沮丧。在其他领域，中国引导外国人认为中国只是一个发展中国家，而不是一个伟大的文明，这方面中国做得相当成功（中国作为发展中国家可以应用不同标准，比如在环境保护领域所得到的好处）。也许中国软实力投射的成功有赖于特别的支持者，中国可能会发现她容易赢得的朋友是发展中国家，因为中国和它们拥有相同的政治价值观，舆论调查也显示中国在发展中世界的评价一般也较为正面，问题是中国是否能在和中国政治价值相左的国家中开发新的支持者，这些国家包括欧洲和美国，只有时间能够告诉孔子学院是否能够帮助对中国的更加具有同情心的理解和引领一个更加温和的看法，2008 年 8 月将对中国来说是一个最重要的时间，因为中国将向世界展示似乎是整个时代中国最大的软实力投射——北京奥运会的上演，要判断孔子学院扩大了中国的软实力的观点，无论如何，衡量它们成功的标准可能是错误的，就它的目的是希望赢得全世界的人心而言，中国的付出未必得到相称的回报。真正的赢家可能是中国的大学，中国的那些办有孔子学院的大学可以借此扩大和国外学术机构的联系和交流，正当中国企图变成一个'创新型社会'，为了支持其科学发展的能力，扩大由孔子学院带来的和外国学者的交际与交流，将有巨大的益处——特别是对一个向世界开放的国家来说，这将是其经济发展的动力之一。"①

帕勒戴斯对孔子学院的看法，不免带有西方某些人士一贯的意识形态偏见的成分，但是其中若干看法还是有参考价值的，因为它至少还指出了中国在若干方面做得还不错，并不像一些极端的观点否定中国的一切方面。我们从以上的文字中可以提炼出五个方面的内容：（1）孔子学院的文化外交功能还没有显现出来。（2）由于"中国越来越独裁"，对中国持正面评价的人"日益减少"。（3）中国虽然在形而下的文化交流上取得了很大成功，但上层建筑的政治阵线参差不齐，落差很大，这是内政上"独裁的"一个关键因素，以及内

---

① James F. Paradise，"China and International Harmony，The Role of Confucius Institutes in Bolstering Beijing's Soft Power"，*Asian Survey*，Vol. xlix，No. 4，July/August 2009，pp. 662 – 665.

政与外交纠缠在一起的包括台湾、西藏、苏丹、缅甸、法轮功组织等等问题上，中国令西方人很"失望"。（4）也有相对差强人意之处，就是中国在国际社会中谦卑地强调自己的发展中国家地位，而不是动辄就标榜自己是文明大国之类，给自己的国家利益带来了游刃有余的好处。此外，中国在发展中国家的印象也不错，但还缺乏赢得西方发达国家认可的办法。（5）孔子学院充其量只是对大学及学术机构在对外交流方面有好处，对中国走向"创新型社会"有一定的帮助。她对中国认识的意识形态偏见，包括"中国越来越独裁"观、中国在处理"台湾、西藏、苏丹、缅甸、法轮功组织"令西方人的"不满"，中国显然是不可能妥协的，但是即使是在这些问题上，是不是中国就无所作为？不是的，在西方世界，真正死心塌地反华的人也是极少数，绝大多数人还是出于对中国的不了解。因此，中国确实有必要加大让世界了解中国的工作力度，把一个真实的中国展示给世界，用中国的核心外交文化去影响世界的认知。中国文化一旦全面复兴，其影响力完全能彻底超越西方文化今天在世界的影响。因为中国文化的核心精神是讲"德"而不是"霸"，而西方文化的核心精神是"霸"而不是"德"，正如孟子所说的"以力假仁者霸，霸必有大国。以德行仁者王，王不待大——汤以七十里，文王以百里。以力服人者，非心服也，力不赡也；以德服人者，中心悦而诚服也，如七十子之服孔子也。"① 江泽民指出："目前，从经济、科技发展和物质文化生活水平来看，发达资本主义国家比我们这样的发展中社会主义国家要高得多。这也是客观存在，我们不承认、不正视也不行。"② 美国著名国际关系学者约瑟夫·奈谈到中国的"软力量"时就认为："中国和印度将成为未来亚洲巨人，已有迹象显示它们软力量资源的扩张。……但中国和印度的希望还在更长远的未来。经济快速增长有可能增加两国的硬、软实力，但当前两国潜在软力量资源的各项指数均排名不高，大部分资源还掌握在美国、欧洲和日本手中。特别在中国，共产党对赋予太多学术自由表示担心，并抵制外来的影响。……在外交政策中，两国分别在台湾问题和克什米尔问题上背负持久冲突的包袱。此外，对美国来说，中国有可能在未来一定时候对其构成威胁，所以中国在美国的吸引力是有限的。"③ 约瑟夫·奈除了对中国共产党"遏制太多学术自由""抵制外来的影响""对美国构成威胁"等的思维充满意识形态偏见和冷战心态外，其他的分析还是

---

① 《孟子·公孙丑上》。
② 《江泽民文选》第3卷，第79页。
③ 〔美〕约瑟夫·奈：《软力量：世界政坛成功之道》，吴晓辉、钱程译，东方出版社，2005，第95~96页。

比较客观的。一句话，中国的国际文化影响力确实比较有限，中国软力量在和资本主义发达世界的竞争和较量中，在相当长时期仍然会处于劣势，也正因为如此，中国必须在物质力量提高的同时，努力提高自身的文化力量，扩展中国的国际文化影响力。具体的做法之一是，今后中国的对外物质和文化援助，应该秉持科学发展观，优化结构，创新方式，把重点放在最不发达国家。从文化交流的意义上看，中国对受援国的援助，应该努力使和民生最紧密的医院、学校等项目得到加强，在努力提高自身援助的管理文化和法律监督文化的基础上和充分尊重受援国主权的基础上，加大在受援国制度上、管理上等文化层面的援助力度，加大中国优秀文学、艺术、语言、学术等在受援国的影响力，也就是说，除了物质层面的援助应该继续扩大投入外，精神文化层面的投入也应该同步发展。

中国在对广大第三世界国家进行文化外交时，还应该有一种自觉保护发展中国家独特文化和文明的精神和有效措施，而决不能像霸权主义和强权政治那样对弱小民族恣意进行文化的侵略和文化的破坏。马克思曾经指出："美国人的文明以及同美国人的交往，冲击了印第安人的制度；从而他们的民族文化生活正处于逐步崩溃之中。"① 近代以来，西方文明确实非常严重地冲击中华文明，但是一百多年来，中华文明经受住了考验，不但没有毁灭，而且在和西方文明的较量中日益显示她的强大的生命力和强大的能量。因此，对于国际文化交流，包括和西方国家的文化交流，我们对自己的文明，对自己的文化应该充满信心。中国用事实证明了中华文明是不可战胜的文明。也正是因为这样，我们在进行文化外交时，对于弱小文明和弱小文化，无论是国内的还是国际的，我们都应该采取更加积极的保护政策，制定操作性强的实施方案并付诸切实的行动，在这一方面，中国在联合国教科文组织框架内对广大第三世界国家已经实施了不少的抢救弱小文化遗产的工作。也就是说，中国不能重蹈美国文明对弱小文明行毁灭之政策的覆辙。弱小文明的文化是世界最宝贵的文化财富，是世界文化多样性的表现。中国既然强调尊重多样性，那我们就要用实际行动来体现多样性，为世界的多样性发展作出中国的贡献。

第五，提高中国文化的国际影响力，练好内功是关键，只有内功扎实，才能真正地走得出去，立得住脚，站得稳。江泽民指出："发展各类文化事业和文化产业都要贯彻发展先进文化的要求，始终把社会效益放在首位。国家支持和保障文化公益事业，并鼓励它们增强自身发展活力。坚持和完善支持文化公

---

① 《马克思恩格斯全集》第 45 卷，人民出版社，1985，第 469 页。

益事业发展的政策措施，扶持党和国家重要的新闻媒体和社会科学研究机构，扶持体现民族特色和国家水准的重大文化项目和艺术院团，扶持对重要文化遗产和优秀民间艺术的保护工作，扶持老少边穷地区和中西部地区的文化发展。加强文化基础设施建设，发展各类群众文化。……发展文化产业是市场经济条件下繁荣社会主义文化、满足人民群众精神文化需求的重要途径。完善文化产业政策，支持文化产业发展，增强我国文化产业的整体实力和竞争力。"①

（二）提出吸收外国优秀文化成果

列宁创造性地提出了"无产阶级文化"的概念，用科学方法论深刻阐述了无产阶级文化建设必须继承传统文化和借鉴国外优秀文化，提出了"应当明确地认识到，只有确切地了解人类全部发展过程所创造的文化，只有对这种文化加以改造，才能建设无产阶级的文化，没有这样的认识，我们就不能完成这项任务"②的光辉论断。文化的成长一般只有在传播过程中得到新的能量和加入新的文化因子，才能更加生机勃勃。社会主义文化建设应该是开放式的文化建设，只有深入地融入到世界文化的大海中经受更多的洗礼和磨炼，才能树立更大的、更强劲的适应时代的文化品格，而要实现这样的目标，恰当的国际文化的交流与合作是关键的途径，通过国际文化交流达到优势互补，共同繁荣的目的。江泽民指出："我们的开放，要吸收国外先进技术、科学管理经验和优秀文化成果，引进外资，以增强我国经济社会发展的自力更生能力和在国际社会中的竞争能力。"③江泽民强调："我们在扩大开放、实现现代化的进程中，重视学习和吸收美国人民创造的一切优秀文化成果"④。江泽民指出："因为我们党是代表先进文化的前进方向的，所以全党同志必须始终坚持以马克思主义为指导，努力继承和发扬中华民族的一切优秀文化传统，努力学习和吸收外国的一切优秀文化成果，从而不断创造和推进有中国特色社会主义文化，使社会主义物质文明和精神文明协调发展，使社会全面进步。"⑤吸收外国包括文化在内的好东西，最主要的是吸收我们自身缺乏的和不健全的而又能够真正促进我们的文明发展的东西，诚然，中华文明是世界几大独立的文明之一，但绝不是孤立于世界之外的文明，她的发展和她的生命力必须通过内生的发展和

---

① 《江泽民文选》第3卷，第561页。
② 《列宁选集》第4卷，人民出版社，1995，第285页。
③ 《江泽民文选》第1卷，第163页。
④ 《江泽民文选》第3卷，第64页。
⑤ 《江泽民文选》第3卷，第2~3页。

通过借鉴其他文明的长处才能变得更加强大和有吸引力，才能真正成长为世界文明体系中的全能冠军。中世纪全盛时期初期，一个开明的伊斯兰知识分子说过："一个完人应是东波斯人种，信仰上是阿拉伯人，教育上是伊拉克（巴比伦）人，敏锐灵巧如希伯来人（犹太人），处世为人如基督教，虔诚有如叙利亚修道僧，科学知识上像希腊人，探究奥秘如印度人；最后，也是最主要的，在灵性生活上是苏菲派。"① 这段话的具体内容在今天当然已没有太多实际意义，但它所表达出来的理念没有过时，就是把不同民族的优秀文化拿来为我所用，武装自己，只有这样，才能使那个虚心而开放地学习别国文明长处的文明真正强大起来。借鉴和吸收西方文化不是亦步亦趋和模仿，更不是盲目鼓吹和引进。要让那些真正优秀的外国文化融入我们民族的文化中，为中国文化增添新的内容和色彩。江泽民同志强调的学习和吸收别国先进文化的真正用意也在此。

吸收别国的文化成果，特别是吸收别国文化建设的机制和办法，是党的第三代中央领导集体的一个明显的特点。我们以"夏商周断代工程"的成果为例："夏商周断代工程"推出了一份夏、商、西周的年表。工程从公元前841年开始往前推，推定夏代始年为公元前2070年，夏商之交为公元前1600年，盘庚迁殷为公元前1300年，盘庚以后的小辛、……帝辛都推出了具体的年代。商周之交也就是武王伐纣之年，工程推断为公元前1046年，武王之后，成王、……厉王都有了具体的年代。这是到目前为止我国学术界多学科专家联合攻关所推出的比较理想的一份年表。"中国历史上的第一个朝代是夏朝"早已成定论，但迄今没有一个完整的年代学标尺，国内外的一些"疑古派"甚至不承认中国有夏朝，② 此项不朽的成就最大的意义所在，就是向世人清楚地证明，华夏文明史不是杜撰，是真实的存在。此项成就，还为中外学者描述中国上古史提供了依据，因为在此之前，中外学者在研究夏商周时代遇到的问题是，都对此阶段历史有一种极大的朦胧感，由此造成了很多的麻烦，比如英国学者汤因比在谈到此时间的中国史时，他是这样说的："黄河流域的商王朝为它以前的诸侯国之一——周取而代之；根据经典年表，时间为公元前1122年；另外一种比较慎重的估计，为公元前1027年，这也许更接近实际日期、周自黄河流域的渭河支流侵入中国北部平原地带，也就是说，在以往的年代里，中国也许从这个方向吸收了不少文化养料，此地经由欧亚大平原可通往西方。不

---

① 转引自〔奥地利〕弗里德里希·希尔《欧洲思想史》，广西师范大学出版社，2007，第98页。
② 朱凯：《丹心献祖国　手铲铸辉煌——记著名考古学家安金槐先生》，《文物世界》2000年第5期，第26页。

过，考古学证据无法说明周到底带来了什么进步的文化创新。由商至周的政治变化没有像希腊迈锡尼诸公国灭亡那样导致文化发展链条的中断。周似乎也是中国人；而且，毋庸置疑，他们在推翻商王朝以前也完全属于中国文化范围。文字和青铜器制造技术随着政权的变换保存了下来并得以发展。"① 这里在谈到周朝重大事件的年代时，所用的是"估计""也许"等，这说明我们的上古史研究存在很大的缺陷。年表的出台，解决了两千多年来中国历史缺少周朝以前的历史断代问题。当然，夏商周断代工程只是中国上古史的阶段性研究成果，还有很多艰苦的工作摆在前面。正如著名历史学家、考古学家李学勤教授指出的："中国古代文明是人类历史上有数的独立起源的古代文明之一，为世人所公认。中国文明自远古以来绵延流传，没有中断，更是中国人引以为自豪的。但是中国古代文明的重要时期夏、商、周三代迄今没有比较完整可据的年代学标尺。文献中可依据的绝对年代只能追溯到西周晚期的共和元年，即公元前841年，更以前的年代则众说纷纭，不能得到公认，只能依靠考古学的发现和研究。建国以后，田野考古工作迅速发展，尤其是改革开放以来，更是突飞猛进，有许多重要发现。关于夏商周三代文明，已经积累了大量材料，但其各个时期相对和绝对年代的研究、测定，还需要进一步攻关，才能科学地填补年代学上的空白。"② 此外，对于今日中国把二里头遗址作为夏遗址的田野式的考证办法，不少西方的学者因固有的偏见仍不认同③，我们对此也应该有足够的思想准备去坦然理性地面对，或者说从他们的偏见中发现有启发意义的认识。"夏商周断代工程"成果的取得，和当时的国务委员宋健"走出去"进行广泛的文化科技交流受到的启发有直接的关系。"1995年夏季的一个傍晚。中国国务委员兼国家科委主任宋健吃过晚饭，像往常一样，在夫人的陪同下散步约一个小时，便回到自己的书房开始了夜晚的工作。……不久前，宋健率领一个国家科学考察团访问了以色列科学界，就在这次访问中，他结识了这个国家的科学院副院长、著名亚述学家、中东和以色列古代史专家特德莫先生。特德莫先生送给宋健的一份古巴比伦王国精确纪年的研究成果，引起宋健的注意。宋健访问以色列前还访问过非洲的埃及，了解到古埃及文明经过法、英、美等考古学家和学者100多年的努力，古埃及史上延续了31个王朝的断代问题得

① 〔英〕阿诺德·汤因比：《人类与大地母亲：一部叙事体世界历史》，第98页。
② 周溯源：《我们有信心完成"夏商周断代工程"——访首席科学家、专家组组长李学勤》，《求是》1998年第7期，第31页。
③ 刘星：《缺席的对话——夏商周断代工程引起的海外学术讨论纪实》，《中国文物报》2001年6月6日。

到了解决。"① 宋健长期主管科技工作，他是两院院士，对中国的历史有很深厚的修养。在埃及的卢克索遗址就有一份完整的埃及古史编年：从公元前 3200 年至前 2700 年，是这一古王朝纪年的粗估；公元前 2750 年，属第三王朝孟菲斯时代，精度为数十年；从公元前 2400 年至前 2375 年，是第五、第六王朝的赫利波利斯时代，精度为十年以内；从公元前 2280 年至前 1786 年，精度已达数年；而第十二王朝，从公元前 1991 年至前 1786 年，共 205 年，标明精度为正负 6 年。"古埃及文明史这一完整的编年数据，引起了宋健的思考"②。宋健"到国外访问时，经常考察国外的考古遗迹，参观国外的博物馆。他发现，外国古文明大都已建立了详细的年表，并获得世界公认，可中国一直没有详细、公认的年表。所以，他一直在思考：能不能用自然科学技术已有的优势，来支持人文社会科学的研究，特别是历史学、考古学的研究，从而建立中国古代文明的年代学。1995 年 9 月，宋健同志邀请在京的有关历史学家、考古学家、古文字学家就这一课题进行座谈，提出了'夏商周断代工程'。到 1995 年年底，正式建立了这一课题，宋健同志与当时的中共中央政治局委员、国务委员李铁映同志联合主持会议，组成了由国家科委、国家教委、中国科学院、中国社会科学院、自然科学基金会、国家文物局、中国科协等不同单位的领导组成的领导小组，随后组成了由 21 位多学科的知名专家组成的专家组，由四位首席科学家分别担任工程专家组的正副组长。此外，工程还设有项目办公室和专家组秘书长。当时，'夏商周断代工程'引起了国内外社会各界的广泛关注，工程本身被列为国家'九五'期间的重中之重。"③

在如何借鉴别国文化发展机制方面，著名舞蹈表演艺术家、编导艺术家，中国现代民族民间舞的奠基创始人，北京舞蹈学院创建人，有"东方舞神"之誉的贾作光先生，以少数民族的文化发展为题，认为可以通过举办国际艺术节达到交流经验，增进学习，提高水平的目的。他在 1991 年 4 月在昆明举办的有关少数民族文化艺术保护的国际学术研讨会上指出："举办国际艺术节，不仅能促进文化交流，增进人民与艺术之间的友谊和了解，也是保护和发展民族艺术的一个好形式。二次世界大战结束后，1949 年在匈牙利布达佩斯举行世界青年与学生和平友谊联欢会，几十个国家的专业和业余艺术家们汇聚一堂。……我以为国际艺术节除了增进了解与友谊外，也为各国在

---

① 参见岳南《千古学案：夏商周断代工程纪实》，浙江人民出版社，第 2~4 页。
② 江林昌：《来自夏商周断代工程的报告》，《中原文物》2001 年第 1 期，第 5 页。
③ 李学勤：《夏商周断代工程与古代文明起源》，《鲁东大学学报》（哲学社会科学版）2008 年第 1 期，第 1 页。

保护和发展民族艺术方面的经验交流创造了有利的条件。如我国当前正在进行的各种民族文化艺术的集成，政府投资数百万，光是'中国舞蹈集成'就投入了数千人。全国舞蹈集成有总部，各省市自治区专门设立了集成班子，政府有领导人参加组织领导工作。在保护和发展少数民族文化方面，不少国家的同行也做了大量的工作，取得了不少成就，他们宝贵的经验，值得我们很好的借鉴与学习。"①

吸收别国的优秀文化成果，还包括吸收那些在我们民族文化史中本来存在，今天仍然发挥一定作用，但是随着岁月的流逝和时代的变迁而有所淡化，而被别国仍然视为重要价值取向的文化。比如《道德经》"古之善为士者，……豫兮若冬涉川，犹兮若畏四邻，俨兮其若客，涣兮若冰之将释，敦兮其若朴，旷兮其若谷，浑兮其若浊。"其中的"敦兮其若朴"就是老子提倡的一种讲究人们之间的交往应该真实、朴素无华的观点。以奥地利为例子，"奥地利由于历史和地缘的关系，其人民具有乐观、好客的天性。特别是那些'乡下人'——除维也纳人外，奥地利人称自己为来自乡下的人——更是质朴如玉，善待客人。各种服务行业的人，脸上总是挂着一丝微笑，再加上秀丽的风景和音乐传统，招来成千上万的游客，一年四季游人如织，旅游收入是其国民生产总值的20%。"② 像奥地利这种强调朴实无华的文化心理和我们中的一些人死要面子活受罪的文化心理相比，形成多么强烈的对比。学习奥地利人的坦然、真实、朴实无华的文化心态，有助于我们找回我们自身文化的根，也有助于发展中国特色的文化旅游事业，增强中国的吸引力。

（三）紧跟人类社会经济文化和科技进步发展的潮流

党的第三代中央领导集体提出，应按照历史规律和人民要求，紧跟人类社会经济文化和科技进步发展的潮流，一个国家、一个民族才不会落伍，才会变得强大而避免陷入落后挨打局面。江泽民指出："历史上许多不可一世的帝国，最后都在历史的运动和人民的反抗中垮台了。中国自古以来也经历了许多朝代更替。奥斯曼帝国曾经十分强大，但西欧国家经过文艺复兴和工业革命快速发展起来，形成了强大的经济技术优势。奥斯曼帝国最后不堪一击、分崩离析，与它在经济技术上的落后有密切关系。十五世纪以前，中国的科学技术在

---

① 中国文学界联合会、云南省文学艺术界联合会编《少数民族文化艺术国际研讨会论文集》，云南民族出版社，1993，第63页。

② 赵汤寿：《奥地利文化史》，北京大学出版社，2002，第183页。

世界上是领先的。但是，当欧洲经济技术迅速发展时，中国却由于封建主义制度和思想的长期束缚而落伍了。近代以来，中国受到西方列强的野蛮侵略和蹂躏。历史反复说明，违背历史规律和人民要求，不紧跟人类社会经济文化和科技进步发展的潮流，一个国家、一个民族不论曾经多么强大，最终也是要落伍的，而落后就会挨打。"① 在党的三代中央领导集体的治国思维中，一个民族除了要紧跟经济和科技进步发展的潮流外，文化发展的潮流也是要紧跟的，因为文化的发展也是一个国家发展重要的实力基础，是重要的精神生产力，近代以来的中国之所以处于被列强欺负的地位，其中一个重要因素就是在文化上僵化，顽固持守中华中心论，将中华以外的文化一律称"蛮夷"文化，华夏文明的使命就是"教化"别国落后的"蛮夷"文明，正是因为持这样的僵化的思维，使本来确实在历史上长期处于先进地位的中华文明，由于从明清开始拒绝吸收外来文明，拒绝中国传统文明一直坚持的谦虚精神，中华文明衰落了，生命力枯竭了。所以，文化的自我更新，离不开谦卑的精神，离不开紧跟世界文化发展的潮流，离不开和世界文化广泛的交流与互动。

（四）提出加强和周边国家文明交流

在历史上相当长的时期内，中华文明深刻地影响了亚洲的日本、朝鲜、越南。比如新罗的都城平壤，就模仿隋唐的长安、洛阳。在教育制度方面，公元4世纪高句丽就设太学，教贵族子弟学汉字和儒家经典。高丽王朝时期，儒学成为教育的基本内容，科举制度成为其基本的教育制度。汉字是古代朝鲜人表达和记述的工具。直到近代日本吞并朝鲜前，汉字一直是朝鲜的正式文字。中国文化对日本的影响也极为深远，日本的飞鸟、奈良时代的都城的藤原京、平城京，就是模仿唐朝长安城、洛阳城建造起来的。中国的围棋，自唐代传入日本以来，至今盛行不衰。中国唐代制度文明曾经为日本全面地学习和模仿。汉字在公元1～3世纪传入日本后，至今一直是日本语言文字的核心组成部分。"中国古代文明对东方世界的影响，是广泛、博大、深远的，它们至今还保存在东方各国特别是日本、朝鲜等国的语言、文字、思想、宗教、文学、艺术、饮食、服饰以至于风俗习惯里。"② 在这里，有必要特别强调一下，中国和越南历史上的文化关系。正如有学者所指出的："中国和越南同属儒家文化圈。中越两国人民一直都尊崇儒学，恪守儒家的伦理道德。越南河内有座文庙，越

① 《江泽民文选》第3卷，第12页。
② 郝建平：《中华文明在世界文明史中的地位》，《天府新论》2006年第2期，第122～123页。

南人称之为越南的第一所大学，里面就供奉着东方人的共同文化鼻祖之一的孔子。如果深一步研究中越关系史，那你就会了解到：越南公元 10 世纪才从中国版图独立出去，它曾在中国版图内有长达 1182 年的历史。当它在中国的版图内时，与中国内地连成一体，作为一个国家内的人员流动和中原文化的普及，那是很容易、很频繁和很普遍的。从种族的融合到语言文化的融合都非常自然地进行着。因而发展到近现代，人们用'同种同文'来形容中越两个国家的民族和文化关系。中国人和越南人都称自己是龙的传人。皇帝是'真龙天子'，他穿的衣服曰'龙袍'，睡的床为'龙床'，身体欠佳称为'龙体欠安'。越南有把本民族后裔称为'龙子仙孙'的传说。首都河内称为'升龙城'。广宁有个旅游胜地为'下龙湾'。有不少学者认为，作为不同的两个国家而言，中国与越南的历史文化是最密切的，在世界上实在不可多见。中越文都是单音节，有声调的语言。越语词汇大部分是汉语借词。越南文学作品里的题材不少取之于中国。中国的四大古典文学名著《红楼梦》、《三国演义》、《水浒传》和《西游记》，在越南家喻户晓，不少越南人能背诵中国李白、杜甫、白居易等的唐诗宋词。中越关系恢复正常化后，中国当代的影视作品一进入越南就受到无比的欢迎。如当越南中央电视台播放《渴望》、《情满珠江》、《宋氏三姐妹》等影视作品时，越南城镇街上是万人空巷，人们都聚集在电视机前收看，生怕错过一段半集。没有任何一个国家的文艺作品能如此引起越南民众的共鸣。一般来说，如果没有较高的文化认同，不同的国家和民族间是不会出现这种情况的。"① 这些充分说明，中国文化对越南的影响力和吸引力确实强大。中国和周边国家存在广泛而深远的文化亲近感，成为中国和周边国家在沟通上比较容易的文化条件。江泽民指出："我国长期实行睦邻友好政策，受到周边国家普遍欢迎。中华文明在周边一些国家有相当大的影响，同这些国家比较容易沟通。我国在地理上处于亚洲中部，开展多层次的区域、次区域合作具有很大的地缘优势。我国在周边地区的分量和影响日益增大，地区的和平与稳定，经济的发展和繁荣，区域合作的巩固和深化，都离不开中国。总之，进一步发展我国同周边国家的关系有着坚实基础。经过努力，周边工作完全能够做得更好。"② 中国和周边国家由于霸权主义和强权政治的长期干扰和破坏，政治关系相当复杂。西方国家也"怀疑"中国的崛起会挑战美日的"利益"，在它们看来，中国是"一个很不安分的国家"，西方国家学者就认为，"中国

---

① 古小松：《21 世纪初的中越关系：走向务实》，《东南亚纵横》2005 年第 1 期，第 40 页。
② 《江泽民文选》第 3 卷，第 313～314 页。

崛起的轨迹（trajectory）对地区主要的威胁表现为和日美的利益的冲突，显而易见的问题是，三个国家是否能建立新的战略平衡，将决定太平洋两边数百万人民的生死和安危。亚洲共同的经济利益可能使中国和平的整合进这个地区，或者使中国脱离目前的政治与经济的自由化路线，回复到军事力量强加的经济专制，甚至可能的是，中国可能会演变为修正主义的大国（revisionist power），不再满足于接受目前形式的地区安全结构，这一切都可能将发生，即使是中华人民共和国坚持经济改革的情况下"①。西方国家的一些人，对中国与周边国家存在的一些敏感问题的"发酵"，也是很得意的，"早在1997年，北京再次通过实施石油和天然气钻井打到了河内声称属于越南水域的地方，自从1991年中越之间开始不对称的关系正常化进程以来，中国至少冒犯了越南的领土的水域有9次之多。"② "但是，和越南地区这些年的孤立相比较，中国的策略这次事与愿违，越南得到了东盟各成员政治的和外交的支持，东盟甚至讨论未来和美国的军事关系，这可是中华人民共和国战略家担心美国围堵的一大噩梦。东盟将自动地支持越南，即整体对一和一对整体之方式"③，"可是，东盟国家随后同意通过双边会谈解决领土争端，另一方面，他们也相当怀疑，只要北京提议对有争议的地区共同开发，他们就感到很是担心，认为那不过是缺乏诚意的建议，更多的不过是在中华人民共和国要求在区域获得立脚点之中国人的策略，伦敦国际战略研究中心亚洲执行理事赫胥黎如是说。"④ 中国到底应该怎样做才能使西方国家感到满意和放心？中西之间的互信如何才能真正建立起来？这确实是21世纪需要认真解决的问题，如果解决不好，"战争"与"和平"的问题又会再次摆在中国的面前，因为西方国家正在寻找更多的借口，以图建立围堵中国的军事同盟体系，并在它们认为时机成熟时对中国发难。中国和东盟关系是否稳定，关系到中国周边的稳定。东盟客观上已经成为中国和平发展能否顺利的关键地缘政治基础。东盟各国在历史上总是处于西方霸权主义和强权政治与日本帝国主义的压迫之下，中华民族和东南亚各国人民的历史命运有诸多相似之处，今天又同时在国际政治中取得越来越大的发言权，东盟

---

① Christopher Preble, "A Plea for Normalcy: U. S.-Japan Relations after Koizumi", *The National Interest*, Washington: Sep/Oct 2006, p. 76.

② Alice Ba, "Maintaining the Regional Idea in Southeast Asia", *International Journal* (autumn 1997), pp. 635–656 (640 f.).

③ Quoted from TKH (25 March 1997), p. 5.

④ Tim Huxley, "A Threat in the South China Sea? A Rejoinder", *Security Dialogue*, Vol. 29, No. 1 (1998), pp. 113–118 (116).

的形成就是一场外交革命的胜利，但是这个胜利不可能，也不应该是反过来成为花样翻新的霸权主义和强权政治利用来遏制中国和平发展的地缘政治载体。目前最紧要的，是要识破西方世界挑拨离间中国与东盟关系的外交阴谋，而要做到这一点，首先中国要以最大的耐心和最诚恳的态度与东盟打交道，使东盟真心诚意地在战略利益上和爱好和平的中国站在一边，共同建立和谐的东亚。

为了解构西方国家和日本在中国周边国家中制造的一系列政治和军事的压力，大力加强在文化上和周边国家的交流确实是一个不可或缺的办法。中华文明在周边一些国家的影响，以中韩关系为例，正如中国学者指出的："从历史上看，中韩两国人民都有着丰富多彩的传统文化，在很长时期内同属一个文化圈，有相近的文化背景和很强的文化相互认同性。在精神文化的层次，无论是在哲学、宗教、政治思想、伦理、文学、艺术等方面，双方都一直保持着密切的交流和合作关系，最明显的例证有，中国儒学传入朝鲜而发展成为具有民族特色的朝鲜儒学，印度佛教传入中国而中国化，而中国禅宗传入朝鲜后又进一步得到发展而形成朝鲜的禅宗流派。这些例子说明，在长期文化交流和相互影响的基础上发展起来的中韩两国传统文化和思想在很大程度上具有同质性，但又生根于本国的土壤而各具不同的特色。"[1] 中韩两国建交以来，虽然也存在这样那样的问题，但发展总的来说是健康的和平稳的。之所以这样，两国文化亲近感功不可没。改革开放以来，中国和周边国家的关系，由于存在文化上的亲近感，关系一直在改善，总体关系是稳定的、友好的，但也存在一些敏感的领土争端的问题，特别是由于外部遏制中国崛起的势力（主要是美国）的介入，使中国和周边国家的关系时不时也出现一些紧张的因素。如何使中国和周边国家的政治关系不至于失控，解决的办法当然很多，比如建立自由贸易区，采取搁置争议、共同开发等加强中国和周边国家的经济上的相互依存的经济手段，加强安全方面的合作、经常进行政治上的战略对话的政治手段等都是很好的办法，但恐怕加大中国和周边国家文化上的交流与合作的力度，其效果和作用会更大更明显。当然，这里有一个不可回避的基本前提，就是中华文明本身的发展，能否达到盛唐时代那样的影响水平。就目前中华文明的复兴状况来看，作为中华文明发祥地的中国大陆，对传统国学精华的继承是出现严重断层的。五四以来提倡"民主"与"科学"，但中华文明本身的传承却受到忽视，新中国成长起来的几代人，普遍不十分了解作为中华文明核心的传统国学，当然中国传统文化的精髓也内化在中国人的精神世界，也有相当一批人在孜孜不

---

① 汝信：《大力发展哲学社会科学，加强中韩学术文化交流》，《当代韩国》2002年第3期，第2页。

倦地做着传承中华文明的基础性工作，也产生了一批影响世界的国学大师，这些当然是中华民族的幸运所在，但目前中国要向世界提供一大批真正懂得中国传统文明精华的中华文明的传播者，面临的人才短缺问题是相当严重的。有鉴于此，我们当下和今后一个相当长的历史时期，把文化建设的基础工程搞上去，培养一大批懂得中华文明精华的人才十分重要。正如江泽民在中国共产党第十五次全国代表大会上的报告中所指出的："发展教育和科学，是文化建设的基础工程。培养同现代化要求相适应的数以亿计高素质的劳动者和数以千万计的专门人才，发挥我国巨大人力资源的优势，关系二十一世纪社会主义事业的全局。要切实把教育摆在优先发展的战略地位。"① 只有造就数以亿计的懂得并能向世界传播中华文明精华的人才，中国强大的软实力才有可能在国际事务中发扬光大；只有造就数以亿计的懂得中华文明的人才，中国特色的经济学、政治学、管理学、国际关系学等学科才可能真正开发出来；只有建立在中华文明精华基础上的各门学科开发出来了，才有可能形成强大的中国特色的、能够扩大中国国际影响力的精神生产力。否则即使中国大陆是中华文明的发祥地，但或许会真的出现墙内开花墙外香的尴尬局面。比如，在鸦片战争之后的中华文化圈中，日本近代思想家福泽谕吉就认为，原来的中华文明发祥地的中国已经变异为"夷"，而日本则变为"华"②。

（五）提出文化在提高综合国力竞争中的重要地位与作用日益突出

江泽民指出："当今世界，文化与经济和政治相互交融，在综合国力竞争中的地位和作用越来越突出。文化的力量，深深熔铸在民族的生命力、创造力和凝聚力之中。"③ 中国文化在世界文化格局中站有重要的一席，随着新中国的建立，中国文化也同时走向了伟大复兴的道路上，由于新中国一贯倡导和平共处五项原则，中国的朋友越来越多，尤其是广大第三世界国家，对中国发展道路的文化因素十分感兴趣，中国文化特别是指导中国发展和前进的指导思想和理论，尤其为发展中国家所喜爱，对发展中国家有着强大的吸引力。这方面的例子不胜枚举，仅举一个中国与乌干达关系的例子，"2000年8月，以中共中央政治局委员、北京市委书记贾庆林为团长的中国共产党代表团应乌干达全国运动的邀请访问乌干达时，拜会了穆塞韦尼。穆塞韦尼

---

① 《江泽民文选》第 2 卷，第 34 页。
② 韩东育：《福泽谕吉与"脱亚论"的理论与实践》，《古代文明》2008 年第 4 期，第 76 页。
③ 《江泽民文选》第 3 卷，第 558 页。

主动问贾庆林：'你们有《邓小平选集》的英文版吗？我很想读读《邓小平文选》。'贾庆林表示我国不久前翻译出版了英文版《邓小平文选》，我们将给总统阁下送来。这一谈话振奋了所有在场的中国人。一位外国总统主动要读《邓小平文选》，不仅反映了邓小平思想理论已经超越国境，受到了世界的广泛重视；也反映出穆塞韦尼对邓小平理论的认同和推崇，有着深层的含义和背景。"① 近年来，随着中国的崛起，中国文化在西方世界的影响也在加速扩展，有众多的孔子学院设置在西方国家就是一个有力的证明。当然，面对西方世界文化软实力的竞争，中国还有很长的路要走，中国只有以更加紧迫的责任感，在世界事务中更加科学合理地配置文化、经济和政治上的资源，发挥总体外交的强大优势，才能够在综合国力竞争中取得更大的成功。

（六）强调各级文联和作协在国际文化交流中的作用

中国文学艺术界联合会（文联）和中国作家协会（作协）都是中国共产党领导下的，中国各民族作家自愿结合的专业性人民团体，前者是党和政府联系广大作家、文学工作者的桥梁和纽带，是繁荣文学事业、加强社会主义精神文明建设的重要社会力量；后者的功能主要是组织和推动全国文学艺术工作的发展，同样是加强社会主义精神文明建设的重要社会力量。现在有学者把包括这两个机构在内的众多中国特色的人民团体都称之为"官办NGO"，这明显是按照西方标准所下的断语。诚然，中国的众多具备各种功能的人民团体，有必要而且必须学习西方发达国家的"非政府组织"运作的经验，但这并不等于中国不少人民团体运作所出现的效率不高、腐败等问题存在就要把它们"全盘西化"。西方国家的"NGO"本质上是与其资本主义多党制下的"三权分立"相匹配的，而中国的人民团体则是和中国共产党领导下的多党合作体制相匹配的。作为文化类专业人民团体的"文联"和"作协"，担当着先进中国文化"走出去"和外国先进文化"请进来"的光荣任务，是中国官方文化外交和中国民间文化外交的重要操作平台。

江泽民要求各级文联和作协"要进一步加强国际文化交流"②。目前，关于中国"文联"和中国"作协"在国际文化交流上的研究成果还不多，这里仅举两个案例：案例一，2010年6月5～6日，由云南省文学艺术界联合会、中国电视艺术家协会等机构主办的第一届中国·东南亚·南亚电视艺术周在春

---

① 张序江：《乌干达总统穆塞韦尼的中国情》，《湘潮》2011年第3期，第44页。
② 《江泽民文选》第3卷，第405页。

城昆明召开。此届艺术周有来自越南、老挝、菲律宾、柬埔寨、斯里兰卡、泰国、缅甸、印度、孟加拉国等 9 个国家的几十位电视工作者代表及国内十多家电视台及其他媒体人员共三百余人。由云南省承办中国和东南亚与南亚的文化交流，体现了中国展开国际文化交流的地缘优势，这是在政治多极化、经济全球化和传播领域的数字化、网络化，信息传播打破了国家疆域限制的背景下，如何使各国、各民族多元文化的交流和碰撞朝着有利于推动世界文明方向发展的一次很有意义的尝试。正如云南省对外文化交流协会会长张田欣在此次盛会上所指出的，"这次'中国·东南亚·南亚电视艺术周'的举办，有助于进一步扩大和深化中国与东南亚、南亚文化艺术的交流合作，建立文化交流合作机制，有助于使云南成为我国面向东南亚、南亚的文化艺术窗口，文化交流合作的平台，以及国际文化合作的示范区，必将为建设中国面向西南开放的桥头堡提供文化支持"①。印度 ZEF 电视台总监张苹在盛会上说："通过在电影、电视剧、纪录片和新闻报道方面的交流，能够增进国与国之间的了解，减少国与国之间的误解，增加国与国之间的友谊。只要彼此抱着开放的心态，多交流，多沟通，就一定能够成为很好的邻居，共同为世界文明、世界和平做出贡献。"②

案例二是新千年第一个早春，阿根廷博尔赫斯夫人、博尔赫斯国际基金会主席玛丽亚·儿玉（Mary a Kodama）女士应邀来华访问。在中国短短的 10 天（2000 年 3 月 8～17 日），夫人把一套精美厚重的《博尔赫斯全集》中译本存放在长城博物馆内③，实现了豪尔赫·路易斯·博尔赫斯先生的夙愿。夫人还

---

① 唐志平：《拓展合作空间　共创互惠未来——第一届中国·东南亚·南亚电视艺术周活动纪实》，《当代电视》2010 年 7 期，第 38 页。

② 唐志平：《拓展合作空间　共创互惠未来——第一届中国·东南亚·南亚电视艺术周活动纪实》，《当代电视》2010 年第 7 期，第 41 页。

③ 豪尔赫·路易斯·博尔赫斯（1899～1986）于 1899 年 8 月 4 日诞生在阿根廷布宜诺斯艾利斯市中心图库曼大街八百四十号一幢平淡无奇的平顶小房子里。博尔赫斯很小便显露出强烈的创作愿望和文学才华。七岁时，他用英文缩写了一篇希腊神话。八岁，根据《堂吉诃德》，用西班牙文写了一篇叫做《致命的护眼罩》的故事。九岁，将英国著名作家王尔德的《快乐王子》译成西班牙文，署名豪尔赫·博尔赫斯，发表在布宜诺斯艾利斯《国家报》上，译笔成熟，竟被认为出自其父手笔。至此，作家初尝读书、写书的乐趣，经历了初步的文学训练。1923 年正式出版的第一本诗集《布宜诺斯艾利斯》以及诗集《面前的月亮》（1925）和《圣马丁札记》（1929），形式自由、平易、清新、澄澈，而且热情洋溢。1935 年，第一本短篇小说集《恶棍列传》问世，其独特的写作风格引起评论界的极大关注。1941 年，其代表作短篇小说集《小径分岔的花园》出版。除了创作，博尔赫斯还是文学翻译大家。他通晓多国文字，曾将卡夫卡的短篇小说（但《变形记》并非出自他的译笔）、福克纳的《野棕榈》、弗吉尼亚·吴尔夫的《一间自己的房间》和《奥兰多》、米肯的《一个野蛮人在亚洲》等作品从德、英、法文直接译成西班牙文，坚持其绝不转译的翻译主张。《博尔赫斯全集》中译本为豪尔赫·路易斯·博尔赫斯作品最大规模的中文移译，系根据阿根廷埃梅塞出版社 1996 年出版的四卷本博尔赫斯全集译出。

参加了《博尔赫斯全集》中文版首发式、签名售书活动，游览了故宫等名胜古迹，访问了中国作家协会等文化机构，并与中国作家和学者等进行了交流。她在西安访问期间，还和陕西省作协主席陈忠实进行了交流，陈忠实在为她举行的欢迎晚宴上说："我很敬佩博尔赫斯，读过先生的不少作品，我本人的创作也受到拉美作家的影响。例如我的长篇小说《白鹿原》里就有《百年孤独》的影子。"① 这充分说明，阿根廷伟大作家博尔赫斯的作品，在陈忠实的作品中产生了"化学"效应式的作用，提升了陈忠实作品的价值，实现了文化向先进性的飞跃。其实，任何民族的文化，都不可能在封闭的情况下发展壮大，只有充分吸收世界上一切民族优秀的文化成果，自身的文化才能真正发展强大起来。中华文明之所以一直不中断地发展到今天，远可以说夏商周秦汉唐宋，今可以说新中国成立以来的各个不同时期，所采取的文化开放政策，是其中的主要原因。当然，衡量中国文化先进性的参照系只能从中国文化核心价值本身出发，正如西方人在衡量其文化时，决不会拿中国文化作为参照系一样，中国文化要实现新的发展，关键是从对自己的传统文化的重新评价开始，找出问题所在，再通过文化的交流与合作取别人之长补己之短，实现中国文化的更新与改造。英国历史学者汤因比曾经说过："中国文明破晓之际，也曾出现过一系列创新，这使我们回忆起伴随印度河文明和埃及文明陡然诞生而具有的新意。中国也不例外，这些创新萌芽的突发性，似乎预示着那里的文明同样是在域外文明的刺激下产生的，从而与苏美尔文明显著的自发进化形成鲜明的对比。"②

（七）强调中国文化应"走出去"

如果先进的中国不占领外国的文化市场，那些落后的，甚至侮辱中国人、毁坏中国形象的文化就会大行其道。毛泽东首次访问苏联期间所发生的一件事，足以说明问题。"一天，陈伯达向毛泽东反映，说他刚刚看了一场苏联芭蕾舞《红罂粟》，是描写中国情况的。一个个大辫子小脚女人举花洋伞，在台上扭来扭去，很不像话，简直是对中国人的污蔑。尤其在毛泽东访问苏联期间演这种戏太不应该了。毛泽东很不耐烦地听了陈伯达的汇报，很生气地说：哪一个批准你去看戏了？你是代表团成员，外出应该请假么，谁让你违反纪律！'陈伯达看到毛泽东动气了，知趣地退了出去。"③ 经历过此次尴尬事件

---

① 林一安：《"我替先生圆了梦"——博尔赫斯夫人谈中国之行》，《外国文学》2000年第5期，第90~91页。
② 〔英〕阿诺德·汤因比：《人类与大地母亲：一部叙事体世界历史》，第88页。
③ 叶子龙：《叶子龙回忆录》，中央文献出版社，2000，第181页。

的苏联外交家费德林描述："我不想在这里讲大道理。《红罂粟》的故事确是很荒诞的。它说明我们一些艺术大师的无知，这是他们不了解其他民族和我们近邻的生活实际所造成的。他们追求异国情调，结果呢，不仅破坏了人们的情绪，而且破坏了友谊和睦邻关系。……在我们同外国的文化联系方面，这种现象造成的损失无法用数字来衡量。不过我坚信，文化和精神领域的合作不是可有可无，而是应该提到首位上来，因为保持民族间的精神交流，相互认识，彼此接近，乃至理解和合作都是从文化开始的，随后才是发展贸易、经济和其他方面的关系。对于苏联这种创造精神财富的国家，尤为重要。"① 当然，中国文化走出去，也应该充分地估计到走出去的先进中国文化所遇到的种种困难，先进的文化并非就能顺理成章地、没有阻力地推广。这里也有一个苏联斯大林时代有关《毛泽东选集》俄文版出版的例子，根据曾经亲历过中苏关系的几个关键时刻、曾以翻译身份参加了毛泽东主席同斯大林的历史性会见以及《中苏友好同盟互助条约》的签订，并参加过俄文版《毛泽东选集》的定稿工作的苏联外交家费德林的回忆录："斯大林主持苏共中央政治局会议，讨论出版俄文版的毛泽东著作。'你们谁知道毛泽东选集的规模，有几卷？'斯大林问在座的政治局委员。大家一言不发，似乎这事同他们无关，谁都不愿当出头鸟。……据我看，让斯大林恼火的无非是两种情绪，一种是担心，一种是嫉妒。令他不安的是，如果毛泽东选集超过别人的书，就是说超过领袖本人的作品，人家会怎么看。人们会不会无意倾斜到中国领导人方面去，而最终影响到'各国人民的导师'的威信。何况，这个时期已经频频提出要提高中国新领导人的地位，理论思想的中心有可能移到北京。"②

中国的文化之所以要"走出去"，是因为中华文化对世界的和平与发展，对人类的进步事业有着非常重要的借鉴和启迪意义，如果中华文明在世界上不能占有重要的位子，首先是人类文明的重大缺失，世界也将是一个黯淡无光的世界。正如 2011 年 9 月国务院新闻办公室发布的《中国的和平发展》白皮书指出的，"在 5000 多年文明发展历程中，中国各族人民以自己的勤劳智慧，创造了璀璨的中华文明，缔造了统一的多民族国家。中华文明具有独特的延续性、包容性、开放性。在长期对外交往中，中华民族努力学习借鉴其他民族的长处，自强不息，为人类文明进步作出了重大贡献。"如果世界的文明能够在

---

① 〔俄〕尼·费德林：《费德林回忆录：我所接触的中苏领导人》，第 170 页。

② 〔俄〕尼·费德林：《费德林回忆录：我所接触的中苏领导人》，第 106～107 页。

可持续性、包容性、开放性方面得到提升，中国对世界文明建设的贡献就会很可观。

这里更加值得我们重视的是"走出去"的中国文化的内容构成，首先应该当然是五千多年中国文明的各种健康的、精华的文化成果，它们应该包括语言、文学、艺术、哲学思想、政治思想等；其次应该是反映新中国的文化建设的成果，特别是在中国共产党领导下中国的文化建设成就，包括反映新中国人民建立新生活的丰富多彩的优秀文化成果，应该走出去，因为它们往往是鼓舞世界人民建立新生活的强大文化力量，也同时是世界人民加深对中国理解的文化手段。江泽民指出："应该说，在这一百五十多年的时间里，社会主义的理论和实践在探索、保证全体人民的政治平等和当家作主，消灭人剥削人的制度，消除两极分化、贫富悬殊，建设新型的思想道德文化等方面，取得了巨大的进步，也积累了丰富的经验。实践证明，社会主义是指引世界上处于剥削制度压迫之下的无产阶级和劳动人民改变自己命运、获得社会解放、建设幸福生活的正确道路。"① 江泽民同志所说的走社会主义道路的中国在"建设新型的思想道德文化等方面"所取得的成就，正是不但鼓舞中国人民发展自己的精神力量，同时也成为鼓舞世界上一切进步的人们建立没有剥削和压迫的新世界的文化力量。曾任美国北卡罗来纳州州立大学视觉艺术系艺术史与艺术理论终身教授，现为哈尔滨工业大学媒体技术与艺术系教授的美籍华人学者鲍玉珩博士谈到过《白毛女》电影在美国人心中的影响，"1949 年中华人民共和国的成立，也宣告了新中国电影的诞生。由于当时的政治环境，中国电影很难在西方的影院放映，但是也有一些西方人曾经看到过新中国的电影作品，比如，在 1992 年，笔者在准备撰写毕业论文时，曾经在某个大学，或许是北卡州的杜克大学或纽约的哥伦比亚大学的图书馆内查询资料时，从 1954 年的一张《纽约时报》（微缩胶卷上）阅读了一篇署名是史密斯·汤姆逊或约翰逊先生的影评文章——《看中国电影〈白毛女〉》，我后来查询得知，这位美国人是朝鲜战场上的美军战俘，也许他是在战俘营中接受改造时看过《白毛女》，记得他称赞白毛女是他看到的最美丽的东方妇女，他认为这个电影教育了他为什么中国能够胜利！这是笔者目前所阅读到的西方人所写的最早的一篇关于新中国电影的文章。不久前，我的一位研究美国作家赛珍珠的朋友对我说，在赛珍珠的日记中记录了一些她在观看到一些中国电影作品之后写下的评论式的记录"②。

① 《江泽民文选》第 3 卷，第 77 页。
② 鲍玉珩：《西方学者眼目中的中国电影艺术》，《电影评介》2011 年第 2 期，第 33 页。

二 党的第三代中央领导集体的文化外交的先进思想理念

(一) 提出了思想文化也要独立的文化主权思想

讲民族独立可以从政治、经济、文化三个方面入手，不过，人们常对政治、经济方面的独立认识比较深刻，对文化方面的独立认识不足。事实上，文化上的独立与民族独立本身不能分离。如果文化不独立，就必然沦为其他民族的文化附庸。这样，已取得的政治、经济独立，也必然随之而丧失。维护民族文化独立，第一必须注意继承和发扬本民族的优秀文化传统，其次必须主动吸取其他民族文化的优秀成分，并将它溶入自身肌体之中，发扬创新精神，促使民族文化更新、发展①。文化独立的问题，作为党的第一代中央领导集体重要成员的周恩来曾经对此加以论述过。周恩来曾在接见几内亚政府经济代表团时指出："文化独立比经济独立还要慢一些，困难一些。旧思想存在于人们的头脑中有几千年了。不是很快能够清除的。人们必须向头脑中的旧思想进行斗争。"② 所以，新中国的领导者的一项重要使命，就是解放人们的思想，通过马克思主义、毛泽东思想的教育，使人民摆脱旧文化、旧思想对人们的头脑的长期束缚。以邓小平为核心的党的第二代中央领导集体，把思想解放放在十分突出的位置，因此才使改革开放的路线方针政策得以顺利实施。同样，以江泽民为核心的党的第三代中央领导集体继承了前两代中央领导集体思想解放的成果，并在前两代领导人认识的基础上，有新的发现和发展。因为江泽民在谈到"思想文化也要独立"时，既有周恩来所讲的消除一国内部旧文化影响的成分，又有国际关系上维护文化主权的含义。江泽民指出："历史和现实都告诉我们，国家要独立，不仅政治上、经济上要独立，思想文化上也要独立。"③

第一，维护社会主义制度和意识形态的安全，需要思想文化的独立。在后冷战时代，霸权主义和强权政治从其自私的利益和险恶的战略目标出发，充分利用自身暂时取得的文化强势地位，向世界上其他国家尤其是广大发展中国家进行文化渗透和扩张，迫使别国接受其价值观念和意识形态，以达到制约、影响世界事务以及从文化精神上摧毁发展中国家民族意志和自信心，达到彻底奴役发展中国家之目的。霸权主义和强权政治的杀手锏是反复强调西方价值观的

---

① 《民族独立应包括文化独立》，《湖北社会科学》1989 年第 12 期，第 23 页。
② 《周恩来年谱：1949～1976》（下），第 245 页。
③ 《江泽民论有中国特色社会主义》（专题摘编），中央文献出版社，2002，第 388 页。

优越性和普世性，迫使不少发展中国家的人民对本国政治制度和治理模式的合法性信心动摇，接受西方国家的人权标准、政治制度模式，因而使众多发展中国家文化主权意识严重退化。我们从 2010 年普遍在阿拉伯世界发生的所谓"阿拉伯之春"就可以清楚地了解到，阿拉伯世界对自己长期以来的核心文化认同，已发生了严重的动摇，诚然，我们不否认"阿拉伯之春"发生的内在原因是其政治体制改革严重滞后，诚如有学者所分析的，"始自突尼斯的民众运动以燎原之势蔓延至整个阿拉伯世界，改变了相关国家的政治生态，对北非中东地区乃至世界格局将产生深远影响。阿拉伯各国的威权政府虽然在初期都不同程度地推动了国家发展，却未能抓住有利的战略机遇期实现转型，一些超长期执政的威权领袖逐渐堕入贪腐失效轨道，因而都不同程度地受到民众运动的冲击。"① 但是西方国家近二三十年所进行的文化侵略、文化浸透所带来的冲击效应亦不可小视。诚如有学者指出的："2001 年'9·11'事件后，小布什政府就确立了'大中东改造'的战略目标，除了发动反恐战争和打击伊拉克外，还于 2002 年推出了'中东伙伴关系'计划。该计划由美国务院近东事务司具体负责实施，旨在通过与当地政府和非政府机构的广泛合作，推进中东民主和自由，促进公民社会建设，提高青年参政能力。该计划总部设在华盛顿，但在突尼斯和阿联酋的阿布扎比各设了分部，同时在美驻中东各国使领馆设立了专门协调员或项目管理员，负责推进、实施和管理该计划的各个项目。奥巴马上台后，虽然降低了在中东推进民主改革的目标和声调，但实际上'中东伙伴关系'仍在继续实施，悄悄推进。据统计，自 2002 年启动至今，该计划已执行或正在执行的项目达 680 个，遍及中东 18 个国家和地区，累计资助基金 6.8 亿美元。因此，当前中东的'革命'一定程度上也是美国长期经营的结果。"② "阿拉伯之春"成为西方国家直接或间接地削弱发展中国家的政治主权和文化主权的经典案例，确实值得我们每一个中国人深思。我们从受西方政治文化影响而发生在中国的"民主墙"事件和 1989 年政治风波事件认识到，西方世界企图潜移默化地对中国进行意识形态的渗透和文化上的侵略，进而颠覆中国的社会主义制度的教训是多么的深刻！江泽民在党的十六大报告中就再次强调："始终把国家的主权和安全放在第一位"③。在主权问题上，社会主义制度作为当代中国坚持的文化主权，对内是不可挑战的最高权威和尊严

---

① 王猛：《阿拉伯国家剧变与"威权政治"》，《现代国际关系》2011 年第 7 期，第 39 页。
② 唐志超：《中东剧变及其战略影响》，《亚非纵横》2011 年第 4 期，第 4 页。
③ 《江泽民文选》第 3 卷，第 535 页。

的政治文化，对外则是具有独立权的政治制度选择，同样，中国坚持社会主义制度，也决不排斥和反对别国的社会制度。显然，文化主权是一国处理决定自身文化（包括政治制度）领域一切事物的最高权力，对外明显的互不干涉、平等交流、相互借鉴的性质，在制度文化方面则具有明显的排他性。正如江泽民同志所指出的："在国际交往中，我们绝不把自己的社会制度和意识形态强加于人，同样，也绝不允许别的国家将自己的社会制度和意识形态强加于中国。"① 有学者定义文化主权为"现代民族国家将本民族文化的习惯、信仰和价值观念上升为国家意志，意味着对本民族文化所拥有的最高的和独立的权利和权威。"② 这样的定义如果放在制度文化上，确实是有明显的指导意义。但是把"本民族文化的习惯"也上升为国家意志，则是小题大做了。核心的信仰和核心价值观念才具有国家意志的基础。

第二，捍卫文化主权的根本途径，最关键的是要把自身的文化建设发展好，也就是要把有中国特色社会主义的文化发展好。江泽民在党的十五大报告中指出："有中国特色社会主义的文化，是凝聚和激励全国各族人民的重要力量，是综合国力的重要标志。它渊源于中华民族五千年文明史，植根于有中国特色社会主义的实践，具有鲜明的时代特点；它反映我国社会主义经济和政治的基本特征，又对经济和政治的发展起巨大促进作用。建设有中国特色社会主义，必须着力提高全民族的思想道德素质和科学文化素质，为经济发展和社会全面进步提供强大的精神动力和智力支持，培育适应社会主义现代化要求的一代又一代有理想、有道德、有文化、有纪律的公民。"③

第三，在开展文化交流时要切实维护我国的国家安全和根本利益。江泽民在党的十五大报告中指出："我国文化的发展，不能离开人类文明的共同成果。要坚持以我为主、为我所用的原则，开展多种形式的对外文化交流，博采各国文化之长，向世界展示中国文化建设的成就。坚决抵制各种腐朽思想文化的侵蚀。"④ 在这里，江泽民论文化发展的辩证法跃然纸上，一方面我国文化的发展必须吸收人类文明的共同成果，另一方面又要坚持以我为主、为我所用的原则，在这样的基础上展开文化交流，达到外国优秀的文化"化学式"地融入中国文化之中，从而使我们的民族文化生长得更加壮实，同时也才能使中

---

① 《江泽民文选》第 1 卷，第 244 页。
② 花建：《软权力之争：全球化视野下的文化竞争潮流》，上海社会科学院出版社，2001，第 250 页。
③ 《江泽民文选》第 2 卷，第 33 页。
④ 《江泽民文选》第 2 卷，第 35 页。

华文化积极地影响世界，进而改造世界，使世界逐渐朝和谐的方向发展。中国造就出这样生命力强大的文化本身，在抑制各种腐朽思想文化的侵蚀上的免疫力自然就非常强大。

第四，对外文化交流过程中要有警觉意识，要区分外国对华文化交流的真与假。保障中国在思想和文化上的独立，重要的是要有警觉意识。江泽民指出："在坚持改革开放、加强对外经济文化交流的同时，要十分注意警惕和防范敌对势力的渗透、颠覆活动。"① 为了维护中国思想和文化的独立性，要特别善于辨别外国对华的文化交流活动的真假。比如，西方国家以颠覆中国的社会主义政权为目的的对华公开的或者秘密的宗教活动，往往也是打着文化交流的幌子进行的。江泽民针对宗教的对外斗争和对外交流问题指出："随着对外开放的扩大，我国宗教界与世界各国宗教界的友好交往日益增多，但境外利用宗教对我国进行渗透的问题也日益突出。一些外国宗教组织企图重返中国，恢复旧有的隶属关系和在宗教上的特权，重新控制我国的宗教。在这些年的国际斗争中，敌对势力往往利用宗教问题向我国发难。他们加紧利用宗教进行渗透、破坏活动，企图搞垮中国共产党的领导和我国社会主义的国家政权。他们支持达赖集团和'东突'恐怖主义势力进行分裂活动，支持境外一些基督教团体加大对我国搞'福音化'的力度。现在，宗教渗透的手段和方式也多样化了，不少宗教组织利用电台广播和互联网进行宣传，偷运和邮寄宗教经书和音像制品，以旅游观光、投资办厂、经贸合作、文化交流等手段为掩护派遣传教人员入境秘密传教，资助建立秘密宗教组织和地下教会，等等。对这些动向，我们必须保持高度警觉，切实加以防范，绝不能贪小利而忘大义。"②

（二）继承前两代党中央领导集体的同理心的文化外交精神，强调国家间关系的共同点

在苏联时代，1958年出版的《红楼梦》俄文版就曾经成为巩固苏联社会主义政权的重要文化手段。比如苏联中国文学专家费德林撰写的题为《中国小说和红楼梦》的序言中就提出，"作者对18世纪的清代社会作了淋漓尽致的描绘，他坚决反对中世纪社会制度和家庭制度对人格的侮辱，揭露了逼迫正直的人自杀的吃人礼教和贪污受贿，腐化堕落的统治阶级的残酷及其道德的沦

---

① 《江泽民文选》第3卷，第83页。
② 《江泽民文选》第3卷，第390页。

丧","这个《序言》凸显了文学'改造和教育劳动人民'的功能，认为《红楼梦》是阶级斗争的产物，是一部政治历史小说"①。

在文化外交中以同理心强调文化上的共同点，这是党的前两代领导集体文化外交的一贯传统，党的第三代中央领导集体继承了这一优良的传统。这里可以举三个例子，一是中韩关系的例子，二是中俄关系的例子，三是中国与沙特阿拉伯的例子。

1995 年 11 月 14 日，江泽民在韩国访问期间在韩国国会发表演讲指出："我们两国有毗邻而居的地理优势，有相似的悠久文化传统。我们两国都有过遭受外来侵略和欺凌的相同历史命运，为 50 年前世界反法西斯战争的胜利作出过自己的贡献。我们两国今天都处在发展的重要时期，经济都保持着高速发展的强劲势头。中韩建交三年多来，两国在政治、经济、科技和文化等领域的友好合作关系迅速发展，成果显著。"② 美国人罗伯特·劳伦斯·库恩在他的《他改变了中国：江泽民传》中提到江泽民主席在韩国国会的演讲时说，"在对韩国国民大会发表的讲话中，江赞扬了两国之间共同的文化"③。

2001 年 7 月 17 日，江泽民同志访问俄罗斯期间在莫斯科罗蒙诺索夫大学进行演讲，他的演讲突出阐述了如何加强两国文明交流的问题，指出"中俄两国都具有悠久的历史和灿烂的文化，都为人类文明进步作出了巨大贡献。两国文明的交流源远流长。普希金、列夫·托尔斯泰、柴可夫斯基等人的作品为许多中国人所熟悉。老子、孔子等中国古代思想家的著作也为俄罗斯人民所重视。近年来，俄罗斯知名的芭蕾舞团、交响乐团等文艺团体多次访华演出，向中国观众展示了俄罗斯艺术的魅力。前不久，中国艺术家在莫斯科举办了'北京文化周'活动，向俄罗斯民众展现了中华文明的绚丽。这些文化交流，增进了两国人民的了解，促进了两国关系的发展。"④ "求同存异"不但是中国政治外交的价值导向，也是中国文化外交的价值导向。冷战后时代的中俄关系可谓是大国关系的典范之作，之所以这样说，是因为中国在处理和俄罗斯的关系时，始终努力扩大共同点，而不计较历史的恩怨。中国古代先贤老子就说

---

① 孙斌、李锦霞：《20 世纪俄罗斯文化视域下的〈红楼梦〉》，《河北学刊》2011 年第 3 期，第 254 页。

② 《加深相互了解　促进共同繁荣——江泽民主席在韩国国会发表演讲》，《当代韩国》1995 年第 4 期，第 2 页。

③ 〔美〕罗伯特·劳伦斯·库恩：《他改变了中国：江泽民传》，谈峥、于海江等译，上海译文出版社，2005，第 222 页。

④ 《江泽民文选》第 3 卷，第 310～311 页。

过，"和大怨，必有余怨，安可以为善？是以圣人执左契，而不责于人。有德司契，无德司彻。天道无亲，常与善人。"① 1989 年 5 月 16 日，邓小平同志会见苏联最高苏维埃主席团主席、苏共中央总书记戈尔巴乔夫。邓小平在回顾近代以来日本和沙皇俄国、一定时期也包括苏联对中国权益的严重侵犯的事实后指出："中华人民共和国成立以后，中国同苏联签订了新约。中国同蒙古人民共和国建立了外交关系，达成了协议，划定了边界。后来中苏进行边界谈判，我们总是要求苏联承认沙俄同清王朝签订的是不平等条约，承认沙俄通过不平等条约侵害中国的历史事实。尽管如此，鉴于清代被沙俄侵占的一百五十多万平方公里是通过条约规定的，同时考虑到历史的和现实的情况，我们仍然愿意以这些条约为基础，合理解决边界问题。"② 邓小平此举，不但和解了中俄关系史的"大怨"，甚至连"余怨"也和解了，中国做到了真正的"可以为善"，做到了真正地结束过去，为此后中俄关系的新局面建立了基础。因为中俄关系从地缘政治上讲，两个国家是欧亚大陆两个最强大"内新月"国家③，都是联合国安理会常任理事国，应该团结起来为稳定和促进世界和平、防止霸权主义和强权政治采取所谓的"外新月"式的包围和遏制方面发挥重大作用。正是因为中国在国际政治中采取了"司契"而非"司彻"的政策，中俄关系从此进入了两国关系发展中最为理性、最为平稳的状态。根据相关研究："在21 世纪头 10 年，两国战略伙伴关系的持续发展，合作形式、途径的日益丰富化和多样化，为俄中关系发展创造了积极的条件。例如，清华大学国际问题研究所的专家们在通过定量评估确定中国对外关系的等级时，给 2008 年年初的中俄关系最高的 8 分（在 2000 年是 5.5 分），而中法关系 6.3 分，中印关系5.4 分，中美关系 1.1 分。方法是把中国对外双边关系的性质划分为三大类别：敌对（-9：-3）、非敌非友（-3：3）和友善（3：9）。"④ 因为中俄关系

① 这是《道德经》第七十九章的内容，用现代汉语来解释大意为："要和解大的怨仇，必然还有小的怨恨不能化解，怎么可以把这当做'善'？因此，圣人崇尚、赞助'善'，但不以此苛求于人。所以有'德'的人主持'善'事，没有'德'的人主持剥夺和毁坏。天'道'没有偏爱，（但）它永远亲近、赞助善人。"

② 《邓小平文选》第3卷，第293~294页。

③ 英国著名地缘政治学者麦金德认为，欧亚大陆就是世界岛，谁控制了世界岛，谁就能控制世界（参见〔美〕詹姆斯·多尔蒂、小罗伯特·普法尔茨格拉夫《争论中的国际关系理论》，邵文光译，世界知识出版社，1991，第 71 页）。中国和俄罗斯建立正常的、友好的关系，根据中国的历史传统，中国决不会寻求联合俄罗斯控制世界，但是中俄的团结，在维护世界和平、防止别人控制方面必将发挥积极的作用。

④ 〔俄〕弗拉基米尔·波特雅科夫等：《俄中关系：发展现状与前景展望》，《俄罗斯中亚东欧研究》2010 年第 6 期，第 91 页。

又是极其复杂的双边关系，历史上沙皇俄国给中国带来的灾难实在太多，比如，它侵占了中国一百多万平方公里的土地，如果中国要计较这些历史的恩怨，中俄关系将是一个什么状况可想而知。中俄关系曾经又是世界上最紧密的关系，比如中国和它的前身苏联的关系，在新中国成立直到 20 世纪 60 年代初关系破裂，两个社会主义大国好得真的就像穿一条裤子一样那么亲密。由于苏联的大国沙文主义和苏联共产党以老子党自居，经中国多次善意挽救无效，中苏关系破裂了。在和平与发展新的形势下，邓小平率先打破中苏关系的僵局，进而在以江泽民为核心的党的第三代中央领导集体的外交智慧的引领下，中俄两国以务实和理性的精神稳步地推动双边关系的发展，其中的一个很重要的外交举措就是大力发展和俄罗斯的文化交流。今天中俄文化交流面临难得的机遇，在中俄关系中，俄罗斯人对学习中国文化的兴趣升温，为此，中国没有理由错失吸引俄罗斯年轻的一代到中国留学之良机。正如有学者指出的，"在经济全球化的形势下，随着中国的蓬勃发展，对外的合作日益加深，许多俄罗斯学生掀起了到中国学习汉语的高潮。中国有许多来自海参崴的留学生，这就需要我们进一步开拓俄罗斯留学生市场，完善制度，扶植优秀文化，鼓励更多的留学生来中国学习汉语，促进中俄文化交流。留学生数量作为国际化程度的一个重要标志，全国 420 多所具有招收留学生资格的高等院校，过去日本和韩国的留学生很多，随着中俄文化的不断交流和加深，俄罗斯留学生日益增多，首先中国应该大力进行对俄留学生招生宣传，以吸引更多的俄罗斯留学生到中国来学习。其次为留学生开设网络平台，让更多的留学生畅所欲言，说出他们对中国的建议和批评，使更多的留学生愿意选择中国留学。最后中国要开展丰富多彩的对外交流的文艺活动，奖励优秀的留学生代表，大力推动留学生事业不断发展的同时，也宣传了中国文化。中俄文化的交流在我国得到了进一步加强，并达到很高的水平。这种交流与协作越来越多地在人文领域的层面上展开，这对双方来说都是种有益的借鉴。"①

广大发展中国家始终是中国外交的立足点，因为中国本身就是发展中国家，政治上中国和广大发展中国家有共同的命运，在和政治紧密相关的文化上，中国和广大发展中国家的命运也是相同的或者是相似的。因此，中国领导人在发展和广大发展中国家的关系时，总是紧密地围绕政治上、文化上的共同点来展开，以此来加深交流与合作。以中国和沙特阿拉伯的关系为例。1990年 7 月 21 日，中国和沙特签署建交公报和谅解备忘录，宣布两国建立外交关

---

① 刘莉莉：《浅谈中俄文化交流》，《大众文艺》2011 年第 18 期，第 131 页。

系。沙特成为中东海湾地区最后一个与中国建交的阿拉伯国家。1999 年底，江泽民访问沙特，促成中沙各领域的双边合作全面发展，揭开了中沙友好合作关系的新篇章。中沙关系之所以快速发展，和中国领导人注重两国文化上的共同性和共鸣点不无关系。驻沙特阿拉伯王国前大使郁兴志曾这样述说江泽民主席访问沙特阿拉伯发表演讲的情形："11 月 2 日上午，利雅得的天气格外晴朗宜人，坐落在市中心的阿齐兹国王图书馆装饰一新。会议厅主席台上方是用中阿两种文字书写的'热烈欢迎中华人民共和国江泽民主席阁下访问沙特阿拉伯王国'的红底黑字横幅。墙上两边悬挂着两国国旗。王室成员、政府官员、协商会议议员、武装部队和国民卫队高级将领、外国驻沙特使节、沙特新闻界负责人以及外国通讯社驻沙特记者等 400 余人济济一堂，座无虚席。阿卜杜拉王储陪同江泽民在主席台上就座。""新闻大臣法尔西主持演讲会，他向听众介绍江泽民生平后，宣布：'现在，让我们用热烈的掌声欢迎江主席发表演讲。'江泽民首先简要回顾了中国与阿拉伯友好交往的历史和中、阿两个民族为人类文明作出的杰出贡献。他说：'中华民族和阿拉伯民族都是古老的民族，都有着悠久的历史，都曾创造了各自的璀璨文明。二者相互学习、借鉴和交往的历史源远流长。脍炙人口的《天方夜谭》、雄伟壮观的万里长城和举世闻名的丝绸之路，在中国和阿拉伯各国都是家喻户晓的。早在 1000 多年前，中国的商船就曾航抵吉达港。'然后，江泽民就中阿关系和人类文明的交流与发展发表了演讲。他指出：'人类社会在漫长的发展过程中，创造了多姿多彩的文明。这些文明既有共性，也有差异，但都是人类智慧的结晶。正是由于人类文明这种多样性，我们这个有着近 200 个国家和地区、2500 多个民族的星球才如此丰富多彩。不同文明应该在平等基础上开展对话和交流，彼此借鉴，取长补短，在发展和丰富自己的同时，推动人类文明走向新的繁荣。由于各民族在历史发展、社会背景、文化传统、生活方式等方面有差异，存在一些矛盾和分歧是难免的。只要相互尊重，平等对话和交流，这些矛盾和分歧是完全可以解决的。那种认为本民族文明至上，忽视甚至鄙夷其他文明，在文明的差异上大做文章，企图挑起不同文明之间的冲突的做法，是错误的。它有害于世界文明的进步，有害于世界和平与发展的崇高事业。'江泽民的精彩演说博得了全场长时间的热烈掌声。沙特报界元老、《利雅得报》主编苏德里发表署名评论说：'江主席的演说严正批驳了西方企图挑起不同文明冲突的错误，有助于推动多姿多彩不同文明的健康发展。'"①

---

① 郁兴志：《江泽民访问沙特的前前后后》，《湘潮》2009 年第 5 期，第 37～39 页。

以胡锦涛为总书记的中央领导集体，继承和丰富了党的三代中央领导集体的同理心文化外交理念，2005 年 11 月 17 日，也就是江泽民主席访问韩国十周年之际，国家主席胡锦涛也在韩国国会发表演讲，这是中韩建交以来两国政治经济和文化关系取得重大进展背景下的一次重要演讲。胡锦涛指出："中韩两国是隔海相望的近邻，也是关系密切的友邦。在中韩友好的长期历史中，两国人民始终相互学习、相互借鉴，共同创造了灿烂的东方文明。近代以来，两国人民又在抗击外来侵略、争取民族独立的伟大斗争中相互支持、相互帮助，共同谱写了可歌可泣的友谊篇章。所有这些，构成了今天中韩关系发展的坚实基础，值得我们双方倍加珍视。""双方在文化、教育、科学等领域的交流日益紧密，在两国人民之间架起了理解和友谊的桥梁。双方在国际和地区事务中的协调和合作日益密切。""在人文上，中韩两国应该成为相互学习、相互促进的朋友。加强文化、教育、科技等领域的交流和借鉴，实现相互补充、相得益彰，对我们各自国家的发展和两国关系的发展都具有重要促进作用"，胡主席从同理心的角度强调，中韩"双方都充分利用两国地理相邻、文化相近、经济互补的优势，不断挖掘潜力，拓展交流合作，给两国人民带来实实在在的利益。这为两国关系发展注入了强大动力。"① 2009 年 11 月 7 日，温家宝总理在开罗阿拉伯国家联盟总部发表《尊重文明的多样性》的演讲，全面、深刻、系统地诠释了中国的文明观。温总理说："文明具有多样性，就如同自然界物种具有多样性一样。当今世界，有 200 多个国家和地区，2500 多个民族，6000 多种语言。正是这些不同民族、不同肤色、不同历史文化背景的人们，共同创造了丰富多彩的世界，就如同有了七音八调的差异，才能演奏出美妙动听的音乐。不同文明之间的对话、交流、融合，汇成了人类文明奔流不息的长河。"温总理指出："中华文明同伊斯兰文明之间的对话和交流，有着悠久的历史。闻名中外的古丝绸之路，就是生动有力的见证。两千多年前，通过丝绸古道传入中国的胡桃、胡椒、胡萝卜等，早已成为中国人喜爱的食物。阿拉伯鼎盛时期的文学经典《一千零一夜》，在中国家喻户晓。伊斯兰风格的音乐、舞蹈和服饰、建筑，在中国深受欢迎。同样，中国古代文化和技术，也传到了阿拉伯国家。中国的瓷器、丝绸、茶叶、造纸术，就是通过阿拉伯国家传入欧洲的。六百年前，中国穆斯林航海家郑和七下西洋，多次到达阿拉伯地区，成为传播友谊和知识的使者。中国与阿拉伯世界的交流不断扩大和加深，不仅有力促进了双方的文化繁荣和经济发展，还推动了东西方文明的交流。"温总理

---

① 《胡锦涛在韩国国会的演讲》，新华社 2005 年 11 月 17 日电。

表示："文明存在差异，但没有优劣之分。各种文明都包含有人类发展进步所积淀的共同理念、共同追求。在中华文明中，早就有'和为贵'、'和而不同'、'己所不欲，勿施于人'等伟大思想。伊斯兰文明也蕴含着崇尚和平、倡导宽容的理念。《古兰经》就有一百多处讲到和平。在多样中求同一，在差异中求和谐，在交流中求发展，是人类社会应有的文明观。"温总理进一步指出，"谈到尊重文明的多样性，必须看到各个民族、各种宗教都是多样性文明的重要载体。中国是一个多民族、多宗教的国家。我们有 56 个民族，本土的道教与相继传入的佛教、伊斯兰教、天主教、基督教等长期和谐共处。"温总理对中国和阿拉伯的文化交流寄予厚望，他说："中国愿同阿拉伯各国加强文化交流与合作。阿拉伯地区是人类古老文明的交汇之地，绚烂的文学艺术，美妙的音乐舞蹈，独特的饮食服饰，精湛的手工技艺，构成了多彩多姿的文化图景。中国政府鼓励发展同阿拉伯国家之间的教育、文化、旅游和其他方面的交流。中国政府鼓励更多的青年学生到阿拉伯国家留学，也欢迎阿拉伯青年学子到中国学习、访问。文化的沟通，有利于双方加深对彼此历史和现状的了解，增进感情，夯实中阿友好的社会基础。"温总理强调中国和埃及的合作是"尊重文明多样性的典范"①。

（三）党的第三代中央领导集体对西方国家主要体现为提示式和忠告式的文化外交思想

从提示式的文化外交来看，1993 年 9 月 17 日，克林顿致信江泽民主席，邀请他出席 11 月在西雅图举行的亚太经合组织第一次领导人非正式会议。美方表示将安排两国元首举行双边正式会晤。9 月 24 日，克林顿再次致信江泽民主席，他期待 11 月在亚太经合组织第一次领导人非正式会议上见到江泽民主席。为了在亚太经合组织中阐述中国政府在有关问题上的政策主张和原则立场，江泽民主席决定接受克林顿邀请，出席 11 月下旬在西雅图举行的亚太经合组织第一次领导人非正式会议，并同克林顿举行双边正式会晤。会晤中，两位首脑同样是通过"文化"的力量来营造会谈的气氛，江泽民主席把一支中国造的萨克斯管作为礼物送给克林顿。江泽民主席告诉克林顿，自己曾在年轻时学过二胡，还喜欢唱歌。江泽民主席轻松的言谈和举止，缓解了凝重的气氛。会晤的主要议题是如何重新定位中美关系。克林顿首先表态说，他坚信美

---

① 《尊重文明的多样性——温家宝总理在开罗阿拉伯国家联盟总部的演讲》，新华网开罗 11 月 7 日电，2009 年。

中两个大国应当建立建设性的关系，美方愿意在广泛基础上同中方进行坦率对话，寻求解决两国关系中存在的问题。江泽民认为中美关系应放在世界范围内、放在战略的高度来谋划，着眼于未来，着眼于 21 世纪，因为这事关全人类的福祉。会谈中，江泽民就世界多样性发表对美国应该是起某种提示性作用的重要观点。他对克林顿说："世界上有 200 多个国家和地区，所处的自然环境不同，社会发展经历各异，在历史进程中形成了丰富多彩的生活方式、宗教信仰和文化传统。各国人民根据他们各自的国情，选择符合本国实际情况的社会制度和发展模式，是合情合理的，应该受到尊重。"① 从江主席对克林顿的谈话中其实我们可以领悟其中的话外之音，那就是虽然在世界上有 200 多个国家和地区，虽然大家所处的自然环境不同，社会发展经历也各异，在这样的自然环境和人文环境的长期影响下形成了丰富多彩的生活方式、宗教信仰和文化传统，但是作为世界上唯一超级大国的美国，总是以极其傲慢的态度，强制性地推行其价值观和政治制度，不尊重各国人民根据各自的国情，选择符合本国实际情况的社会制度和发展模式，对美国的霸权主义和强权政治行径，江泽民可以说是怀着极大的善意向克林顿进行提示。第二次世界大战后的美国在精神上的一大特点就是极其骄横自满。美国国际关系学者约翰·斯帕尼尔曾经描述朝鲜战争时期英国和美国的麦克阿瑟将军打交道时实实在在所感受到的美国的傲慢，他说，英国人从麦克阿瑟的狂妄自大、不负责任、急躁和轻率的危险性格中"看到了他们大洋彼岸年轻而缺少经验的'小兄弟'的典型，后者希望自己年青充沛的精力在世界舞台上横行霸道，而完全不考虑后果。英国人感到所以气恼的是，大英帝国是政治上'成熟的'强国，长期负责处理国际事务，具有丰富的外交经验，现在居然给刚愎自用的美国当起配角来了！看来只有英国的智慧和美国的膂力相结合才行。"② 有"蜀中孔子"之称的三国时期蜀汉学者、官员，著名的儒学大师和史学家，史学名著《三国志》的作者陈寿就是出自其门下的谯周（201？～270 年）就说过，"处大无患者常多慢，处小有忧者常思善；多慢则生乱，思善则生治，理之常也"。今天处于超级大国地位的美国由于其特殊的国际地位和地理上的无与伦比的优势地位，在国际事务中常常轻慢对待别国，而处于发展中国家地位的中国总是韬光养晦，总是向善。由于美国在国际政治上怠慢而把国际社会搞得乌烟瘴气，一心向善的中国不但

---

① 钟之成：《为了世界更美好：江泽民出访纪实》，世界知识出版社，2006，第 32～33 页。
② 〔美〕约翰·斯帕尼尔：《杜鲁门与麦克阿瑟的冲突和朝鲜战争》，复旦大学出版社，1985，第 185 页。

使自身的和平发展取得巨大成就，也为世界的和谐发展作出了自己的贡献。冷战后时代美国的傲慢更是有过之而无不及，中国和这样不可一世的美国打交道，的确是需要足够的耐心和勇气。

从忠告式的文化外交来看，1997年10月26日至11月3日，江泽民主席对美国进行国事访问。在江泽民主席访美前夕，中美两国乒协、美国美中关系全国委员会于1997年7~8月间联合举行了系列纪念活动，为江泽民主席访美创造了良好的氛围。这一年，两国的文化交往活动多达三百多起，仅《中华文明五千年》文物、艺术展就在美展出长达四个多月。1997年江泽民主席访美和1998年克林顿总统访问中国的两度中美峰会，双方首脑都是从对方的历史文化名城开始访问的。江泽民主席在访美前就曾经表示："美国的高科技很发达，我们可以向美国学习先进的科学技术和管理经验。中国有着几千年的文明历史，许多美国人对中国的历史文化非常感兴趣，希望学习中国文化。"[1] 1997年11月1日，江泽民同志访问美国期间在哈佛大学发表演讲。在演讲中，江泽民向美国朋友生动地介绍中国的历史文化的发展情况，指出中国的历史文化"始终处于发展进步之中。它是通过各种学科、各种学派的相互砥砺、相互渗透而发展的，也是通过同世界各国的相互交流、相互学习而进步的"；指出"中国人早就懂得兼取众长、以为己善的道理"，表现了中国领导人对自身民族文化强烈的自信心和自豪感；江泽民还向美国朋友介绍了中国历史上对外文体交流的重大而辉煌的事件，比如"张骞出使西域""玄奘万里取经""郑和七下西洋"，也不回避中国历史上严重阻碍中国进步和中外交流的封建王朝"闭关锁国"的历史，也正是因为有这样惨痛的历史教训，中国才坚定地向西方国家学习先进的科学思想和文明成果，并同中国实际相结合，推动了中国社会的变革和发展，坚定地走对外开放的道路，坚定地同世界各国进行广泛的交流和合作。在演讲中，江泽民向美国朋友介绍了中华民族团结统一、独立自主、爱好和平、自强不息的优秀传统。这里要特别指出的是，在谈到世界文化的特点时，江泽民向美国朋友表达了他的尊重文化多样性的观点。他指出："阳光包含七种色彩，世界也是异彩纷呈。每个国家、每个民族都有自己的历史文化传统，都有自己的长处和优势，应该相互尊重、相互学习、取长补短、共同进步。"[2] 江泽民主席关于尊重文化多样性观点，有很强的针对性，

---

① 范建民主编《努力建立中美建设性战略伙伴关系：江泽民主席对美国进行国事访问》，世界知识出版社，1998，第154页。

② 《江泽民文选》第2卷，第60页。

可以说是对美国的文化霸权主义提出忠告。如果美国多少接受一点中国领导人的忠告，一定会对美利坚这个年轻的民族文化的成熟起积极的推动作用。美国在国际文化事务上，总是把它的文化视为唯一的标准，总是认为自己的文化和文明为世界最优秀的文明，不承认文化多样性，不尊重文化的多样性。文化的多样性所体现的价值观念的差异性，对主张和谐世界的中华民族来说，恰恰是合作和交流的动力所在，而对西方民族而言，文化的差异性引起的往往是矛盾和冲突，这足以说明中华文明拥有的进步性和先进性是多么的强大，而西方文明的反动性和落后性惯性是多么顽固。

（四）对区域性合作组织的建议式文化外交

江泽民指出："世界各国的历史传统、经济文化水平和社会制度不同，其政治制度和政党制度也必然不同。世界是丰富多彩的，没有也不可能有一种放之四海而皆准的政治制度模式。衡量中国的政治制度和政党制度，最根本的是要从中国国情出发，从中国革命、建设、改革实践的效果着眼，一是看能否促进社会生产力持续发展和社会全面进步；二是看能否实现和发展人民民主，增强党和国家的活力，保持和发挥社会主义制度的特点和优势；三是看能否保持国家政局稳定和社会安定团结；四是看能否实现和维护最广大人民的根本利益。新中国成立五十多年来，我国社会生产力持续发展，社会主义民主不断发展，人民物质文化生活水平显著提高，保持了国家统一、民族团结、社会安定。"① 江泽民同志的重要讲话，从国内政治的意义讲，是要告诫国人，中国只能根据自身的文化传统和文明发展的情况，走自己的社会主义民主政治发展道路，所有的中国人都必须清醒地认识到一点，那就是要坚定地坚持中国的政治制度不动摇，因为这是中华民族的根本利益所在，是中华民族稳定发展和走向伟大复兴的根本制度保障所在。从国际政治的意义上讲，是向全世界阐明世界是一个多样性的世界，中国选择什么样的发展道路，不但是中国的主权利益所在，也是由中国自身文化发展等因素所决定的，同样，其他任何一个国家选择什么样的政治发展道路，也是这个国家政府和人民根据它们的历史文化传统等来决定，中国绝不会把只能符合在中国发展的政治制度强加于任何一个外国政府，当然，中国也决不接受任何外国企图以任何方式把中国的政治制度变更为他国的政治制度，中国坚持自身的发展模式，同时也尊重别国的发展模式，尊重世界的多样性。江泽民同志尊重多样性的思想，在此后的亚太经合组织洛

① 《江泽民文选》第 3 卷，第 144 页。

斯卡沃斯会议上进行了系统的阐述①。2002 年 10 月 26 ~ 27 日举行了亚太经合组织洛斯卡沃斯会议。江泽民主席出席此次会议的领导人非正式会议。这是江主席第十次参加亚太经合组织领导人非正式会议。会议的主题主要是扩大合作，推动成员的经济增长与发展，重点讨论了亚太区域经贸合作、经济安全和反恐问题，而中国领导人充分利用该会议，展开建议式的文化外交，也是一大亮点。江泽民作为会议的首个发言者，提出了包括亚太经合组织在内的国际大家庭加强协调和合作，保持世界和平，促进共同发展的具体建议。江泽民主席关于在经济全球化条件下实现共同发展、共同繁荣的思想，成为与会领导人的共识，载入了《领导人宣言》。此外，江泽民以求同存异的精神，针对亚太经合组织大家庭发达国家与地区和发展中国家与地区并存、成员之间社会制度、文化传统、经济发展水平等差别巨大的现实，特别强调尊重多样性，以求大同存小异。江泽民指出："世界是丰富多彩的，亚太地区尤其如此。在历史发展的长河中，各种文化相互交融和相互影响，构成了人类文明发展的动力。我们应遵循历史前进的规律，更加积极主动地开展各种文化的相互交流，更加自觉地汲取不同文化的精华，以推动人类社会的共同进步。我们在实践中形成的'亚太经合组织方式'，符合亚太地区历史文化多样性的基本特征，也是亚太地区开展合作的必然选择。这一方式还为开展更广泛的国际合作提供了十分有价值的借鉴。"② 其实，老子《道德经》就提出大国和小国如何和谐共处的方法 "大国就像是天下河流的交汇之处，是'天下之牝'，大国对小国辞让，则赢得小国的信任"，小国对大国辞让，也同样能赢得大国信任，指出 "大国不过欲兼畜人，小国不过欲入事人。夫两者各得其所欲"，而且特别强调 "大者宜为下"，可见两千多年前的中国先哲，已经懂得了国家之间无论大小强弱，都是相互平等的和相互需要的，都是作为独立的国家共同体，权力上相互宽容与文化上追求共享，而且特别强调大国强国应该比小国心胸更加开阔和更加应该有谦卑的精神。两千多年前的中国先哲这一伟大的国际政治理念的基本精神，已经深入到新中国的对外政策理念之中，并在新的历史条件下更加具体化和更具可操作性。由于亚太经合组织各成员存在国家或者地区大小和实力千差万别，成员之间社会制度、文化传统、经济发展水平等千差万别的现实，所以

---

① 1989 年 11 月 5 日至 7 日，澳大利亚、美国、加拿大、日本、韩国、新西兰和东盟 6 国在澳大利亚首都堪培拉举行亚太经济合作会议首届部长级会议，标志着亚太经济合作会议的成立。1993 年 6 月改名为亚太经济合作组织。1991 年 11 月，中国以主权国家身份，中国台北和香港（1997 年 7 月 1 日起改为 "中国香港"）以地区经济体名义正式加入亚太经合组织。

② 钟之成：《为了世界更美好：江泽民出访纪实》，第 654 页。

在亚太经合成员"会盟"时，存小异以求大同，相互谦下以尊重多样性至关重要。

三 党的第三代中央领导集体文化外交为人民根本利益的理念

（一）大力发展少数民族文化，向世界展示中国改善各民族物质文化生活的思想

大力发展少数民族地区的文化，不但是中国自身先进文化发展的必然选择，同时也是向国际社会展示中国整体文化建设和特色文化建设的必然选择。江泽民同志十分关心少数民族地区的文化建设。江泽民指出："要弘扬各民族的优秀文化传统，同时要加强各民族之间的文化交流，继续搞好民族地区特别是乡村文化活动设施的建设和管理。文化工作者要坚持深入基层为少数民族群众服务。要保障各民族使用和发展本民族语言文字的自由。进一步做好民族语言文字的广播电视和新闻出版工作，不断提高边远民族地区的广播电视覆盖率。"① 江泽民在中共中央、国务院召开的第三次西藏工作座谈会上，对西藏的文化建设作出重要指示："西藏的一切发展，都要着眼于造福西藏各族群众，改善他们的物质文化生活，着眼于促进民族团结、民族进步"，"在促进西藏经济发展的同时，要特别重视教育、科技、文化、卫生等各项事业的发展，促进社会全面进步。在教育工作中，应该重点加强基础教育，继续办好设在内地的西藏中学和西藏班。在文化工作中，既要注意弘扬藏族的优秀传统文化，又要注意吸收其他民族的优秀文化，使优秀传统文化与现代文化成果结合起来，以利于在西藏更好地发展社会主义新文化。"② 藏族的优秀传统文化有着悠久的历史和独特的民族性、地域性特征，"从物质文化层面看，西藏有雄伟壮丽的布达拉宫、金碧辉煌的大昭寺和数不清的大小寺庙。就精神文化而言，有大量的民间故事、歌谣、传说以及西藏天文历算、藏医藏药、艺术等。从制度文化看，西藏和平解放，实行社会主义制度，废除了黑暗、落后的封建农奴制，实现了西藏历史上最伟大的变革"③。发展好少数民族的文化，越来越具有国际政治和外交的意义，西方国家的敌对势力，常常以"中国政府破坏少数民族的文化"，以中国"在过去、现在甚至和未来都是西

---

① 《江泽民文选》第1卷，第186页。
② 《江泽民文选》第1卷，第392～393页。
③ 美郎宗贞：《论"代表中国先进文化前进方向"在西藏文化战线上的重要意义》，《西藏大学学报》（汉文版）2001年第4期，第13页。

藏文化的破坏者"① 用心险恶的言论，行分化中国之目的。因此，把少数民族的文化建设好本身，是使那些心怀叵测的外国势力的目的归于妄想的重要举措。

古人说："知人者智，自知者明。"如何建设好少数民族的文化，要处理好"自知"和"知人"二者的关系，从"自知"的意义上看，一是要充分尊重少数民族自身的文化建设热情和他们自身的文化发展规律；二是中央人民政府要对其给予充分的支持；三是建立完全平等的各个民族之间的平等的文化交流关系。从"知人"的意义上讲，对有益于少数民族文化建设的外部舆论，无论是正面的还是反面的，都应该认真对待。任教于香港科技大学，主要研究中国的民族政治，尤其是民族政策和西藏、新疆问题的沙伯力（Barry Sautman）博士，在他的关于西藏文化的论文引文中所引用挪威奥斯陆和平研究所［原国际和平研究所研究人员奥斯·考乐斯（Ashild Kolas）和美国哈佛大学哲学博士卓鸿泽（Hoong Teik Toh）］关于西藏研究的一些观点，对我们了解外部世界对中国的少数民族文化建设上的思维有一定的启发意义。其引文说："中国的民族政策（ethnic policy）常常受到诟病。这就是所谓的'先进的民族'与'落后的民族'的概念，这是从 19 世纪以来就左右了中国人的观念。在这种观念下，西藏的文化被称为'落后'，这是西藏人很不满的。中国外部世界批评中国的这种观点是不言明的种族主义（implicitly racist）。正是因为中国暗指西藏人因贫穷和缺少教育而'落后'的中国的大民族主义的观点，所以逻辑的发展是中国也落后于西方人，因为中国人比西方人穷和缺少教育，此外，'先进的文化'（advanced cultures）观也是充满悖论的，当传统的西藏文化表现为在不同的物理环境（physical environment）中所创造的非凡的成就时，西藏的佛教给世界，特别是给中国作出了贡献。例如，它深深地影响了明清两朝皇帝在外交上和治国上的见解，它对今天汉族佛教的发展也贡献很大。"② 从这段引文可以受到这样的启示：一是 19 世纪就开始在中国广泛使用的"落后民族"与"先进民族"的概念，到新中国成立之后，就不再有任何

---

① Michael Mandelbaum, "Westernizing Russia and China", *Foreign Affairs*, New York: May/Jun 1997, p. 80; Lucian W. Pye, "Orphans of the Cold War: America and the Tibetan Struggle for Survival", *Foreign Affairs*, New York: Sep/Oct 1999, p. 184; Karmel, Solomon M., "Ethnic Tension and the Struggle for Order: China's Policies in Tibet", *Pacific Affairs*, Vancouver: Winter 1995/1996, pp. 485 – 529.

② Barry Sautman, "China's Strategic Vulnerability to Minority Separatism in Tibet", *Asian Affairs: An American Review*, Washington: Summer 2005, p. 105.

民族歧视的成分，而是指经济和社会发展处于落后状态的民族，新中国的民族政策不但没有对经济和社会发展处于落后状态的民族采取任何歧视的政策，相反是把他们放在中国更加尊重和争取的地位，根本不存在中国在"落后民族"与"先进民族"概念下有什么大民族主义情结，更不存在什么汉族高于一切的种族主义的傲慢；第二，中国主张推动"先进文化"和改造"落后文化"，强调需要从经济发展和促进教育着手，这本身是人类文化发展的普遍规律，外部世界的一些人由此说中国的"文化落后"也是基于中国的贫穷和缺少教育，在他们看来这种逻辑结果是矛盾的，但是即使中国的这一观点受到挑战，中国仍然应该继续坚持自己的正确立场。问题是，外部世界的一些人所指出的"中国文化"也好，中国的"西藏文化"也好，在历史上曾经放射出巨大的能量，产生过广泛的影响，表现出极大的先进性的事实，又确实是不能简单地用"先进"与"落后"所能概括的，而是应该采取辩证唯物主义的思维，看到落后文化中的潜在先进性，同时也要看到先进文化中存在的落后性；第三，外部世界的一些人的思维是本着"人性恶"的思维进行的，中国强调文化的先进与落后，马上外部世界就有人会认为中国在搞"种族主义"，由于他们没有任何证据可以证明中国搞什么大民族主义，所以就偷梁换柱式地说中国搞"不言明的种族主义"。这三点使我们意识到，中国的任何一项有利于民族文化发展的政策，外部世界的理解都有可能表现出十分复杂的情况，对此我们应该有足够的精神准备，一方面是要加大和外部世界的沟通，把工作做得更加细致一些；另一方面，也要针对敌对势力的刻意的扭曲，采取有针对性的斗争。

如何发展中国的少数民族文化，著名作家王蒙二十多年前提出的"西藏文化的发展战略"是很有启发性的。他说："第一，要充分珍惜、保护、发掘西藏的优势。保护我们的自然景观和人文景观，保护自然、保护文物、保护传统文化，这是我们面临的非常重要的任务。第二，要努力吸收现代科学文化，与愚昧作斗争，与封建意识作斗争，与任何狭隘、偏见作斗争。在这方面，我们要多做积极、建设性的工作，多做教育工作，多做普及文化工作，多做一些现代化工作，不要指责人家'迷信'。你越指责，人家越反感，几十年经验证明，用这种方式，不能解决使文化现代化的任务，甚至适得其反。只能是一种愚昧代替另一种愚昧。"[1] 这就是古代圣贤老子所说的"道法自然"的原理，西藏文化发展之道，只能根据西藏文化之"道"，按照藏人的价值导向和价值认同去认同。我们可以不认同他们的价值观，但是一定要尊重他们的价值观，

---

[1]　王蒙：《民族传统文化与现代化》，《中国民族》1987 年第 1 期，第 6 页。

包括在我们看来很"迷信"、很唯心主义的东西，我们都应该完全尊重。要有以西藏人之心为心的心态。老子《道德经》"圣人无常心，以百姓心为心。善者，吾善之；不善者，吾亦善之，德善。信者，吾信之；不信者，吾亦信之，德信。"对待西藏文化的态度，大概应该采取老子的这种思想。唯有如此，西藏文化才能在宽松的环境下更加生机勃勃地发展，西藏人民对中央的信心才会更加巩固。

如何破解西方人的所谓"印度文明在西藏战胜中国文明"的线性思维观，是西藏民族文化建设的重要出发点。不少西方人在看待中华文明时，总是喜欢对中华文明采取分割式的方式来处理，其内在心理思维和分化中国的意图总是存在千丝万缕的关联的。例如，英国著名历史学者汤因比就说过："尽管西藏与中国文明和印度文明双方的中心地区都离得很近，但可怕的自然屏障把它与这些地区隔离开来。直到公元7世纪以前，来自双方的影响几乎都难以渗入这一地区。西藏于607年首次实现了政治上的统一，这也许是在效仿589年中国的重新统一。641年，藏王松赞干布同时迎娶了一位中国公主和一位尼泊尔公主。这时的中国在政治上是处于上升状态。639～640年，唐朝第二个皇帝唐太宗对紧邻西藏北部的塔里木盆地进行了征服。647年戒日王去世时，他的宫廷中正好有一个中国使臣。一个篡位者夺取了戒日王的王位，并虐待这位使臣和他的随从。于是这位使臣逃到尼泊尔，那时它处在西藏的宗主权下。应使臣之邀，松赞干布派兵进入印度，击败并生擒了篡位者，把他作为囚犯送往中国。但是印度文明却由于为藏语创造了一种印度式的文字而吸引住了西藏人。是这种文字而不是汉字被用来将大乘佛教的梵文经卷译成藏语，这样一来就在文化上把西藏紧紧拴在了印度身上。从此以后，中国文化的影响尽管一直没有离开西藏，却从来没有取得过至高无上的地位。"① 其实中国文化只是中国多元地域文化的一个总称，西藏文化是中华文化大家庭中的一个地域文化，而在中国文化之下的地域文化的相对独立性主要是其文化表现的特点。因此，在进行西藏文化的建设时，一定把充分把握中华文化建设强调统一、维护团结、主张平等、反对外辱、追求和谐这个主旋律，在主旋律建设的前提下，充分尊重西藏文化的特点，只有这样，西藏文化才能真正建设好，发展好。诚然，作为西藏文化的主体的佛教文化确实是在印度文明的影响下发展起来的，但是今天的西藏佛教的传承和繁荣，完全是在中华人民共和国文化多样性和谐共存的条件下，在广大西藏藏族同胞的努力下得以实现的。由于印度社会历史一再出现

---

① 〔英〕阿诺德·汤因比：《人类与大地母亲：一部叙事体世界历史》，第311～312页。

不利于佛教发展的变迁，佛教在印度几乎遭受毁灭性的打击。今天印度的第一大宗教是由婆罗门教改革后发展的印度教，甚至伊斯兰教和基督教都比佛教在印度要广泛。从一定意义上讲，今天印度佛教的复兴，从一定意义上讲还得借鉴藏传佛教和中国内地汉族地区佛教发展的经验和机制。从这个意义上讲，中国佛教对印度佛教复兴的价值和地位肯定非同小可。

（二）提出"面向世界"文化观，创造出无愧于伟大时代的社会主义文化，为实现人民的文化利益服务

江泽民指出："我们的文化必须坚持为人民服务、为社会主义服务，充分体现人民的利益和愿望，满足人民不同层次的、多方面的、丰富的、健康的精神需要，激发人民建设社会主义的积极性。百花齐放、百家争鸣，古为今用、洋为中用，是我们党繁荣社会主义科学文化事业的重要方针。……我们还必须积极吸收人类所创造的一切优秀文化成果，把它熔铸于有中国特色社会主义的文化之中。只有深深植根于中国大地和依靠人民的力量，面向现代化、面向世界、面向未来，才能创造出无愧于伟大时代的社会主义文化。"① 江泽民的论述，体现了一个民族高度的文化自觉，党的第三代中央领导集体不但高度重视经济、政治、科技的力量，同时也高度地重视文化的力量和作用，而且深刻地了解到中国文化的建设的好坏，取决于包括"面向世界"的三个面向是否得以充分实践。将文化成果为谁服务的目标定位为人民大众的思想，把文化自觉的最重要内涵表达得淋漓尽致。开放的中国，决定了中国文化也必须走开放之路。但开放不等于中国文化要用外国文化来全面改造，甚至使中国文化归于消失，为了建设面向世界的当代中国文化，我们学习西方文化时，绝不是追求形式上的东西，更不是搞一些形式来哗众取宠，正如有学者指出的，要"运用马克思主义的立场、观点、方法，不带任何偏见地深入研究西方文化的一切成果和方面，追根溯源，探隐索微，触类旁通，全面理解，只有这样，我们才能从总体上把握西方文化的根本精神，才能作出明智的判断和选择，取长补短，将经过一定改造的西方文化的优良因素切实引进我国，使它在我们的文化中扎下根，成为未来中国新文化的一部分。"②

衡量中国文化先进性的参照系只能从中国文化核心价值本身出发，正如西方人在衡量其文化时，决不会拿中国文化作为参照系一样，"中国文化要实现

---

① 《江泽民文选》第1卷，第159~160页。
② 张汝伦：《文化研究三题议》，《复旦学报》（社会科学版）1986年第3期，第26页。

新的发展，关键是从自己的传统文化的重新评价和检讨开始，找出问题所在，然后加以更新与改造。要从新的历史条件、自然条件和社会条件出发，即从传统文化与人的社会实践日益加剧的矛盾出发，创造性地对传统文化作出新的解释和调整，从而推动了文化的建设和发展。只有从文化与社会生活的关系出发，以社会实践的需要为标准来看待与评价传统文化，才能把握它的真正价值，认清它的问题所在，而以外来文化作为价值参照系来看待与评价传统文化，至多只能发现它的症状，而不能找出它的病根，当然也就谈不上加以根治"①。

中央确立面向世界的文化建设，是按照文化的实践性功能的必然要求作出的正确决断，这使"请进来"和"走出去"有了制度的保障和理论依据，使广大人民群众的文化利益得到最大限度的满足。正如有学者指出的："文化的功能之一是它实践性功能。即满足于人的实践需要，提供人的实践所需要的各种经验，以满足我们的不同需要，文化的不同也就是它所蕴含的经验内容不同。因此才需要文化交流，以弥补自身文化的不足。"② 走出去的中国人，特别是那些身怀中华文化精华的中国人，他们就有机会把中华文明的种子播撒在他们所到的任何地方，建立和扩大中国的文化影响力就成为可能和现实，同时也实现了他们的个人的利益和价值。走出去的徐芝秀女士就完美地诠释了这一点：徐芝秀 1915 年出生于上海，1946 年 9 月，31 岁的徐芝秀和奥地利人皮克结婚，丈夫去了澳大利亚，她因不能获得澳大利亚的签证，于 1952 年只身来到维也纳，以期与丈夫相会。但不幸的是丈夫死在澳大利亚。一个弱女子，为了生计，做小工，干过洗碗工。"一个偶然的机会，她在 1955 年找到了一份在维也纳大学教授中文的工作。这一教就是 34 年，直到她 1989 年退休。徐芝秀桃李满天下，她的学生中不乏汉学家、外交官、企业家、新闻记者。为表彰徐芝秀为中奥两国文化交流所做出的特殊贡献，1965 年，正值维也纳大学庆祝建校 600 周年时，她获得了维也纳大学授予的'功勋勋章'。"③ 鼓励中国文化走出去的政策，为那些为了适应国际文化的潮流，增强自身参与国际的政治和文化事务的中国人提供了了解别国文化、深入学习别国文化的机会，他们提高自身参与国际社会各种事务和事业的能力，也为中国优秀文化在国外的传播培养了合格的人才。"请进来"又为大量外国专家、留学生、学者和经济科技的

---

① 张汝伦：《文化研究三题议》，《复旦学报》（社会科学版）1986 年第 3 期，第 20 页。

② 马振清：《全球化进程中的中国文化及其发展方向》，《科学社会主义》2007 年第 4 期，第 95 页。

③ 赵汤寿：《奥地利文化史》，北京大学出版社，2002，第 193 页。

业务人员到中国来工作学习提供了广阔的空间，由此促进中国文化在全球化时代的适应性，并通过请进来的外国人把中国文化带到回到自己的国家，同样可以达到扩大中国文化影响的目的。这里也有一个经典的请进来的例子："近代奥地利第二代汉学家，亚历山大·费莱赫尔·封·胡伯尔的中国情结，值得一提。胡伯尔自己的作品《环球散步》中描写了他对中国及中国人的印象和了解，他在书中告诫在中国的欧洲人说，'当你们看到那些到外国去的中国人手提着装有钱的箱子回到自己的祖国，而他们仍旧鄙视我们的文明、心里仇恨基督教时，你们不要感到失望'。他还说：'中国人到时哪都是中国人，他们观察，却很少模仿，如果让他们根据其判断行事，他们会作出善举。'他在书中还描写了老北京城居拥挤的小胡同经及随时可以听到吆唤骆驼的声音，他也对十里洋场的旧上海进行了刻画。胡伯尔在中国期间，曾在北京、上海、广州等地实地考察了当时中国的国情，与中国官方进行了接触。特别是在上海，他看到了英国人一方面用洋枪洋炮轰开了'天朝'的大门，另一方面假借贸易之名向中国贩卖鸦片，妄图从精神到肉体摧毁中国，谋取势力范围。他在广东时和广东副总督曾进行过长时间的谈话，他认为中国人具有不屈不挠的精神，中国不会总任人宰割。因而，他从奥地利自身利益出发，曾上书奥匈帝国皇帝，最好退出列强在中国划分势力范围的竞争。当然他的愿望没能实现。"① 像胡伯尔这样的例子在近代中国可以说不胜枚举。近代中国处于积弱积贫、中华民族面临灭亡危机的时代，尚且还有那么多对华同情的外国文化友人通过来华深入了解中国，愿意为中国人民的利益着想，实为难能可贵！今天在中华民族走向伟大复兴的征程中，在中国改革开放和现代化建设的伟大征程中，越来越多的对华外国文化友好人士来到中国，一方面他们带来了中国适应世界文化发展趋势、众多的中国人迫切需要学习和了解的文化；另一方面，众多外国文化友人也一定会像胡伯尔一样，将中国的文化和价值观带回去，向他们的人民和政府宣传一个真实的、充满智慧和顽强精神的中国，使外部世界更加准确地认识中国，了解中国。

"请进来"的例子还有一个是笔者的亲身经历。笔者曾于 1992 年春带一位日本文化学者到贵州省六枝特区梭嘎乡高兴村对居住在这里的长角苗进行民俗文化的考察，当时笔者看到长角苗人头上盘绕的长角，第一感觉是太落后了，觉得他们仿佛生活在远古时代。但是日本学者却不这样认为，他觉得这是一种非常珍贵的原生态民族文化，有很高的价值。我们还一起参观了长角苗村

---

① 赵汤寿：《奥地利文化史》，第 190 页。

子的一户人家，当日本学者看到此户人家有一台祖传的老织布机并通过向主人询问了解到村子里家家户户都有这样一台织布机时，他惊奇地说："没想到你们还这么富！"这户人家的主人不解地说："我们什么都没有啊。"日本朋友说："你们手工织出的布将来或许在世界的每个角落都有。"当时的长角苗还不怎么为人所知，此后就大不一样了，就在1995年，中国、挪威博物馆学会到此地进行考察论证，此后不久，此地就建起了国际合作的生态博物馆。现在回想起来，外国文化人带来了先进的文化理念，激活了我们自身存在但在开发前往往又忽略，甚至曾经认为见不得人、觉得落后的很多优势。古希腊哲学家苏格拉底有一句名言叫"认识你自己"，看来有时完全靠自己来认识自己还不够，或者说还难于做到，还得需要外部的一些积极因素的刺激或者是智者的启示。

从根本上讲，包括文化外交在内的一切外交，依靠的决定性力量只能是千千万万普通的中国人和千千万万普通的外国朋友，如果没有普通百姓的积极参与，外交就永远只是传统意义上的外交官们的事情。马克思在1870年7月26日致欧根·奥斯渥特的信中说："无论如何，我坚信，只有工人阶级才是能够对抗民族纠纷的复活和现今整个外交的真正力量。"① 马克思对工人阶级在外交中发挥真正作用的坚定信念，为中国现代史开端的"五四运动"所证明。如果没有先进的中国青年和工人阶级的压力，当时中国军阀就极有可能在丧权辱国地承认帝国主义、牺牲中国主权的协定上签字，代表先进文化和生产力的中国人民成为当时整个中国真正的外交力量和后盾。"当时北京政府仍为亲日的安福群小所把持，故力主签字，但全国民众已普遍愤激，纷电中国代表拒绝签字，并一致奋起救国，……中国在巴黎和会中虽然失败，但各代表却幸能尊重民意，为国家争主权正义，断然拒绝签字，一洗前此外交界辱国媚外之陋习，这实在是中国外交史上之第一次可奖之事件。"② 今后外交的一大发展趋势，就是普通公众走向外交的前沿，经济外交、文化外交等很多领域，公众的作用都会是决定性的。

（三）向广大人民群众提供一大批中外"好的精神产品"的思想

精神产品指以满足人们精神生活需求为目的而生产的学习、娱乐等方面的产品，如文学艺术作品、影视作品。在改革开放和社会主义市场经济条件下，

---

① 《马克思恩格斯全集》第33卷，人民出版社，1973，第132页。
② 任启珊编《中国外交史纲要》，中华书局，1934，第128页。

社会主义中国首先注重的是中外一切能够鼓舞和满足广大人民群众需要的精神产品的使用价值，即充分满足社会主义社会成员日益增长的文化精神生活的需要。其次要注重的是精神产品的鲜明的社会属性和社会评价。正如有学者指出的："精神产品具有科学价值、艺术价值、文化价值、伦理价值等使用价值，社会效益就是精神产品使用价值的实现。物质产品的使用价值不存在社会性和阶级性，一架计算机、一个电冰箱，不论在资本主义社会还是社会主义社会，不论对资本家还是对工人，同样具有使用价值。精神产品则不同，除自然科学和技术科学外，一切意识形态和文学艺术的精神产品都具有鲜明的社会属性。在不同的社会经济形态和不同的人们中，往往有着截然不同的社会评价。"①社会主义社会条件下的精神产品的本质属性是其群众性和人民性，正如有学者指出的："属于知识性、欣赏性、消遣性的精神产品，是供广大人民群众所享用的。并且只有真正提供给人民享用时，才能取得其社会价值。正如列宁所说，艺术属于人民。一个好的精神产品，如一部好的著作，一部好的电视片或电影片，一种精湛的艺术表演，往往会受到数以万计的群众的热烈欢迎。这说明精神产品具有群众性的品格。"②

我们党在长期革命斗争中形成的革命和拼搏精神，严守纪律和自我牺牲精神，大公无私和先人后己精神，压倒一切敌人、压倒一切困难的精神，坚持革命乐观主义、排除万难去争取胜利的精神这五种精神则是精神产品背后的核心精神和价值导向，是社会主义精神产品社会评价的核心标准。正如江泽民同志所要求的，"要大声疾呼和以身作则地把这些精神推广到全体人民、全体青少年中间去，使之成为中华人民共和国的精神文明的主要支柱，为世界上一切要求革命、要求进步的人们所向往，也为世界上许多精神空虚、思想苦闷的人们所羡慕"③。中国采取对外开放政策带来了中国经济社会发展的新面貌，当然也不可避免地产生了一些消极的现象：一些人对外部腐朽、低级趣味、殖民文化的东西乐此不疲，如果这些现象不受到及时的遏制，势必波及更多的人，必然潜移默化地使更多的人价值观和是非观模糊化，必然不知不觉把人们的思想观念引向消极颓废，直接受害的将是最广大的人民群众。著名学者胡绳说过："我们是社会主义的独立的国家，要搞外交，搞国际贸易、国际经济合作，搞国际文化交流，这中间都是有斗争的。人家想用资产阶级的价值观念、生活方

---

① 鲁家果：《精神产品的社会效益与经济效益》，《社会科学研究》1986 年第 6 期，第 12 页。
② 阎文学、母青松：《精神产品的含义和特点》，《学术研究》1988 年第 2 期，第 43 页。
③ 《江泽民文选》第 1 卷，第 503～504 页。

式和世界观来影响我们，使我们离开社会主义轨道。我们要抵制和反对资产阶级的腐朽思想的侵蚀，这是长期的斗争。"① 《孟子·公孙丑上》"无恻隐之心，非人也；无羞恶之心，非人也；无辞让之心，非人也"。一个人没有了正确的价值观和是非之心，其精神肯定是不健全的，甚至可以说丧失作为人的社会属性。如果一个民族也丧失了正确的价值观和是非之心，整个民族的精神也肯定是不健全的，甚至国将不国。党的第三代中央领导集体充分认识到面向最广大的人民群众培养健康的精神气质之极端重要性。1996 年 1 月 24 日，江泽民同志在全国宣传部长会议的讲话中，强调要加大正面的、健康的精神文化的宣传力度，指出"宣传文化工作能不能团结人民、鼓舞人民，很大程度上要看有没有一大批好的精神产品。没有优秀作品，就没有正确导向。优秀作品是一个国家、一个时代精神文化水平的集中反映，对精神产品生产具有重要的影响和示范作用。文学史上有许多东西是昙花一现的，但像狄更斯的《双城记》、托尔斯泰的《战争与和平》以及米切尔的《飘》这些世界名著，现在人们还在看。我们也有《红楼梦》、《三国演义》、《水浒传》这样一些古典名著。凡是真实反映一个历史时代的、文学性高的、内涵丰富的作品，就是不朽的。我们的文艺工作者，要在这方面下功夫。希望我们的小说、戏剧、诗歌、散文、电影、电视、音乐、美术等，在新时期都有优秀的代表作品出现。像《义勇军进行曲》、《黄河大合唱》、《团结就是力量》、《歌唱祖国》这些优秀歌曲，鼓舞和教育了几代人，都是传世之作。我们说的优秀作品，应该是这样的作品。近年来，各级宣传文化部门和广大宣传文化工作者积极努力，创作和演出了一批弘扬主旋律、受到人民群众喜爱的好作品。"② 江泽民同志列举的这些精神产品中，不仅有中国自己生产的，也有从外国引进的，像《双城记》《战争与和平》《飘》这些世界名著，都是新中国成立以来鼓舞中国人的好作品。随着中国改革开放的深入发展，在加大我们自身的精神产品的生产力度的同时，应该将更多更好的外国的精神产品引进中国的文化市场，这是一项非常重要的带有战略性的任务，是关系到人民大众精神气质能否健康强大进而事关整个中华民族精神气质能否健康强大的战略任务。是必须通过适应中外优秀精神产品发展的政策鼓励和相关机制和制度建设及人才保障来完成的光荣而伟大的任务。

在对外辐射中国文化影响力方面，目前和今后一个时期相当紧迫的工作，

---

① 《胡绳文集》，中国社会科学出版社，1994，第 342 页。
② 《江泽民文选》第 1 卷，第 506～507 页。

就是在组织好现有翻译队伍抓紧有计划地、有目的地、有方向地翻译一大批中国的优秀精神产品的同时，还要着力战略性地培养一大批优秀的翻译人才。事实证明，只有将中国文化作品翻译介绍到海外，才能使外国人真正了解中国文化，莫言获得2012年诺贝尔文学奖充分说明了这一点。目前的状况是，虽然中国总体经济等硬实力确实增长很快，但精神产品等软实力的增长相对滞后，原因是多方面的，但其中的一个主要原因是中国原创的文化产品如很多优秀的文学、政治思想、哲学、艺术论著等精神产品，尚未及时地翻译成各种外文，不能满足国际社会的需要。现为美国北卡罗来纳州州立大学艺术系终身教授的鲍玉珩，他谈到有关反映中国电影史著作的翻译输出问题，从一定意义上讲也反映了我国文化产品输出的情况。他认为，由于语言障碍，使得中国大陆的一些优秀的学者和他们的研究成果尚未介绍到国际上，这几年有了进步，比如郦苏元所编著的《中国默片电影史》和钟大丰与舒晓明的《中国当代电影史》等已经翻译成英文出版并受到欢迎。2006年，美国学术杂志《亚洲电影》就曾经发表书评介绍郦教授的专著，这是值得中国大陆学者骄傲的。但是总体来说，由中国大陆学者编写的研究中国电影的专著的英文版实在不是太多。从亚洲电影来看，日本学者的研究专著数量最大、质量好，印度学者次之，然后是中国台湾和中国香港地区的学者，他认为中国大陆学者在这个方面还需要努力。①

党的第三代中央领导集体的文化交流思想也是一种"兼相爱，交相利"的思想。从扩大中国文化的国际影响力的意义上讲，中国有计划地打造一批反映中国五种精神的精神产品，使世界上那些要求革命、要求进步的人们在精神上得到慰藉，也为世界上许多精神空虚、思想苦闷的人们提供及时的精神食粮。打造这样的精神产品，也是一项伟大而光荣的任务，这既是为他人，也是为自己，如果中国能为世界的人文环境的改善起积极的推动作用，反过来消极、颓废的东西进入中国的情况就会相应地减少。

（四）高度关注广大发展中国家文化发展的与时俱进

江泽民同志指出："当今世界激烈的综合国力竞争，不仅包括经济实力、科技实力、国防实力等方面的竞争，也包括文化方面的竞争。世界多极化和经济全球化的趋势深入发展，引起世界各种思想文化，历史的和现实的、外来的和本土的、进步的和落后的、积极的和颓废的，展开了相互激荡，有吸纳又有排斥，有融合又有斗争，有渗透又有抵御。总体上处于弱势地位的广大发展中

① 鲍玉珩：《西方学者眼目中的中国电影艺术》，《电影评介》2011年第2期，第34页。

国家，不仅在经济发展上面临严峻挑战，在文化发展上也面临严峻挑战。保持和发展本民族文化的优秀传统，大力弘扬民族精神，积极吸取世界其他民族的优秀文化成果，实现文化的与时俱进，是关系广大发展中国家前途命运的重大问题。"① 广大发展中国家是中国外交的立足点。新中国成立以来，中国外交所取得的每一个成功，中国国际地位的每一次提升，都是广大发展中国家坚定支持的结果，没有广大第三世界国家的同情和支持，中国不可能冲破霸权主义和强权政治的围追堵截，并成长为今天国际政治中重要的力量，可以说，中国的发展离不开广大发展中国家，邓小平说过，"中国的发展离不开世界"，核心意思是离不开广大发展中国家。今天，发展中国家整体虽然取得了发展，但是仍然没有摆脱受霸权主义和强权政治欺压的命运，要摆脱霸权主义和强权政治欺压的命运，除了自身要在政治、经济和科技、国防等领域加大建设的力度外，把本民族的优秀传统文化发展好，把本民族的核心民族精神发扬好，同时也应积极吸取世界其他民族的优秀文化成果，实现自身文化的自强。

以胡锦涛为总书记的党中央非常重视文化软实力之作用。胡锦涛总书记在党的十七大报告中对"文化"这一关键词就提到了 77 次之多，可见党中央对包括文化外交在内的文化软实力发展的高度重视。党的十七大报告提出推动社会主义文化大发展大繁荣四个方面的努力目标，一是"建设社会主义核心价值体系，增强社会主义意识形态的吸引力和凝聚力"；二是"建设和谐文化，培育文明风尚"；三是"弘扬中华文化，建设中华民族共有精神家园"；四是"推进文化创新，增强文化发展活力"。而第三个目标特别指出要"加强对各民族文化的挖掘和保护，重视文物和非物质文化遗产保护，做好文化典籍整理工作""加强对外文化交流，吸收各国优秀文明成果，增强中华文化国际影响力"的文化外交目标。胡锦涛总书记特别指出，"当今时代，文化越来越成为民族凝聚力和创造力的重要源泉、越来越成为综合国力竞争的重要因素，丰富精神文化生活越来越成为我国人民的热切愿望。要坚持社会主义先进文化前进方向，兴起社会主义文化建设新高潮，激发全民族文化创造活力，提高国家文化软实力，使人民基本文化权益得到更好保障，使社会文化生活更加丰富多彩，使人民精神风貌更加昂扬向上"②。党的十七大报告为新时期中国特色的文化外交指明了方向。

---

① 《江泽民文选》第 3 卷，第 399～340 页。

② 胡锦涛：《高举中国特色社会主义伟大旗帜 为夺取全面建设小康社会新胜利而奋斗——在中国共产党第十七次全国代表大会上的报告》（2007 年 10 月 15 日）。

第四节　本章小结

党的第一代中央领导集体在文化交流中，一直把文化交流视为生产力，是促进生产力发展的重要手段，是重要的精神生产力。在发展自身的文化时，提出包括文化教育的国民经济的比例关系借鉴外国先进经验的思想；为了营造文化外交的健康发展的环境，有必要消除帝国主义对中国长期以来文化侵略所形成的恶劣影响；揭示了近代以来中国"弱国无外交"，更无"文化外交"，是帝国主义列强用各式各样的巧取豪夺的方法来盗窃和破坏我国文化遗产的悲惨历史，但是我们能够充分利用这种悲惨历史的反作用力，转化为激发全国人民同仇敌忾、自觉参与到保卫国家主权与安全和振兴中华的强大的精神动力；提出促进文化外交健康发展的具体措施，通过和友好国家的经济文化合作协定，在自身仍然极端困难的情况下，想方设法地为促进友好国家的物质生产力和精神生产力的发展作出中国的努力；举办国际性文化周，促进各国精神生产力的发展；无私地向印度等国贡献自己的历史文化遗产，用实际行动推动双边的文化关系；在双边关系中，注重外交关系政治、经济、文化、军事的平衡发展，使中国和缅甸建立起良好持久的关系；注重重要国际交通枢纽在文化交往中的作用，注重文化交流的人才队伍建设；主张电影制片的国际合作。

党的第一代中央领导集体主张，通过文化交流，逐步达到或政治上建交，或在建交基础上进一步加深双边经济关系，促进政治外交的发展。党的第一代中央领导集体认为，政治关系如果出现严重障碍，也会对经济关系和文化关系带来不利影响。主张"走出去"和"请进来"，学习别国的先进文化经营、艺术发展和管理经验与"多表达一些和平、友谊，以促进国与国之间的交流和来往"的文化外交，同时避免学习别国文化时的盲目性。主张在平等互利的基础上建立和发展各国之间不受歧视和不受限制的经济和文化关系。主张中外文化交流要善于寻找文化的共同点和共同的历史背景，以达到互相了解，增进友谊的目的。

党的第一代中央领导集体的文化外交的特点表现在，敢于正视外国先进的文化和敢于正视本民族文化的短处，有同理心，主张双赢和共赢感恩的、自强不息和讲原则的、讲民族自豪感和自尊心的、实事求是文化外交。

党的第一代中央领导集体利用国际电影展并获得大奖，使世界了解新中国推动民族平等、民族和谐、民族宽容和反对大汉族主义政策。学习第三世界国家人民的战斗精神，以鼓舞中国人民和霸权主义、强权政治作斗争的斗志；主张爱国主义和国际主义的统一，民族化与国际化的统一思想充分体现了中国人民和世界人民的文化利益。主张对中国文化产品好坏的评价，只能以广大中国人民和广大的中国观众评价的好坏为标准，中国人应该有自己的发言权，有自己的主心骨，而不取决于外国人的看法的好坏。主张出国演出要拿出有创新的、多样的、质量最好的作品，才能对得起外国观众。

举办"亚洲电影周"，为亚洲各国人民相互了解、友好和团结，为维护亚洲和世界的和平而努力；打破厚古薄今，迷信外国的旧的迷信和打破如今的一切都好、古的一切都坏、中国一切好、外国一切坏的新的迷信思想，建立了文化外交的正确导向、求真务实、科学发展的理念。主张"以我为主"、"求同存异"、"反对民族虚无主义"的人民性。

从先进生产力的意义上讲，党的第二代中央领导集体的文化外交，主张利用一切可以利用的机会，向世界表达中国决心搞好中国的物质文明和精神文明建设，主张通过推动面向发达国家"走出去"大规模的留学生教育，培养为中国改革开放和现代化建设服务的人才队伍；提出文化是为劳动者服务，生产精神产品的行业和领域，总是把文化和经济摆放在一起表达，体现了邓小平把文化也同时看做生产力的一部分的思想；在重视和广大发展中国家的文化交流的同时，也重视同西方发达国家的文化交流，向外国朋友介绍中国文化等精神文明建设水平的提高在消除腐败和两极分化等消极现象的意义；体现时代精神的"国际主义"思想，成为邓小平国际政治意义上的精神生产力，展示中国精神文明在促进世界和平与发展中、加强国际交流与作用方面的强大作用。

从文化外交的先进思想理念意义上讲，党的第二代中央领导集体的文化外交，继承和发扬光大了党的第一代中央领导集体自强不息与厚德载物的民族精神，继承了党的第一代中央领导集体的文化交流思想，强调国家之间敏感的政治问题的解决出现较大困难的情况下，可以先在经济、文化交流等方面加强合作着手；继承了党的第一代中央领导集体的文化独立的思想，突出强调第三世界国家只有取得政治上、经济上、文化上全方位独立，第三世界国家的独立使命才能真正达到质的飞跃；继承了党的第一代中央领导集体的文化外交思想，强调中国和第三世界的阿拉伯国家对世界文明发展的贡献；强调古今中外一切优秀的文化都应该借鉴和学习，但一定要用马克思主义进行分析、鉴别和批判。党的第二代中央领导集体的文化外交思想是视野更宽广的、建立在同理心基础上的文化外交思想。从为人民根本利益的理念的意义上讲，党的第二代中央领导集体文化外交，强调使人民的文化生活、精神面貌变得更好，主张借鉴发展水平相似的外国经验，提高文化发展的比例，造福人民，主张要在建设高度物质文明的同时，提高全民族的科学文化水平，发展高尚的丰富多彩的文化生活，建设高度的社会主义精神文明。

党的第三代中央领导集体的文化外交是与时俱进的文化外交。从促进先进生产力发展的意义上讲，党的第三代中央领导集体的文化外交，继承了毛泽东和邓小平两代中央领导人的"物质和文化"的思想，在新时期加以创新和发展；提出吸收外国优秀文化成果，按照历史规律和人民要求，紧跟人类社会经济文化和科技进步发展的潮流，一个国家、一个民族才不会落伍，才会变得强大而避免陷入落后挨打局面的观点；提出文化在提高综合国力竞争中的重要地位与作用日益突出、加强和周边国家文明交流的重要观点；强调各级文联和作协在国际文化交流中的作用。从文化外交的先进思想理念的意义上讲，党的第三代中央领导集体提出了思想文化也要独立的文化主权思想；党的第三代中央领导集体的文化外交继承了前两代党中央领导集体的同理心的文化外交精神，强调国家间关系的共同点；党的第三代中央领导集体面对西方国家的文化外交主要体现为提示式和忠告式的；在面对国际区域性合作组织时，文化外交表现为建议式的文化外交。从体现人民根本利益的理念出发，党的第三代中央领导集体文化外交提出大力发展少数民族文化，改善各民族物质文化生活的思想，做好这项工作，越来越具有国际政治的意义；提出"面向世界"文化观，创造出无愧于伟大时代的社会主义文化，为实现人民的文化利益服务；提出向广大人民群众提供一大批中外"好的精神产品"的思想，并且高度关注广大发展中国家文化发展的与时俱进。

| 第四章 |

"三个代表"重要思想与党的三代中央领导集体的军事外交

"军事外交，主要是指主权国家的国防部门及武装力量旨在增进和实现国家利益和国家安全，尤其是国防安全目标，与其他国家、国家集团或国际组织进行的交往、交涉和活动，是一国对外关系和总体外交的一个重要方面和组成部分，同时又是该国国防政策在对外关系中的体现。"①

自有阶级社会以来，军事外交就已经存在。《孙子兵法》中的"伐交"一词，就有军事外交的意味，其《谋攻篇》说："上兵伐谋，其次伐交，其次伐兵，其下攻城。""从狭义上讲，伐交就是在战争中通过外交手段与诸侯结盟，巩固扩大己方阵营，分化瓦解敌人的联盟，孤立敌人，最后迫使其屈服，以最小的代价获取最大的战争效益。从广义上讲，伐交是在古代多极战略格局下，不同国家、民族或政治集团为维护自身安全和发展利益而展开的军事外交活动，既包括在战争状态下为战争胜利服务的军事外交斗争，也包括相对和平时期为维护国家生存和发展而进行的军事外交活动。春秋战国时期，随着伐交实践的深入开展，一些军事家和政治家在'全胜'战略观的指导下，开始对伐交斗争的经验、教训和客观规律进行探讨和总结，初步形成了具有时代特征的伐交思想体系。"② 马克思在 1856 年写的《卡尔斯的陷落》一文中就提到过"军事外交"这个词，"英国政府由于在战略上动摇不定，三个月来不能对土耳其政府打算采取的大规模军事行动明确表示自己的看法，……英国政府不愿再忍受这种不知轻重的请愿者的纠缠，所以就施展了军事外交的阴谋手段"，"现在我们应当简要地谈谈唐宁街外交部的活动，……这个奇怪的军事外交悲剧演出前后顺序的特点是：一切旨

① 郭新宁：《试论军事外交的概念、定位及功能》，《外交评论》2009 年第 3 期，第 51 页。
② 刘春志、李晓玲：《论春秋战国时期的伐交思想》，《军事历史》2009 年第 6 期，第 7 页。

在拖延时间的急电都到得特别快，而那些似乎主张迅速行动的急电却不知什么缘故到得特别慢。"①

在国内，"军事外交"一词首次见诸于中国官方文件的是在 1998 年《中国的国防》白皮书，当中提到"对外军事交往是中国总体外交的一个重要组成部分……中国积极参与多边军事外交活动"。此后的国防白皮书都有相关提及。从 1998 年到 2008 年，中国一共向社会公布了 6 份国防白皮书，而每份国防白皮书都有专门章节介绍中国军事外交的开展情况，当中包括：在地区安全机制和联合国安全机制下的合作交流，与外国的双边交流活动，涉及反恐或国际人道主义救援的联合行动等。

近几年来，国内学界逐渐关注军事外交的理论研究。出版于 20 世纪的《军事外交概论》可谓是最早的一部专著。该书宏观系统地介绍了军事外交的概念，产生与发展，影响国际军事外交的因素，国际军事交往的层次、内容和主要形式等。另外，还有几个专题研究，包括国际军事谈判、贸易、情报斗争与合作、科技合作与斗争、联合国维和等。这本书对后来的研究具有很大的参考价值。特别是杨松河教授系统地归纳了中国对军事外交的认识发展脉络是从古代的"伐交"到"征战外交"，然后是近代西方打开中国大门的"炮舰外交"，最后是现代及当代的军事外交。杨教授认为："军事外交是代表国家军事安全利益或国家集团军事安全利益，以军队为主体、以军事为主要内容的涉外活动，是国家整体外交的重要组成部分。"② 应该说，该书为此后的研究提供了基本的框架。

2009 年，王乔保先生在《军事外交概论》一书的基础上进行了补充研究。在他的著作《军事外交理论与实践》一书中，丰富了前人的研究成果，除了阐述军事外交基本概念、理念、目的、形态和影响因素外，还有介绍主要西方国家和国际组织的军事外交，特别讲到了新时期中国军事外交理论、实践及面临的主要问题。他指出，新时期中国奉行"防御性"的国防政策和"积极防御"的军事战略方针，中国军事外交工作是统揽于这两者之下。同时还受到传统战略文化影响、接受"新安全观"和"科学发展观"的指导。在实践中，中国军事外交坚持全方位开展对外军事交流、积极参加军备控制与裁军活动、联合国维和行动、坚决支持防扩散，以及开展以促进共同安全为目标的务实性交流合作活动。未来，中国军事外交主要面临三大问题：台湾问题、欧盟对华

---

① 见《马克思恩格斯全集》第 11 卷，人民出版社，1965，第 684 页、第 692～693 页。
② 杨松河：《军事外交概论》，军事谊文出版社，1999，第 1 页。

军售解禁问题和美日同盟与日本军事外向化发展问题。①

从军事外交促进世界生产力发展的意义上看，中国的贡献有目共睹。非洲大陆可以说是今天世界经济社会发展最落后的大陆，之所以落后，主要是因为它政变不断，战乱不停。在这样的情况下，联合国在非洲的维和只能加强而不能减弱，但是西方世界却不断裁撤或减少在非洲的维和人员。"据2004年美国的一份研究报告指出，发达国家对目前在非洲开展的联合国维和行动出兵率只占6%，他们对非联合国指挥的多国部队出兵率却快速增长。中国参与维和填补了这一空白，对确保联合国维和行动的效能起到了至关重要的作用。中国强调维和行动必须经联合国授权，关注的重点不只局限于与自己利益密切相关的周边地区，中国维和人员在亚洲、非洲、欧洲、美洲全面执行维和任务。此外，中国在20年的维和历程中，从来没有不良行为发生或遣返事件发生。"②只要国际社会本着支持非洲经济社会发展和社会稳定的意愿，非洲的未来一定是前途光明的。

从先进文化的前进方向的意义上看，中国也及时地向联合国提供中国的外交文化理念支持，比如，针对冷战后联合国某些维持和平行动机制上的缺陷提出中国的建议就是其中一例。因为在联合国的发展史上，联合国往往成为美国利用其来包装霸权主义和强权政治目标的工具，联合国的地位经常像汉献帝，而美国就像那个挟"天子"以令诸侯的曹操。为保证联合国维持和平行动顺利进行，防止其被彻底的"汉献帝化"，应该不断完善国际维和机制。为此，中国在完善维持和平行动的机制上，多次提出改进建议。比如，1984年10月，中国就如何加强维持和平行动的作用和提高其效率等问题，提出维和行动应当在坚持《联合国宪章》原则、尊重独立主权完整的前提下充分展开，不得利用维和行动谋取私利或干涉别国内政等7项建议。③ 对联合国维和机制的原则，中国主张，"联合国维持和平行动应遵循《联合国宪章》的宗旨和原则，特别是尊重国家主权和不干涉内政的原则；维持和平行动应事先征得当事国同意、严守中立以及除自卫外不得使用武力；应坚持以斡旋、调解、谈判等和平手段解决争端，不应动辄采取强制性行动，不能实行双重标准，不能借联合国之名进行军事干涉；应坚持实事求是，量力而行，不在条件不成熟时实施

---

① 王乔保：《军事外交理论与实践》，军事谊文出版社，2009。

② 陈洁、李珂：《和谐世界的构建与中国维和》，《学习月刊》2012年第4期，第13页。

③ 田进、俞孟嘉等：《中国在联合国：共同缔造更美好的世界》，世界知识出版社，1999，第51～52页。

维持和平行动，更不应使之成为冲突一方，偏离维持和平行动的根本方向"①。

从体现中国人民和世界人民根本利益的意义上看，中国参与"维和"达到了促进中国和谐社会建设与和谐世界构建的双重目的。中国自身的和谐发展是世界和平的重要组成部分，而外部世界的相对安定则是中国能够一心一意发展自己的外部条件，同时，外部世界的相对安宁，对世界人民利益的满足和实现，意义非同小可。因此，为了建设和谐社会与和谐世界，中国无论是从道义上还是从自身利益考虑，必须努力维护世界的和平，而参与到联合国维持和平行动框架中，完全符合中国不参加任何双边军事集团、不在联合国框架之外向海外派遣军队、完全根据联合国的需要和当事国的同意谨慎地采取行动的对外政策的基本理念，充分体现了中国对外政策的先进性。自 1988 年中国参加联合国维和行动特委会以来，中国不断扩大参与维和行动的力度，体现了中国真正负责任的大国形象。截至 2010 年 12 月，中国人民解放军有 1955 名官兵在 9 个联合国任务区执行维和任务，中国是联合国安理会常任理事国派遣维和人员最多的国家。② 作为发展中国家，中国以实际行动为联合国财政作出了力所能及的贡献，在联合国会费、维和摊款等方面都及时缴纳。2007 年中国缴纳各项摊款 2.7 亿美元，其中维和摊款近 2 亿美元。根据 2010～2012 年会费比额分摊办法，2010 年，中国分摊的联合国正常预算和维和摊款将分别达到 8000 万美元和 3 亿美元。加上其他的单列支出，中国缴纳的各项联合国费用总计达到 4 亿美元左右。中国还经常向联合国维和事务追加捐款。2006 年 9 月，中国表示向联合国建设和平基金分 3 次捐款 300 万美元，到 2009 年底，中国完成了全部捐款。2009 年 12 月中国又向联合国维和事务追加捐款 70 万美元。在 2009 年底，联合国新确定的维和摊款中，中国的维和费用排名超过加拿大，名列第二，中国参与联合国维和促进了世界公认的国际维和机制的健康发展，为推动建设持久和平的和谐世界作出了贡献。

以"三个代表"重要思想的核心为理念指导，深入分析党的历代中央领导集体的军事外交思想和实践，对于新时期搞好中国的军队建设，探索军事领域的国际合作与交流，巩固国家主权与安全，为中国人民生活在一个更加安全和谐的中国，为世界和平和世界人民的利益作出中国自己的贡献。

胡锦涛同志在党的十八大报告中指出："中国奉行防御性的国防政策，加

---

① 《人民日报》2000 年 10 月 17 日。

② 《人民日报》2011 年 3 月 31 日。

强国防建设的目的是维护国家主权、安全、领土完整，保障国家和平发展。中国军队始终是维护世界和平的坚定力量，将一如既往同各国加强军事合作、增进军事互信，参与地区和国际安全事务，在国际政治和安全领域发挥积极作用。"① 党的十八大报告的军事外交思想可以说是中国今天和今后一个时期中国军事外交的总原则，这一总原则的确立，标志着中国的军事外交思想走向成熟。

第一节 "三个代表"重要思想与党的第一代
中央领导集体的军事外交

今天的中国军事外交至少有五个特点：多样性、平等性、互利性、合作性和预防性。多样性，指的是这种外交既有官方交往，也有民间交往；既有对话层面的交往，也有操作层面的交往；既有双边交往，也有多边交往。平等性则指，军事外交基本上是遵循《联合国宪章》规定中的"大小各国平等权利之信念"。交往中不分强弱，既有诸如美国、英国、法国等西方大国，也有缅甸、孟加拉等实力相对较弱的国家。同时，中国的军事外交拒绝强权政治。今天的中国主张突出地强调军事外交的平等性而拒绝大国主义，这是有深刻的历史原因的。因为中国曾经在军事交流上总是受到不平等的对待，比如，20 世纪 50 年代的中苏同盟时代，苏联在和中国的军事交流上总是以不平等的方式待我。毛泽东曾经提到当时中苏军事外交中苏联不平等待我的一些经典的例子："军事学院有个顾问，在讲战例的时候，只准讲苏联的，不准讲中国的，不准讲朝鲜战争的，只准讲苏军的十大打击。让我们自己讲讲嘛！他连我们自己讲都不让。我们打了二十二年仗嘛！在朝鲜还打了三年嘛！请军委把这个材料搜集一下，交给尤金同志，如果他要的话"，"有些顾问，可以定个期限。如军事、公安两个部门的首席顾问，一直没有个期限，换来换去，也不通知我们，也不征求我们的意见"，"现在我们决定不搞核潜艇了，撤回我们的请求。要不然就把全部海岸线交给你们，把过去的旅顺、大连加以扩大。但是不要混在一起搞，你们搞你们的，我们搞我们的。我们总要有自己的舰队，当二把手

---

① 胡锦涛：《坚定不移沿着中国特色社会主义道路前进 为全面建成小康社会而奋斗——中国共产党第十八次全国代表大会报告》（2012 年 11 月 8 日），人民出版社，2012，第 43 页。

不好办"①。由于中国过去受过不平等的对待，在今天才懂得"将心比心"，尊重平等。互利性和合作性主要体现在军事外交是采取互利合作的方式，而不是对抗胁迫的方式。通过合作，谋求的不仅仅是一国利益，还有国与国之间的共同利益和世界人民的共同利益。江泽民同志曾经就处理对外交往问题时指出："安全上应该相互信任，共同维护，树立互信、互利、平等和协作的新安全观，通过对话和合作解决争端，而不应诉诸武力或以武力相威胁。"② 中国的军事外交实践也体现出一种预防性。"预防性"主要体现在相互间误解的避免及危机的预防。频繁的官员交流、联合演练、维和行动和远洋派遣旨在增加互信，预防地区或国际突发危机的出现或升级。比如，2009 年 4 月，中国邀请多国海军和官员参加海军海上阅兵，被外媒认为是善意的信心展示，意在促进国际社会对中国军事发展的理解③。又如参加"和平使命－2009"反恐军演的俄罗斯联邦国防部第一副部长马卡罗夫表示，当前国际和地区形势总体稳定，但不安全因素仍然存在，恐怖主义跨国犯罪、武器走私等活动猖獗，影响了地区和世界的稳定。这些不安定因素要求各国军队加强合作，联手应对包括恐怖主义在内的各种非传统安全威胁和挑战。这次演习就是在这种背景下举行的，俄方希望能够进一步扩大中俄两军之间的合作，为两国战略协作伙伴关系进一步增加积极的因素。④

今天中国军事外交的上述五大特点，都是在党的历代中央领导集体的培育下形成的，是党和政府极其宝贵的军事外交资产。

党的第一代中央领导集体的军事外交，在新中国成立前就已经存在，并且积累了广泛而深刻的经验和教训。比如，大革命时期，中国共产党领导的红军的军事行动，就曾经得到过共产国际的帮助，苏联军事顾问直接指导红军和国民党军队的军事行动。在 1933 年前后，在中央苏区以外的中国共产党在南方的其他根据地，特别是规模与中央根据地相当的鄂豫皖根据地均已不复存在，在中央根据地已经被彻底地孤立起来的严重危急关头，"莫斯科向中共派出了它的军事顾问弗雷德。由于这位军事顾问是一位苏联将军，万一被捕可能引起严重外交纠纷，因此，他只能留在上海外国租界里遥控指挥，而另外派遣了一位在苏联军校学习过的年轻的德国人奥托·

---

① 《同苏联驻华大使尤金的谈话》，《毛泽东外交文选》，第 326～330 页。
② 《江泽民文选》第 3 卷，人民出版社，第 566～567 页。
③ Edward Wong，"Naval Show to Feature Submarines from China"，*The New York Times*，April 21，2009.
④ 《"和平使命－2009"联合反恐军事演习正式开始》，新华社 2009 年 7 月 22 日电。

布莱恩，化名李德，秘密潜入中央苏区，协助弗雷德指挥中央红军的作战行动"①。但李德根本就不按照共产国际的指示行事，而是按照他在苏联军校里学来的正规化军事知识直接地用于红军的作战，导致红军在第五次反围剿的失败。也正是因为中国共产党早期和共产国际的军事合作使中国共产党人懂得了一个深刻的道理，借鉴任何外国先进的东西，必须要和中国的实际相结合才能产生强大的生命力，否则，如果盲目崇拜，一切从本本出发，革命只会失败。

通过和苏联的广泛的军事合作，谋求建立中国先进的军事生产力，推动中国军事事业的现代化

毛泽东指出："中国必须建立强大的国防军，必须建立强大的经济力量，这是两件大事。"② 对于新生的共和国来说，要做好这两件大事，独立自主当然是根本，但是在条件允许的情况下，抓紧时机学习别国的经验，广泛展开军事和经济领域的国际交流与合作，是中国这样一个军事力量和经验都十分落后的国家必然的选择。

抗美援朝开始时，苏联虽然没有出兵参战，但在军事物资上给中国人民志愿军提供了很大的帮助。20 世纪 50 年代，苏联大规模向中国赠予或出售军火，其中包括各种步兵武器、火炮、坦克、飞机、军舰及其他装备。苏联提供的这些武器装备，对于中国人民解放军完成从以步兵为主的单一陆军走向诸军兵种合成的现代化转型来说，起到了无可替代的作用。仅 1950 年苏联就提供急需的军车达 5000 辆，到战争结束时，全军拥有各种汽车 71000 余辆，其中包括运输车、指挥车，以及随 60 个步兵师、10 个坦克团装备和炮兵、工兵、防化兵、防空军、公安军、海军、空军购买苏联装备时配置的特种车（牵引、工程修理、加油、消防清洗、通信、移动发电等专用车辆）。在中国能够自产汽车之前，军车主要是购自苏联。③

中国不但通过抗美援朝战争了解了现代战争的特点，而且通过这一正义的战争，促进了中国军事事业的先进生产力跨越式的发展，正如彭德怀的军事秘书王亚志所指出的："苏联提供的武器装备对志愿军在朝鲜三八线上顶住美军起到了首要的作用，使中国军队的现代化建设在短期内起了质的飞跃，用彭德

① 沈志华：《中苏关系史纲》，新华出版社，2007，第 44 页。
② 《毛泽东军事文集》第 6 卷，军事科学出版社、中央文献出版社，1993，第 103～104 页。
③ 数据主要参考王亚志《1950 年代中苏军事关系见证》，复旦大学出版社，2009，第 44 页。

怀的话说就是，短短几年超过了旧中国几十年的建设。当然，苏联向中国出售的陆军武器制式落后陈旧一些，有些还是苏军的淘汰退役品，但毕竟是经过战争考验的，我们不能仅以部分枪炮的状况而否定苏联武器对志愿军在朝鲜战场上的作战力量所起的主导的、积极的作用。"①

党的第一代中央领导集体是非常重视自身先进军事生产力的大发展的，但是也有一些人不以为然，头脑发热，被中国革命的胜利冲昏了头脑，认为不需要掌握现代化的军事装备也能活得很自在，因此，忽视学习苏联先进军事的情绪有一定的市场。针对这样的情况，陈毅就指出："对不重视学习苏联现代化军事经验和技术，其主要理由是说我军曾以劣势装备打败了美蒋，因此并不感觉其学习的必要性，这种谈法必须痛驳。……现在美帝是我们的主要敌人，不学习现代化合成多兵种作战，不学现代化技术，不改装，当然是不能战胜敌人的。"② 党的第一代中央领导集体非常重视利用有利时机通过和苏联的军事合作加快自身军事生产力的发展和提高。1951 年 4 月 28 日，毛泽东致电斯大林说："鉴于朝鲜战争的经验及中国兵工厂目前生产陆军步兵武器的能力，我们计划将来发展兵工厂。通过对该问题的研究，我们得出的结论是：中国兵工厂在武器生产方面必须制造与苏联兵工厂相同的产品。只有如此，我们才能满足国际形势发展要求。"③ 5 月 2 日，斯大林答复毛泽东说："同意供给中国制造苏军装备中现有各种武器、弹药所必需的蓝图。"④ 毛泽东此举，使中国的军工迅速地取得了和先进的苏联军工同步发展的条件，大大地提高了中国的军事生产力水平。

通过和苏联的军事合作，促进中国军事先进生产力发展的另一个突出的事例是新中国派遣徐向前赴苏联的谈判。根据徐向前元帅回忆录："抗美援朝战争和我军的现代化建设，需要大量武器装备。应急的办法是向苏联购买，从长远观点着眼，则亟待发展我们自己的兵工工业。根据一九五〇年二月中苏两国政府签订的《中苏友好互助同盟条约》和《关于贷款给中华人民共和国的协定》，经两国政府具体协商，进一步达成了由苏联转让某些技术，帮助我国发展兵工生产的协议。转让的具体项目和我方急需购置的武器装备，由中国派代表团去莫斯科，与苏联有关部门洽谈。"回忆录披露，"一九五一年五月间，

① 王亚志：《1950 年代中苏军事关系见证》，第 44 页。
② 《陈毅军事文选》，解放军出版社，1996，第 567～568 页。
③ 沈志华编译《朝鲜战争：俄国档案馆的解密文件》（中），（台北）"中央研究院"近代史研究所，2003，第 751 页。
④ 王亚志：《1950 年代中苏军事关系见证》，第 68 页。

毛主席通知我去中南海，交代任务。……他简要分析了抗美援朝的战场形势，向我交代了去苏联谈判的任务：一是购买武器装备；二是多搞点技术项目，发展自己的兵工生产。他说：帝国主义如此欺负我们，我们没有自己的兵工工业，不解决部队的武器装备问题，是不行的。要学习苏联，把先进技术拿到手，自力更生，建设一支强大的国防力量。……代表团的主要任务有两项：（一）购买六十个师的武器装备；（二）援助我国兵工工厂的建设及统一步兵武器制式和生产一五二口径以下各种火炮的有关技术资料转让问题"。谈判的过程虽然艰苦，中国所期待的目标也未能完全实现，但是徐向前元帅根据毛主席"不管怎样，耐心等待，要把技术学到手"的指示，经过耐心而艰苦的长达四个月之久的谈判，终于达成协议，苏联"同意转让几种兵工生产的技术资料，帮助建设一些工厂"①。这意味着中国军事先进生产力，通过和苏联的合作又上了一个新的台阶。建立中国三军现代化装备系统测试基地，是中国和苏联的军事合作的一项具体的成果。徐向前率代表团在莫斯科签订转让陆军通用武器技术资料协议时，也相应地达成了在中国建立武器性能测试场地的协议，中国从苏联进口了一批测试设备和仪器，并聘请苏联专家来中国进行安装指导。"在苏联专家的帮助下，经过勘察，选定在吉林省西北白城子与内蒙接壤地区建立测试场地。1954年11月，中苏又签订了协助中国建设军械测试场地议定书，聘请了苏联内弹道、外弹道、弹药、火炮及轻兵器专家。后来，在白城子基地的基础上，中国又独立自主建立了陕西华阴基地和河南洛阳基地，从而具备了对陆军及部分海军、空军及电子装备进行系统测试的能力。"②

新中国采取"一边倒"的外交方针，这个方针有利于中国通过和苏联的先进军事生产力的合作，使中国在军事领域的现代化水平取得质的飞跃，"从1953年3月斯大林去世以后，直到1960年中苏关系恶化，这段时期是苏联向中国转让技术、文献资料的黄金时期。从陆、空、海军常规武器到战略尖端武器，无论是出售实物还是转让技术资料，多属于苏军现役装备的技术水平，而且门类齐全，填补了中国诸多方面的空白，为中国军事工业的发展奠定了基础。除了转让技术、图纸和资料外，苏联在援助中国系统建立基础工业几百个重大项目的同时，还帮助设计军工企业，派遣军工专家，加速了中国仿制苏式武器的发展进程。这是中国军事工业历史上一次规模最大的全面技术

---

① 徐向前：《历史的回顾》，解放军出版社，1984，第799～803页。
② 王亚志：《1950年代中苏军事关系见证》，第70页。

引进，苏联的这种援助，对于缩短中国同现代化国家的差距具有不可磨灭的功绩"①。

二 党的第一代中央领导集体谦虚好学和独立自主相统一的先进的军事外交文化

一个人如果修养不够，取得一点成绩往往骄傲自满；一个民族修养不够，取得一点成绩也会滋生自满情绪，崛起的美国和崛起的苏联，都犯了这样的毛病，根据《李鹏外事日记》，李鹏委员长会见美国基辛格博士，基辛格博士在美国政治精英中，可算得上是懂得谦卑的人，他对李鹏说："美国建国才 200 多年，不懂外交，不能与中国相比，2000 多年以前中国就有'远交近攻'的战略。"李鹏对基辛格博士说："不能说美国不懂外交，你基辛格不就是世界上著名的外交家？也不能简单说美国只有 200 年历史，实际上美国是移民的国家，是继承了欧洲文化精粹而发展起来的。不过，美国从建国以来一帆风顺，没有受过大的挫折，两次世界大战都是战胜国，战争也未在本土上进行。近年来美国在科技特别是信息技术上遥遥领先，所以有些傲气，不能平等待人，而且使用双重标准。"② 第二次世界大战后的苏联也同样很骄傲，不能谦虚地对待别国，正如徐向前元帅在他的回忆录中就他曾率中国军事代表团赴苏，在谈到和苏方就军事合作问题的谈判过程中的感受时所说的："苏联是第一个革命成功的社会主义国家，在第二次世界大战争中又打垮德国法西斯和日本关东军，对人类作出了重大贡献。但是，这也容易使他们骄傲，搞大国主义。我们对苏方的情况了解不够，提出的某些项目、要求，难免有过高、过急的地方，谈判中只要加以详细说明，就不难取得一致看法。但对方有时却表现得极不耐烦，简单粗暴，令人难以容忍。有次谈判，他们看到我们购买货物的单子，竟然说：假如按照你们的要求，我们要修第二条西伯利亚铁路了！讽刺我们要的东西多。其实，我们并不是白要，而是购买，要照价付钱的。还有次，什捷缅科向我们的空军副司令王秉璋问情况，王的答复不太完满，他竟然大发脾气，把王秉璋狠狠地训了一顿。我当时不好同他吵，心里真窝火。觉得我们是来谈判的，你有什么资格训人呀！……他们的大国主义不是一天形成的，很难消灭。另外，那时他们怕得罪美国，招来麻烦，所以对支援中国武器装备，缩手缩脚。谈妥的定货，运回一些来，多是旧家伙，拿到朝鲜战场上，有些枪栓拉

① 王亚志：《1950 年代中苏军事关系见证》，第 71～72 页。
② 《李鹏外事日记：和平发展合作》（下），新华出版社，2008，第 730 页。

不开，简直没法用。"① 苏联到了赫鲁晓夫时代就更加傲慢了，老子天下第一的心态更是达到了无以复加的程度，认为自己的一切都是最好的，而别国的东西，都是垃圾，别国的文化，都是应该抛弃的破烂，赫鲁晓夫回忆录中就有这样的描写，"大约在 1962 年，我发现军界在翻印毛论述战争的著作，我立即召见国防部长，对他说：'马林诺夫斯基同志，我听说国防部正在出版毛的著作，这很荒唐！苏联军队粉碎了德国的精锐部队，而毛泽东和他的对手花了20 到 25 年的时间在背后相互捅刀子。而现在却在出版毛论述战争的著作是为了什么？为了在将来进行战争？你在做决定时是如何用脑子的？'马林诺夫斯基和军界其他同志都是聪明人，但出版毛泽东论战争的著作是愚蠢地浪费时间。我不知道对他们印好的那些书是怎么处理的，它们可能躺在某地的仓库里，或许已被烧掉"②。一国的最高领导人持这样一种不可一世的心态，他还能把一个国家领导好吗？整个民族整个国家是这样的一种心态，这样的民族和这样的国家还能有活力吗？

（一）强调以谦虚的精神学习苏联等军事强国的先进军事知识和经验与建立自己的"毛泽东学派"的辩证统一理念

中华民族的主流文化历来都讲谦虚，《易经·谦》就说，"谦"，才会使"君子有终"，"谦谦君子"，"鸣谦"都会使人"涉大川"不会有危险，君子要"劳谦"才会有好结果。谦虚好学的文化反映在军事领域，也自然而然成为中国军事文化的一大优良传统。1953 年 1 月，毛泽东在给后勤学院的训词中指出："对于现代的军队，组织良好的后方勤务工作有极其重大的意义。任何轻视后勤工作、以为后勤工作不是重要的专门的科学、不需要有系统的学习、不需要精通业务的观点是完全错误的。我们必须学习苏联军队完整的后勤工作建设，研究朝鲜战争中后勤工作的状况和经验，以达到我军后勤工作现代化和正规化的目的。后勤学院全体教员、职员、学员应当团结一致，为完成这一光荣任务而奋斗。"③ 1953 年 8 月，毛泽东给军事工程学院的训词中说："向苏联学习，这是我们建军史上的优良传统，无论任何时候，任何工作部门，都应当如此。这点，对于你们这个学院，有更加重要的意义。我们必须学习苏联的先进科学和技术知识，学习苏联军事工程建设的丰富经验，学习苏联顾问同

---

① 徐向前：《历史的回顾》，解放军出版社，1984，第 804 ~ 805 页。
② 《赫鲁晓夫回忆录》，中国广播电视出版社，1988，第 464 页。
③ 《毛泽东军事文选》（内部本），战士出版社，1981，第 360 页。

志的学习态度和工作态度，学习苏联顾问同志高度的爱国主义和国际主义精神。在学习上应该是虚心诚恳，不要学到一点就自满和骄傲。"① 朱德为1951年《八一杂志》创刊号撰写的发刊词中指出："我们不仅要学习过去二十多年来打败国内外敌人的经验和学习志愿军的作战经验，更要学习苏联打败了法西斯德国、日本的先进军事科学。我们也还要向当前的敌人——美帝国主义学习，从而更有效地战胜敌人。"② 彭德怀在党的八大上关于军事工作的发言中，全面地、辩证地、科学地表达了他的学习别国先进军事经验的思想。在谈到学习苏军建军的经验时，彭德怀指出，"我军在现代化建设的开始，提出把苏军建军的一切先进经验完全学到手的要求是正确的，……毫无疑问，苏军建军的先进经验仍为我军今后学习的主要方向，因为它是先进的现代化革命军队，它的军事科学是优越的，军事技术是头等的，现代化军队作战的指挥经验是丰富的。我们努力学习苏军的一切先进经验，可以缩短摸索过程，少走弯路，迅速完成我军的现代化建设"。彭德怀在向苏联先进军事经验学习的同时，也不排除其他社会主义国家的经验和资本主义国家可以为我所用的经验和知识，彭德怀指出，"我们也应当学习其他兄弟国家军队的先进经验。对于资本主义国家的军事问题我们也应当研究，以便达到知己又知彼的目的。他们的技术科学，只要是对于我们有用，我们也应当学习"，彭德怀在谈到以怎样的心态学习时，特别强调要有谦虚的心态和真正抱着认真学习的精神，他说："我们在学习外国军事经验的时候，首先必须有虚心的态度。没有虚心的态度，就钻不进去，学不到东西。"彭德怀还特别提醒学习别国先进军事经验和理论时所应该采取的科学态度和科学精神，指出，"必须采取分析批判、实事求是的科学态度，不能迷信盲从，机械搬运"③。

1945年3月1日，陈毅为党的七大完成的《建军报告》中突出强调苏联的先进军事经验也好，其他外国先进的军事经验和知识也好，如果不把它们和中国实际相结合，是不可能引导中国革命取得胜利的，提出了外国军事经验和中国革命实际科学结合的"毛泽东军事学派"概念，指出"毛泽东军事学派不拒绝采用资本主义国家的军事经验，但只采用其中适用的东西，特别其中的军事科学技术更非大量采取不可，这正是我们长期学习的对象。"④

① 《毛泽东军事文选》（内部本），第361页。
② 《朱德年谱》，人民出版社，1988，第353页。
③ 《彭德怀军事文选》，中央文献出版社，1988，第567~568页。
④ 《陈毅军事文选》，解放军出版社，1996，第324~325页。

（二）在军事合作中坚定地维护中国的国家主权与安全

一般而言，军事领域的深度合作往往是发生在战略盟友之间，在苏联和中国公开撕破脸皮之前，中苏两国是战略同盟关系，因此，军事上先进的苏联帮助中国发展先进的军事生产力是自然而然的。而且中苏关系在破裂之前的良好状态，也是在苏联充分尊重中国主权基础上形成的，但是随着赫鲁晓夫领导下的苏联日益强大，其随意侵犯盟国主权的意识也膨胀起来，一个突出的事例就是苏联要在中国建立长波电台的事件。根据《彭德怀年谱》，"1958年5月23日彭德怀主持一五三次军委会议。……本次军委会议还确定不同苏联联合办大型电台。4月18日，苏联国防部长马利诺夫斯基提出建议，要求1958～1962年间中国和苏联共同建设一所1000千瓦的长波无线电中心和一所远程通讯的特殊收报无线电中心。投资1.1亿卢布，苏联出7000万，中国出4000万。地址选在中国。……本日，彭德怀在军委会议上说，这个大型电台不要合办，应由我们自己办，钱归我们出，平时可给苏方提供情报，战时苏方可以来人。免得在平时我们国内驻着许多外国人，影响不好。外国人在中国搞军事基地不好，我准备先口头向他们谈一次，然后正式答复马利诺夫斯基。6月4日，彭向总顾问杜鲁方诺夫申述了我国意见。谈话记录在7日批：'……退彭德怀同志，可照所拟办理，钱一定由中国出，不能由苏方出。共同使用。如苏方以高压加人，则不要答复，拖一时间再说。或者中央谈一下再答复。此事应由两国政府签订'。6月10日正式回复了苏联。"① 这实际上是打破了苏联想步老沙皇破坏中国主权的迷梦②。但是苏联似乎不死心，非要逼中国就范，为此，赫鲁晓夫亲自来中国施压，霸权主义心态昭然若揭。《赫鲁晓夫回忆》中爱德华·克兰克肖写的引言部分对赫鲁晓夫在此事件上的对中国的大国沙文主义作了很客观的评论。克兰克肖认为，赫鲁晓夫的人格即使不是分裂的，也是拼凑的，他说："在我看来，最能暴露他的这种矛盾人格的是关于与中国争吵的那一章，他陷入了令人刺耳的沙文主义。"③

---

① 《彭德怀年谱》，人民出版社，1998，第681页。

② 1958年4月18日，苏联国防部部长马利诺夫斯基致函中国国防部部长彭德怀，提出由中苏合资在中国共建特种长波收发报无线电台。6月12日，中国政府答复同意建台，但是一切费用应由中国全部承担，苏联可在技术与装备方面提供帮助。电台建成后，中国拥有全部所有权，中苏两国可以共同使用。在中国政府的一再坚持下，苏联不得不同意以贷款方式帮助建设，并于8月3日同中方签署了协定和有关订购设备及聘请专家的合同。后因苏联撤退专家，撕毁合同，中国自行完成了这一长波电台的建设。

③ 《赫鲁晓夫回忆录》引言，中国广播电视出版社，1988，第13页。

《庄子·列御寇》中讲了一个故事，说"宋人有曹商者，为宋王使秦。其往也，得车数乘；王说之，益车百乘。反于宋，见庄子曰：'夫处穷闾陋巷，困窘织屦，槁项黄馘者，商之所短也；一悟万乘之主而从车百乘者，商之所长也。'庄子曰：'秦王有病召医，破痈溃痤者得车一乘，舐痔者得车五乘，所治愈下，得车愈多。子岂治其痔邪，何得车之多也？子行矣！'"① 中国可不是宋国那个叫曹商的人，为了获得苏联的援助而去"舐"苏联的沙文主义的"痔疮"，更不会为了得到苏联更多的好处而卑躬屈膝使以中国的国家主权丧失为代价。那么赫鲁晓夫是如何厚颜无耻地利用中国希望和苏联在军事领域的合作，而欲想借此破坏中国的国家主权与安全，毛泽东又是怎样回敬赫鲁晓夫的呢？在赫鲁晓夫的回忆录中，赫鲁晓夫是这样说的："我清楚地记得毛泽东是怎样在 1958 年断然想拒绝同我们进行军事合作的。根据一项协定，我们的飞机应该可以使用中国的机场做短暂停留，给飞机加油；还有当我们的远程潜水艇服役时，我们需要在中国建立一座无线电台用以保障潜艇同舰队之间的联络。顺便提一句，中国人已提出要我们把潜艇设计技术转交给他们并教他们怎样建造潜艇，所以我们认为要求他们同意在他们自己的领土上建无线电台是正当的。他们回答说不行，不久我们就收到了尤金的关于中国领导人反苏情绪的密码电报，我对我的同志们说：'根据议定书，现在该是毛对我国做国事访问然后我们再去访问中国的时候了。但是鉴于目前的形势，或许我们最好去找他们和他们谈，最好是秘密会谈，这样我们可以发现同中国同志之间存在着哪些分歧。'"赫鲁晓夫在回忆录中说："这是我们最后一次访问中国，时间是 1959 年。我们的讨论是友好的，但没有具体结果，我们讨论的话题之一就是无线电台。我说：'毛泽东同志，我们将给你们建电台的钱，对我们来说电台属于谁无所谓，只要我们能使用它同我们的潜艇保持联络。我们甚至愿意把电台送给你们，但我们希望能尽快建台。我们的舰队在太平洋游弋，我们的主要基地在符拉迪沃斯托克。毛泽东同志，我们能否达成一项协议使我们的潜艇能在你们的国家里有一个基地以保障加油、修理和船员上岸休假等等呢？'"毛泽东回答："我最后再说一遍，不行。我不想再谈及此事。"赫鲁晓夫说："毛泽东同志，大西洋公约组织国家之间在互相合作、供应方面不存在着任何困难，而我

---

① 大意是：宋国有个叫曹商的，为宋君偃出使秦国。刚去时，获得几辆车子。秦王喜欢他，增加车子百辆。返回宋国，见到庄子，说："住在穷里狭巷，贫苦地靠织鞋而生，搞得面黄肌瘦，这是我所短缺的；一旦使万乘之君主觉悟而使随从的车子增加到百乘，这是我的长处。"庄子说："秦王有病召请医生，破除痈疽溃散痤疮的可以得车一辆，舐痔疮的可以得车五辆，所医治的愈卑下得的车愈多。你难道治疗他的痔疮了吗？为什么你得到的车这么多呢？你走吧！"

们竟连这么简单的一件事，都不能取得一致意见！"毛泽东回答："不行！"赫鲁晓夫在回忆录中写道："我无法理解他为什么如此愤怒。我最后试问了一句以显得通情达理：'如果你们愿意，你们的潜艇可以使用摩尔曼斯克港。'"毛泽东回答："不行！我们一点都不想沾摩尔曼斯克港的边儿，我们不想让你们到这儿来。过去英国人和其他外国人占领我国多年，我们再也不会让任何人为了自己的目的使用我国领土。"赫鲁晓夫写道："我们始终没得到他的允许使用潜艇基地。"① 从毛泽东和赫鲁晓夫的交锋我们不难理解苏联领导人是何等的刚愎自用和毛泽东在维护国家主权上坚定的立场和态度。

苏联的大国主义和在国际关系中的傲慢其实为后来苏联的解体埋下了伏笔，英国前"铁娘子"首相撒切尔夫人在她的自传中写道，"阻挡苏联推进的长远前景"的首要原因就是苏联人的"过于傲慢"。撒切尔夫人说："如果稍微讲求一下方式并多一点深谋远虑，苏联领导人本来可以得到大得多的利益。他们的做法，尤其是1979年对阿富汗的入侵，激起了西方的反应并最后摧毁了苏联。"②

（三）拒绝依赖别国，培养自身的独立自主精神，实现创新和自我发展

党的第一代中央领导集体，在新中国成立之初，就非常注意学习别国的军事技术时首先要有独立自主的思想准备，不能有任何依赖的思想。1950年4月10日，朱德在空军参谋工作会议上的讲话中指出："现在我们一开头就学习苏联的一套，打下一个正确的、坚强的基础，以后就能建立起优良的传统。但同时要注意一点，就是不要因为有了苏联同志的帮助，就存有依赖思想，还要学会自己教自己，逐渐作到独立地掌握空军技术，管理空防和航空事业。"③当我们自己的军事技术处于十分落后的情况下，同时又有外国先进技术的引进许可的条件，首先是应该抓紧一切机遇努力学习，但由此也容易产生依赖，而不重视自我学习，忽视自身独立消化能力的培养，而独立消化能力实际上是检验军队在新的历史条件下能否适应新情况，保持战斗力的重要标志。所以，党的第一代中央领导集体，主张学习别国先进的军事科学和技术的最终目的是为了实现创新和自我发展。如果学习总是跟在人家屁股后边跑的学习，这样的学习只能是低水平的学习。只有在脚踏实地地学习并真正做到在消化吸收别人成果的基础上，逐渐实现自我发展，并建立起自己强大的自主创新体系，才是学

---

① 《赫鲁晓夫回忆录》，第464~466页。
② 〔英〕马格丽特·撒切尔：《通向权力之路：撒切尔夫人自传》，当代世界出版社，1998，第375页。
③ 《朱德军事文选》，解放军出版社，1997，第365页。

习的目的所在。陈毅就指出："我主张号召老实学、用心学，每一门学他几年，终身从事，把自己变成共产党的可靠专家。我敢预言：将来还有一个按中国条件来发挥和发展苏联先进科学经验的伟大前途。"①

（四）主张不但学习社会主义国家的军事科学，同时也要学习欧美国家的军事技术

刘伯承在1656年5月9日中共军事学院第二次代表大会上的总结发言中指出："我们时常想到我们人民解放军的优良传统，曾以小米加步枪的劣势装备，终于战胜了日本帝国主义和国民党优势装备的陆军、海军和空军。若果我们能继承发扬这样的优良传统，与学习苏联和人民民主国家的军事科学相结合，进到现代原子战争世界水平的高级阶段，那我们就能顺利防止和打败帝国主义今后的突然袭击，以保卫祖国、保卫远东和世界和平。军委扩大会议又指出，我们还要学习一切资本主义国家的军事学术的成就，主要是对美帝国主义的技术和军事学术，以及战争潜力及其备战措施等方面的特点，必须很好地进行研究。这点，外国军队教授会曾经做过，但极不够，主要是有些骄傲自大的神气从中作梗。总而言之，党历来就是教导我们：对敌、友、我三方面都要调查研究和学习。现在党号召我们十二年内把需要的科学接近世界先进水平，我们国防需要的军事科学，将从何处出发去赶呢？一般说来，自然走远路要从近起，登高山要从低起。但一定要走捷路，才能赶得上先行的人。所以我们说的学习，并不是一切都是从头学起去赶，而是从自己继承发扬优良传统出发去赶，从苏联及人民民主国家已有的成就出发去赶，从资本主义国家已有的成就出发去赶，一切从理论与实际结合的原则出发去赶，特别要我们学有成绩的科学教师领头当先去赶。只有这样才是走捷路，省时间，可以迎头赶上。这就是乘国内的和国外的现代科学成就之势而利导之，以为国防服务。我们在顾问同志的直接指教下学习苏联先进的军事科学，固然是一个极便利的条件，但是学习最主要是靠自己用脑筋。总结我军战争经验，提高到理论，并使理论与实际结合，也要靠自己用脑筋，凡事应该用脑筋好好想一想。俗语说'眉头一皱，计上心来。'这就是说多想出智慧。否则自己不用脑筋，人云亦云，竟作思想懒汉，是学不好做不好的。总而言之，我们学习一般理论必须与具体实践相结合，认识世界必须改造世界，这样才能成为马克思列宁主义的好学生。"②

---

① 《陈毅军事文选》，解放军出版社，1996，第568页。
② 《刘伯承军事文选》，解放军出版社，1992，第529～530页。

（五）提醒西方国家不要犯当代版的"慕尼黑"错误

作为党的第一代中央领导集体重要成员的邓小平在 1974 年 11 月 27 日，于北京会见基辛格一干人。邓小平说："苏联在东方的军事力量并不只是针对中国，还要对抗日本和你们的第七舰队和你们的空军和海军力量。如果他们打算攻击中国，就如同毛主席（和你）讨论过的，他们不可能只用 100 万部队就想接管中国。他们可能还得再增加 100 万的兵力，即使如此，还是不够。因为如果他们真要和中国打仗，就得准备打 20 年。中国人没有什么不得了的德行，只是坚忍不拔。"基辛格问邓小平："中国人还有些其他的德行？"邓小平回答："还有'小米加步枪'，还有地道。"① 基辛格博士和邓小平的此段对话一是体现了这样两个突出的中国先进政治文化理念，像第二次世界大战西方国家对德国的绥靖政策的历史的教训值得充分注意；二是告诉基辛格中国人的自强不息的民族精神是不可战胜的。西方世界一方面侵略成性，另一方面又对更加危险的侵略者采取绥靖政策和缺乏防范，比如对 20 世纪 70 年代苏联的扩张就是如此，邓小平当时对美国的提醒（也可以说是一种警告）是建立在对历史经验正确而科学分析基础之上的。美国利用中国这张牌卑躬屈膝地和苏联搞交易，使得苏联变得更加狂妄自大，1975 年 10 月 21 日，当基辛格等一干人再次来到中国时，毛泽东主席对基辛格博士说："昨天，你们和邓副总理争执的时候，你说到，美国对中国无所求，中国对美国也无所求。我的看法是，这种说法一部份是对的，一部份是错的。小问题是台湾，大问题是全世界。要是无论哪一边对另外一边都无所求，你们干嘛要到北京来，我们又为什么要接待你和贵国总统？"基辛格回答说："我们到北京来是因为我们有共同的敌人，也是因为我们认为你们对世界情势的看法比我们打过交道的任何国家都要清楚，而我们和贵国若干观点一致……"毛泽东反驳说："那样靠不住。那些话不可靠。那些话不可靠，是因为根据你们的优先顺序，最重要的是苏联，第二是欧洲，其次是日本"，经过几个回合的交锋，毛泽东主席拍了一下自己两个肩膀，说："我们认为你们做的是从我们的肩膀跳到莫斯科去，这些肩膀现在一点用都没有了。你瞧，我们排第五。我们是小拇指"②，尽管基辛格在后面的对话中向毛主席表白说"我们不希望利用中国当跳板，因为是死路"之类

---

① 傅建中编《红墙白宫：30 年前的秘密》，当代中国出版社，1999，第 92 页。

② 傅建中编辑《毛泽东周恩来尼克松基辛格密谈记录》，（台湾）《中国时报》1999 年 1 月 10 日。

的话，但西方世界绥靖政策的思维惯性，使苏联扩张主义日益膨胀起来，终于发生了 1979 年 12 月 27 日苏联对阿富汗的大举入侵。

三　党的第一代中央领导集体军事外交体现人民的根本利益

人民军队为人民。正如朱德元帅指出的："近代中国的历史上有两种军队，两种军人。一种是封建的军队，独裁者的军队；另一种是民主的军队，人民的军队。头一种是为少数反动分子效忠的，这种军队和军人暂时虽然可以耀武扬威，却被人民看做恶魔，受到人民的痛恨和反抗，最后不能逃脱灭亡的命运。另一种是为民族和人民效忠的，这种军队和军人暂时虽然数量较小，却被人民歌颂爱戴，最后必然胜利。"[①]

（一）军事外交为人民的思想

1956 年 9 月 18 日，彭德怀在党的八大上指出："我国人民需要一个持久和平的环境，进行社会主义建设，也需要一支坚强的军队以便应付可能突然发生的事变，保卫社会主义建设。我们的责任就在于把这两方面的需要恰当地统一起来。因而我军的建设，就要适合国家经济建设的要求，尽量节约，反对浪费，一切军事措施，就要照顾人民的生产利益和生活利益，保持我军同人民的密切联系，发扬人民革命军队克勤克俭，艰苦朴素的作风。"[②] 彭德怀在这里讲的"一切军事措施"，自然包含了国际性的军事交流和军事外交的概念，因为军队是谋求中国实现社会主义建设和人民利益的"持久和平的环境"最直接的、最前沿的力量。

（二）国际主义和爱国主义紧密结合，和朝鲜军队展开了一场空前的军事合作

1950 年 10 月 8 日，毛泽东主席在《组成中国人民志愿军的命令》中强调："为了援助朝鲜人民解放战争，反对美帝国主义及其走狗们的进攻，借以保卫朝鲜人民、中国人民及东方各国人民的利益，着将东北边防军改为中国人民志愿军，迅即向朝鲜境内出动，协同朝鲜同志向侵略者作战并争取光荣的胜利"，毛泽东主席命令，"我中国人民志愿军进入朝鲜境内，必须对朝鲜人民、朝鲜人民军、朝鲜民主政府、朝鲜劳动党（即共产党）、其他民主党派及朝鲜

---

① 《解放日报》1946 年 10 月 30 日。
② 《彭德怀军事文选》，第 559 页。

人民的领袖金日成同志表示友爱和尊重，严格地遵守军事纪律和政治纪律，这是保证完成军事任务的一个极重要的政治基础。"① 1950 年 10 月 13 日，毛泽东给当时在苏联的周恩来的电报中明确地指出，如果"我们不出兵，让敌人压至鸭绿江边，国内国际反动气焰增高，则对各方都不利，首先是对东北更不利，整个东北边防军将被吸住，南满电力将被控制。总之，我们认为应当参战，必须参战，参战利益极大，不参战损害极大。"② 中朝两国人民及其子弟兵打败侵略者，是完全可能的，敌人兵力不足且补给线长，如果不战，敌军肯定占领整个朝鲜半岛，敌人就等于对中国的东北完成了战略包围，这对我国安全和人民的直接安全利益威胁很大。过去日本侵略中国就是以朝鲜为跳板，先进攻我东三省，然后又以东三省为跳板，大举向关内进攻，这是惨痛的历史教训。中朝的作战对象，虽然是在武器装备方面占绝对优势的"联合国军"，确实不能轻视之，但也要充分看到，他们的短处正好是我们的长处。比如，对手是缺乏人民广泛支持的，而我们则是建立在广大的人民支持基础上的，对手在军事上远道而来，而我们是在家门口作战，等等。党的第一代中央领导集体是中华传统优秀文明的继承者和发扬光大者。如果说春秋战国时代伟大的思想家墨子提出的"兼相爱、交相利"的思想在两千多年列国争霸和封建王朝的历史中还只是个美好的幻想的话，那么，在共产党领导下的新中国，墨子的思想就成了活生生的现实。

（三）在未建交的情况下的中美军事交涉

我们从美国总统尼克松和周恩来总理在 1972 年 2 月 22 日举行的将近 4 小时的会谈记录中，可以充分地了解党的第一代中央领导集体是怎样以他们巨人的勇气与魄力，充分利用稍纵即逝的于我有利的国际战略机遇，最大限度地实现了全体中国人民的根本利益。在此次会谈中，尼克松承诺对台政策五原则和保证不支持"台独"③，周恩来总理在会谈中对尼克松阐述的五原则评价说：

---

① 《毛泽东军事文集》第 6 卷，军事科学出版社、中央文献出版社，1993，第 109~110 页。
② 《毛泽东军事文集》第 6 卷，第 117 页。
③ 尼克松承诺对台政策五原则和保证不支持"台独"是指："一、只有一个中国，台湾是中国的一部分。只要我控制我们的官僚体系，就不会再有类似'台湾地位尚未确定'的声明；二、我们不曾也不会支持任何台湾独立运动；三、在我们逐渐撤出台湾时，我们会竭尽所能地运用影响力，阻止日本进驻台湾；四、我们会支持任何和平解决台湾问题的办法。与此有关的一点是，我们不会支持台湾政府任何想借军事手段返回中国大陆的企图；五、我们寻求与中华人民共和国的关系正常化。我们知道台湾问题是完全正常化的障碍，但我们要在我先前所叙述的架构里寻求正常化，我们会朝着这个目标努力，并试着实现此一目的。"

"我想对于总统先生就你的观念及作法，所提供的详尽介绍，表达感谢之意。……当然，我们双方对世界的展望有所不同，这是根本上的差异，我们都不企图掩饰这个差别。但是这并不阻挡我们两国的关系迈向正常化，因为在某一特定的时间里，基于一个国家的利益，我们是能够找到共同点的。至于各国间人民希望进步，以及希望前进，不论是中国政府或是美国政府，都不能阻止。这不是为了我们，而是为了后世子孙。"① 尼克松的承诺，虽然中美关系因美国在若干问题上存在严重地挑战中国主权的行为（比如美国对台军售），但从毛泽东和尼克松共同启动中美关系的发展史来看，美国大体上还是沿着尼克松的五原则做的，五原则是基本得到兑现的。在 1972 年 2 月 24 日下午，周恩来和尼克松在北京人民大会堂的会谈中，周恩来总理对尼克松说："我们两个国家的关系正常化，不仅对我们两国的人民有益，也符合全世界人民的利益。我们并不害怕大国，这由我们对于美苏两国谈判的态度，就可以得到证明。" 周恩来提到中美关系发展的一个重要原则，"是要降低国际间军事冲突的危险"。中国希望美苏间"就限制核武一事达成协定"，"如果这种协议无法达成，那是他们的错误"②。周恩来特别关注超级大国的军备竞赛对自身人民生活水平的破坏性影响，同样是在 1972 年 2 月 22 日，周恩来总理和美国总统尼克松的会谈，反映了党的第一代中央领导集体关注别国民生的思想。尼克松在会谈中宣称"如果美国采取的行动是减少防御能力，由其他国家大量撤军，或是完全撤回美国本土，全球只会陷入更大的危机"。周恩来对此回敬说："既然总统先生提出了可能的危机，我想问总统一个问题。我们也注意到这些危机，但是最好的解决方法是什么？我们应该借着相互扩张军备力量来解决危险吗？中国有句老话，叫做'水涨船高'。你们已经公布了你们的军事支出。苏联虽然不公开他们的军事预算，但是毫无疑问地，他们的军事预算所占总预算的百分比，不会比你们低。否则的话，苏联人民的生活怎么会这么糟，而农业情况又这么坏。他们不能说这只是坏天气搞的鬼。（尼克松笑）尽管加拿大的天气和苏联的一样，加拿大的农产绝对不差。所以这种坏农收情况不能以坏天气来解释，而是因为苏联用了比较多的预算在军事支出方面。"③ 党的第一代中央领导集体对中南半岛的和平问题是非常关注的，强调中南半岛应该成为和平且中立的地区，而作为当时中国所支持的越南民主共和国以尼克松所表述

---

① 傅建中编《红墙白宫：30 年前的秘密》，第 15 页。
② 傅建中编《红墙白宫：30 年前的秘密》，第 33 页。
③ 傅建中编《红墙白宫：30 年前的秘密》，第 24 页。

的"武力统治柬埔寨与老挝",中国并不赞成,中国主张一旦越南战争结束,越南就应该从柬埔寨和老挝撤军,这是原则问题,如果赶走了一个大霸权主义的美国,又产生了一个新的地区霸权主义的越南,那绝不是中国愿意看到的现象,对越南的健康发展没有什么好处。当尼克松问周恩来:"总理提到中国的原则,就是不以军事武力干预邻国。那么,总理是不是反对越南以武力统治柬埔寨与老挝呢?"周恩来回答:"那是因为战争已经爆发了,战争是由美国军队开始的,因为美军在那里活动。"当尼克松问"当战争结束时,总理是否认为越南应该从柬埔寨和老挝撤兵?"周恩来坚定地回答:"如果战争完全结束,也就是说柬埔寨政权交回给西哈努克亲王的话,那么越南一定会撤出。如果朗诺的势力在柬埔寨,那就不可能了。因为大多数的柬埔寨人自己都不支持朗诺,他是由外力强加给柬埔寨的人。"周恩来认为,美国在中南半岛问题上是"犯了错误"的,周恩来指出,"原本那个地区可以变成和平而且中立的地区,或者至少那里 2/3 的地区能够变成这样。但是由于杜勒斯的重划国境政策,以及破坏日内瓦协定的举动,使整件事弄成了一团糟",周恩来说:"日内瓦协定中清楚地提到要在两年后举行公民投票,但是杜勒斯却说那只是说给国内人民听的论调。"尼克松对周恩来始终主张采取和谈的方法而不是持续的战争的方法解决问题非常感慨,他对周恩来表示:"很高兴知道,总理的政府将不会鼓动越南不参与我们的和谈。谈判比起军事手段解决而言,是最好的解决问题方法。"[①]

第二节 "三个代表"重要思想与党的第二代中央领导集体的军事外交

20 世纪 70 年代末至 90 年代初,是党的第二代中央领导集体充分展示"和平与发展"为主题的军事外交的时代。此时的军事外交有如下几个方面的特点。首先是军事外交向全世界扩展,不受社会制度、意识形态、经济发展水平和地理条件的限制,与世界各国发展军事关系。其次,军事外交领域进一步扩大,层次更深,形式多样。"在新外交方针指导下,我军军事外交空前活跃,取得了引人注目的丰硕成果。近 20 年间,我军共派出 1200 多个军事代表团访问了 80 多个国家。来访的外国军事代表团近 2000 个,其中由国防部长、三军总司令和总参谋长等率领的代表团 1100 多个。我海军舰艇编队首次横越

---

① 傅建中编《红墙白宫:30 年前的秘密》,第 42 页。

太平洋，成功地访问了美洲四国，举世瞩目。我军各类专业技术团组出国参观考察，合作研究，以及向国家提供的体育、文化、医疗卫生等方面的援助，受到高度赞誉。我军参加联合国维和行动，获得广泛好评。截至1998年底，我国已同100多个国家建立了军事友好往来关系，并在近百个驻外使馆中设立了武官处，在华设立武官处的国家已达65个。从而大大增进了中国与外国军队之间的相互了解、信任和友谊，使我军同周边国家军队的友好关系上升到一个新的水平。为创造有利于中国改革开放的国际环境，为借鉴外军建设的有益经验促进我军现代化建设做出了贡献"①。

一 党的第二代中央领导集体军事外交的先进军事生产力思想

（一）通过军事外交促进中国先进军事生产力的发展

1977年10月4日，邓小平召集军队装备和国防科研工作会议，会议提出科研和生产都要服从军事战略的要求，提出在三五年内主要用什么飞机来装备我们的军队等问题，在此次会议上，邓小平提出一系列的需要抓紧解决的问题："轰炸机应以什么型号为主？哪一年达到什么要求？都要从战略的要求出发提出来，科研和生产要服从这个战略要求。自甘落后是不行的。生产不少落后的装备不顶用，是一个很大的浪费。又如导弹，从战略上看，要求用什么样性能的导弹来装备我们的军队？要引进外国的什么东西？"② 在这里，邓小平提出的"要引进外国的什么东西？"的问题，其实就是要解决军事装备尽快改变落后局面的问题，要通过外国先进军事设备提高中国的军事生产力。

（二）在艰难的条件下积极引进西方先进军事科技

党的第二代中央领导集体提出要抓住难得的战略机遇，加强和军事技术先进的国家展开军事方面的交流与合作。比如，20世纪70年代到80年代末，中国和美国有共同遏制苏联霸权主义的共同利益，给中美军事交流带来了难得的机遇，那时的中美军事关系就有一定的深度和广度。③ 邓小平指出："我们搞指挥系统现代化，从自己落后的方面去看看人家的，找一找差距，很有必要。杨成武同志去法国看了，与人家现代化指挥系统比，我们要落后得多。打

① 王雨霖：《新中国50年军事外交的回顾与思考》，《军事历史》2000年第1期，第29页。
② 《邓小平军事文集》第3卷，中国军事科学出版社、中央文献出版社，2004，第71页。
③ 中美两军在情报，高层互访，功能性合作，军事技术合作都达到了空前的水平，但随着冷战的结束，美国认为中国不再是它的战略盟友，军事合作的力度和水平随之下降。

起仗来和过去一样光靠电话吗？天上的通信卫星这些东西，可不要小看。前不久我看到美国的一个资料，说到使用电子计算机，开始军队不接受、不赞成，说是不懂，掌握不了。后来，美国政府下了很大的决心去搞，现在装备到团以下，陆、海、空军都用上了。我们现在还没有想到这个问题。要解决这个问题是很费劲的，但思想要统一，要逐步实现指挥系统的现代化，总不要拖得太久吧！自己不行，可以引进外国的新技术。当然，主要的技术他们不一定会给，但有些东西弄点回来还是可能的。"①

国防的现代化是保障中国改革开放顺利进行的安全保障，如果改革开放只是民用领域的改革开放，那么这样的改革开放是不全面的。在经济和民用科技取得大发展的同时，在经济和民用科技上引进外资和技术取得突破的同时，也要加大力度引进国防领域的科学技术，这是党的第二代中央领导集体十分重视的战略任务。党的第二代中央领导集体在引进外国先进的军事技术方面，也形成了成熟的引进思想和方法。邓小平针对国防和军队建设指出："这些年科研停滞了，产品连原来的质量都保证不了。要和冶金部等部门协作。……条件不足的可以吸收外国的技术，买外国的东西。几个部门共同负责攻关，不准扯皮。如果扯皮，就把事耽误了。"邓小平强调，"军事部门也要吸取外国的技术"，"要把各方面的力量都组织起来，解决途径要包括引进外国先进技术"，"引进谈判要考虑周到。今后谈判引进问题，空军、三机部、研究机关要组织一个专门小组，从头到尾负责到底"，"引进有两个方面：一方面是科研设备，这是全国公用性的，是全民所有制，不能各搞各的，不要重复引进，计委要把关；另一方面是飞机和其他武器，这是行业性的，当然航空工业有特殊性"，"引进科研手段，不仅航空工业，全国也必须加速引进一大批。本来水平不行，也来不及做，而且质量又不好，引进是重要的手段"②。

（三）提出"以民养军"在引进外国先进技术上的地缘支撑的思想

"以民养军"是改革开放的一大创举，而如何搞好"以民养军"，也要考虑引进外国先进的技术，与此同时，科学地选择地缘支撑战略要地是关键。邓小平指出："造船工业最大的问题是改造问题，要积极引进技术，不只是民用改造，军用的也要改造。……技术引进应当是全面的，一定要包括企业管理，

① 《邓小平军事文集》第3卷，第104页。
② 《邓小平军事文集》第3卷，第125～126页。

要彻底革命，不要改良主义。要计划好。引进项目多花点钱可以"，"技术引进，点在哪儿？现在两个点，一个在上海，一个在大连。第三个点选在哪儿？南海当然最理想了。大连厂在辽宁、天津等地区配套。江南厂在上海、江苏、浙江等地区配套。第三点如果放在武汉，可在湖北、四川等地区配套。如果放在广州，可在广东等地区配套。要规划好，迅速定下来。""引进技术改造企业，管理要完全照外国的办法，编制人数不能超过。"①

（四）提出军用外汇的分配、使用，重点是航空工业和装备的思想

邓小平指出："将来打起仗来，没有空军是不行的，没有制空权是不行的。陆军需要空军掩护和支援，海军没有空军的掩护也不行，我们主要的是近海作战。没有制空权，敌人的飞机可以横行无阻。不管如何，今后作战，空军第一。陆军、海军、空军，首先要有强大的空军，要取得制空权。否则，什么仗都打不下来。我看今后重点放在发展空军。投资的重点应放在航空工业和发展空军。军用外汇的分配、使用，重点是航空工业和装备。"邓小平强调："加强科学研究，这是总的趋势，不仅是航空工业。不搞科研，我们就根本不可能有现代化。引进外国大型科研设备，同外国科研机构合作搞科研，加速科学技术现代化，这个好。引进产品要考虑周到，要配套、搞全，同时要和我们的制造结合起来。还可以派人出国，进行技术培训。可以减少一些现在生产的飞机产量，把剩余的钱用来搞科研，搞新产品试制，搞出中国式的更好更新的东西。如果我们能有一定数量的更高级的飞机，那形势就不一样了"②。邓小平指出："四个现代化，其中就有一个国防现代化。如果不搞国防现代化，那岂不是只有三个现代化了？但是，四化总得有先有后。军队装备真正现代化，只有国民经济建立了比较好的基础才有可能。所以，我们要忍耐几年。我看，到本世纪末我们肯定会超过翻两番的目标，到那个时候我们经济力量强了，就可以拿出比较多的钱来更新装备。可以从外国买，更要立足于自己搞科学研究，自己设计出好的飞机、好的海军装备和陆军装备。先把经济搞上去，一切都好办。现在就是要硬着头皮把经济搞上去，就这么一个大局，一切都要服从这个大局"③。中国军方充分利用冷战时代战略态势对我比较有利的形势，加强和美国军方的军事交流与合作，在冷战结束前夕的

① 《邓小平军事文集》第3卷，第128~129页。
② 《邓小平军事文集》第3卷，第153页。
③ 《邓小平军事文集》第3卷，第275页。

1985～1986 年期间，与美方达成了一些关键的美国军用飞机等军工产品的对华进口协议①。

（五）提出借鉴外军经验，使军事生产力中领军人物年轻化

邓小平指出："我们希望军队出现一些'开明人士'，起带头作用，没有'开明人士'不行。全国干部老化的问题，突出的是军队。这个问题很重要，必须解决。……外国军队六十岁的人已经退休了，我们讲六十岁左右，是按照中国的实际情况来确定的。一下都年轻化恐怕不行，但是晚了也不行，还是老中青三结合，用这种交替方式解决这个问题"②。《中华人民共和国现役军官法》第十四条规定，作战部队的军事、政治、后勤、装备军官平时任职的最高年龄分别为："担任排级职务的，三十岁；担任连级职务的，三十五岁；担任营级职务的，四十岁；担任团级职务的，四十五岁；担任师级职务的，五十岁；担任军级职务的，五十五岁；担任大军区级职务的，副职六十三岁，正职六十五岁。"今天的军队干部已经基本实现了年轻化，这从一定意义上讲，也是按照邓小平的要求，借鉴了"外国军队"建设的一些先进经验的结果。

二　党的第二代中央领导集体的先进军事外交文化理念

（一）重视外国先进的军事知识，尊重和讴歌在借鉴和引进外国军事知识和文化方面作出积极贡献的人和事

邓小平在他的《悼伯承》一文中称赞刘伯承不仅为新中国的诞生立下了指挥千军万马大败敌人的大功，而且还为新中国的军事现代化建设作出了杰出贡献，其中之一就是创办军事学院，积极引进外国先进的军事文化和知识。邓小平说："一九四六年下半年，正是晋冀鲁豫解放区战事频繁的时候，平均二十天就要打一仗。在那种情况下，他还抓紧一切空隙时间补译、校订《合

① 1985 年 12 月，中国向美国提出了把歼 8 飞机的控制系统现代化的项目。经通知国会和巴统，美中双方于 1986 年 10 月在温伯格再次访问中国期间签订了协议。歼 8 是中国自行设计和制造的双引擎、三角形机翼的高空拦截机，用于对付苏联轰炸机的威胁。纽约长岛的格拉曼公司得到了这项合同。项目的金额约为 5 亿美元，预计要六年才能完成。包括机载雷达、导航设备、电脑系统等。在这个项目中没有设计和生产技术的转让，也没有武器出售。为了在双方之间进行协调，中国人民解放军空军在俄亥俄州的赖特—帕特森空军基地派驻了一个五人小组［参见陶文钊《中美关系史》（下），上海人民出版社，2004，第 674 页］。
② 《邓小平军事文集》第 3 卷，第 264～265 页。

同战术》一书。他很欣赏苏联著名话剧《前线》，多次强调不要做戈尔洛夫式的保守人物，而要像欧格涅夫那样勇于接受新鲜事物。伯承自己就是面对新形势下的作战特点，最早重视汲取各国现代军事科学成果，最早把教育训练提到我军建设战略位置的领导人之一。大陆解放不久，他从军事建设的全局出发，给中央写信，恳请辞去西南军政委员会主席和第二野战军司令员的职务，自告奋勇去办陆军大学（后命名为军事学院）。为造就具有现代军事科学知识的干部，伯承呕心沥血，在仅剩的一只左眼视力也已严重减退的情况下，还拿着放大镜，将上百万字的外国军事译著和大量的自编教材加以校订和审定。他在军事学院的许多建树，对我军现代化、正规化建设至今仍有重大作用。"①

（二）最大限度地采取和平方式维护国家主权（包括收回失去的领土），但决不承诺放弃最后的军事手段

邓小平指出："关于主权问题，中国在这个问题上没有回旋余地"。邓小平强调："英国想用主权来换治权是行不通的。希望不要再在治权问题上纠缠，不要搞成中国单方面发表声明收回香港，而是要中英联合发表声明。在香港问题上，希望撒切尔夫人和她的政府采取明智的态度，不要把路走绝了。中国一九九七年收回香港的政策不会受任何干扰，不会有任何改变，否则我们就交不了账。从现在到一九九七年还有十四年，这十四年要过渡好，核心是一九九七年能顺利收回香港，不会引起动荡。比较顺当地交接对各方面都有好处。过渡期有个香港人参与管理的问题。参与管理，不当主角可以，但要开始知道哪些方面的管理。"② 香港和澳门最后都是通过和平谈判回归祖国怀抱的，和平谈判之所以取得成功，那是因为有强大的祖国作后盾，特别是今天的中国已经是军事实力强大而崛起的中国，如果用简单的军事手段，可以更快地收回香港，但中国决定不通过武力这样做，宁可采用费时和费精力的和平谈判方式。正如撒切尔夫人在她的《通往权力之路：撒切尔夫人自传》（以下简称《自传》）中也承认的："对于中国经济确切的规模和增长率是有争议的。但是人们知道：中国的潜力是巨大的，勤劳的中国人民（还有更加广泛的、居住在国外的中国人）正在比以前更加有效地利用这一潜力，并且中国还正在增强

---

① 《邓小平军事文集》第3卷，第284页。
② 《邓小平思想年谱》，第267页。

自己的国防，而我们则在削弱我们的国防。"① 用和平手段收回香港，也是充分地考虑到英国的利益之举，从一定意义上讲，香港真的是英国女王王冠上的一颗"明珠"，香港也是英国殖民统治的"样板"②。因此，英国人是绝对不情愿将香港归还给中国的。撒切尔夫人在她的《自传》中形容："在香港，中国人的天赋在英国人的政治和金融机构的框架内显示了出来。虽然香港只有600万人口，但其管制很松的自由贸易经济使它在世界贸易中名列第8位。"③所以，中国采取极大的耐心和谨慎的态度和英国人谈收回香港的问题，也是充分考虑到英国人的感受的。中国政府收回香港后，香港实行高度自治，但中央政府要通过派驻外交机构和驻军宣示国家主权，保护港人的安全和利益，宣示国家领土完整和统一。而派驻的军队，决不会以增加香港的负担为代价，它只是微型的驻军，其国际意义是十分明显的，那就是香港不是靠武力收回的，而是用和平手段解决的。从军事外交的内涵上和意义上讲，追求和平是中国军事外交的最高目标。中国此举向全世界展示，采取和平手段而非军事的手段是中国解决国际纠纷的价值取向。正如邓小平所说的："中国收回香港后，一九九七年以后北京不派总督，不派头头。将来香港采取什么形式，由你们香港人去定。名字叫特别行政区。我们派个小军队去，不要香港负担费用。"④

对于台湾问题，以毛泽东为核心的党的第一代中央领导集体胸有成竹，进行过科学和高度战略的预见⑤。邓小平在新时期的战略谋划同样高瞻远瞩，他

① 〔英〕玛格丽特·撒切尔：《通往权力之路：撒切尔夫人自传》，第524页。
② 当然，当香港在特定的历史条件下反而是英国的包袱时，英国抛弃香港的动作也是惊人的果决，例如第二次世界大战日本入侵香港，当时英国驻远东总司令接连给丘吉尔来电，催促增援香港。但丘吉尔回忆录不赞同他的意见。丘吉尔1941年1月7日致伊斯梅将军的回电说："这完全错误。如果日本对我们宣战，我们要守住或驰援香港，是毫无希望的。增加我们势将在那里遭受的损失是极不明智的。不但不应增加守军，还应当把兵力减少到象征性的规模。在那里发生的任何纠纷必须在战后的和会上处理。"
③ 〔英〕玛格丽特·撒切尔：《通往权力之路：撒切尔夫人自传》，第586页。
④ 《邓小平思想年谱》，第259页。
⑤ 1973年11月12日，毛主席在北京会见基辛格一干人，讲到台湾问题时，毛主席说："他们（台湾）都是一伙儿反革命分子，怎么会跟我们合作？我说我们可以暂时不要台湾，过100年再去管他。对世事不要太急。有什么好急的呢？那只不过是个千把万人口的小岛罢了。"1975年10月21日，毛泽东主席在北京又会见基辛格一干人，谈到台湾问题，毛泽东说，台湾"最好它是在你们手里头。要是现在你把它送回给我，我也不要，因为现在它要不得。现在那儿有非常多的反革命分子。一百年的话，我们会要它（用手做手势）我们将会为得到它而打仗"，基辛格说"要不了一百年"，毛主席用手做手势一边计数，然后说，"很难讲。五年、十年、二十年、一百年。实在难说得很。"毛主席指着天花板，说，"等我上天堂去见上帝，我要告诉他，现在让台湾由美国代管还比较好。"毛主席的谈话可以说是建立在对台海复杂客观形势深刻认识基础上的高度的原则性与灵活性的辩证统一（傅建中编《红墙白宫》，第70页）。

指出，"和平统一已成为国共两党的共同语言。但不是我吃掉你，也不是你吃掉我。……我们承认台湾地方政府在对内政策上可以搞自己的一套。台湾作为特别行政区，虽是地方政府，但同其他省、市以至自治区的地方政府不同，可以有其他省、市、自治区所没有而为自己所独有的某些权力，条件是不能损害统一的国家的利益。……台湾还可以有自己的军队，只是不能构成对大陆的威胁。大陆不派人驻台，不仅军队不去，行政人员也不去。台湾的党、政、军等系统，都由台湾自己来管。中央政府还要给台湾留出名额"①。邓小平指出，我们对台湾"绝不能轻易使用武力，因为我们精力要花在经济建设上，统一问题晚一些解决无伤大局。但是，不能排除使用武力，我们要记住这一点，我们的下一代要记住这一点。这是一种战略考虑"②。如果台湾当局接受邓小平的方案，不但两岸潜在的军事对抗从此消失，台湾军方在独立自主的条件下，和大陆军方可以建立完全平等的军事互信机制，并在中华人民共和国统一的外交平台下，共同参与诸多的国际军事交流与合作，共同维护两岸及其周边的防务与安全，甚至在国际性的重大安全合作方面组成两军的合作机制都将成为可能。

（三）突出强调中国的强大与世界和平的正相关关系

强大必霸，这是世界历史的一个普遍的现象，但这并非绝对如此。从中国的政治文化传统和社会制度以及中国的军事发展史三个方面作全面和系统的考察可以得出结论，中国越是强大，越将是维护世界和平的重要力量，而绝不是相反。中国一切国际政治的根本动机是追求世界的和谐，和世界任何国家都和平共处，而且不以意识形态和社会制度画线，新中国历代领导人都是真正理性的领导人（从这一点上讲，中国人民确实很幸运），愿意听取任何治理国际社会建设性的意见，愿意承担和中国国力相适应的国际责任。西方世界的政治领导人撒切尔夫人曾经担心苏联，发出这样的问号："苏联的根本动机是什么？如果苏联领导人是有理性的人，也许稍微有点死板，但是愿意接受劝说，与我们这些国家的政治精英大同小异，那么与西方紧张关系的缓和确实将会带来一个更加和平与稳定的世界。"③ 撒切尔夫人所希望的，在苏联是落空了。从这里我们不难推知理性的西方世界领导人对今天已经崛起的中国的心态，根据撒

---

① 《邓小平军事文集》第 3 卷，第 230～231 页。
② 《邓小平军事文集》第 3 卷，第 252 页。
③ 〔英〕玛格丽特·撒切尔：《通往权力之路：撒切尔夫人自传》，第 354～355 页。

切尔夫人对苏联的疑问拿来作为今天西方世界对"中国行为"认知上的参照，中国带来撒切尔夫人所希望的"一个更加和平与稳定的世界"绝不是梦话。

邓小平指出："对中国的发展，国际上可能还有一些不同的看法。……过去，在国际上有人认为中国是'好战'的。对这个问题，不仅我，还有中国其他领导人，包括已故的毛泽东主席、周恩来总理都多次声明，中国最希望和平。中国在毛泽东主席和周恩来总理领导的时候，就强调反对超级大国的霸权主义，并认为霸权主义是战争的根源。因为我们讲的战争不是小打小闹，是世界战争。打世界大战只有两个超级大国有资格，别人没有资格，中国没有资格，日本没有资格，欧洲也没有资格。所以，反对超级大国的霸权主义也就是维护世界和平。……等到中国发展起来了，制约战争的和平力量将会大大增强"①。中国不好战，而是爱好和平，但这并不表明中国怕战争，霸权主义和强权政治如果把战争强加在中国头上，中国人也要勇敢地面对之，并且要打赢战争，能够打赢战争。党的第二代中央领导集体就是以这样的气魄向世界阐明中国人对战争的态度。邓小平指出，"国际形势有一个战争问题。美苏两家打不起来，就没有世界大战。小的战争不可避免，现在不发达国家之间的战争，实际上是发达国家的需要。发达国家欺侮落后国家的政策没有变。中国自己要稳住阵脚，否则，人家就要打我们的主意。世界上希望我们好起来的人很多，想整我们的人也有的是。我们自己要保持警惕，放松不得。要维护我们独立自主、不信邪、不怕鬼的形象。我们绝不能示弱。你越怕，越示弱，人家劲头就越大。并不因为你软了人家就对你好一些，反倒是你软了人家看不起你。我们怕什么？战争我们并不怕。我们分析世界大战打不起来，真打起来也不怕。谁敢来打我们，他们进得来出不去。中国有抵御外敌入侵的丰富经验，打垮了侵略者，我们再来建设。"②世界已经走完21世纪的1/10的历程，中国已成长为世界第二经济强国，中国确实按照邓小平所讲的，正在强劲地发挥维护世界和平和促进世界繁荣的强大作用。

（四）主张中国要和广大亚太第三世界国家展开应该包括军事和防务领域的合作

邓小平指出："中国同东盟各国搞好关系，不是一时权宜之计。发展同东盟国家的关系是我们的长期战略，因为超级大国对亚洲、太平洋地区的威胁还

---

① 《邓小平军事文集》第3卷，第269～270页。
② 《邓小平军事文集》第3卷，第314～315页。

没有消除，而且在继续增长。苏联的军事力量还在增加，美国对亚太地区的一些做法也不得人心，亚洲不少国家对日本也有忧虑。教科书问题你们也有反应，这个问题本身不是很大，但它不是孤立的。前些年有个三岛由纪夫事件，这是复活军国主义的思潮。战后这种思潮在日本一直存在，它不仅是现在一代人的问题，还将影响后代人。中日两国要世世代代友好下去，就不能只是现在一代，而且还要包括后代。用这种教科书精神教育后代行吗？在日本有'台湾帮'，是一大势力，还要建立'满洲国'纪念碑。纪念这样的侵略行径干什么？我们不但现在，以后也坚持同亚太第三世界国家加强合作，共同对付超级大国的挑战。亚太国家主要是加强合作。"① 邓小平在这里虽然没有直接用"军事合作"的表述，但从他此段的整个谈话的内容来分析，应该主要是军事和政治两个方面的合作，如果亚太第三世界国家不在军事上加强合作，一旦霸权主义者采用军事手段压迫广大亚太的第三世界国家或者挑拨广大亚太的第三世界国家的关系而从中渔利，这些国家又缺乏军事上的应对战略与策略，岂不是很被动？所以，邓小平此处主要是指亚太地区第三世界国家应该加强传统安全领域的团结与合作。从近年来的亚太地区的安全形势发展来看，世界上唯一的超级大国美国确实已经确立了以遏制中国和打压广大亚太第三世界国家为主要目标的军事战略，中国面临日益突出的传统安全威胁，特别是美国利用和中国存在领土争端的一些国家对中国进行战略包围的态势日益明朗化。在这种情况下，重温邓小平关于加强和广大亚太第三世界国家军事和防务领域的合作的思想，对我们制定加强和广大亚太第三世界国家的传统安全领域合作的战略与策略，有重要的现实意义和理论指导意义。

（五）提出欧洲联合应对霸权主义的地缘军事思想

在两极格局对抗的时代，两个超级大国对欧洲展开激烈的争夺，苏联霸权主义当时对整个欧洲形成了强大的威胁态势，国际战略平衡有可能被苏联的霸权主义彻底打破。苏联的目标是企图使自己恢复到 19 世纪初老沙皇亚历山大一世时代，而它作为当代"神圣同盟"盟主②，率领一大批向它俯首称臣并受其剥削的附属国，打着保卫"和平与正义"的旗号，随心所欲地行使镇压它认为的"不听话"的国家。一旦欧洲整体陷落于苏联的征服，那么中国面临

① 《邓小平军事文集》第 3 卷，第 228 页。

② 苏联 1956 年 11 月镇压"匈牙利革命"，已经开始表现出它欲图充当全欧洲宪兵和发挥"神圣同盟"盟主作用的意图了。当时中苏关系比较好，中国没有公开地批评苏联的举动，中国策略上在公开场合甚至说了一些支持苏联行动的话，但中国领导人清楚，苏联新沙皇出炉了。

苏联威胁的形势就会更加严峻。正如 1977 年 1 月 8 日，中国驻美联络处主任黄镇大使在美国国务院八楼对基辛格等美国人的提醒一样，说苏联寻求扩张主义"这是不可改变的客观现象。举例来说，我们对苏联的看法就是，他们对东方采取的手段是声东击西，他们真正的目标是西方国家。"① 这样一种对西方世界严重威胁的战略态势，到了 20 世纪的 80 年代中期，仍然没有多少变化。在这种情况下，邓小平强调欧洲应该调动包括自身强大的军事力量在内来应对超级大国特别是苏联的威胁。1985 年 4 月 17 日，邓小平会见比利时首相马尔滕斯时指出："西欧有强大的政治力量，有强大的技术力量，也有强大的军事力量。霸权主义要称雄世界，第一个目标是欧洲。要取得欧洲，不一定采取正面进攻，那是下策，可以从两翼包围欧洲，特别是从中近东着手，取得中近东的资源，卡住欧洲的脖子。正因为国际战略态势如此，所以我们的愿望是有一个强大、联合的欧洲。欧洲只有联合，没有别的出路。单独一个国家即使比较强大，也对付不了霸权主义。我们希望有一个强大联合的欧洲，同时也希望有一个执行独立政策的欧洲。欧洲只有在联合强大基础上才能有一个完全独立自主的政策，分裂的欧洲不可能有独立自主的政策。中国很穷，但我们可以不考虑任何内外因素而建立自己的独立外交政策。所以在此基础上，中国和欧洲可以相互配合，相互协调，相互帮助。我们把欧洲的发展当作和平力量的发展、制约战争力量的发展，也希望欧洲把中国的发展看作和平力量的发展、制约战争力量的发展。中国的发展主要靠自己，但也要靠朋友。为什么我们制定了对外开放政策，就是为了赢得朋友，来加速我们的发展。这不单是中国自身的需要，我们不仅是从中国自身利益的角度考虑问题，也是从国际战略和维护世界和平的角度考虑问题。一九七八年底我们的三中全会制定的目标也就是从全球战略来考虑的。"② 今天欧洲的战略态势有所缓解，因为对其构成最大的安全威胁的苏联的威胁已经解除。从某种意义上讲，欧洲在意识形态上和战略上和美国的一致性，导致它通过加强和美国的军事战略的紧密合作，通过北约东扩和欧盟的东扩，一反过去受苏联霸权主义威胁而转而成为世界和平新威胁的潜在因素。

　　邓小平关于欧洲联合思想的战略环境在今天已经发生变化，但邓小平的地缘军事战略思想的灵魂仍然有效，它给我们的启示是，当对世界和平造成重大威胁的因素出现的时候，我们就应该制定相应的战略与策略来加

---

① 傅建中编《红墙白宫》，第 130 页。
② 《邓小平思想年谱》，第 315～316 页。

以化解，而不是坐山观虎斗、坐以待毙、坐视不顾。因为国际政治的重大问题总是相互关联的，如果苏联霸权主义在欧洲得逞，中国就将面临更大的安全威胁。同样，美国的霸权主义今天十分嚣张，它的动作在很多情况下和我们虽然不是直接相关，但从长远来看，可能对中国的战略环境造成潜在的严重威胁，因此中国应该对美国在世界上任何一个地区的霸权行为，都应该认真地评估，并采取相应的措施，按照轻重缓急有理、有利、有节地加以应对。

（六）中国的军事外交也是党的第二代中央领导集体注重树立中国军队新形象的军事外交

西德前总理斯密特曾经做过西德国防部部长，他可以算得上是邓小平的西方最好的朋友之一，也可以说他是邓小平的超级粉丝，他在他的《伟人与大国》回忆录中是这样评价邓小平的："1984 年 8 月 28 日，在所有的私下谈话中，包括在首都以外的私下谈话中，1984 年使我们几乎明显地感觉到，每个人把改善生活状况的希望寄托于谁，第一位是邓小平，第二位是邓小平，第三位还是邓小平，他自己不搞个人崇拜，他大概鄙视个人崇拜。他也不需要为贯彻其政策而推行个人崇拜，因为他是深得人心的，所有的期望都凝聚在他身上。"[1] 由于斯密特有当过西德国防部部长的经历，所以他对中国这位中央军委主席对军队的看法非常在意，他在回忆录中说："谈了整整一个小时后，我把话题转向中国的军人和邓在军队领导中的作用，他当时兼任党中央军事委员会主席和国家军事委员会主席。虽然他不担任党的最高职务，也不在政府任职，但他是 400 万军队的事实上的总司令。在我们谈话的时候，正准备举行建国 35 周年的大规模阅兵式。邓表示，军队没有问题。不过，很多军队领导的年纪过大。'但是你看，军队需要一位像我这样一位年纪更大的老将作总司令。'但他考虑几年后摆脱这一任务。如果高级军事领导岗位由 70 岁的人，总司令甚至由 80 岁的人担任，这是不好的。团长应当由 30 岁以下的担任，师长也不应大于 40 岁。我觉得他说得太年轻了。我插话说，我想像 50 岁的人当师长也可以。邓反驳说：'不，这不行。否则师长以上还有更高的职衔，这些更高级别的人就太老了。就是集团军的首长也不应大于 50 岁。当然，这只能慢慢来。'我问将领们的政治态度如何，'军队不愿意再有文化革命……我们要使军队现代化，但我们暂时不想为此拿出太多的钱。先进行经济改革，然后

---

[1] 〔德〕赫尔穆特·斯密特：《伟人与大国》，梅兆荣等译，世界知识出版社，1989，第 391 页。

再抓军队。''其实,我们的核武器目前也只是象征性的,无论如何我们的核武器不多。我们注意到,苏联的经济失灵同它过高的军事开支有着密切的联系。'"斯密特在回忆录中写道:"邓小平正处在他的生涯的顶峰。也许他感到满足的与其说是这一事实本身,倒不如说是他经过不断的斗争的 60 年之后,终于能为一个统一的共产主义中国的事业服务了。"① 斯密特虽然没有进一步写他想象中国军队未来将会是一个什么样的军队,但可以相信,邓小平给他描绘的中国军队走向年轻化、正规化和现代化的情景,一定在斯密特的脑海中留下了深刻的印象。

党的第二代中央领导集体通过裁减军队有力地树立了中国永不称霸的形象。不称霸是我们党的三代领导人一以贯之的思想,也是中国政府一贯的、根本的国策。中国的军事战略方针是积极防御性质的,中国也从未在别国的领土上驻扎过一兵一卒。20 世纪 80 年代中期,中国政府裁军 100 万,不仅是对和平与发展成为当今世界的主题的深刻洞察,也表明中国政府维护世界和平的决心和诚意。1985 年 6 月 4 日,邓小平在军委扩大会议上的讲话指出:"在这么一个重要会议上,我想先就裁减军队这件事情,讲几句话。我们下这样大的决心,把中国人民解放军的员额减少一百万,这是中国共产党、中国政府和中国人民有力量、有信心的表现。它表明,拥有十亿人口的中华人民共和国,愿意并且用自己实际行动对维护世界和平作出贡献。减少一百万,实际上并没有削弱军队的战斗力,而是增强了军队的战斗力。即使国际形势恶化,这个裁减也是必要的,而且更加必要。过去我们讲过,这么臃肿的机构如果不'消肿',不要说指挥作战,就是疏散也不容易。"②

(七)高度重视国际积极反响的军事外交

邓小平是党和中央人民政府的军委主席,在他感到党的第二代领导集体已经完全立住之后,毅然决然要求辞去军委主席的职务。在党的十三大召开前,邓小平提出了退休的愿望。邓小平指出:"十三大后会加快改革。不仅经济体制要改革,政治体制也要改革。各级领导机构要年轻化,也是政治体制的重要改革。这一时期,我提出全退,但都不赞成,所以半退,保留军委主席。根据国家的需要,根据党的需要,我还是可以起现在起的作用。这样的安排有一个最大的好处,就是一旦马克思召见,不会引起什么波动。在有生之年做好后事

① 〔德〕赫尔穆特·斯密特:《伟人与大国》,第 396 页。
② 《邓小平军事文集》第 3 卷,第 272 页。

安排，非常有利"①。邓小平指出："退休是定了，退了很有益处。如果不退休，在工作岗位上去世，世界上会引起什么反响很难讲。如果我退休了，确实不做事，人又还在，就还能起一点作用。因为在国际上了解我这个人的不少，从某种程度上讲，这是影响他们同中国的关系的因素之一。这是没有办法的事情。考虑到中国的安全，现在退比发生了事情退或者在职位上去世有利。退的决心我已经下了好几年了。我曾多次提出，是真心的。现在看来，想要等一个多么适当的时候再退，是等不到的，每次都总有一点因素说退不得。十三大搞了个半退，但我一直认为那时全退最好。领导班子还是要注意年轻化，要选马克思主义者。我们自己培养起来的、政治上好的、有马列主义修养的人还是有的。选人不完全是从党的系统里面选，视野要开阔一点。总之，要有些年轻的人，否则难以为继。这次常委中有老的，有比较年轻的。当时我说，无论如何要给国际上、给人民一个改革开放的形象，这十分重要。现在看来，对我们四中全会选出的人，对新的领导班子这一段的活动，国际国内的反映至少是很平静，感到是稳妥的，证明我们这个新的领导班子是能够取得人民的信任和国际上的信任的。如果再加上我们这些人退出去，人家再看上两三个月或半年，我们的局面真正是稳定的，是一个安定团结的政治局面，中国还在继续发展，继续执行原有的路线、方针、政策，到那时，我们这些人的影响就慢慢消失了。消失了好！"② 邓小平表示："我多次讲，一个国家的命运寄托在一两个人的威望上是很不正常的。……我退休时的职务交待，军委要有个主席，我提议江泽民同志当军委主席。希望新的中央领导集体给国际国内树立一个安定团结和改革开放的形象。我们是一个大国，只要我们的领导很稳定又很坚定，那末谁也拿中国没有办法。"③ 同日，邓小平致信中共中央政治局，请求辞去担任的中共中央军事委员会主席职务。信中说："一九八○年我就提出要改革党和国家的领导制度，废除干部领导职务终身制。""党的十三届四中全会选出的以江泽民同志为首的领导核心，现已卓有成效地开展工作。……中国人民既然有能力站起来，就一定有能力永远屹然屹立于世界民族之林。"④ 邓小平是中国改革开放的总设计师，他也是当之无愧的党的中央军委主席和中华人民共和国中央军事委员会的主席。十三届五中全会正式批准邓小平多次主动要求辞去的中央军委主席职务，决定由江泽民任中央军委主席。1989 年 11 月 23 日，李鹏

① 《邓小平思想年谱》，第 397 页。
② 《邓小平军事文选》第 3 卷，第 310～311 页。
③ 《邓小平思想年谱》，第 435 页。
④ 《邓小平思想年谱》，第 436 页。

在回答联邦德国《世界报》主编谢尔的专访，在谈到邓小平同志辞去中央军委主席职务时指出："邓小平为中国的革命和建设事业奋斗了60多年，这次五中全会上，他辞去了他最后一个职务。他之所以退下来，就是要在中国废除领导干部的职务终身制。他提出了废除终身制，现在用自己的实际行动贯彻这种制度，意义是十分重大的，同时他也看到现代中国政局的稳定。作为一个有威望的、对中国的革命和建设事业做出了重大贡献的政治家，他的智慧和经验对我们仍然是宝贵的。"邓小平讲的他的最后的作用是带头建立退休制度，这不但是中国政治体制的根本性的变化，也是影响世界政治的重大事件，为中国赢得国际社会的高度赞誉。在邓小平退出最后一个职务中央军委主席前，外国领导人就对邓小平主动让位给年轻的接班人给予了高度的评价。意义特别重大的是，这是一个顽固的反共产主义者的美国前总统尼克松对一个坚定的共产主义者的邓小平的评价："许多西方观察家认为，一位共产党领袖体面和自愿让位，让精心选择出来的年轻接班人继续执行他的政策，这是极不寻常的。这些评论没有认识到，这对于任何政府，包括民主政府，都是不寻常的，戴高乐不肯让位给他的显然的接班人乔治·蓬皮杜；丘吉尔不让位给艾登；阿登纳粗暴地拒绝他的能干的财政部长鲁德维格·艾哈德。当艾哈德对我谈到阿登纳对他的轻蔑态度时，眼泪夺眶而出。日本首相吉田茂是少有的例外。他仔细地准备了几个人（池田勇人、福田纠夫、佐藤荣作）作为他离开政治舞台后的接班人，从而使日本在约1/4世纪内一直遵循吉田茂的亲西方的保守路线。"①

三 党的第二代中央领导集体军事外交体现中国人民利益和世界人民利益的思想

（一）主张和平解决领土争端

1988年4月16日，邓小平会见菲律宾总统阿基诺时指出，"对南沙群岛问题，中国最有发言权。南沙群岛历史上就是中国领土，国际上很长时间对此并无异议。抗日战争结束不久，南京国民党政府派海军舰队去南沙群岛海域巡逻，随即对南沙群岛最大的岛屿太平岛派了驻军，并修了一个小飞机场。当时联合国没有提出任何异议，世界上其他国家也都没有提出异议。世界上有权威的地图标明南沙群岛一直为中国所控制，菲律宾舆论界也提到过这一点。我对

---

① 〔美〕里查德·尼克松：《1999：不战而胜》，朱佳穗等译，长征出版社，1988，第232页。

劳雷尔副总统说过，中菲两国友好，这个问题可搁置一下。我经过多年考虑，认为要真正解决这个问题，可在承认中国主权条件下，各方都不派部队，共同开发。那些地方岛屿很小，住不了人，不长粮食，无非有一些石油资源。有关近邻国家可以组成公司，共同勘察、开发。中国有权提出这种建议，只有中国建议才有效。这样就没有争端，用不着使用武力。在南沙群岛问题上，并不是找不到一个切实可行的解决办法，但这个问题毕竟是个麻烦的问题，应通过协商找到对和平有利、对友好合作有利的办法"①。中菲领土争端是中国和周边国家领土争端问题的一个较为突出的例子。早在马科斯总统时期，菲律宾即已开始强调它对南中国海部分岛屿的所谓"主权"，并在 1970 年派兵占领了其中的部分岛屿，中国对此一直持克制态度。进入 20 世纪 90 年代后，菲律宾对南中国海群岛的"主权"诉求更加迫切，它在南中国海上与中国发生了不少冲突碰撞事件。美军撤离菲律宾之后，它感到自己处在"中国威胁"这样一个"不利"的战略环境之下，所以它欲转而通过东盟的多边捆绑战略来解构所谓的中国挑战。② 近年来，菲律宾军方加紧在南海存在主权争议的中业岛建设通信和交通设施，菲律宾海军部队新闻发言人向媒体宣称，"即使装备再差，空军也会誓死维护菲律宾领海完整"③。邓小平提出的和有关国家领土争端的应对策略十分具有现实意义。

（二）"摆事实"和"讲道理"的军事外交思想

党的第二代中央领导集体强调中国追求和平是中国人民的利益所在和世界人民的利益，中国需要几十年内在发展而不是对外扩张才能真正把自己发展起来，向国际社会坦诚表明中国是真正爱好和平而不是好战，决不会自己主动挑起战争惹事。邓小平指出："有人说中国好战，其实中国最希望和平。中国希望至少二十年不打仗。我们面临发展和摆脱落后的任务。我们摆在第一位的任务是在本世纪末实现现代化的一个初步目标，这就是达到小康的水平。如果能实现这个目标，我们的情况就比较好了。更重要的是我们取得了一个新起点，再花三十年到五十年时间，接近发达国家的水平。我们不是说赶上，更不是说超过，而是接近。所以我们希望有一个和平的国际环境。一

---

① 《邓小平军事文集》第 3 卷，第 292 页。

② Aileen San Pablo Baviera，"Perception of a China Threat：A Philippine Respective"，Herbert Yee & Ian Storey edited，*The China Threat：Perceptions*，*Myths and Reality*，Routledge Curzon，2002，p. 256.

③ *Philippine Daily Inquirer*，Feb. 27，2008.

打仗，这个计划就吹了，只好拖延。从现在到本世纪末是一个阶段，再加三十至五十年，就是说我们希望至少有五十年到七十年的和平时间。我们提出维护世界和平不是在讲空话，是基于我们自己的需要，当然也符合世界人民的需要，特别是第三世界人民的需要。因此，反对霸权主义、维护世界和平是我们真实的政策，是我们对外政策的纲领。世界上有人怀疑一旦现在中国这些领导人不在了，中国的政策是不是会变。……不会变，变不了！如果中国想自己发展起来就需要这样做，谁也变不了。但这也不是一厢情愿的事情。如果国际上有人把战争强加于我们，我们也不害怕，无非拖延若干年，打完仗再搞建设。"①

（三）提出军队要服从整个国家建设大局

邓小平指出："我想谈一谈顾全大局的问题。这个大局就是我们国家建设的大局。……现在需要的是全国党政军民一心一意地服从国家建设这个大局，照顾这个大局。这个问题，我们军队有自己的责任，不能妨碍这个大局，要紧密地配合这个大局，而且要在这个大局下面行动。军队各个方面都和国家建设有关系，都要考虑如何支援和积极参加国家建设。无论空军也好，海军也好，国防科工委也好，都应该考虑腾出力量来支援国民经济的发展。如空军，可腾出一些机场，一是搞军民合用，一是搞民用，支援国家发展民航事业。海军的港口，有的可以合用，有的可以腾出来搞民用，以增大国家港口的吞吐能力。国防工业设备好，技术力量雄厚，要充分利用起来，加入到整个国家建设中去，大力发展民用生产。这样做，有百利而无一害。总之，大家都要从大局出发，照顾大局，千方百计使我们国家经济发展起来。发展起来就好办了。大局好起来了，国力大大增强了，再搞一点原子弹、导弹，更新一些装备，空中的也好，海上的也好，陆上的也好，到那个时候就容易了。"② 对外开放是中国国家建设大局的一个关键部分，军队直接和间接地参与到对外开放的大局之中，也可以说是一种特殊形式的军事外交，或者称之为军队的经济外交，但是这种军队的经济外交并不是说军队可以经商，这绝不是邓小平讲的军队要服从国家经济建设大局的原意。邓小平所讲军队服从的建设大局不是军队可以借支持国家经济建设自己发大财，而是要求军队为这个大局让路，作出牺牲。军队是"吃皇粮"的军队，军队在对外开放中的任务是为中国的经济保驾护航，

---

① 《邓小平军事文集》第 3 卷，第 220～221 页。
② 《邓小平军事文集》第 3 卷，第 260～262 页。

提供最强有力的安全保障，而绝不是使军队成为与民争利的特殊经济利益实体。改革开放后相当长一段时间军队的一些部门直接参与到经商活动中，造成一定的负面影响，一定程度上讲，削弱了军队的战斗力，教训是深刻的。

（四）"结束过去，开辟未来"的军事外交

1989 年 5 月 16 日，苏共中央总书记戈尔巴乔夫访华，邓小平和戈尔巴乔夫谈到诸多军事方面的问题。比如，中国的抗日战争中苏联的出兵，国际反法西斯力量共同打败日本侵略者。对中日唯一的有领土争端问题的钓鱼岛所涉及的海洋资源的开发问题，邓小平向戈尔巴乔夫介绍中国将以非战争手段，即"共同开发"办法解决。邓小平阐述了"中国不侵略别人，对任何国家都不构成威胁"的主张；邓小平提到在朝鲜战争中"苏联供给的军火还要中国付半价"，后来中苏两国关系恶化，在中国面临经济困难的情况下，中国提前两年还清苏联的军火债的问题，也提到 60 年代苏联在整个中苏、中蒙边界上加强军事设施和导弹，屯兵百万，对中国人民构成严重安全威胁的问题；同时也没有忘记特别提到在中国第一个五年计划时期，苏联帮我们搞了一个工业基础的友好历史。邓小平所指的是结束中苏两党两军两国之间"恶"的过去，但是友好的部分不但不能结束，要永远记住，在未来还应该发扬光大。正如邓小平说的，"我讲这么长，叫'结束过去'。目的是使苏联同志们理解我们是怎样认识这个'过去'的，脑子里装的是什么东西。历史账讲了，这些问题一风吹，这也是这次会晤取得的一个成果。双方讲了，就完了，过去就结束了"①。中苏之间"恶"的过去一旦结束，自然就为"善"的未来开辟了新的广阔前景，我们从苏联解体后中俄关系良好的发展来看，可以深刻体会到邓小平不计较历史旧账的对外政策思想是多么的高瞻远瞩。

（五）实事求是地对待裁军

马克思在他的《国际工人协会成立宣言》檄文中指出，工人阶级要"洞悉国际政治的秘密，监督本国政府的外交活动，在必要时就用能用的一切办法反抗它；在不可能防止这种活动时就团结起来同时揭露它"②。在美苏两大阵营对抗的时代，中国政府曾不断地向美国人民发出忠告，向苏联人民发出忠告，警惕他们的政府随时可能带来的对世界和平的大破坏，提醒第二世界特别

---

① 《邓小平军事文集》第 3 卷，第 299 页。
② 《马克思恩格斯全集》第 21 卷，人民出版社，2003，第 14 页。

是广大第三世界国家和人民不要轻信超级大国的"裁军"蛊惑，揭露美苏统治者的好战行为，同时也发展一些足够自卫的核武器和常规武器，随时准备防止霸权主义对中国的进攻。邓小平指出，"在制止美苏两家扩军方面，中国无能为力。我们只是把真相说出来就是了"，邓小平强调，"我们双手赞成和平，但这不以我们的意志为转移，也不以美国人民和苏联人民的意志为转移。他们手上的东西多了，双方都怕打。但只要在某一点上触犯了两国的利害关系，战争就可能会爆发。还有一个问题就是，要美国和苏联裁军有道理，要某些西方大国裁军有道理，但要一些争取民族解放的国家裁军有什么道理？如果美国和苏联要裁军，那很容易，销毁一些核武器、常规武器就是裁军。不销毁算什么裁军？他们哪一家愿意销毁一些东西？人们总是希望裁军，美苏也拼命讲裁军，其实不过是一句空话。全世界人民倒是应该提高警惕，注意他们假裁军的后果所带来的世界大战的危险。不做这样的准备要吃亏"。邓小平说："目前，我们也搞点核武器。法国也搞一点，对法国搞点核武器，我们是理解的。英国也搞一点，不多。我们搞一点，理由是，你有，我也有一点。只有这么一个作用。我们的目的就是说，让我们都销毁吧！"①

（六）向第三世界国家推荐军事胜利的唯一决定性因素就是能否真正代表人民的利益

中国是第三世界的一员，中国革命的成功对广大第三世界国家特别具有吸引力，所以很多第三世界国家都希望中国传授经验。由于国情的不同，具体的军事战略与策略只能根据自己的国情来定，在中国成功的办法在别国不一定产生效果，这是由事物本身的特殊性所决定的，但是，有一条是共同的，就是谁真正地代表了人民的利益，如果再有正确的军事战略策略与武器装备，谁就是最终的胜利者。正如1975年3月，邓小平对安哥拉朋友所指出的，"根据我们过去同蒋介石斗争的经验，谁坚决反对殖民主义、帝国主义，谁能坚持团结，谁能坚持进步，人民就选择谁。人民是从这三个方面去选择的。一时的军事优势决定不了胜败问题"②。邓小平给安哥拉的朋友们介绍了蒋介石军队在武器装备远远超过共产党且军队数量大大地高于共产党领导的军队的情况下，为共产党所打败的情况，强调民心的向背决定成败，说明能不能真正代表人民的根本利益，决定能不能由弱到强，由小到大，最后取得胜利。

---

① 《邓小平军事文集》第3卷，第14～16页。
② 《邓小平军事文集》第3卷，第18～19页。

第三节 "三个代表"重要思想与党的第三代中央领导集体的军事外交

一 党的第三代中央领导集体先进的军事外交生产力思想

江泽民指出:"根据邓小平同志的建议,五中全会决定我担任军委主席。党中央、老一辈革命家把这样一副担子交给我,我深感责任重大。过去,我长期在地方工作,虽然对我们这支军队怀有深厚的感情,也一直关注军队的建设;以往从事的工作中,曾涉及原子反应堆及核潜艇设备的研制和雷达、通讯等电子设备的生产,直接为国防科研和国防建设服务,同部队的同志们有过一些接触;在上海工作的时候,曾兼任过警备区党委第一书记,到一些部队去过,但毕竟对军队的情况了解不多。要很好地担负起这个历史重任,会有不少困难。值得欣慰的是,创建和领导过我们军队的许多老同志还健在,军委又有一个好的领导集体。我决心同大家一道,竭尽全力做好工作,以不负全党全军的信任和重托。"江泽民特别提到邓小平曾经提出的:"如果没有原子弹、氢弹,没有发射卫星,中国就没有现在这样的国际地位。我们对国防科技高技术的发展决不能放松,同时要注意缩短常规武器装备同世界先进水平的差距。我们一定要集中力量,突出重点,抓出成效。这关系到国际战略形势的发展和世界和平。"①

(一) 提出和平时期国防建设和经济建设相互促进、相互协调,国防建设服从经济建设大局的思想

江泽民指出,"国防现代化是我国社会主义现代化的重要组成部分,加强国防建设是国家安全和经济发展的基本保证。我们加强国防建设完全是为了自卫,同时也将增强维护世界和平的力量"。"国防建设要贯彻积极防御的战略方针,走有中国特色的精兵之路。把握新时期国防建设和军队建设的特点,增强我军在现代技术特别是高技术条件下的防卫和应急作战能力,着重提高军队素质,增强整体效能。要加强国防科研,提高部队装备现代化水平。按照发展社会主义市场经济的要求,坚持军民结合、平战结合,建立和完善国防工业运行机制,提高军民兼容程度,增强平战转换能力,走出一条符合我国国情并反

---

① 《江泽民文选》第1卷,第76页。

映时代特征的国防现代化建设道路"①。"把经济建设搞上去和建立强大的国防，是我国现代化建设的两大战略任务。从根本上说，这两大战略任务是统一的，但需要结合我国社会主义初级阶段的国情正确地把握和处理。经过二十年的实践，我们在这个问题上形成了十分重要的认识。一是必须坚持以经济建设为中心，国防建设必须服从国家经济建设的大局。保持经济持续发展，大大增强国家经济实力，是解决包括国防现代化在内的所有问题的基础，也是我们提高国际竞争力、顶住霸权主义和强权政治的压力、维护国家独立和主权的关键所在。国防建设要紧密配合这个大局，而不能妨碍和影响这个大局。二是必须在集中力量进行经济建设的同时努力加强国防建设，使国防建设在国家财力增加的基础上不断有所发展。国防现代化是我国社会主义现代化事业的重要组成部分，一个巩固的国防是经济发展和国家安全的基本保障。如果不随着经济的发展而努力加强国防建设，提高军队武器装备的现代化水平，一旦发生战争，我们就可能陷于被动，就难以有效维护国家安全。国防建设和军事斗争准备，必须能够确保国家的利益和安全。三是必须形成国防建设和经济建设相互促进、协调发展的机制。国防建设不仅要服从而且要服务于经济建设，军队要为国家经济建设积极贡献力量，通用性较强的军事设施要实行军民合用，国防科技工业要能军能民。国家在经济建设特别是基础设施建设中，要充分考虑国防和军队的需求，做到既促进经济发展又增强国防能力"②。在这里，江泽民提出了经济建设是一切工作的中心，只有经济发展起来了，国防建设才会有可靠的物质保障，国防实力随着经济实力的加强而进行及时和有效地提升，军事外交才可能具备物质的基础，建立在强大经济和科技实力基础上的军事外交，才能真正发挥顶住霸权主义和强权政治的压力、维护国家独立和主权的作用。

（二）强调高新技术在军事斗争和军事变革中的作用

党的第三代中央领导集体根据世界军事强国加快军队现代化，以高技术质量建设为主要标志的军事竞争新态势，强调高新技术在军事斗争和军事变革中的作用，提出以改革创新的精神迎接世界军事发展的挑战，努力借鉴外军的经验，为我军服务。江泽民指出："高新技术的广泛应用，正在深刻改变着世界社会经济的面貌，也正在深刻改变着军事斗争的面貌，引发了军事领域一系列革命性变化。武器装备呈现出信息化、智能化、一体化的趋势，各种武器装备

---

① 《江泽民文选》第1卷，第473页。
② 《江泽民文选》第2卷，第274~275页。

联结为一个有机体系，远程攻击能力大大增强，打击精度空前提高，杀伤力成倍增长。战争形态、作战样式也以改革创新的精神迎接世界军事发展的挑战随之出现了一些新的特征，全纵深作战、非线式作战有可能成为高技术条件下战争的基本交战方式。过去我们讲陆、海、空一体，现在已经是陆、海、空、天一体了，特别是争夺信息优势、取得制信息权将成为作战的重心之一。军队的组织结构也处在重大调整改革之中，作战部队高度合成，趋于小型化、轻型化、多样化，指挥体制纵向层次减少，更加灵便、高效。同这种发展趋势相适应，世界各主要国家纷纷加快军队现代化建设的步伐，形成了以高技术质量建设为主要标志的竞争新态势……世界军事发展的强劲势头，对我军质量建设和军事斗争准备提出了严峻挑战。"① 对中国而言，能否打赢未来现代技术特别是高技术条件下的局部战争是中国军事战略要优先考虑的问题，军事自身先进生产力的建设当然是关键，通过军事交流，巩固和扩大自身的战略盟友，借鉴外军的经验特别是现代军事强国的军事发展经验，也是一个不能忽视的方面。江泽民从世界军事发展的动向观察我军体制编制存在的问题，提出体制编制调整改革中借鉴外军经验的思路。江泽民指出，"在进行总体设计时，要正确认识和处理继承优良传统和发展创新的关系、借鉴外军经验和坚持我军特色的关系、军队调整改革和国家整个改革的关系、深化改革和保持部队稳定的关系。总的说来，就是要紧紧围绕建设一支强大的现代化、正规化的革命军队这个总目标，朝着规模适度、结构合理、指挥灵便的方向努力，要体现精兵、合成、高效的原则，要有利于加强集中统一领导，有利于军队的教育训练和管理，有利于未来作战的需要"②。

（三）把世界军事强国的军事发展水平作为自身国防现代化的参照

党的第三代中央领导集体在考虑中国的国防现代化时，总是把世界军事强国的军事发展水平作为自身国防现代化的参照，并结合自身的实际，确定自身国防现代化的发展路线。江泽民指出："美国、俄罗斯、日本等国相继制定了二〇一〇年前军队建设的发展计划，并着手研究制定二〇二〇年以后的长期发展计划，努力用大系统的实现国防和军队现代化建设跨世纪发展的战略目标思想指导军队建设，以争取二十一世纪的军事优势地位。我军的现代化建设，也必须有一个长远的总体规划来统领，走一步看一步是不行的。要在党的十五大

---

① 《江泽民文选》第 1 卷，第 606 ~ 607 页。
② 《江泽民文选》第 1 卷，第 612 页。

精神指引下，根据邓小平同志提出的建设一支强大的现代化、正规化的革命军队的总目标，按照政治合格、军事过硬、作风优良、纪律严明、保障有力的总要求，以打赢现代技术特别是高技术条件下的局部战争为基点，认真设计从现在起到下世纪中叶国防和军队现代化建设的发展战略。"① 党的第三代中央领导集体高度重视世界科技革命蓬勃发展条件下中国军事领域变革和发展的意义。江泽民指出，"我们是在世界科技革命蓬勃发展的条件下、在世界军事领域正在发生以信息技术为基础和核心的深刻变革的背景下从事军队现代化建设的，现代科学技术特别是高技术的发展，对军队现代化建设产生着巨大的推动作用。这种形势，一方面向我们提出了严峻挑战，如果我们目光短浅、行动迟缓，就会被世界军事发展的潮流远远抛在后面；另一方面也给我们提供了历史性机遇，如果我们方针正确、措施得力，就可以实现军队现代化建设的跨越式发展"②。在结合自身实际方面，党的第三代中央领导集体在考虑自身军费的投入方面，不是一味地和军事强国攀比，而是坚定地走自己的路。正如江泽民所指出的，"我国军费开支同世界主要国家相比，无论从绝对数看还是从占国内生产总值的比重看，都是低的。一九九八年，国家直接用于军队建设的经费，大约相当于美国军费的二十分之一，相当于英国、法国、日本各自军费的三分之一。我们用比较少的经费，维持了一支世界上规模较大、素质较高的军队，并不断有所发展，这是很了不起的。世界上也只有中国共产党领导的人民军队能够做到这一点"③。党的第三代中央领导集体根据世界新军事变革和全球性军事战略调整、西方军事干涉主义抬头、军事安全因素的上升、高新技术尤其是信息技术在军事领域的广泛运用等严峻形势，对我军建设提出了新的要求，江泽民指出，"当前，世界上一些军事大国都在进行第二次世界大战以来最广泛、最深刻的军事战略调整。各主要国家军事战略调整的实质是，增强军事实力，强化军事力量在维护和扩展国家利益中的职能作用，谋求在世界多极化进程中占据优势地位，争夺在二十一世纪国际社会中的战略主动权。世界军事力量的总体规模虽呈下降趋势，但一些国家特别是西方发达国家军队的质量水平却不断提高。不少国家放缓裁军进程，大幅增加国防预算，加速发展高新技术武器和更新军备"④。根据这样的形势，江泽民提出我军要在努力达到制海权、制空权和制信息权为目标的机械化和信息化建设；着力构建以缩小我军

---

① 《江泽民文选》第 3 卷，第 83 页。
② 《江泽民文选》第 3 卷，第 89 页。
③ 《江泽民文选》第 2 卷，第 266 页。
④ 《江泽民文选》第 3 卷，第 160 页。

与西方发达国家军队差距为目标的适应高技术战争要求的现代作战体系；适应国际国内形势的变化，坚持用改革创新的精神搞好我军以现代化为中心的全面建设；坚持以世界军事强国的各种类型的作战模拟系统为参照，努力建设我们的国防评估系统为目标的科学决策的机制和手段这四个方面作出不懈的努力。

（四）着眼于未来的军事外交

党的第三代中央领导集体强调以提升中国的国际地位，更进一步改善中国的安全环境为目标，着眼于未来，着眼于 21 世纪的国家安全保障和军事威慑力量的战略眼光，搞好中国的高科技发展。江泽民同志指出，"加强战略规划的指导作用，集中力量抓好一批战略性基础工程建设。我们应该把有限的经费，集中投放到对军队现代化建设全局具有重大影响的战略性基础工程上。六七十年代，我们克服各种困难，成功地搞出了'两弹一星'，从而打破了美苏的核垄断、核讹诈，使我国成为世界上少数拥有核武器的国家之一，而且促进形成了一批高新技术产业，带动了国家整个科学技术的发展。毛主席、周总理当年看得是非常远的。如果当时不搞'两弹一星'，我国在世界上就不可能拥有今天这样的地位，我们国家安全的形势也会大不相同。今天，我们仍然要有这样的战略眼光，要想到未来，想到二十一世纪的国家安全保障和军事威慑力量。我们需要发展和建设的东西很多，都搞没有可能也没有必要，目前我们没有这样充足的经济物质条件。要抓住几个真正具有决定性意义的项目，尽快形成我们自己的高技术武器装备的'杀手锏'。不然，在二十一世纪世界的激烈竞争中就没有我国的应有位置，我们就很难迎接未来的军事挑战，我们在维护国家的独立、主权和安全上就会处于被动境地和遇到极大困难。必须深刻了解现代战争的特点和世界军事发展的趋势，按照'三步走'的战略目标，确定我们中长期发展的战略重点。战略性基础工程一旦确定，就要集中一切所能集中的人力、物力、财力，形成拳头，力争在较短时间内抓出成果。总之，既要全面部署，又要真正突出战略重点"①。

（五）迎接世界新军事变革的挑战，加紧培养中青年领导干部和政治思想素质过硬、懂得现代军事的人才

江泽民指出，我们要"加紧培养适应新世纪要求的中青年领导干部，迎接世界新军事变革的挑战，加强军队革命化、现代化、正规化建设，就需要政

---

① 《江泽民文选》第 2 卷，第 270 页。

治思想素质过硬、懂得现代军事的人才"①。只有政治思想素质过硬并懂得现代军事知识的人才，才能算得上是先进军事生产力的最核心的组成部分。这样的人才当然首要的是通过自力更生的方式加以培养，但同时也要向军事发达的国家派送军事留学生，通过国际交流来培养。1996 年，党的第三代中央领导集体审时度势，果断作出派遣军事留学生的重大决策。根据中央军委的决定，按照严格的标准挑选，从陆海空三军优秀军事指挥员、院校教员中挑选政治思想好、能力素质高和发展潜力大的，优中选优，其中要求团职 35 岁以下，师职 38~40 岁，且具有战略眼光和战略意识。到 2006 年，我军军事留学已基本形成了涵盖世界军事理论和科技前沿领域的 100 多个专业的培训体系，适应了新军事变革的步伐，形成了利用国际和国内两种资源、走自我培养和留学培养相结合的道路的完整的现代军事教育体系。②

中华文明之所以是世界上唯一没有中断的文明，就在于它有支撑这个文明的优秀人才产生机制，这种机制早在春秋战国时代就已经相当发达和完善。《国语·齐语》就有五属大夫向齐桓公汇报工作，齐桓公亲自过问他们的工作时说了这样的话："于子之属，有居处为义好学、慈孝于父母、聪慧质仁、发闻于乡里者，有则以告。有而不以告，谓之蔽明，其罪五。"③ 当时的齐国之所以强大起来，和它的人才政策不无关系。今天党中央的人才政策是英明的，军队也好，地方也好都产生了大量的能为四个现代化作贡献的人才。

（六）提出中国在新的历史条件下科学的"国家战略能力"观

党的第三代中央领导集体缜密观察美国发动海湾战争、科索沃战争、阿富汗战争的情况，提出中国在新的历史条件下科学的"国家战略能力"观。江泽民指出，"美国发动海湾战争、科索沃战争，以及这次在阿富汗采取军事行动，不仅需要强大的军事力量，而且需要强大的经济、科技实力作基础。否则，这几场战争美国也打不起来。'9·11'事件发生后，美国从国际和国内两个方面营造有利战略态势，增强国家战略能力，从政治、经济、军事等方面展开部署，迅速调集了大批力量集结在阿富汗周围地区。如果没有相当的国家战略能力，这是办不到的。我提出要对九一一事件进行深入研究，就包括要研

---

① 《江泽民文选》第 3 卷，第 53 页。
② 江宛柳：《军事留学：开拓之旅的坚实足迹》，《解放军报》2008 年 12 月 25 日。
③ 此段古文用今天的话理解是：在你所管辖的属里，发现平日行义好学、孝敬父母、聪明仁惠、在当地有一定名声的人，就应向上级报告。如果有这样的人却不报告，叫埋没贤明，要判五刑之罪。

究美国如何运用其国家战略能力来应对严重突发事件这样的问题。增强我们的国家战略能力，要作为一个重大问题抓紧研究"，"增强国家战略能力，需要从政治、经济、文化、科技、军事、外交等方面综合考虑和着手，是一项长期而又艰巨的任务。军事战略能力是国家战略能力极为重要的组成部分"①。

我们在相对和平时期的军事斗争，是以军事力量为主，与政治、经济、外交、文化、科技等多种力量相结合的全面较量。同时，军事领域也不是单一手段的较量，而是既有对抗又有对话与合作的多种手段的结合，因此，开展和平时期的军事斗争，必须多种手段并用。在政治外交上，要坚决反对霸权主义和强权政治，反对侵略扩张，坚决抑制战争因素特别是可能爆发的世界大战的战争因素的增长，积极推动世界和平力量特别是广大第三世界和平力量的发展。

在经济科技上，大力开展经济外交与科技外交，充分运用科技、经济等手段，使国际军事斗争格局向有利于和平的方向发展。在军事手段的运用上，因情因势选择运用不同的军事斗争方式，在谋取不同的斗争效果的同时，更要不断创新斗争方式。正如有学者指出的，"相对和平时期的军事斗争，军事实力仍具有决定性的意义。通过显示军事实力等方式实行军事威慑，达到不战而屈人之兵的目的，是相对和平时期军事斗争的最理想境界，但不具备打赢战争的实力，或放弃战争手段，则根本不可能在军事斗争中获得主动地位和为打赢未来高技术局部战争创造先为不可胜的条件。因此，相对和平时期的军事斗争，必须强调战威并重，遏制战争爆发与打赢战争的统一。人民军队由数量规模型、人力密集型向质量效能型、科技密集型转变，军事斗争准备的基点实行由打赢一般条件下的局部战争向打赢现代技术特别是高技术条件下的局部战争转变，无疑是战威并重的重大举措，是我国赢得相对和平时期军事斗争及未来反侵略战争胜利的重要保证。此外，相对和平时期的军事斗争还必须充分考虑国际影响，不能在国际社会中造成'负效应'，更不能造成'赔了夫人又折兵'的后果。要善于在国际斗争中利用矛盾，纵横捭阖"②。

当然今天的西方世界相比较列宁时代列宁所希望的"帝国主义者之间"发生严重矛盾、冲突和斗争才能解救自己，并"要善于利用这些冲突的局面"③已经不复存在，西方世界比过去"团结"多了。中国今天要在西方世界很"团结"的情况下生存下去，而且要生存得更好，最主要的就是要搞好自己的内

---

① 《江泽民文选》第 3 卷，第 358 页。
② 杨新：《对我国相对和平时期军事斗争的思考》，《现代军事》1998 年第 5 期，第 61 页。
③ 参见《列宁全集》第 48 卷，人民出版社，1987，第 147 页。

政，发挥自强不息的民族精神。当然通过外交手段，稳住西方世界，尽最大的可能营造中国稳定发展的外部环境也十分关键。从历史上看，一个国家或者说一个民族，国家战略或者策略如果具备某种综合性，往往是具有强大的生命力。《孙子兵法》说，"上兵伐谋"，德国军事家克劳塞维茨曾经也说过"战争是外交的继续和发展"的话，二者有一个共同点，都是强调战争之外的其他因素对战争胜败的决定性影响。非战争因素讲的就是军事加谋略的综合性考虑。

公元 231～233 年，波斯萨珊新帝国的创立者阿塔薛西斯一世入侵美索不达米亚和亚美尼亚，马其顿国王亚历山大亲自率领一支军队进入这一地区，抗击入侵者；阿勒曼尼人再次跨过莱茵河上游地区，侵入罗马领土。为驱逐这些入侵者，亚历山大又亲自率军前往高卢和日耳曼地区，在那里，他把有力的军事打击与有效的外交活动结合起来，取得了明显的成效。7 世纪初的中国，在经历了近 4 个世纪的分裂后又开始走向统一。唐太宗李世民可以说是一个运用综合战略与策略的高手。他在对东突厥的战争中，通过军事进攻加外交攻势，有效地分解东突厥与西突厥的联盟。公元 624～627 年，东突厥人入侵唐朝，唐军在长安附近击退了东突厥的进攻。李世民采取了武力、威胁和外交等手段迫使东突厥签订便桥之盟①。公元 629～641 年，唐太宗远征东突厥，他灵活地采取外交手段与西突厥人保持了良好的关系并将东突厥投降的民众安置在内地，东起幽州，西至灵州，划分突利可汗原来统属之地，设置都督府，又划分东突厥之地为六州，东面设定襄都督府，西边置云中都督府②，以统治其民

---

① "便桥之盟"是指唐太宗和东突厥颉利可汗在渭水便桥缔结的一次盟约。唐高祖武德九年八月，即唐太宗登极之初，东突厥颉利可汗趁唐朝帝位更代之机，率领十余万大军进犯关中。兵锋直至武功、高陵等地，京师长安为之戒严。八月八日，颉利麾军进至便桥（即西渭桥）之北，遣其酋帅执失思力入京要挟并观察形势。唐太宗当即囚禁了突厥酋帅，率高士廉、房玄龄等六骑来到渭水便桥之南，与颉利对话，责备其违约南侵之咎，又布置京师守卫部队结阵于后，以壮声威。颉利见太宗义正辞严，毫无惧色，唐军旌甲蔽野，阵容甚盛，大惊失色，只得请和。唐太宗答应了颉利的要求，当下两军各自收兵。第二天，唐太宗和颉利在便桥之上，斩白马，举行了隆重的仪式，签订了盟约，颉利遂带兵回到了塞北驻地。

② 贞观四年（630 年）三月，唐朝大将李靖俘颉利可汗，灭亡东突厥。唐太宗在突利可汗故地设置顺、祐、化、长四州都督府，颉利可汗故地置定襄都督府、云中都督府。所辖地区基本上位于今内蒙古自治区境内，属关内道。永徽元年（650 年）唐平突厥车鼻可汗，"突厥诸部尽为封疆之臣"，乃于其地设瀚海都护府，领狼山、云中、桑干三都督，苏农等二十四州，与燕然都护府壤地交错。龙朔三年（663 年），移治云中古城，改名云中都护府，移燕然都护于碛北，并改名瀚海都护府，遂以碛为界，碛南诸都督府州隶云中。麟德元年（664 年），改名单于都护府，辖境北距大漠，南抵黄河。高宗末年后突厥兴起，尽拔诸羁縻府州。垂拱二年（686 年），分置镇守使。圣历元年（698 年），并入安北都护府。开元八年（720 年），复为单于都护府，安北都护府移治中受降城。会昌五年（845 年），改名安北都护府（原安北都护府于 780 年废除）。

众，这些都督府具有半自治权的性质。1689 年 8 月，由于康熙皇帝已做好充分的军事准备，再加上清朝卓越的外交手段，迫使沙俄作出妥协，沙俄放弃了雅克萨及黑龙江河北部地区。《尼布楚条约》与 1727 年的《恰克图经济条约》相互补充，使中俄友好关系持续达 170 多年。

（七）深刻把握新的军事革命发展趋势

党的第三代中央领导集体指出在科索沃战争、阿富汗战争推动下，新军事变革正在进入一个新的质变阶段，很可能发展成为一场波及全球，涉及所有军事领域的深刻的军事革命，并由此改变国际军事斗争格局。在这场军事革命中，对中国应该采取什么样的外交政策，党的第三代中央领导集体也进行了很有见地的思考和探索。江泽民指出，"在人类战争史上，从使用木棒、石块等原始武器开始，先后经历过冷兵器战争、热兵器战争、机械化战争等几次重大军事变革。目前正在发生的新军事变革，是迄今人类历史上影响最广泛、最深刻的一次。这场军事变革从酝酿、产生到发展，经历了近三十年由量变到质变的过程。越南战争后期，'灵巧炸弹'和第一套 C3I 指挥自动化系统的出现，是新军事变革的萌芽。上个世纪七十年代末，美苏等军事强国已拥有不少精确制导武器，实现了初级的指挥自动化。英阿马岛战争等局部战争，使新军事变革初露端倪。海湾战争是新军事变革的一个转折点，展示了现代高技术战争的雏形。经过最近十多年的发展，特别是在科索沃战争、阿富汗战争推动下，新军事变革正在进入一个新的质变阶段，很可能发展成为一场波及全球、涉及所有军事领域的深刻的军事革命"，江泽民指出，"纵观这场军事变革的演变过程，可以清楚地看到，它是人类文明由工业时代向信息时代转变的产物，是当今世界综合国力竞争在军事领域的反映，其产生和发展有着历史的必然性。冷战时期，美苏为争霸世界而展开的军备竞赛，强烈刺激了军事技术和武器装备的快速发展。世界主要国家特别是超级大国争夺战略主动权的较量，成为新军事变革的直接动力。科学技术特别是以信息技术为主要标志的高新技术的迅猛发展，为新军事变革提供了技术条件。发达国家雄厚的综合实力，为新军事变革提供了物质基础。冷战结束后，美国为独霸世界全力增强军事力量，世界近期几场高技术战争的实践推动了这场变革的深入"①。

江泽民在分析了美国三军信息化装备、美国的指挥自动化建设的情况和估计 2020 年前后美国和其他发达国家的主战武器装备信息化的发展趋势之后，

---

① 《江泽民文选》第 3 卷，第 578 页。

突出强调制信息权是夺取制空权、制海权和其他作战空间控制权的关键。指出在未来信息化战争中，信息能力将发挥主导作用；拥有信息优势并能有效转化为决策优势的一方，就能够更多地掌握战略和战场上的主动权。在海湾战争、科索沃战争、阿富汗战争和北约对利比亚的战争中已经得到初步验证，非接触、非线式作战将成为重要作战方式，体系对抗将成为战场对抗的基本特征。在以美国退出反弹道导弹条约为标志的太空将成为国际军事竞争新的战略制高点等的未来军事格局发展态势下，党的第三代中央领导集体提出了军事外交的一个重要的概念，那就是"世界主要国家围绕太空展开的军事竞争，有可能改变国际军事斗争格局"①。由于美国大搞以谋求建立攻防兼备的绝对军事优势的新军事变革，其进一步巩固超级军事强国的地位，加剧了国际战略力量对比失衡，这样，包括中国在内的广大发展中国家的军事力量在技术装备上和美军的差距就拉大了。在这种情况下，党的第三代中央领导集体提出应对国际战略力量对比失衡对中国的挑战的一系列方针政策，首先是大力推动中国特色军事变革，确立新时期军事战略方针。在军事斗争准备的基点问题上，提出把我军未来军事斗争准备的基点从应付一般条件下的局部战争转变为打赢一场现代技术特别是高技术条件下的局部战争；在战略指导的基本思想和原则问题上，主张采取积极防御而不是进攻的战略思想，因为这是我国的社会主义性质所决定，同时对我们开展外交工作和进行国际政治斗争有利；在创新我军军事理论的问题上，既要继承党的前两代领导集体的军事理论和思想，同时又要根据新的军事态势对军事理论加以创新，正如江泽民指出的，"创新我们的军事理论特别是作战思想，是摆在全军面前的重大课题"②。其次提出了关于国防和军队现代化发展战略。这个发展战略涉及的军事外交问题，主要是"要认真借鉴发达国家军队现代化建设的有益经验，充分利用国内和国际的战略资源，迈好第一步"，指出"美国人认为，拥有关键技术手段的、精干的、经过改革的部队，会产生巨大的战略性影响。这个观点值得注意"③，提出"我国幅员辽阔，边海防线漫长，周边环境比较复杂，特别是武器装备相对落后，军队必须保持一定的规模"，因此"不能简单地与美俄现役部队规模作比较，还要考虑他们的其他武装力量和文职人员等情况"④，指出"实现联合作战指挥，是体制编制调整改革要解决好的一个十分重要的问题。这个问题比较复杂，需要深

---

① 《江泽民文选》第3卷，第582页。
② 《江泽民文选》第3卷，第587页。
③ 《江泽民文选》第3卷，第589页。
④ 《江泽民文选》第3卷，第590页。

入细致地进行研究。要研究借鉴外军的有益经验，但不能脱离我国和我军的实际。"①

二　党的第三代中央领导集体先进的军事外交文化

所谓先进的军事外交文化就是一国的军事事务以多边的或者双边的外交的形式，通过观念形态的作用力，在战时的国际军事事务中释放出对友方的引导力、凝聚力和推动力，对敌方的震慑力和对抗力；在和平时期释放出对现实和潜在的友方的引导力、凝聚力和推动力，对现实和潜在的敌方的震慑力和对抗力。而对中国而言，中国军事外交的文化之所以具有先进性，是因为中国没有将世界上任何一个主权国家看做敌国，而是把他们都看做朋友或者是可以争取的朋友，正如邓小平所指出的，"我们谁也不怕，但谁也不得罪，按和平共处五项原则办事，在原则立场上把握住"②，"我们坚持独立自主的和平外交政策，不参加任何集团。同谁都来往，同谁都交朋友，谁搞霸权主义我们就反对谁，谁侵略别人我们就反对谁。我们讲公道话，办公道事。这样，我们国家的政治分量就更加重了。这个政策很见效，我们要坚持到底"③。即使有些国家在领土问题上和中国存在一些纠纷而使它们对中国存在敌意，中国仍然以厚德载物的精神和它们建立和发展正常的政治、经济、文化和军事关系。

（一）以永远不称霸的承诺和坚持正义战争的辩证统一体现军事外交文化先进性的引导力

一般而言，如果一国公开表述的对外政策誓言和其内心世界的想法不是一回事的话，其外交政策一定会随着其国力的变化而变化。虽然新中国的三代中央领导集体所处的时代背景不同，国力也相差很大，但是外交的根本方针和根本原则则是一贯的。这种情况足以说明，中国越强大，世界和平越可靠的中国誓言，完全是发自中国内心世界的愿望和要求。党的第三代中央领导集体"永远不称霸"的思想有如下几点：（1）指出"中国始终不渝地奉行独立自主的和平外交政策。维护我国的独立和主权，促进世界的和平与发展，是中国外交政策的基本目标。在涉及民族利益和国家主权的问题上，我们决不屈服于任

① 《江泽民文选》第3卷，第591页。
② 《邓小平文选》第3卷，第363页。
③ 《邓小平文选》第3卷，第162页。

何外来压力。中国是维护世界和平的坚定力量。中国不同任何国家或国家集团结盟，不参加任何军事集团。中国永远不称霸，永远不搞扩张，同时反对任何形式的霸权主义、强权政治和侵略扩张行为。"①（2）"中国是维护世界和平和地区稳定的坚定力量。我们进行社会主义现代化建设，需要一个长期的和平国际环境特别是良好的周边环境。中国的发展不会对任何国家构成威胁。今后中国发达起来了，也永远不称霸。中国人民曾经长期遭受列强侵略、压迫和欺凌，永远不会把这种痛苦加之于人。"②（3）强调"中国的发展和进步，不会对任何人构成威胁。将来中国富强起来了，也永远不称霸。中国始终是维护世界和平与地区稳定的坚定力量。"③（4）重申"中国坚定不移地奉行独立自主的和平外交政策，一贯主张通过对话和友好协商处理国与国之间的分歧。中国的发展和进步，不会对任何人构成威胁。将来中国富强起来了，也永远不称霸。这是我们矢志不渝的基本国策。"④（5）指出"新中国成立以来的事实向世人昭示，中国始终是维护地区和世界和平的坚定力量。中国早就提出互相尊重主权和领土完整、互不侵犯、互不干涉内政、平等互利、和平共处五项原则，恪守不参加军事集团、不谋求势力范围、永远不称霸等庄严承诺，为促进地区和世界的和平与安全作出了自己的积极贡献。"⑤（6）阐述"我们主张建立公正合理的国际政治经济新秩序。政治上应相互尊重，共同协商，而不应把自己的意志强加于人；经济上应相互促进，共同发展，而不应造成贫富悬殊；文化上应相互借鉴，共同繁荣，而不应排斥其他民族的文化；安全上应相互信任，共同维护，树立互信、互利、平等和协作的新安全观，通过对话和合作解决争端，而不应诉诸武力或以武力相威胁。反对各种形式的霸权主义和强权政治。各国政中国永远不称霸，永远不搞扩张"⑥。江泽民在国际或国内最重要的场合都阐述中国"永远不称霸"的理念，可见中国对这一理念是抱着一种完全真诚的态度和愿望并对中国奉告的这一理念完全充满信心。中国的发展用实践证明是和平的发展，中国的崛起是和平的崛起的事实说明中国"永远不称霸"的真实可靠性。中国从 2004 年以来发表的国防白皮书中，都有"永远不称霸"的表述。其实中国作出"永远不称霸"的承诺，不但是中国的社会

---

① 《江泽民文选》第 1 卷，第 242 页。
② 《江泽民文选》第 3 卷，第 41 页。
③ 《江泽民文选》第 3 卷，第 62 页。
④ 《江泽民文选》第 2 卷，第 239 页。
⑤ 《江泽民文选》第 3 卷，第 476 页。
⑥ 《江泽民文选》第 3 卷，第 566～567 页。

制度决定的，同时也是中国的历史传统决定的①。

中国作出"永远不称霸"的承诺，但绝不是说放弃正义战争。毛主席曾经指出："历史上的战争分为两类，一类是正义的，一类是非正义的。一切进步的战争都是正义的，一切阻碍进步的战争都是非正义的。我们共产党人反对一切阻碍进步的非正义的战争，但是不反对进步的正义的战争。对于后一类战争，我们共产党人不但不反对，而且积极地参加。前一类战争，例如第一次世界大战，双方都是为着帝国主义利益而战，所以全世界的共产党人坚决地反对那一次战争。反对的方法，在战争未爆发前，极力阻止其爆发；既爆发后，只要有可能，就用战争反对战争，用正义战争反对非正义战争。"② "战争——这个人类互相残杀的怪物，人类社会的发展终久要把它消灭的，而且就在不远的将来会要把它消灭的。但是消灭它的方法只有一个，就是用战争反对战争，用革命战争反对反革命战争，用民族革命战争反对民族反革命战争，用阶级革命战争反对阶级反革命战争。……人类社会进步到消灭了阶级，消灭了国家，到了那时，什么战争也没有了，反革命战争没有了，革命战争也没有了，非正义战争没有了，正义战争也没有了，这就是人类的永久和平的时代。我们研究革命战争的规律，出发于我们要求消灭一切战争的志愿，这是区别我们共产党人和一切剥削阶级的界线。"③

1991 年 6 月期间，江泽民在关于海湾战争的座谈会上指出："我们的军事战略方针是积极防御。虽然现在我们的经济力量还不是很强大，但要看到，我国社会主义制度是好的，社会主义上层建筑与经济基础是基本相适应的，社会主义制度对发展我国社会生产力起到了很好的促进作用。我们实行积极防御的军事战略方针，从根本上讲，是由我们的社会主义制度、社会主义国家的性质

---

① 明太祖朱元璋在他的《皇明祖训》的《箴戒章》中就说："四方诸夷皆限山隔海，僻在一隅，得其地不足以供给，得其民不足以使令。若其不自揣量，来扰我边，则彼为不祥。彼既不为中国患，而我兴兵轻犯，亦不祥也。吾恐后世子孙倚中国富强，贪一时战功，无故兴兵，杀伤人命，切记不可。但胡戎与中国边境密迩，累世战争，必选将练兵，时警备之。"明太祖在《皇明祖训》里颁布的"今将不征诸夷国名开列于后"：东北：朝鲜国；正东偏北：日本国（原注：虽朝实诈，暗通奸臣胡惟庸谋为不轨，故绝之）；正南偏东：大琉球国、小琉球国（今冲绳群岛）；西南：安南国（今越南北部和中部）、真腊国（今柬埔寨和越南南部）、暹罗国（今泰国）、占城国（越南中部和南部）、苏门答剌国（今印度尼西亚苏门答腊岛）、西洋国（今马来西亚境内）、爪哇国（今印度尼西亚爪哇岛）、湓亨国（今印度尼西亚境内）、白花国（今文莱）、三弗齐国（今印度尼西亚境内）、渤尼国（今印度尼西亚境内）。
② 《论持久战》（一九三八年五月），《毛泽东选集》第 2 卷，第 465～466 页。
③ 《中国革命战争的战略问题》（一九三六年十二月），《毛泽东选集》第 1 卷，人民出版社，1991，第 167～168 页。

决定的。我们对外不搞侵略，也不去控制别的国家。海湾战争以后，怎样看待军事技术的作用，是个很重要的问题。我还是那句话，要尊重科学，重视武器，但人是决定的因素。对海湾战争的经验教训，我们既要看到高技术重要性的一面，又要看到根本的决定的因素是人。特别是战争有正义战争和非正义战争的区别，这一点很重要。"① 江泽民指出："一千年来，人类文明取得的一切成就，都是在推陈出新的社会变革和科技进步中实现的。著名的文艺复兴运动，打破了欧洲中世纪的黑暗神学统治。和平与正义的伟大力量，战胜了各种横行世界的'霸主'及其发动的非正义战争。历时几个世纪的殖民主义体系，终于在本世纪风起云涌的民族解放运动中宣告终结。各国人民的卓越创造和广泛交流，汇成了推动历史前进的浩荡动力。要和平、求发展已成为当今世界的时代潮流。"② 当代美国发起的非正义的高技术战争虽然一时取得了胜利（比如它发动的伊拉克战争），但是并没有使它在政治方面占便宜，美国在政治上是孤立的和失败的，从长远来看，这也必然决定美国如果继续发动非正义的战争，其走向灭亡的日子也不会太远，正是：一时之胜在于力，千古之胜在于理。所以中国坚持正义战争，坚决地和一切企图侵犯中国主权和领土完整的帝国主义侵略者打一场反侵略的人民战争并坚决地战胜之，是绝对有信心的，这也是对世界上一切和平力量的一种积极的引导，使世界上一切和平力量相信，正义的战争是不可战胜的。

坚持决定战争胜负的因素是人不是物的观点，仍然是影响世界正义力量的正确引导力。毛泽东同志讲过："武器是战争的重要的因素，但不是决定的因素，决定的因素是人不是物。力量对比不但是军力和经济力的对比，而且是人力和人心的对比。军力和经济力是要人去掌握的。"③ 任何战争真正完全的胜利，都不是完全建立在武器的先进上的胜利，而是物质力量和精神力量综合较量的结果。如果军人没有很高的思想政治素质、过硬的战斗作风、坚强的意志品质、持之以恒的纪律观念等精神力量的作用，胜利是不可能的，暂时胜利了，也是会迅速转向失败的命运的。解放战争时期共产党领导的人民军队能够打败美式装备国民党反动派的军队，主要靠的是精神力量的强大和战争的正义性质，特别是任何反人民的军队都不能利用，只有我们自身坦然谋划的、建立在人民战争基础上的战略战术，才是我们最终必然取得完全胜利的法宝的思

---

① 《江泽民文选》第1卷，第144页。
② 《江泽民文选》第2卷，第494页。
③ 《论持久战》（一九三八年五月），《毛泽东选集》第2卷，第459页。

想。信息化战争主要靠人的智力、技术水平和信息控制能力，这不但不意味着人民战争过时，反而使人民战争在信息化条件下更是大有用武之地。既然现代战争无前方后方之分，无军用民用之别，一国重要的政治、交通和经济等重要战略要害设施都将成为攻击目标，以达到摧毁对方战争潜力之目的。这就决定了未来战争将突出人民群众的重要性。信息化条件下的战争，战争实力更需要政治、外交、经济、文化、法律等综合因素的紧密配合才能显现出来。民心向背决定军政、军民能否一条心。我们看到美国发动伊拉克战争之所以使美国军事上能取得"轻松"的胜利，根本的原因是美国以非正义的战争打击了一个也原本失去了民心的萨达姆政权。

（二）以安全对话合作机制的建构，全方位、宽领域、多层次的军事外交体现军事外交文化先进性的推动力

2001 年 8 月，中央军委主席江泽民在周边安全问题座谈会上指出，要积极"推进安全对话和磋商，倡导以互信、互利、平等、协作为核心的新安全观。加强同周边国家的合作，打击恐怖主义、分裂主义和极端主义这三股恶势力，解决好其他共同面临的跨国问题"①。2001 年 10 月，江泽民在军队一次重要会议上还指出："这些年来，我国积极参与联合国事务，并先后参加了亚太经济合作组织和亚欧会议，积极参与东盟地区论坛的多边安全对话以及中国—东盟、东盟—中日韩东亚区域合作机制的活动，建立了'上海五国'机制。今年，我们成立了博鳌亚洲论坛，成功举办了第三届亚欧外长会议，完成了我国加入世界贸易组织的谈判，特别是实现了'上海五国'由会晤机制向区域性多边合作组织的转变。上海合作组织的建立，有利于改善我国的安全环境，并将对促进世界多极化、推动建立公正合理的国际政治经济新秩序发挥重要作用。"② 2002 年 10 月，江泽民访美期间同美国总统布什会谈时指出："中国历来反对扩散大规模杀伤性武器。中国最近颁布了导弹、生物和化学领域的出口管制条例。我们对防扩散的态度是认真的，履行了应该履行的责任。"③ 江泽民三次有关国际安全所表述的重要理念，充分展示了中国通过安全对话，建构合作机制，全方位、宽领域、多层次地推动中国先进军事外交文化。

---

① 《江泽民文选》第 3 卷，第 317 页。
② 《江泽民文选》第 3 卷，第 355 页。
③ 《江泽民文选》第 3 卷，第 355 页。

有效的、多边的和双边的安全对话，对中国的国家安全利益来说是事关重大的。因为对中国潜在和现实的安全威胁是现实存在的，比如霸权主义和强权政治筑起的军事同盟网所构成的对华军事包围等安全威胁，以及随着中国向全球范围内"走出去"而带来的全球范围的对中国人、中国企业的直接和间接的安全威胁，内生性和外部输入的恐怖主义对中国的安全威胁，都需要通过双边的甚至是多边的安全对话、防务合作、军事合作和军事互信等手段来解决。在中国的努力推动下，中国在上海合作组织、东盟与中国"10＋1"、东盟与中日韩"10＋3"、东亚峰会、亚太经合组织、东盟地区论坛等各种地区机制的安全对话合作中，正在发挥日益重要和建设性的作用。中国还在2006年4月成功举办上合组织国防部长会议。《2004年中国的国防》白皮书指出："中国坚持与邻为善、以邻为伴，奉行睦邻、安邻、富邻的周边外交政策，积极推动亚太地区安全对话合作机制的建设。"① 白皮书还指出："人民解放军积极开展对外军事交流与合作，形成了全方位、宽领域、多层次的军事外交局面"②，

---

① 中国高度重视东盟地区论坛（ARF）的作用，致力于论坛的健康发展。在2004年举行的第十一届论坛外长会议上，中方提出东盟地区论坛今后发展应注意以下几点：继续坚持论坛性质，坚持协商一致、循序渐进、照顾各方舒适度等基本原则，充分调动全体成员的主动性和积极性；继续巩固和加强建立信任措施活动，同时积极探讨预防性外交问题，逐步探索出适合本地区特点和现实需要的预防性外交合作方式与途径；逐步扩大国防官员的参与，促进各国军方交流与合作，发挥各国军方在增进相互信任方面的重要作用；重点在反恐和打击跨国犯罪等非传统安全领域加强合作。

② 根据《2004年中国的国防》白皮书：到该白皮书发表为止，中国已与150多个国家建立军事关系，在100多个驻外使馆设立武官处，有85个国家在中国设立武官处。两年来，人民解放军高级军事代表团出访60多个国家，有70多个国家130余批军队领导人来访。中俄军事关系继续保持良好势头。2003年10月，中国国防部部长在时隔七年后首次访美。2003年5月，日本防卫厅长官五年后再次访华。2003年4月和2004年3月，印度、中国国防部部长实现多年后的首次互访。中国与欧洲国家的军事交流向纵深发展。中国深化与周边国家的军事关系，加强与广大发展中国家的军事交流，继续向一些国家的军队提供人员培训、装备器材、后勤物资、医疗卫生等方面的援助。2003年10月，人民解放军首次邀请15国军事观察员观摩由北京军区组织的"北剑－0308U"联合演习。2004年9月，邀请外军观察员观摩海军组织的"蛟龙－2004"演习。同月，邀请周边16国军队领导人或军事观察员及其驻华武官观摩济南军区组织的"铁拳－2004"演习。2004年6月，邀请15国驻华海军武官观摩中、英海上联合搜救演习。人民解放军也分别派团观摩了俄罗斯、日本的军事演习，以及美、泰、新加坡三国联合军事演习。2003年10～11月，中国海军舰艇编队对美国关岛、文莱和新加坡进行友好访问。英国、俄罗斯、美国、巴基斯坦、印度、法国、印度尼西亚等国海军舰艇编队相继访华。人民解放军对外军事学术交流日益活跃，军事科学院等科研机构与国外军事科研机构进行了广泛的学术交流活动。人民解放军扩大派出和接受军事留学生的规模，近年来向20多个国家派出军事留学生1000余名。19所军事院校分别与美国、俄罗斯等25个国家的相应院校建立校际对口交流关系。两年来，91个国家的1245名军事人员到中国军事院校学习，其中有44国的军官参加了国防大学第五、第六期国际问题研讨班。

中国"重视防扩散问题。"① 很显然，白皮书是对党的第三代中央领导集体和胡锦涛为总书记的党中央军事外交成就的总结。

（三）以反对霸权主义和强权政治，体现军事外交文化先进性的对抗力

反对霸权主义和强权政治历来都是中国外交政策的核心内容之一，同样，为了有效地遏制霸权主义和强权政治，建立现代化的国防和强大的人民军队，造成对霸权主义和强权政治的强大震慑效应，一直都是新中国历代中央领导集体的治国方略之一，党的第三代中央领导集体继承了毛泽东和邓小平两代中央领导集体的反霸反强权思想，并在新时期根据新形势而有所发展和创新。比如，讲到中国的军事战略时，江泽民提出"积极防御"的理念，这就是具有结合今天的时代特点提出的具有创新意义的思想。江泽民指出："我们的战略思想是积极防御，这不仅符合我国的社会主义性质，而且对我们开展外交工作和进行国际政治斗争有利。所谓积极防御，就是攻势防御，包括战役战斗的进

① 根据《中国的防扩散政策和措施》白皮书：在核领域，中国于1984年加入"国际原子能机构"，自愿将自己的民用核设施置于该机构的保障监督之下。1992年，中国加入《不扩散核武器条约》。中国积极参与了日内瓦裁军谈判会议有关《全面禁止核试验条约》的谈判，为该条约的达成作出了重要贡献，并于1996年首批签约。1997年，中国加入"桑戈委员会"。1998年，中国签署关于加强"国际原子能机构"保障监督的附加议定书，并于2002年初正式完成该附加议定书生效的国内法律程序，成为第一个完成上述程序的核武器国家。中国积极参加了"国际原子能机构"和"全面禁止核试验条约组织筹备委员会"等国际组织的工作，支持"国际原子能机构"为防范潜在的核恐怖活动作出贡献，积极参加《核材料实物保护公约》的修约工作，并发挥了建设性作用。中国积极支持有关国家建立无核武器区的努力。中国签署并批准了《拉丁美洲及加勒比禁止核武器条约》（《特拉特洛尔科条约》）、《南太平洋无核区条约》（《拉罗通加条约》）和《非洲无核武器区条约》（《佩林达巴条约》）的相关议定书。中国已明确承诺将签署《东南亚无核区条约》（《曼谷条约》）相关议定书，并支持建立中亚无核区的倡议。在生物领域中国自1984年加入《禁止发展、生产、储存细菌（生物）、毒素武器与销毁此种武器的公约》以来，一直严格履行该公约义务。自1988年以来，中国一直按照公约审议会议的决定，逐年向联合国提交该公约建立信任措施宣布资料。中国还积极致力于加强该公约有效性的国际努力，积极参与了该公约议定书的谈判以及与该公约相关的国际事务。在化学领域，中国为谈判达成《关于禁止发展、生产、储存和使用化学武器及销毁此种武器的公约》作出了积极贡献，于1993年签署、并于1997年交存了该公约的批准书。该公约生效以来，中国积极支持"禁止化学武器组织"的工作，认真履行该公约义务。中国设立了专门的履约机构，按时、完整地提交了初始宣布和各类年度宣布。截至2003年10月底，中国接受了"禁止化学武器组织"68次现场核查。在导弹领域，中国支持国际社会为防止导弹及其相关技术和物项扩散所作出的努力，对国际上有关加强导弹防扩散机制的建议均持积极和开放的态度。中国以建设性的姿态参加了"联合国导弹问题政府专家组"的工作和"防止弹道导弹扩散国际行为准则"草案、"全球导弹监控机制"等国际倡议的讨论。

攻，也包括战略进攻。这些基本思想要长期坚持，不能改变。"① 党的第三代中央领导集体十分重视面向 21 世纪的中国国家安全保障和军事威慑力量的建构。江泽民指出，我们要"加强战略规划的指导作用，集中力量抓好一批战略性基础工程建设。……毛主席、周总理当年看得是非常远的。如果当时不搞'两弹一星'，我国在世界上就不可能拥有今天这样的地位，我们国家安全的形势也会大不相同。今天，我们仍然要有这样的战略眼光，要想到未来，想到二十一世纪的国家安全保障和军事威慑力量。……要抓住几个真正具有决定性意义的项目，尽快形成我们自己的高技术武器装备的'杀手锏'。不然，在二十一世纪世界的激烈竞争中就没有我国的应有位置，我们就很难迎接未来的军事挑战，我们在维护国家的独立、主权和安全上就会处于被动境地和遇到极大困难"②。

建立起能够有效对抗霸权主义和强权政治的对抗力，并不是中国从此要主动地和它们对抗，而是在积极防御的前提下，取得霸权主义和强权政治不敢轻易对中国下手，或者对中国下手后也占不了什么便宜的力量。而中国以防御为目的、以平等的对话和安全合作机制的建构等军事外交文化，对怎样从军事的意义上建立一个持久和平的和谐世界，提供了强大的思想来源。

（四）建立遏制霸权主义和强权政治的威慑力量，坚定地维护国家主权

中国的军队是党领导下的一支独立自主发展起来的军队，是久经考验的军队，是真正能够担当得起维护国家主权与安全的铜墙铁壁。新中国的解放是党领导下的人民军队独立完成的，这和东欧国家当时的解放靠苏联军队的情况不一样，新中国的军队还是一支来自人民的军队，是真正的人民子弟兵。1989年12月，江泽民会见英国首相特使、首相外事顾问柯利达时，就向他全面介绍了中国军队在坚定地维护国家主权的铜墙铁壁般的作用，实际上暗示柯利达今天的中国不是晚清政府，不是帝国主义的炮舰政策可以吓倒的。江泽民针对英国企图消极抵制中国收回香港主权的严峻情势指出："国际上有些人错误地估计了形势，认为有些社会主义国家乱得差不多了，中国也只要推一下就倒了。然而，他们并不知道，一个有十一亿多人口、九百六十万平方公里国土、

---

① 《江泽民文选》第 3 卷，第 584～585 页。
② 《江泽民文选》第 2 卷，第 269～270 页。

五千多年文明历史的中国，是那么容易被推倒的吗?"①

在加强威慑力方面，为适应国际战略形势和国家安全环境的变化，迎接世界新军事变革的挑战，党的三代中央领导集体坚持积极防御的军事战略方针，加速推进中国特色军事变革。一是走复合式、跨越式发展道路。根据中国的实际，以机械化为基础，以信息化为主导，以信息化带动机械化，以机械化促进信息化。江泽民指出："我军的现代化建设任重道远。目前，我军以机械化为基本特征的军队现代化的任务还没有完成，又面临着机械化战争正在向信息化战争转变的世界军事发展趋势的严峻挑战。下个世纪的前五十年，我军必须完成向机械化和信息化转变的历史任务，实现'三步走'的战略目标。"② "三步走"的战略目标一旦实现，将全面提高我军的威慑和实战能力。二是实施科技强军。江泽民指出："制定和贯彻新时期军事战略方针，很重要的一条就是实施科技强军战略，依靠科技进步来提高军队的战斗力。海湾战争说明，现代战争正在成为高技术战争，拥有高技术优势的一方明显掌握着战场的主动权，军事技术落后就容易被动挨打。我们做了大量调研工作，我也看到许多材料，并由总参谋部和军事科学院分别召开了海湾战争座谈会和海湾战争研讨会。我们强调，在世界科技进步迅速发展和世界军事领域发生深刻变革的背景下进行我军现代化建设，全军同志特别是领导干部一定要高度重视和充分发挥科学技术的作用，加强军队质量建设。"③ 军队依靠科技进步提高战斗力，将实现由数量优势向质量优势、由人力密集向科技密集的转变。实施人才战略，打造高新技术武器装备，才能建构世界一流水平的武器装备体系，建构以世界一流水平为参照并有中国特色的训练体制，同时也必须努力提高军队科学管理水平和军费使用的整体效益。三是深化军队改革。江泽民强调："军队改革的

① 《江泽民文选》第1卷，第82页。
② 《江泽民文选》第2卷，第266页。"三步走"的战略目标是：第一步，从现在起到二〇一〇年，用十几年时间，努力实现新时期军事战略方针提出的各项要求，为国防和军队现代化打下坚实基础。主要解决好军队的规模、体制编制和政策制度问题，把军队员额压缩到适度规模，建立起比较科学的体制编制，形成与发展社会主义市场经济相适应的比较配套的政策制度；调整完善国防动员体制；我军人才培养要上一个新台阶；拥有一批性能先进的主战武器装备，形成适应高技术条件下作战的精干有效的武器装备基本体系，具备遂行新时期军事斗争任务的威慑和实战能力。第二步，二十一世纪的第二个十年，随着国家经济实力的增长和军费的相应增加，加快我军质量建设的步伐，适当加大发展高技术武器装备的力度，完善武器装备体系，全面提高部队素质，进一步优化体制编制，使国防和军队现代化建设有一个较大发展。第三步，再经过三十年的努力，到二十一世纪中叶，实现国防和军队现代化（参见《江泽民文选》第3卷，第83~84页）。
③ 《江泽民文选》第2卷，第457页。

基本任务，首先是要进一步调整改革体制编制。……要以精简五十万员额为契机，好好理一理我军的体制编制。要深入研究高技术战争对军队体制编制的重大影响，深入研究我军现行体制编制的优劣长短，深入研究建国以来我军历次体制编制调整改革的经验教训，深入研究世界主要国家军队体制编制的发展趋势，提出体制编制调整改革的方针原则和总体思路。在调整改革体制编制的同时，要重视抓好政策制度的调整改革。这既是促进体制编制调整改革的需要，也是社会主义市场经济条件下治军的一个重要方面。"[1] 江泽民指出："要继续坚定不移地走中国特色的精兵之路。减少数量、提高质量，建设精干高效的常备军，是世界主要国家军队适应新军事变革的共同选择。"[2] 军队应该根据现代战争形态的变化和社会主义市场经济发展的要求，坚持在改革中谋发展。按照精兵、合成、高效的原则，把重点放在组织结构调整和指挥体制改革上，建立和完善军队体制编制，使之成为在规模上适度、在结构上合理、在机构上精干、在指挥上灵便的体制编制。同时还要探索一套有利于调动官兵积极性的政策制度。四是加紧军事斗争准备。江泽民指出："军事斗争准备作为我们军事战略的主要任务，牵动着我军现代化建设的全局。我军现代化水平与打赢现代技术特别是高技术条件下的局部战争的要求不相适应的矛盾仍很突出。可以说，我们抓紧进行军事斗争准备，也就抓住了当前军队建设的主要矛盾。我们要以军事斗争准备为龙头，通过局部跃升推动军队现代化建设的整体发展。只要我们聚精会神、埋头苦干，我军现代化建设就一定会迈上一个新的台阶，一定会胜利实现国防和军队现代化'三步走'战略目标的第一步任务，并为下个世纪中叶基本实现国防和军队现代化打下坚实的基础。"[3] 人民军队要立足打赢信息化条件下的局部战争，应突出加强武器装备、联合作战能力等方面的建设，要始终坚持人民战争的思想，发展在当代科学技术条件下的人民战争的战略战术。五是开展军事交流与合作。江泽民指出："这十年中，我们还积极致力于发展以不结盟、不对抗、不针对第三方为主要特征的新型大国关系，先后同美国、俄罗斯、法国、英国、加拿大、日本建立了发展面向二十一世纪双边关系的基本框架。我们提出并贯彻了稳定周边的战略思想，深化同俄罗斯的战略协作伙伴关系，同俄罗斯、哈萨克斯坦、吉尔吉斯斯坦、塔吉克斯坦签署了在边境地区加强军事领域信任的协定和边境裁军协定，建立五国元首会晤机

---

① 《江泽民文选》第3卷，第87~88页。
② 《江泽民文选》第3卷，第589~590页。
③ 《江泽民文选》第3卷，第161~162页。

制。我国同哈萨克斯坦解决了边境问题，同俄罗斯的边界问题也基本解决。这
对于保持我国西北边陲的稳定和安宁，改善我国的战略安全态势，具有重大意
义。我们同越南、朝鲜、老挝和韩国、泰国、柬埔寨、缅甸等国家，继续发展
睦邻友好关系。巩固和发展了同巴基斯坦等南亚国家的关系，积极谋求改善同
印度的关系。我们坚持主权属我、搁置争议、共同开发的方针，妥善处理领海
争端，保持了南海局势的基本稳定。我们加强了同第三世界国家的团结合作，
同他们在国际事务中密切磋商和配合，共同维护发展中国家的正当权益。我们
在联合国、亚太经济合作组织、亚欧会议、中国—东盟首脑非正式会晤、东亚
领导人非正式会晤等多边外交场合，发挥了重要作用。"① 不结盟、不对抗、
不针对第三方也是中国军方进行国际军事合作时的指导方针，这也是中国共产
党领导下的中国军队对外政策的"无为"，而这种"无为"，对霸权主义和强
权政治来说，则具有强大的震慑力和威慑力。党的第三代中央领导集体积极参
与联合国维和行动②和国际反恐合作，开展了多种形式的军事交流③，以新安
全观为宗旨和许多国家均建立起了广泛的军事安全对话机制④，为国际军事安

---

① 《江泽民文选》第 2 卷，第 546 ~ 547 页。
② 为维护世界和平发挥重要作用是中国军队一以贯之的历史使命之一。自 2002 年以来，中国军队
  新增维和行动达 11 项，累计新派出维和官兵 8536 人次，有 8 名维和官兵在执行任务中牺牲，数
  十人受伤。目前，在联合国安理会五个常任理事国中，中国派出的维和军事人员最多。另外，
  中国始终以建设性姿态参与国际裁军、军控与防扩散努力。2003 年 9 月，中国政府决定在 20 世
  纪完成两次大规模裁军的基础上，于 2005 年底前再裁减军队员额 20 万。中国重视防扩散问题，
  积极参与国际社会解决有关防扩散问题的外交努力。中国已于 2004 年 5 月正式加入"核供应国
  集团"。此外，中国在联合国框架内积极维护国际海上通道安全。2008 年 12 月 26 日，中国政府
  响应联合国决议，并在征得索马里过渡政府同意的前提下，向亚丁湾、索马里海域派出由三艘
  中国海军舰艇组成的护航编队，这是中国军队首次派出海军舰艇部队赴海外执行作战任务。
③ 新时期的中国军事外交在过去一般性和礼节性军事交流、军事援助、军事贸易为主的基础上，
  扩展到具有实质意义的双边与多边地区安全合作、建立信任措施、军事培训、参与联合国维
  和行动、国际裁军与军控、军舰互访并举的多样化外交形式。军事外交还成功地从高层交往
  向中低层次，从军事安全领域向军事科研、医学、体育、文艺等功能性领域不断延伸，军事
  交往与合作的广度和深度不断拓展。
④ 自党的第三代中央领导集体提出新安全观以来，中国军事外交就以此为指导，努力塑造和平
  稳定的周边环境。首先，以新安全观为指导推进区域裁军和建立信任措施合作。其中，最初
  的成功实践是 1996 ~ 1997 年中国、俄罗斯、哈萨克斯坦、吉尔吉斯斯坦和塔吉克斯坦五国签
  署了关于在边境地区加强军事信任和相互裁减军事力量的协定。之后，中国与印度、蒙古国
  签署了在边境地区开展合作、建立军事领域信任措施的协议。这些协定的签订和落实为维护
  边境地区的和平安宁、推动边界问题和平解决发挥了积极作用。其次，以新安全观为指导努
  力推动地区安全对话与合作机制的建设。上海合作组织是对新安全观的成功实践。它倡导的
  结伴而不结盟、不针对第三国、开放性的模式成为新型地区安全合作机制发展的样板。在中
  国积极参与或支持下，东盟地区论坛开展的建立信任措施、维和、海上搜救、抢险救灾、预
  防性外交等取得了积极进展，有力地维护了地区和平与稳定。

全环境的改善作出了自己的贡献。

中国的"威慑"观和西方国家的"强制外交"存在根本的差别。从根本上说，这种差别主要体现在价值理念和追求目标的不同。"强制外交"是西方国家军事外交的核心组成部分。保加利亚索菲亚 G. S. 国防与参谋学院学者瓦廖里·拉契夫是这样定义军事外交的："军事外交长期以来一直是国际外交的基本组成部分之一，也是推进双边和地区关系的有效工具。军事外交的作用体现了两个基本组成部分，即预防性外交和强制性外交。在预防性外交框架下，军事手段的目标是创造相互间信任的氛围，以促进两国间关系的改善。也可称之为平时防务外交。"① 应该说，对以谋求强权为根本目的的西方国家外交政策而言，其军事外交主要是突出强制性，具有先发制人之特点，是战略性安排，而预防性则主要是西方国家军事外交的策略性安排，并不占其军事外交的主导地位，而中国的军事外交则没有强制性之意味，主要体现预防性。中国把军事外交的预防性作为战略手段，而非一时的策略打算。

首先，在中国的军事外交理念中，不存在"敌人"的概念，也没有"强制"的成分。这是因为中国军事外交是建立在与西方人性"恶"相反的"善"的理念上。中国古代经典的军事思想认为，"是故百战百胜，非善之善者也；不战而屈人之兵，善之善者。故上兵伐谋，其次伐交，其次伐兵，其下攻城。"② 从中国传统政治文化来看，传统的儒家是一种从"善"出发的理念。"仁""义""礼""智""信"是"善"的体现。其中"仁"是核心，"仁"是爱自己，爱父母兄弟，以及把爱推而广之，爱他人，如"父慈，子孝，兄良，弟悌"③ 和"老吾老以及人之老，幼吾幼以及人之幼"④ 是这类思想的体现。在"己"与"人"的交往中提出与人为善，友好交往，应该做到"择其善者而从之"⑤。面对"恶"，应当采取"其不善者而改之"以及"己所不欲、勿施于人⑥"这种"宽恕"的态度。面对"不同"，应以"和为贵"，以致"以善服人者，未有能服人者也；以善养人，然后能服天下"⑦。在儒家看来，

---

① Valeri Ratchev, "Defence Diplomacy: The Bulgarian Experience", in T. Edmunds and M. Malešič, eds., *Defence Transformation in Europe: Evolving Military Roles*, United Kingdom: IOS Press, 2005, p. 60. 转引郭新宁《试论军事外交的概念、定位及功能》，《外交评论》2009 年第 3 期，第 49 页。

② 《孙子兵法·谋攻篇》。

③ 《礼记·礼运》。

④ 《孟子·梁惠王上》。

⑤ 《论语·述而》。

⑥ 《论语·卫灵公篇》。

⑦ 《孟子·离娄下》。

人的修为就是要达到"善"的境界，而这种善的根源，在于平静与和谐。在马克斯·韦伯（Max Weber）看来，儒家的理性是一种"秩序的理性主义"，没有对现实世界的"宰制"和"征服"的冲动。与以"征服世界"的西方新教理性主义不同，儒教理性只是一种"理性地适应世界"①。而发展到当代，中国共产党领导下的中国政府，其外交理念一直坚持"和平共处五项原则"，到 20 世纪 90 年代中期，又提出建立"互信、互利、平等、协作"的新安全观。新安全观的理念是和平共处五项原则和防御性国防政策的延续。进入 21 世纪，"与邻为善、与邻为伴"的外交方针和"睦邻、安邻、富邻"的外交政策，以及最近几年提出的"和谐世界"的世界观，均体现出当前中国外交理念中的"善"②。

其次，外交的目的是力图在外交活动中维护本国的国家利益③。从外交目的出发，中国和西方的军事外交是相同的，都是为了维护本国利益，但是，它们的目标指向和兼容性是不同的。中国军事外交目标是一种战略性的，顺应潮流发展的。早在 20 世纪 80 年代中期，中国领导人邓小平就指出"和平"与"发展"是当今世界的主题。而时至今日，安全与发展依然是中国所关心的两大利益。当前中国外交目的是为经济发展服务。时任外交部部长杨洁篪在 2009 年 3 月答中外记者问时就明确指出，"我们国家现在一个中心任务就是发展经济。现在中国的外交不单单是为国家的经济发展创造一个良好的外部环境问题，我们在相当程度上是要直接地为中国经济发展服务"④。胡锦涛主席在中共十七大报告中也指出，国防和军队建设，"必须站在国家安全和发展战略全局的高度，统筹经济建设和国防建设，在全面建设小康社会进程中实现富国和强军的统一"⑤。军队要继续为经济社会发展作贡献。在这个基础上，作为总体外交和国防的一部分，中国的军事外交在当中应扮演护航者的角色，为中国的安全稳定和继续发展护航，根本任务是创造稳定和安全的国际环境，维护世界和平与国家间相互安全，以促进经济和社会的全面发展。在追求自身关键利益的过程中，中国谋求的是以合作安全维护自身安全，以共同发展促进自身

---

① 〔德〕马克斯·韦伯：《儒教与道教》，洪天富译，江苏人民出版社，2008，第 126 ~ 137 页。
② 蔡拓主编《和谐世界与中国对外战略》，黑龙江人民出版社，2006，第 31 ~ 33 页。
③ 金正昆：《外交学》，中国人民大学出版社，2004，第 11 页。
④ 《杨洁篪外长就中国外交政策和对外关系答中外记者问》，中华人民共和国外交部网，2009 年 3 月 9 日。
⑤ 胡锦涛：《高举中国特色社会主义伟大旗帜，为夺取全面建设小康社会新胜利而奋斗》，在中国共产党第十七次全国代表大会上的报告（2007 年 10 月 15 日），《求是》2007 年第 21 期，第 17 页。

发展。回顾自 20 世纪 70 年代末改革开放以来，中国的飞速发展，靠的不是对外称霸，而是对外开放。中国正是通过积极融入而不是征服世界来实现自身的利益。因此，军事外交也是通过对外交流和合作的方式，与世界其他国家建立和进一步巩固"合作安全"的模式，追求共同安全，以求共同发展。近年来，中国军事外交开始追求"和谐海洋"，乃至"和谐世界"的营造。这一切都恰恰说明了中国军事外交的战略性考虑，把内部的安全和发展结合，把自身和外界利益紧密联系，这正是"不自生，故能长生"大智慧的体现①。由欧洲、日本和阿拉伯湾三个地区的知名人士和经济专家组成的"巴黎小组"曾经指出："一个国家的发展有助于别的国家的发展，并能使其发展得更快。这是一种新型的经济循环，是一种对大家都有好处的更为高级的团结关系。"② 从目前的发展情况和趋势来看，中国的军事外交正朝着这样的方向发展。中国军事外交彰显"战略"的全局观。相比之下，西方国家把"强制外交"当作"军事外交"的主要方式使用，也是战略安排，往往追求的是"非西方民主国家"政权的改变，而不是共同协商后的政策改变。通过推翻"失控"政权，建立"受控"的民主政权，所考虑的仅仅是自身的发展和"安全利益"，而缺乏对自身和他人安全、政治、经济、文化等其他相关利益的协调考虑，归根到底，这种外交只是一种"头痛治头，脚痛治脚""治标而不治本"的"单方"指向。

再次，军事外交是中国和西方追求和平的手段之一，不同的是中国的军事外交尊重世界发展的多样性，以交流合作追求"和谐"而求"和平"。冷战结束后，多极化趋势在全球和地区范围内，在政治、经济、文化等领域都有新的发展。苏联解体后，世界上各种力量出现新的分化和组合：除了美国、英国、法国、德国等传统西方发达国家外，印度、巴西等新兴国家，以及非洲国家联盟和东南亚国家联盟等，在国际舞台上都成为重要力量。进入 21 世纪，中国提出构建"和谐世界"的世界观。2006 年 8 月，胡锦涛在中央外事工作会议上讲话中指出，推动建设和谐世界，是我们坚持走和平发展道路的必然要求，也是我们实现和平发展的重要条件。要致力于同各国相互尊重、扩大共识、和谐相处，尊重各国人民自主选择社会制度和发展道路的权利，坚持各国平等参与国际事务，促进国际关系民主化；致力于同各国深化合作、共同发展、互利共赢，推动共享经济全球化和科技进步的成果，促进世界普遍繁荣；致力于促

---

① 《道德经》第七章。原文为："天长地久。天地所以能长且久者，以其不自生，故能长生。是以圣人后其身而身先；外其身而身存。非以其无私邪，故能成其私。"

② 〔法〕塞尔旺·施赖贝尔：《世界面临挑战》，朱邦造等译，三联书店，1984，第 360 页。转引自王乔保《军事外交理论与实践》，军事谊文出版社，2009，第 20 页。

进不同文明加强交流、增进了解、相互促进，倡导世界多样性，推动人类文明发展进步；致力于同各国加深互信、加强对话、增强合作，共同应对人类面临的各种全球性问题，促进和平解决国际争端，维护世界和地区安全稳定。①"和谐世界"中的"和谐"植根于中国传统的儒家文化。在中国传统的文化概念中，"和谐"指的并不是"同质"化，相反，反对的正是世界的"同质化"，其前提是尊重世界的多样性，用合适恰当的"中庸"方法，实现整体的"和谐"统一。岂不闻"和实生物，同则不继"②。也就是说，相同事物叠加，并不能长久发展，而相异或有差异性的事物存在，才能协调并进，发展出丰富多彩的新事物。作为整体外交的一部分，中国军事外交在"和谐世界"理念的指导下，在实践上广泛地与世界各国进行交流和合作。目前，中国军事外交致力于遏制地区或民族间的冲突，防止这些冲突升级。中国是联合国安理会成员中，在联合国框架下向外派遣军事观察员、维和官兵和警察最多的国家。③面对冲突，中国主张和平解决。2007 年 11 月 28 日，中国外交部部长杨洁篪在美国首都华盛顿会见以色列总理奥尔默特时就提到，以巴谈判要兼顾彼此。中方将一如既往支持并积极参与国际社会的促和努力，为推动中东实现全面、公正、持久的和平发挥建设性作用④。而西方国家的军事外交则是以强制推行"同质"求"和平"。在西方国家看来，民主国家是不会发生战争的，"民主国家"有对"非民主国家"进行军事打击和战争是实现民主和平的"崇高使命"。只有国家都是民主国家，这个世界才会真正变得和平，这就是所谓的"民主和平论"。于是，西方国家的军事外交，对弱小、敌对的威胁国家以强权胁迫的军事外交实行西化；对于认同西方价值观的国家，则采取瓦廖里·拉契夫所定义的"巩固相互间信任，促进关系改善"平时防务外交，以巩固和扩大"民主"阵营的力量。这类典型例子就有北约及其东扩。北约内部的军事外交的目的是协调内部关系。而"东扩"则是有意把西方"民主"武装力量扩大，在地缘上进一步挤压其潜在对手俄罗斯。

当然，西方国家也有进行其他类似于中国"军事外交"实践的对外交往活动，如官员对话交流、军事演习、建立军事关系等。但是其难以摆脱固有的"对抗"思维理念，在对外交往活动中也带有强烈的"胁迫"和"威逼"性。

---

① 新华社北京 2006 年 8 月 23 日电。

② 《国语·郑语》。

③ David M. Lampton, "He Faces of Chinese Power", *Foreign Affairs*, 2007, Vol. 86, Iss. 1, p. 115.

④ 新华网华盛顿 2007 年 11 月 28 日电。转引王乔保《军事外交理论与实践》，军事谊文出版社，2009，第 26 页。

在交流层面上，主要分为两类。第一类是与西方国家自身的内部成员所进行的对话，这种对话的性质是维护内部的凝聚力和团结，以应付潜在的威胁。第二类是与敌对或潜在威胁国家的对话，对话是为了进一步了解对手的意图。我们可以从一位美国学者和官员的话语中看出端倪。美国学者阿什利·泰利斯是这样认识军事外交作用的："对外军事关系有各种不同的形式。最简单的一种形式，即派驻国外使领馆的武官可以起到一种监控军事技术、力量结构和组织方面最新动态的渠道作用。"① 在泰利斯看来，对外军事交往是出于监控他人的考虑。这种对抗性与控制性的思维，在 2009 年 1 月美国国防部部长盖茨的一份陈述中也能找到一点痕迹。他谈道："上一年，我和中国国防部长开通了直接的国防热线。中美军事交流正在持续发展，我们正在开始战略对话以帮助我们理解彼此的意图和避免潜在危险的误判。"② 单单从这一段来看是美国积极与中国开展军事交流，旨在消除敌视和建立与维持两军信任。但是，只要结合前一段的陈述，就不难看出其本意，"（中国人民解放军）在这些领域的现代化会威胁到美国的基础投放能力和帮助亚太地区的盟友的能力……"③ 同时，在操作层面上，西方国家的军事交往活动，大多局限于西方成员内部，貌似为"和平"，实质是另有针对的，如 2008 年 11 月韩美针对朝鲜在韩国浦项的军演，2009 年 6 月北约成员国和伙伴关系国针对俄罗斯在格鲁吉亚开展的军演，以及 2009 年 8 月美韩针对朝鲜进一步核发展的军演。以 2009 年美韩"乙支自由卫士"军演为例，其针对性和意图都是相当明显的，"自由卫士"的对立面不就是"专制暴君"吗？美国总统特使比尔·克林顿（Bill Clinton）对朝鲜进行了外交访问几天后，余热还未散去，几天后在另外一端又与韩国进行针对金正日政权下的朝鲜的军事演习。这就是典型的"强制"加"外交"。也就是说，西方国家把军事演习当作是威胁用武的信号。可见，西方国家的军事联合演习，只是变相的"强制""威逼"罢了。另外，西方国家与他们认为的"威胁"国家所开展的军事交往活动的确少之又少，如果有，层次也较低，军事技术含量较低，对先进的军事科技有所保留。如 2006 年中美为人道主义救援而开展的海上联合搜救演练。又如欧盟把在军事技术和武器与中国交流的问题

---

① 〔美〕阿什利·泰利斯等：《国家实力评估：资源绩效军事能力》，门洪华、黄福武译，新华出版社，2002，第 242 页。

② Secretary of Defense Robert M. Gates Submitted Statement, Senate Armed Services Committee, January 27, 2009, p. 4.

③ Secretary of Defense Robert M. Gates Submitted Statement, Senate Armed Services Committee, January 27, 2009, p. 4.

作为周旋于美中之间，与两国进行政治博弈的策略。由此可见，这类正常的军事交往往往被看做策略考虑。无论什么形式，西方国家所从事的军事外交离不开其"对抗"的思维理念，建立信任的预防外交也仅限于"西方内部"，"预防"的是内部联盟的瓦解及对内部成员构成威胁的国家。而对非"西方"使用的是吊着"胡萝卜"的"大棒"，美其名曰"外交"，以通过军事外交达到了解对手军事实力并最终达到控制对手之目的。

综上所述，中国的此"军事外交"与西方的彼"军事外交"无论是概念，还是实践，抑或是本质都存在差异。尽管如此，我们必须承认，中国和西方国家之间仍然存在军事外交的共同之处。比如，在反对恐怖主义、打击跨国犯罪、人道主义救援等非传统安全问题上（或者称为不对称战争）的军事交流，采取的共同行动。在世界全球化席卷下，国家与国家之间的利益变得更加相互交织，相互依赖，越来越多的问题从一国国内发展为地区性的，甚至是国际性的问题，面对非传统安全问题，单靠一国力量显然是应付不来，必须依靠多边的地区组织或者国际组织共同讨论解决。因此，中国和西方国家在这些问题上开展的军事外交目的都是为了维护地区和世界稳定，为全人类利益谋福祉。

三　党的第三代中央领导集体军事外交为中国人民和世界人民谋利益的思想

（一）提出军事战略方针从来是为实现国家战略目标服务的思想

新时期的军事外交是党的军事战略方针的一个有机组成部分。在冷战后日益复杂多变的国际环境中，军事外交的作用日益增大，防止霸权主义和强权政治借机发动侵略和防止恐怖主义、防止核扩散、防止因领土争端引起的军事冲突等方面的防务合作和安全对话，都需要军事扮演关键角色。江泽民指出："军事战略方针从来是为实现国家战略目标服务的。……在新的形势下，我们实行积极防御的军事战略方针，就是要在复杂多变的国际环境中，坚持从国家的大局出发，精心指导军队建设和军事斗争，与政治、外交密切协调，充分发挥我军在保卫国家安全、维护祖国统一和社会稳定、支援社会主义现代化建设中的重要作用，为改革开放和经济发展提供坚强有力的安全保证，使军队建设和军事斗争更好地为实现国家的战略目标服务。"[①] 在这里，江泽民把"军队建设""军事斗争""政治、外交"统一起来关注，体现了总体外交的精神，

---

① 《江泽民文选》第 1 卷，第 285 页。

因为只有这样，军事外交的效用才会最大化，保卫好国家主权与安全、维护好国家统一和社会稳定，最终服务好国家的战略目标。

中国能否顺利地实现自己的发展目标，关键是要有一个安全稳定的内部环境和外部环境，内部环境除了政法机关保障作用和人民群众自觉维护安全稳定的环境之外，军队的作用也是一大关键；外部环境上，一个安全稳定的外部环境，需要通过广泛的安全对话、安全合作来现实，需要靠政治、经济、外交工作来营造，而在这个过程中，中国军队所展开的双边的和多边的军事交流与和平维持活动也非常重要。江泽民指出："军事工作做得好坏，关系到国家的安危兴衰，责任十分重大。我们军队的同志，不管是做政治工作的，还是做军事工作的，都要懂得军事工作的重要性，知道肩上担子的分量，自觉从国家安全稳定的根本利益出发，兢兢业业、完全负责地把军事工作做好，把党和国家交给的各项任务完成好。"① 在党的第三代中央领导集体看来，人民军队永远是全心全意为人民服务的军队，是巩固国防、抵抗侵略，保卫社会主义制度和人民江山的最坚强力量。江泽民指出："人民解放军始终坚持全心全意为人民服务的宗旨，在巩固国防、抵抗侵略，保卫社会主义制度和人民的和平劳动，参加国家社会主义建设中发挥了重大作用。我国的国防建设不断加强，军队革命化、现代化、正规化建设不断推进。我们党领导的人民解放军是人民民主专政的坚强柱石，是保卫祖国的钢铁长城和社会主义建设的重要力量。"②

（二）提出军队应划清学习西方先进东西同崇洋媚外的界限，要一切以党和人民利益为重

结合中国军事安全的实际学习西方的先进军事管理和军事技术，核心的目标是更好地保障中国的国家主权与安全，从而为全体中国人民的和平生活和和平生产活动提供安全保障，意义是非常重大的，而且这绝不是崇洋媚外的表现。江泽民指出，"在对外开放和经济体制转变的过程中，各种错误思想倾向不可避免地会对部队产生冲击，各种腐朽思想文化对干部战士的侵蚀也不可低估。在这种情况下，在重大原则问题上注意分清是非界限，具有很重要的现实意义。比如，马克思主义同反马克思主义的界限……学习西方先进东西同崇洋媚外的界限……"③。中国人民解放军是一支伟大的军队，其很多优秀的传统

① 《江泽民文选》第 1 卷，第 138 页。
② 《江泽民文选》第 3 卷，第 269 页。
③ 《江泽民文选》第 1 卷，第 491～492 页。

和军事文化，已经成为世界上很多军队学习和借鉴的对象，但是这并不等于说中国军队就一切都完美，不需要学习别国先进的治军理念了，相反，军队要保持先进性，在巩固自身优势的情况下，一定要把各国先进的治军理念学到手，但决不能产生学习了别国先进的军事理念后，就对我们自己好的经验和好的传统产生怀疑，认为自己的一切都不好，人家的一切都好，如果这样，那就是真正的崇洋媚外。在学习了别人的东西之后，如果认为人家的东西不怎么样，我们的什么都比别人强，这实际上是故步自封，不求进取的思想，在当今的时代，故步自封的倾向是存在的，崇洋媚外也不少见，相对而言，崇洋媚外的比重可能大于故步自封者。崇洋媚外的情绪所产生的最大的问题是，如果这种情绪在军队成为主流，那么西方和平演变中国就首先在军队取得成功，什么军队"国家化"，军队"非党化"，军队"中立化"等"西化"的错误思想就会蔓延开来并形成气候。如果"西化"的观念在军队形成气候，那人民的江山就要改变颜色，中国又将陷入四分五裂的境地，受苦受难最深的，还是最普通和最广大的人民群众。因此，如何在和平条件下，使我们的军队始终保持解放战争时代的那种战斗力，如何让延安精神永远在军队闪耀它的光辉，这是摆在军队面前的一大紧迫的课题。

（三）强调军队要时刻关注国际国内发展的大势，以坚定的理想信念忠诚于党的事业、为国家和人民的利益忘我工作

江泽民指出："我们每一位同志，都要有坚定的理想信念，忠诚于党的事业，为国家和人民的利益忘我工作。眼界一定要十分开阔，胸襟一定要十分开阔，时刻关注国际国内发展的大势。"[1] 只有"时刻关注国际国内发展的大势"，我们的人民军队才会对世界的安全形势有充分的了解。

四 "三个代表"重要思想引领下中国军事外交取得的成就

《2010 年中国的国防》白皮书指出："中国已经站在新的历史起点上，中国的前途命运与世界的前途命运更加密不可分。面对共同的机遇和挑战，中国坚持互信、互利、平等、协作的新安全观，把中国人民的根本利益与世界人民的共同利益联系起来，把中国的发展与世界的发展联系起来，把中国的安全与世界的和平联系起来，努力以自身的和平发展推动建设持久和平、共同繁荣的和谐世界。"[2]

---

① 《江泽民文选》第 2 卷，第 479 页。
② 新华社北京 2011 年 3 月 31 日电。

（一） 军事外交促进世界生产力发展

中国支持并积极参加联合国维和行动，不但为维护世界和平作出了积极贡献，同时也把在联合国框架下将促进物质生产力和精神生产力的发展作为重要任务。根据《2010 年中国的国防》白皮书，"中国维和部队发扬特别能吃苦、特别能战斗、特别能奉献的优良作风，以高度负责的职业精神投入工作，新建、修复道路 8700 多公里、桥梁 270 座，排除地雷和各类未爆物 8900 多枚，运送物资 60 多万吨，运输总里程 930 多万公里，接诊病人 7.9 万人次，圆满完成联合国赋予的各类维和任务。截至 2010 年 12 月，中国人民解放军有 1955 名官兵在 9 个联合国任务区遂行维和任务，中国是联合国安理会常任理事国派遣维和人员最多的国家。其中，军事观察员和参谋军官 94 人；赴联合国刚果（金）稳定特派团工兵分队 175 人，医疗分队 43 人；赴联合国利比里亚特派团工兵分队 275 人，运输分队 240 人，医疗分队 43 人；赴联合国黎巴嫩临时部队工兵分队 275 人，医疗分队 60 人；赴联合国苏丹特派团工兵分队 275 人，运输分队 100 人，医疗分队 60 人；赴联合国/非盟达尔富尔混合行动工兵分队 315 人。"[①]

中国还积极参加亚丁湾和索马里海域护航。根据联合国安理会有关决议，中国政府于 2008 年 12 月下旬开始派遣海军舰艇编队赴亚丁湾、索马里海域实施护航。除了保护中国航经亚丁湾、索马里海域的船舶、人员安全外，还担任保护世界粮食计划署等国际组织运送人道主义物资船舶的安全，并向航经该海域的外国船舶提供安全掩护。根据《2010 年中国的国防》白皮书，"截至 2010 年 12 月，海军已派出 7 批 18 艘次舰艇、16 架直升机、490 名特战队员执行护航任务。中国海军护航行动主要采取伴随护航、区域巡逻和随船护卫等方式，先后为 3139 艘中外船舶提供安全保护，其中解救被海盗袭击船舶 29 艘、接护船舶 9 艘。"

（二） 军事外交促进军事外交文化交流与发展

第一，在和平时代，建立军事互信是维护国家安全发展和地区和平稳定的有效途径。中国认为政治互信是基础，促进共同安全是目标，主张平等协商、尊重彼此核心利益和重大安全关切、不针对第三国、不威胁和损害他国安全稳定是军事外交的原则，并在此基础上建立平等、互利、有效的军事互信机制。

---

① 新华社北京 2011 年 3 月 31 日电。

第二，《2010 年中国的国防》白皮书指出："中国已与 22 个国家建立防务安全磋商对话机制。中俄战略协作伙伴关系全面深入发展。中俄两军于 1997 年建立战略磋商机制。2010 年两军总参谋部举行第十三轮战略磋商，双方就国际战略形势、东北亚、中亚、南亚及两军合作等问题达成诸多共识。""中美两国在防扩散、反恐和双边军事安全合作等领域开展磋商。1997 年，中美两国建立国防部防务磋商机制。2009 年 6 月和 2010 年 12 月，两国举行第十次、第十一次国防部防务磋商，就共同关心的问题进行对话。2009 年 2 月和 12 月，中美举行第五次、第六次国防部工作会晤。"

第三，中国高度重视和周边国家的军事互信。根据《2010 年中国的国防》白皮书，中国"与蒙古、日本、越南、菲律宾、印度尼西亚、泰国、新加坡、印度、巴基斯坦等周边国家建立防务安全磋商和政策对话机制。定期举行不同层级的磋商对话，主要探讨亚太安全形势、双边军事关系、地区热点等问题，对促进相互理解、巩固睦邻友好、深化互信合作、维护地区和平稳定发挥了积极作用"。

第四，中国还和欧洲的英国和德国、大洋洲的澳大利亚、阿拉伯国家等进行战略磋商和对话。根据《2010 年中国的国防》白皮书，"2009 年 9 月，中德两军举行第四轮防务战略磋商。10 月，中澳两军举行第十二次防务战略磋商。2009 年 3 月和 2010 年 6 月，中国与新西兰举行第二次、第三次战略对话。2010 年 2 月，中英两军举行防务战略磋商。11 月，中国与南非举行第四次防务委员会会议。中国还与埃及建立防务（合作）委员会会议机制，与土耳其建立军事合作高级对话会机制，与阿拉伯联合酋长国建立防务磋商机制，拓宽了中国与中东国家的防务交流领域。"

第五，中国的军事外交文化，通过在护航国际合作中得以充分体现。根据《2010 年中国的国防》白皮书，"中国海军护航编队与有关国家和组织建立互通共享情报信息的常态化机制，与欧盟、多国海上力量、北约、俄罗斯、韩国、荷兰、日本等护航舰艇进行指挥官登舰互访 24 次，与俄罗斯开展联合护航行动，与韩国护航舰艇进行海上联合演练，与荷兰开展互派军官驻舰考察活动。中国积极参与联合国索马里海盗问题联络小组会议以及'信息共享与防止冲突'护航合作国际会议等国际机制。"

第六，在中外联演联训中坚持中国的军事文化理念。中国人民解放军与外国军队的联合演习和联合训练，坚持的原则是"不结盟、不对抗、不针对第三方的方针和战略互惠、平等参与、对等实施的原则"。根据《2010 年中国的国防》白皮书，"截至 2010 年 12 月，人民解放军已与外国军队举行 44 次联演联训，对促进互信合作、借鉴有益经验和加强军队现代化建设具有积极作用。"

（三）军事外交充分体现中国人民和世界人民的利益

第一，中国军队和外军的联合军演，都是从中国人民和世界人民的安全利益、经济利益考虑的。比如，反恐、海上生命救援、人道主义医疗救援、海上贸易安全等军演次数多。①

第二，以平等、互利、共赢为原则开展国防科技工业对外合作。根据《2010年中国的国防》白皮书，中国"发展与友好国家的防务技术合作关系，与一些友好国家建立政府间军工技术联委会机制。鼓励和支持军工企事业单位参与国际交流与合作，与一些国家采取联合研制、联合生产、合作培养人才的方式开展军工技术合作"。中国与别国防务技术合作以"防扩散机制"的建立和完善为前提，在军品及相关技术出口时牢牢把握提高接受国正当自卫能力，遵守不损害地区和世界和平、安全和稳定，不干涉接受国内政原则，为此，中国对军品出口企业实行特许经营制度，对军品出口产品实行许可证管理措施，这都是从世界人民的安全利益考虑的。

第三，积极参与国际灾难救援。参加政府组织的国际灾难救援行动，履行国际人道主义义务，是中国军事外交的一大光荣任务。根据《2010年中国的国防》白皮书，"自2002年向阿富汗提供救援物资以来，人民解放军已28次执行国际紧急人道主义援助任务，共向22个受灾国提供总价值超过9.5亿元人民币的帐篷、毛毯、药品、医疗器械、食品、发电机等救援物资。2001年，由北京军区工兵团官兵、武警总医院医护人员和中国地震局专家组成的中国国际救援队，开始参与国际灾难紧急救援行动，迄今已8次赴受灾国执行救援任务。2010年1月，中国国际救援队和人民解放军医疗防疫救护队赴海地参与地震救援，执行人员搜救、紧急救护、卫生防疫等任务，累计救治当地伤病员6500人次。2010年9月，中国国际救援队和人民解放军医疗救援队、直升机救援队赴巴基斯坦执行人道主义救援任务，累计救治当地伤病员3.4万人次，直升机投送物资60吨。"

---

① 2003年，中国与上合组织成员国共同举行首次中外多边联合反恐军事演习。2006年，中国与塔吉克斯坦举行联合反恐军事演习。2005年、2007年、2009年、2010年，中国与俄罗斯等上合组织成员国举行"和平使命"系列联合反恐军事演习。2003年，中国与巴基斯坦举行首次中外海上搜救演练。结合中外海军舰艇互访等活动，迄今已与印度、法国、英国、澳大利亚、泰国、美国、俄罗斯、日本、新西兰、越南等国海军举行搜救、通信、编队、潜水、护航等课目的双边多边海上演练。2009年，首次派遣卫勤分队远赴非洲与加蓬举行卫勤联合行动，开展医疗培训和救援演习，为当地民众提供医疗救助。2010年，派遣医疗队赴秘鲁举行人道主义医疗救援联合作业，共同开展突发事件应急医疗救援演练，提高应对紧急人道主义危机的能力。

第四，在边境建立信任措施。根据《2010 年中国的国防》白皮书，"1993年 9 月和 1996 年 11 月，中国与印度先后签署《关于在中印边境实际控制线地区保持和平与安宁的协定》和《关于在中印边境实际控制线地区军事领域建立信任措施的协定》。2005 年 4 月，中印两国签署《关于在中印边境实际控制线地区军事领域建立信任措施的实施办法的议定书》，就 1996 年建立信任措施协定有关条款的具体实施办法达成协议。1996 年 4 月，中国与哈萨克斯坦、吉尔吉斯斯坦、俄罗斯、塔吉克斯坦签署《关于在边境地区加强军事领域信任的协定》。1997 年 4 月，中国与上述国家签署《关于在边境地区相互裁减军事力量的协定》，对长达 7600 多公里的中哈、中吉、中俄、中塔边界一定纵深内的作战部队与武器装备进行裁减，每年组织相互视察活动，监督和核查边境地区信任措施落实情况。1998 年 12 月，中国与不丹签署《关于在中不边境地区保持和平与安宁的协定》。"

中国人民解放军边防部队忠实履行军事领域边境信任协定。20 世纪 90 年代以来，中国国防部分别与朝鲜、俄罗斯等国相关部门签署《边防合作协议》，建立三级会晤机制，及时通报边境信息，协商处置重要边境事务，为边界两边人民的安宁作出了贡献。根据《2010 年中国的国防》白皮书，"中国政府与多个陆地邻国签订国界管理制度协定，明确共同维护边境地区秩序、保护与利用跨界河流、建立边境地区联系制度、协商处理边境事务等合作措施。建立边界代表制度，负责与邻国协商处理无需通过外交途径解决的边境事务。中国边界代表由政府任命、边防部队领导担任，在当地军事机关、外事部门指导下工作。边界代表定期交换边境相关信息，防范和处理各类边境事件，配合做好口岸管理、跨境运输、渔业合作、环境保护、灾害预防等工作。"

第四节　本章小结

从促进先进军事生产力发展的意义上，党的第一代中央领导集体的军事外交主要体现在，通过和苏联的广泛的军事合作，谋求建立中国先进的军事生产力，推动中国军事事业的现代化。从军事外交文化的意义上讲，是以谦虚好学和独立自主相统一建构自己的先进军事外交文化。党的第一代中央领导集体特别强调以谦虚的精神学习苏联等军事强国的先进军事知识和经验，学习包括苏联经验在内的一切国家的军事知识，使之形成"毛泽东军事学派"这一中国化军事知识和经验，才是正确的、才能真正形成中国军事体系的先进性；在军事合作中坚定地维护中国的国家主权与安全；突出强调学习别国先进经验的同时，要拒绝依赖别国的思想，要培养自身的独立自主精神；主张学习别国先进的军事科学和技术的最终目的是为了实现创新和自我发展。如果学习总是跟在人家屁股后边跑的学习，这样的学习只能是低水平的学习。只有在脚踏实地地学习并真正做到消化吸收别人成果的基础上，逐渐实现自我发展，并建立起自己强大的自主创新体系，才是学习的目的所在；主张把学习苏联和人民民主国家在军事科学方面的成就和同时认真地研究和总结我军的战争经验两者结合起来，只有这样，中国的军事现代化才会成为有源之水，同时主张学习欧美国家的军事技术，只有这样才是完整的学习，而非片面的学习；高度重视国际关系史中的惨痛历史经验教训，时刻提醒西方国家不要犯当代版的"慕尼黑"错误，是中国先进的军事外交文化的一部分。从军事外交体现人民的根本利益上讲，党的第一代中央领导集体主张军事外交为人民。新中国成立之初，为了中国人民和朝鲜人民的安宁和幸福，党的第一代中央领导集体把国际主义和爱国主义紧密结合起来，为保家卫国和援助朝鲜人民的抗美救国战争，中国人民组成自愿军奔赴朝鲜战场，与朝鲜人民和朝鲜军队展开了一场空前的军事合作。中国人民自愿军完成了自己的历史使命之后，为了彰显中国人民自愿军是一支真正的和平军队，在停战之后，考虑到朝鲜人民已经可以完全依靠自己的力量来解决民族内部事务，为了不给朝鲜人民增加负担，中央决定自愿军从朝鲜全线撤出。在 20 世纪 70 年代初到 70 年代中期，中美在未建交的情况下，党的第一代中央领导集体和美国解决了以维护国家主权与安全为核心的涉及诸多军事领域的问题，达成美国不支持"台独"和从中国的领土台湾省撤军等重要协议，为中美实现关系正常化铺平了道路，有力地实现了全体中国人民政治利益和安全利益。

从军事外交促进先进军事生产力发展的意义上，党的第二代中央领导集体主张通过军事外交促进中国先进军事生产力的发展。党的第二代中央领导集体十分清醒地认识到，先进的军事科技是掌握在西方发达国家手里，人家不可能慷慨地给你，人家甚至会对你采取全面封锁的政策，但是事在人为，只要积极引进，还是可以有所斩获的。党的第二代中央领导集体认为，国防的现代化是保障中国改革开放能否顺利进行的安全保障，如果单纯地认为改革开放只是民用领域的改革开放，这样的改革开放是不全面的、不对称的，在经济和民用科技取得大发展的同时，在经济和民用科技引进外资和技术取得突破的同时，也要加大力度引进国防领域的科学技术；党的第二代中央领导集体提出"军用外汇的分配、使用，重点是航空工业和装备"的思想，提出军事生产力中领军人物年轻化要"借鉴外军经验"的思想。从先进军事外交文化理念的意义上，党的第二代中央领导集体重视外国先进的军事知识，尊重在借鉴和引进外国军事知识和文化方面作出积极贡献的人；主张维护国家主权（包括收回失去的领土）、尽最大限度地采取和平方式解决，但决不承诺放弃最后的军事手段；突出强调中国的强大与世界和平的正相关关系的思想；提出中国要和广大亚太第三世界国家展开应该包括军事和防务领域的合作，共同应对超级大国和企图重新复活军国主义的日本的挑战；提出欧洲联合应对霸权主义的地缘军事思想。向国际社会展示了军队是人民的军队，维护国内和平与世界和平的军队。通过裁军，树立中国军队的新形象。从体现中国人民利益和世界人民利益的意义上，党的第二代中央领导集体高度重视军事外交的息事宁人作用，用中国追求和平是中国人民的利益所在和世界人民的利益所在的"摆事实"和为什么中国需要几十年内在的发展而不是对外扩张才能真正把自己发展起来的"讲道理"的方法，向国际社会坦诚表明中国是真正爱好和平而不是好战的、决不会自己主动挑起战争惹事的军事外交思想；向第三世界国家推荐的军事胜利的唯一决定性因素就是能否真正代表人民的利益的思想。

从军事外交促进先进生产力的意义上，党的第三代中央领导集体提出和平时期国防建设和经济建设相互促进、相互协调，国防建设服从经济建设大局的思想；根据世界军事强国加快军队现代化，以高技术质量建设为主要标志的军事竞争新态势，提出高新技术在军事斗争和军事变革中的作用，提出以改革创新的精神迎接世界军事发展的挑战，努力借鉴外军的经验，为我服务的思想；强调以提升中国的国际地位、更进一步改善中国的安全环境为目标，着眼于未来，着眼于21世纪的国家安全保障和军事威慑力量的战略眼光，搞好中国的高科技发展的思想；提出为了迎接世界新军事变革的挑战，加紧培养中青年领导干部和政治思想素质过硬、懂得现代军事的人才的思想；从美国发动海湾战争、科索沃战争，阿富汗战争的情况缜密观察得出结论，提出中国在新的历史条件下的"国家战略能力"观；指出在科索沃战争、阿富汗战争推动下，新军事变革正在进入一个新的质变阶段，很可能发展成为一场波及全球、涉及所有军事领域的深刻的军事革命，并由此改变国际军事斗争格局。从军事外交文化的意义上，党的第三代中央领导集体以永远不称霸的承诺和坚持正义战争的辩证统一体现军事外交文化先进性的引导力；主张以安全对话合作机制的建构、全方位、宽领域、多层次的军事外交体现军事外交文化先进性的推动力，以反对霸权主义和强权政治体现军事外交文化先进性的对抗力；在体现军事外交文化先进性的威慑力方面，党的第三代中央领导集体继承第一代和第二代中央领导集体的威慑观，坚定地维护国家主权。从军事外交为人民利益服务的思想上，党的第三代中央领导集体提出军事战略方针从来是为实现国家战略目标服务的思想。指出新时期的军事外交是党的军事战略方针的一个有机组成部分；提出军队各级领导干部要一切以党和人民的利益为重的思想。提出划清包括"学习西方先进东西同崇洋媚外的界限"才能真正做到和做好"一切以党和人民的利益为重"；提出以时刻关注国际国内发展的大势为重要关注点，以坚定的理想信念、忠诚于党的事业、为国家和人民的利益忘我工作的思想。

| 第五章 |

"三个代表"重要思想与党的三代
中央领导集体的科技外交

胡锦涛同志在党的十八大报告中指出："以全球视野谋划和推动创新，提高原始创新、集成创新和引进消化吸收再创新能力，更加注重协同创新。"①经济发展的"全球视野"和"引进"，无疑是经济外交的两个核心变量，而之所以要以全球视野来发展中国的科技，就是要紧跟世界科技发展的前沿，一方面正视中国自身科技发展的发展现状，一方面发挥中国科技发展的后发优势，通过引进等科技外交手段，实现中国科学技术的革命性飞跃。十八大的这一科技外交思想，标志着中国科技外交思想走向更高的境界，是自力更生理念和对外开放思想的高度科学和辩证的统一。

第一节　"三个代表"重要思想与党的第一代
中央领导集体的科技外交

在中国上古的诸子百家中，墨子恐怕是少有的几个主张采取科技加外交的力量创造和平的圣贤之一。他以科学技术武装起来的实力为后盾，再辅之以外交手段，防止了一次又一次"大国"对弱小民族的侵略和征伐。他在《七患篇》中说："库无备兵，虽有义不能征无义。城郭不备全，不可以自守。心无备虑，不可以应卒。……故备者国之重也，食者国之宝也，兵者国之爪也，城者所以自守也。"《墨子》现在的五十三篇之中，就有十一篇专论防守技术。他阻止了公输般的九次攻击，而且告诉楚王："臣之弟子禽滑厘等三百人，已

---

① 胡锦涛：《坚定不移沿着中国特色社会主义道路前进　为全面建成小康社会而奋斗——中国共产党第十八次全国代表大会报告》（2012 年 11 月 8 日），人民出版社，2012 年 11 月版，第 21 页。

持臣守圉之器，在宋城上而待楚寇矣。虽杀臣，不能绝也。"楚王最后无可奈何地下决心："善哉！吾请无攻宋矣。"① 终于阻止了一场诸侯国之间的战争。我们可以说，墨子的和平观不但是贵"义"的和平观，而且也是贵"势"的和平观，他以实力为后盾，提倡和平，更创造了和平②。

中国近代落后的主要原因之一是缺乏对外部世界科学技术发展水平的了解，更谈不上和外部世界有广泛的科技交流。当代西方马克思主义学者大卫·莱卜曼（David Laibman）就说过，中华文明拥有四千年之悠久的历史，伴随高度先进的政治制度，中国创造了在世界上处于主要地位的技术和文化优势，在那个时代，当世界的另外一部分人们，明显的如欧洲，相比较而言仍然大大地落后于中国，然而，资本主义戏剧性的突破却发生在西方，而不是东方，资本主义的帝国主义从 19 世纪后期开始就成为在中国社会发展中的强有力的外部力量，而不是相反。③ 晚清的中国意识到和西方资本主义国家开展科学技术交流的重要性，也催生了中国的洋务运动，但为时已晚，在国家主权已不保的情况下，开展任何形式的科技外交都只能是杯水车薪，只有到了新中国成立之后，科学技术救国才有了实质性的意义，在国家主权恢复的情况下，在平等互利基础上的科技外交才有了实现的可能。中国想要真正地成为世界强国，首先就必须在科学技术上成为世界强国，中国人朝思暮想要实现全方位的科学技术的腾飞，因为这是中国实现现代化的基础。有西方学者就指出，"中国为许多观察家视为崛起的技术超级大国，这的确是中国领导人的目标，从中央到省和大城市的领导人们都拥有如此的渴望"④。应该说西方学者对中国人在科学技术上的梦想的评价并不过分。

一　党的第一代中央领导集体科技外交的生产力思想

（一）认真学习一切民族的先进科学技术，是党的第一代中央领导集体科技外交的出发点

今天，学习外国的先进文化与科学技术已经是一个常识性的问题，也

---

① 《墨子·公输》第五十。"已持臣守圉之器"此句意思是"已经带上我制造的防御武器"。墨子不但是一位卓越的思想家，具有自己一套理论体系，而又善守御，能制造守御之武器，在墨子身上，表现了思想理论与制造工艺的统一。儒道两家都比较轻视工艺技术，参见张岱年《论墨子的救世精神与"摹物论言"之学》，《文史哲》1991 年第 5 期。

② 第三层次的观点主要受到王赞源（台湾）先生观点的启发。参见王赞源《墨子的现代价值》，《烟台大学学报》（哲学社会科学版）1993 年第 1 期。

③ David Laibman, "Marxism, Socialism, China, and the World", *Science & Society*, New York: Jan. 2008, p. 5.

④ Alan Wm Wolff, *China's Drive Toward Innovation，China Is Launching a Multifaceted Plan to Reach the Forefront of Technology*, Washington: Spring 2007, p. 54.

可以说不是问题，可是在旧中国和新中国成立之初，提倡学习外国的先进文化与科学技术可是一次思想观念的大革命，特别是提倡学习西方国家的科学技术与文化所遇到的思想上的抵制，更是非常的突出。学习西方国家先进科学技术是党的第一代中央领导集体科技外交思想的一个十分重要的部分。毛泽东于 1956 年就提出应该避免"武断地否定资本主义国家的科学技术成果"的缺点。他严肃批评那种"对外国的科学、技术和文化，不加分析的一概排斥"的做法，认为那"不是马克思主义的态度"。毛泽东在这一年写的《论十大关系》中强调，"一切民族、一切国家的长处都要学，资本主义国家的先进的科学技术和企业管理方法中合乎科学的方面，也要学习"①。他指出，"我们接受外国的长处，会使我们自己的东西有一个跃进。中国和外国的要有机地结合，而不是套用外国的东西。学外国织帽子的方法，要织中国的帽子"，"外国有用的东西，都要学到，用来改进和发扬中国的东西，创造中国独特的新东西。搬要搬一些，但要以自己的东西为主，要《死魂灵》，也要《阿 Q 正传》。"② 毛泽东在提倡我们学习别国先进的科学技术的同时，也特别强调，"自然科学方面，我们比较落后，特别要努力向外国学习。但是也要有批判地学，不可盲目地学。在技术方面，我看大部分先要照办，因为那些我们现在还没有，还不懂，学了比较有利。但是，已经清楚的那一部分，就不要事事照办了"，"我们的方针是，一切民族、一切国家的长处都要学，政治、经济、科学、技术、文学、艺术的一切真正好的东西都要学。但是，必须有分析有批判地学，不能一切照抄，机械搬运。"③毛泽东科技外交思想是开放性的外交思想，但是对新中国这一开放的思想，持积极响应的国家（或国家集团），也只有社会主义阵营的苏联及社会主义阵营的其他成员，资本主义国家基本上对中国是采取全面封锁的政策。这是战后国际政治格局的形态所决定的，这也是西方列强遏制中国发展的基本形态所决定的。

（二）社会主义国家之间的科技合作，是加快社会主义发展速度、巩固社会主义政权、巩固社会主义国家之间团结的有力保证

第一，新中国非常重视和社会主义国家间的科技合作。1952 年 5 月 6 日

---

① 《毛泽东外交文选》，第 235 页。
② 《毛泽东著作选读》下册，人民出版社，1986，第 746～751 页。
③ 《毛泽东外交文选》，第 236～238 页。

在北京签署的中国和捷克斯洛伐克科学与技术合作协定（是新中国成立后同外国政府签订的第一个政府间科技合作协定，即在北京签署的《中华人民共和国政府和捷克斯洛伐克共和国政府科学与技术合作协定》）。这是新中国成立后同外国政府签订的第一个政府间科技合作协定，其历史意义超越了中捷两国的范围。其一，开创了中外科技合作的模式，建立了一套管理合作的办法，即在协定的基础上通过双边科技合作联合委员会的形式，有目的、有组织、有计划地开展国际科技合作；其二，带动了其他社会主义国家相继同我国签订政府间科技合作协定，国际科技合作很快成为我国对外关系的重要组成部分，成为我国经济建设和科技发展事业的重要组成部分。我国不仅引进先进技术，也向国外输出技术和提供技术援助。新中国成立以后近 30 年中，中国对外经济技术合作主要是遵循无产阶级国际主义原则，向第三世界友好国家提供经济技术和资金援助，开展科技协作和交流。在 1952 年 5 月至 1960 年 6 月间，我国先后同捷克斯洛伐克、罗马尼亚、匈牙利、民主德国、波兰、苏联、阿尔巴尼亚、保加利亚、南斯拉夫、朝鲜签订了双边政府间科技合作协定。① 第一个五年计划期间，苏联给予了中国大量的经济、科技支持，1959 年 2 月 7 日，中苏签订了 1959～1967 年间在中国建设冶金、化学、煤炭、石油、机器制造、电机、无线电技术、建材等 78 项大型项目的协定。"苏联政府先后帮助中国新建和扩建共达一百五十六项的巨大工业企业，派遣大批优秀专家帮助中国建设，几次给予中国优惠贷款，将中苏共同管理的中国长春铁路和苏联机关于一九四五年在中国东北境内由日本所有者手中所获得的财产无偿地移交中国，将中苏合营企业的苏联股份出售给中国，并决定把中苏共同使用的旅顺口海军根据地和该地区的设备交由中国完全支配，最近，又建议在促进原子能和平用途的研究方面给予中国以科学、技术和工业上的帮助"②，这些对于建立中国的工业化基础和创造科技发展条件发挥了重大作用，使中国在很短的时间里初步建立起较为完整的现代工业体系。但 1959 年 6 月，苏联政府片面地撕毁了两国签订的关于国防新技术合作的协定。1960 年，苏联撤退专家撕毁合同废除 257 个科技合作项目。

1953 年 3 月，中国科学院组建了一个由著名科学家组成的代表团，应苏联科学院的邀请访问苏联，为时 3 个月，这是中国科学界向苏联学习的一件大事，它对于我国学习苏联的科学技术，全面引进苏联科技管理的经验与模式影

---

① 《人民日报》2009 年 8 月 13 日。
② 《毛泽东外交文选》，第 198 页。

响重大，并对中科院学部的建立和我国第一个科技发展长远规划的制定起了直接的作用。这次代表团访苏的任务是：其一，了解和学习苏联如何组织和领导科学研究工作，特别是十月革命后，苏联科学如何从旧有基础上发展和壮大起来的经验。其二，了解苏联科学的现状及发展方向。其三，就中苏两国科学界合作问题交流意见。这个代表团以钱三强为团长、张稼夫为团党支部书记、武衡为秘书长，在历时3个月的访问中，对苏联78个各种类型的研究机构、11所大学以及许多任务矿、农庄、博物馆、天文台等进行了访问，并同苏联科学家进行了广泛的接触，听取了苏联科学院主席团特为中国代表团组织的7个全面性的报告。① 1954年，中国科学院聘请了苏联土壤学家柯夫达任中国科学院总顾问，一年后又由电业专家拉扎连科继任。他们对中国科学院学术活动、学部的建立、长远规划的制定、奖金条例的制定均提出了许多好的意见。1954年11月，中苏科技合作委员会第一次会议在莫斯科举行，会议通过了中苏科学技术合作委员会的章程，签订了双方在国民经济各部门进行科学技术援助的相互义务的议定书。1955年4月，苏联科学院代表团访问中国，12月苏联科学家访华团访问了中国。中苏科学家在广泛领域进行了交流与合作，从交换期刊、图书、标本和资料，扩大到交换情报、就有关科学问题进行咨询、合作进行科学研究、参加各方面的学术会议、互派科学家进行短期讲学等。②

"我国从1950年开始向苏联等国选派留学生。据统计，到1960年，共向苏联、东欧地区国家、朝鲜、古巴等29个国家派出留学生10678人。其中，向苏联派遣留学生8310人，约占派出留学生总数的78%，另外，加上其他经济业务部门选派的留学生、实习人员共约达1.2万人。……1951～1960年，中国派往苏联的留学生每年至少有200人，高峰时达到2000多人，总数达到1.4万人，约占10年中派出留学生总数的90%。这是新中国成立后第一批接受外国教育的人员。中国今天第一流的科技专家中有不少人就是当年的留苏人员。当年派出人员中，回国人数达全部派出人数的95%以上。这些留学生中有的已成为我国科技领域一些学科的开创者和奠基人，多数人成为我国科研、教育、文化、外交、国防以及经济建设各领域的技术骨干或国家重点建设、重点科研课题的承担者和组织者。"③ 新中国在成立初期全面学习苏联的科学技术，中苏关系破裂后中国基本上回到了消化吸收中苏科技交流所留下来的成果

---

① 陈建新等主编《当代中国科学技术发展史》，湖北教育出版社，1994，第30页。
② 陈建新等主编《当代中国科学技术发展史》，第32页。
③ 陈建新等主编《当代中国科学技术发展史》，第33～34页。

并将苏联科学技术中国化的问题上来。应该说，中国是把外国的先进技术本国化最成功的国家之一，这也是中国特色社会主义的重要表现。

社会主义国家的团结本来是由制度和意识形态的一致和国家利益的高度一致所决定的，正如毛泽东主席所说："自从有历史以来，任何国家间的关系，都不可能像社会主义国家间这样休戚与共，这样互相尊重和互相信任，这样互相援助和互相鼓舞。这是因为社会主义国家是完全新型的国家，是推翻了剥削阶级而由劳动人民掌握权力的国家。在这些国家间的相互关系中，实现着国际主义和爱国主义相统一的原则。共同的利益和共同的理想把我们紧紧地联结在一起。马克思在国际工人协会成立宣言中这样说过：'过去的经验证明：忽视在各国工人间应该存在的兄弟团结，忽视这个应该鼓励他们在解放斗争中坚定地并肩作战的兄弟团结，就会使他们分散的努力遭到共同的失败。'九十几年前马克思的这个指示，对于我们永远不会过时。"① 毛主席所说的"休戚与共""互相尊重和互相信任""互相援助和互相鼓舞"并不是口号，而是要用实际行动来体现，新中国各项事业都大大落后于苏联，作为社会主义的先锋国家的苏联，在政治、经济和科技等事业上帮助中国，这是天经地义的事情，中国发展起来了，反过来也会给苏联以极大的帮助，在中苏关系公开破裂前的1959年，宋庆龄先生在《红旗》杂志发表文章《中国的解放——中苏友谊——人类向未来跃进》指出，"社会主义的存在，特别是具有强大力量的苏联的存在，是一个强大的因素，它可以帮助每一个人民民主国家在今天建设社会主义，在将来建设共产主义，……社会主义体系内部的源源不断的相互支持和帮助对于这个体系本身的发展也是有帮助的"，② 宋庆龄先生讲的就是社会主义国家间相互的物质和精神之支持对巩固社会主义阵营团结的重要意义。苏联外交学家列昂节夫在他的《苏维埃国家的对外政策是和平政策》著作中也明确指出，"在平等互利条件下的相互帮助，已成为苏联和社会主义阵营所有其他社会主义国家的日常关系的实践"③，"从历史上讲，五十年是一段很短的时间；社会主义在它的头五十年中本来很可能没有多少进展，甚至还有可能在它的诞生地暂时被国际的反革命力量压倒，这类情况之所以没有发生，社会主义之所以反而在此三十年稍多一点的期间内就传播到了世界上广大的地区，其主要原因是苏联在二十年代末和三十年代以史无前例的速度实现了工业化，如果

---

① 《人民日报》1957 年 11 月 7 日。

② 《红旗》1959 年第 18 期，第 7 页。

③ 〔苏联〕列昂节夫：《苏维埃国家的对外政策是和平政策》，孟杰译，人民出版社，1956，第 20 页。

这个大规模的工业化没有能够及时地实现，那么苏联在经济上和军事上就不会有雄厚的力量来对付 1941 年纳粹的突然袭击；要在苏联重建社会主义并把它传播到其他各地，就可能需要好多年的时间，强制实行了差不多二十年的工业化和整个这场战争，使苏联丧失了两千多万生命并遭受了说不尽的痛苦，但是这个重大的牺牲没有白费，作出牺牲的苏联人民并不是唯一的受益者。"① 但是斯大林之后的领导人不懂得这一点，他们认为对中国帮助太多会让中国做大，到时候反而会威胁苏联的安全与利益，更令人不能理解的是，苏联一味无原则地和美国搞"缓和"，搞"和平竞赛"，搞"核裁军"，使中国深刻地感到自己被苏联所出卖，中国的生存与安全受到极大的威胁。在这样的情况下，苏联已经事实上转而从中国最亲密的"社会主义阵营的老大哥"向中国最危险敌人之方向发展，所以，在这样的情况下，以毛泽东为首的中国共产党人敏锐地看清了这样一种不祥的发展态势，果断地和苏联分道扬镳，不但很好地维护了中国之尊严，也极大地维护了中国的生存与安全。正如 1967 年美国《外交》季刊一篇论文所分析的："任何中国政府都会担心突然什么时候俄罗斯就会将中国给出卖掉，因为在近代俄罗斯人多次出卖过中国——苏联要么拒绝给北京核武器，要么赞同处于发展相对落后世界的中国之野心，除此之外，有鉴于中国对俄罗斯人控制了曾经为中国领土之怨气，在中国与苏联之间 4000 公里的亚洲边界也将是一个潜在的麻烦之源。"② 俄罗斯在历史上多次出卖中国，这是铁证如山的事实，但至于说中国将来会和俄罗斯在中国失去的领土问题上和俄罗斯叫板，则在事实面前被证明是错误的。今天中俄两国的发展史表明，过去沙俄对中国人民犯下了滔天罪行，但中国并没有因此把账算在今天的俄罗斯人民头上，中国是向前看的中国。俄罗斯人懂得用事实解释一切，但是当时的苏联统治者是怎么想的呢？他们清楚中国的治国理念和对外政策的和平趋向和"息事宁人"的价值观，苏联是世界超级的"中国通"，它主要并不是担心中国将来强大起来后会提出要收回历史上被沙皇俄国抢走的中国土地，而是不愿意看到中国强大起来后动摇它老大哥的地位。因为即使是在新中国成立后不久，新中国百废待举，各方面还很弱的情况下，苏联在社会主义阵营内部由于施行过度干涉阵营内部小兄弟的内政，加之美国为首的西方国家的挑拨离间和暗中经营，已经使那么几个小兄弟很是不听苏联的话，很是不买账了。也许是

---

① 〔美〕保罗·斯威齐、〔法〕夏尔·贝特兰：《论向社会主义过渡》，尚政译，商务印书馆，1975，第 104 页。

② Robert S. Elegant, "China's Next Phase", *Foreign Affairs*, Oct. 1967, p. 142.

越担心的事情越要发生一样，苏联自身的不自信和不坦然，也可以说是苏联解体的原因之一（或者称之为心理原因），而一个自信、坦然、讲诚信的中国，反而是变得越来越强大了。

正是因为中苏之间存在的团结因素并非铁板一块，所以，苏联在和帝国主义国家的"和平共处"与"和平竞争"，反复地受到美国等西方国家的挑拨离间，最终上了大当。20 世纪 50 年代后期美国洛克菲勒兄弟基金会发表的一份报告就露骨地说道："要分析苏联和赤色中国的关系是不简单的。也许在这里这样说就够了：这两个共产党国家不一定会由于共同的利益而团结在一起，对于中国，苏联人也许会发觉他们正在冒着比他们想到的更大的危险。同共产党世界周围国家打交道的问题，源源供应中国所需物资的困难，如果配备原子武器中国将表现出的新面貌——这些以及其他的因素，使得一个目前看起来在结构上和意识形态上都很巩固的联盟有了造成紧张的足够内容。"① 在当时类似这样的挑拨离间中苏关系的"报告"和理论在美国的学术圈中是相当普遍的，它们对苏联领导人的"提醒"与暗示作用不可否认肯定是达到了一定的效果，至少是促使中苏关系破裂的关键外在因素。

当时社会主义国家间的关系达到了两千多年前中国伟大的思想家墨子曾经所设想的"兼相爱"的程度，而社会主义国家间的关系又通过密切的经济和科学技术方面的合作达到了墨子所设想的"交相利"的水平。特别值得我们注意的是，也正是社会主义国家间当时真诚的政治、经济与科学技术的合作，促进了社会主义国家间政治团结的巩固。中苏随后政治上的分裂，实际上核心的因素是苏联首先在两国的经济合作与科技合作上作出了令亲者痛仇者快的严重破坏行动，也就是说，破坏了中苏政治团结的经济和科技基础。

第二，中国在一些科学技术领域取得了科技方面的新突破，也为苏联提供了相应的科技支持，而且中国对苏联的科技服务，强调质量保障和实事求是。1960 年 1 月 15 日，聂荣臻给周恩来、邓小平并中央书记处的一份报告说："苏联要求我们提供的科学技术成果资料比往年有显著的增加，而且过去苏联只是向我们要中药、手工业、轻工业和菜籽等传统技术，现在向我们要的都是新技术了。处理苏方要求的原则，拟本着积极热情、实事求是的精神，凡我们能承担的，予以承担，并要认真负责。"对此，周恩来批示说："凡我们正在

---

① 〔美〕洛克菲勒兄弟基金会：《本世纪中叶对美国外交政策的挑战》，国际关系研究所译，世界知识出版社，1960，第 63 页。

研究和试制过程中还未生产定型或者作出肯定结论的，不要承担。更不要勉强凑数，承担的百分比即使低一点，也不要紧，这才合乎实事求是的精神。"①

第三，在和社会主义国家合作时，强调不仅仅学习苏联和东欧国家的先进科学技术，同时也注重加快发展自己，提高自身的科技水平，向兄弟国家提供中国的科技服务。1959 年 6 月，周恩来在接见蒙古驻华大使鲁布桑时表示："关于援助问题，说明我们是几亿人口的国家，加上生产建设经验不足，科学技术水平不够，因此，能够帮助兄弟国家和亚非国家的力量有限，真正要在这方面做出很大的成绩，还要过一个时期。今天的力量能够做到的我们尽量做，但是，由于生产水平和技术条件的限制，有些事情今天还办不到的我们也告诉蒙古同志。例如改造沙漠，这是要克服自然力和向大自然挑战的事情。目前我们只是在陕北榆林地区作些小范围的试验和考察，至于大规模的改造，那是要在科学、技术进一步发展之后才能解决的。将来我们一旦掌握了这些科学技术的时候，我们就无代价地毫不隐瞒地告诉你们和帮助你们。"②

第四，在和苏联的科技合作中，逐步认识到独立自主发展自身科学技术的重要性。鉴于苏联在科技合作和援助方面对我处处卡紧，国防科技已封门，国民经济中的新技术尽量控制，对协议一拖二推三不理的现实，独立自主、自力更生，立足国内已成为迫在眉睫的事情。周恩来指出："独立自主，自力更生，立足国内。""技术合作：（一）是协议，仍然要，不再催。（二）新项目，新要求，少提少要，而不是一律不要，否则也会引起相反结果。（三）例行技术合作，少提为好。""专家问题：一、满期的一般不留，热诚欢送；十分必要而专家本人又好，可提出延聘，如不同意，即不再留。二、未满期的我们一律不退，帮助他们好好工作。他要撤走，留一次，不成，即不再留；如不征求同意即撤走，应表示遗憾。三、新聘的，要少提或不提，十分必要的提出后不同意，即不再提。""关于科学技术：一、要。十分必要的仍然要提，他们不给，不强求。二、学。仍派留学生，研究生、实习生，研究员已经去的，必须学好，不给学就不学；对来我国的专家，必须派人向他们认真学习，不教就不学。三、买。凡可购买的重要技术资料，应从西方国家千方百计地买到，买不到的，应另行设法搞到。四、钻。不管要到、学到、买到与否，或者多少，主要还靠自己钻研；自己不钻，不仅不能有独特的创造发明，而且也不能

① 《周恩来年谱：1949～1976》（中），第 278 页。
② 《周恩来年谱：1949～1976》（中），第 237 页。

把要到学到买到的用于实际和有所发展。"①

第五，要有目的、讲效率、有方向、有针对性地学习别国的先进科技，真正实现引进科学技术促进我国生产力发展的目的。周恩来针对国内派人到国外作科学技术考察存在的问题指出："对出国考察人员的审批要严一些，出去的时间要错开一些，不要一个时期集中在一个国家。有些国外的东西并不那么先进，那就没有必要去考察。有些考察得不适当，不仅没有取得东西，反而把我们的底都漏给了人家。""国务院外事办公室一定要把住这个口子，对出国代表团、科技考察小组负责抓总。""组织工作绝不能大而化之。"在谈到驻外使馆的任务时说："各个不同地区的使馆应有不同的任务，有些使馆的主要任务之一就是抓好科技调研。""驻西方国家的外交人员要学点科技知识，夫人们也要学一点。我们的干部既要有很高的政治水平，又要有一定的科技知识。"②

（三）寻找和西方国家开展科技交流的途径

马克思主义经典作家历来主张学习西方国家先进的科学技术，列宁就指出，美国"这个最新资本主义的先进国家，对于研究现代农业的社会经济结构和演进来说，是一个特别令人感兴趣的国家。无论就19世纪末和20世纪初资本主义的发展速度来说，还是就资本主义发展已经达到的最高程度来说，无论就根据各种不同的自然和历史条件采用最新科学技术的土地面积的广大来说，还是就人民群众的政治自由和文化水平来说，美国都是举世无双的。这个国家在很多方面都是我们的资产阶级文明的榜样和理想"。③

列宁在设计俄国革命后应该采取的国家建设方式时指出："俄国比其他国家先爆发了革命。革命在几个月以内就使得俄国在政治制度方面赶上了先进国家。但是这还不够。战争是铁面无情的，它严酷地尖锐地提出问题：要么是灭亡，要么是在经济方面也赶上并且超过先进国家。这是可能的，因为在我们面前摆着许多先进国家的现成经验以及它们在技术和文化方面的现成成就。"④资本主义通过不断改革和调整其生产关系，特别是第二次科技革命后，随着科学技术的突飞猛进，资本主义的社会生产力获得了强劲的发展，资本主义世界出现了许多新的变化，这就决定了社会主义在短时期内不可能完全取代资本主

---

① 《周恩来年谱：1949～1976》（中），第242页。
② 《周恩来年谱：1949～1976》（下），第12页。
③ 《列宁全集》第27卷，人民出版社，1990，第146页。
④ 《列宁全集》第32卷，人民出版社，1985，第223～224页。

义。此外，由于中国是在经济文化落后的基础上建设社会主义，生产力发展水平低，生产的社会化现代化程度都不高，资本主义没有得到充分发展，其积极作用没有得到应有的发挥。因此，在中国建设社会主义，必须大胆吸收和借鉴资本主义的文明成果，使之为社会主义服务，这是经济文化落后国家建设社会主义的特殊规律。①

毛泽东是一位思想开明、具有战略眼光的领袖，他提出学习和引进外国的先进科学技术，并不仅仅限于苏联、东欧等社会主义国家，也包括西方资本主义国家。毛泽东认为："学习外国的先进技术应注意广泛性和长期性。我们要学习世界上所有国家有益的东西，只学一个国家就单调了，不利于我们的发展，不利于克服缺点。"② 他还说："外国资产阶级的一切腐败制度和思想作风，我们要坚决抵制和批判。但是，这并不妨碍我们去学习资本主义国家的先进的科学技术和企业管理方法中合乎科学的方面。工业发达国家的企业，用人少，效率高，会做生意，这些都应当有原则地好好学起来，以利于改进我们的工作。"③ 毛泽东在 1956 年所写的《论十大关系》中指出："现在，学英文的也不研究英文了，学术论文也不译成英文、法文、德文、日文，同人家交换了，这也是一种迷信。"④ 周恩来指出："我们反对资本主义的政治和社会制度，但对资本主义国家的先进科学技术，则应该虚心学习。"1956 年 8 月，周恩来对来访的日本前军人访华团说："中国正在建设，需要向日本学习，学习日本的科学技术。中国是开放的，欢迎你们来。如果日本开放，我们就派人去学习。"⑤ 毛泽东和周恩来向资本主义国家学习的思想，对于开辟我国同西方国家的科技交流具有重要意义。我国逐步开始从资本主义国家进口石化、矿冶、机电等多方面的设备和技术共 84 项。兰州化学工业公司先后引进苏联、西欧技术，建设成了我国第一石油化工基地。1960～1966 年，我国引进西方技术用汇达 2.8 亿美元。1964 年 8 月 21～31 日，国际科学讨论会在北京召开，44 个国家和地区的 367 位科学家参加，会议宣读和讨论了 200 多篇科学论文，毛泽东等中央和政府的领导人接见了中外科学家。这也是中国科学事业对外开放的一个盛举，加强了中外科学家的了解和交流，促进了中外科技的合作与往来。

---

① 夏建文：《毛泽东对外开放思想未能全面付诸实践的原因》，《前沿》2003 年第 7 期，第 96 页。
② 《毛泽东文集》第 7 卷，第 44 页。
③ 《毛泽东外交文选》，第 237～238 页。
④ 《毛泽东文集》第 7 卷，第 43 页。
⑤ 《周恩来年谱：1949～1976》（上卷），第 611 页。

"三个代表"重要思想与当代中国外交

20 世纪 70 年代以后，毛泽东外交政策打开了中国对外工作的新局面，开创了中美关系和中日关系的新阶段，外界环境条件发生了良好的变化，使得封闭多年的中国得以扩大与外界的交流。1972 年前后，经毛泽东批准，我国决定从日本、美国、西德、法国、意大利、荷兰、瑞士等国家进口化肥、化纤成套设备 8 套，为提高我国的工业和科技的现代化水平提供了有利条件。另外，当时还尽可能向国外派出考察人员，了解和学习西方先进的科学技术，1973 年，仅四机部就向日、美、英、法等 9 个西方国家派出了 17 批考察无线电技术的科技人员。

学习外国先进的科学技术不仅仅是贫穷落后时期的任务，毛泽东指出："将来我们国家富强了，我们一定还要坚持革命立场，还要谦虚谨慎，还要向人家学习，不要把尾巴翘起来。不但在第一个五年计划期间要向人家学习，就是在几十个五年计划之后，还应当向人家学习。一万年都要学习嘛！这有什么不好呢？"① 随着在和平与发展条件下东西方国家共同利益的扩大，即使是西方国家精英之中，也有相当一部分人出于他们自身利益的关切，愿意通过他们的绿色技术上的优势，以环境外交为手段，"把目标放在如俄罗斯和中国这些关键的国家（pivotal states）对他们提供环境意识方面的援助。"②

以美国为例，与美国开展科技外交符合我国的国家利益。"美国是唯一一个有能力和野心在全球占首要位置的国家，并且将长期维持。这意味着美国能够对中国施加战略压力，许多中国人仍然认为美国的这种'霸权主义'将威胁到中国的国家安全和国内稳定。然而美国是在经济、教育、文化、科学技术等领域的全球领导者，中国必须与美国保持密切的关系，以此来使现代化取得成功"。③ 事实上，美国不少学者也意识到了中国科技的快速发展对美国的作用，"中国不断发展的科技能力将使得中美未来的合作能够带给美国比以前更大的效益"。④ 随着全球非传统问题的不断扩大，如环境问题、恐怖主义问题等，美国在一定意义上也需要中国。美国国务卿希拉里于 2009 年 2 月 13 日在亚洲协会发表了演说，她首先指出："正如我已经说过的，美国无法单独解决

---

① 《毛泽东外交文选》，第 239 页。

② Matthew, Richard A., "The Greening of U. S. Foreign Policy", *Issues in Science and Technology*, Washington: Fall 1996, pp. 45－47.

③ Wang Jisi, "China's Search for Stability with America", *Foreign Affairs*, New York: Sep/Oct 2005, p. 39.

④ U. S. Department of State, U. S. China Science and Technology Cooperation: Report to Congress, December 30, 2006, available at http://www. state. gov/g/oes/rls/or/2006/96328. htm.

全球问题，但是如果没有美国，世界也无法解决它们"，在谈到中美关系时，"美国政府相信努力创造与中国共同关心的领域以及与中国分享机遇是符合美国国家利益的"，"尽管存在分歧，中国和美国还是有广泛的事物需要合作，比如在全球金融危机中保持良好的经济增长态势，维持朝鲜半岛的和平，中东以及世界上其他地区的问题，还有环境保护"，"本周奥维尔·斯科勒及夏伟在时代杂志的评论提醒了我们，在清洁能源和提高效率领域的合作提供给我们一个真正的机会，从整体上深化中美关系。因此，我们将与中国建立伙伴关系，推广清洁能源，提高能源利用率，技术转让，以此惠及两国。并实施其他一些可以保护环境并促进经济增长的策略。"[1]

目前有一些发达国家面向发展中国家的一些实用的技术交流项目，我们也应该积极地借鉴，学习人家这样一些项目的先进机制，作为中国促进中国和发展中国家关系的重要手段。比如，美国有这样一个"克林顿倡议"，它主要是通过技术和基础设施的投资，解决导致饥饿的根源，以使发展中国家农业更富有成效和有利可图[2]，"克林顿倡议"已经实施了五年，它是美国和中国竞争在发展中国家影响力的一个缩影。

二 党的第一代中央领导集体科技外交文化

（一）社会主义国家科技越发展，维护国家主权与安全的能力就越强大

马克思明确地指明资产阶级掌握科学技术话语权的可悲性和残忍性，暗示了先进的生产力必须掌握在先进的民族和人民手中才会带来社会的、世界的真正的和平与福祉。他指出："资产阶级历史时期负有为新世界创造物质基础的使命：一方面要造成以全人类互相依赖为基础的普遍交往，以及进行这种交往的工具；另一方面要发展人的生产力，把物质生产变成对自然力的科学统治。资产阶级的工业和商业正为新世界创造这些物质条件，正像地质变革创造了地球表层一样。只有在伟大的社会革命支配了资产阶级时代的成果，支配了世界市场和现代生产力，并且使这一切都服从于最先进的民族的共同监督的时候，人类的进步才会不再像可怕的异教神怪那样，只有用被杀害者的头颅做酒杯才

---

① Hillary Rodham Clinton， "U. S. -Asia Relations: Indispensable to Our Future, Remarks at the Asia Society"， New York， February 13， 2009， http：//www. state. gov/secretary/rm/2009a/02/117333. htm.

② Hillary Rodham Clinton， "Remarks at the Clinton Global Initiative Closing Plenary"， September 25， 2009， http：//www. state. gov/secretary/rm/2009a/09/129644. htm.

能喝下甜美的酒浆。"① 先进的科学技术掌握在真正爱好和平的新中国手上，一个真正意义上的和平与发展的时代还会远吗？难怪邓小平论述科学技术时特别地把它与维护世界和平联系在一起。邓小平指出："在发展科学技术方面，我们要共同努力。实现人类的希望离不开科学，第三世界摆脱贫困离不开科学，维护世界和平也离不开科学。"② 毛主席曾经指出："在苏联发射人造卫星以前，社会主义国家在人心归向、人口众多方面已经对于帝国主义国家占了压倒的优势；而在苏联发射人造卫星以后，就在最重要的科学技术部门方面也占了压倒的优势。……归根结底，我们要争取十五年和平。到那个时候，我们就无敌于天下了，没有人敢同我们打了，世界也就可以得到持久和平了。"③ 毛主席深刻而清晰地论述了生产力发展与人类持久和平之关系。

（二）战略的全局性、联系性、坚定性、乐观性与策略的灵活性的结合

马克思主义经典作家的科技外交思想总是充满了全局性、事物之间的联系性、意志的坚定性等特点。比如列宁曾经谈到苏维埃俄国和资本主义国家的经济合作时，他总是希望经济合作的效益能够最大化地体现出来，这就是科学技术因素在经济合作中的体现。他说："为了保护我国的原料产地，我们应当执行和遵守科学技术规程。例如，在出租森林时，必须规定要合理经营林业。在出租油田时，必须规定要同淹水现象作斗争。这样就必须遵守科学技术规程，进行合理开发。这些概念是从哪里得出来的呢？是从俄罗斯和外国的法律中得出来的。这样就可以消除一种顾虑，即认为这些规程是我们自己臆造出来的，否则恐怕没有一个资本家愿意同我们谈判。我们所吸取的是俄国和外国法律中已有的东西。如果我们把俄国法律和一切外国法律中好的东西都吸收过来，那么在这个基础上我们就有可能保证达到现在先进资本家所达到的标准。这是一个相当实际的标准，它所根据的并不是资本家最害怕的共产主义的幻想，而是资本主义的实践。我们保证，在签订这些合同时，租让合同的各种条件、各个方面、各项条款都不会超过资本主义法律的有关规定。这个基本原则是一分钟也不能忘记的。我们应当根据资本主义的关系来证明这些条件是资本家可以接受的，并且对他们是有利的，同时我们自己也应当能从这里面得到好处。否则，一切关于租让的议论都是空谈。总之，我们所提出的都是资本主义法律所

---

① 《马克思恩格斯全集》第12卷，人民出版社，1998，第251页。
② 《邓小平文选》第3卷，第183页。
③ 《毛泽东外交文选》，第295～296页。

承认了的。大家知道，在技术改良和技术装备方面，先进的资本主义大大超过了我国目前的工业。"① 包括科技外交思想在内的毛泽东为核心的党的第一代中央领导集体的外交战略思想，拥有全局性、联系性、坚定性和乐观性几个方面的特点，它的哲学基础就是马克思主义的辩证唯物主义和历史唯物主义，这也是毛泽东科技外交能够在极其困难的条件下取得成功的政治文化基础。在今天，以解决全球性诸多问题的科技合作，仍然必须以全局性、联系性、坚定性和乐观性的思想来应对之。

毛泽东审时度势，他的科技外交思想依据的是一系列基本的战略原则。他在坚持原则的前提下对具体策略进行了相应调整，把战略的坚定性和策略的灵活性有机地结合起来，使中国的科技事业在曲折中不断向前发展。首先，他主张应该用战略的眼光来看待中国与其他国家之间的科技外交。所谓战略利益，就是长远的根本的利益。长期以来中国对这个问题没有充分地认识，过多地考虑暂时的利益，同时还存在着这样一种迷信，认为外国的一切都是腐败的，包括科学、技术和文化，都不加分析地一概排斥，而当时中国还处于贫穷落后的时期，科技水平极其低下，如果光靠自己，则难以有所进步。在这样的时期，毛泽东同志极具战略眼光地指出："我们提出向外国学习的口号，我想是提得对的。现在有些国家的领导人就不愿意提，甚至不敢提这个口号。这是要有一点勇气的，就是要把戏台上的那个架子放下来。应当承认，每个民族都有它的长处，不然它为什么能存在？为什么能发展？"② 他还说："我不是反对西方的一切，而只是反对那些帝国主义压迫人、欺侮人的东西。它们的文化科学我们要学习。东方人要向西方学习，要在破除迷信的条件下学习西方。"③ 我们可以看到，在当时毛泽东同志就意识到向外国学习先进技术和与他国进行科技交流与合作的重要性。与此同时，他还提出学习外国的先进技术必须建立在独立自主、自力更生的基础上。在苏联想借对中国提供科技援助以达到海军合营目的时，毛泽东并没有因为对科学技术的需求而放弃独立自主的立场。毛泽东在同苏联驻华大使尤金的谈话中说："海军核潜艇是一门尖端科学，有秘密。中国人是毛手毛脚的，给了我们，可能发生问题。俄国人是上等人，中国人是下等人，毛手毛脚的，所以才产生了合营的问题。要合营，一切都合营，陆海空军、工业、农业、文化、教育都合营，可不可以？或者把一万多公里长的海岸

---

① 《列宁全集》第41卷，人民出版社，1986，第161页。
② 《毛泽东外交文选》，第235页。
③ 《毛泽东外交文选》，第394页。

线都交给你们，我们只搞游击队。你们只搞了一点原子能，就要控制，就要租借权。"① 在这个问题上毛泽东的态度十分强硬，提出"要讲政治条件，连半个指头都不行"，"你们不给援助，可以迫使我们自己努力。满足一切要求，反而对我们不利。"② 因此，毛泽东同志的科技外交战略始终是在独立自主与争取外援、加强与他国科技交流与合作这一方向上的，因为这符合我国的根本利益以及整个世界的潮流。战略决定着方向和原则，策略则是手段和方式。在确定战略以后，就应当制定并执行相应的策略，否则很多问题得不到有效的贯彻落实。正确地把握策略需要有对局势的准确分析和丰富的外交经验。毛泽东在这个方面提出许多重要的思想和原则。能不能采取灵活的策略，关键在于能不能做到实事求是。只有求实，才能对国际局势有正确的分析，才能正确区分战略和策略；只有做到实事求是，才能正确地运用灵活的策略。求实就是寻求规律，为此，人们首先要实践，要多次的实践，特别要千千万万人民群众的社会实践。毛泽东建议我国搞"两弹一星"科学项目，由于合乎实事求是的原则，科学创新精神才真正起了作用，因此成功了。同样，他多么想在他生前看到"高峡出平湖"历史工程的伟大胜利。可是专家论证指出中国在 20 世纪五六十年代不具备上"三峡工程"的条件，毛泽东毅然搁置了这个宏伟的设想，他对自己的下属同志说："脑壳上顶 200 亿万吨水，你怕不怕？"这是一种伟大的实事求是的精神。只是片面强调战略，而忽视策略的灵活性，不是毛泽东的科技外交。

把一些暂时不好解决的问题暂时搁置，这是灵活性的一种具体体现。有些问题的分歧由来已久，在短时间内要消除这些问题有一定的困难，那就把问题先撇开，先进行合作和交流，交换意见，通过来往，通过交流，互相增强了解和信任，当双方有了了解和信任，发现了共同点之后，再回过头来解决问题，就会比较容易一些。以中美关系为例，中美两国的社会制度不同、意识形态不同，对国际政治的许多主张也不同，使两国在许多方面存在严重的分歧，但是毛泽东却指出："我们愿意向世界上所有国家学习。如果美国人愿意的话，我们也愿意向他们学习。每个国家都有值得学习的长处。"③ 在坚持原则的前提下，采取适当的"让步"，这也是灵活性的重要方面。让步可以理解为"等"和"变"，即等待于我们有利的时机或者改变我们解决问题的方式和手段。但

---

① 《毛泽东外交文选》，第 323 页。
② 《毛泽东外交文选》，第 330 页。
③ 《毛泽东外交文选》，第 234 页。

是对有损于民族利益的行为，是不能作任何妥协和让步的。我们应从战略角度出发，采取各种灵活的和务实的策略，积极发展科技外交，为世界和平和中国的发展创造条件。

（三）外援为补充、独立自主为根本

科学技术的发展一定要根据自身的国情选择适合的发展方式和引进适当的符合国情的东西，循序渐进地发展，否则不但不能收到应有的效果，反而带来无穷的灾难。毛泽东一贯强调"独立自主，自力更生"的基本方针，提出自力更生为主，争取外援为辅，要求我国的科技人才乃至劳动人民要富有创新精神，使科技事业有自己的发展方向，这样才能赶超世界上其他的发达国家。毛泽东说："对外国的科学、技术和文化，不加分析地一概排斥，和前面所说的对外国东西不加分析地一概照搬，都不是马克思主义的态度，都对我们的事业不利。"[①]

毛泽东认为，"就自然科学技术本身来说，是没有阶级性的，"[②] 因此科学技术能够在世界各国进行传播和转移。历史经验表明，经济技术落后的国家在独立自主发展科学技术的基础上，学习和引进国外先进的科技成果，并加以消化、吸收，往往是发展科技、振兴经济的有效途径，花费的代价较少，而且可以逐步缩短同世界先进水平的差距。新中国成立以后，我国从苏联和东欧国家引进了大批先进技术，特别是苏联援建的 156 项重大工程奠定了我国工业化的基础。毛泽东明确提出："我们不能走世界各国技术发展的老路，跟在别人后面一步一步地爬行。我们必须打破常规，尽量采用先进技术，在一个不太长的历史时期内，把我国建设成为一个社会主义的现代化强国。"[③] 拿科学理论来说，就是根据中国的实际检验别人的理论，继承与创新相结合。"洋为中用"就是从外国先进理论的精华中得到启迪，创造出自己的、能真正解决中国实际问题的新理论。

毛泽东指出："我们这些国家，要以自力更生为主，争取外援为辅。对外援要争取，但哪个为主，要考虑。自力更生好办事，主动。我们过去当学生，现在还在当学生，如尖端科学，苏联、美国、英国有，我们没有，这就要向它们学习。要学习每个民族的长处，不管这些民族的大小。同这些国家互相交流经验，这样比较好。如我们可以派留学生，进口它们的设备等。"[④] 正是在毛泽东这种科技外交思想的指引下，我国科技人员坚持走自力更生之路，尖端科学技术高速

① 《毛泽东外交文选》，第 238 页。
② 《毛泽东选集》第 5 卷，人民出版社，1977，第 444 页。
③ 《毛泽东文集》第 8 卷，人民出版社，1999，第 341 页。
④ 《毛泽东外交文选》，第 393 页。

发展，打破了西方的高科技垄断，使中国在国际舞台上赢得了发言权，极大地捍卫了中华民族的尊严和国际地位。这对今天的中国而言，也是有极大的借鉴作用的，我们仍然不能把洋为中用和独立自主两个方针对立起来，学习外国科技成果，可以增强自力更生的实力；而自主研究开发的能力越强，吸收外国先进成果的能力也越强。因此，我们应当在独立自主的基础上，充分争取外援，努力做到创新与求实、理论与实践相结合，大力发展我国的科学技术。

（四）充分利用稍纵即逝的有利时机推动科技外交、以积极向上的乐观主义面对科技外交所面临的严重困难

毛泽东同志在促进新中国科技进步方面具有紧迫意识，何为紧迫意识？即在适当的时候紧紧抓住稍纵即逝的对我有利形势。与苏联合作开展原子能计划就是一个典型的例子。

1956 年以来，中国一直试图从苏联得到核武器方面的援助。在 1956 年10 月 3 日的中苏两国领导人最高级会议上，毛泽东对赫鲁晓夫说："我们对原子弹、核武器感兴趣，今天想同你们商量，希望你们在这方面对我们有所帮助，使我们有所建树，总之，我们也想搞这项工业。"[1] 但是赫鲁晓夫总是以种种借口推脱，不给予中国核武器方面的援助。就在 1956 年 10 月，在波兰和匈牙利先后爆发了性质不同但目的均为驱逐苏联势力的事件，即"波匈事件"。当时波兰赶走了苏联专家，波兰人很是"高兴"，说他们"有自由了"。在这样的国际形势下，苏联变得较为孤立，迫切需要中国对它的支持，因此在其向中国援助尖端技术的问题上，改变了原来的态度，有了松动，出现转机。毛泽东紧紧抓住这一有利时机，与苏联经过多次谈判，于 1957 年 10月，中苏签订了国防新技术协定，此项协议主要内容是援助中国研制原子弹，其具体内容为：苏联同意援助中国研制原子弹，苏联向中国提供原子弹的教学模型和图纸技术资料；苏联同意向中国提供包括原子弹、导弹在内的部分尖端武器的制造技术；苏联派有关专家来华帮助开展研制工作。这就是善于利用国际环境的变化，抓住机遇发展自己的经典案例。针对波兰赶走苏联专家伤害自身核心的国家利益的行为和出于对中国自身核心国家利益之关切，毛泽东坚定地说："我们不赶，即使有十个波兰赶，我们也不赶。我们需要苏联的帮助。我劝过波兰人，要学习苏联。劝他们在反教条主义以后，提出学

---

[1] 见彭学涛、郑瑞峰《中俄解密档案——毛泽东四会赫鲁晓夫》，《文史精华》2009 年第 3 期，第 5 页。

习苏联的口号。学习苏联,对谁有利?对苏联有利,还是对波兰有利?这首先对波兰有利。"①

虽然苏联援助中国研制原子弹的协议,只执行了一年多的时间,在1959年就濒临破产,但是,这一年时间中国在研制原子弹领域从苏联切实得到了一定的援助,也为后来1964年第一颗原子弹爆炸成功奠定了基础。

毛泽东以充满坚定意志和伟大智慧的战略与策略相统一的乐观主义精神来面对新中国各项事业所面临的困难。他说:"每一个人都是忧患与生俱来。……但是,大多的人类,首先是无产阶级,首先是共产党人,除掉怕死鬼以及机会主义的先生们以外,总是将藐视一切,乐观主义,放在他们心目中的首位的。然后才是重视事物,重视每件工作,重视科学研究,分析事物的每一个矛盾侧面,钻进去,逐步地认识自然运动的法则和社会运动的法则。然后就有可能掌握这些法则,比较自由地运用这些法则,一个一个地解决人们面临的问题,处理矛盾,完成任务,使困难向顺利转化。"② 毛泽东这种集民族大无畏精神和大智慧于一身的气概,能帮助我们准确地理解苏联撕毁中苏经济科技合作项目协议时毛泽东豪迈话语的真正分量所在。毛泽东说:"一九五七年,我还去过一次莫斯科。那时,苏联还不是公开反对我们。现在不去了,因为它撕毁了大批合同,不讲信用,公开反对我们,同美国配合起来搞。这很好,我很赞同。美国、苏联这些大国来反对我们,总有个什么道理,我们也一定有一点东西值得它们反。"③ 在随后不久中国在原子能技术和空间技术领域取得了令世界为之惊叹的业绩,1964年中国第一颗原子弹爆炸成功,1967年中国第一颗氢弹试验成功,1970年中国第一颗人造卫星东方红号发射成功。同外国相比,我国原子弹到氢弹的试验成功只花了两年零八个月时间,而苏联用了4年,美国用了7年,法国用了8年,中国跨入了目前世界上能够掌握核技术和空间技术的五个主要国家之列。

(五) 维护良好的外交形象,更好地开展科技外交

在功能外交子项目中,科技外交是属于相当敏感的外交方式,有时它甚至比以和平问题为主题的政治外交更为敏感和脆弱,如果国家的外交形象为别国稍有质疑,以科技交流为目的的外交就很难进行下去。塑造新中国外交形象,

---

① 《毛泽东外交文选》,第327页。
② 《毛泽东外交文选》,第364页。
③ 《毛泽东外交文选》,第521页。

所要传播的外交信息，即为一扫旧中国外交形象、反映站立起来的中国人民对世界各国人民的合作与友谊之心声的新的外交形象。新中国之所以取得了和苏联等社会主义国家长达接近十年的宝贵的经济和科技合作，就是因为中国在社会主义阵营中树立了比较完美的外交形象，使苏联为首的社会主义阵营对中国相当放心，表现在：（1）独立自主的形象。周恩来说，"我们对外交问题有一个基本的立场，即中华民族独立的立场，独立自主、自力更生的立场。"新中国外交要"另起炉灶"，在新的基础上同各国建立新外交；（2）"一边倒"的形象，新中国在国际阵线上倒向苏联为首的社会主义，首先是联合苏联、各人民民主国家站在国际和平民主阵营方面。（3）追求和平的形象。《共同纲领》指出，新中国外交政策的原则为：拥护国际的持久和平和各国人民之间的友好合作，反对帝国主义的侵略政策和战争政策。（4）维护正义的形象，新中国反对国际关系中的霸权主义和强权政治，积极支持各被压迫民族的反抗斗争。毛泽东指出，"今后的世界必须是人民的世界，世界各国必须由各国人民自己管自己"。（5）同世界各国人民友好合作的形象。新中国愿意同外国政府在平等、互利和互相尊重领土主权的原则的基础之上，谈判建立外交关系的问题，中国人民愿意同世界各国人民实行友好合作。① 新中国树立的外交形象，相对于近代已经发生了翻天覆地的变化，是中国从近代唯唯诺诺的投降外交、卖国外交真正向以主权平等为特征的现代外交的"豹变。"除了随着国际形势的变化"一边倒"的外交策略发生了变化之外，新中国树立起来的外交形象，一直是今天中国良好外交形象的源泉和遗产。

三 党的第一代中央领导集体科技外交为国家和民族带来了巨大的利益

早在新中国成立前，作为中国共产党当之无愧的领袖的毛泽东就指出，"中国一切政党的政策及其实践在中国人民中所表现的作用的好坏、大小，归根到底，看它对于中国人民的生产力的发展是否有帮助及其帮助之大小，看它是束缚生产力的，还是解放生产力的。"② 1955 年 6 月 7 日，周恩来在中国科学院学部成立大会上的讲话中指出："科学家要热爱祖国，努力提高科学研究水平，老老实实地为人民服务。"③ 正是因为发展科学技术的根本归属是为人

---

① 程珂：《新中国成立之初的外交形象塑造》，《长沙师范专科学校学报》2005 年第 5 期，第 85 页。
② 毛泽东：《论联合政府》（1945 年 4 月 24 日），《毛泽东选集》第 3 卷，第 1079 页。
③ 《周恩来年谱：1949～1976》（上），第 485 页。

民大众，为国家和民族的最高利益，在这一巨大动力的引领下，党的第一代中央领导集体在发展科学技术上取得了巨大的成就。

（一）通过艰苦的外交谈判，一大批爱国科学家和科技后备力量回到祖国

1949 年新中国成立，在海外科学家与留学生中产生极大反响。据中央教育部的初步估计，截至 1950 年 8 月 30 日，在国外留学生有 5541 人，其中留学美国的 3500 人，在日本有 1200 人，在英国的有 443 人，还有在其他各国的。在这批留学生中，专攻理工农医学科的占 70%，文教、政法、财经学科的约占 30%，他们大部分是 1946～1948 年间出国的。他们中大部分人在各学科领域已学有所成，成为一些学科的专家。在他们得知新中国成立后便跃跃欲试，陆续踏上了归国的艰难路程。从 1949 年 8 月开始，钱保功等一批留学生几经辗转，历时 4 个月回到北京，掀开了海外学子大规模归国的一页。[1]

党和国家对海外学子归国非常重视，采取了各种措施，尽最大的努力促成他们早日归国。早在 20 世纪 40 年代后期，周恩来、董必武领导的中央南方局以及后来的南京局、上海局和香港分局，就十分注意做海外的留学生和科技人员的工作，并通过由周恩来倡导成立的进步科学家团体"中国科协"向海外留学生渗透，发展组织，陆续成立"留美科协""留英科协""留法科协"，通过这些组织向海外留学生和科学家作归国动员工作，为以后海外学子大规模回归祖国打下了基础。[2]

1955 年 9 月 10 日，中美大使级会谈达成两国平民回国协议，这是中美大使级会谈中达成的唯一协议，1955 年下半年至 1965 年底从美国返回中国的科学家有 130 多人，其中有钱学森[3]等著名科学家。在 1955 年 8 月 1 日以后的 4 个多月时间里，有 16 名美侨离开中国回国，中国释放 26 名在中国服刑的美国人。[4] 也正是这个"唯一协议"，使中美两国在非正常且对抗的关系中，发生

---

① 陈建新等主编《当代中国科学技术发展史》，第 15 页。

② 陈建新等主编《当代中国科学技术发展史》，第 15 页。

③ 钱学森（1911～2007），在美国学习、工作了整 20 年，1950 年麦卡锡主义的盛行，钱学森受到不断的追查迫害，最终于 1955 年 10 月 8 日回到祖国大陆。作为当代"超音速之父"冯·卡门的得意门生，钱学森成为当时"美国火箭技术领域里一位最伟大的天才"（冯·卡门语），"被公认为是科学上与卡门齐名的人"（维奥斯特语）。

④ 周溢潢：《中美会谈与钱学森回国——关于中美之间 40 年前达成的一项协议》，《世界知识》1995 年第 11 期，第 18 页。

了一场真正意义上的外交革命。美国得到了它希望得到的东西,中国也通过外交谈判在处于"弱国"地位条件下大办外交,而取得巨大成功。

1980 年 5 月美国合众国际社向全球播发了一篇题为"中国导弹之父——钱学森"的评论报道。作者罗伯特·克莱伯提到一名 50 年代的美国海军部次长丹尼尔·金布尔曾说:"我宁可把这家伙枪毙了,也不让他离开美国。那些对我们来说至为宝贵的情况,他知道得太多了。无论在哪里,他都值五个师。"正是"由于钱学森的回国效力,中国导弹、原子弹的发射至少向前推进了 20 年。"① 在这一时期,从事自然科学研究的技术人员呈迅速增长状态,从 1952 年的 42.5 万人增加到了 1988 年的 966.1 万人,增长了 21.7 倍。

如果不是以毛泽东为首的新中国的领导人头脑中始终把科学技术放在至关重要的地位,就不可能有这样一场特殊意义的"科技外交"的胜利。邓小平曾经非常深情地说:"大家要记住那个年代,钱学森、李四光、钱三强那一批老科学家,在那么困难的条件下,把两弹一星和好多高科技搞起来。"② 邓小平的科技人才观和毛泽东是一脉相承的。随着中国改革开放和现代化建设的发展和深入,中国掌握发达国家所拥有的先进科学技术的人才也越来越多,邓小平充分地注意到这一有利于中国科学技术发展的新态势,提出抓紧引进海归人才的工作,他说:"我们的留学生有几万人,如何创造他们回来工作的条件,很重要。有些留学生,回来以后没有工作条件,也没有接纳他们的机构,有些学科我们还没有。可以搞个综合的科研中心,设立若干专业,或者在现有的一些科研机构和大学里增设一些专业,把这些人放在里面,攻一个方面,总会有些人做出重大贡献。"③

(二) 中国引进了一大批先进的、科技水平很高的设备,为中国的现代化建设打下了坚实的基础

列宁等马克思主义经典作家历来重视引进科学技术,以达到巩固社会主义政权之目的,列宁的一个著名的公式是:"乐于吸取外国的好东西:苏维埃政权 + 普鲁士的铁路秩序 + 美国的技术和托拉斯组织 + 美国的国民教育等等等等 = 总和 = 社会主义。"④ 这说明,要建设好社会主义,就必须充分利用资本主

---

① 《周恩来拍板:用被俘美国飞行员换回钱学森》,《纪实》2009 年第 1 期,第 75 ~ 76 页。
② 《邓小平文选》第 3 卷,第 378 页。
③ 《邓小平文选》第 3 卷,第 275 页。
④ 《列宁全集》第 34 卷,第 520 页。

义社会化大生产的成果和先进的科学技术。毛泽东同志把马克思列宁主义普遍真理与中国具体实际相结合，深刻认识到对外开放对于建设中国社会主义的重要作用。新中国成立初期，我国经济建设取得了辉煌成就，这与当时国际上的物质援助和技术援助是分不开的。德意志民主共和国、捷克斯洛伐克、波兰、匈牙利、罗马尼亚、保加利亚等国为我国的经济建设提供了不少帮助，共援助我国建设工业项目 68 项。①

据陈东林的论文，"为了引进国外先进设备和技术，加强我国工业的薄弱环节，以满足国家建设和人民生活的需要，1973 年 1 月 5 日，国家计委向国务院提交《关于增加设备进口、扩大经济交流的请示报告》，对前一阶段和今后的对外引进项目做出总结和统一规划。报告建议，利用西方处于经济危机，引进设备对我有利的时机，在今后三五年内引进 43 亿美元的成套设备。其中包括：13 套大化肥、4 套大化纤、3 套石油化工、10 个烷基苯工厂、43 套综合采煤机组、3 个大电站、'武钢一米七轧机，及透平压缩机、燃气轮机、工业气轮机工厂等项目。报告还提出了进口设备时应采取的原则：一、坚持独立自主、自力更生的方针。二、学习与独创相结合。三、有进有出，进出平衡。四、新旧结合，节约外汇。五、当前与长远兼顾。六、进口设备大部分放在沿海，小部分放在内地。这些原则成为当时引进技术设备的指导方针。报告还建议，由国家计委及各部委组成'进口设备领导小组'，'像第一个五年计划期间抓 156 项进口设备那样，扎扎实实地把建设任务抓紧抓好，尽早投产见效'。这个方案被通称为'四三方案'，是继 50 年代的 156 项引进项目后的第二次大规模引进计划，也是打破'文化大革命'时期经济贸易领域'闭关自守'局面的一个重大步骤。以后，在此方案基础上，又陆续追加了一批项目，计划进口总额达到 51.4 亿美元。利用这些设备，通过国内自力更生的生产和设备改造，兴建了 26 个大型工业项目，总投资额约 20 亿元。到 1982 年，26 个项目全部投产。其中投资额在 10 亿元以上的有：武钢一米七轧机、北京石油化工总厂、上海石油化工总厂一期工程、辽阳石油化纤厂、黑龙江石油化工总厂等。这些项目取得了较好的经济效益，对我国经济建设的发展起到了重要的促进作用。如武钢在一米七轧机工程完成投产后的 1984 年实现利税 6.85 亿元，比投产前的 1979 年增长 1.66 倍。所生产的大量钢板填补了国内品种的一些空白，减少了进口所需的大量外汇。武钢引进的先进技术还在国内同行业得到推广和移植，推动了国内轧钢、炼钢技术进一步发展。在 1972 年和 1973 年

---

① 李增添：《试论建国初期的技术革新运动》，《当代中国史研究》2006 年第 5 期，第 61~62 页。

相继恢复领导工作的陈云、邓小平，对'四三方案'的引进和建设予以了坚决的支持。陈云指出：在购买设备时要注意考察，'事先准备好新配件'，并且要借鉴'过去旧中国有过买旧设备的经验，例如南京的永利化工厂、山西阎锡山的太原钢铁厂、山西的窄轨铁路'。邓小平刚刚恢复副总理工作，就十分关心一米七轧机的安装，1973年12月亲自到武钢视察，提出钢铁工业'一定要科学组织合理施工'，并称赞说：'搞建设，就是要有速度。生产要狠抓才能搞上去。'此后，他一直在关心着这个工程，指示成立攻关队伍，解决武钢生产的钢材因质量不合格不能用一米七轧机加工的问题。粉碎'四人帮'后，1980年7月邓小平再次来到武钢，视察了刚刚投产的一米七轧机。"①

（三）"两弹一星"奠定了中国科技大国的地位，为今天中国的科技外交提供了巨大的动力

邓小平对毛泽东时代高科技的发展曾经作出非常经典和公正的评价，他说："中国必须发展自己的高科技，在世界高科技领域占有一席之地。如果六十年代以来中国没有原子弹、氢弹，没有发射卫星，中国就不能叫有重要影响的大国，就没有现在这样的国际地位。这些东西反映一个民族的能力，也是一个民族、一个国家兴旺发达的标志。"② 也正是因为毛泽东时代两弹一星的科技成就，为中国今天开展各种多边和双边的政治外交、科技外交赢得很大的主动性。比如在朝核问题和伊朗核问题与全球核不扩散等重大的政治外交领域，世界都越来越重视中国的态度和声音。

在航天领域，我国发射的第一颗卫星与世界上第一颗卫星升空时间仅相距13年。这不能不归功于毛泽东打破常规发展的战略。进入21世纪，我国加快了航天发展步伐，国际合作的平台和机遇也进一步扩大和深化。目前，我国与美国、欧洲、巴西等国家和地区都有不少合作。航天国际合作不但可以实现技术互补，还可以节约部分投入，也可以提升安全系数。

当今世界是充满竞争的时代，更是需要沟通合作、讲求共赢的时代。中国已经取得了与西方发达国家进行平等的航空航天科学技术交流与合作的地位。以"伽利略计划"为例，它是中欧空间技术合作的标志，也是欧洲打破美国技术垄断的重要环节，由于中国巨大的航天实力和潜力，"伽利略计划"已经

---

① 陈东林：《七十年代前期的中国第二次对外引进高潮》，《中共党史研究》1996年第2期，第78~79页。
② 《邓小平文选》第3卷，第279页。

和中国已经进行了多领域的合作，而且合作完全达到了双赢和共赢之效果。欧洲宇航防务集团公司（EADS）总裁菲利普·加缪就说过："我们同中国的合作战略完美无缺。我们提议中国航空航天行业成为 EADS 永久的合作伙伴。"他还强调，"伽利略计划是欧盟的集体决策，现有 25 个成员国都会参与其中。不管怎样都会进行到底，而中国企业一定是这个计划中的合作伙伴"①。美国的分析家认为，美国极大地关注与中国的太空合作问题本身证明，美国政府正认真注意中国提出的建议，特别是在欧洲已经加强并扩大与中国的航天合作的情况下。② 另外，中国积极向发展中国家输出和平科技，援助航天弱势国家。联合国在《关于开展探索和和平利用外层空间的国际合作，促进所有国家的福利和利益并特别要考虑到发展中国家的需要的宣言》中特别指出："所有国家，特别是具有有关空间能力和正在进行探索和利用外层空间方案的国家，应当在公平和可以相互接受的基础上帮助促进和推动国际合作。在这方面，应当特别注意到发展中国家和空间方案刚刚起步的国家在与空间能力较先进的国家开展国际合作时所产生的福利和利益。"③ 中国作为发展中国家中的一员，在运用航天技术，发展航天事业方面给予了其他发展中国家巨大的援助。2005年 11 月 1 日，在中国国家航天局和委内瑞拉科技部的组织协调下，中国长城工业总公司与拉丁美洲用户通过深入细致的工作顺利缔结了合约，实现中委两国在航天领域的第一次合作。2006 年 3 月 24 日，中国政府向孟加拉国、印度尼西亚、伊朗、蒙古、巴基斯坦、秘鲁和泰国等亚太七国赠送了中国"风云"气象卫星数字视频广播接收系统。此七国均为《亚太空间合作组织公约》签署国。该行动体现了中国作为亚太空间合作组织的东道国，对在亚太空间合作组织框架内开展交流与合作的大力支持。中国在发展自己的同时，时刻关注广大发展中国家的发展，并尽自己的可能援助和带动其他发展中国家的发展，实现合作共赢，既充分利用世界和平带来的机遇发展自己，又以自身的发展更好地维护世界和平，促进共同发展。

实践证明，"两弹一星"的研制成功，不仅提高了我国的国际地位，而且带动了我国高技术工业产业的建立和发展，加速了中国工业化建设的进程。正是毛泽东提倡的这种自力更生、艰苦奋斗的革命作风使我国的国防科学技术在相当差的基础上、在相当短的时间内赶超世界先进水平，从而使我国在帝国主

---

① 《中欧空间技术合作将不可阻挡》（新华网），《中国航天》2004 年第 12 期，第 14 页。
② 《美中航天领域合作前景》，《国际展望》2003 年第 22 期，第 9 页。
③ 尹玉海：《国际空间立法概览》，中国民主法制出版社，2005，第 52 页。

义的经济、政治、文化和科学技术等各方面的封锁之下取得国家和社会的长足发展，中华民族稳步走上自己的社会主义发展道路，为当前中国以航天技术为中心的科技外交创造了基本的前提。

第二节　"三个代表"重要思想与党的第二代中央领导集体的科技外交

一　党的第二代中央领导集体以科学技术作为第一生产力的科技外交

以邓小平为核心的党的第二代中央领导集体和毛泽东为核心的党的第一代中央领导集体一样，对科学技术在振兴中华上的强大作用十分重视，认为，科学技术应该是生产力，而且是生产力中的生产力。科学技术在整个中国现代化进程中，具有"纲"的作用，这个"纲"要是举不起来，经济社会发展的质量和水平就不可能上台阶，四个现代化就成了"四个落后化"。因此，在邓小平启动改革开放的进程时，他对我们加快发展自身的先进科学技术和通过科技交流引进先进的科学技术十分重视，其重视程度大大超过了单纯追求经济利益的经济交流与经济合作。邓小平指出："四个现代化，关键是科学技术的现代化。没有现代科学技术，就不可能建设现代农业、现代工业、现代国防。没有科学技术的高速度发展，也就不可能有国民经济的高速度发展。"邓小平在这次讲话中强调："科学技术是生产力，这是马克思主义历来的观点。现代科学技术的发展，使科学与生产的关系越来越密切了。科学技术作为生产力，越来越显示出巨大的作用。现代科学技术正在经历着一场伟大的革命。近三十年来，现代科学技术在几乎各门科学技术领域都发生了深刻的变化，出现了新的飞跃，产生了并且正在继续产生一系列新兴科学技术。现代科学为生产技术的进步开辟道路，决定它的发展方向。"①

科学技术是生产力，并且是第一生产力的思想，已经完全为改革开放和中国现代化建设的实践所证明，以廊坊开发区为例，"建区12年来，通过大力实施项目人才带动战略，实行对内对外开放，全面引进各种先进的生产要素，在一片沙荒地上建起了一座年工业总产值近百亿元、财政收入近8亿元、出口

---

① 《邓小平年谱：1975～1997》（上），第281～282页。

创汇近 2 亿美元的高科技'外向型'园林式的现代化新经济区，其基本经验就是始终坚持了大力引进高新技术项目，发展高新技术产业。其发展起来的行业涉及微电子与电子信息技术、空间科学与航空航天技术、光电子科学与光机电一体化、生命科学与生物工程、能源科学与新能源和高效节能技术等 8 个方面的高新技术。区内高新技术企业实现产值和利税分别达到全区工业总产值和工业企业利税额的 65% 和 70% 以上，高新技术企业已经成为推进开发区经济跨越发展的重要动力源泉。"① 1988 年 9 月 5 日，邓小平会见捷克斯洛伐克总统时发表了他著名的"科学技术是第一生产力"的观点。邓小平指出，"世界在变化，我们的思想和行动也要随之而变。过去把自己封闭起来，自我孤立，这对社会主义有什么好处呢？历史在前进，我们却停滞不前，就落后了。马克思说过，科学技术是生产力，事实证明这话讲得很对。依我看，科学技术是第一生产力。我们的根本问题就是要坚持社会主义的信念和原则，发展生产力，改善人民生活，为此就必须开放。否则，不可能很好地坚持社会主义。"② 时隔几日的 1988 年 9 月 12 日，邓小平对中央几位前来汇报工作的领导同志再次强调科学技术是第一生产力的思想。他说："从长远看，要注意教育和科学技术。马克思讲过科学技术是生产力，这是非常正确的，现在看来这样说可能不够，恐怕是第一生产力。将来农业问题的出路，最终要由生物工程来解决，要靠尖端技术。对科学技术的重要性要充分认识。科学技术方面的投入、农业方面的投入要注意，再一个就是教育方面。我们要千方百计，在别的方面忍耐一些，甚至于牺牲一点速度，把教育问题解决好。要注意解决好少数高级知识分子的待遇问题。我们不论怎么困难，也要提高教师的待遇。我们的留学生有几万人，如何创造他们回来工作的条件，很重要。这些人不回来，实在可惜啊。科教投资的使用要改进，这也是改革的重要内容。要把'文化大革命'时的'老九'提到第一，科学技术是第一生产力嘛，知识分子是工人阶级一部分嘛。我这里说的关于教育、科技、知识分子的意见，是作为一个战略方针，一个战略措施来说的。从长远看，这个问题到了着手解决的时候了。"③

邓小平高度重视科学技术的强大生产力作用，从经济意义上讲，当然是通过科学技术的带动和刺激，尽可能快地提高自身经济社会发展的水平。邓小平最重要的考虑还是科学技术在政治上的作用。从政治意义上讲，社会主义怎样

---

① 王会勇：《从国内外经济发展的史实看科学技术是第一生产力》，《理论前沿》2005 年第 5 期，第 40 页。

② 《邓小平年谱：1975～1997》（下），第 1245 页。

③ 《邓小平年谱：1975～1997》（下），第 1248 页。

才能最终战胜资本主义，巩固来之不易的中国近百年来几乎失掉的国家主权与安全，重新树立社会主义在促进世界和平中的作用，没有建立在高新技术上、在发展速度和发展质量都超过资本主义的生产力的大发展，这些政治目标是不可能实现的。1977年9月14日，邓小平对来访的日本新自由俱乐部访华团说："社会主义制度的优越性表现在它的文化、科学技术水平应该比资本主义发展得更快、更先进，这才称得起社会主义，称得起先进的社会制度。"① 在邓小平发表这次谈话11年后的1988年10月17日，邓小平对来访的罗马尼亚领导人齐奥塞斯库说："社会主义国家要把生产力搞上去，证明社会主义制度优于资本主义制度。当然，在较短的时间里不可能证明这一点，也难以证明这一点。我们中国要用本世纪末期的二十年，再加上下个世纪的五十年，共七十年的时间，努力向世界证明社会主义优于资本主义。我们要用发展生产力和科学技术的实践，用精神文明、物质文明建设的实践，证明社会主义制度优于资本主义制度，让发达的资本主义国家的人民认识到，社会主义确实比资本主义好。"② 1992年2月，邓小平南方谈话中再次突出强调和关切"科学技术是第一生产力"，而且赋予其更加清晰的目标和追求。他说："我说科学技术是第一生产力。要提倡科学，靠科学才有希望。高科技领域，中国也要在世界占有一席之地。搞科技，越高越好，越新越好。"③ 为什么邓小平强调高科技领域中国必须在世界上占有一席之地？如果中国不能占有一席之地，中国在国际政治中的发言也不可能占有重要的一席之地。大国强国真正的强大，首先是其经济地位特别是科技地位的强大，试想，如果美国是一个经济和科技的弱国和小国，它能取得今天这样的国际政治地位吗？它能有今天疯狂图谋争霸世界的本钱吗？显然不能。当然，中国谋求高科技在世界上拥有一席之地并且取得了重要的一席之地，中国决不会像美国那样走霸权主义和强权政治的老路，但中国一定会在遏制霸权主义和强权政治中发挥某种决定性的作用。

具体地说，邓小平建立在第一生产力理念上的科技外交思想和实践有如下几个方面。

（一）提出要把世界一切先进技术、先进成果作为我们发展的起点的思想

邓小平指出："科学技术本身是没有阶级性的，资本家拿来为资本主义服

---

① 《邓小平年谱：1975～1997》（上），第200页。
② 《邓小平年谱：1975～1997》（下），第1254～1255页。
③ 《邓小平年谱：1975～1997》（下），第1344页。

务，社会主义国家拿来为社会主义服务。我们要把世界一切先进技术、先进成果作为我们发展的起点。再加一条，那就是我们有丰富的自然资源。我们的口号是少说空话，多做工作。"① "现在摆在你们面前的问题，是鞍钢如何改造。引进技术改造企业，第一要学会，第二要提高创新。许多工作从现在起就要着手，如培训工人，培训干部，现在不着手，外国的先进技术就不能掌握。这方面我们是有教训的。现在抢时间很重要，全国准备引进上千个项目。凡是引进的技术设备都应该是现代化的，必须是七十年代的，配套也要是七十年代的。世界在发展，我们不在技术上前进，不要说超过，赶都赶不上去，那才真正是爬行主义。我们要以世界先进的科学技术成果作为我们发展的起点。我们要有这个雄心壮志。"② "中国在历史上对世界有过贡献，但是长期停滞，发展很慢。现在是我们向世界各国学习的时候了。我们过去有一段时间，向外国学习先进的科学技术被叫做'崇洋媚外'。现在大家明白了，这是一种蠢话。我们派了不少人出去看看，使更多的人知道世界是什么面貌。关起门来，固步自封，夜郎自大，是发达不起来的。由于受林彪、'四人帮'的干扰，同发达国家相比，经济上的差距可能是二十年、三十年，有的方面甚至是五十年。要实现四个现代化，就要善于学习，大量取得国际上的帮助。要引进国际上的先进技术、先进装备，作为我们发展的起点。我们好的传统必须保留，但要根据新的情况来确定新的政策。过去行之有效的东西，我们必须坚持，特别是根本制度，社会主义制度，社会主义公有制，那是不能动摇的。"③ 如果中国的现代化不是建立在世界先进技术和先进成果的基础上的现代化，这样的现代化肯定是不会取得成功的。所以，邓小平的"发展起点"的思想，就是站在巨人肩膀上发展自己的思想。按照这样的思想发展自己的经济，一旦取得成功，就必然是真正的现代化的到来。诚然，中国的发展不会是一帆风顺的，因为资本主义国家不会轻松地、毫无保留地把它们的先进科学技术转让给中国，特别是给一个一心想战胜资本主义的中国，所以，中国真正的发展主要靠自力更生，引进和吸收外国先进的科学技术，也只能是在自力更生的基础上的引进，这一点，邓小平是非常清楚的。邓小平指出："在经济建设方面，根据中国的经验，我们执行对外开放政策，但立足点是自力更生。希望从发达国家取得比较多的东西很难，最靠得住的是穷朋友，越穷的越慷慨，越富的越悭吝。"④ "历

---

① 《邓小平年谱：1975～1997》（上），第 307 页。
② 《邓小平年谱：1975～1997》（上），第 384 页。
③ 《邓小平年谱：1975～1997》（上），第 398～399 页。
④ 《邓小平年谱：1975～1997》（下），第 872 页。

史证明，越是富裕的国家越不慷慨，归根到底，我们要靠自己来摆脱贫困，靠自己发展起来。主要靠自己，同时不要闭关自守，可以多方面找朋友。我们欢迎发达国家同我们合作，也欢迎发展中国家相互之间的合作，这后一种合作是非常重要的。特别是人口众多的发展中国家要有自己的良好政策。"① 但问题是中国在发达国家不慷慨的情况下，还应不应该坚持高起点？回答当然是肯定的，别人越是想遏制我们的科技发展的高起点，我们越是要坚定地走高起点的道路，只要"君子爱科技发展的高起点之财，取之有道"就行，一个是多加强自我创新的能力，一个是继续和科技发达的国家发展科技合作，用我们的高科技的发展成果交换其为我所迫切需要的科技成果。这样的渠道除了双边关系之外，在一些多边领域，也可以找到合作和取经的空间，对于一切可能利用的机会，邓小平都是非常注意抓住的。邓小平强调："有条件吸收世界一切先进科学技术成果，勇敢地向国际上一切先进的东西学习。联合国教科文这样的国际组织可以帮助我们做很多的事情，加上有你这样的人领导工作，我们为什么不利用？应该充分利用它来帮助我们实现四个现代化。老实说，我们派人到教科文组织工作，主要是学习，我们将采取积极的态度。教科文组织派人来讲学、办训练班，是好建议，很好。教科文组织举办的国际学术活动，我们也要参加。对你们的工作我们无保留地支持。"②

那么，邓小平讲的中国实现科技发展高起点的具体办法是什么？邓小平指出："不搞科研，我们就根本不可能有现代化。引进外国大型科研设备，同外国科研机构合作搞科研，加速科学技术现代化，这个好。引进产品要考虑周到，要配套、搞全，同时要和我们的制造结合起来。还可以派人出国，进行技术培训。可以减少一些现在生产的飞机产量，把剩余的钱用来搞科研，搞新产品试制，搞出中国式的更好更新的东西。如果我们能有一定数量的更高级的飞机，那形势就不一样了。"③ 邓小平的"发展起点"观，可以这样理解，即引进外国大型科研设备，同外国科研机构合作一起搞科研，加速科学技术现代化，这是起点的内涵之一；引进产品要考虑周到，要配套、搞全，同时要和中国的生产制造结合起来，这是起点的内涵之二；派人出国，进行技术培训，这是起点的内涵之三；集中资金搞科研，搞新产品试制，搞出中国式的更好更新的东西，这是起点的内涵之四。

---

① 《邓小平年谱：1975～1997》（下），第 1260 页。
② 《邓小平年谱：1975～1997》（上），第 342 页。
③ 《邓小平年谱：1975～1997》（上），第 473 页。

（二）通过国际交流促进我国科技人才的成长

不拘一格用人才。领导干部还必须具备掌握国际科技发展态势的强烈意识。邓小平就是一个懂得世界经济和科技发展前沿的领导人，他之所以是中国改革开放的总设计师，对国际科技发展的情况他是了如指掌的。他说："我们还要把那些比较好的、有培养前途的科技人员记下来，建立科技人员档案，帮助他们创造条件，不管他们资格老不老。一九五七年我去苏联，尤金说，苏联的原子弹，是三个三四十岁的年轻人搞出来的。这样的人我们就没有啊？总之，要给有培养前途的科技人员创造条件，关心他们，支持他们，包括一些有怪脾气的人。首先要解决这些人的房子问题，家庭有困难的也要帮助解决。"①

邓小平指出："我们要实现现代化，关键是科学技术要能上去。发展科学技术，不抓教育不行。靠空讲不能实现现代化，必须有知识，有人才。没有知识，没有人才，怎么上得去？科学技术这么落后怎么行？要承认落后，承认落后就有希望了。现在看来，同发达国家相比，我们的科学技术和教育整整落后了二十年。科研人员美国有一百二十万，苏联九十万，我们只有二十多万，还包括老弱病残，真正顶用的不很多。日本人从明治维新就开始注意科技，注意教育，花了很大力量。明治维新是新兴资产阶级干的现代化，我们是无产阶级，应该也可能干得比他们好。"② "我国现在科研人员少，队伍小，比不上那些发达的大国，这点我们要承认。美国科研队伍有一百二十万人，苏联前年的资料是九十万人，现在又增加了。我们是二十多万人。但是，正像有的同志说的，只要我们充分发挥社会主义制度的优越性，把力量统一地合理地组织起来，人数少，也可以比资本主义国家同等数量的人办更多的事，取得更大的成就。这次科学院起草了一个发展科学技术的八年规划，也许还要按照大家意见补充，但是有总比没有好。这个规划中央打算先不批发，由科学院发下去试行。"③

邓小平指出："要用外国的条件，来培养我们的科研人员。"④ 邓小平谈培养人才问题，总是联系内与外，即使字面上没有外交，但实际上已经存在了在对外政策方面的思考。邓小平指出："外交部反映，有一批华裔学者要求回国。周恩来同志过去就考虑过这个问题。我们要创造条件，盖些房子，做好安置他们回国的准备工作。他们回国总要有个家，总要有必要的工作条件吧！接

---

① 《邓小平文选》第 2 卷，第 34 页。
② 《邓小平文选》第 2 卷，第 40 页。
③ 《邓小平文选》第 2 卷，第 51～54 页。
④ 《邓小平年谱：1975～1997》（上），第 184 页。

受华裔学者回国是我们发展科学技术的一项具体措施，派人出国留学也是一项具体措施。我们还要请外国著名学者来我国讲学。同中国友好的学者中著名的学者多得很，请人家来讲学，这是一种很好的办法，为什么不干？"① 人才是先进生产力中最重要和最活跃的因素，一国如果没有掌握世界最先进和最前沿科学技术的人才，也就不可能有一国家先进科学技术的产生和发展，更谈不上一国先进生产力的出现，这样的国家也就不可能成长为世界强国，包括中国这样的大国也是如此。历史经验已经证明，近代的中国由于科学技术严重落后于世界，中国这样一个人口多、土地广的大国，照样是一穷二白的，照样挨打受人欺负，最后甚至连民族的生存也出了问题，更不要奢谈对人类、对世界和平作出自己的贡献。所以新中国一开始就非常重视最先进的科学技术的作用，"文化大革命"结束后，邓小平以只争朝夕的精神，思考的也是如何抓紧吸引来自世界的人才为中国的现代化建设服务，把这一工作作为一切工作的核心。在今天，世界各国在吸引科技人才上竞争更是达到了白热化的地步，根据学者的研究，"世界经济发展和研发投入的增长带动了研究人员数量的增加；国际化的教育培训的出现使得人才易在不同的国家之间流动，人才流动呈现多向趋势：一是许多发达国家通过修改移民政策吸引外来技术人才，美国20%的科技人员和工程师来自国外。2005年德国决定为优秀移民人才提供无限期居留签证。二是随着一些新兴经济体国家的快速发展，这些国家不仅人才回流的势头明显上升，而且还从全球吸引人才，从人才'输出国'成为人才'进口国'。"②

（三）高度重视国际科技平台的战略支撑价值和作用

创新是科学技术的本质，对此党的第二代中央领导集体是高度重视的。今天的中国已开始从"世界工厂"大踏步地向"世界实验室"演变，向创新型国家发展的定位已经十分明晰。在经历了全球制造业大批转移来华的阶段之后，已出现全球研发资源向中国集聚的态势，中国成为最具吸引力的研发投资目的地，成为承担全球研发中心的东移核心阵地。国外研发中心从过去的几十家发展到上千家，领域包括汽车、电子信息、医药等产业的制造环节纷纷向中国转移，"中国制造"的产品开始遍及世界。在这种产业布局形成多年后，随

① 《邓小平文选》第2卷，第56～57页。
② 唐克超：《当前国际科技发展与合作态势》，《国际技术经济研究》2006年10月第4期，第5页。

着中国自身产业制造能力和知识竞争能力的提升，新一波转移潮流来临了。中国在个人电脑、服务器、移动通信、互联网等领域都是全球最大市场，并拥有仅次于美国的 IT 从业人员规模，已超过印度、日本等，成为最具吸引力的研发投资目的地。在研发全球化浪潮中，中国是受益者。① 这样可喜局面的形成，和邓小平对科学研究平台的重视和对研发的高度期待是分不开的。1986 年 10 月，邓小平会见美籍华裔学者李政道教授夫妇和意大利学者齐吉基教授夫妇时就指出："对于科学我是外行，但我是热心科学的。中国要发展，离开科学不行。在这方面，我们还比较落后。你们成立国际科学文化中心——世界实验室，是一个重要的创举，特别是可以使第三世界国家得到益处。中国是第三世界国家，中国的科学技术人员要积极参加这个世界实验室的工作。中国的现代化建设刚起步，也许本世纪末可以看到比较显著的进步，真正的进步要到下个世纪的三十至五十年。中国的特点是又大又落后，办起事情来不容易。对于你们的帮助，我非常感激。当然还要靠我们自己的努力。从现在的状况看，是有希望的。在发展科学技术方面，我们要共同努力。"②

（四）积极推动和发达国家的科技合作

欧洲和北美的资本主义发展了几百年，其科学技术遥遥领先于中国，近代以来中国无数的仁人志士经过艰苦卓绝的努力，尤其是新中国党的第一代领导人的努力，使中国的国家主权得以恢复并开始独立自主开展一切事业，西欧的一些政治上和中国有较多共同语言而科技也比较发达的国家，也开始愿意和中国在平等的基础上进行科技方面的合作。以法国为例，它是曾侵略中国的殖民主义国家之一，但是第二次世界大战后，它在戴高乐的领导下，采取有别于西欧其他国家的相对独立的外交政策，是西欧第一个和新中国建立全面外交关系的国家。1978 年 1 月 21 日，邓小平对来访的法国总理巴尔说："随着中国经济的发展，我们的需要会逐渐增加。双方在经济领域、科技方面、文化方面都要创造条件，积极发展这些方面的关系，特别是要积极发展科学技术的交流。这方面，我们向你们要的东西多一些。……我们两国政府科学技术协定的签订，正是我们两国科技交流发展所取得的积极成果，同时又为进一步发展我们两国之间的科学技术交流开辟了新的广阔前景。每个民族都有它的长处，也都有它的短处。我们主张促进同外国的科学、技术、文化交流，就是要取长补

---

① 徐瑞哲：《从"世界 IT"走向"世界实验室"》，《解放日报》2009 年 10 月 26 日。
② 《邓小平文选》第 3 卷，第 183 页。

短，相互学习。这对双方都是有利的。"①

1979 年 1 月 31 日，邓小平作为中美关系正常化后第一个访美的中国领导人，他在接受美国费城坦普尔大学授予的名誉法律博士学位后的致辞中说："美国作为当今世界上经济发达的国家，在工农业生产和科学技术的很多领域领先，在经济管理和教育事业方面也有很多成就。我认为，进一步发展我国人民同美国人民的友谊，向美国人民学习，完全符合中国人民的利益。中国人民深信，把自己的社会主义制度的优越性同经济发达国家的先进科学技术和经济管理、人才培养等方面的先进经验结合起来，对于加快实现四个现代化具有重要的意义。"② 在这里，邓小平传递了这样的重要理念，即在西方资本主义国家土地上，公开表明自己的社会制度的优越性，但同时也客观地承认，资本主义世界先进科学技术和经济管理、人才培养等方面的先进经验值得我们学习，而且对巩固我们的社会主义政权和使社会主义制度的优越性真正发挥出来意义重大。

1979 年 1 月邓小平同志率团访美期间，于 1 月 31 日在华盛顿签署了《中美科技合作协定》，并同时建立了执行这一协定的两国政府间部长级"中美科技合作联合委员会"。此后，在总协定下，至 1987 年末的 9 年期间，中美两国政府有关部门之间签署了 27 个分领域的科技合作协议、议定书或谅解备忘录。中美两国官方科技合作所涉及的政府部门，中方共 27 个，其中包括 16 个部委和 11 个国家局；美方共 18 个，其中包括 7 个部和 11 个独立行政部门。在这一阶段，中美官方的科技交流与合作，从形式上讲包括：联合委员会和工作组会议、项目发展会议、代表团互访、合作研究、联合勘测、观察和考察、各种形式的学术会议等。就双方交流与合作的规模而言，每年都超过上百项，人员往来每年几百乃至上千人次。在此期间，中美半官方科技交流与合作，即中方与美中学术交流委员会之间的交流与合作，其地位却相应有所下降，原因主要是被大规模的官方直接交往和迅速发展的民间渠道所取代。尽管如此，双方半官方的科技交流与合作仍然有其独特的地位和作用。③

（五）加快建立社会主义市场经济体制，促进科学技术的发展

中国由计划经济向社会主义市场经济转变，不能说我们过去搞了几十年的

① 《邓小平年谱：1975～1997》（上），第 256～257 页。
② 《邓小平年谱：1975～1997》（上），第 480 页。
③ 李明德：《中美科技交流与合作的历史回顾》，《美国研究》1997 年第 2 期，第 146 页。

计划经济搞错了，后悔为什么没有在新中国成立时就搞市场经济。这是因为不同时期的国际环境和不同的时代背景，选择也不尽相同。计划经济虽然在后期出现了严重僵化的问题，但它在新中国相当长时期支撑了中国的经济发展，把中国建设成为一个初步繁荣昌盛的新中国，它的贡献是不可磨灭的。即使搞市场经济，也要注意到市场经济有利的一面的同时，注意到它可能带来的问题，比如，如果相关的法制跟不上的话，就会造成严重无序竞争的局面，各种假冒伪劣产品就会大量充斥市场，就会给广大消费者的利益造成严重的伤害。今天市场上各种假冒伪劣产品横行天下，证明社会主义市场经济一定程度上取得了体制上的重大突破，但还不能过度乐观地说已经完全找到一条真正使市场经济进入健康发展的道路，还有大量的问题要解决还在探索之中。我们上哪里去找医治市场经济问题的药方？西汉时期的《淮南子·主术训》中说"治者不贵其自是，而贵其不得为非也。故曰：'勿使可欲，毋曰弗求；勿使可夺，毋曰不争。'如此，则人材释而公道行矣，美者正于度，而不足者建于用，故海内可一也。"① 这是强调凡事都应该适可而止，避免过度竞争，只有这样才能建立和谐的社会合理的竞争的思想。

邓小平非常重视通过发展社会主义市场经济来提高科学技术发展的动力和环境。进入 20 世纪 90 年代，随着中国更加深入地和世界经济接轨，说得更加准确一点，主要就是要一方面融入资本主义主导的市场经济体系之中，另一方面探索出一条中国特色的社会主义市场经济建设之路，只有这样，中国才能建设健康而开放的社会主义新经济体制。而一旦中国确立了市场经济的路线，就必须把中国经济放置在法制经济、竞争经济、国际合作经济的范畴之中加以经营和谋划，而能否在有序的竞争中取得优势，产品的科技水平是决定性因素。各个经济的主体和政府部门，都会在提高自身科技实力的强烈愿望的引导下，加快提高自身产品的科技水平，这样中国的科技发展就有了广泛的社会基础。邓小平指出："不搞市场经济，没有竞争，没有比较，连科学技术都发展不起来。产品总是落后，也影响到消费，影响到对外贸易和出口。"② 邓小平为什么特别强调如果中国不搞市场经济，会造成"科学技术都发展不起来"的局

---

① 此段话用现代汉语翻译为："治理政务的官吏，不贵在其自身行为的正确与否，而贵在不能做坏事。所以说：'不要助长人的贪欲，但也不要压抑人的正常要求；不要鼓励人争名争利，但也不要人放弃合理的竞争。'这样恰到好处，人欲能合理释放，真正的公正合理之道才得以实行。才德皆佳的人按法度正确使用，才德欠佳的人也应放适当的位置使用，这样，天下就成一个和谐的整体。"

② 《邓小平年谱：1975~1997》（下），第 1347~1348 页。

面？因为市场经济能够使资源配置最大地得到优化，积累经济实力，并相应地通过竞争，激发提高科学技术的动力和层次，因为今天世界上的绝大部分产品，没有科技含量是没有竞争力的。而科学技术的提高，非展开国际合作不可。

（六）提出科学技术的问题直接关系到效率的提高

中国的落后最主要的是科学技术的落后，中国能不能发展起来，关键在于现代科学技术是不是能够在比较短的时间内赶上甚至超过发达国家，这是中国最紧迫的战略任务。中国不但要抓紧追赶，而且要高度注意效率，注重质量，这是邓小平在展开包括科技在内的国际合作时特别关注的。邓小平指出："搞四个现代化不讲工作效率不行。现在的世界，人类进步一日千里，科学技术方面更是这样，落后一年，赶都难赶上。所以必须解决效率问题。"①

（七）指出科技体制改革是中国全面改革的一部分

邓小平指出："任何一个国家要发展，孤立起来，闭关自守是不可能的，不加强国际交往，不引进发达国家的先进经验、先进科学技术和资金，是不可能的。……改革是全面的改革，不仅经济、政治，还包括科技、教育等各行各业。"② 中国的科学技术要发展上去，必须对影响科技发展的上层建筑进行改革和体制创新。1985 年 3 月 13 日，中共中央颁布了《关于科学技术体制改革的决定》，该《决定》中明确指出："科学技术体制改革的根本目的，是使科学技术成果迅速地广泛地应用于生产，使科学技术人员作用充分发挥，大大解放科学技术生产力，促进经济与社会的发展。"③ 根据该《决定》制定的面向1991～2000 年的《中华人民共和国科学技术发展十年规划和"八五"计划纲要》（下简称《纲要》），明确规定科技体制改革的一大目标是"坚持对外开放，积极推进国际科技合作"。《纲要》指出："（一）根据需要与可能，全方位地开展国际科技合作。（二）切实做好技术引进及其消化、吸收、发展与创新工作。（三）进一步制定和完善推动科技人员对外交往、学术交流和智力输出的有关政策。（四）创造有利于国际科技合作的条件。"今天，政府间科技合作活跃，民间科技合作企业、科研机构、高等院校以及民间科技组织的对外交流频繁。中国推动的双边和多边的国际科技合作生机勃勃，中国和广大发展中

① 《邓小平文选》第 3 卷，第 179～180 页。
② 《邓小平文选》第 3 卷，第 117 页。
③ 戴舟：《邓小平理论与当代中国》（第 2 卷），红旗出版社，1998，第 163 页。

国家的科技合作也取得了突破性的进展。合作研究、合作开发、合作设计、合作生产和信息服务也深入展开。在消化吸收外国先进科学技术方面，引进的科学性进一步体现，中国已迈步向创新型国家发展。国际科技合作环境日益宽松，科技人员有更多的机会直接、间接地接触世界，走向世界。科技人员参加国际会议、进行学术访问和客座研究，以及在国外兼职或在国际组织任职的体制机制更加完善；在国外工作的优秀科技人员回国服务成为新的潮流，大量的外国专家来华从事科研、教学工作，进行生产、经营活动的指导、咨询或管理工作日益频繁。同时，走出去的中国技术专家、管理专家也日益增多。《纲要》所确定的科技外交目标，纵观20世纪末中国的科技发展，应该是完全实现了。

二　党的第二代中央领导集体科技外交的先进文化理念

我们用"三个代表"重要思想的核心原理分析邓小平的科技外交思想，可以更加清晰地了解邓小平科技外交思想的鲜明的时代性和对今天中国的国际科技合作与科技外交的重大指导意义。

（一）指出双边关系政治基础打牢固的前提下，科技合作才能稳步前进

探寻新中国外交的规律可以看出，当外交关系未能建立的情况下，首先需要通过经济合作、文化交流、科技交流来推进和推动，最后达到建立外交关系，使双边关系实现正常化。而实现了双边关系正常化的国家之间，出于更高的战略利益考虑，在特定的情况下，需要建立更加牢固的政治基础，才能在经济、科技、文化的合作领域采取更大的动作。比如在《中日和平友好条约》签订前，日本有人建议签订中日科学技术方面的协定，邓小平表示："这是一个好想法。我们想在中日和平友好条约签订后来处理这个问题，在一个比较好的政治基础上，再签订这个协定要好一些。"[①] 为什么要这样，因为《中日和平友好条约》的签订是中日关系稳定发展的重要政治基础的标志性事件，而且关键的是当时中日签订和平友好条约的时机已经成熟，因此必须把重点和核心放在和平友好条约的处理上，写有"反霸"条款的和平友好条约一旦签订，将起着"纲"的作用，而这个"纲"举起来，什么经济合作，文化交流、科技合作这些"目"都会张开，《中日和平友好条约》签订以来至今，中日两国发展总体是良好的、平稳的，中日两国人民都受益很大。抓住问题的关键和要

---

① 《邓小平年谱：1975～1997》（上），第288页。

害，首先解决好关键与要害，这是邓小平外交谋略与战略很重要的体现，如果体现反霸反强权精神的中日和平友好条约不能如期签订，匆忙签订科技方面的协定，必然使中日在一切领域的合作都存在政治基础不牢固的问题，科技等领域的合作也必然不可持续。

（二）指出科技是维护世界和平的重要手段

邓小平深刻地提出引人深思的三个"离不开科学"的著名论断。他指出："实现人类的希望离不开科学，第三世界摆脱贫困离不开科学，维护世界和平也离不开科学。"① 这三个"离不开科学"和邓小平提出的和平与发展是当今世界的主题的思想是一脉相承的，或者说实现真正意义上的建立在平等、公正、公平基础上的和平与发展，没有这三个"离不开科学"的落到实处，是不可能真正发展取得成功的。这充分体现了邓小平科技外交思想的先进性和进步性，在邓小平的心目中，中国发展先进的科学技术，其核心的追求和价值目标是为了实现人类的希望，实现第三世界政治、经济、文化的崛起，最终推动世界实现高质量的、真正的和平与和谐的局面。

可以从以下几方面认识邓小平"维护世界和平也离不开科学"的思想。第一，科学是没有阶级性的，但是掌握科学技术者的不同，科学技术所发挥的作用也不同，同时也就体现不同的阶级性。比如核科学技术掌握在法西斯手里和掌握在恐怖主义者手里，人类就面临毁灭的前景。同样，科学技术掌握在霸权主义和强权政治手里，科学技术就成为它们称霸世界的工具。而中国是社会主义国家，是向世界人民庄严宣告永远不称霸的国家，是一贯用和平共处五项原则和《联合国宪章》精神引导中国的对外政策的国家，科学技术掌握在中国手里，维护世界和平的手段就增加了，中国越是用先进科学技术武装起来，维护世界和平的能力就越强大，世界和平就越可靠。第二，科学技术发展到一定阶段所创造的生产力，本身也能达到过去通过战争才能取得的财富和利益，所以，战争的动力在今天的时代有所降低。第三，也是早就成为世界共识的，一旦发生战争，有可能会爆发核战争，人类就会毁灭，因此，拥有核武器的西方大国和强国对发动战争相比较两次世界大战，是谨慎不少了（它们其实想发动战争的欲望并不比两次世界大战弱，只是制约战争的因素增多了）。

---

① 《邓小平文选》第3卷，第183页。

（三）提出科学技术是人类共同创造的财富

邓小平指出："提高我国的科学技术水平，当然必须依靠我们自己努力，必须发展我们自己的创造，必须坚持独立自主、自力更生的方针。但是，独立自主不是闭关自守，自力更生不是盲目排外。科学技术是人类共同创造的财富。任何一个民族、一个国家，都需要学习别的民族、别的国家的长处，学习人家的先进科学技术。我们不仅因为今天科学技术落后，需要努力向外国学习，即使我们的科学技术赶上了世界先进水平，也还要学习人家的长处。中国的革命，吸引着世界各国革命人民，与之共呼吸。中国的社会主义现代化建设，也已得到并且必将进一步更广泛地得到世界各国人民的关注和支持。我们要积极开展国际学术交流活动，加强同世界各国科学界的友好往来和合作关系。对于一切在科学技术上帮助过我们的国际朋友，我们表示衷心的感谢。"① 我们不难看出，邓小平在这里，他更强调的是学习和引进别国的先进科学技术，反而对独立自主不是很突出地强调，主要还是不愿意看到一讲独立自主就滑向闭关自守和盲目排外，错失中国科学技术发展的大好机遇。

（四）求实精神

中国作为发展中国家，特别是近代以来在科学技术方面大大落后于西方世界的发展中国家，应该有赶超世界科技水平的雄心壮志，但是这种赶超只能是有重点、有方向的超越，否则就是脱离中国客观实际的幻想。如果把幻想变为实际的政策，只能使中国的科技事业遭受严重的损失。邓小平指出："科学技术要赶超世界先进水平，但不是什么都赶超，是在部分领域或一些方面赶超。要先学，学得好，才能赶超。科研设施的建设要从最先进的着手，高能加速器就是个重点。承认落后，就有希望。真正的爬行主义是不吸收世界先进成果。对科技工作，要想得远一些，看得宽一些。一是要派人出去学习，二是要请人来讲学。不但科研机构要这样，企业也要这样。现在对企业的科研没有抓，在发达国家企业科研比重很大。总之，要注意科学。科学是老老实实的事，一点不能弄虚作假。"② 邓小平指出："能否实现国防现代化，决定于工业和科学技术现代化。工业上不去，科学技术上不去，国防现代化就不能实现。现在我们在努力抓工业，抓科学技术，抓教育。我们相信可以比较快地见效。我

① 《邓小平文选》第 2 卷，第 91 页。
② 《邓小平年谱：1975～1997》（上），第 184 页。

们要引进世界各国的先进技术，学习世界上的一切先进成果。现在科学技术的发展一日千里，我们所讲的赶超世界水平，就是在本世纪末达到当时的世界先进水平。到本世纪末还有二十二年，谁晓得那时是什么面貌。科学进步很快，发展很快。现在人民群众、科技工作者、教育工作者的积极性都调动起来了。只要方向正确，又有具体的有效措施，就有希望。科学本身就是老老实实的，一点弄虚作假也不行。不行就是不行，再吹也不行。知道自己不行，就有希望。"①

（五）拿来主义

科学是无国界的，也是没有阶级性的，吸收先进的科学技术，愚蠢做法是对人家的科学技术要进行一番阶级分析。当然，科学技术掌握在什么人手中是有阶级性的。反动的阶级掌握了它，霸权主义和强权政治掌握了它，对世界和平的威胁就增加了更大的危险性，而和平力量掌握它，世界和平的希望则增加一分。邓小平指出："发展科学的方针，我们已经定了，即以世界先进水平作为我们赶超的起点。但我们还要有具体的方法，要采取具体措施，不能光说空话。科技成果是人类共同的财富。现在我们学习外国先进的东西，实行'拿来主义'。日本科学发展得快，就是实行'拿来主义'。'拿来主义'不坏，真正的科学态度应该如此。"②

（六）包容精神

在吸引海外人才的问题上，往往会受到一些"左"的思想的干扰，比如有些长期生活和工作在海外的华人科学家过去因为不了解新中国的政治发展情况，政治态度上存在一些问题，但邓小平提出只要今天愿意为新中国的建设服务，中国都应该热情地欢迎。邓小平指出："希望所有出国学习的人回来。不管他们过去的政治态度怎么样，都可以回来，回来后妥善安排。这个政策不能变。告诉他们，要做出贡献，还是回国好。希望大家通力合作，为加快发展我国科技和教育事业多做实事。搞科技，越高越好，越新越好。越高越新，我们也就越高兴。不只我们高兴，人民高兴，国家高兴。对我们的国家要爱，要让我们的国家发达起来。"③

---

① 《邓小平年谱：1975～1997》（上），第217页。
② 《邓小平年谱：1975～1997》（上），第235～236页。
③ 《邓小平文选》第3卷，第378页。

三　党的第二代中央领导集体科技外交代表最广大人民利益的思想

（一）创造良好的国内和国际条件，广泛开展国际科学技术交流，使人民大众从落后的生产力中解放出来

党的第二代中央领导集体通过国际科技交流促进中国生产力的发展的举措，始终有一个核心的价值导向，那就是怎样促进人民直接或者间接的利益的实现，这里，我们仅以邓小平在农业科技方面的国际交流为例加以说明。

早在 1975 年 6 月 2 日，邓小平对美国前来采访的新闻界人士说："我们发展社会主义经济，建设国家，是按照毛主席的指示分两步走。第一步是用十年左右的时间，把中国的工业、农业、科学技术这些方面建成独立的比较完整的体系，使各方面都有比较好的发展。第二步是在这个世纪的末期达到现代化水平。所谓现代化水平，就是接近或比较接近现在发达国家的水平。当然不是达到同等的水平。在这个时期内还办不到，因为中国有自己的情况，首先是人口比较多。但还有二十五年的时间，我们有信心达到比较接近通常说的西方的水平。要做到这一步，我们要付出很大的努力。为此，我们当然要有国内的条件，我们也希望有比较好的国际条件。"[①] 邓小平此处讲的"比较好的国际条件"是什么？主要是我们有一心一意发展自己的科学技术的稳定的国际环境，也就是至少要有一个不打仗的和平局面，此外，科技发达的西方国家能够在平等的基础上愿意向中国转让其先进的科学技术。到了 90 年代，虽然西方国家利用 1989 年政治风波对中国进行包括中断科技交流的全面制裁，但中国基本上还是取得了发展自身科学技术的国际条件，自身的科学技术也取得了重要进展，而科学技术的成就如何应用于事关中国现代化成败的农业现代化上，把占有中国最广大人口的农业生产力解放出来，这成了邓小平非常重视的课题。邓小平指出："我以前提出过，在一定的条件下，走集体化集约化的道路是必要的。但是不要勉强，不要一股风。如果农民现在还没有提出这个问题，就不要着急。条件成熟了，农民自愿，也不要去阻碍。北京郊区搞适度规模经营，就是集体化集约化。从长远的观点看，科学技术发展了，管理能力增强了，又会产生一个飞跃。……要提高机械化程度，利用科学技术发展成果，一家一户是做不到的。特别是高科技成果的应用，有的要超过村的界线，甚至超过区的界线。仅靠双手劳动，仅是一家一户的耕作，不向集体化集约化经济发展，农业

---

① 《邓小平年谱：1975～1997》（上），第 52～53 页。

现代化的实现是不可能的。就是过一百年二百年，最终还是要走这条路。"①
使农业走向集体化、集约化而最终实现现代化，学习农业先进国家的经验必不
可少。对于农业发达国家的集约化的经验，完全可以采取邓小平讲的"拿来
主义"，当然，具体如何实施，一定要因地制宜，完全照搬也是有问题的。比
如同样都是沙漠地区的中国新疆地区如果完全照搬以色列在沙漠地区实行的集
约化的、高科技的农业发展模式，那就会得不偿失。正如有学者指出的："新
疆和以色列虽然同属于干旱地区，但地理位置不同，不能完全照搬照抄。在以
色列随处可见的大面积温室大棚，建设到新疆后，运行效果不明显，主要的原
因是冬季漫长，天然气锅炉加热成本太高，实际发挥的效益赶不上中国式大
棚。"②

中国的问题能否解决好，关键是看农业发展得如何，因为农业是决定中华
民族实现伟大复兴的基础。而农业的关键，又是要看占人口绝大多数的农民的
生活解决得好不好，因为是农民占了中国人口的绝大多数。如何解决，邓小平
认为发展科学是其中最为重要的因素。邓小平指出："中国农业人口占总人口
的百分之八十，提高这百分之八十的人民的生活是个关键。"③"农业问题也要
研究，最终可能是科学解决问题。科学是了不起的事情，要重视科学。"④

第一，提出只有科学和人才才是解决农业问题的思想。邓小平指出，"农
业增产还有潜力，特别是科学种田方面大有潜力。今后要进一步提倡科学种
田，还要大力培养农业科技人才。"⑤ 农业科技人才培养的一个关键，就是要
培养一大批能够紧跟世界农业发展前沿的人才，在这方面，中国确实需要国际
社会的帮助和支持。邓小平指出："像中国这样大的国家搞建设，不靠自己不
行，主要靠自己，这叫做自力更生。但是在坚持自力更生的基础上，还需要对
外开放，吸收外国的资金和技术来帮助我们发展。"⑥

第二，强调农业在中国四化建设中的基础地位。邓小平指出："国防现代
化离不开农业现代化、工业现代化、科学技术现代化，离开这三化就谈不上国
防现代化。"⑦ 在四个现代化中，农业是基础，没有农业的现代化，其他的现

---

① 《邓小平年谱：1975~1997》（下），第1349~1350页。
② 贾丽慧等：《以色列农业的成功做法及对新疆农业的启示》，《农业科技通讯》2012年第1期，
　第10页。
③ 《邓小平年谱：1975~1997》（下），第973页。
④ 《邓小平年谱：1975~1997》（下），第1281~1282页。
⑤ 《邓小平年谱：1975~1997》（下），第949页。
⑥ 《邓小平年谱：1975~1997》（下），第1002页。
⑦ 《邓小平年谱：1975~1997》（上），第272页。

代化都等于是空想。邓小平强调："我们研究了世界上一些发达国家的经验，为什么它们的工业能够发展，主要是它们的农业有基础。农业解决得不好，要拖工业的后腿。特别像我们这样一个人口众多的国家，靠进口粮食解决吃饭问题不行。"① 在邓小平看来，农业现代化是国防现代化的前提之一，农业是中国经济、政治、军事等发展的基础，中国农村人口占全国人口的比例超过70%，农村不能实现现代化，首先军队人才结构的现代化也不能实现，因为军队的主要兵源在农村；此外，中国的国土安全最广泛的区域是农村，如果农村发展长期处于落后状况，几乎就可以肯定中国的国家安全问题很严峻（其中广大农业人口的安全就处于比较严峻的状态），一旦遭遇自然灾害，国家用于解决这些灾害的资源（特别是国防资源）就会成倍地增加，这样直接用于国防现代化的资源就会很分散，搞国防现代化所遇到的困难和障碍就会很突出。因此，邓小平非常关心农业的现代化，特别是关心怎样通过促进农业科技的发展来发展农业的现代化。邓小平指出："我们在科学大会上讲了我们的真实情况，讲了落后，讲了只有承认落后，才能改变我们落后的状况。在工农业方面，我们不仅技术水平低，而且管理水平低，也得学习。"② 邓小平指出："机械化不等于有机械就行了，还有一个前后左右问题。即使全部机械化了，而且是很合理的机械化，也不等于能够解决全部农业问题，还有种子、饲料等问题。到国外参观后，发现我们差得太远了。现在确实要学习，而且要善于学习。比如科研方面，有很多课题需要研究。关起门来不行。把世界上的先进成果作为我们发展的起点，这才不会把我们实现四个现代化的目标变成空话。"③"国际上很关心中国提出的我们除了吸收国际资金、先进技术外，还要学习国际上的管理经验。中国的经济必须要照顾到农业。我们中国人口将近百分之八十在农村，农业不前进，一定要拖工业的后腿。"④

　　第三，对于发达国家农业发展的经验和成果都很注意吸收和引进。1982年3月26日，邓小平会见美国哈默博士。在哈默提出中国要把农业搞上去，就必须使用高效肥料，以及同中国在农业、畜牧业方面合作的建议时邓小平说："这些都是我感兴趣的事，特别是肥料。"⑤"中国农业潜力大，现在肥料不足，要解决肥料和种子问题，总之，农业是很有希望的。农民不能只靠种粮

① 《邓小平年谱：1975~1997》（上），第393页。
② 《邓小平年谱：1975~1997》（上），第286页。
③ 《邓小平年谱：1975~1997》（上），第369页。
④ 《邓小平年谱：1975~1997》（上），第515页。
⑤ 《邓小平年谱：1975~1997》（下），第808页。

食，要多种经营，农工商结合，我们现在正在这样做。"① 肥料和种子也是有科技含量高和低之分的，科技含量高的肥料和种子，本身也是农业现代化的一个重要方面。中国一方面应该本着自力更生的精神发展自己的高科技肥料和种子，一方面要通过国际合作、共同研发，也要注意引进在别国的农业实践中证明是优良的肥料和种子，只有这样，才会有力地促进我们农业的现代化水平，促进农业和农民增收。这就是邓小平为什么对"高效肥料"特别"感兴趣"的原因所在。

（二）提出引进先进技术是为了发展生产力、提高人民生活水平的思想

新中国的科技发展形成了一个很明显的传统，就是其发展的一切根本归属是怎样为国家的安全利益服务，怎样为民族的经济发展服务，怎样直接地造福于人民大众。在邓小平的科技外交思想中，人民如何直接从科技的发展中受益，一直都是他所最为重视的。邓小平强调："你们问我们实行开放政策是否同过去的传统相违背。我们的作法是，好的传统必须保留，但要根据新的情况来确定新的政策。过去行之有效的东西，我们必须坚持，特别是根本制度，社会主义制度，社会主义公有制，那是不能动摇的。我们不能允许产生一个新的资产阶级。我们引进先进技术，是为了发展生产力，提高人民生活水平，是有利于我们的社会主义国家和社会主义制度。至于怎么能发展得多一点、好一点、快一点、省一点，这更不违背我们的社会主义制度。"② 邓小平在考虑引进先进的科学技术时，不是单纯地为引进而引进，而是把本国增加产品的出口、劳动力的容纳、自身技术的改造、提高劳动生产率等多重因素统筹加以考虑，使国家和人民的经济和科技利益最大化。邓小平指出："外国都很重视引进国外的新技术、新设备。把他们的产品拆开一看，好多零部件也是别的国家制造的。有一些原材料，我们一时解决不了、必须进口的，还是要进口一些。如化纤厂搞起来了，缺少某些化工原料就不能生产，不进口怎么行？要进口，就要多出口点东西。这里有一个出口政策问题。出口什么？要大力开采石油，尽可能出口一些。工艺美术品等传统出口产品，要千方百计地增加出口。化工产品要考虑出口。煤炭也要考虑出口，还可以考虑同外国签订长期合同，引进他们的技术装备开采煤矿，用煤炭偿付。这样做好处很多：一可增加出口，二可带动煤炭工业技术改造，三可容纳劳动力。这是一个大政策，等中央批准了

---

① 《邓小平年谱：1975～1997》（下），第987页。
② 《邓小平文选》第2卷，第132页。

再办。总之，要争取多出口一点东西，换点高、精、尖的技术和设备回来，加速工业技术改造，提高劳动生产率。"①

邓小平为什么最重视引进那些直接与人民生产和生活息息相关的科学技术，这是因为他内心深处只有人民的利益，他称自己是中国人民的儿子，可见人民在他心目中的分量之重。邓小平最关心科技的发展和引进在减轻人民体力劳动方面的作用。他说，"提高自动化水平，减少体力劳动，世界上发达国家不管是什么社会制度都是走这个道路。"② 这足以说明邓小平发展科学技术的最大动力，就是为了广大人民群众体力的解放，是从根本上为人民的利益着想的。邓小平提出的"科学技术是第一生产力"的思想，他的根本的考虑也仍然是人民群众的直接利益。邓小平指出："世界在变化，我们的思想和行动也要随之而变。过去把自己封闭起来，自我孤立，这对社会主义有什么好处呢？历史在前进，我们却停滞不前，就落后了。马克思说过，科学技术是生产力，事实证明这话讲得很对。依我看，科学技术是第一生产力。我们的根本问题就是要坚持社会主义的信念和原则，发展生产力，改善人民生活，为此就必须开放。否则，不可能很好地坚持社会主义。拿中国来说，五十年代在技术方面与日本差距也不是那么大。但是我们封闭了二十年，没有把国际市场竞争摆在议事日程上，而日本却在这个期间变成了经济大国。"邓小平还特别注意提高专家教授的待遇。他说："要注意解决好少数高级知识分子的待遇问题。调动他们的积极性，尊重他们，会有一批人做出更多的贡献。……我们自己的原子弹、氢弹、卫星、空间技术不也搞起来了吗？我们的正负电子对撞机工程在全世界也是居于前列的。知识分子待遇问题要分几年解决，使他们感到有希望。……我们不论怎么困难，也要提高教师的待遇。这个事情，在国际上都有影响。我们的留学生有几万人，如何创造他们回来工作的条件，很重要。有些留学生，回来以后没有工作条件，也没有接纳他们的机构，有些学科我们还没有。可以搞个综合的科研中心，设立若干专业，或者在现有的一些科研机构和大学里增设一些专业，把这些人放在里面，攻一个方面，总会有些人做出重大贡献。否则，这些人不回来，实在可惜啊。"③

邓小平在他著名的南方谈话中，深情地表达了他对中国如果把"越高越新"的科技发展起来的"三个高兴"中，"人民高兴"是他的三个高兴之一。

---

① 《邓小平文选》第 2 卷，第 29 页。
② 《邓小平文选》第 2 卷，第 34 页。
③ 《邓小平文选》第 3 卷，第 275～276 页。

邓小平指出："经济发展得快一点，必须依靠科技和教育。我说科学技术是第一生产力。近一二十年来，世界科学技术发展得多快啊！高科技领域的一个突破，带动一批产业的发展。我们自己这几年，离开科学技术能增长得这么快吗？要提倡科学，靠科学才有希望。近十几年来我国科技进步不小，希望在九十年代，进步得更快。每一行都树立一个明确的战略目标，一定要打赢。高科技领域，中国也要在世界占有一席之地。……搞科技，越高越好，越新越好。越高越新，我们也就越高兴。不只我们高兴，人民高兴，国家高兴。对我们的国家要爱，要让我们的国家发达起来。"①

邓小平还非常关心科学技术对实现别国人民利益的意义，特别是对把妇女从繁重的劳动中解放出来的意义。邓小平指出，"确实，妇女是半边天。就是在革命战争当中，妇女的作用也很大，男的都到前线去了，后方的很多担子都落在妇女身上。现在人类社会实际上还没有完全解决男女平等问题。但是，这件事情总有一天要实现。生产力发达了，科学技术发达了，这方面的事会解决。"②

第三节 "三个代表"重要思想与党的第三代中央领导集体的科技外交

科技外交是党在各个时期都非常重视的外交。胡锦涛同志就指出，"应该把推动科技创新摆在国际合作优先发展的战略地位，不断扩大科技合作领域，深化科技合作内涵，提升科技创新水平。科技创新，人才是关键，教育是基础。应该加大教育投入，加强教育合作，大力培养人才，使各国特别是发展中国家发展具有强大的人才支持和智力支持，为世界经济发展不断注入蓬勃的生机活力"③。从中国共产党诞生的那一天开始，中国共产党经过长期的奋斗，形成了马克思主义和中国具体实践相结合的毛泽东思想、邓小平理论、"三个代表"重要思想和科学发展观，在这些马克思主义中国化的理论指导下，虽然在前进的道路上有过曲折，甚至出现过重大曲折，但中国共产党总是能够不断地实现着自我更新，在曲折中不断前进。90多年来，我们党形成了各个不

---

① 《邓小平文选》第3卷，第377页。
② 《邓小平年谱：1975~1997》（上），第623~624页。
③ 《推进全面合作 实现持续发展》，2006年9月6日国家主席胡锦涛在澳大利亚悉尼出席了亚太经合组织商业峰会开幕式发表的重要演讲。

同阶段的正确的路线和纲领并制定了一系列正确的方针政策，取得了中国革命和建设的伟大胜利，实现了中华民族的伟大复兴，成为遏制霸权主义和强权政治、维护世界和平的最重要的力量之一。90 多年的实践充分证明，这些都是正确的，最集中地体现了现当代世界先进生产力的发展要求，体现了中国先进文化和世界先进文化的前进方向，体现了中国最广大人民和世界人民的根本利益。党的第三代中央领导集体的科技外交是在全球化时代高科技日益成为国际竞争核心的时代背景下产生和发展起来的，它既是对马克思、毛泽东和邓小平科技外交思想的继承和发展，又是"三个代表"重要思想总体外交方略的有机组成部分之一，第三代领导集体科技外交思想内容的与时俱进性和可操作性代表了党的第三代领导集体对国际科技合作的最新认识水平。如何更好地开展国际科技合作，推动中国的科技上台阶，更好地继承和发展前两代领导集体的国际科技交流与合作思想，使科技发展的成果更好地造福于社会、造福于国家、最终造福于广大人民，这一直是第三代领导集体的核心关注点和着眼点。

一　党的第三代中央领导集体科技外交的先进生产力思想

江泽民同志在党的第十四次全国代表大会的报告中指出："我们坚定不移地实行对外开放，愿意不断加强和扩大同世界各国在平等互利基础上的经济、科技合作，加强在文化、教育、卫生、体育等各个领域的交流。"[①] 很明显，科技外交是党的第二代中央领导集体的外交战略的一个十分重要的组成部分。

那么，党的第三代中央领导集体通过科技外交促进中国先进生产力发展的举措有哪些方面？

（一）提出经济和科技实力为基础的综合国力竞争对一个国家国际地位提升的重要作用

江泽民指出："在国际关系中，经济因素的作用不断加强，以经济和科技实力为基础的综合国力竞争，越来越成为决定一个国家国际地位的主导因素。我们要在激烈的国际竞争中占据有利地位，关键是要提高科技水平，增强经济实力。这首先取决于公有制经济特别是国有大中型企业的发展壮大。因此，我们必须进一步坚定搞好国有企业的决心，就是说，在建立社会主义市场经济体制的过程中，国有经济和整个公有制经济只能搞好，只能加强，而决不能削

[①]　《江泽民文选》第 1 卷，第 244 页。

弱；只能使它们形成新的优势，而决不能使它们失去优势。我们要下定这个决心，不能有丝毫动摇。"①

（二）自主创新是根本，技术引进是补充

江泽民指出："我们在学习国外先进技术时，当然不能跟着别人亦步亦趋，或者一味依赖外国的现成技术，而必须进行我们自己的探索和创造。我国是一个发展中的社会主义大国，在一些战略性、基础性的重大科技项目上，必须依靠自己，必须拥有自主创新能力和自主知识产权。不能靠别人，靠别人是靠不住的。如果在这些方面我们不能尽快取得突破，一味依赖别人，一旦发生什么情况，我们就很难维护国家安全。世界历史上曾经有过许多通过技术创新后来居上的成功范例，我国在一些领域也有这样的范例。现在，我们已具备在一些领域实现技术跨越式发展的基础和条件。关键是要在学习、消化、吸收国外先进技术的同时，加强自主创新，加强人才培育，加强创新基地建设，提高企业创新能力，掌握科技发展的主动权，在更高水平上实现技术发展的跨越。"② 在和平与发展仍然是当今世界主题的今天，科学技术作为综合国力竞争的核心要素，是必须高度重视的，尤其是像中国这样一个整体技术水平和经济实力同发达国家相比差距仍然很大的国家，如果不把科技水平搞上去，要实现经济上赶超西方国家，政治上体现社会主义制度的优越性是难以做到的。正如江泽民同志指出的，"没有强大的科技实力，就没有社会主义现代化"③。正是因为中国搞的是社会主义，搞社会主义的中国一旦方法对头，要在经济科技和文化等方面全面赶超资本主义并非不可能，而且社会主义中国所创造的一切物质和精神的财富最终都直接使最广大的人民群众受益，所以，西方国家出于冷战思维，绝对不愿意把核心的科技给中国，只有以加速自主创新为主，吸收引进为辅，才是正确的选择。

"自主创新"源于"自强不息"的传统中国核心价值观。几千年来，也正是因为中国人有这样的价值观的引导，才在科学技术上有自己光辉灿烂的历史。很不幸的是，清王朝出于方便自己统治的需要，以扭曲的文化心理，长期地执行压制中国人本来就擅长的自我创新能力发挥的政策。这直接导致中国近代在科学技术上远远落后于其政府鼓励创新的欧洲各国，以致中国对近代科学

---

① 《江泽民文选》第1卷，第441~442页。
② 《江泽民文选》第2卷，第396页。
③ 《江泽民文选》第1卷，第428页。

技术的发展没有多少积极的贡献。反思中国科学发展上存在的问题，最为严重的，恐怕就是"创新"精神的缺失和"创新基因"的退化。

中国必须首先主要学习资本主义世界创造的现代科学技术及产生现代科学技术的方法和理论，在逐渐跟上世界先进科学技术发展的基础上，不失时机地走一条符合中国实际的、建立在自主创新基础上的科学技术的发展道路，党的第三代中央领导集体所处的时代，正是这样一个从吸收到自主创新的过渡的阶段，而逐步体现创新、以创新为主轴的物质条件和精神条件已初步具备。党的第三代中央领导集体是十分重视科技外交的，江泽民就指出："扩大对外开放，加强国际科技交流和合作，积极引进国外先进技术，博采众长，为我所用，是加快我国技术升级和经济发展的有效途径。这项基本政策要长期坚持下去。"[1] 江泽民在进一步阐述了国际科技交流的意义后重点地谈到了自主创新的重要性。江泽民说："技术转让和保护知识产权，已成为当今国际经济技术合作关系中的重要问题。我们现在技术上还比较落后，应该努力学习和借鉴别国的长处，即使我们实现了现代化，也还是要不断向其他国家学习，取长补短。科学技术，总是要同世界各国如切如磋、如琢如磨，才能取得更快更大的进步。同时，我们也必须清醒地认识到，世界上有些最先进的技术是买不来的。当代世界科技进步日新月异，技术更替不断加速。今天称得上先进的技术，不久就有可能变为落后的。创新是一个民族进步的灵魂，是一个国家兴旺发达的不竭动力。如果自主创新能力上不去，一味靠技术引进，就永远难以摆脱技术落后的局面。一个没有创新能力的民族，难以屹立于世界先进民族之林。作为一个独立自主的社会主义大国，我们必须在科技方面掌握自己的命运。我国已经具有一定的科技实力和基础，具备相当的自主创新能力。我们必须在学习、引进国外先进技术的同时，坚持不懈地着力提高国家的自主研究开发能力。"[2] 在引进别国先进的科技方面，江泽民也是重点强调造血式的引进别国先进的科技发展理念、方法和理论，而不是简单地引进设备之类的东西，同时要科学地处理好和安排好引进与创新的关系。江泽民指出："要对引进国外先进技术与国内自主研究开发工作统筹规划，做到有机结合。要避免盲目引进和重复引进。能够自主研究开发的，就要以国内开发为主。特别是花钱多的重大技术项目的引进，一定要经过严密的科学论证和审定，认真倾听科技专家们的意见。要注重引进关键技术，借鉴有关的新原理新方法以及先进技术开

---

① 《江泽民文选》第 1 卷，第 432 页。
② 《江泽民文选》第 1 卷，第 432 页。

发、管理的经验。要不断提高我们自己的研究开发能力，提高创新能力，使我国跻身国际科技发展的先进行列。我们要努力奋斗，达到这个战略目标。"①

（三）主张积极引进外国智力，为我服务

江泽民同志在成为党和国家领导人之前，一直是工业战线和科技战线的杰出一员。江泽民在主持上海市工作期间，深感由于能源短缺而对许多用电单位采取拉闸限电等措施对人民正常生活和发展经济建设所造成消极影响严重，在能源短缺问题十分突出的情况下如何做好节能是一个关键，在这方面，苏联特莱霍夫博士的《机械制造厂电能的合理使用》一书提供了很好的借鉴。江泽民积极为此书在中国的出版作推荐，并为此书的中文版作序，指出"他们的节能机构和制度、工作方法和经验，以及处理每一项节能工作的科学精神，是值得我们学习的。不论工艺节能、设备节能，还是管理节能、系统节能，都坚持了科学试验、精确统计，综合分析，并采取相应的技术和科学对策，这在我国是不多见的，很值得我们借鉴。特别是我国有相当数量的企业及其装备还基本上是50年代的，许多地方比较相似"②。

如何体现中国是一个开放的国家，体现中国开放的国际形象，能不能吸引大量的外国智力参与中国的建设是一个重要的检验指标，当然，这不仅仅是体现中国是否是一个真正的改革开放的国家，也是中国自身先进生产力发展的需要。江泽民指出："人才是科技进步和经济社会发展最重要的资源，要建立一整套有利于人才培养和使用的激励机制。积极引进国外智力。"③ 根据有关权威数据，"十一五"期间，我国引进国外智力工作取得长足发展，共引进国（境）外专家约230万人次，选派人员出国（境）培训达25.7万人次，向299名为我国现代化建设事业做出突出贡献的外国专家颁发了中国政府"友谊奖"，认定具有与中国开展国际人才交流活动资格的国（境）外机构400余家，与世界上60多个国家和地区的300多个政府机构、国际组织、著名大学、民间团体等建立了良好合作关系。④ 新中国成立以来所进行的引进外国专家和人才的工作，极大地提高了中国和世界各国关系的务实性和可操作性，通过人民之间的交流培养了国家间相互关系的亲近感。

新一届党中央的领导人习近平同志指出："我们的事业是得到世界人民支

---

① 《江泽民文选》第1卷，第432～433页。
② 江泽民：《〈机械制造厂电能的合理使用〉译序》，《中国能源》1990年第1期，第1页。
③ 《江泽民文选》第2卷，第25～26页。
④ 张建国：《开创引进国外人才和智力事业新局面》，《国际人才交流》2011年第3期，第1页。

持的事业。要实现我们的奋斗目标，根本要靠中国人民艰苦奋斗，同时也需要世界各国人民理解和支持。在中国革命的峥嵘岁月里，白求恩、斯诺、柯棣华等国际友人为中国人民解放事业作出了重要贡献，有的甚至献出了宝贵生命。中华人民共和国成立后，大批外国专家投身中国建设事业，为中国各方面建设作出了积极贡献。中国改革开放事业取得的巨大成就，外国专家们功不可没。'国之交在于民相亲。' 国与国友好的基础是否扎实，关键在于人民友谊是否深厚。包括外国专家在内的国际友人，对促进中外交流合作发挥着重要桥梁和纽带作用。"① 今天，中国建设创新型国家、实现区域协调发展需要国外先进智力，从发展领域看，中国在现代农业、现代产业体系、先进装备制造、企业技术改造、战略性新兴产业和现代服务业、节能减排和环境保护等方面，都需要大量的国际先进智力支持。

（四）积极引导外资投向高新技术产业领域

高新技术新兴产业包括高端电子信息产业、新材料产业、半导体照明产业、新药物及生物产业、新型数字化装备产业、高速列车和新能源汽车产业、新能源产业、船舶制造及海洋新兴产业、资源综合利用及环保产业、高技术服务产业。"发达的高新技术创造了新的产业群，形成强大的生产力，同时把自己的高技术产品当作生产要素供给其他厂商，也可以带动其他厂家产业结构升级。新产品，新技术的应用使传统制造业摆脱了低水平重复和资源浪费，给传统工业及第二产业注入了活力。高新技术还具有高渗透性，新的技术产品进入农业部门，能促进第一产业发展，进入社会服务业改变人民的日常生活，则能促进第三产业发展。"② 中国实行对外开放政策的一个突出手段，就是吸引外资，而外资能否发挥某种配合中国实现现代化战略需要的作用，对其投资的领域的引导是很关键的，比如，外资进入中国，如果不能发挥战略意义，只是在一些娱乐业等领域，这样的投资效益不能说是高的，有战略性的。江泽民指出："现在，世界经济、科技和综合国力的竞争日趋激烈。近来，东南亚发生的金融风波，波及世界许多地方。我国利用外资工作既面临新的机遇，也遇到新的挑战。我们要更加努力地完善全方位、多层次、宽领域的对外开放格局，把利用外资提高到新的水平。要着眼于提高国民经济的素质和

---

① 《习近平同外国专家代表座谈》，新华社 2012 年 11 月 5 日电。
② 赵金朋、冯国忠：《我国高新技术产业领域外资进入现状与分析》，《现代商贸工业》2012 年第 6 期，第 1 页。

效益，增强综合国力和国际竞争力，坚持贯彻积极合理有效利用外资的方针。……要积极引导外资投向农业、高新技术产业、基础设施建设，兴办产品出口型项目。"①

改革开放以来，中国一直都采取鼓励外资投资科技领域，比如1979年颁布的《中外合资经营企业法》，提出对具有世界先进技术水平的合营企业减免所得税的优惠规定。1983颁布、1986年修订《中外合资经营企业法实施条例》，规定由外国合营者提供先进技术或关键技术生产尖端产品的项目，合营期限可以延长到五十年。1986颁布的《国务院关于鼓励外商投资的规定》突出显示鼓励外商投资先进技术。1985年还专门制定了《中华人民共和国技术引进合同管理条例》。"1987～1993年，中国的外资投资技术领域速度明显加快。主要政策是积极采用财政激励措施引入国外先进技术，兴办高新技术开发区；更加注重高新技术产业政策的引导。这一阶段，外资投资科技领域从传统产业领域向高新技术产业发展。在此期间，中国发布了多项关于发展高新技术产业开发区的外资政策，完善法律法规，扩大对外商技术研发和技术扩散的优惠政策。相比上一阶段，该阶段大力促进中国高新技术发展，实行了部分政策放宽，通过吸收外商直接投资引进国外先进技术的思想明确，有关法律、法规把技术引进放在了突出位置，如对高新技术产业开发区内的高新技术给予税收减免、财政扶持、进出口便利、定价自由等多项优惠政策。该阶段虽然把高新技术引入放在一个突出位置，但在华外资企业的技术含量并不是很高。相比上一阶段而言，中国明确了积极引资发展先进技术的观念，取消了很多限制性政策，鼓励和优惠的政策特点明显，并从沿海地区向内陆地区迅速延展，外资政策的技术导向性比上一阶段更强。1995年中国颁布了《指导外商投资方向暂行规定》（以下简称《暂行规定》），同时发布了《外商投资产业指导目录》（以下简称《指导目录》），两个文件更加有利于引入国外先进技术。使外资投资高新技术时获得了所得税、关税和增值税减免。2001年12月中国加入了WTO，国际国内政策环境发生变化，中国吸收外资引入先进技术进入全新的调整阶段。中国认真履行加入WTO的承诺，有关外商直接投资的技术政策体系和投资环境不断改善，外商技术投资显现出新的活力。这一阶段中国在技术引入的外资政策上有如下特点：一是外商先进技术进入的领域更广泛；二是外资的技术水平再上新台阶；三是中国更加强调通过学习外商先进技术进行自主研发，掌握世界领先水平的核心技术。2009年颁布了《国家产业技术政策》，

① 《江泽民文选》第2卷，第92页。

强调广泛开展国际技术合作与交流，强化技术引进消化再创新，限制盲目重复引进。此外，支持国内企业'走出去'，鼓励国内企业采用直接投资、合资、合作、并购等方式到境外设立研发机构，组建研发联盟，利用境外优势科技力量研发具有自主知识产权的技术。该阶段的调整促使中国产业技术水平以前所未有的速度发展。"[1]

（五）积极推动和上海合作组织成员国间的科技合作

江泽民指出："上海合作组织以什么样的形象登上国际舞台，无疑会引起国际社会普遍关注。上海合作组织成立宣言向世人充分表明：上海合作组织将严格遵循联合国宪章的宗旨和原则，致力于加强成员国的相互信任、睦邻友好，加强成员国在政治、经贸、科技、文化、教育等广泛领域的有效合作，共同维护和保障地区的和平、安全、稳定，推动建立民主、公正、合理的国际政治经济新秩序。"[2] 加强上海合作组织（简称"上合"）框架下的多边科技合作，对各成员国经济的发展具有重要意义，有利于提高成员国应对全球性挑战与威胁的能力。成员国之间科技互补性强，只要合理分工、注重实效、兼顾各方利益，合作就一定会产生重大成效。成员国间合作的领域是广泛的，比如自然资源的保护和合理利用、能源和节能减排、生命系统技术（包括农业技术）、纳米和新材料、信息和通信系统等科技都应该列为优先合作领域。因为新疆地区在地缘上同"上合"成员的中亚等周边国家区位相邻，文化相似，科技上互补性强且有长期友好合作的历史，这一优势是其他省区市不可替代的。新疆地区与中亚五国在地质找矿、引进马的优良品种，地震科技、天山地球动力学研究等方面进行了卓有成效的合作，彼此都取得了广泛的收益。"自2001 年科技部启动'国际科技合作计划'以来，新疆共争取到国家'国际科技合作计划'项目18 个、经费1452 万元。在自治区实施的国家和自治区国际科技合作项目中，对中亚和俄罗斯的合作项目占了绝大多数。与中亚的科技合作'新引1 号'东方山羊豆项目，新疆自治区从哈萨克斯坦引进了1 公斤东方山羊豆种子，进行试验种植获得成功，并与俄罗斯和哈萨克斯坦牧草专家合作完成了批量引种和栽培技术开发。2004 年该品种通过了国家畜牧部门的审定，该品种的引进丰富了我国牧草种质资源。目前已建立了种子繁育

---

① 杨焕城等：《中国外资政策促进技术进步的有效性分析》，《国际经济合作》2012 年第 3 期，第 32～33 页。

② 《江泽民文选》第 3 卷，第 258 页。

与示范基地，推广种植到甘肃、内蒙古、黑龙江等省区，具有很好的推广应用前景。冷水鱼高白鲑项目。从俄罗斯购入冷水鱼高白鲑的发眼卵，引进了俄罗斯的技术及专家，解决了高白鲑人工孵化的关键技术问题，在面积达450多平方公里的赛里木湖实现了产业化养殖。目前，高白鲑成品鱼及加工产品除销往内地大城市，还远销到芬兰等国。伊犁马改良项目。引进英纯血马和乳肉兼用型新吉尔吉斯马，对伊犁马进行杂交改良，培育出运动型和乳肉兼用型的伊犁马。在此基础上，培育形成了孕马尿结合雌激素、马脂化妆品等系列马产品的加工和生产。大型风机生产项目。在引进的基础上消化吸收再创新，形成了具有自主知识产权的500KV～1兆瓦系列风力发电机组的生产能力，培养了一支高水平的研究开发队伍，风机制造业成为新疆的新兴产业。新疆同中亚的科技合作，不仅有'引进来'，也有'走出去'向外输出技术和设备的典型事例。例如，'特变电工'生产的500千伏输变电成套技术出口塔吉克斯坦。"①

上海合作组织在江泽民发出科技合作倡议之后开始进入全面合作的状态。2004年6月17日签署的《上海合作组织成员国元首塔什干宣言》规定："以促进采用经贸合作的现代形式，增加成员国间的贸易额，协调法律法规，逐步为商品、资本、服务和技术的自由流通创造良好条件。"2008年6月24日，"上海合作组织国立科研机构合作研讨会"在乌鲁木齐市举行，当日下午，各方经讨论达成共识，共同签署了《关于加强在上海合作组织框架下国立科研机构科技合作的宣言》，作为今后各方开展合作的指导性文件。上海合作组织在科技领域的合作，对中国的西部边疆的国家安全利益有着举足轻重的战略意义。

其实，在建立"上合"之前，中国新疆地区和中亚、俄罗斯就存在广泛的科技合作关系。党的第三代中央领导集体十分重视科技在促进国家安全方面的作用。江泽民指出："各级党委和政府都要为科技进步和创新做好引导、支持、管理、服务工作，充分发挥科学技术在促进经济发展、社会进步和维护国家安全中的重要作用。"② 新疆是中国在上海合作组织框架内推动科技合作的重要前沿阵地。也可以说，新疆是中国西部边疆通过科技安全而促进国家安全的重要试验区。从一定意义上讲，以新疆维吾尔自治区为中国发展和中亚国家

---

① 《中国农村科技》编辑部：《借助国际合作　提升科技水平》，《中国农村科技》2010年第8期，第72页。
② 《江泽民文选》第3卷，第262页。

安全关系重要地理载体，并通过经济与技术的广泛和深入的合作，可以达到促进中国边疆安全的目的。这样做，不但是中国基于国家安全的基本思路，也为西方学者所充分地注意。美国学者罗斯·芒罗就指出，"从 1990 年代开始，……中国得以提供主要的贸易机会，同时也对经济上虚弱的中亚共和国（指中亚国家）有一定数量资本和技术，通过此举，中国巩固了中亚共和国的经济，并响应了中亚领导人们所思之最基本的需要，它们不是中亚精英们所特别渴望的文化、语言和宗教的'援助'，而是经济的发展，中国人更赞成经济发展能够提供限制未来的种族和宗教冲突的最好的机会。"① 当然，从国家间的关系来讲，经济与科技关系固然是重点，但是重视文化关系、展开深入的文化交流，也是不可缺少的，中国政府从来都是很重视和各国的文化关系，因此像芒罗所说的中国对中亚的政策，仿佛只是一种"经济拜物教"式的关系，这是不能同意的，但他的观点至少对中国采取必要的措施加强和中亚国家包括深入的文化交流的全方位关系，有一定的提示价值。只是中国在和中亚国家深入发展文化关系时，采取的措施要十分谨慎，既要达到文化上的相互吸引，又要能够促进国家安全，防止分离主义分子利用文化交流制造民族分裂和国家分裂的图谋。同时，在进行文化交流的过程中，要采用更多的高科技手段提升文化交流的质量和水平，使文化交流也同时成为促进国家间关系平衡发展，促进国家间安全的重要手段。

（六）重视香港特别行政区在中国与世界科技等方面交流的桥梁作用

香港在中国改革开放过程中，确实发挥了引进国际先进科学技术与管理经验的桥梁作用。以深圳的发展为例，它在走向现代化的过程中，特别重视通过香港引进先进科学技术和管理经验。正如 20 世纪 90 年代初学者指出的，"香港是现代化的国际商业城市，信息业发达，拥有先进的通讯工具及现代化的服务设施，包括国际电话、电报、电视传送、传真通讯等，1978 年起开始提供世界资料互传及图文传真服务。香港的咨询机构拥有广泛的国际信息来源渠道，收集和处理信息的先进技术设备和手段。香港作为中西文化和科技荟萃之地，在吸收西方现代的管理方法上有一套行之有效的经验。……深圳特区外向型的经济特点，要求我们熟悉国际市场行情，要善于应付国际市场瞬息万变的局面。为此，必须下功夫尽快改变目前对国际经济信息掌握甚少的状况，以适应形势发展的需要。因此，深圳必须大力加强与香港在教育、信息、管理等方面的合

---

① Ross H. Munro, "China's Waxing Spheres of Influence", *Orbis* 38, No. 4（Fall 1994）, p. 600.

作，招聘香港有真才实学的专业人才到深圳工作，定期举行各类研讨会、信息发布会、培训班等，及时交流信息和有关经验。要有计划地安排深圳科技、教育、信息等部门的专业人员赴港考察，开阔视野，真正把香港科学的管理方法学到手。还要加强深圳各行各业的咨询工作，与香港一些对口的国际咨询公司建立合作，使我们的各项决策建立在科学的基础之上。"① 今天深圳的成功，首先是党的改革开放政策的成功，同时也从一定意义上讲是深圳通过香港的桥梁作用走向世界，向世界广泛学习和引进先进科学技术和管理经验的成功。

党的第三代中央领导集体十分重视香港在整个中国现代化建设中所发挥的桥梁作用。江泽民在中华人民共和国香港特别行政区成立庆典上的讲话中就指出："香港回归祖国后，将继续保持其自由港地位和国际金融、贸易、航运中心的地位，继续同世界各国各地区以及有关国际组织保持和发展经济文化关系，使这个国际经济大都市始终具有生机勃勃的发展活力。香港特别行政区依法保护私有财产权，依法自行制定经济、贸易、金融货币、教育、科技、文化和体育政策，保持财政独立，实行独立的税收制度，作为单独的关税地区。世界各国各地区在香港的经贸活动和投资利益都将受到法律保护。"江泽民指出："香港今日的成就，是与祖国的发展和内地人民的支持分不开的。新中国成立后，中国政府一贯支持香港的社会稳定和经济发展。内地实行改革开放以来，香港从祖国得到更为强劲的支持和依托。香港作为我国同世界各国进行经济、科技、文化交流的重要桥梁而获得巨大利益。今后随着祖国现代化建设的不断推进，香港与内地的经济联系将更为密切，其桥梁作用将更为增强，从而为香港经济增长提供新的更大的动力。"②

香港一直是公认的全球最自由的经济体，虽然地方很小，但其吸引外资的排名相当领先，城市综合竞争力也名列世界前茅。回归以来，香港作为中国的一个特别行政区，广泛参与包括国际科技交流在内的广泛的国际事务。香港在世贸组织、亚太经济合作组织等国际机构中发挥着积极作用。由于内地实行的是社会主义制度，社会主义的中国在和科学技术先进的资本主义国家直接打交道时，总是受到西方世界意识形态对抗的消极影响，很多敏感度比较高的先进科学技术的直接引进面临诸多困难，而通过香港的中介和桥梁作用，很大程度上能够淡化科技交流和先进科学技术引进的敏感性。不但如此，许多由世界先

---

① 沈元章：《九十年代加强深港经济合作若干问题浅析》，《广东社会科学》1991年第2期，第83页。
② 《江泽民文选》第1卷，第655~656页。

进科技水平武装的外国科技公司和企业，在香港均设有分支机构，通过这些设在香港的分支机构，完全可以为我们的现代化建设提供具有国际先进水平的科学技术。今天，随着两地全方位合作的加深，香港将继续发挥其在内地对外开放，与国际接轨进程中重要的踏板和桥梁作用。

（七）倡议在亚太经合组织框架下的科技工业园的建设与合作

江泽民在亚太经合组织第四次领导人非正式会议上指出，"在亚太经合组织建立一个科技工业园区网络，以鼓励亚太地区科技工业园区之间的经验交流与信息沟通。与此同时，中国愿在现有的五十二个国家级科技工业园中，开放若干有代表性的园区，用以扩大同亚太经合组织成员之间的合作，为成员们在共同感兴趣的高科技领域的研究开发、成果转化和产业发展活动提供良好的环境和条件"，并强调"这种科技工业园合作方式将是互利、互惠的，所有参与方都能从中得到好处，将有助于加快成员间科技产业的合作进程，进一步推动成员间的经济技术合作向更深远的层次发展"①。

科技工业园在世界范围内发展已有 40 余年的历史，20 世纪 60 年代中期发端于美国；随后波及欧洲，80 年代中期开始成长；90 年代初，科技工业园区在世界各国蓬勃发展。当前世界范围内科技工业园区已有近千个。发展中国家今天也广泛地建立科技工业园区，但是在发展中国家的园区，高技术创业企业比例过低，产品附加值和技术含量不高，和一般的技术开发区和工业园区雷同。发展中国家的科技工业园区在管理上存在政府干预过多，管理人员素质不高等问题，使得有些园区形同虚设，特别是园区的国际化程度低。在全球化的时代，科技工业园区必然要求它有极强的国际性，否则就无法在竞争激烈的世界中生存，因为国际多边的和双边的科技合作已经成为取得新的科技成果的直接动力，国际互联网络为日益发展的科技工业园区的发展提供极大的便利，但除了欧洲和北美的科技工业园区网络发展较快，整个亚太地区网络总体不尽如人意。江泽民在亚太经合组织第四次领导人非正式会议上的建议，正是从缩短整个亚太地区这一数字差距和直接体现中国的国家利益考虑的。通过先进的网络平台建设，加快实现亚太地区科技工业园区之间的经验交流与信息沟通，才能使亚太科技工业园区尽快取得和发达的北美与欧洲同步在网上寻求合作伙伴、产品开发投资者、科技成果转移和高科技产品推销等各种信息的交换、交流开发和管理经验等的路径。中国开放若干个有代表性的园区，意义十分重

---

① 1996 年 11 月 25 日江泽民主席在 APEC 第四次领导人非正式会议上关于科技合作的发言。

大。我国园区对亚太经合组织成员开放已有一定基础，中国已经和亚太的不少国家的科技工业园区有了密切的联系。对中国来说，进一步调整经济结构，大力发展科技产业，提高产品的科技含量和附加值，培育新的经济增长点，必须发挥科技工业园区的孵化器作用。江泽民的"建立亚太经合组织的科技工业园区网络，对外开放我国若干有代表性园区"这两大举措，必将在促进亚太地区各国间和地区间的研发，成果转化和产业发展，使科技工业园区的发展真正成为新的经济增长点等方面，发挥核心引导作用。

二　党的第三代中央领导集体科技外交的先进文化理念

党的"十五"大提出了中国未来的科学技术总的发展战略与策略，形成了第三代领导集体的科技先进文化观。江泽民指出："科学技术是第一生产力，科技进步是经济发展的决定性因素。要充分估量未来科学技术特别是高技术发展对综合国力、社会经济结构和人民生活的巨大影响，把加速科技进步放在经济社会发展的关键地位，使经济建设真正转到依靠科技进步和提高劳动者素质的轨道上来。要从国家长远发展需要出发，制订中长期科学发展规划，统观全局，突出重点，有所为、有所不为，加强基础性研究和高技术研究，加快实现高技术产业化。强化应用技术的开发和推广，促进科技成果向现实生产力转化，集中力量解决经济社会发展的重大和关键技术问题。"① 这一科学技术的总的战略与策略方针，对科技外交逻辑上提出的要求是：科技外交应该确立为经济建设服务的思想，而且成功的科技外交必然是对经济的发展发挥决定性作用的要素。在建构中国的科技外交格局时，一定要充分估量展开以获取高技术为目标的科技外交对综合国力、社会经济结构和人民生活的积极影响，把科技外交定位在为经济社会发展服务上。在制订中长期科学发展规划中，国际科技合作规划应是其中的一个有机组成部分，通过国际合作，向广大发展中国家无私地提供中国人的科技智慧和对它们的经济社会发展实用性强、对生产力的革命性发展有推动作用的新科技，当然也力争通过国际合作解决那些完全依靠我们自身的能力解决不了的但又是非常重大和关键的技术问题。江泽民就指出："我们现在技术上还比较落后，应努力学习、借鉴外国的长处，即使实现了现代化，也还是要不断向其他国家学习，取长补短。科学技术，总是要同世界各国如切如磋，如琢如磨，才能取得更快更大的进步。"② "扩大对外开放，

① 《江泽民文选》第 2 卷，第 25 页。
② 江泽民：《论科学技术》，中央文献出版社，2001，第 55 页。

加强国际科技交流与合作，积极引进国外先进技术，博采众长，为我所用，是加快我国技术升级和经济发展的有效途径。"① 加强国际合作并非忽视自力更生发展自己的科学技术。江泽民指出："在一些战略性、基础性的重大科技项目上，必须依靠自己，必须拥有自主创新的能力和自主知识产权。不能靠别人，靠别人是靠不住的。"② "世界上有些最先进的技术是买不来的。"③

（一）提出"创新是一个民族进步的灵魂，是一个国家兴旺发达的不竭动力"

一个国家，一个民族在国际社会中是不是给人以良好的印象，是不是给国际社会展示一个充满活力的形象，取决于你这个国家和你这个民族的"创新"的特点是不是在国际社会中能够充分地展现出来。过去人家说中国是"东亚病夫"，那时的中国死气沉沉，一蹶不振，不是在前进而是在倒退，从一定意义上讲就是指当时的中国已经失去了创造性，民族进步的灵魂丢失了。江泽民指出："迎接未来科学技术的挑战，最重要的是要坚持创新，勇于创新。我说过，创新是一个民族进步的灵魂，是一个国家兴旺发达的不竭动力。今天我还要说，科技创新已越来越成为当今社会生产力解放和发展的重要基础和标志。中华民族是勤劳智慧的民族，也是富有创新精神的民族。希望两院院士和各条战线上的广大科技工作者，进一步弘扬我们民族的伟大创新精神，加快建立当代中国的科技创新体系，全面增强我们的科技创新能力。这对于实现我国跨世纪发展的宏伟目标，实现中华民族的伟大复兴，是至关重要的。"④

（二）只有在科技实力上达到与美国同步的先进水平，中国才会在未来世界新格局中发挥关键作用

世界各种力量的实力对比之所以是很不平衡的，最主要是美国之外的各大力量尚未取得和美国接近的政治、经济、科技和军事地位。中国虽然 GDP 今天已经达到世界第二，但是科技水平远远落后于美国；俄罗斯虽然科技水平和美国比较接近，但是其经济水平和美国差距很大；欧洲任何单一的一国总体实力都无法望美国之项背；日本虽然科技水平高，经济也发达，但是政治和军事上完全走附属于美国的道路，也就是说，日本政治上是一个小国；加拿大由于

---

① 江泽民：《论科学技术》，第 55 页。
② 江泽民：《论科学技术》，第 152 页。
③ 江泽民：《论科学技术》，第 55 页。
④ 《江泽民文选》第 2 卷，第 132～133 页。

人口太少，也难以在短期内成为大国强国，所有这些因素都决定，世界新格局的形成仍然还有相当长的路要走。正如江泽民所指出的："美国企图构筑单极世界，由它一家来主宰国际事务。尽管受到各方牵制，但在相当长的时间内，美国仍将在政治、经济、科技、军事等方面保持显著优势。最近几年，美国的经济强势不仅没有下降，反而得到重振，重新恢复了世界最大出口国和竞争力最强的地位。欧盟整体实力不断扩大，随着一体化进程的深入和欧元的启动，在经济方面日益成为美国的强大竞争对手，政治上与美国闹独立的意识也在增强。但是，欧盟内部矛盾不少，还没有形成共同的外交和防务政策。日本是仅次于美国的经济大国，但经济多年低迷不振，想做政治大国也受到多方牵制。俄罗斯在军事和科技方面仍拥有相当的实力和优势，但目前经济状况不是很好。广大发展中国家的经济技术水平，同发达国家相比还存在很大差距。总之，在可预见的将来，单极和多极的矛盾将更加突出，多极化趋势将在美国一个超级大国同其他几大力量的并存和竞争中逐步向前发展。世界新格局的最终形成，还有一个相当长的演变过程。"① 我们应该看到，美国凭借其超强的经济、军事和科技实力试图建立一个美国统治下的单极世界，虽然面临同样是多极化也在发展的不可抗拒的趋势，但是由于美国基本上是政治、经济、军事，特别是科技实力平衡发展的强国，其谋求特定时期单极世界的目标实现还是难以完全阻止的，否则我们就无法解释后冷战时代美国以唯一的超级大国横行霸道的现状。

党的三代中央领导集体和以胡锦涛为总书记的党中央高度重视科教兴国战略，"进入 21 世纪后，中国的科技继续高速发展，为世界上真正的'科技大国'，也成为世界新的科技中心，成为继欧盟、美国和日本之后的第四大中心。到 2004 年中国科技实力已占世界总量的 7.09%，超过了德国和英国，成为世界第三科技大国，并与美国和日本的科技实力进一步接近，到 2004 年，中美、中日之间的相对科技差距分别为 3.4 倍和 2.1 倍。"② 由此，以世界多极化为特征的世界新格局的光明前景似乎又更加清晰地展示在世人面前，但是我们也应该看到，霸权主义和强权政治决不会心甘情愿地退出历史舞台。2008年发端于美国的全球性金融危机似乎给美国的单极的迷梦提供了动力，欧洲、日本，甚至东盟的独立倾向反而有所后退。中国谋求的和平发展的道路并没有

---

① 《江泽民文选》第 2 卷，第 196 页。
② 胡鞍钢、熊义志：《对中国科技实力的定量评估（1980～2004）》，《清华大学学报》（哲学社会科学版）2008 年第 2 期，第 113 页。

随着中国经济实力的增强而变得平坦一些。这其中的一个非常重要的问题，仍然是中国本身构成世界强国实力基础的科技实力还不够强大。只有当中国的科技实力取得和美国基本同步的发展水平，中国才会真正发挥推动一个更加公正合理的世界秩序建立、推动世界新格局形成的实质性作用。

（三）提出以符合各国人民共同利益为目标，建立和完善高尚的科学伦理的思想

《道德经》说："大道废，有仁义；智慧出，有大伪；六亲不和，有孝慈；国家昏乱，有忠臣。"这就是说，事物总是存在相反相成的两个方面，科学技术是典型的"智慧出"，但是其中必有"大伪"。庄子可能是中国最早认识到科技伦理问题的古代伟大的哲学家，他在《庄子·天地篇》中借子贡和一位种菜老人的对话指出："有机械者必有机事，有机事者必有机心。机心存于胸中，则纯白不备；纯白不备，则神生不定；神生不定者，道之所不载也。"① 很多研究庄子思想的人就此认为，庄子排斥科学技术，其实庄子只不过是看到了科技给人类带来方便的同时，也看到了方便背后的消极面。

党的第三代中央领导集体对科学技术的态度，是辩证唯物主义的。江泽民指出："科学技术极大地提高了人类控制自然和人自身的能力。但是，科学技术在运用于社会时所遇到的问题也越来越突出。工业的发展带来水体和空气的污染，大规模的开垦和过度放牧造成森林和草原的生态破坏。信息科学和生命科学的发展，提出了涉及人自身尊严、健康、遗传以及生态安全和环境保护等伦理问题。比如，基因工程可能导致基因歧视，网络技术涉及国家安全、企业经营秘密以及个人隐私权的危险，转基因食品的安全性和基因治疗、克隆技术的适用范围等问题，引起了人们高度关注。有的国家利用高技术成果提高自己的军事实力，在世界或地区范围内谋取霸权，干涉他国内政。互联网可以迅速、广泛地传播大量有用的信息，但也存在大量信息垃圾和虚假信息。如何区别网上哪些信息是真实的？哪些信息是被歪曲的？科学技术本身难以做到这一点。在二十一世纪，科技伦理问题将越来越突出。核心问题是，科学技术进步应该服务于全人类，服务于世界和平、发展与进步的崇高事业，而不能危害人类自身。建立和完善高尚的科学伦理，尊重并合理保护知识产权，对科学技术

---

① 用今天的话来解释，此段话的意思是："有了机械之类的东西必定会出现机巧之类的事，有了机巧之类的事必定会出现机变之类的心思。机变的心思存留在胸中，那么不曾受到世俗沾染的纯洁空明的心境就不完整齐备；纯洁空明的心境不完备，那么精神就不会专一安定；精神不能专一安定的人，大道也就不会充实他的心田。"

的研究和利用实行符合各国人民共同利益的政策引导，是二十一世纪人们应该注重解决的一个重大问题。"①

科技发展中的伦理问题对中国的科技外交指明了新的前进方向，使中国在进行科技的国际合作与交流时，能够充分地注意引进的科学技术或者中国输出的科学技术的负面效应，对于那些负面效应非常明显的科学技术，在引进或者输出时，一定要慎之又慎。尽量避免出现西方发达国家科技发展中的问题及困惑，避免科技外交的实用主义和功利主义。还要特别注意的是和平与科技的关系问题，为什么搞社会主义的中国敢于向世界宣告，中国越发展（这种发展是包括科技的发展），世界和平越可靠，而高科技掌握在霸权主义和强权政治手中，对世界和平总是一大威胁，这也是科技外交或者说是中国的大格局的科技外交要认真研究的一项重大课题。

（四）指出科学技术与"和平"与"发展"时代主题的紧密相关性

中国致力于推动世界的"和平"与"发展"，而如何使世界不再滑向"战争"与"和平"、"光明"与"黑暗"的博弈，确实需要各国政治家们认真地思考其关键的影响因素。其中积极的影响因素有世界上一切致力于世界和平与和谐世界的外交文化因素，也有国际关系实践反复验证行之有效的国际法的因素，还有爱好和平的国家用于自卫的国防因素，等等，但所有这些因素中，唯一一个在政治、经济、文化、军事中都存在的因素就是科技因素。而在当今的时代，科技因素尤其发挥决定性的作用。在一国政治、经济、文化、军事中科技因素处于高水平，这个国家必然强大，反之就弱小。而在今天的时代，科学技术又往往是科技发达国家全方位控制别国的核心的政治工具，是科技发达国家自私地保持自身优势地位的核心工具。对于这样一种严峻的状况，党的三代中央领导集体提出了不少卓有创见的解决思路。江泽民就指出："当今世界，人类面临着两大课题，一是和平问题，一是发展问题。这两大课题的解决，都与科学技术发展有密切关系。随着经济全球化趋势的发展和科学技术的突飞猛进，各国都面临着新的机遇，也面临着新的挑战。发展中国家特别是贫困国家面临的挑战更加严峻。这一状况必须引起各国政府共同关注。现在，南北的发展、贫富差距问题越来越突出。发达国家和发展中国家在科技发展水平上存在的严重不平衡，更加重了南北差距。信息技术的发展，促进了信息产业迅速成长，也带动了经济增长。但是，这种增长及其带来的利益主要集中在发达国

---

① 《江泽民文选》第3卷，第105页。

家。据联合国开发计划署统计，九十年代末，生活在收入最高国家中的世界五分之一的人口，拥有世界国内生产总值的百分之八十六和世界电话线路的百分之七十四，而生活在收入最低国家中的世界五分之一的人口，只拥有世界国内生产总值的百分之一和世界电话线路的百分之一点五。全世界大量贫困人口还没有享受到信息技术发展的实惠。……科学技术越发展，人们越应该重视并着力解决当今世界富国和穷国之间存在的科技差距问题，推动各国实现共同发展、普遍繁荣。实现这个目标，需要各国政府和人民共同努力，更需要全世界科学家共同努力。总之，我们应该努力用科学技术的成果来免除许多国家和人民所遭受的暴力、愚昧和贫困之苦，增进全人类和平与发展之福。"① 为此，江泽民在联合国千年首脑会议上提出："必须增强发展中国家经济、科技的发展能力。发展中国家的发展，最终要靠不断增强自我发展的能力。国际社会应高度重视并帮助发展中国家形成和提高自我发展的能力，不能只是从发展中国家获得资源、市场和利润。迅速发展的科学技术，成为创造财富的新的重要动力。日益拉大的'数字鸿沟'表明，发达国家和发展中国家在科技水平上存在极大差距，这必然使南北贫富差距进一步拉大。体现人类智慧和创造精神的先进科技，应该在全球范围内用于促进和平与发展，造福各国人民。"② 江泽民强调："必须为广大发展中国家的发展创造良好的外部环境。各国应消除形形色色的贸易保护主义，进一步相互开放市场。应切实减免发展中国家所欠的债务，增加对他们的不附加条件的官方援助。任何国际政治、经济和贸易组织，都应该更多地倾听发展中国家的呼声，维护发展中国家的权益。各国都应遵循平等互利的原则开展经济贸易技术的交流和合作，以共享经济全球化和科技进步的成果。"③

（五）对中华民族曾经领先世界科技文明充满自豪感，对未来中国在世界科技领域重新取得重要地位充满信心

一个民族的心理文化是否健全，主要看是不是对自己的民族光辉灿烂的历史充满自豪感和对未来的发展前景充满自信心。毛泽东就说过："我们的同志在困难的时候，要看到成绩，要看到光明，要提高我们的勇气。"④ 党的三代中央领导集体正是以对历史的自豪感和对未来必胜的自信心来理解中国的科学

---

① 《江泽民文选》第 3 卷，第 105～106 页。
② 《江泽民文选》第 3 卷，第 109 页。
③ 《江泽民文选》第 3 卷，第 110 页。
④ 《毛泽东选集》第 3 卷，第 1005 页。

技术发展的。江泽民指出："中华民族在历史上曾经创造过世界最先进的生产力和最光辉的科技成就，并将这种领先地位一直保持到十五世纪。明代以前世界上主要的发明创造和重大科技成就大约有三百项，其中中国的发明创造占相当大的比例。英国的李约瑟博士列举了公元后十五个世纪内中国完成的一百多项重大发明和发现，大部分在文艺复兴前后接二连三地传入欧洲，为欧洲文艺复兴准备了重要物质技术基础。直到十七世纪、十八世纪，欧洲人对中国文明还是十分仰慕的，这从莱布尼茨、伏尔泰等著名学者的著作中都可以看到。"①江泽民的民族历史的自豪感是完全建立在客观历史发展事实基础上的，是对中华民族历史上长时期存在的创造精神的客观表述。为什么我们今天要特别指出江泽民这一思想的重要价值，那是因为在今天的中国思想界，确实存在对中国古代文明的错误的理解，比如，有一种观点就认为中国由于长期受到儒家思想的影响，使中国人在科学技术上从来都好像很落后，中国人从来都缺乏创新精神等。比如有这样一种观点说，"在中国几千年封建社会占统治地位'家天下'儒家文化观念的影响，使得科学精神与学术自由丧失，科学信息匮乏，缺乏研究与开发自然的传统。"②假如这种观点可以成立，那我们就无法解释为什么在 15 世纪前中国科技在世界上一直处于领先的事实。15 世纪以后中国的落后，很重要的一个原因就是中国的封建统治走向了僵化，活力丧失，闭关锁国、自以为是逐渐占了上风，拒绝了解世界科学技术的发展，甚至排斥一切先进的科学技术引进和发明，中华民族就是在这样的情况下痛失历史发展机遇的。作为党的第三代中央领导集体核心的江泽民正是基于对历史的惨痛教训的深刻认知而告诫国人："中国要发展、要进步、要富强，就必须对外开放，加强与世界各国的经济、科技、文化的交流和合作，吸收和借鉴一切先进的东西。封闭就要落后，落后就要挨打。能否不断了解世界，能否不断学习世界上一切先进的东西，能否不断跟上世界发展的潮流，是关系一个国家、一个民族兴衰成败的大问题。"③

（六）以厚德载物的精神，高度赞扬美国科技发展的成就，显示了泱泱大国宽广的胸怀和容人气概

新中国作为一个发展中的社会主义大国，在科学技术上同样取得了不凡的

---

① 《江泽民文选》第 3 卷，第 126～127 页。
② 白广东：《关于近代中国科学技术落后于西方的几点认识》，《价值工程》2012 年第 9 期，第 299 页。
③ 《江泽民文选》第 3 卷，第 126～127 页。

成就，中国的这些成就，一方面是中国共产党领导有方的结果，另一方面也是中国人民本来的创造性和勤奋探索精神在新中国得以恢复的结果。但是美国等一些西方国家的人总是怀着一种扭曲的心态，不承认中国人民在现代科学技术上的成就，总认为新中国的很多科技成就是"偷"来的，类似中国"偷窃"了西方国家先进科学技术的言论至今仍然不绝于耳。而与此相反，中国人民对西方国家所取得的科技成就总是抱着欣赏和肯定的态度，即使当了解到它们的很多科学发明从源头上追溯可能和中国古代的科学发明有关，中国人依然是抱着欣赏和肯定的态度。1997 年 11 月 1 日，江泽民访问美国期间在哈佛大学发表演讲时，热情洋溢地赞扬美国人所取得的科技成就。江泽民说："中国人民一向钦佩美国人民的求实精神和创造精神。昨天，我参观了国际商用机器公司、美国电话电报公司和贝尔实验室，领略了当代科技发展的前沿成就。科学技术的突飞猛进，越来越深刻地影响着世界政治经济的格局和人们的社会生活。坚持变革创新，理想就会变为现实。我们在扩大开放、实现现代化的进程中，重视学习和吸收美国人民创造的一切优秀文化成果。"① 江泽民在哈佛大学的讲话绝不是外交辞令，而是中国人民真实心态的反映，准确地表达了中国人民谦虚好学的美德。

三　党的第三代中央领导集体科技外交为中国人民和世界人民服务的理念

（一）提出中国掌握先进科学技术，根本目的是促进经济发展和社会全面进步，捍卫国家的主权和安全，维护和平，实现最大多数人民的利益的思想

江泽民指出："帝国主义利用先进科学技术推行霸权主义政策，剥削和侵略第三世界国家。我们掌握先进科学技术，是为了促进经济发展和社会全面进步，捍卫国家的主权和安全，维护和平，实现最大多数人民的利益。"② 为什么要发展先进的科学技术？除了提升经济发展水平需要科技支撑之外，科学技术还体现维护国家主权与安全的价值，这是发展科学技术的又一个内驱力。中国哪一天真正成为科技创新的大国，中国的国家安全就会得到更加有力的保障，中国的国际地位将得到更大提高，中国的国家尊严也就会得到更多的保

---

① 《江泽民文选》第 2 卷，第 64 页。
② 《江泽民文选》第 2 卷，第 396 页。

障。其实，新中国成立以来党的历代领导集体发展科学技术都是基于保障国家主权与安全的考虑的，比如"两弹一星"工程就是一个最有力的证明，邓小平和江泽民都深刻地指出，如果没有"两弹一星"，中国不可能取得今天这样的国际地位。中国今天之所以是有国际地位的国家，那是因为中国具备了应对霸权主义和强权政治企图施加任何讹诈和恫吓的能力。生活在今天这个伟大时代的中国人民，可以肯定地说比以往任何时候的中国人民都幸福，都安全。当然，我们也要清醒地看到，中国仍然是发展中国家，今天的中国仍然面临霸权主义和强权政治的严重挑战，正如胡锦涛同志在党的十八大报告中指出的，"我国是世界最大发展中国家的国际地位没有变。"①

（二）科技外交造福世界人民的思想和实践

党的第三代中央领导集体致力于世界的多极化，认为这是符合世界各国人民的共同意愿和利益的。而今天美国一家独大，国际力量对比严重失衡。美国除了拥有强大的经济力和军事力外，其科技实力也处于世界最优地位，而美国所取得的地位并没有给国际关系带来福音，出于其垄断资产阶级利益的需要，在苏联超级大国衰落的情况下，美国的霸权主义和强权政治的疯狂劲头更是无法无天。江泽民指出："走向多极化符合世界各国人民的共同意愿和利益。但是，当前国际力量对比严重失衡，美国的经济、军事、科技实力明显优于其他国家，是当今世界超强的一极。美国正在加紧实施其全球战略，鼓吹'新干涉主义'，推行新的'炮舰政策'，到处干预别国内政，甚至采用武力。然而，美国国内矛盾重重，世界和平与进步力量对美国的牵制也在增强，它想独霸世界也力不从心。世界是丰富多彩的，多极化的趋势同多样化的世界是相符合的，只有力量平衡才有利于世界稳定。"② 为了遏制美国的霸权主义和强权政治，党的三代中央领导集体以始终坚定地站在广大第三世界一边为既定国策，主张世界多极化的真正到来，只有广大发展中国家政治上、经济上、科学技术上、军事上都取得质的发展和飞跃，才有可能。具体在科学技术为广大第三世界国家利益考虑方面，党的三代中央领导集体的理论与实践主要表现在如下几个方面。

第一，提出通过平等的国际科技交流即发达国家应该向广大发展中国家转

---

① 胡锦涛：《坚定不移沿着中国特色社会主义道路前进　为全面建成小康社会而奋斗——中国共产党第十八次全国代表大会报告》（2012 年 11 月 8 日），人民出版社，2012 年 11 月版，第 16 页。

② 《江泽民文选》第 2 卷，第 422～423 页。

让技术，以解决经济生活国际化过程中广大发展中国家普遍贫困的问题。"经济生活的国际化"即此后学术界经常说的"经济全球化"，在经济的"全球化"或者是"国际化"的过程中，由于通信手段和交通手段实现了全球性的打通，资本、人才、产品、原料等，以有利于发达国家的方式向全球扩展，造成富国越来越富，穷国越来越穷的局面，在经济全球化的过程中，唯一一个很难全球性渗透的东西，就是牢牢控制在发达国家手里的科学技术。因为这是西方发达国家企图永远将穷国和广大第三世界国家控制在产业低端的"秘密武器"，并由经济上的控制达到政治上永远奴役广大第三世界的目的。党的三代中央领导集体洞悉资本主义世界这一经济政治霸权的秘密，提出了如何打破资本主义企图永远奴役世界人民的办法和措施。江泽民指出："经济生活的国际化，要求各国在科技、经济、金融、贸易等领域开展广泛的交流和合作，实行相互开放，摒弃贸易保护主义和贸易歧视政策。长期的殖民主义统治和不公正不合理的国际经济秩序，造成许多第三世界国家的贫困落后状态。消除贫困，是当代世界的重大课题。发达国家应该从提供资金、减免债务、转让技术、平等贸易等方面，支持和帮助发展中国家振兴经济，提高人民生活水平，这也符合发达国家的长远利益。各国经济共同增长和普遍繁荣，是人类努力的方向。"① 在解决发达国家和发展中国家差距的办法中，发达国家向发展中国家转让技术是一个双赢的解决办法，但是西方国家长期的压榨穷国的历史惯性，使它们根本不情愿这样做，因为一旦向发展中国家转让了它们的先进科学技术，他们的"优势"就失去了，再想通过政治手段控制发展起来的国家就很困难了。正如有学者指出的，"某些发展中国家长期执行出口初级产品或一般的加工制成品，而进口发达国家的制成品，那么，在这种国际分工模式中得到更多利益的发达国家，是绝不愿意看到这种对其更有利的局面发生变化的，他们会千方百计地阻挠这种变化的产生。这也就是为什么发达国家不愿意向发展中国家转让技术的原因之一。"② 江泽民提出发达国家向发展中国家转让技术"符合发达国家的长远利益"的思想，已多次为国际经济关系的大变动所证明。比如，2008 年发端于美国并波及全球的金融危机，沉重地打击了资本主义的金融体系，使资本主义的美国和西欧各国至今都不能从危机中解脱出来，其根本的原因是，如果广大发展中国家在经济全球化的过程中通过发达国家转

① 《江泽民文选》第 1 卷，第 480 页。
② 蒋德恩：《中国避免落入"比较优势陷阱"的条件与对策》，《北京工商大学学报》（社会科学版）2007 年第 3 期，第 17 页。

让技术等造血式的手段，使经济发展上层次，资本主义的金融危机就完全能够通过广大发展中国家的救市而得到化解。问题是，当资本主义的金融海啸到来时，受到金融海啸打击的西方资本主义国家面对的是一个更加贫困的发展中国家群体，除了有一定科技实力和经济实力的发展中国家的中国实际上担当起了救市的使命外（这使资本主义世界感到面子受到伤害），资本主义的金融海啸无法得到消化其危机的国际经济大环境的有力支持。因此，资本主义在技术转让上的自私和保守使它们自身付出了代价。

第二，积极倡议亚太经济合作组织成员之间以开放的心态进行技术交流，重点扶持发展中国家的技术进步与发展。江泽民指出："经济技术合作与贸易和投资自由化是紧密结合的，应该相互促进。当代科学技术迅猛发展，已经成为推动生产力发展最有决定意义的因素，对世界经济社会生活产生了深刻影响。努力加强科技交流、技术合作和技术转让，既有利于发展中成员提高经济技术实力，也有利于发达成员增强经济持续发展的后劲。这不仅可以缩小成员之间的发展差距，也可以有力地推动贸易和投资自由化的进程。为此，我愿提出四点意见。（一）充分开放技术贸易市场，促进各成员之间的技术合作和技术转让，消除人为的障碍，取消歧视性政策和做法。（二）采取必要的措施，鼓励和加快高新技术向所有成员特别是发展中成员转移，以利推动发展中成员的经济技术进步。（三）所有成员都要注重保护知识产权，并促使知识产权制度更加合理化。技术专利保护的时间要适度，转让条件要公平。（四）建议亚太经合组织制定一项走向二十一世纪的科技产业合作议程。这项议程，既要有目标和原则，又要有切实的措施和步骤；力争市场导向与政府调控相结合，开发研究与成果转化相结合，全面推动与具体合作项目相结合，以求切实启动亚太经济技术合作进程。"① 这四点建议体现了第三代领导集体对广大发展中国家科技进步的巨大关怀：（1）强调合作的开放性，反对歧视性；（2）科技发达国家应该通过技术的转让使发展中国家取得更大的科技进步；（3）坚决保护知识产权，应该建立更加合理的国际知识产权制度；（4）国际科技合作应该制定面向未来几十年有目标和原则、有措施和步骤、市场导向与政府调控相结合、开发研究与成果转化相结合、全面推动与具体合作项目相结合的科技产业合作的规划。

第三，面向发展中国家走出去搞经济技术合作。中国虽然是发展中国家，但是中国也是在世界科技格局中拥有一席之地的国家，中国和世界科技

---

① 《江泽民文选》第3卷，第79~80页。

最发达的美国相比虽然有差距，但对比中国科技实力还要低的国家是可以提供一定的支持的。江泽民指出："发展中国家的生产力水平比发达国家低，对产品和技术的要求相对也低一些，但市场十分广阔。在努力扩大商品出口的同时，必须下大气力研究和部署如何走出去搞经济技术合作。'引进来'和'走出去'，是我们对外开放基本国策两个紧密联系、相互促进的方面，缺一不可。"[1]

第四，把和周边大国发展科技交流视为战略任务。江泽民指出："有些周边大国也以不同方式对我国进行牵制。我们要善于处理好同各大国的关系，尽可能地趋利避害，寻求扩大同各方的利益汇合点，加强同这些国家的政治对话、经济合作和科技交流。同时，要善于在他们之间进行纵横捭阖的周旋，推动多极化趋势和大国关系调整朝着有利于我国现代化建设和完成祖国统一大业，有利于维护世界和平、促进共同发展的方向发展。"[2] 加强科技交流是党的第三代中央领导集体扩大同周边大国利益汇合点的重大步骤之一，缺少科技上的广泛而深入的合作，是不足以体现政治对话与经济合作的成果的。"中日韩科技经济合作信息网"和"中国与东盟科技合作与成果转化网"建成并使用，可以说是中国与周边国家加强科技合作的成果。印度也是中国周边的大国。1999 年 4 月，中国信息产业部副部长曲维枝应印度电子部邀请率中国信息产业软件代表团访问印度，考察印度软件工业；当年 5 月，印度科技部秘书拉莫华来华参加第四届中印政府间科技合作联委会，双方签订了《第四届中印科技合作联委会合作协议》，讨论并确定了中印科技合作的优先领域和加强两国科技交流与合作的具体项目。中印两国科学技术的互补性是比较强的，它在农牧业、养殖、生物、空间、核能、信息等高技术领域具有较高的技术水平和较强的国际竞争力。核能研究在核工业、冶金学、核医学和同位素方面的研究成果已得到广泛应用。印度的信息技术在发展中国家更是一枝独秀。党的第三代中央领导集体实施科教兴国战略，印度技术发展的经验对中国是有借鉴价值的。中印两国"从 80 年代初期非正式的项目交流到探讨双边的科技合作。1993 年中国在印度举行了科技成果展，1997 年印度在中国举行了工业技术展，这些交流对推动中印经济技术合作都产生了较大的影响。"[3]

---

[1] 《江泽民文选》第 2 卷，第 92 页。

[2] 《江泽民文选》第 2 卷，第 198 页。

[3] 廖贵年、徐伟：《加强中印经贸科技合作　促进经济共同发展》，《南亚研究季刊》2001 年 S1 期，第 91 页。

　　曲维枝访问印度归来后不久发表的论文，详细分析了印度在软件科技方面的优势，其管理体制以及对中国软件科技发展的启示。她说："在1998年，印度政府组建以国家总理为组长的'国家信息技术特别工作组'，向政府提交了'印度信息技术行动计划'。该计划在税收、银行贷款、风险投资、基础建设等方面采取了系统全面的促进措施，倾力为软件企业提供政策支持。印度政府试图通过该计划中108条政策的实施，达到2008年软件和信息服务出口500亿美元的目标，把印度变成一个名副其实的'信息技术超级大国'。印度政府实施了一系列促进软件人力资源开发的计划，如'印度人才开发与计算机培训'、'计算机人才开发'、'中学计算机扫盲和学习计划'等每年可为软件业提供适用的软件人才3万人。以色列也重视培养和储备软件人才，特别是对国民经济各行业的复合型软件人才，从大学教学中就十分重视人才培养，以色列拥有大量在美国接受大学教育的贸易和技术人员，在进入美国市场方面优势较强。印度鼓励本国软件公司与国外公司的合作，积极吸引外资，创造优惠条件鼓励外国公司在印度创办独资软件公司。很多世界软件业大公司都在印度建立独资公司和研发中心，它们的许多业务实际上分包给印度本地公司完成，这对培养印度软件人才、带动软件产业发展起到相当大的作用。印度和以色列在发展软件产业时非常注重结合本国的国情，发挥优势、回避弱势，走具有自己特色的软件产业发展道路。印度国内的计算机应用水平低、通讯设施条件差，国内软件市场较小，但印度高等教育基础好，英语是通用语言，开发国际性软件不存在语言障碍。印度利用这一优势面向西方国家，通过现场服务、海外承包、产品承包等方式大力发展软件服务业，软件出口额仅次于美国。印度通过高额收入、职工认股权等办法吸引大量人才，激励他们的创新和敬业精神，因此，很快形成了一支高素质的高级软件人才队伍。印度政府设立了七个国家级软件园区，提供先进的通讯设备和公共设施、低廉的收费，以及业务的配套服务，聚集于园区的软件企业优势互补，形成了在地理分布上相对集中的软件企业群体。我国软件产业在八十年代起步时与印度大致相当，在计算机及通讯等硬件基础、国内市场容量、人才数量等方面我国的条件远远优于印度，但经过十多年发展后，我国软件产业在出口额、发展速度、规模及国际竞争力等方面，与印度相比出现了明显的差距。中国与印度软件产业由大致相当到差距明显，虽然有多方面的原因，但政府对软件产业的重视、扶植力度的差距是最重要的原因之一。因此，国家应把软件产业列为战略性产业给予重点支持、优先发展，尽快制定出台符合我国目前软件产业发展状况的产业政策，通过政策的实施建立软件产业创新机制，加强创新能力，创造品牌优势，提高国内外市场占有率，培育一批具有国际竞争能力和产业支撑作用的骨干软件企业。"① 曲维枝的心得表明，江泽民同志提出的加强和周边大国进行科技等方面交流的思想，是非常及时的，充分验证了党的第三代中央领导集体的科技外交思想针对性强、易于操作、实事求是、注重实效。事实表明，近年来中国软件业取得突破性的进展，不能不说很大程度上归功于中国借鉴印度的经验，加强和印度的合作所起的推动作用。"截至2000年9月，中国在印度已签定的投资合同金额将近2.8亿美元。主要是在机械设备、信息技术和化工等领域进行的投资。印度在中国的投资也有2000万美元，主要投资在制药、信息技术、耐火材料和金刚石等领域。"② "印度大型软件公司Satyam和Multitech先后在上海设立研究中心，有一半人员采用当地人才，并积极发展人才培养，他们说：'希望把本地人才培养成我们的人才库，为我们的客户服务，为更加广阔的亚洲市场服务'。印度企业来我国办分公司，我国企业可以近距离接触和学习其成熟的运作经验，同时我国软件企业也可以积极到印度当地开办公司，体验并实践其成功的软件业发展经验。"③ 2003年6月印度总理瓦杰帕伊访华期间，双方又签订了一系列经济技术合作协议。两国科技人员的交流，主要是为了促进两国科学技术和经济贸易等活动的开展。④ "2004年以来，一些印度信息技术企业纷纷进入中国市场寻求合作。信息系统技术有限公司、萨迪亚姆计算机服务公司、HCL技术公司、DCM技术公司等印度公司已经或正在中国设立办事处或研发中心。"⑤ 根据2006年的数据，"中国软件外包服务市场规模由2001年的1.80亿美元上升到2004年的6.33亿美元，占全球外包市场的1.19%。其中，日本市场是中国目前软件外包服务的主要发包市场，在6.33亿美元的外包服务市场总量中，日本市场需求额达到4.02亿美元，所占比例为63.5%；美国、中国香港和欧洲市场分别占据13.7%、10.3%和3.3%。"⑥ 为了加强和印度战略性合作，今后中国的软件外包，可以适当使印度获得的比例增大一些。一旦中印两国在经济科技的相互依存度加深，两国在政治上的相互依存也将逐步加深。

---

① 曲维枝：《走有中国特色的软件产业发展道路——对印度、以色列软件产业考察的思考》，《信息系统工程》1999年第8期，第6页。

② 于立新、王佳佳：《区域合作与投资：中国自由贸易区发展模式研究》，《经济研究参考》2004年第49期，第20页。

③ 孙娜：《中印软件业的比较与合作》，《对外经贸实务》2007年第7期，第21页。

④ 文富德：《中印双边经济联系的发展前景》，《南亚研究季刊》2004年第3期，第2页。

⑤ 《日本经济新闻》2002年4月29日。

⑥ 姜凌等：《软件外包与软件产业的发展——基于中印的比较》，《科技管理研究》2006年第6期，第65页。

第四节　本章小结

　　从科技外交促进生产力发展的意义上讲，党的第一代中央领导集体主张应该认真学习一切民族的先进科学技术；主张社会主义国家之间的科技合作，是加快社会主义发展速度和巩固社会主义政权及巩固社会主义国家之间团结的有力保障，在此基础上，同时努力寻找和西方国家开展科技交流的途径。从科技外交所体现的先进文化看，党的第一代中央领导集体认为，社会主义国家科技越发展，维护国家主权与安全的能力就越强大；党的第一代中央领导集体科技外交所体现的先进文化的特点是，战略的全局性、联系性、坚定性、乐观性与策略的灵活性紧密结合，主张外援为补充、独立自主为根本，充分利用于我稍纵即逝的有利时机推动科技外交，以积极向上的乐观主义面对科技外交所面临的严重困难，努力维护良好的外交形象，以便更好地开展科技外交。从科技外交为国家和民族带来的巨大利益看，通过艰苦的外交谈判，一大批爱国科学家和科技后备力量回到祖国，为中国以科技为后盾，推动世界向和平发展又迈进了一大步，中国引进了一大批先进的、科技水平很高的设备，"两弹一星"奠定了中国科技大国的地位，为今天中国的科技外交提供了巨大的动力和主动性，从而为邓小平时代推动中国的现代化建设打下了坚实的基础。

　　从科技外交促进生产力发展的意义上看，党的第二代中央领导集体提出要把世界一切先进技术、先进成果作为我们发展的起点的思想，主张通过国际交流促进我国科技人才的成长，高度重视国际科技平台的战略支撑价值和作用，积极推动和发达国家的科技合作，加快建立能够顺利融入世界的社会主义市场经济体制，促进科学技术的发展。从科技外交的先进文化理念上看，党的第二代中央领导集体的科技外交体现讲原则，把科技外交作为维护世界和平的重要手段，拥有紧迫的学习、效率、宽容、开放、掌握国际科技发展前沿态势的意识和求实精神，坚持拿来主义。从科技外交体现最广大人民利益的意义上看，党的第二代中央领导集体的科技外交表现为，创造良好的国内和国际条件，广泛开展国际科学技术交流，使人民大众从落后的生产力中解放出来；提出引进先进技术，是为了发展生产力，提高人民生活水平思想。

　　从科技外交所体现的先进生产力的意义上看，党的第三代中央领导集体的科技外交，提出经济和科技实力为基础的综合国力竞争对一个国家国际地位提升的重要作用，而公有制经济特别是国有大中型企业的发展壮大是使中国国际地位能够持续上升的决定性因素。主张自主创新是根本，技术引进是补充，主张积极引进外国智力，为我服务，积极引导外资投向高新技术产业领域，积极推动和上海合作组织成员国间的科技合作，重视香港特别行政区在中国与世界科技等方面交流的桥梁作用，倡议在亚太经合组织框架下建立科技创新园。从科技外交所体现的先进文化理念上看，党的第三代中央领导集体提出"创新是一个民族进步的灵魂，是一个国家兴旺发达的不竭动力"的重要观点；主张只有同时在科技实力上达到与美国同步的先进水平，中国才会在未来世界新格局中发挥关键作用；提出以符合各国人民共同利益为目标，建立和完善高尚的科学伦理的思想；指出科学技术与"和平"与"发展"时代主题的紧密相关性；对中华民族从古代到 15 世纪一直领先于世界任何国家的科技水平充满自豪感，对未来中国在世界科技领域重新取得重要地位充满信心；以厚德载物的精神，高度赞扬美国科技发展的成就，显示了泱泱大国宽广的胸怀和容人气概。从科技外交为中国人民和世界人民服务的理念上，党的第三代中央领导集体提出中国掌握先进科学技术，根本目的是促进经济发展和社会全面进步，捍卫国家的主权和安全，维护和平，实现最大多数人民的利益的思想。

主要参考文献

一 中文文献

(一) 马克思主义经典著作

《陈独秀著作选》第 1 卷，上海人民出版社，1993。

《陈毅军事文选》，解放军出版社，1996。

《邓小平军事文集》第 3 卷，军事科学出版社、中央文献出版社，2004。

《邓小平年谱：1975 ~ 1997》（上下），中央文献出版社，2004。

《邓小平思想年谱》，中央文献出版社，1998。

《邓小平文选》第 2 卷、第 3 卷，人民出版社，出版时间分别为 1993、1994 年。

胡锦涛：《高举中国特色社会主义伟大旗帜 为夺取全面建设小康社会新胜利而奋斗——在中国共产党第十七次全国代表大会上的报告》（2007 年 10 月 15 日）。

《胡锦涛同志在中国科学院第十二次院士大会、中国工程院第七次院士大会上的讲话》2004 年 6 月 2 日。

胡锦涛：《携手应对气候变化挑战——在联合国气候变化峰会开幕式上的讲话》（2009 年 9 月 22 日）。

胡锦涛：《在国务院第五次全国民族团结进步表彰大会上的讲话》（2009 年 9 月 29 日）。

《胡锦涛在韩国国会的演讲》（2005 年 11 月 17 日）。

《胡锦涛在联合国成立 60 周年首脑会议上的讲话》，《人民日报》2005 年 9 月 16 日。

《胡锦涛在美国耶鲁大学的演讲》（2006 年 4 月 21 日）。

胡锦涛：《在庆祝中国共产党成立 90 周年大会上的讲话》，《人民日报》2011 年 7 月 1 日。

胡锦涛：《在庆祝中华人民共和国成立 60 周年大会上的讲话》（2009 年 10 月 1 日）。

《胡锦涛在沙特阿拉伯王国协商会议的演讲》（2006 年 4 月 23 日）。

《胡锦涛在亚非商业峰会晚宴上的演讲》（2005 年 4 月 22 日）。

江泽民：《论科学技术》，北京文献出版社，2001。

《江泽民文选》第 1～3 卷，人民出版社，2006。

《江泽民论有中国特色社会主义》（专题摘编），中央文献出版社，2002。

《李鹏外事日记：和平 发展 合作》（下），新华出版社，2008。

《列宁选集》第 4 卷、第 11 卷、第 27 卷、第 33 卷、第 34 卷、第 40 卷、第 49 卷，人民出版社，1995。

《马克思恩格斯全集》（第 1 版）第 4 卷、第 10 卷、第 11 卷、第 16 卷、第 17 卷、第 18 卷、第 20 卷、第 21 卷、第 23 卷、第 33 卷、第 45 卷、第 46 卷（上），人民出版社，出版时间从 1957 年到 1979 年。

《毛泽东军事文集》第 6 卷，军事科学出版社、中央文献出版社，1993。

《毛泽东军事文选》（内部本），1981。

《毛泽东外交文选》，世界知识出版社、中央文献出版社，1994。

《毛泽东选集》第 2 卷，第 4 卷，人民出版社，1991。

《彭德怀军事文选》，中央文献出版社，1988。

《推进全面合作 实现持续发展》，2006 年 9 月 6 日国家主席胡锦涛在澳大利亚悉尼出席亚太经合组织商业峰会开幕式发表的重要演讲。

《张闻天年谱》，中共党史出版社，2000。

中共中央文献研究室编《建国以来重要文献选编》第 15 册，中央文献出版社，1997。

《周恩来年谱：1949～1976》（上、中、下），中央文献出版社，1997。

《周恩来外交文选》，中央文献出版社，1990。

《周恩来文化文选》，中央文献出版社，1998。

《朱德军事文选》，解放军出版社，1997。

《尊重文明的多样性——温家宝总理在开罗阿拉伯国家联盟总部的演讲》（2009 年 11 月 7 日）。

（二）中文著作

艾周昌、沐涛：《中非关系史》，华东师范大学出版社，1996。

〔奥地利〕弗里德里希·希尔：《欧洲思想史》，广西师范大学出版社，2007。

〔比〕普里戈金、〔法〕斯唐热：《从混沌到有序》，上海译文出版社，1987。

陈建新等主编《当代中国科学技术发展史》，湖北教育出版社，1994。

〔德〕赫尔穆特·斯密特：《伟人与大国》，梅兆荣等译，世界知识出版社，1989。

"邓小平外交思想学习纲要"编写组编《邓小平外交思想学习纲要》，世界知识出版社，2000。

〔俄〕尼·费德林：《费德林回忆录：我所接触的中苏领导人》，周爱琦译，新华出版社，1995。

〔俄〕瓦·博尔金：《二十世纪军政巨人百传：改革先锋——戈尔巴乔夫传》，吉力译，时代文艺出版社，2003。

〔法〕法布里斯·拉哈：《欧洲一体化史：1945～2004》，彭姝祎、陈志瑞译，中国社会科学出版社，2005。

〔法〕费尔南·布罗代尔：《文明史纲》，肖昶等译，广西师范大学出版社，2003。

〔法〕迪朗丹：《尼古拉·齐奥塞斯库》，王新连等译，世界知识出版社，1991。

〔法〕雷纳·格鲁塞：《蒙古帝国史》，龚钺、翁独健译，商务印书馆，1989。

傅建中编《红墙白宫：30年前的秘密》，当代中国出版社，1999。

郝雨凡：《美国对华政策内幕，1949～1998》，台海出版社，1998。

贺圣达、尼古拉斯·塔林等：《剑桥东南亚史》（第2卷），云南人民出版社，2003。

《赫鲁晓夫回忆录》，中国广播电视出版社，1988。

《胡绳文集》，中国社会科学出版社，1994。

花建：《软权力之争：全球化视野下的文化竞争潮流》，上海社会科学院出版社，2001。

《辉煌的十年》，人民日报出版社，1959。

〔美〕基辛格：《白宫岁月》第2册，世界知识出版社，1980。

季羡林：《季羡林说国学》，中国书店出版社，2007。

季羡林：《中印文化交流史》，新华出版社，1993。

〔柬埔寨〕诺罗敦·西哈努克：《西哈努克自传》，李恩广译，时代文艺出版社，2003。

〔美〕肯尼斯·沃尔兹：《国际政治理论》，中国人民公安大学出版社，1992。

雷钰、苏瑞林：《中东国家通史·埃及卷》，商务印书馆，2003。

李洪林：《四种主义在中国》，生活·读书·新知三联书店，1986。

李喜所主编《五千年中外文化交流史》（第5卷），世界知识出版社，2002。

《梁启超讲文化》，天津古籍出版社，2005。

廖庆薪、廖力平：《现代中国对外贸易概论》，中山大学出版社，2000，第184页。

刘宁一：《历史的回忆》，人民日报出版社，1996。

刘赛力：《中国对外经济关系》，中国经济出版社，1999。

〔英〕马格丽特·撒切尔：《通向权力之路：撒切尔夫人自传》，当代世界出版社，1998。

〔美〕保罗·肯尼迪：《大国的兴衰：500年经济变迁与军事冲突》，陈景彪等译，国际文化出版公司，2006。

〔美〕保罗·斯威齐、〔法〕夏尔·贝特兰合著《论向社会主义过渡》，尚政译，商务印书馆，1975。

〔美〕彼得·德鲁克：《后资本主义社会》，张星岩译，上海译文出版社，1998。

〔美〕费正清：《美国与中国》，张理京译，世界知识出版社，1999。

〔美〕罗伯特·劳伦斯·库恩：《他改变了中国：江泽民传》，谈峥、于海江等译，上海译文出版社，2005。

〔美〕吉米·卡特：《忠于信仰：一位美国总统的回忆录》，卢君甫等译，新华出版社，1985。

〔美〕里查德·尼克松：《1999：不战而胜》，长征出版社，1988。

〔美〕理查德·尼克松：《尼克松回忆录》（中），伍任译，世界知识出版社，2001。

〔美〕洛克菲勒兄弟基金会：《本世纪中叶对美国外交政策的挑战》，世界知识出版社。

〔美〕约翰·卡迪：《战后东南亚史》，上海译文出版社，1984，第254页。

〔美〕约瑟夫·奈：《软力量：世界政坛成功之道》，吴晓辉、钱程译，东方出版社，2005。

聂荣臻：《聂荣臻回忆录》（下），解放军出版社，1984。

钱其琛：《外交十记》，世界知识出版社，2003。

钱亦石：《中国外交史》，生活书店，1938。

任启珊编《中国外交史纲要》，中华书局，1934。

〔瑞士〕雅各布·布克哈特：《意大利文艺复兴时期的文化》，商务印书馆，1997。

沈志华：《中苏关系史纲》，新华出版社，2007。

沈志华编译《朝鲜战争：俄国档案馆的解密文件》，（台北）"中央研究院"近代史研究所，2003，第751页。

〔苏联〕列昂节夫：《苏维埃国家的对外政策是和平政策》，孟杰译，人民出版社，1956。

陶文钊：《中美关系史》下卷（1972～2000），上海人民出版社，2004。

王堃编著《布什与中国》，华夏出版社，2007。

王乔保：《军事外交理论与实践》，军事谊文出版社，2009。

王亚志：《1950年代中苏军事关系见证》，复旦大学出版社，2009。

徐向前：《历史的回顾》，解放军出版社，1984。

〔英〕亚历山大·温特：《国际政治的社会理论》，秦亚青译，上海人民出版社，2008。

杨生茂主编《美国外交政策史：1775～1989》，人民出版社，1991。

杨松河：《军事外交概论》，军事谊文出版社，1999。

叶子龙：《叶子龙回忆录》，中央文献出版社，2000。

叶自成：《新中国外交思想：从毛泽东到邓小平》，北京大学出版社，2001，第67页。

尹玉海：《国际空间立法概览》，中国民主法制出版社，2005。

〔印度〕基尚·拉纳：《双边外交》，罗松涛、邱敬译，北京大学出版社，2005。

〔英〕阿诺德·汤因比：《人类与大地母亲：一部叙事体世界历史》，徐波等译，上海人民出版社，2002。

〔英〕阿诺德·汤因比、〔日〕池田大作：《展望21世纪——汤因比与池田大作对话录》，荀春生等译，国际文化出版公司，1997。

〔英〕彼得·桑德斯：《资本主义——一项社会审视》，张浩译，吉林人民出版社，2005。

〔英〕大卫·普特南:《不宣而战:好莱坞 VS 全世界》,李欣、盛希、李漫江、周南译,中国电影出版社,2001。

〔英〕霍布斯:《利维坦》,黎思复、黎廷弼译,商务印书馆,1996。

岳南:《千古学案:夏商周断代工程纪实》,浙江人民出版社。

〔美〕詹姆斯·多尔蒂、小罗伯特·普法尔茨格拉夫:《争论中的国际关系理论》,邵文光译,世界知识出版社,1991。

张丽娟:《美国商务外交策略》,经济科学出版社,2005。

赵汤寿:《奥地利文化史》,北京大学出版社,2002。

中国文学界联合会、云南省文学艺术界联合会编《少数民族文化艺术国际研讨会论文集》,云南民族出版社,1993。

中华人民共和国国史全鉴编委会编《中华人民共和国国史全鉴》第 3 卷,团结出版社,1996。

中华人民共和国文化部对外文化联络局编《中国对外文化交流概览:1949～1991》,光明日报出版社,1993。

钟之成:《为了世界更美好:江泽民出访纪实》,世界知识出版社,2006。

周静书主编《梁祝文化大观》(学术文化卷),中华书局,1999。

《朱镕基答记者问》编辑组编《朱镕基答记者问》,人民出版社,2009。

二 中文期刊

白广东:《关于近代中国科学技术落后于西方的几点认识》,《价值工程》2012 年第 9 期。

鲍玉珩:《西方学者眼目中的中国电影艺术》,《电影评介》2011 年第 2 期。

边静、于传松:《中国电影人口述历史系列 许蔚文访谈录》,《当代电影》2009 年第 11 期。

曹希岭、武国友:《共价值视野下中国和平外交理念的演进——从和平共处五项原则到建设和谐世界》,《社会科学战线》2010 年第 12 期。

常延廷:《中俄文化交流的使者——记中俄关系史学家、翻译家郝建恒教授》,《学术交流》1999 年第 5 期。

陈德铭:《努力开创援外工作新局面——深入贯彻落实全国援外工作会议精神》,《求是》2010 年第 19 期。

陈东林:《七十年代前期的中国第二次对外引进高潮》,《中共党史研究》1996 年第 2 期。

陈墨、王家祥:《中国电影人口述历史系列　苏丽瑛访谈录》,《当代电影》2009年第1期。

陈学飞:《改革开放以来大陆公派留学教育政策的演变及成效》,《复旦教育论坛》2004年第3期。

初阳:《世界外交史上的一段佳话——江泽民主席、希拉克总统互访对方故乡的前前后后》,《党史博览》2006年第12期。

丁冰:《新自由主义与经济全球化——试析经济全球化的消极影响》,《当代经济研究》2002年第6期。

方拥华:《中菲关系的回顾与展望》,《东南亚》2005年第4期。

〔菲律宾〕塞佛里诺:《菲中关系之我见》,《东南亚研究》2001年第1期。

傅梦孜等:《战略对话与中美关系》,《现代国际关系》2005年第8期。

于学伟、张悦:《由〈内蒙春光〉到〈内蒙人民的胜利〉》,《电影艺术》2005年第1期。

耿耿:《陈毅批准舞蹈〈飞夺泸定桥〉出国演出》,《党史博览》2009年第12期。

古小松:《21世纪初的中越关系:走向务实》,《东南亚纵横》2005年第1期。

海伦娜·芬恩、轩传树:《论文化外交》,《国外社会科学文摘》2004年第6期。

韩东育:《福泽谕吉与"脱亚论"的理论与实践》,《古代文明》2008年第4期。

韩启德:《30年辉煌,历史新起点》,《民主与科学》2008年第6期。

郝建平:《中华文明在世界文明史中的地位》,《天府新论》2006年第2期。

何可:《"胡娜事件"和中美关系》,《档案天地》2007年第5期。

何立波:《暗杀周恩来的"克什米尔公主号"事件解密》,《档案时空》(史料版)2005年第3期。

何立波:《廖承志与中日关系正常化》,《党史博览》2005年第2期。

何一峰:《毛泽东对外宣传思想与主要实践》,《浙江学刊》2002年第6期。

何振梁:《中国申办2000年奥运会的前前后后》,《武汉文史资料》2008年第8期。

胡鞍钢、熊义志：《对中国科技实力的定量评估（1980～2004）》，《清华大学学报》（哲学社会科学版）2008年第2期。

贾丽慧等：《以色列农业的成功做法及对新疆农业的启示》，《农业科技通讯》2012年第1期。

江林昌：《来自夏商周断代工程的报告》，《中原文物》2001年第1期。

江凌飞：《国际大变局，中国怎么办》，《世界知识》2010年第2期。

江宛柳：《军事留学：开拓之旅的坚实足迹》，《解放军报》2008年12月25日。

姜磊、王海军：《中国与西方国家对外援助比较分析——基于附加政治条件的研究》，《理论与改革》2010年第6期。

姜凌等：《软件外包与软件产业的发展——基于中印的比较》，《科技管理研究》2006年第6期。

蒋德恩：《中国避免落入"比较优势陷阱"的条件与对策》，《北京工商大学学报》（社会科学版）2007年第3期。

蒋锐：《中俄民族问题比较》，《当代世界社会主义问题》2000年第3期。

解飞：《中国同非洲国家的文化交流与合作》，《西亚非洲》2006年第6期。

金紫光：《出类拔萃的苏联芭蕾舞》，《世界知识》1959年第19期。

考逢丹：《中国：留学政策的最大受益者》，《出国与就业》2000年第15期。

柯友申：《里根政府为什么给胡娜以所谓"政治庇护"？》，《国际问题资料》1983年第15期。

克里斯托夫·金：《赵本山在美国遭遇滑铁卢》，《决策与信息》2011年第11期。

李道新：《从"亚洲的电影"到"亚洲电影"》，《文艺研究》2009年第3期。

李明德：《中美科技交流与合作的历史回顾》，《美国研究》1997年第2期。

李随安：《中国和俄罗斯：国家形象之比较》，《西伯利亚研究》2007年第4期。

李学勤：《夏商周断代工程与古代文明起源》，《鲁东大学学报》（哲学社会科学版）2008年第1期。

李奕明：《十七年少数民族电影的文化视点与主题》，《电影创作》1997

年第 1 期。

李永发：《美国专家在拉萨》，《中国民族》1986 年第 4 期。

李泽润：《关于生产力的若干理论问题的探讨》，《天津师范大学学报》1981 年第 3 期。

李增添：《试论建国初期的技术革新运动》，《当代中国史研究》2006 年第 5 期。

廖贵年、徐伟：《加强中印经贸科技合作 促进经济共同发展》，《南亚研究季刊》2001 年 S1 期。

廖心文、陈晋、熊华源：《大型电视文献纪录片〈周恩来〉第三集：世界舞台》，《党史天地》1998 年第 1 期。

林一安：《"我替先生圆了梦"——博尔赫斯夫人谈中国之行》，《外国文学》2000 年第 5 期。

刘春志、李晓玲：《论春秋战国时期的伐交思想》，《军事历史》2009 年第 6 期。

刘建平：《中日人民外交的挫折：过程研究与结构分析》，《开放时代》2009 年第 2 期。

刘莉莉：《浅谈中俄文化交流》，《大众文艺》2011 年第 18 期。

鲁家果：《精神产品的社会效益与经济效益》，《社会科学研究》1986 年第 6 期。

马丽萍：《万隆会议与中埃建交》，《阿拉伯世界》2000 年第 3 期。

马振清：《全球化进程中的中国文化及其发展方向》，《科学社会主义》2007 年第 4 期。

美郎宗贞：《论"代表中国先进文化前进方向"在西藏文化战线上的重要意义》，《西藏大学学报》（汉文版）2001 年第 4 期。

牛军：《中国外交 60 年的经验和启示》，《外交评论》2009 年第 3 期。

潘光、周国建：《和平共处五项原则的成功实践和创新发展：上海合作组织及"上海精神"》，《毛泽东邓小平理论研究》2004 年第 12 期。

裴兆顺：《评小说〈旅顺口〉》，《辽宁师院学报》1980 年第 1 期。

曲维枝：《走有中国特色的软件产业发展道路——对印度、以色列软件产业考察的思考》，《信息系统工程》1999 年第 8 期。

曲文轶：《深化中俄经济合作：未来方向、实质约束与政策含义》，《中国市场》2011 年第 29 期。

饶曙光、邵奇：《新中国电影的第一个运动：清除好莱坞电影》，《当代电影》2006 年第 5 期。

汝信：《大力发展哲学社会科学，加强中韩学术文化交流》，《当代韩国》2002 年第 3 期。

沈雁冰：《中缅友谊万古长青——为"缅甸联邦电影周"而作》，《电影艺术》1960 年第 11 期。

沈元章：《九十年代加强深港经济合作若干问题浅析》，《广东社会科学》1991 年第 2 期。

时延春：《我所认识的卡扎菲和萨达姆》，《世界知识》2004 年第 2 期。

宋北仑：《中越关系从对抗走向和好》，《东南亚纵横》2000 年 S1 期。

宋海庆：《论第三代领导集体的理论创新》，《毛泽东思想研究》2001 年第 3 期。

苏然、王宸：《中国与发展中国家贸易摩擦分析》，《现代经济信息》2009 年第 15 期。

苏移：《京剧简史》，《戏曲艺术》1986 年第 1 期。

孙娜：《中印软件业的比较与合作》，《对外经贸实务》2007 年第 7 期。

覃辉银：《新时期境外宗教渗透及其对策思考》，《华南理工大学学报》（社会科学版）2010 年第 4 期。

唐克超：《当前国际科技发展与合作态势》，《国际技术经济研究》2006 年 10 月第 4 期。

唐志超：《中东剧变及其战略影响》，《亚非纵横》2011 年第 4 期。

唐志平：《拓展合作空间　共创互惠未来——第一届中国·东南亚·南亚电视艺术周活动纪实》，《当代电视》2010 年第 7 期。

涂怡超、赵可金：《宗教外交及其运行机制》，《世界经济与政治》2009 年第 2 期。

王会勇：《从国内外经济发展的史实看科学技术是第一生产力》，《理论前沿》2005 年第 5 期。

王健：《新时期中国对外开放战略研究》，《香港传真》2007 年第 3 期。

王猛：《阿拉伯国家剧变与"威权政治"》，《现代国际关系》2011 年第 7 期。

王蒙：《民族传统文化与现代化》，《中国民族》1987 年第 1 期。

王崞生：《和平发展任重道远》，《决策探索》2005 年第 7 期。

王中人等：《正确理解邓小平的"不称霸"思想》，《辽宁教育学院学报》1996 年第 4 期。

魏屹东：《科学发展的文化语境解释》，《山西大学学报》（哲学社会科学版）2003 年第 3 期。

文富德：《中印双边经济联系的发展前景》，《南亚研究季刊》2004 年第 3 期。

吴成达：《生产力概念的历史考察》，《管理观察》2009 年 5 月。

吴晓明：《论中国的和平主义发展道路及其世界历史意义》，《中国社会科学》2009 年第 5 期。

夏建文：《毛泽东对外开放思想未能全面付诸实践的原因》，《前沿》2003 年第 7 期。

夏兴园、杨长友：《论知识经济的兴起与经济增长点的选择》，《当代经济研究》1999 年第 3 期。

谢奕秋：《"不干涉内政"的困境》，《南风窗》2010 年第 1 期。

邢祖文：《英国电影在中国：1929～1984》，《当代电影》1984 年第 2 期。

阎文学、母青松：《精神产品的含义和特点》，《学术研究》1988 年第 2 期。

颜纯钧：《文化产权和文化安全》，《东南学术》2004 年 S1 期。

杨步亭等：《60 年来中国电影海外推广工作的繁荣与发展》，《当代电影》2009 年第 10 期。

杨焕城等：《中国外资政策促进技术进步的有效性分析》，《国际经济合作》2012 年第 3 期。

杨建国：《"三个代表"与民族政策研究》，《西安政治学院学报》2002 年第 6 期。

杨凯：《"大文化"视野中的国际关系研究》，《国际政治研究》1989 年第 2 期。

杨新：《对我国相对和平时期军事斗争的思考》，《现代军事》1998 年第 5 期。

一丁：《周恩来和喜剧大师的笑声》，《党史纵横》2007 年第 5 期。

尹鸿、凌燕：《新中国电影史》，湖南美术出版社，2002。

于立新、王佳佳：《区域合作与投资：中国自由贸易区发展模式研究》，《经济研究参考》2004 年第 49 期。

郁龙余：《略论文化交流》，《深圳大学学报》（人文社会科学版）1987 年第 3 期。

郁兴志：《江泽民访问沙特的前前后后》，《湘潮》2009 年第 5 期。

张宏喜：《打造外交文化》，《世界知识》2006 年第 16 期。

张建国：《开创引进国外人才和智力事业新局面》，《国际人才交流》2011 年第 3 期。

张历历：《21 世纪初期中美外交决策机制比较研究》，《世界经济与政治》2009 年第 9 期。

张平：《周恩来中外文化交流思想初探》，《暨南学报》（哲学社会科学版）1989 年第 1 期。

张汝伦：《文化研究三题议》，《复旦学报》（社会科学版）1986 年第 3 期。

张向斌：《增进互信、面向未来——中共中央总书记、国家主席江泽民访问越南》，《当代世界》2002 年第 3 期。

张象：《中非关系源远流长的新启示》，《西亚非洲》2006 年第 6 期。

张小权：《今昔"天鹅湖"赏析》，《俄罗斯文艺》2008 年第 2 期。

张序江：《乌干达总统穆塞韦尼的中国情》，《湘潮》2011 年第 3 期。

赵金朋、冯国忠：《我国高新技术产业领域外资进入现状与分析》，《现代商贸工业》2012 年第 6 期。

赵起扬：《中国艺术团赴美散记》，《人民戏剧》1978 年第 10 期。

峥嵘：《"世界公民"廖承志》，《广东党史》2010 年第 1 期。

《中国农村科技》编辑部：《借助国际合作　提升科技水平》，《中国农村科技》2010 年第 8 期。

中禹、伯奋：《从黎巴嫩影片"向何处去"谈起》，《中国电影》1958 年第 8 期。

周溯源：《我们有信心完成"夏商周断代工程"——访首席科学家、专家组组长李学勤》，《求是》1998 年第 7 期。

周铁东：《新中国电影对外交流》，《电影艺术》2002 年第 1 期。

周溢潢：《中美会谈与钱学森回国——关于中美之间 40 年前达成的一项协议》，《世界知识》1995 年第 11 期。

朱凯：《丹心献祖国　手铲铸辉煌——记著名考古学家安金槐先生》，《文物世界》2000 年第 5 期。

三　外文著作及期刊

Alice Ba，"Maintaining the Regional Idea in Southeast Asia"，*International Journal*（Autumn 1997）.

Barry Sautman, "China's Strategic Vulnerability to Minority Separatism in Tibet", *Asian Affairs: an American Review*, Washington: Summer 2005.

Bill Clinton, *My Life*, Alfred A. Knopf, New York Press, 2004.

Chen Xuegen, "Cultural Diplomacy Will Complement China's Power", *Global Times*, October 16, 2009.

Chih-yu Shih, *The Spirit of Chinese Foreign Policy: A Psychocultural View*, London: Macmillan Press, 1990.

"China Has Sentenced 55 over Tibet Riot in March", *New York Times*, Nov. 6, 2008.

Christopher Preble, "A Plea for Normalcy: U. S. -Japan Relations after Koizumi", *The National Interest*, Washington: Sep/Oct 2006.

Craig Simons , "Beware of Falling Ice , Asia's Glaciers Are Melting at an Alarming Rate, Creating a Host of Environmental Problems from Flooding to Disease", *Newsweek* (International ed.), Jun. 6, 2005.

Danna Harman, "How China's Support of Sudan Shields a Regime Called 'Genocidal'", *The Christian Science Monitor*, the June 26, 2007.

Eckard Michels, "Deutsch als Weltsprache? Franz Thierfelder, the Deutsche Akademie in Munich and the Promotion of the German Language Abroad, 1923 – 1945", *German History*, London: May 2004, Vol. 22, Iss. 2.

Edward Cody, "China to Send Military Unit to Darfur", *Washington Post*, Tuesday, May 8, 2007.

Edward Wong, "Amid Brickbats from China's Government, Tibetans Will Ponder a New Strategy", *New York Times*, Nov. 17, 2008.

Geoffrey Wiseman, "Pax Americana: Bumping into Diplomatic Culture", *International Studies Perspective*, Volume 6, Number 4, November 2005.

Hillary Rodham Clinton, "Remarks at the Clinton Global Initiative Closing Plenary", September 25, 2009, http://www. state. gov/secretary/rm/2009a/09/129644. htm.

James F. Paradise, "China and International Harmony, The Role of Confucius Institutes in Bolstering Beijing's Soft Power", *Asian Survey*, Vol. xlix, No. 4, July/August 2009.

James Risen and Jeff Gerth, "China Stole Secret U. S. Bomb Plans Builds Better Weapons. White House Told of Theft 2 Years Ago", *New York Times*,

March 6, 1999.

John J. Mearsheimer, "China's Unpeaceful Rise", *Current History*, Vol. 105, No. 690, Apr. 200, p. 160.

Karmel, Solomon M., "Ethnic Tension and the Struggle for Order: China's Policies in Tibet", *Pacific Affairs*, Vancouver: Winter 1995/1996.

Lam Peng-Er, "Japan—Taiwan Relations: Between Affinity and Reality", *Asian Affairs*, *An American Review*, Winter 2004, 30, 4.

Lucian W. Pye, "Orphans of the Cold War: America and the Tibetan Struggle for Survival", *Foreign Affairs*, New York: Sep/Oct 1999.

Melinda Liu, "Making the Trains Run", *Newsweek* (International ed.), Mar 19, 2001.

Michael Klare, "Wars For Water?", *Newsweek* (International ed.), Apr. 16, 2007.

Michael Mandelbaum, "Westernizing Russia and China", *Foreign Affairs*, New York: May/Jun 1997.

Michael Vatikiotis, "China's Growing Clout Alarms Smaller Neighbors", *Wall Street Journal* (Eastern edition), Jun. 16, 2004.

"Olympic Clash", *Financial Times*, London (UK): May 19, 2007.

Ronan Farrow and Mia Farrow, "The 'Genocide Olympics'", *Wall Street Journal*, Mar. 28, 2007.

Ron Moreau and Richard Ernsberger Jr., "Strangling the Mekong, A Spate of Dam Building Has Stopped up Southeast Asia's Mighty River and May Threaten the Livelihood of Millions Who Live along Its Banks", *Newsweek* (International ed.), New York: Mar 19, 2001.

Ross H. Munro, "China's Waxing Spheres of Influence", *Orbis* 38, No. 4 (Fall 1994).

The Mekong, "Dammed if You Don't", *The Economist*, Nov. 18, 1995.

Tim Huxley, "A Threat in the South China Sea? A Rejoinder", *Security Dialogue*, Vol. 29, No. 1 (1998).

Timo Menniken, "China's Performance in International Resource Politics: Lessons from the Mekong", *Contemporary Southeast Asia*, Apr. 2007.

Wolfgang Bartke, *The Economic Aid from The People's Republic of China to Developing and Socialist Countries*, Hamburg: The Institute of Asian Affairs, 1989.

图书在版编目(CIP)数据

"三个代表"重要思想与当代中国外交/肖刚,黄文叙著.
—北京:社会科学文献出版社,2013.10
ISBN 978 - 7 - 5097 - 5006 - 3

Ⅰ.①三… Ⅱ.①肖… ②黄… Ⅲ.①外交 - 研究 - 中国 -
现代 Ⅳ.①D82

中国版本图书馆 CIP 数据核字(2013)第 201417 号

"三个代表"重要思想与当代中国外交

著　　者 / 肖　刚　黄文叙

出 版 人 / 谢寿光
出 版 者 / 社会科学文献出版社
地　　址 / 北京市西城区北三环中路甲 29 号院 3 号楼华龙大厦
邮政编码 / 100029

责任部门 / 社会政法分社 (010) 59367156　　责任编辑 / 宋浩敏　曹义恒
电子信箱 / shekebu@ ssap. cn　　　　　　　　责任校对 / 秦　晶　李　敏
项目统筹 / 宋浩敏　曹义恒　　　　　　　　　责任印制 / 岳　阳
经　　销 / 社会科学文献出版社市场营销中心 (010) 59367081　59367089
读者服务 / 读者服务中心 (010) 59367028

印　　装 / 三河市尚艺印装有限公司
开　　本 / 787mm × 1092mm　1/16　　　　印　　张 / 35
版　　次 / 2013 年 10 月第 1 版　　　　　字　　数 / 648 千字
印　　次 / 2013 年 10 月第 1 次印刷
书　　号 / ISBN 978 - 7 - 5097 - 5006 - 3
定　　价 / 118.00 元